Clous

La longueur des clous est indiquée par des chiffres compris entre 4 et 60, suivis de la lettre «d», qui signifie «penny».

Pour les travaux généraux de charpente et de réparation, utilisez des clous ordinaires ou des clous à boîtes. Les clous ordinaires sont les plus appropriés aux travaux de charpente, car dans ce type de travaux, la résistance est importante. Les clous à boîtes, dont le diamètre est inférieur à celui des clous ordinaires, sont plus faciles à enfoncer et ils risquent moins de fendre le bois. Utilisez des clous à boîtes pour les travaux légers et avec des matériaux minces.

La plupart des clous ordinaires et des clous à boîtes sont gommés ou enduits de vinyle, ce qui améliore leur résistance à l'arrachement.

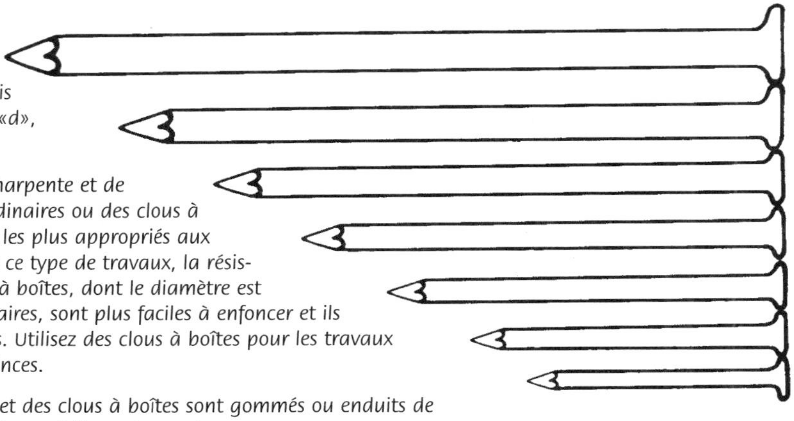

LB	MM	PO
20d	102 mm	4 po
16d	89 mm	3 ½ po
10d	76 mm	3 po
8d	64 mm	2 ½ po
6d	51 mm	2 po
5d	44 mm	1 ¾ po
4d	38 mm	1 ½ po

Dimensions du bois de sciage

NOMINALES - US	RÉELLES - US	MÉTRIQUES
1 × 2	¾ po × 1 ½ po	19 × 38 mm
1 × 3	¾ po × 2 ½ po	19 × 64 mm
1 × 4	¾ po × 3 ½ po	19 × 89 mm
1 × 5	¾ po × 4 ½ po	19 × 114 mm
1 × 6	¾ po × 5 ½ po	19 × 140 mm
1 × 7	¾ po × 6 ¼ po	19 × 159 mm
1 × 8	¾ po × 7 ¼ po	19 × 184 mm
1 × 10	¾ po × 9 ¼ po	19 × 235 mm
1 × 12	¾ po × 11 ¼ po	19 × 286 mm
1 ¼ × 4	1 po × 3 ½ po	25 × 89 mm
1 ¼ × 6	1 po × 5 ½ po	25 × 140 mm
1 ¼ × 8	1 po × 7 ¼ po	25 × 184 mm
1 ¼ × 10	1 po × 9 ¼ po	25 × 235 mm
1 ¼ × 12	1 po × 11 ¼ po	25 × 286 mm
1 ½ × 4	1 ¼ po × 3 ½ po	32 × 89 mm
1 ½ × 6	1 ¼ po × 5 ½ po	32 × 140 mm
1 ½ × 8	1 ¼ po × 7 ¼ po	32 × 184 mm
1 ½ × 10	1 ¼ po × 9 ¼ po	32 × 235 mm
1 ½ × 12	1 ¼ po × 11 ¼ po	32 × 286 mm
2 × 4	1 ½ po × 3 ½ po	38 × 89 mm
2 × 6	1 ½ po × 5 ½ po	38 × 140 mm
2 × 8	1 ½ po × 7 ¼ po	38 × 184 mm
2 × 10	1 ½ po × 9 ¼ po	38 × 235 mm
2 × 12	1 ½ po × 11 ¼ po	38 × 286 mm
3 × 6	2 ½ po × 5 ½ po	64 × 140 mm
4 × 4	3 ½ po × 3 ½ po	89 × 89 mm
4 × 6	3 ½ po × 5 ½ po	89 × 140 mm

Panneaux de contreplaqué en unités métriques

On trouve couramment dans le commerce des panneaux de contreplaqué dans les deux dimensions métriques suivantes: 1200 mm x 2400 mm et 1220 mm x 2400 mm, qui équivalent approximativement aux panneaux de 4 pi x 8 pi. On trouve des panneaux de revêtement «standard» et de revêtement «de choix» dans les épaisseurs normalisées, tandis que ceux en contreplaqué poncé sont vendus en épaisseurs spéciales.

QUALITÉ STANDARD		QUALITÉ PONCÉ	
7,5 mm	(5/16 po)	6 mm	(4/17 po)
9,5 mm	(3/8 po)	8 mm	(5/16 po)
12,5 mm	(1/2 po)	11 mm	(7/16 po)
15,5 mm	(5/8 po)	14 mm	(9/16 po)
18,5 mm	(3/4 po)	17 mm	(2/3 po)
20,5 mm	(13/16 po)	19 mm	(3/4 po)
22,5 mm	(7/8 po)	21 mm	(13/16 po)
25,5 mm	(1 po)	24 mm	(15/16 po)

Codirecteur de la création: Tim Himsel
Directeur de la rédaction: Bryan Trandem
Éditrice en chef: Jennifer Caliandro
Directrice de projet adjointe: Michelle Skudlarek
Rédacteur en chef: Jerri Farris
Rédacteur principal: Daniel London
Rédacteurs: Rose Brandt, Karl Larson, Christian Paschke, Philip Schmidt
Rédacteurs techniques: Timothy Bro, Robert Weaver
Directrice artistique principale: Kari Johnston
Directeurs artistiques: Gina Seeling, Kevin Walton
Concepteurs Mac: Keith Bruzelius, Arthur Durkee, Patricia Goar, Lynne Hanauer, Jonathan Hinz, Brad Webster
Illustrateurs techniques: Elroy Balgaard, Patricia Goar
Photographes techniques: Scott Christensen, Keith Thompson
Acquisition photographique: Angela Spann
Vice-président, photographie et production: Jim Bindas
Directrice des services de studio: Marcia Chambers
Coordonnatrice des services photographiques: Carol Osterhus
Chef de l'équipe de photographes: Chuck Nields
Photographes: Tate Carlson, Rex Irmen, Jamey Mauk, Andrea Rugg, Gregory Wallace
Charpentiers de l'atelier de décors: Troy Johnson, Gregory Wallace, Dan Widerski
Directeur du service de production: Kim Gerber
Personnel de production: Laura Hokkanen, Helga Thielen

Production de la version française

Coordonnatrice de l'édition: Linda Nantel
Coordonnatrice de la production: Martine Lavoie
Infographes: Johanne Lemay, Andréa Joseph
Réviseurs techniques: Constantin Haddad, Jean Moquin
Correctrice: Sylvie Tremblay

Pour en savoir davantage sur nos publications, visitez notre site: **www.edhomme.com**
Autres sites à visiter: www.edjour.com • www.edtypo.com
www.edvlb.com • www.edhexagone.com

Rédacteurs, directeurs artistiques, constructeurs de décors et photographes participants

Cy DeCosse, William B. Jones, Gary Branson, Bernice Maehren, John Riha, Paul Currie, Greg Breining, Tom Carpenter, Jim Huntley, Gary Sandin, Mark Johanson, Dick Sternberg, John Whitman, Anne Price-Gordon, Barbara Lund, Dianne Talmage, Diane Dreon, Carol Harvatin, Ron Bygness, Kristen Olson, Lori Holmberg, Greg Pluth, Rob Johnstone, Dan Cary, Tom Heck, Mark Biscan, Abby Gnagey, Joel Schmarje, Jon Simpson, Dave Mahoney, Andrew Sweet, Bill Nelson, Barbara Falk, Dave Schelitzche, Brad Springer, Lori Swanson, John Hermansen, Geoffrey Kinsey, Phil Juntti, Tom Cooper, Earl Lindquist, Curtis Lund, Tom Rosch, Glenn Terry, Wayne Wendland, Patrick Kartes, Curtis Lund, John Nadeau, Mike Shaw, Mike Peterson, Troy Johnson, Jon Hegge, Jim Destiche, Christopher Wilson, Tony Kubat, Phil Aarrestad, Kim Bailey, Rex Irmen, John Lauenstein, Bill Lindner, Mark Macemon, Charles Nields, Mette Nielsen, Cathleen Shannon, Hugh Sherwood, Rudy Calin, Dave Brus, Paul Najlis, Mike Parker, Mark Scholtes, Mike Woodside, Rebecca Hawthorne, Paul Herda, Brad Parker, Susan Roth, Ned Scubic, Stewart Block, Mike Hehner, Doug Deutsche, Paul Markert, Steve Smith, Mary Firestone

DISTRIBUTEURS EXCLUSIFS:

• Pour le Canada et les États-Unis:
MESSAGERIES ADP*
955, rue Amherst
Montréal, Québec, H2L 3K4
Tél.: (514) 523-1182
Télécopieur: (514) 939-0406
* Filiale de Sogides ltée

• Pour la France et les autres pays:
VIVENDI UNIVERSAL PUBLISHING SERVICES
Immeuble Paryseine, 3, Allée de la Seine
94854 Ivry Cedex
Tél.: 01 49 59 11 89/91
Télécopieur: 01 49 59 11 96
Commandes: Tél.: 02 38 32 71 00
            Télécopieur: 02 38 32 71 28

• Pour la Suisse:
VIVENDI UNIVERSAL PUBLISHING SERVICES SUISSE
Case postale 69 - 1701 Fribourg - Suisse
Tél.: (41-26) 460-80-60
Télécopieur: (41-26) 460-80-68
Internet: www.havas.ch
Email: office@havas.ch
DISTRIBUTION: OLF SA
Z.I. 3, Corminbœuf, Case postale 1061, CH-1701 FRIBOURG
Commandes: Tél.: (41-26) 467-53-33
            Télécopieur: (41-26) 467-54-66

• Pour la Belgique et le Luxembourg:
VIVENDI UNIVERSAL PUBLISHING SERVICES BENELUX
Boulevard de l'Europe 117, B-1301 Wavre
Tél.: (010) 42-03-20
Télécopieur: (010) 41-20-24
http://www.vups.be
Email: info@vups.be

L'Éditeur bénéficie du soutien de la Société de développement des entreprises culturelles du Québec pour son programme d'édition.

Nous reconnaissons l'aide financière du gouvernement du Canada par l'entremise du Programme d'aide au développement de l'industrie de l'édition (PADIÉ) pour nos activités d'édition.

L'ouvrage original américain a été publié par Creative Publishing international, Inc. sous le titre *The Complete Photo Guide to Home Repair*

Dépôt légal: 4ᵉ trimestre 2000
Bibliothèque nationale du Québec

ISBN 2-7619-1573-9

Données de catalogage avant publication (Canada)

Vedette principale au titre:

Guide complet du bricolage et de la rénovation

Traduction de: The complete photo guide to home repair.

1. Habitations – Entretien et réparations – Manuels d'amateurs.
2. Habitations – Entretien et réparations – Ouvrages illustrés. I. Black & Decker Manufacturing Company. II. Titre.

TH4817.3.C65514 2000   643'.7   C00-940884-3

GUIDE COMPLET DU
BRICOLAGE
ET DE LA
RÉNOVATION

**2000
photos
couleurs**

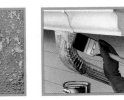

*Traduit de l'américain
par Jean Storme et Jacques Vaillancourt*

LES ÉDITIONS DE
L'HOMME

Note de l'Éditeur: Avant d'entreprendre les travaux de bricolage et de rénovation expliqués dans le présent ouvrage, il est très important que vous preniez soin de vous informer auprès de votre ville ou de votre municipalité de la réglementation concernant ce genre de travaux, des lois du code régional et des restrictions s'appliquant à votre localité. Il est aussi prudent que vous respectiez toutes les mesures de sécurité prescrites dans ce livre et que vous fassiez appel aux conseils et à la compétence d'un professionnel en cas de doute ou de difficulté.

TABLE DES MATIÈRES

INTRODUCTION *page 4*

RÉPARATIONS INTÉRIEURES *page 21*

RÉPARATIONS EXTÉRIEURES *page 180*

RÉPARATIONS DES INSTALLATIONS *page 269*

Le guide complet du bricolage et de la rénovation

Certains prennent possession d'une maison, sans plus se soucier de rien. Nous croyons qu'une maison représente beaucoup plus qu'une simple acquisition.

Après tout, votre maison abrite votre famille et tous vos biens. Elle vous procure bien-être et sécurité et vous protège du monde extérieur. La plupart d'entre nous tiennent à leur maison et cela n'a rien d'étonnant: elle est le cadre quotidien de leur vie familiale. Les améliorations technologiques d'une maison découlent de siècles d'innovations, et la structure même de la maison est l'aboutissement des milliers d'heures de travail que les charpentiers, les plombiers, les électriciens et les autres gens de métier y ont consacrées. L'entretien et la réparation de votre maison sont le meilleur moyen de vous y attacher et de créer des liens avec tous ceux qui ont bâti votre foyer.

Avec l'aide du *Guide complet du bricolage et de la rénovation*, vous êtes prêt à accorder à votre demeure toute l'attention dont elle a besoin et qu'elle mérite. Au début, vous serez sans doute tenté de régler les problèmes ennuyeux qui se posent dans la maison au moment où ils se présentent, mais vous découvrirez au fil du temps les mérites de l'entretien et de la réparation systématiques. En effectuant des travaux chez vous, vous constaterez ce qui suit:

• Vous apprendrez à connaître les installations et la structure de votre maison. Chaque habitation a sa personnalité et c'est en effectuant des réparations dans votre maison que vous découvrirez son véritable caractère.

• Vous protégerez votre investissement le plus important. Pour la plupart des gens, l'achat d'une maison représente l'acquisition la plus importante de leur vie; en prendre soin, c'est donc gérer sainement son investissement. Une maison bien entretenue prendra progressivement de la valeur sur le marché immobilier, quel qu'il soit.

• Vous contribuerez au bien-être de la communauté. L'énergie que vous appliquez à l'entretien de votre maison est contagieuse, elle encourage vos voisins à faire de même, et tout le monde finira par en profiter.

• Vous acquerrez des habiletés qui vous serviront dans un tas d'autres projets et vous serez de plus en plus convaincu de pouvoir accomplir ces travaux vous-même.

Ce guide vous enseigne les techniques professionnelles qui permettent de résoudre une foule de problèmes de réparation courants. Dans chaque cas, nous vous documentons sur le sujet, nous vous fournissons la liste des outils et du matériel dont vous avez besoin et nous vous donnons des instructions, étape par étape, accompagnées de photographies détaillées. Le livre est divisé en quatre sections. L'introduction peut être considérée comme un guide sur la sécurité, les outils et le matériel, et elle contient plusieurs conseils utiles concernant l'entretien et la réparation. Vous y apprendrez comment ranger les outils et le matériel, et comment transporter le bois de sciage ou les autres produits volumineux que vous achetez dans les parcs à bois débités ou les maisonneries.

Dans la deuxième section, «Réparations intérieures», on vous parlera des réparations urgentes et des solutions à long terme à apporter aux problèmes courants qui peuvent surgir n'importe où dans la maison, du sous-sol au comble.

Dans la troisième section, «Réparations extérieures», vous trouverez toute l'information dont vous avez besoin pour réparer les éléments extérieurs de votre maison: les passages, les marches d'escalier, les allées ou le faîte du toit et les briques de la cheminée.

La quatrième section, «Réparations des installations», traite d'une multitude de réparations de plomberie et d'électricité. Vous y apprendrez également les techniques d'entretien et de réparation du système CVCA, comprenant les foyers, les appareils de chauffage, les climatiseurs et les pompes à chaleur.

À la fin du livre, vous trouverez une liste de vérification, rappel pratique des principales tâches d'entretien et de réparation, assorti des numéros de pages correspondants. Grâce à cette liste de vérification, vous pourrez facilement déceler les problèmes potentiels et les résoudre avant qu'ils ne causent des dommages.

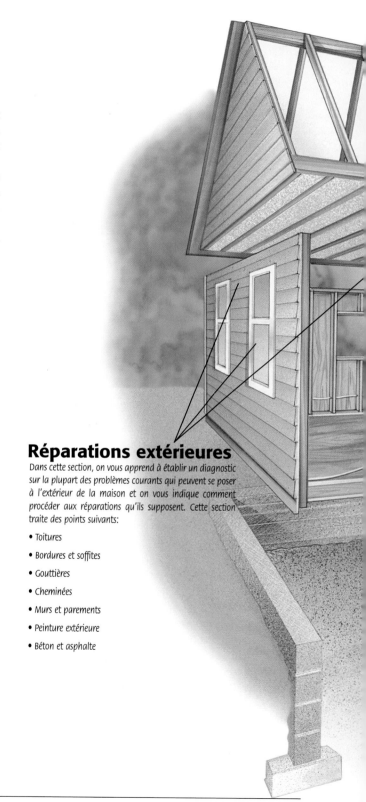

Réparations extérieures

Dans cette section, on vous apprend à établir un diagnostic sur la plupart des problèmes courants qui peuvent se poser à l'extérieur de la maison et on vous indique comment procéder aux réparations qu'ils supposent. Cette section traite des points suivants:

- Toitures
- Bordures et soffites
- Gouttières
- Cheminées
- Murs et parements
- Peinture extérieure
- Béton et asphalte

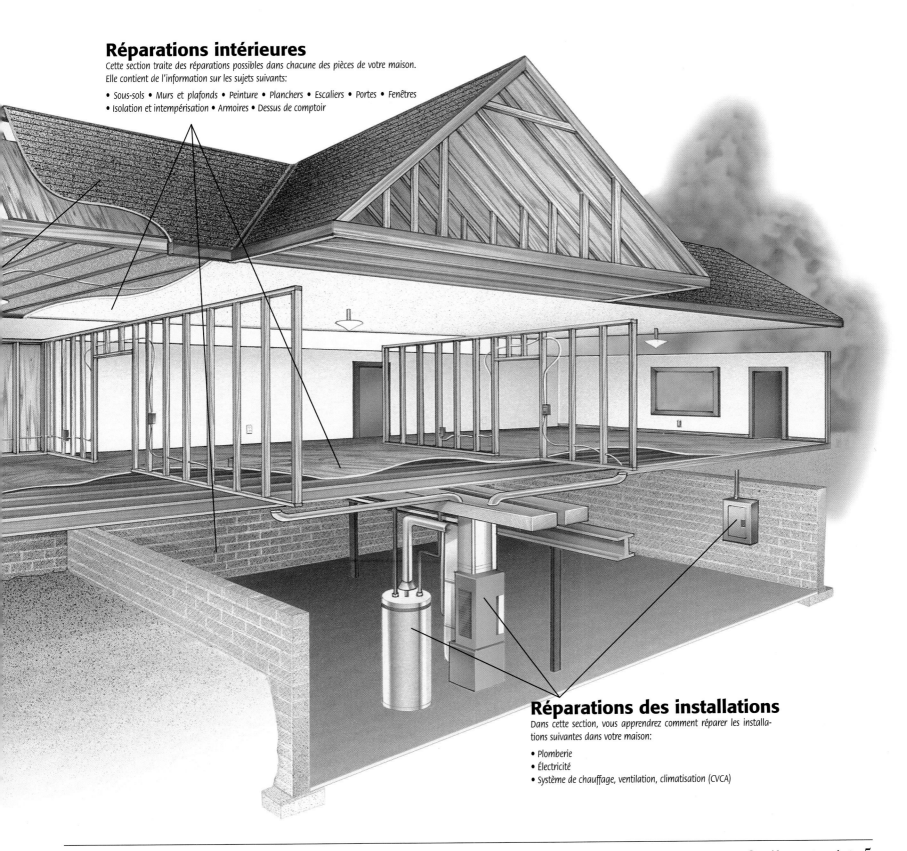

Réparations intérieures

Cette section traite des réparations possibles dans chacune des pièces de votre maison.
Elle contient de l'information sur les sujets suivants:

• Sous-sols • Murs et plafonds • Peinture • Planchers • Escaliers • Portes • Fenêtres
• Isolation et intempérisation • Armoires • Dessus de comptoir

Réparations des installations

Dans cette section, vous apprendrez comment réparer les installations suivantes dans votre maison:

• Plomberie
• Électricité
• Système de chauffage, ventilation, climatisation (CVCA)

Travailler en toute sécurité

Avant d'entreprendre une réparation chez vous, réfléchissez-y et entourez-vous de toutes les précautions indispensables. Si ces précautions sont bien souvent évidentes, il ne faut quand même jamais hésiter à demander un conseil particulier à un quincaillier ou un gérant de maisonnerie. Dans cette section, nous abordons

Protection des poumons

Le masque respiratoire à double cartouche chimique vous protège contre les vapeurs toxiques, comme celles des solvants, et contre les particules toxiques, comme les particules d'amiante. Munissez-le des filtres appropriés que vous remplacerez conformément aux instructions du fabricant.

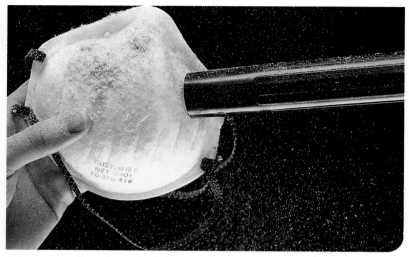

Nettoyez au moyen d'un aspirateur d'atelier les masques filtrants, légèrement souillés. Éliminez-les s'ils sont trop sales. Changez fréquemment les filtres à particules des respirateurs.

Rangement des articles de sécurité

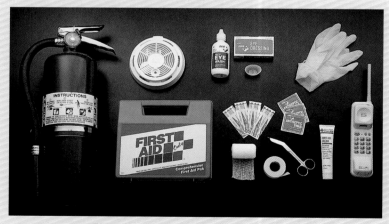

Conservez une trousse élémentaire de premiers soins dans un endroit facilement accessible. Mettez-y un assortiment de bandages, des petites pinces, de l'onguent antiseptique, des gants jetables, du sparadrap, de la gaze stérile et des gouttes ophtalmiques. L'endroit où vous travaillez doit également être équipé d'un extincteur, d'un détecteur de fumée et d'un téléphone.

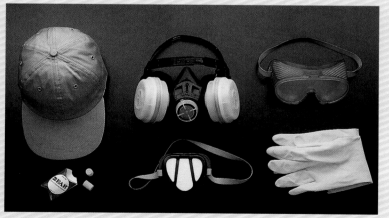

Lorsque vous procédez à des travaux de réparation à la maison, vous devez vous munir de l'équipement de protection suivant: une casquette et un masque antipoussières pour le sablage et la peinture; un respirateur, des lunettes de sécurité et des gants en caoutchouc lorsqu'on utilise des produits chimiques décapants; des bouchons d'oreille pour se protéger contre le bruit des outils à commande mécanique.

les principales questions de sécurité. Si vous devez utiliser des produits dangereux, tels que des solvants ou de la peinture, procurez-vous l'équipement de protection nécessaire avant d'entamer le travail et renseignez-vous sur la manière la plus sûre de vous débarrasser des produits qui n'auront pas été utilisés. Rangez votre équipement de protection dans un endroit facilement accessible, inspectez-le après avoir effectué un travail et remplacez-le dès qu'il présente des signes d'usure. Vérifiez si votre trousse de premiers soins est rangée au bon endroit et si les détecteurs de fumée et les extincteurs sont en état de marche.

Protection des mains

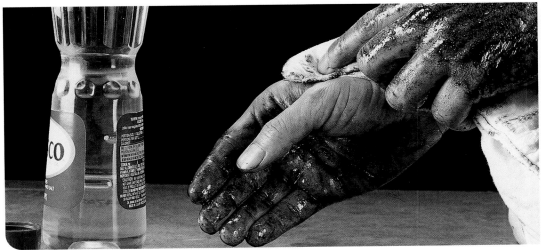

Vous pouvez vous servir d'huile à salade ordinaire pour vous nettoyer les mains lorsque vous les avez salies avec de l'huile ou de la peinture à l'huile. N'utilisez jamais de kérosène, d'essences minérales ou d'autres solvants pour nettoyer la peau; ces produits dangereux irritent la peau et risquent d'être absorbés par l'organisme.

Portez des gants en caoutchouc lorsque vous travaillez avec des liquides à base de solvants.

Élimination des produits dangereux

Lecture des étiquettes

Vérifiez les instructions d'élimination figurant sur les étiquettes et ne jetez jamais les liquides dangereux dans l'égout. Dressez une liste des déchets dangereux et affichez-la devant votre évier de service. Les produits jugés dangereux pour l'environnement portent au moins un des avertissements suivants: *Danger! Toxique; Nocif pour les animaux et les humains; Vapeurs nocives; Poison; Inflammable; Combustible; Corrosif; Explosif.*

Élimination de la peinture

Vous pouvez éliminer les petites quantités de peinture indésirable de la manière suivante: ôtez le couvercle de la boîte et placez celle-ci à l'extérieur, hors d'atteinte des enfants et des animaux familiers. Laissez sécher complètement la peinture avant de vous en défaire. Le sable et la sciure de bois accélèrent le séchage en absorbant la peinture. Gardez les essences minérales usées dans un contenant hermétiquement fermé pour que les particules solides de peinture se déposent. Versez le solvant limpide dans un contenant de stockage en vue d'une utilisation ultérieure et placez le contenant original à l'extérieur, hors d'atteinte des enfants et des animaux familiers. Laissez sécher complètement la peinture avant de la jeter avec les ordures ménagères.

Travailler avec des prises et des interrupteurs

Avant de remplacer les anciennes prises et les anciens interrupteurs, lisez les indications qui y figurent. Remplacez-les par des dispositifs de mêmes tension et intensité nominales.

Vérifiez si une prise à deux fentes est mise à la terre en introduisant dans une des fentes l'extrémité d'un vérificateur de circuit au néon. Mettez l'autre extrémité en contact avec la vis métallique du couvercle de la prise. Répétez le test avec l'autre fente verticale. Si la lumière du vérificateur s'allume, la prise est à la terre et il faut installer une nouvelle prise (page 407).

Lorsque vous remplacez une prise située dans un endroit humide, près des accessoires de plomberie, ou à l'extérieur, installez une prise à disjoncteur de fuite à la terre, qui détecte les variations de courant et empêche toute décharge électrique en coupant l'arrivée de courant à la prise. Installez ces prises dans les buanderies, les salles de bain, la cuisine et à l'extérieur (page 408).

N'utilisez les fiches à trois broches que dans les prises à contact de mise à la terre. Si vous utilisez un adaptateur à trois broches, vérifiez s'il est bien mis à la terre. Ne modifiez pas la fiche pour qu'elle entre dans une prise à deux broches.

Les fiches polarisées sont munies de broches de largeurs différentes qui assurent la continuité du circuit et protègent les utilisateurs contre les décharges électriques. Si la prise ne peut recevoir de fiche polarisée, ne la modifiez pas; vérifiez si elle n'est pas mise à la terre et installez une nouvelle prise (page 407).

Protégez les enfants contre le risque de décharge électrique en plaçant des coiffes de protection dans les prises non utilisées.

Prévention des décharges électriques

Fermez la porte du tableau de distribution et collez une bande adhésive de part en part avertissant tout le monde de ne pas brancher l'alimentation électrique pendant que vous effectuez des réparations.

Avant de débrancher une prise ou un interrupteur, marquez les fils au moyen de petits morceaux de ruban-cache. Attachez les fils à la nouvelle prise ou au nouvel interrupteur en vous guidant sur les marques.

Séchez-vous les mains avant de brancher ou de débrancher des appareils électriques. Comme l'eau est bonne conductrice de l'électricité, elle augmente le risque de décharge électrique.

Enlèvement d'une ampoule électrique brisée

Pour enlever une ampoule électrique brisée – après avoir coupé l'alimentation électrique ou débranché la lampe – enfoncez un pain de savon dans la partie brisée et faites-le tourner en sens inverse des aiguilles d'une montre. Jetez le pain de savon. Ou saisissez le filament ou la base métallique de l'ampoule au moyen d'une pince à longs becs.

Choix d'une rallonge appropriée

N'utilisez que des rallonges industrielles lorsque vous devez augmenter la portée de gros outils à commande mécanique. Les rallonges sont classées en fonction du diamètre du fil ainsi que de la puissance et de l'intensité nominales du courant qui peut les parcourir. Plus le fil est gros, plus les valeurs nominales de l'intensité et de la puissance du courant qui peut le parcourir sont élevées. Les valeurs nominales de la rallonge doivent au moins égaler celles de l'outil. Pour les rallonges de plus de 50 pi de long, choisissez un fil de diamètre immédiatement supérieur à celui indiqué dans le tableau ci-dessous.

Diamètre du fil	Puissance nominale	Intensité nominale	Utilisation type
n° 18	600	5	Perceuse mécanique, scie sauteuse, ponceuse vibrante
n° 16	840	7	Scie alternative, ponceuse à courroie
n° 14	1440	12	Toupie, scie circulaire, scie à onglets
n° 12	1920	16	Scie radiale, grosse scie circulaire à table

Rangement des outils

Des outils de qualité, en bon état, facilitent les travaux de réparation à la maison. Rangez vos outils soigneusement, ils dureront des années.

Les rallonges peuvent facilement s'entremêler ou former des nœuds qu'il faut alors démêler, parce qu'ils risquent d'affaiblir la gaine et de provoquer des courts-circuits. Voici quelques conseils pour éviter que les rallonges ne s'entremêlent.

Enroulement des longues rallonges

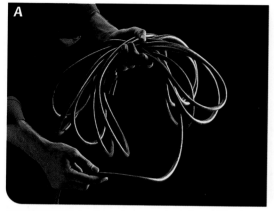

A

Tenez l'extrémité de la rallonge dans une main. De l'autre, faites des huit avec la rallonge en formant des boucles jusqu'à ce que la rallonge soit complètement enroulée.

B

Prenez une des boucles pour enserrer deux fois la rallonge enroulée.

C

Passez la boucle au centre de l'ensemble des boucles et tirez-la pour serrer. Pendez la rallonge par cette boucle.

Rangement des rallonges

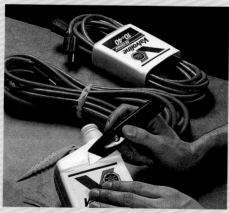

Les rallonges et les cordons des outils à commande mécanique forment facilement des nœuds ou s'entremêlent. Pour garder une rallonge bien enroulée, coupez les extrémités d'une boîte propre d'huile à moteur en plastique et glissez l'enveloppe ainsi formée sur la rallonge enroulée. Ou gardez les cordons enroulés au moyen d'une attache de sac à ordures.

Empêchez les rallonges de s'entremêler en les rangeant dans des seaux en plastique de cinq gallons. Découpez un trou dans le côté du seau, près du fond. Faites passer la fiche mâle de la rallonge à travers le trou, de l'intérieur vers l'extérieur du seau, et enroulez ensuite la rallonge et le cordon dans le seau. La rallonge ne s'emmêlera pas lorsque vous la retirerez du seau.

Rangement des outils à commande mécanique

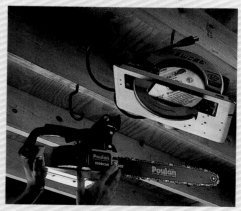

Utilisez de grands crochets gainés de caoutchouc pour entreposer les outils à commande mécanique loin du plancher, de la saleté, de l'humidité et des petits enfants qui seraient tentés de les prendre pour jouer. Fichez solidement les crochets dans les solives du plafond ou les cales qui les séparent.

Les outils à commande mécanique et les outils à main peuvent rouiller et se détériorer. Mais adopter de bonnes habitudes de rangement ralentira la rouille et prolongera la vie de vos outils. Les jeunes enfants, de par leur curiosité et leurs mains fureteuses, risquent d'endommager les outils et d'abréger leur vie, mais si vous prenez certaines précautions, vous éliminerez ce problème, qui en outre n'est pas sans danger.

Prévention de la rouille

Utilisez un déshumidificateur pour contrôler le degré d'humidité dans les endroits où vous entreposez vos outils, comme le garage ou le sous-sol. L'humidité peut faire rouiller la surface des outils et l'intérieur des moteurs des outils à commande mécanique.

Rangez les outils à main dans un tiroir dont le fond est garni d'un morceau de tapis imprégné d'huile légère. Le tapis protégera les outils contre les coups et les égratignures, et l'huile les empêchera de rouiller. Remplacez le morceau de tapis lorsqu'il est couvert de sciure de bois ou lorsqu'il est sale.

Protection des outils

Pour empêcher les enfants d'utiliser les outils à commande mécanique, introduisez des anneaux de clefs dans les petits trous des broches des fiches mâles, ou attachez-leur des petits cadenas de bagages à clé.

Enduisez de cire le mètre à ruban en acier. La cire assure le bon fonctionnement du ressort de rappel et empêche la saleté ou la graisse de coller au ruban-mesure.

Entreposage des matériaux

Si vous entreposez les matériaux avec ordre, vous les trouverez facilement lorsque vous en aurez besoin. Si vous entretenez bien vos outils, ils dureront; et si vous rangez soigneusement les peintures, teintures, colles et autres produits liquides, vous les conserverez plus longtemps.

Maximiser l'espace d'entreposage

Le mur intérieur qui surmonte une porte de garage constitue un excellent espace de rangement. Utilisez-le pour ranger les longues moulures de bois, le bois scié à longueur ou les tuyaux de plomberie. Fixez des supports en bois ou en métal aux montants ou à la rive. Les supports métalliques que l'on trouve chez tous les quincailliers se fixent sur la face avant des montants, au moyen de longues vis pour cloison sèche ou de vis tire-fond. Pour qu'ils remplissent adéquatement leur fonction, n'écartez pas les supports de plus de 36 po.

Entreposez les produits longs dans l'espace qui existe entre les solives du plafond, dans les endroits non finis comme le garage ou le sous-sol. Rapportez des fourrures aux solives au moyen de vis pour cloison sèche ou des vis tire-fond de 2 1/2 po. N'écartez pas les fourrures de plus de 36 po pour qu'elles puissent remplir efficacement leur fonction de supports. Gardez à distance les câbles ou accessoires électriques installés entre les solives. Certains propriétaires fixent des panneaux à la partie inférieure des solives et créent ainsi des rangements pour que les petites boîtes et autres articles d'atelier soient hors du chemin.

Les peintures et les colles peuvent sécher et devenir inutilisables si on ne prend pas certaines précautions. Le surplus de bois et de matériel de plomberie, après qu'on a effectué des travaux, peut former un fouillis encombrant dans l'atelier.

Si on n'y prend garde, les accessoires de fixation comme les vis, les rondelles et les clous créent du désordre dans les tiroirs de l'atelier et le fond de la boîte à outils. Les suggestions qui suivent vous aideront à trouver facilement le matériel et à diminuer le désordre.

Rangement des récipients de peinture et de colle

Étiquetez clairement les récipients de peinture et de teinture et indiquez leur contenu et la date d'utilisation du produit. Pour les retrouver facilement le jour où vous devrez faire des retouches, indiquez également les endroits particuliers où ces produits ont été appliqués.

Entreposez les flacons de colle à l'envers pour que la colle soit prête à couler lorsqu'on ouvre le flacon. Fabriquez un support approprié avec un morceau de bois de 1 po x 4 po que vous fixez au mur, et forez-y des trous pour loger les embouts.

Rangement des accessoires de fixation

Dans la plupart des ateliers, on met les vis, clous et autres accessoires de quincaillerie dans de petits contenants. Pour retrouver facilement et rapidement ce que vous cherchez, collez sur chaque boîte ou sac un spécimen de l'accessoire qu'il contient.

On perd facilement les capuchons des contenants de colle, de pâte à calfeutrer et autres produits d'atelier. Remplacez-les par des serre-fils électriques de différentes dimensions que vous trouverez dans n'importe quelle quincaillerie.

Transport des matériaux

Le transport des matériaux de construction, du parc à bois ou de la maisonnerie jusque chez soi, constitue la première étape de la plupart des travaux d'atelier, et elle pose souvent des problèmes. On peut attacher le bois de charpente sur le porte-bagages de la voiture, mais les feuilles de contreplaqué et les panneaux de

Transport des produits de dimension standard

Pour transporter une feuille standard de contreplaqué, de panneau de revêtement ou de panneau mural, formez une boucle à l'aide d'une corde ayant approximativement 18 pi de long. Passez la boucle autour des coins inférieurs de la feuille et soulevez la feuille en prenant la corde double d'une main, par le milieu. Utilisez l'autre main pour garder la feuille en équilibre.

Coupe des matériaux

Si vous connaissez les dimensions des matériaux en feuille dont vous avez besoin – contreplaqué, panneau de bois, etc., – vous pouvez faciliter leur transport en les faisant couper à dimension au parc à bois ou à la maisonnerie. Certains fournisseurs effectuent ce travail gratuitement.

Utilisation des attaches de toit

A

Fixez les matériaux sur le toit de votre voiture au moyen d'attaches revêtues de vinyle, peu coûteuses. Placez des morceaux de tapis usé en dessous des matériaux pour éviter de griffer le toit de votre voiture et centrez-y la charge.

B

Placez les attaches dans les bordures du toit, attachez-y les courroies en nylon ou les cordes et serrez la sangle qui maintient les matériaux en place.

revêtement ou les plaques de plâtre doivent être livrés par camion. Les parcs à bois livrent habituellement les matériaux moyennant un léger supplément.

Lorsque vous transportez des matériaux sur le toit de votre voiture, assurez-vous qu'ils sont bien assujettis sur le porte-bagages. S'ils dépassent en longueur le pare-chocs arrière, attachez-y un drapeau rouge à l'intention des autres automobilistes. Conduisez prudemment et évitez les démarrages et les arrêts brusques. Lorsque vous transportez de lourdes charges, telles que des sacs de sable ou de ciment, pensez à augmenter votre distance de freinage.

Transport de matériaux sur le toit d'une voiture

Faites une demi-clef à une extrémité de la barre du porte-bagages. Serrez le nœud.

Faites une deuxième demi-clef dans la corde et serrez. La demi-clef tient bien en place et elle est facile à défaire.

Passez la corde au-dessus de la charge et enroulez-la si possible autour de celle-ci. Faites un petit nœud coulant dans la corde.

Tendez la corde autour de l'autre extrémité de la barre du porte-bagages.

Passez l'extrémité de la corde dans la boucle du nœud coulant. Tirez fermement sur la corde pour assujettir le chargement sur le porte-bagages.

Attachez la corde en dessous du nœud coulant, au moyen de demi-clefs. Répétez l'opération avec l'autre barre du porte-bagages.

Utilisation des outils

Pour effectuer la plupart des réparations dont il est question dans ce livre, vous devez posséder divers outils à main et à commande mécanique. Mais ces outils ne vous seront d'aucune utilité si vous ne les utilisez pas à bon escient. Qu'il s'agisse de peindre, de forer ou de couper, vous exécuterez plus efficacement ces travaux si vous savez quel outil utiliser et comment l'utiliser. Dans les conseils que

Utilisation des tournevis

Achetez plusieurs tournevis sans fil. La plupart des modèles se vendent avec un assortiment d'embouts qui permettent d'enfoncer des vis à fente ou des vis cruciformes.

N'employez pas un tournevis comme burin ou comme levier. Un tournevis plié ou dont la pointe est émoussée risque de glisser et d'endommager la pièce à travailler, ou de vous blesser.

Les ciseaux et autres outils coupants doivent toujours être affûtés. Les outils émoussés sont dangereux parce qu'ils ont tendance à déraper.

Utilisation des pinceaux

Les pinceaux en soie assurent une meilleure finition dans la plupart des cas.

Avec les peintures au latex, utilisez de préférence les pinceaux à poils synthétiques, comme le pinceau ci-dessus, qui est constitué d'un mélange de fibres de nylon et de polyester.

Pour les petits travaux de peinture ou les retouches, vous pouvez vous servir de pinceaux spongieux, bon marché et jetables.

nous vous donnons ici, nous attirons votre attention sur les mauvaises utilisations courantes des outils et nous vous indiquons comment éviter de les endommager. En suivant nos conseils concernant l'entretien des outils, vous les utiliserez plus longtemps et vous courrez moins de risques d'accidents. Bref, vous tirerez le maximum de vos outils.

Utilisation des foreuses, des scies et des marteaux

Avant de forer dans le métal, marquez l'endroit d'un coup de pointeau qui guidera le foret.

Lorsque vous forez dans du métal, utilisez une foreuse à vitesse variable et faites-la tourner lentement pour forer en douceur, sans émousser le foret.

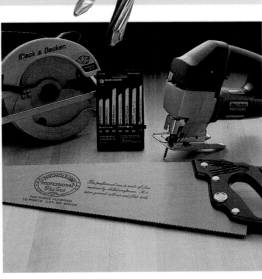

Vous pourrez effectuer une gamme étendue de tâches si vous possédez un ensemble de scies. La scie circulaire est indispensable pour scier le bois de charpente épais; la scie sauteuse scie en épousant des contours irréguliers.

Utilisez un pistolet à adhésif pour fixer les écharpes ou les renforts, ou pour attacher les petits objets qui pourraient se fendre si on les clouait.

Le marteau à panne fendue n'est pas l'outil à tout faire. Il ne doit servir qu'à enfoncer ou à arracher des clous.

Nettoyez la surface des marteaux avec du papier de verre pour éliminer les résidus provenant des clous enduits; ainsi, vous plierez moins de clous en les enfonçant.

Il existe différents types de clous pour les usages spécialisés. Le clou de toiture, à large tête, est parfait pour fixer des bardeaux, mais il est inesthétique comme clou de finition pour fixer les moulures ou la boiserie. La longueur des clous est indiquée par un chiffre compris entre 4 et 60, suivi de la lettre «d», qui signifie «penny». Dans certains cas, on identifie les clous spéciaux par leur longueur ou leur numéro de jauge. Dans d'autres cas, on les identifie par la fonction à laquelle ils sont destinés – clous pour cloisons sèches, clous à parement, clous à maçonnerie, clous à parquets.

Utilisation des clous

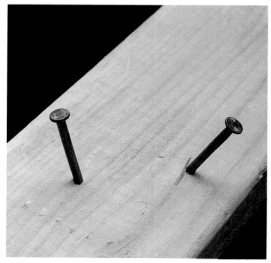

Les clous ont une meilleure résistance à l'arrachement si on les enfonce de biais que si on les enfonce tout droit.

Utilisez un marteau adapté au travail à effectuer. Le marteau de rembourreur, situé à l'arrière-plan de la photo, est aimanté pour retenir la broquette, et il est léger pour ne pas abîmer le bois.

Le clouage en biais est une bonne façon de joindre deux pièces de bois qu'on ne peut clouer aux extrémités.

Les clous de types courants sont les suivants (de gauche à droite): le clou à cloison sèche, le clou de toiture galvanisé, le clou à joint caoutchouté, le clou à béton, le clou à parquet de bois dur, le clou de charpente ordinaire, le clou de finition et le clou à deux têtes superposées.

Pour éviter de fissurer le bois, enfoncez les clous en quinconce de manière qu'ils pénètrent dans des fibres différentes.

Les vis sont classées suivant leur longueur, leur type d'empreinte, la forme de leur tête ou leur numéro de jauge. La grosseur d'une vis est indiquée par son numéro de jauge: plus élevé est le numéro de jauge, plus grosse est la vis. Les grosses vis ont une meilleure résistance à l'arrachement; les vis minces risquent moins de fendre la pièce à travailler.

Utilisation des vis

Fraisez un avant-trou pour noyer la tête de la vis, en utilisant ce foret combiné.

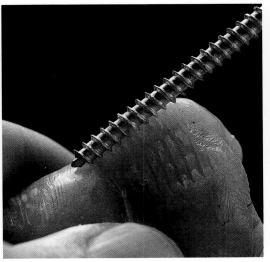

Lubrifiez une vis avec de la cire d'abeille pour pouvoir la visser plus facilement au moyen d'un tournevis ou d'une visseuse.

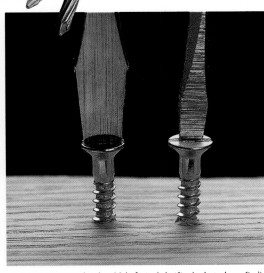

Choisissez un tournevis adapté à la fente de la tête de vis. La lame étroite du tournevis de droite risque de glisser et d'endommager la tête de vis ou la pièce à travailler.

Pour forer un avant-trou bien adapté, choisissez un foret de diamètre légèrement inférieur à celui du corps de la vis.

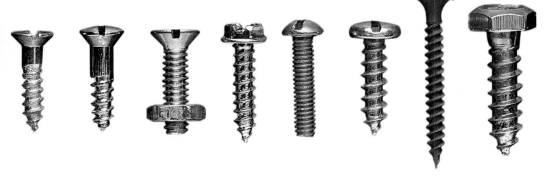

Les différents types de vis sont les suivants: la vis à bois à tête plate, la vis à bois à tête ovale, la vis à métaux avec écrou, la vis à rondelle, utilisée pour fixer les panneaux en fibre de verre, la vis à métaux, la vis autotaraudeuse, la vis à cloison sèche et la vis tire-fond.

RÉPARATIONS
INTÉRIEURES

L'intérieur de votre maison est le cadre de vos activités journalières. Ce chapitre vous aidera à entretenir les éléments de votre intérieur de manière à améliorer le confort et l'attrait de votre demeure sans alourdir inutilement vos dépenses.

Réparations intérieures

La majorité des réparations que vous effectuerez dans votre demeure seront probablement des réparations intérieures. Qu'il s'agisse d'un petit travail – replâtrer un mur ou resserrer les vis d'une charnière d'armoire de cuisine, par exemple – ou d'un travail important – comme le remplacement d'un parquet – les réparations intérieures auront toujours des répercussions sur le confort et l'attrait de votre demeure. Dans cette section, vous apprendrez à entretenir, à protéger et à réparer votre sous-sol, les murs intérieurs, les plafonds, les escaliers, les planchers, les portes, les fenêtres, les armoires et les revêtements de comptoir. Nous parlerons de la peinture, du plâtrage, de l'isolation, de la protection à l'épreuve des intempéries et nous aborderons de nombreux autres domaines avec lesquels vous devrez vous familiariser. Inspirez-vous des programmes d'entretien que vous trouverez à la fin de ce livre pour établir l'ordre de priorité de vos travaux d'entretien et de réparation. La plupart des travaux courants ne requièrent ni budget particulier ni aide professionnelle, surtout si vous avez pris l'habitude d'entretenir soigneusement l'intérieur de votre maison.

Travailler en toute sécurité

Lorsque vous effectuez des réparations intérieures, faites preuve de bon sens et respectez certains principes élémentaires de sécurité, que nous évoquons pour mémoire.

Si le travail doit s'effectuer à proximité du câblage électrique – même s'il ne s'agit que de peindre un mur autour d'une prise ou d'un interrupteur – prenez le temps de revoir les règles élémentaires de sécurité en électricité (page 395). On oublie facilement qu'une foule de travaux peuvent avoir une incidence sur le câblage électrique qui parcourt les murs et les plafonds. Une règle fondamentale: ne pas travailler à proximité de fils sous tension. Avant d'exposer les conducteurs d'un accessoire, d'un interrupteur ou d'une prise, coupez l'alimentation en courant du panneau de distribution principal. Une fois que les conducteurs

Avant de travailler à proximité de conducteurs sous tension, débranchez le circuit qui alimente cette partie de la maison en électricité.

Un ventilateur portatif installé dans la fenêtre est un moyen facile d'aérer l'endroit où vous effectuez des travaux de peinture ou de ponçage.

sont à nu, vérifiez, au moyen d'un vérificateur de circuit au néon, si le courant est bien coupé.

Si le travail implique l'utilisation d'outils à commande mécanique, sachez comment les utiliser en toute sécurité avant d'entamer le travail. Si vous n'êtes pas habitué à utiliser un outil, exercez-vous au préalable sur des déchets et n'oubliez jamais que les cordons électriques doivent rester à l'écart des lames tranchantes. Créez un milieu de travail sécuritaire en utilisant la ventilation et l'éclairage appropriés. Une ventilation efficace est particulièrement importante lorsque le travail – le ponçage et la peinture, ou le décapage et la finition de la boiserie, par exemple – produit de la poussière ou des vapeurs. Un ventilateur portatif peut rendre bien des services à cet égard; il

suffit de le placer dans une fenêtre ouverte en l'orientant de manière qu'il aspire les particules et les vapeurs et les envoie à l'extérieur de la pièce. Portez des habits adaptés au travail à effectuer, en particulier si vous utilisez des outils à commande mécanique. Ne portez ni vêtements lâches, ni montre, ni bijoux; attachez vos cheveux en queue de cheval s'ils sont longs. Nombreux sont les travaux qui requièrent le port de gants de travail, de lunettes de sécurité, d'un masque antipoussières, de bouchons d'oreille et de bottes robustes et antidérapantes. Une ceinture à outils bien conçue est un bon investissement. En plus de faciliter l'accès à vos outils, elle vous évitera sans doute de laisser traîner un outil dans un endroit dangereux, sur le barreau d'une échelle, par exemple.

Conseil utile

Avant d'entamer un travail important, familiarisez-vous avec les procédures à suivre pour couper l'électricité, l'eau et l'alimentation en combustible de la maison.

Étiquetez soigneusement les vannes d'arrivée d'eau et de gaz ainsi que le panneau de distribution (pages 390 et 391). Ces simples gestes réduiront le temps que vous devrez consacrer à ces opérations chaque fois que vous vous lancerez dans des travaux.

Tenue de travail

Une ceinture à outils et des bottes robustes et antidérapantes sont des pièces d'équipement importantes pour la sécurité.

Posséder l'équipement de sécurité de base rendra vos travaux de réparation et d'entretien plus sécuritaires tout en vous assurant plus de confort. L'équipement montré ici comprend des gants de travail, un serre-tête antibruit, un masque antipoussières et des lunettes de sécurité.

Sous-sols

Les gouttières défectueuses, les tuyaux brisés ou qui fuient, la condensation et les infiltrations sont les causes les plus courantes de la présence d'humidité dans les sous-sols. Pour éviter que les murs et les planchers ne subissent des dommages, il faut trouver la cause des traces d'humidité et effectuer les réparations appropriées.

La condensation apparaît habituellement pendant les mois d'été. Elle est souvent due à une évacuation insuffisante de l'air de la sécheuse. Pour l'éliminer, vérifiez et réglez le raccord de ventilation de la sécheuse, ou installez un déshumidificateur.

Les infiltrations se produisent lorsque l'eau contenue dans le sol entourant le bâtiment pénètre dans le sous-sol par des fissures ou des trous dans la fondation. Si l'infiltration est minime, il suffit généralement de remplir ces cavités d'un produit étanche. C'est la dimension des ouvertures et la fréquence des infiltrations qui déterminent le meilleur moyen de rendre les surfaces étanches. Si les infiltrations sont occasionnelles, il suffit généralement de boucher les ouvertures et de revêtir les murs d'une couche de produit de scellement à maçonnerie et de peinture. Si les infiltrations sont fréquentes, il faut boucher les ouvertures et revêtir les murs d'une couche de béton. Et si le problème persiste, il ne reste qu'à évacuer par un drain l'eau recueillie dans une plinthe creuse.

Diagnostic des problèmes courants

Quatre-vingt-quinze pour cent des problèmes d'humidité des sous-sols se manifestent par une accumulation d'eau près de la fondation (**photo A**). L'apparition de l'humidité dans le sous-sol est souvent causée par des gouttières ou des tuyaux de descente des eaux pluviales obstrués, rouillés, ou qui ne sont pas suffisamment écartés de la maison. Pour éviter ces problèmes, réparez les gouttières et les tuyaux de descente abîmés et assurez-vous qu'ils déversent l'eau suffisamment loin de la fondation (pages 214 à 217 et page 31). Vérifiez ensuite la pente du sol autour de la maison et, si nécessaire, modifiez-la pour qu'elle descende en s'éloignant de la fondation (page 30).

Si la peinture des murs du sous-sol s'écaille, c'est signe qu'une infiltration d'eau est prisonnière entre le mur et la peinture (**photo B**). Pour déterminer la cause de l'humidité présente sur les murs du sous-sol, collez sur le mur des morceaux de feuille d'aluminium autocollante (**photo C**). Si des traces d'humidité apparaissent sur la surface des morceaux de feuille métallique, l'humidité est probablement due à la condensation. Sinon, elle est sans doute due à une infiltration. Les taches peuvent gâcher l'aspect du plancher en béton d'un sous-sol (**photo D**). Enlevez-les au moyen d'un produit commercial de nettoyage pour béton ou d'un des nombreux produits chimiques mis sur le marché à cet effet (page 27). Pour protéger les surfaces de béton contre les taches, rendez-les étanches en leur appliquant un produit de scellement imperméable pour maçonnerie (page 26).

Les tuyaux gelés sont fréquemment source de problèmes dans les sous-sols et les vides sanitaires non chauffés. Empêchez les tuyaux de geler dans ces endroits en les isolant. Pour dégeler un tuyau, coupez l'arrivée d'eau principale et chauffez le tuyau à l'aide d'un pistolet chauffant ou d'un sèche-cheveux (**photo E**).

Les murs continuellement exposés à l'humidité se fissurent et finissent par se désagréger (**photo F**). Pour les rendre étanches et éviter qu'ils ne se détériorent davantage, obturez les fissures et les trous de plus de $\frac{1}{8}$ po (page 28) et rendez les murs étanches à l'aide d'un produit de scellement pour maçonnerie ou d'un revêtement en béton (page 26).

La présence d'humidité dans le sous-sol est souvent due à des gouttières et des tuyaux de descente défectueux, ou à un mauvais nivellement du sol.

La peinture des murs du sous-sol s'écaille si de l'eau reste emprisonnée entre le mur et la peinture.

Déterminez la cause des traces d'humidité sur les murs du sous-sol en collant des carrés de feuille d'aluminium sur le mur.

On peut faire disparaître les taches sur le plancher du sous-sol à l'aide d'un nettoyant à béton et on peut les prévenir en recouvrant le plancher d'un produit de scellement pour maçonnerie.

Après avoir coupé l'arrivée d'eau principale, utilisez un pistolet chauffant ou un sèche-cheveux pour dégeler l'eau des tuyaux gelés.

Des fissures apparaissent dans les murs continuellement exposés à l'humidité et ceux-ci finissent par se désagréger.

Protection des murs et des planchers

Protection au moyen d'un produit de scellement

Protégez les murs du sous-sol contre l'humidité en assurant leur étanchéité au moyen d'un produit de scellement imperméable pour maçonnerie, qui empêchera l'humidité de s'infiltrer.

Les produits de scellement imperméables pour maçonnerie sont vendus sous forme de poudre contenant du ciment. Il faut les mélanger à de l'eau et les étendre sur des murs humides.

Commencez par nettoyer les murs à l'aide d'un nettoyant ménager et d'une brosse métallique. Rincez les murs à l'eau au moyen d'une éponge. Mélangez le produit de scellement avec de l'eau dans un grand récipient, en suivant les instructions du fabricant. Avec un robuste agitateur, brassez vivement le mélange jusqu'à obtention d'un mélange pâteux.

À l'aide d'un pinceau à poils raides, appliquez le produit sur les murs humides, en veillant à couvrir complètement la surface – y compris les joints de mortier entre les briques ou les blocs – **(photo A)**.

Laissez sécher le produit de scellement, puis appliquez-en une seconde couche. Assurez-vous que le produit couvre uniformément et complètement la surface des murs.

Outils: *Brosse métallique, robuste agitateur, pinceau à poils raides.*

Matériel: *Nettoyant ménager, éponge, grand récipient, produit de scellement imperméable pour maçonnerie.*

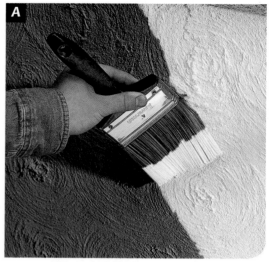

Appliquez le produit de scellement sur des murs humides, au moyen d'un pinceau.

Protection au moyen d'une couche de béton

Réparez la surface des murs de maçonnerie qui présentent de nombreuses fissures en y appliquant une couche de béton, après avoir rempli les fissures ou les trous de plus de 1/8 po (page 28).

Mélangez 1 part de ciment avec 2 1/2 parts de sable à mortier et ajoutez de l'eau jusqu'à obtention d'un plâtre épais. Avant d'appliquer la couche de béton, frottez les murs à l'aide d'une brosse métallique et rincez-les à l'eau en utilisant une éponge. Tandis que les murs sont encore humides, appliquez-y, à l'aide d'une truelle, une couche de mélange de 1/4 po d'épaisseur **(photo B)**. Lorsque le mélange aura partiellement séché, grattez la surface au moyen des dents d'un outil à nettoyer les rouleaux de peinture **(photo C)**. Après 24 heures, appliquez-y une seconde couche. Attendez 24 heures, puis aspergez le mur d'un brouillard d'eau, deux fois par jour, pendant trois jours.

Outils: *Brosse métallique, éponge, truelle, outil à nettoyer les rouleaux de peinture.*

Matériel: *Ciment, sable à mortier.*

Étalez une couche de 1/4 po d'épaisseur du mélange de béton sur les murs, au moyen d'une truelle.

Grattez la couche de béton avec les dents d'un outil à nettoyer les rouleaux de peinture.

Protection par la peinture

La peinture imperméable pour maçonnerie empêche les composés minéraux des surfaces en béton, en briques ou en blocs de se dissoudre dans l'eau, de migrer à travers la peinture et de durcir à la surface en formant un film blanc, poussiéreux, appelé *efflorescence*. La peinture pour maçonnerie est vendue en couleurs standard, mais vous pouvez obtenir la couleur désirée à partir d'une teinte mère.

Outils: *Foreuse munie d'une brosse métallique circulaire, brosse métallique, agitateur, pinceau à poils raides.*

Matériel: *Apprêt pour maçonnerie, peinture imperméable pour maçonnerie.*

Comme dans tout travail de peinture, il faut soigneusement préparer la surface et utiliser un apprêt de qualité pour obtenir le fini désiré. Pour préparer les murs, nettoyez les joints en mortier des murs de briques ou de blocs, en utilisant une foreuse munie d'une brosse métallique circulaire. Éliminez toute trace de peinture, de saleté, de moisissure ou de dépôts minéraux à l'aide d'une brosse métallique

(**photo D**). Rincez les murs à l'eau pour assurer l'adhérence de l'apprêt et de la peinture subséquents.

Après avoir laissé sécher les murs, appliquez l'apprêt pour maçonnerie au moyen d'un pinceau à poils raides (**photo E**). Laissez complètement sécher l'apprêt avant d'appliquer, conformément aux instructions du fabricant, la peinture pour maçonnerie préalablement mélangée à l'aide d'un agitateur.

Frottez les murs à l'aide d'une brosse métallique.

Appliquez l'apprêt pour maçonnerie avant de peindre.

Élimination des taches

En nettoyant régulièrement les planchers de béton, on prévient leur détérioration par l'huile et les sels de dégivrage. Pour le nettoyage général, utilisez un nettoyant à béton. Imbibez d'eau la surface à nettoyer avant d'y appliquer le produit et suivez les instructions du fabricant pour son application. Rincez

généreusement la surface après le nettoyage, pour éliminer toute trace de solution.

La plupart des nettoyants à béton n'enlèvent pas les taches d'huile sur les planchers. Pour éliminer ces taches, mélangez de la sciure de bois à du diluant à peinture et appliquez le mélange sur les taches. Le

diluant fragmente la tache, et la sciure absorbe l'huile. Balayez la sciure et recommencez l'opération, le cas échéant (**photo F**).

Pour enlever les autres taches courantes, consultez le tableau suivant pour trouver la méthode la plus appropriée.

Solutions de solvants pour les taches courantes sur les briques, les blocs et le béton

Efflorescence: *Frottez la surface à l'aide d'une brosse à poils raides. Utilisez un nettoyant ménager en solution pour les surfaces très sales.*

Taches de rouille: *Aspergez ou frottez directement la tache avec une solution aqueuse de cristaux d'acide (préparée conformément aux instructions du fabricant).*

Taches de peinture: *Enlevez les taches de peinture fraîche à l'aide d'une solution aqueuse de phosphate trisodique, en suivant les instructions de mélange du fabricant. Normalement, on peut ôter les taches de vieille peinture en les frottant vigoureusement, ou par sablage au jet.*

Taches de fumée: *Frottez la surface avec un nettoyant ménager contenant un agent de blanchiment, ou utilisez une solution aqueuse d'ammoniac.*

Enlevez les taches d'huile avec de la sciure mélangée à du diluant à peinture.

Prévention de l'humidité et des fuites

Obturation des trous et des fentes

Le moyen le plus rapide d'obturer les petits trous dans le béton, c'est de les remplir de produit de calfeutrage au latex, teint en gris. Si le trou a plus de 1 po de profondeur, bourrez-le d'un morceau d'isolant en fibre de verre qui servira de base au produit de calfeutrage **(photo A)**. S'il s'agit d'obturer de petits trous dans les joints de mortier des murs de sous-sol en briques ou en blocs, faites-le en rejointoyant le mur (page 222).

Lorsque les trous sont plus grands, utilisez un agent liant au latex et un produit de ragréage à béton pour faire la réparation. Nettoyez le trou avec une brosse métallique et, à l'aide d'un aspirateur à main, enlevez la saleté et les débris qu'il contient. Enduisez les bords du trou de liant liquide au latex. Mélangez le produit de ragréage avec de l'eau, puis avec du liant liquide. Introduisez le mélange dans le trou et lissez la surface au moyen d'un couteau flexible **(photo B)**.

C'est la dimension de la fente qui détermine la méthode et le matériel de réparation à utiliser. Lorsque les fentes sont étroites (moins de ¼ po de large), vous pouvez les obturer efficacement avec un produit de calfeutrage à béton, gris. Lorsqu'elles sont plus larges, utilisez plutôt un bouche-fentes ou du ciment de ragréage fortifié et suivez la méthode préconisée pour réparer les fentes extérieures dans la maçonnerie (page 255). Il est essentiel de bien préparer la surface fissurée pour qu'elle offre une bonne adhérence. Enlevez les morceaux de maçonnerie abîmée au moyen d'un burin de maçon et d'une brosse métallique **(photo C)**. Nettoyez la surface à l'aide d'un aspirateur à main.

Introduisez le produit de calfeutrage au latex dans la fente au moyen d'un pistolet à calfeutrer **(photo D)**. Lissez, à l'aide d'un couteau à mastiquer ou d'une truelle, le produit de calfeutrage pour qu'il comble complètement la fente **(photo E)**.

Outils : Pistolet de calfeutrage, couteau à mastiquer ou truelle, burin de maçon, brosse métallique, aspirateur à main.

Matériel : Produit de calfeutrage au latex, isolant en fibre de verre, liant au latex, produit de ragréage à béton.

Bourrez d'isolant en fibre de verre les trous de plus de 1 po de profondeur.

Lissez la surface du mélange de ragréage à béton à l'aide d'un couteau flexible.

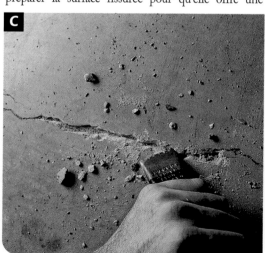

Enlevez les débris de maçonnerie au moyen d'un burin et d'une brosse métallique.

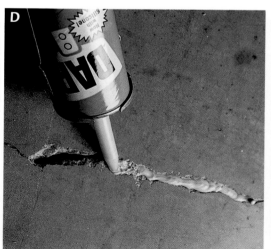

Introduisez du produit de calfeutrage au latex dans la fente.

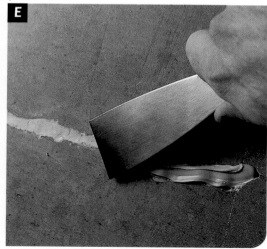

Lissez le produit de calfeutrage à l'aide d'un couteau à mastiquer ou d'une truelle.

Plinthes creuses et drains intérieurs

Dans les sous-sols où il est impossible ou malcommode de prévenir l'accumulation d'humidité, on peut canaliser celle-ci et l'évacuer par un drain de plancher. Prévoyez un système de plinthes creuses qui longe bas des murs humides du sous-sol et laissez une ouverture en face de chaque drain de plancher.

Il faut préparer les murs à recevoir le système de plinthes. Pour que les murs en briques ou en blocs ne subissent aucune pression hydrostatique, forez à leur base, à l'aide d'une foreuse munie d'un foret à béton de ½ po, une série de trous espacés de 1 pi **(photo F)**. Si les murs sont peints ou revêtus d'un produit de scellement, dénudez-les sur une hauteur de 3 po, à partir du plancher. Pour ôter la peinture, servez-vous d'une foreuse munie d'une meule à peinture et portez des lunettes de sécurité. Essuyez les résidus de poussière et de peinture avec un linge ou une éponge humides.

Placez une section de coin de plinthe creuse prémoulée dans chaque encoignure. À l'aide d'un marqueur, tracez sur le plancher le pourtour de la base des sections de coin. Pour couper les sections de plinthe creuse et les ajuster, placez-les bout à bout pour couvrir la distance qui sépare les marques des sections de coin. Avec une scie à métaux, sciez chaque section à la bonne longueur.

Occupez-vous d'une section à la fois et appliquez-lui un cordon d'adhésif de ½ po de haut, le long de la base. Retournez la section et placez l'extrémité contre la marque de la section de coin indiquée sur le plancher. Placez la section de manière que le dessus soit appuyé contre le mur et que la base se trouve à ¼ po du mur. Pressez doucement la section contre le plancher et appliquez un cordon d'étanchéité entre la section et le plancher **(photo G)**. Installez les autres sections de la même façon, en laissant 3 po entre chacune d'elles.

Lorsque toutes les sections d'un mur sont installées, déposez un cordon d'adhésif aux extrémités de chacune d'elles, sauf dans les coins. Raccordez les sections adjacentes en les aboutant avec un raccord commun et en rendant les joints étanches à l'aide d'un produit de scellement.

Après avoir raccordé les sections de chaque pan de mur, installez les sections de coin. Appliquez de l'adhésif sur leurs arêtes et glissez-les en place de haut en bas **(photo H)**.

Installez un capuchon sur chaque extrémité ouverte de la plinthe creuse, sauf si l'extrémité aboutit dans le drain de plancher **(photo I)**.

À l'endroit de l'ouverture faisant face au drain de plancher, placez, perpendiculairement au mur, deux longueurs en bois de section carrée, de ½ po de côté, s'étendant jusqu'au drain, qui guideront l'eau sortant par les extrémités de la plinthe creuse **(photo J)**.

> **Outils:** Foreuse munie d'un foret à béton de ½ po, meule métallique à arracher la peinture, scie à métaux, pistolet à calfeutrer.
>
> **Matériel:** Adhésif, sections de plinthe de canalisation, raccords d'about, raccords de coin, longueurs de bois de section carrée de ½ po de côté.

Forez, à la base des murs humides, des trous de drainage écartés de 1 pi.

Calfeutrez le joint entre la base de la plinthe creuse et le plancher.

Installez les sections de coin en les glissant en place, de haut en bas.

Installez des capuchons aux extrémités ouvertes de la plinthe creuse.

Placez les morceaux de bois perpendiculairement à la plinthe creuse.

Correction de la pente du sol autour de la fondation

Il arrive que la pente du sol dirige l'eau vers la fondation plutôt que de l'en éloigner, ce qui risque de causer des infiltrations dans les murs du sous-sol. Pour corriger cette situation, nivelez le sol de manière qu'il présente une pente de ¾ po par pied en s'éloignant de la maison. Pour ce faire, mesurez la pente et corrigez-la en ajoutant ou en retirant de la terre végétale, selon les endroits. Les entrepreneurs en terrassement vendent et livrent de la terre végétale.

Commencez par enfoncer une paire de piquets dans le sol, le premier près de la fondation et l'autre à au moins 8 pi de celle-ci. Tirez une ficelle munie d'un niveau de ligne entre les deux piquets et tendez-la pour qu'elle soit horizontale. Ensuite, fixez des repères en ruban adhésif sur la ficelle, à 1 pi d'intervalle.

Mesurez la distance entre la ficelle et le sol, à chaque repère **(photo A)**. Basez-vous sur ces mesures pour ajouter ou enlever de la terre et obtenir le nivellement désiré. Commencez le travail près de la fondation et ajoutez de la terre jusqu'à ce que le sol atteigne le niveau voulu. À l'aide d'un râteau, étalez uniformément la terre sur une petite surface **(photo B)**. Au fur et à mesure que vous progressez dans votre travail de nivellement, vérifiez si la pente est bien de ¾ po par pied. Ajoutez et retirez de la terre jusqu'à ce que le sol ait partout la pente voulue. Répétez le même processus de distance en distance.

Utilisez un fouloir à main pour compacter légèrement le sol **(photo C)**, en prenant garde de ne pas comprimer le sol exagérément. Ce travail terminé, retirez les cailloux et les mottes au moyen d'un râteau de nivellement. Commencez près de la fondation et ratissez dans le sens de la pente **(photo D)**. Répétez le processus, section par section, jusqu'à ce que toute la surface entourant la maison soit nivelée.

Outils: *Niveau de ligne, mètre à ruban, pelle, brouette, râteau de jardin, fouloir à main, râteau de nivellement.*

Matériel: *Piquets, ficelle, ruban adhésif, terre végétale.*

Fixez des repères en ruban adhésif sur la ficelle à 1 pi de distance, puis mesurez la distance entre la ficelle et le sol.

Utilisez un râteau pour étaler le sol en vérifiant et en ajustant la pente au fur et à mesure que vous progressez dans votre travail.

Compactez légèrement le sol nivelé avec un fouloir à main.

Ratissez avec un râteau de nivellement en ligne droite dans le sens de la pente pour enlever les roches, touffes et débris.

Prolongement des tuyaux de descente

Les gouttières sont conçues pour canaliser l'eau de votre toit et la déverser à une certaine distance de votre maison. Souvent, l'eau s'accumule trop près de la fondation et elle s'infiltre dans le sous-sol. On peut résoudre ce problème en rallongeant les tuyaux de descente qui amèneront l'eau plus loin de la maison.

Vous pouvez rallonger les tuyaux de descentes de plusieurs façons, qui se différencient par les matériaux utilisés. Votre choix dépendra de la circulation piétonnière à l'extérieur de la maison et de vos préférences.

La solution la plus répandue consiste à abouter, au tuyau de descente existant, une certaine longueur d'un tuyau identique **(photo E)**. Coupez une nouvelle section de 6 à 8 pi de long dans une longueur de tuyau de descente, à l'aide d'une scie à métaux **(photo F)**.

Raccordez la nouvelle section au tuyau de descente, au moyen d'un coude de gouttière galvanisé **(photo G)**. Placez un bloc parapluie à l'extrémité de la nouvelle section, afin de disperser l'eau sur la pelouse **(photo H)**.

Pour les tuyaux de descente qui se trouvent à proximité de sentiers, de patios ou d'autres endroits à grande circulation, vous trouverez dans le commerce des rallonges de tuyaux de descente ad hoc. On peut également installer un manchon déroulant, à l'extrémité du tuyau de descente. Ces manchons s'assujettissent solidement à l'extrémité du tuyau de descente et se déroulent automatiquement lorsqu'ils se remplissent d'eau. Dès que l'eau cesse de couler du toit, le manchon s'enroule automatiquement. Et finalement, on peut installer à la base du tuyau de descente un coude articulé qui permet de rabattre la rallonge vers le haut lorsqu'elle gêne le passage.

Outils: Mètre à ruban, scie à métaux.

Matériel: Tuyau de descente, bloc parapluie, rallonges de tuyaux de descente (le cas échéant), coudes articulés (le cas échéant).

Rallongez les tuyaux de descente qui déversent l'eau trop près de la maison.

Sur une longueur de tuyau de descente, mesurez une section de 6 à 8 pi de long et coupez-la au moyen d'une scie à métaux.

Raccordez la section coupée au tuyau de descente, au moyen d'un coude de gouttière galvanisé.

Placez un bloc parapluie à la sortie de la nouvelle section.

Murs et plafonds

Les murs et les plafonds bien entretenus créent une atmosphère agréable, économisent l'énergie et étouffent les bruits des autres pièces. Mais les murs finissent par s'abîmer. Ils se fissurent souvent dans les coins lorsqu'une maison neuve prend sa place ou qu'une maison vieillit, et il arrive que l'humidité endommage les plafonds si elle arrive à s'infiltrer dans une de leurs cavités.

Réparer les trous, les fissures de la structure, les taches et les dommages causés par l'eau aux plaques de plâtre n'est pas compliqué. Vous pouvez boucher les petits trous et remplacer les surfaces abîmées plus étendues. Replâtrer les murs est un travail un peu plus exigeant, mais n'importe qui peut le faire. Il vaut mieux vérifier l'état général des murs et des plafonds avant d'effectuer des réparations. S'ils sont spongieux ou présentent d'importantes bosses ou fissures, louez les services d'un professionnel pour recouvrir ou remplacer toute la surface endommagée.

Outils et matériel

Les maisonneries et les quincailleries vendent une multitude de produits qui permettent de rapiécer les murs et les plafonds, de remplir leurs fissures et de camoufler ces réparations. Les outils les plus pratiques, utilisés pour réparer les murs et les plafonds, sont: la truelle, la scie à plaque de plâtre, le pistolet chauffant et le pistolet à adhésif, la pince à carreau, le couteau à plaque de plâtre, le chercheur de goujons, la seringue à adhésif, l'alène, le rouleau à papier peint et le couteau universel.

Le matériel spécial comprend les liants, qui améliorent l'adhérence des produits de rebouchage, ainsi que le papier de verre industriel dont la surface ouverte ne se colmate pas par la poussière.

Les outils utilisés pour réparer les murs et les plafonds sont: la truelle à adhésif (1), la scie à plaque de plâtre (2), le pistolet chauffant (3), le pistolet à adhésif (4), la pince à carreau (5), les couteaux à plaque de plâtre (6), le pinceau à boiseries (7), le chercheur de goujons (8), la seringue à adhésif (9), l'alène (10), le rouleau à papier peint (11), le couteau universel (12) et l'aplanissoir (13).

Le matériel de réparation des murs comprend les produits de remplissage des joints et des fissures, les produits de ragréage, les adhésifs et les liants, les détachants, les fixations murales, les produits de calfeutrage, le coulis, le papier de verre.

Enlèvement des taches rebelles

La plupart des maisonneries et des quincailleries vendent toute une variété de produits permettant d'enlever les taches sur les murs peints. Essayez les nouveaux produits dans des endroits dissimulés avant de les adopter pour de bon. Appliquez le détachant sur un linge propre et sec, et frottez doucement la tache **(photo A)**. Si vous ne parvenez pas à enlever complètement la tache, recouvrez l'endroit de vernis à la gomme laque et repeignez-le. Le vernis à la gomme laque empêchera les taches de réapparaître à travers la nouvelle couche de peinture. Appliquez un vernis à la gomme laque blanc **(photo B)** et laissez-le sécher complètement. Repeignez ensuite l'endroit, en veillant à ce que la nouvelle peinture se fonde dans la surface qui l'entoure.

Les produits spéciaux, conçus pour nettoyer les surfaces peintes, permettent parfois d'enlever les taches.

Recouvrez les taches récalcitrantes d'une couche de vernis à la gomme laque pigmenté avant de repeindre l'endroit.

Enlèvement de la moisissure

Avant de nettoyer un mur avec un agent de blanchiment, lavez-le à l'eau savonneuse. Mais si les taches sont causées par la moisissure, elles résisteront à l'eau savonneuse.

Pour détruire les spores de la moisissure, lavez le mur à l'eau de Javel **(photo C)**. Portez des gants en caoutchouc et des lunettes protectrices, et protégez les surfaces environnantes.

Lavez le mur avec une solution de phosphate trisodique, en suivant les instructions du fabricant **(photo D)**. Rincez le mur à l'eau claire.

NOTE: Ne mélangez jamais les produits contenant de l'ammoniac à un nettoyant.

Lavez les taches de moisissure à l'aide d'un nettoyant. Travaillez prudemment et protégez vos vêtements et les surfaces environnantes contre l'action du nettoyant.

Lavez une nouvelle fois l'endroit à la solution de phosphate trisodique et rincez-le à l'eau claire.

Ragréage de la peinture qui s'écaille

Repeindre un endroit dont la peinture s'écaille ne sert qu'à une chose: garantir que la peinture s'écaillera de nouveau. Pour effectuer une réparation permanente, commencez par gratter toute la peinture écaillée, en utilisant un couteau à mastiquer ou un grattoir à peinture **(photo E)**.

Appliquez du plâtre à reboucher au bord de la peinture écaillée, à l'aide d'un couteau à mastiquer ou d'un couteau flexible à plaque de plâtre **(photo F)**.

Laissez l'endroit sécher complètement et polissez-le ensuite avec du papier de verre 150. Lorsque la surface réparée est lisse et que vous ne sentez aucune résistance sur son pourtour, peignez l'endroit, en veillant à ce que la nouvelle peinture se fonde dans celle qui l'entoure.

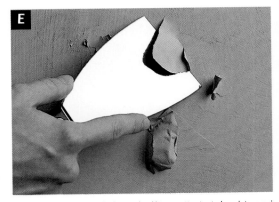

Au moyen d'un couteau à plaque de plâtre, grattez toute la peinture qui s'écaille.

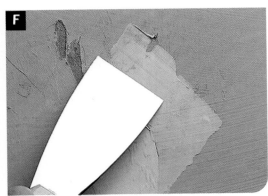

Ragréez l'endroit gratté avec du vernis à la gomme laque, en veillant à ce que le vernis se fonde dans la surface environnante.

Replâtrage

Les murs de plâtre sont formés de différentes couches. Derrière la surface de plâtre se trouve une couche de lattes de bois, de métal ou de plâtre qui soutient la surface. Les *clefs*, qui se forment lorsque le plâtre est pressé à travers les lattes ou entre celles-ci, maintiennent le plâtre sec contre le plafond ou le mur.

Avant de replâtrer un endroit, assurez-vous de son bon état général. Si les lattes sont abîmées ou que le plâtre qui entoure l'endroit est mou, consultez un professionnel.

Utilisez un liant liquide au latex pour obtenir une bonne adhérence et une réparation résistante, sans fissures. Le liant liquide vous dispense d'humidifier le plâtre et la latte pour éviter le séchage prématuré et le retrait du plâtre et, conséquemment, pour éviter de gâcher la besogne. Vous trouverez plusieurs versions de ce produit sur le marché. Renseignez-vous sur les différents produits en lisant la littérature destinée aux consommateurs ou demandez à votre quincaillier de vous recommander une bonne marque.

Outils: *Couteaux à plaque de plâtre, pinceau.*

Matériel: *Vernis à la gomme laque, mélange à plaque de plâtre, plâtre de rebouchage, ruban en fibre de verre pour plaque de plâtre, liant liquide au latex, papier de verre, peinture.*

Remplissage des fissures

Grattez la texture de surface et les particules de plâtre détaché autour de la fissure. Renforcez l'endroit de la fissure à l'aide de ruban de fibre de verre autocollant pour plaque de plâtre.

Appliquez le vernis à la gomme laque ou le mélange à plaque de plâtre **(photo A)** de sorte qu'il forme une mince couche sur le ruban – une couche trop épaisse se fissurerait plus facilement.

Ajoutez, si nécessaire, une deuxième couche, plus mince, pour recouvrir les bords du ruban. Lissez légèrement au papier de verre **(photo B)** et recouvrez ensuite l'endroit réparé d'une couche d'apprêt. Refaites la texture de la surface (page 35).

Recouvrez le ruban pour plaque de plâtre d'une mince couche de vernis à la gomme laque ou de mélange à plaque de plâtre.

Lissez la surface avec du papier de verre. Recouvrez l'endroit d'une couche d'apprêt. Refaites la texture de la surface, si nécessaire.

Remplissage des petites entailles et des petits trous

Pour bien remplir les petites entailles et les petits trous dans le plâtre, vous devez d'abord obtenir une surface d'accrochage propre. Grattez les particules de plâtre détaché ou la peinture qui s'écaille, ou frottez l'endroit avec du papier de verre **(photo C)**.

Remplissez le trou d'un mélange à plaque de plâtre léger **(photo D)**. Utilisez le plus petit couteau qui dépasse en largeur l'endroit à réparer. Laissez sécher le mélange. Frottez légèrement l'endroit réparé avec du papier de verre industriel 150 **(photo E)**.

Débarrassez l'endroit de la poussière au moyen d'un linge sec et propre. Ensuite, recouvrez l'endroit d'une couche d'apprêt et d'une couche de peinture, en veillant à ce que celle-ci se fonde dans celle qui l'entoure.

Éliminez les particules de plâtre détaché ou la peinture écaillée en grattant la surface ou en la frottant au papier de verre.

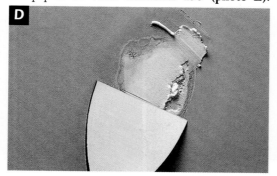

Remplissez le trou de mélange léger à plaque de plâtre.

Frottez la surface légèrement au papier de verre, recouvrez-la d'une couche d'apprêt et repeignez-la.

Replâtrage des gros trous

Avant d'entamer la réparation d'un gros trou, assurez-vous que la latte à l'arrière est solide. Frottez les bords du trou au papier de verre pour qu'ils soient lisses et fermes et offrent une bonne adhérence au plâtre, ou grattez-les pour éliminer la texture de surface ou la peinture détachée **(photo F)**.

À l'aide d'un couteau à plaque de plâtre, vérifiez l'état du plâtre qui entoure l'endroit endommagé. Grattez le plâtre détaché ou ramolli **(photo G)**.

Appliquez une généreuse couche de liant liquide au latex sur les bords du trou et sur la latte **(photo H)**. Le liant liquide accroît l'adhérence du plâtre et

l'empêche de se fissurer ou de se décoller lorsqu'il sèche.

Mélangez le plâtre en suivant les instructions du fabricant et remplissez-en le trou au moyen d'un couteau à plaque de plâtre **(photo I)**. Une seule couche peut suffir à remplir les trous peu profonds, mais prenez garde de ne pas appliquer trop de mélange d'un coup, car les couches épaisses ont tendance à se fissurer malgré la présence de liant liquide.

Remplissez les trous plus profonds en commençant par une mince couche que vous quadrillez quand le plâtre est encore humide **(photo J)**. Laissez

sécher et appliquez ensuite une deuxième couche de plâtre. Laissez sécher, puis frottez légèrement au papier de verre l'endroit réparé.

Recréez la texture de la surface en utilisant de la peinture texturée ou du mélange à plaque de plâtre **(photo K)**. C'est la texture que vous voulez reproduire qui déterminera si vous devez utiliser un rouleau, un petit balai, une truelle, une éponge ou un pinceau. Exercez-vous sur un morceau de carton épais jusqu'à ce que vous arriviez à reproduire la surface du mur. Recouvrez l'endroit d'un apprêt et repeignez-le.

Grattez la texture de surface et la peinture écaillée de l'endroit à réparer.

Débarrassez les bords du trou des particules de plâtre détaché ou ramolli.

Appliquez une généreuse couche de liant liquide au latex sur le pourtour du trou et sur la latte.

Remplissez d'une seule couche de plâtre les trous peu profonds.

Remplissez les trous plus profonds d'une première couche mince et quadrillez-la tant qu'elle est encore humide. Puis, ajoutez la deuxième couche.

Reproduisez la texture de surface en utilisant de la peinture texturée ou du mélange à plaque de plâtre. Recouvrez l'endroit réparé d'une couche d'apprêt et repeignez-le.

Réparation des plaques de plâtre

Le replâtrage des trous et la dissimulation des clous saillants sont les réparations les plus courantes que demandent les plaques de plâtre. Vous pouvez simplement remplir les trous de petite dimension, mais il faut soutenir le plâtre lorsque la réparation est plus importante. Pour ce faire, la plaque de plâtre et le contreplaqué sont, parmi les nombreux produits offerts, des produits particulièrement économiques et efficaces.

Outils: Pistolet à vis, marteau, couteau à plaque de plâtre, pinceau, scie à plaque de plâtre.

Matériel: Vis à plaque de plâtre, mélange à plaque de plâtre, ruban à plaque de plâtre, déchets de contreplaqué, papier de verre, emplâtre à peindre (si nécessaire).

Reclouage des clous apparents

À mesure que le bois de la structure sèche, dans une maison, les clous ont tendance à sauter et à ressortir du mur **(photo A)**. C'est également le cas lorsque les plaques de plâtre ont été mal assujetties. Pour éviter que ces problèmes ne se reproduisent, utilisez des vis à plaque de plâtre pour les réparations: leur tige filetée les empêche de sauter.

Pour renfoncer les clous sautés, pressez fermement la plaque de plâtre contre son poteau d'ossature murale ou son entretoise et vissez une nouvelle vis à environ 2 po du clou sauté **(photo B)**. Assurez-vous de bien enfoncer la vis dans un poteau ou une entretoise et vissez-la jusqu'à ce que la tête soit légèrement enfoncée sous la sur-

face de la plaque de plâtre. Grattez toute trace de peinture et de plâtre détaché et renfoncez le clou jusqu'à ce que la tête soit un peu en retrait de la surface du mur **(photo C)**. Remplissez les deux creux de mélange à plaque de plâtre. Laissez sécher complètement, frottez l'endroit avec du papier de verre, si nécessaire, et repeignez-le.

A

Le problème des fixations sautées des plaques de plâtre – et particulièrement les clous – est un problème courant.

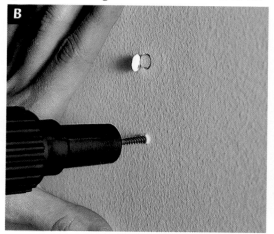

Pressez la plaque de plâtre contre son support et enfoncez une vis à environ 2 po du clou sauté.

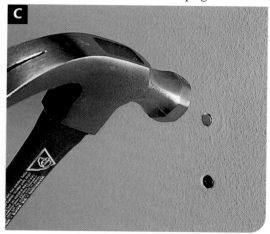

Renfoncez le clou sauté, remplissez les creux et faites les retouches de peinture.

Replâtrage des petits trous

Examinez l'endroit abîmé. Si les bords du trou ne présentent pas de fissures, remplissez simplement le trou d'un mélange à plaque de plâtre, laissez sécher et lissez la surface avec du papier de verre **(photo D)**.

Si les bords du trou sont fissurés, couvrez le trou d'un morceau de surface maillée autocollante. Ces surfaces, dont l'âme des mailles est en métal, sont résistantes, et vous pouvez les découper et leur donner la forme désirée.

À l'aide d'un couteau à plaque de plâtre ou à mastiquer, appliquez sur la surface maillée une mince couche de vernis à la gomme laque ou de mélange à plaque de plâtre **(photo E)**. Laissez sécher, puis ajoutez la deuxième couche et attendez qu'elle soit presque sèche. Pour lisser l'endroit réparé sans produire trop de poussière, servez-vous d'une éponge humide ou de papier abrasif à l'eau **(photo F)**.

Lorsque l'endroit est complètement sec, appliquez-y une couche d'apprêt et repeignez-le, en veillant à ce que la peinture se fonde dans la surface qui l'entoure.

Remplissez les renfoncements lisses de mélange à plaque de plâtre; ensuite, faites les retouches de peinture.

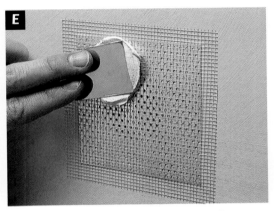

Couvrez les trous à bords déchiquetés d'un morceau de filet que vous recouvrirez de deux couches de vernis à la gomme laque ou de mélange à plaque de plâtre.

Utilisez une éponge humide ou du papier abrasif à l'eau pour polir l'endroit réparé, avant d'y étendre une couche d'apprêt et de le repeindre.

Replâtrage des gros trous

Délimitez l'endroit abîmé au moyen d'une équerre de charpentier **(photo G)**. À l'aide d'une scie à plaque de plâtre ou d'une scie sauteuse, découpez la partie endommagée.

Installez des lamelles en contreplaqué ou en plaque de plâtre qui serviront de supports. Utilisez un pistolet à vis pour enfoncer des vis à plaque de plâtre de 1 ¼ po qui fixeront les lamelles, si elles sont en contreplaqué **(photo H)**. Si vous utilisez des lamelles en plaque de plâtre, collez-les avec de la colle chaude.

Découpez une pièce en plaque de plâtre dont la surface est légèrement inférieure à l'ouverture. Laissez un espace d'au moins ⅛ po tout autour de la pièce pour le mélange à plaque de plâtre – si la pièce est trop ajustée à l'ouverture, l'adhérence des bords au mur sera compromise. Recouvrez les fentes de ruban à plaque de plâtre **(photo I)** et appliquez le mélange à plaque de plâtre avant d'achever la réparation comme ci-dessus.

Tracez les lignes de découpage autour du trou et découpez la partie de mur qui est abîmée, au moyen d'une scie à plaque de plâtre.

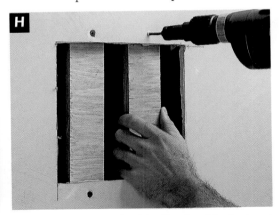

Placez des lamelles en contreplaqué dans l'ouverture, à l'arrière du mur, et vissez-les au mur.

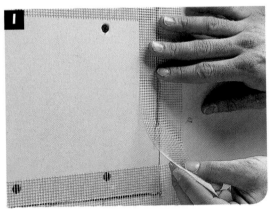

Vissez la pièce aux lamelles servant de supports. Couvrez les joints de ruban à plaque de plâtre et terminez la réparation en appliquant du mélange à plaque de plâtre.

Réparation des panneaux

Le terme générique de «panneaux» désigne les différents produits de revêtement mural en bois que l'on trouve dans le commerce. Il est possible d'installer des panneaux à rainure et languette, mais les feuilles de 4 pi x 8 pi en contreplaqué préfini de ¼ po d'épaisseur sont les plus couramment utilisées.

Les panneaux en contreplaqué préfini sont durables; ils peuvent remplir leur fonction pendant des décennies sans nécessiter la moindre réparation. Leur entretien se résume généralement à un dépoussiérage ou à un lavage à l'aide d'un linge humide et de savon doux.

Il arrive néanmoins que les panneaux exigent des réparations mineures. Les entailles superficielles disparaissent facilement sous une mince couche de cire pâteuse, et il suffit d'un crayon à retouche pour faire disparaître la plupart des petites éraflures.

Les fabricants déconseillent d'essayer de polir localement les panneaux avec des produits abrasifs ou de tenter de reconstituer leur fini de surface.

Photo: courtoisie de Broyhill Furniture Industries, Inc.

Remplacement des panneaux

Les dommages les plus courants que subissent les panneaux sont les trous et les dommages causés par l'eau. Si les panneaux ont subi des dommages importants, la seule façon de les réparer est de remplacer les feuilles abîmées.

Si les panneaux datent de quelques années et que vous avez du mal à trouver des feuilles semblables dans les cours à bois ou les maisonneries, renseignez-vous auprès des propriétaires de cours de récupération. Achetez les panneaux à l'avance, pour pouvoir les conditionner avant l'installation. Pour ce faire, placez-les dans la pièce, verticalement, en les séparant par des intercalaires pour que l'air circule librement entre des feuilles. Laissez les feuilles dans cette position pendant 24 heures si elles doivent être installées au-dessus du niveau du sol et pendant 48 heures si elles doivent être installées sous le niveau du sol.

Avant de poursuivre les travaux, déterminez sur quoi s'adossent les panneaux. Les codes du bâtiment exigent souvent que les panneaux soient soutenus par des plaques de plâtre. L'idée est bonne, même quand le code ne l'exige pas, car le support que fournit la plaque de plâtre empêche le gauchissement du panneau et constitue une couche supplémentaire d'isolant acoustique. Mais si les panneaux sont soutenus par des plaques de plâtre, celles-ci peuvent également nécessiter des réparations, surtout si les dommages sont causés par l'eau; et l'enlèvement des panneaux peut s'avérer plus difficile si ceux-ci sont collés à des plaques de plâtre ou à un mur de maçonnerie. Quoi qu'il en soit, il vaut mieux être au courant de la situation avant de découper les panneaux.

Au bout du compte, coupez l'électricité qui alimente cette partie de la maison et retirez les obturateurs de prise et les plaques d'interrupteur des feuilles à remplacer. Pour enlever un panneau endommagé, détachez soigneusement les plinthes et les moulures supérieures **(photo A)**. Pour ce faire, créez un espace au moyen d'un couteau à plaque de plâtre ou à

mastiquer et insérez-y un levier pour écarter la garniture du mur. Retirez-en tous les clous.

Tracez une ligne verticale, du sommet du panneau jusqu'en bas, à 3 po ou 4 po du bord. Placez ensuite la lame d'une équerre de charpentier le long de la ligne et coupez le panneau au moyen d'un couteau à tapis **(photo B)**. Si vous exercez une pression suffisante sur

> **Outils:** *Couteau à plaque de plâtre, couteau à mastiquer, levier plat, équerre de charpentier, couteau à tapis, marteau, ciseau, pistolet à calfeutrer, maillet en caoutchouc, chasse-clou.*
>
> **Matériel:** *Panneaux de rechange, peinture à pulvériser, adhésif à panneaux, clous de panneaux assortis à la couleur, intercalaires, clous de finition, crayons à mastic, bouche-pores.*

le couteau, vous devriez arriver à découper le panneau en une ou deux passes. Si vous éprouvez des difficultés à traverser toute l'épaisseur du panneau, cassez-le le long de la ligne entamée, à l'aide d'un marteau ou d'un ciseau.

Insérez un levier sous le panneau, en commençant par le bas (photo C). Écartez le panneau du mur, en montant et enlevez les clous au fur et à mesure. Une fois que la partie centrale du panneau est enlevée, écartez les parties étroites qui restent le long des bords. Après avoir enlevé complètement le panneau, grattez l'ancien adhésif au moyen d'un couteau à mastiquer ou d'un ciseau.

Si, à ce moment, vous avez accès au pare-vapeur, vérifiez son état et réparez-le si nécessaire. S'il s'agit d'une réparation sous le niveau du sol, assurez-vous de la présence d'une feuille de polyéthylène de 4 mils entre le mur extérieur et les panneaux.

Si cela n'a pas été fait précédemment, peignez ou teintez la surface du mur à l'endroit où les deux panneaux se rejoignent. La peinture dans une couleur qui correspond aux bords ou aux rainures des panneaux estompe les joints, surtout si le panneau se rétrécit ou prend sa place après l'installation.

Faites les découpes nécessaires et logez le nouveau panneau dans l'ouverture en vérifiant l'orientation des flèches indicatrices qu'il porte à l'arrière. Appliquez des cordons d'adhésif à panneaux, en zigzag, de haut en bas, à l'arrière du panneau, en espaçant les cordons de 16 po et en les arrêtant à environ 2 po de chaque bord; répétez l'opération autour de chaque découpe.

Clouez provisoirement la partie supérieure du panneau, à l'aide de clous de la même couleur. En suivant les instructions du fabricant d'adhésif, placez des intercalaires pour maintenir le panneau écarté du mur pendant le temps qu'il faut à l'adhésif pour prendre.

Lorsque l'adhésif a pris, appuyez le panneau contre le mur et martelez-le légèrement le long des montants d'ossature avec un maillet en caoutchouc, afin de lier solidement l'adhésif au mur (photo D).

Enfoncez des clous de finition à la base du panneau pour le maintenir en place pendant que l'adhésif sèche. Pour épargner le fini de surface du panneau, enfoncez les clous jusqu'à 1/8 po de la surface et terminez le travail avec un chasse-clou.

Replacez la plinthe et les moulures et remplissez les trous faits par les clous.

Écartez la plinthe et les moulures supérieures à l'aide d'un levier plat et enlevez les clous.

Découpez le panneau de haut en bas, à 3 po ou 4 po de chaque bord.

À partir du bas, écartez du mur la partie centrale du panneau.

Appliquez l'adhésif à l'arrière du panneau; martelez légèrement le panneau le long du joint pour assurer une bonne liaison.

Réparation des carreaux de céramique

Les carreaux de céramique sont durables et ils n'exigent presque pas d'entretien, mais comme certains autres matériaux de la maison, ils peuvent se briser ou causer des problèmes. Le problème le plus fréquent des carreaux de céramique est celui des joints de coulis qui se détériorent. Le coulis abîmé est peu attrayant, mais le réel danger qu'il présente est d'offrir un point d'entrée à l'eau. Si l'eau parvient à s'infiltrer sous le coulis, elle peut détériorer la base du carreau et même détruire tout le travail de pose qui a été effectué. Il est donc important de rejointoyer les carreaux de céramique dès que le coulis présente des signes de faiblesse. Un carreau de céramique ne se fissure et ne se brise normalement pas, à moins que sa base

ne soit entamée ou qu'il ne subisse un choc important, appliqué au bon endroit. Il n'est pas difficile de remplacer un carreau, mais il est parfois malaisé de l'enlever. En procédant prudemment, avec les outils appropriés, on peut enlever un carreau brisé sans causer d'autres dommages. Pour éviter les taches et l'accumulation de minéraux sur les carreaux, essuyez-les après la douche ou le bain, ou aspergez-les d'un produit destiné à éliminer les dépôts de minéraux et la moisissure. Le fonctionnement du ventilateur d'extraction, pendant le bain ou la douche, protège les surfaces des carreaux contre la moisissure tout en facilitant l'évacuation de l'air humide de la salle de bains.

NOTE: Avant les années 1960, les carreaux de céramique étaient installés sur une base de maçonnerie. Si vos carreaux sont de cette génération, faites faire les réparations par un professionnel.

Outils: *Alène, couteau universel, aplanissoir, marteau, ciseau, pince à carreau, coupe-carreaux ou coupe-verre loués, compas, râpe à bois.*

Matériel: *Carreaux de rechange, adhésif à carreaux, ruban-cache, coulis, alcool à friction, produit de scellement à la silicone ou au latex.*

Rejointoiement des carreaux de céramique

Lorsque vous remplacez le coulis d'un mur de carreaux de céramique, choisissez un coulis prémélangé résistant aux taches et à la moisissure. Grattez complètement le vieux coulis, afin de laisser une base propre, prête à recevoir le coulis neuf **(photo A)**. Une alène ou un couteau universel permettent de bien effectuer ce travail. Prenez le temps qu'il faut: il est facile d'enlever le coulis, mais bien l'enlever demande

plus de temps que l'on pense. Une fois le coulis enlevé, retirez les carreaux brisés et remplacez-les (page 41).

Nettoyez et rincez les joints de coulis et étendez du coulis sur toute la surface du carreau, au moyen d'un aplanissoir en mousse ou d'une éponge **(photo B)**. Faites bien pénétrer le coulis dans les joints. Laissez-le prendre légèrement et finissez la surface au moyen

d'un objet arrondi comme le manche d'une brosse à dents. Enlevez le coulis excédentaire au moyen d'un linge humide **(photo C)**.

Lorsque le coulis est sec, enlevez le résidu et polissez les carreaux. Appliquez le cordon de scellement (page 42). N'utilisez pas la douche ou la baignoire pendant 24 heures.

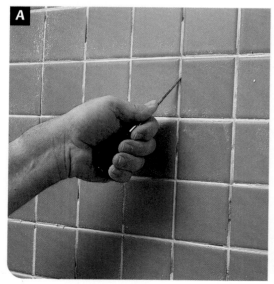
Grattez le vieux coulis au moyen d'une alène ou d'un couteau universel.

Étalez le coulis sur les carreaux et faites-le pénétrer dans tous les joints.

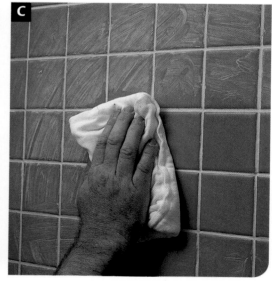
Frottez le résidu de coulis et polissez les carreaux avec un linge doux et sec.

Enlèvement et remplacement des carreaux brisés

À l'aide d'un couteau universel ou d'une alène, grattez précautionneusement le coulis des joints entourant le carreau. Cassez le carreau endommagé en plusieurs morceaux, en utilisant un marteau ou un ciseau. Retirez les morceaux **(photo D)** et utilisez un couteau universel pour gratter les débris ou l'ancien adhésif qui se trouvent dans l'ouverture.

Si le carreau à remplacer est entier, logez-le dans l'ouverture. S'il s'agit d'un morceau de carreau, coupez un morceau identique. Couper un carreau avec un coupe-carreau est un processus en deux étapes: tracez d'abord la ligne de coupe en appuyant fortement sur l'outil; ensuite, donnez un brusque coup de manche pour casser le carreau. Si vous ne disposez pas d'un coupe-carreau, faites le trait de coupe à l'aide d'un coupe-verre, tenez le carreau en porte-à-faux sur l'arête d'un plan de travail, le trait parallèle à l'arête, et donnez un coup sec vers le bas sur le côté libre du carreau. Il devrait se briser le long du trait de coupe. Si vous devez couper le carreau suivant une courbe, marquez la courbe à l'aide d'un compas et utilisez une pince à carreaux pour détacher de petits morceaux de carreaux jusqu'à ce que vous atteigniez la courbe tracée. Polissez les bords coupés au moyen d'une râpe à bois.

Ajustez le nouveau carreau dans l'ouverture et assurez-vous que sa surface est au même niveau que ne l'était l'ancienne. Étendez de l'adhésif sur la surface arrière du nouveau carreau, logez-le dans l'ouverture en le faisant légèrement bouger latéralement pour vous assurer qu'il touche bien le mur **(photo E)**. Utilisez du ruban-cache pour tenir le carreau en place pendant 24 heures et permettre à l'adhésif de sécher complètement.

Enlevez le ruban-cache et appliquez le coulis prémélangé, en utilisant une éponge ou un aplanissoir à coulis **(photo F)**. Laissez le coulis prendre légèrement et lissez-le ensuite avec un objet rond comme le manche d'une brosse à dents. Essuyez le coulis excédentaire au moyen d'un linge humide.

Laissez le coulis sécher pendant une heure avant de polir le carreau avec un linge propre et sec **(photo G)**.

Enlevez le coulis des joints entourant le carreau, brisez le carreau et retirez-le à l'aide d'un marteau et d'un ciseau.

Appliquez de l'adhésif à l'arrière du nouveau carreau, logez-le dans l'ouverture et pressez-le fermement contre le mur. Laissez sécher pendant 24 heures.

Appliquez le coulis prémélangé au moyen d'une éponge ou d'un aplanissoir à coulis.

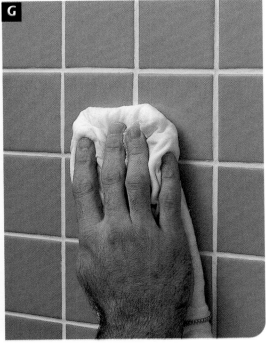

Laissez sécher le coulis, puis polissez le carreau avec un linge propre et sec.

Scellement d'une baignoire ou d'une cabine de douche

Le cordon de produit de scellement qui assure habituellement l'étanchéité des joints entre les carreaux de céramique et la baignoire finit par se détériorer, livrant passage à l'eau à cet endroit. Si vous ne refaites pas ce joint, l'eau finira par détruire la base des carreaux et le mur.

Pour pouvoir refaire ce joint autour de la baignoire ou dans une cabine de douche, il faut avant tout que la surface soit parfaitement sèche. Laissez si possible la baignoire ou la douche sécher pendant quelques jours avant d'entreprendre cette réparation.

Grattez l'ancien coulis ou le produit de scellement à l'aide d'une alène ou d'un ouvre-boîtes **(photo A)**. Essuyez la mousse de savon qui reste dans les joints avec un linge propre et sec, trempé dans de l'alcool à friction.

Remplissez lentement la baignoire, sans laisser l'eau éclabousser les murs ou pénétrer dans les joints. Sceller la baignoire lorsqu'elle est remplie d'eau empêche le joint de se fissurer la première fois qu'on remplit la baignoire, après la réparation.

Si un joint tend à moisir, lavez-le avec un produit qui tue les spores de la moisissure (vous en trouverez dans les quincailleries et les maisonneries). Lorsqu'il est complètement sec, remplissez le joint de produit de scellement à la silicone ou au latex **(photo B)**.

Mouillez le bout du doigt avec de l'eau froide pour qu'il ne colle pas au produit de scellement et lissez le produit de scellement du bout du doigt en lui donnant la forme d'une moulure à gorge **(photo C)**. Lorsque le produit de scellement est sec, enlevez l'excès de produit au moyen d'un couteau universel.

Vous pouvez éviter les étapes de nettoyage du joint et de façonnage du cordon de scellement en utilisant du cordon autocollant préformé: il suffit de le débarrasser de sa pellicule protectrice et de le presser en place **(photo D)**.

Grattez l'ancien cordon de scellement et nettoyez le joint.

Remplissez la baignoire d'eau avant de déposer un cordon de scellement.

Lissez le cordon de scellement. Enlevez l'excédent de produit lorsqu'il est sec.

Le cordon de scellement autocollant est facile à appliquer.

Remplacement des accessoires muraux

Les porte-serviettes, porte-savons et autres accessoires de salle de bains se détachent parfois des murs, surtout s'ils sont mal installés ou mal supportés.

Vous limiterez les réparations à effectuer aux murs si vous retirez prudemment les anciens accessoires. Et les nouveaux accessoires seront mieux accrochés si vous les fixez dans une cale murale ou un poteau mural. S'il n'y en a pas à l'endroit où vous désirez installer les accessoires, utilisez des fixations spéciales **(photo E)**, comme les boulons à ailettes ou à cheville, qui permettent d'attacher les accessoires directement aux panneaux muraux ou aux plaques de plâtre. Pour que les vis tiennent solidement dans les murs à carreaux de céramique, forez des avant-trous dans lesquels vous introduirez des manchons en plastique qui se dilatent lorsqu'on y introduit une vis.

> **Outils:** Marteau, ciseau, couteau universel, truelle à encoches, tournevis.
>
> **Matériel:** Accessoires de remplacement, fixations spéciales adaptées aux besoins, adhésif à séchage rapide pour carreaux, ruban-cache, coulis.

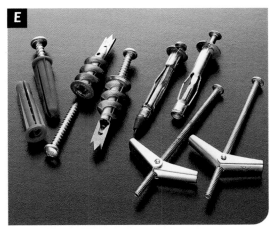

Les fixations permettent d'attacher solidement les accessoires muraux.

Remplacement des accessoires encastrés

Enlevez soigneusement l'accessoire endommagé, en suivant la méthode préconisée pour l'enlèvement de carreaux de céramique abîmés (page 41). À l'aide d'un couteau universel ou à mastiquer, grattez l'adhésif et le coulis collés autour de l'endroit.

Appliquez de l'adhésif à séchage rapide au dos du nouvel accessoire **(photo F)** et pressez-le ensuite à sa place.

Utilisez du ruban-cache pour maintenir l'accessoire en place pendant que l'adhésif sèche **(photo G)**. Laissez l'adhésif sécher complètement (12 à 24 heures) avant de jointoyer l'endroit (page 40).

Utilisez une truelle à encoches pour appliquer de l'adhésif à séchage rapide au dos de l'accessoire.

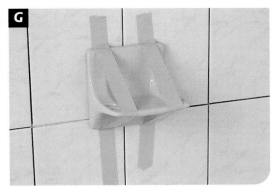

À l'aide de ruban-cache, maintenez l'accessoire en place jusqu'à ce que l'adhésif soit sec. Jointoyez l'endroit.

Remplacement des accessoires montés en applique

Poussez l'accessoire monté en applique vers le haut, en dehors de la plaque de montage **(photo H)**. Si les vis de la plaque de montage sont fixées dans une cale murale ou un poteau mural, accrochez le nouvel accessoire à sa place. Mais si les vis sont mal supportées, remplacez-les par des fixations spéciales, comme des boulons à ailettes ou à cheville. Sur des carreaux en céramique, utilisez des manchons en plastique.

Pour que l'ensemble soit étanche et que les vis tiennent mieux, dans les endroits fortement humides, appliquez un peu de produit de scellement à la silicone dans les avant-trous et sur la pointe des vis avant de les installer **(photo I)**. Laissez sécher le produit de scellement et installez ensuite les nouveaux accessoires sur leur plaque de montage.

Enlevez les accessoires montés en applique en les poussant vers le haut, en dehors de leur plaque de montage.

Mettez une goutte de produit de scellement à la silicone dans chaque trou et sur chaque pointe de vis; fixez ensuite les plaques de montage sur le mur.

Réparation du papier peint mural

Rares sont les papiers peints modernes qui sont réellement en papier. Les «papiers peints muraux» actuels peuvent être en vinyle, en papier ou tissu recouverts de vinyle, en textiles divers, en toile naturelle, en feuil ou en Mylar. Les papiers peints muraux en vinyle et en papier recouvert de vinyle ont beaucoup de succès parce qu'ils sont faciles à nettoyer et à réparer; les autres types de papiers peints exigent parfois que l'on prenne des mesures spéciales. Les papiers peints muraux en toile de ramie ou en tissu floqué, par exemple, ne peuvent être lavés ni même rincés à l'eau.

Les joints décollés et les bulles d'air comptent parmi les problèmes les plus courants que posent les papiers peints, mais il est facile de les réparer, comme vous le constaterez en lisant cette section. Les endroits éraflés, déchirés ou tachés peuvent être si parfaitement remplacés que plus rien ne paraît.

Lorsque vous installez du papier peint, gardez les déchets pour d'éventuelles réparations. Nous vous recommandons également de noter le nom du fabricant ainsi que les numéros de modèle et de lot des différents papiers peints que vous achetez. Inscrivez ces renseignements sur un morceau de ruban-cache que vous collerez à l'intérieur d'une des plaques d'interrupteur de la pièce.

Si vous devez réparer un endroit et que vous ne disposez d'aucun déchet, enlevez une section de papier peint d'un endroit peu visible, comme l'intérieur d'un placard ou l'arrière d'une porte. Vous pourrez camoufler cet endroit en le peignant dans une couleur qui se fond dans le papier peint qui l'entoure.

> **Outils:** *Rouleau à bords, seringue à adhésif, éponge, couteau universel.*
>
> **Matériel:** *Tampon à papier peint, adhésif, ruban-cache amovible, déchets de papier peint mural.*

Renouvellement du papier peint mural

Avant de nettoyer du papier peint mural, demandez-vous quelle est la méthode la plus appropriée. Si vous disposez de déchets, lisez la description du produit au dos de celui-ci: elle vous indiquera la méthode de nettoyage à suivre. Certains papiers peints muraux peuvent être *lavés* avec du savon doux et une éponge. D'autres sont assez résistants pour être *brossés* avec une brosse douce.

Certaines taches s'enlèvent avec une gomme ou un tampon à papier peint **(photo A)**, que l'on trouve dans la plupart des maisonneries et magasins de peinture.

Il faut recoller les bords décollés dès que possible, car on peut facilement les accrocher et les déchirer. Soulevez le bord du papier peint et insérez le bout d'un applicateur à colle **(photo B)** dans l'ouverture. Déposez de l'adhésif sur le mur et pressez le bord en place. Si le type de papier peint mural le permet, passez fermement le rouleau à bords sur l'endroit réparé et essuyez ensuite l'adhésif excédentaire avec une éponge humide propre. Si le papier est gaufré ou floqué, pressez-le en place avec les doigts, sans plus, car un rouleau risquerait d'écraser le motif.

Utilisez un tampon à papier peint pour enlever les taches des papiers peints muraux non lavables.

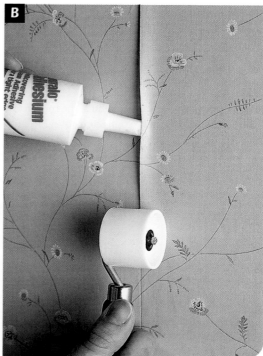

Pour supprimer les bords décollés, injectez de l'adhésif sous le papier et pressez celui-ci en place, puis passez le rouleau à cet endroit.

Rapiéçage du papier peint mural

La technique de la «double coupe» vous permet de rendre le rapiéçage virtuellement invisible. Commencez par fixer, à l'aide de ruban-cache, un morceau de déchet de papier peint sur l'endroit abîmé **(photo C)**. Utilisez du ruban-cache amovible, vous pourrez ainsi placer le morceau de manière qu'il coïncide parfaitement avec le motif du papier peint mural existant.

Découpez une pièce à travers les deux couches de papier peint, en utilisant un couteau universel **(photo D)**. Prenez une nouvelle lame, pour que la coupe soit nette, ainsi la pièce coïncidera parfaitement avec le motif du papier existant. Enlevez la pièce découpée et mouillez la partie coupée du papier peint mural endommagé, afin de pouvoir la décoller facilement du mur. Prenez garde en la soulevant de ne pas abîmer les bords du papier mural existant.

Appliquez de l'adhésif à l'arrière de la pièce découpée et placez-la soigneusement dans le trou, en l'ajustant pour que son motif coïncide parfaitement avec celui du papier existant. Essuyez doucement l'endroit avec une éponge mouillée propre **(photo E)**.

Collez un morceau de déchet sur l'endroit endommagé, en ajustant très précisément le motif.

Découpez une pièce à travers les deux couches de papier peint; enlevez la pièce découpée et décollez du mur la partie endommagée.

Posez soigneusement la pièce et enlevez l'excédent d'adhésif avec une éponge humide.

Enlèvement des bulles

Sous certains éclairages, les bulles d'air dans le papier peint mural sont très visibles et elles sont particulièrement inesthétiques. Pour faire disparaître une bulle, faites une entaille au bord de la bulle, à l'aide d'un couteau universel muni d'une lame neuve **(photo F)**. S'il s'agit d'un papier peint mural à motifs, suivez la ligne d'un motif pour dissimuler l'entaille.

Introduisez le bout d'une seringue à adhésif sous le bord de la coupure et appliquer un peu d'adhésif sur le mur **(photo G)**. Répétez l'opération de l'autre côté de l'entaille. Étendez un peu d'adhésif sur le mur, à l'endroit de la bulle.

Pressez délicatement le papier peint mural pour qu'il colle bien au mur. Si le papier peut être mouillé, utilisez une éponge humide. Sinon, vos doigts propres feront parfaitement l'affaire. Lorsque les bords commencent à sécher, essuyez soigneusement l'excédent d'adhésif.

Faites une entaille à travers la bulle.

Appliquer un peu d'adhésif sur le mur, sous la bulle.

Pressez le papier peint contre le mur. Essuyez l'excédent d'adhésif.

Réparation des moulures de garnissage

Il n'y a aucune raison de laisser une moulure abîmée enlaidir une pièce bien entretenue. Avec les outils appropriés et en prêtant un peu d'attention aux détails, vous pourrez rapidement et facilement la réparer.

Les maisonneries et les cours à bois vendent toutes sortes de moulures, mais elles risquent de ne pas avoir en stock les moulures que l'on rencontre dans les anciennes maisons. Si vous ne trouvez pas les reproductions que vous cherchez, allez voir dans les cours de récupération: on y conserve parfois d'anciennes moulures qui ne sont plus fabriquées. Ou essayez de combiner plusieurs moulures pour reproduire celle que vous n'avez pas trouvée.

Outils: *Leviers plats (2), scie à chantourner, scie à onglets, foreuse, marteau, chasse-clou.*

Matériel: *Déchets de bois, moulures de remplacement, clous de finition 2d, 4d et 6d, bois en pâte.*

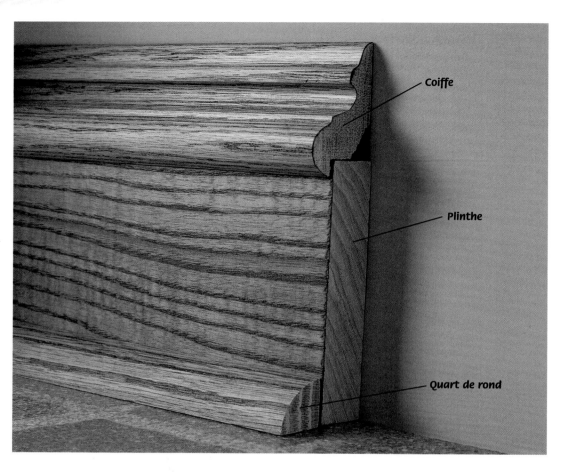

Coiffe

Plinthe

Quart de rond

Enlèvement des plinthes endommagées

Utilisez le principe du levier plutôt que la force pure pour enlever les plinthes sans abîmer le mur.

Commencez par retirer le quart de rond à l'aide d'un levier plat **(photo A)**. Quand vous avez fait sauter quelques clous, déplacez le levier le long du quart de rond et continuez d'écarter celui-ci de la plinthe.

Les plinthes sont normalement fixées à la semelle du mur et à chaque poteau mural. Pour les écarter du plancher et du mur, utilisez deux leviers plats et des blocs de bois propres **(photo B)**. N'oubliez pas que la moindre pression du levier sur une plaque de plâtre risque de l'abîmer: protégez le mur avec un gros morceau de bois plat.

Introduisez un des leviers sous la moulure, et l'autre entre la plinthe et le mur. Actionnez les leviers en sens opposés pour enlever la plinthe.

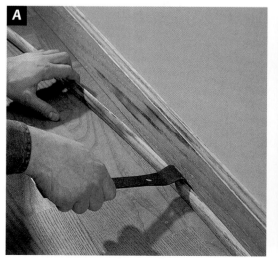

Introduisez un levier plat derrière le quart de rond et actionnez-le vers le haut pour détacher le quart de rond.

Utilisez des blocs de bois comme protection et comme point d'appui des leviers pour soulever la plinthe et l'écarter du mur.

Remplacement des plinthes

Pour assembler les plinthes dans les coins intérieurs des murs, les charpentiers utilisent la technique d'assemblage appelée à *contre-profil*. Elle englobe plusieurs méthodes, mais le principe de base consiste à couper l'extrémité d'une plinthe de manière qu'elle épouse parfaitement le profil d'une autre extrémité de plinthe. Avec un peu d'habitude, on y arrive facilement, mais il faut disposer d'une scie à chantourner, petite scie à main munie d'une lame flexible, très mince, qui permet d'effectuer des coupes arrondies. Commencez le travail sur un mur qui se termine par deux coins intérieurs. Coupez les extrémités de la plinthe à angle droit et placez-les contre les murs adjacents, dans les coins intérieurs. Forez des avant-trous pour que le bois ne se fissure pas et fixez la plinthe à chaque poteau mural, au moyen de deux clous 6d, alignés verticalement.

Pour assembler l'extrémité de la plinthe de retour, coupez un morceau de déchet de plinthe de manière que ses faces soient parfaitement d'équerre (**photo C**). Coupez également d'équerre l'extrémité de la plinthe de retour. Placez le morceau de déchet sur la face arrière de cette plinthe, de manière que la face arrière du morceau de déchet soit dans le même plan que la tranche de la plinthe de retour. À l'aide d'un crayon aiguisé, tracez le contour du morceau de déchet sur la face arrière de la plinthe de retour. Avec la scie à chantourner, découpez la plinthe de retour en suivant le contour tracé et en gardant la lame de la scie perpendiculaire à la face de la plinthe. Essayez de loger l'extrémité chantournée et ajustez-la en la recoupant si nécessaire (**photo D**). Pour assembler les plinthes aux coins extérieurs, commencez par placer l'extrémité de la plinthe dans le coin intérieur et marquez l'autre extrémité à l'endroit où la plinthe rencontre le coin extérieur du mur (**photo E**). Coupez l'extrémité à 45°, au moyen d'une scie à onglets à commande mécanique ou d'une scie à main et d'une boîte à onglets. Fixez les joints à onglets avec des clous de finition 4d (page 49).

Installez le quart de rond le long de la base des plinthes. Faites des joints à onglets à l'intérieur et à l'extérieur des coins, et fixez le quart de rond avec des clous de finition 2d.

Essayez que les moulures installées soient d'une seule pièce. Si la portée est trop longue, joignez les parties de moulures au moyen de joints à 45° (**photo F**). Ce type de joint, appelé joint en *biseau*, cache bien l'écart qui peut apparaître si le bois se contracte. Enfoncez tous les clous plus profondément que le niveau de la surface, au moyen d'un chasse-clou. Remplissez ensuite les trous avec du bois en pâte.

Tracez le profil de la plinthe sur la face arrière de la nouvelle pièce.

Placez l'extrémité chantournée contre la face de l'autre plinthe.

Coupez les extrémités à 45° pour assembler les moulures aux coins extérieurs des murs.

Raccordez les pièces des moulures avec des joints en biseau.

Remplacement des moulures de portes et de fenêtres

Enlevez les anciennes moulures en utilisant la technique d'enlèvement des plinthes (page 46). Si vous travaillez à une fenêtre ou à une porte extérieures, vérifiez l'isolant entourant le châssis et remplissez les espaces creux avec de la mousse expansible ou des languettes d'isolant en fibre de verre.

Les moulures des fenêtres à guillotine sont normalement installées au ras des bords intérieurs des montants. Mais si vous devez remplacer la moulure d'une porte ou d'une fenêtre d'un autre type, une fenêtre à battant par exemple, tracez une ligne en retrait de ⅛ po par rapport au bord intérieur de chaque montant **(photo A)** et installez les moulures au ras de ces lignes.

Placez une longueur de moulure le long d'un montant de côté, au ras de la ligne de retrait **(photo B)**. Dans le cas d'une fenêtre à guillotine, placez la moulure au ras du bord du montant. Marquez au-dessus et en dessous des moulures les points où les lignes de retrait verticales et horizontales se rencontrent. Sur les moulures de porte, ne marquez ces points qu'au-dessus.

Coupez les extrémités de la moulure à 45°, en utilisant une scie à onglets, à commande mécanique **(photo C)**. Mesurez et coupez l'autre moulure verticale, en appliquant la même méthode.

Forez des avant-trous dans les moulures verticales, tous les 12 po. Pour attacher les moulures, clouez d'abord des clous de finition 4d près du bord intérieur de la moulure, dans le montant **(photo D)**. Clouez ensuite des clous de finition 6d près du bord extérieur de la moulure, dans l'ossature.

Mesurez, le long de la ligne de retrait, la distance qui sépare les moulures installées et coupez les extrémités des moulures supérieure et inférieure à 45° **(photo E)**. Si la fenêtre ou la porte n'est pas parfaitement rectangulaire, pratiquez des coupes d'essai dans des morceaux de déchets pour connaître précisément l'angle des joints.

Forez des avant-trous et clouez les moulures avec des clous de finition 4d et 6d, comme ci-dessus.

Assemblez les joints de coin en forant un avant-trou et en enfonçant un clou de finition 4d dans chaque coin **(photo F)**. Enfoncez tous les clous plus profondément que le niveau de la surface à l'aide d'un chasse-clou. Remplissez les trous des clous avec du bois en pâte. Ensuite, teintez les moulures ou appliquez-leur un apprêt et peignez-les.

Tracez une ligne de retrait à ⅛ po du bord intérieur de chaque montant des portes ou des fenêtres autres que les fenêtres à guillotine.

Marquez sur chaque moulure verticale les points de rencontre des lignes de retrait horizontales et verticales.

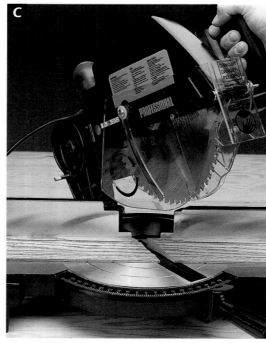

Coupez les extrémités des moulures verticales à 45°.

Forez des avant-trous et clouez les moulures verticales à leur place.

E

Pour connaître la longueur des moulures horizontales, mesurez la distance entre les bords intérieurs des moulures verticales.

F

Forez des avant-trous et assemblez les joints de coin. Enfoncez tous les clous avec un chasse-clou et remplissez les cavités des clous avec du bois en pâte.

Moulures couronnées

Les moulures couronnées – appelées aussi «moulures à gorge suspendue» – servent à cacher les joints entre les murs et les plafonds. Il en existe de nombreux types, dont les plus compliqués peuvent se composer de plusieurs pièces différentes, attachées à une bande de clouage servant de support.

Toutes les moulures couronnées ont deux faces arrière: une face arrière supérieure et une face arrière inférieure, perpendiculaires, qui touchent respectivement le plafond et le mur. Utilisez ces faces pour effectuer des coupes à onglets précises. Le truc, c'est de placer la moulure à l'envers pour la couper. Utilisez une scie à onglets à commande mécanique ou à main (avec une boîte à onglets) et placez la face côté mur de la moulure contre le guide arrière de la scie et la face côté plafond contre la base de la scie.

Bande de clouage de section carrée

Côté mur

Côté plafond

Réparation des plafonds

La pesanteur et l'eau sont les deux plus grands ennemis des plafonds. Par son seul poids le plafond peut faire bouger ses fixations et s'affaisser. L'eau provenant d'un toit ou d'une conduite qui fuit peut alors s'accumuler dans ces dépressions, augmenter le poids du plafond et l'affaiblir davantage. La décoloration du plafond et l'apparition de bulles à sa surface sont des signes évidents de problèmes causés par l'eau.

Il est facile de réparer un plafond en plaque de plâtre. Vous pouvez rattacher les panneaux desserrés, rapiécer les endroits endommagés ou remplacer des panneaux entiers. Le plâtre est par contre plus difficile à utiliser, et le replâtrage n'est pas une sinécure pour la plupart des bricoleurs. Comme dans le cas des murs en plâtre (pages 34 et 35), le replâtrage des plafonds se limite au remplissage des cavités ou au rapiéçage de plus grandes surfaces au moyen de pièces de plaque de plâtre. Vous pouvez cacher les réparations effectuées à ces deux types de plafonds avec du mélange à plaque de plâtre et en reproduisant les textures de surface.

Il est important de savoir que le plâtre est un revêtement lourd, et qu'une rupture étendue de la liaison entre la couche de plâtre et le lattis de bois qui la supporte peut être dangereuse. Inspectez soigneusement votre plafond en plâtre avant d'entamer une réparation. Si vous découvrez des endroits spongieux ou des dépressions exagérées, appelez un professionnel qui pourra recouvrir le plafond existant de plaque de plâtre ou arracher le plâtre et le remplacer par un revêtement neuf.

Photo: courtoisie de Crestline Windows

Le bon entretien des plafonds est aussi important pour l'aspect visuel des pièces que pour la sécurité de votre maison.

Relèvement d'un plafond affaissé

Bien que la plaque de plâtre ne soit pas aussi lourde que le plâtre lui-même, son poids peut suffire à la détacher des solives de plafond, surtout si elle y est fixée par des clous. Il est peu probable que les panneaux tombent, mais on voit fréquemment de vieux plafonds en plaque de plâtre s'affaisser. Dans d'autres cas, les fixations demeurent en place, mais pas les panneaux. La présence de creux circulaires d'environ 1 po de diamètre révèle un affaissement du plafond. L'eau constitue une autre cause d'affaissement. Une fuite

d'eau, au-dessus du plafond, trouvera rapidement un point bas ou un joint entre deux plaques de plâtre, et l'eau ne mettra que quelques minutes à traverser le plafond et commencer à couler. L'eau qui s'accumule dans les joints est particulièrement préjudiciable, car elle détruit rapidement les bords des panneaux. Si vous faites face à un problème causé par l'eau, assurez-vous d'en supprimer la cause avant de réparer le dégât.

La solution à apporter à la plupart des affaissements est de repousser le panneau affaissé, au moyen

d'un étai, et de fixer la plaque de plâtre aux solives de plafond au moyen de vis. Si les bords des plaques de plâtre ont été endommagés, utilisez de larges rondelles minces pour supporter le matériau affaibli.

Lorsque vous repousserez les panneaux à leur place, il se peut que leurs clous de fixation se mettent à sortir de la surface, auquel cas il faudra soit les retirer, soit les reclouer.

Pour constituer un étai, prenez un morceau de bois de 2 po x 4 po, qui soit de ½ po plus long que la hauteur du plafond. Coupez un autre morceau de 2 po x 4 po, d'une longueur de 4 pi et fixez-le à l'extrémité du premier morceau, perpendiculairement.

Mettez un morceau de contreplaqué ou de panneau dur par terre, qui protégera le plancher et servira de patin pour glisser l'étai en place. Placez l'étai sous le point le plus bas de la zone affaissée **(photo A)**. Placez l'extrémité de l'étai sur le patin et poussez celui-ci vers l'avant jusqu'à ce que le panneau affaissé soit repoussé contre les solives.

Vu que la plaque de plâtre tire sa résistance de sa couche de carton, les vis tiendront plus solidement si elles déforment légèrement la surface du carton sans que la tête de la vis la traverse. Idéalement, la tête de la vis doit se trouver ¹⁄₁₆ po plus bas que la surface. Si vous disposez d'une foreuse à embrayage réglable, faites des essais avec quelques vis et réglez la foreuse pour qu'elle débraye lorsque la vis a atteint la bonne profondeur **(photo B)**. Enlevez les morceaux de joint détachés entre les plaques de plâtre. Installez au centre du joint des vis munies de larges rondelles, enfoncées dans les solives de plafond **(photo C)**. Commencez à l'extrémité de la partie endommagée et progressez dans la même direction, le long du joint, en installant une vis tous les 4 po, ou dans chaque solive.

Pour attacher les zones affaissées en dehors des joints, alignez les vis sur les fixations existantes: vous serez certain d'atteindre une solive. Placez les vis à 2 po des fixations existantes. Enlevez l'étai lorsque la surface est bien fixée. Répétez le processus pour réparer les autres endroits affaissés.

Grattez les morceaux de peinture ou de plaque de plâtre détachés autour des joints et des vis, à l'aide d'un couteau à plaque de plâtre. Remplissez le joint et les creux causés par les fixations de mélange à plaque de plâtre **(photo D)**. Obturez les larges fentes avec du ruban à plaque de plâtre en fibre de verre, avant d'appliquer le mélange à plaque de plâtre. Si nécessaire, harmonisez la texture de la partie réparée et celle de la surface qui l'entoure (page 52).

Outils: Foreuse, marteau, couteau à plaque de plâtre.

Matériel: Morceaux de bois de 2 po x 4 po, contreplaqué, vis à plaque de plâtre, rondelles, ruban à plaque de plâtre en fibre de verre, mélange à plaque de plâtre.

A

Placez l'étai contre la partie affaissée et redressez-le pour repousser la plaque de plâtre contre les solives.

B

Le réglage de l'embrayage d'une foreuse sans fil peut vous aider à enfoncer les vis à la bonne profondeur dans les plaques de plâtre.

C

Installez une vis tous les 4 po si les joints des plaques de plâtre sont parallèles aux solives. Sinon, installez une vis à l'intersection des solives.

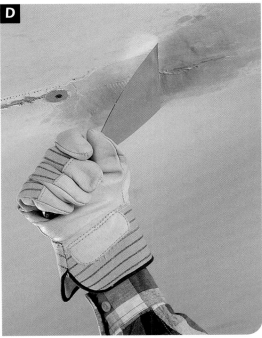

D

Recouvrez les zones réparées de mélange à plaque de plâtre. Si nécessaire, égalisez la première couche en étendant plusieurs autres couches minces sur la surface.

Rapiéçage d'un plafond en plâtre

Le replâtrage des zones abîmées des plafonds est une tâche difficile, qui requiert des habiletés particulières et de l'expérience dans le mélange des constituants du plâtre. Si l'état général de votre plafond est satisfaisant, il est beaucoup plus facile de rapiécer le plafond en installant une pièce de plaque de plâtre à l'endroit endommagé.

Commencez par découper une section carrée ou rectangulaire autour du plâtre abîmé. Il est plus facile de découper une pièce polygonale que de découper une pièce de forme irrégulière, et le résultat aura plus bel aspect.

Utilisez une équerre de charpentier pour tracer le contour de l'ouverture et pour entailler la surface de plâtre avec un couteau universel. Il vous sera plus facile de traverser la couche dure superficielle et vous abîmerez moins le plâtre qui entoure l'ouverture.

Enlevez prudemment le plâtre au moyen d'un ciseau de maçon et d'un marteau **(photo A)**.

Si le plâtre est installé sur du treillis métallique, étendez l'ouverture du centre d'une solive au centre d'une autre solive de plafond, pour fournir à la pièce un solide support. Si le plâtre est installé sur un lattis de bois, fixez la pièce directement au lattis.

Mesurez les dimensions de l'ouverture et l'épaisseur du plâtre. Découpez la pièce dans une plaque de plâtre de même épaisseur que celle du plâtre.

Découpez une pièce légèrement plus petite que l'ouverture, pour créer un espace dans lequel vous introduirez le mélange du joint **(photo B)**.

Placez la pièce sur l'ouverture et fixez-la aux solives ou au lattis avec des vis à plaque de plâtre **(photo C)**.

Couvrez les joints de ruban à plaque de plâtre en fibre de verre. Appliquez de fines couches de mélange à plaque de plâtre jusqu'à ce que la pièce soit lisse et se fonde dans la surface qui l'entoure.

Si la surface du plafond est texturée, reproduisez le motif sur la pièce, au moyen de mélange à plaque de plâtre dilué ou de peinture texturée.

Conseil pratique

Vous pouvez dissimuler le rapiéçage avec de la peinture texturée et le bon outil. Les peintures texturées existent sous forme de prémélange au latex ou de poudre sèche que vous gâchez vous-même pour obtenir la consistance voulue. Utilisez les peintures prémélangées pour reproduire des motifs pochés et utilisez la poudre pour les finis en pisé ou en stuc.

Exercez-vous à réaliser des textures sur du carton épais, jusqu'à ce que vous obteniez le motif voulu. Pour ce faire, utilisez entre autres les outils suivants: le rouleau de peinture à longs poils, le petit balai, la truelle plate, l'éponge et le pinceau.

Outils: *Équerre de charpentier, couteau universel, marteau, ciseau de maçon, foreuse, couteaux à plaque de plâtre.*

Matériel: *Plaque de plâtre, vis, ruban à plaque de plâtre, mélange à plaque de plâtre.*

A Découpez soigneusement une ouverture en entaillant la surface avec un couteau universel et en ôtant le plâtre avec un ciseau.

B Découpez la pièce dans un morceau de plaque de plâtre, en utilisant une équerre de charpentier et un couteau universel.

C Fixez la pièce en place avec des vis à plaque de plâtre. Espacez les vis de 4 à 6 po.

Rapiéçage d'un plafond en plaque de plâtre

Avant de découper le plafond, coupez l'alimentation électrique de la zone de réparation sur le panneau de distribution principal.

Utilisez une équerre de charpentier pour tracer un rectangle autour de l'endroit abîmé. Ensuite, découpez l'ouverture avec une scie à plaque de plâtre **(photo D)**. Coupez une pièce de contreplaqué qui servira de support. Elle doit être assez étroite pour passer à travers l'ouverture et assez longue pour dépasser de 2 po de chaque côté de l'ouverture **(photo E)**. Introduisez le support en contreplaqué dans l'ouverture et centrez-le.

Fixez le support avec des vis à plaque de plâtre **(photo F)**.

Découpez une pièce en plaque de plâtre qui entre dans l'ouverture et fixez-la au support avec des vis.

Recouvrez les joints de ruban à plaque de plâtre et utilisez du mélange à plaque de plâtre pour effectuer la finition.

Outils: *Équerre de charpentier, scie à plaque de plâtre, foreuse, couteaux à plaque de plâtre.*

Matériel: *Contreplaqué, plaque de plâtre, vis, ruban à plaque de plâtre en fibre de verre, mélange à plaque de plâtre.*

Découpez l'endroit abîmé du plafond avec une scie à plaque de plâtre.

Utilisez un morceau de contreplaqué comme support de la pièce.

Fixez au moyen de vis le support installé dans l'ouverture.

Remplacement d'un carreau de plafond endommagé

Les carreaux insonorisants des plafonds s'assemblent habituellement par rainure et languette et s'attachent à des bandes de clouage en bois ou en métal clouées aux solives. À l'aide d'un couteau universel, découpez la section centrale du carreau endommagé **(photo G)**. Séparez-la ensuite des carreaux qui l'entourent. Découpez la lèvre supérieure des bords rainurés du nouveau carreau, en utilisant une règle rectifiée **(photo H)**. Enlevez une des languettes, si nécessaire. Appliquez de l'adhésif de construction sur les bandes de clouage **(photo I)**. Installez le nouveau carreau, languette d'abord et pressez-le contre l'adhésif. Pour maintenir de grands carreaux en place pendant que la colle sèche, utilisez un étai constitué d'un morceau de panneau pressé à plat et d'un poteau en bois de 2 po x 4 po. Placez le morceau de panneau contre le carreau, et le poteau entre le morceau de panneau et le plancher.

Outils: *Couteau universel, règle rectifiée.*

Matériel: *Carreau de remplacement, adhésif de construction, panneau, bois de 2 po x 4 po.*

Découpez le carreau endommagé en morceaux, à l'aide d'un couteau universel.

Enlevez la lèvre supérieure (côté arrière) des bords rainurés.

Appliquez de l'adhésif de construction et pressez le nouveau carreau en place.

Réduction du bruit

La période de la construction d'une maison est incontestablement le meilleur moment pour l'insonoriser, car la charpente est accessible et on peut installer des revêtements acoustiques spéciaux. Vous pouvez néanmoins améliorer l'insonorisation des portes, des murs et des plafonds existants en y ajoutant des matériaux appropriés, qui absorbent le son.

On caractérise la transmission du son par l'indice de transmission acoustique («STC», de l'anglais Sound Transmission Class). Plus l'indice est élevé, plus l'endroit est insonorisé. Par exemple, le verbe haut s'entend à travers un mur dont l'indice se situe entre 40 et 35 STC. À 42 STC, le verbe haut se réduit à un murmure et à 50 STC, on ne l'entend plus.

Les méthodes de construction standard donnent un indice de 32 STC, mais en installant les matériaux appropriés, vous pouvez améliorer l'insonorisation pour que l'indice atteigne jusqu'à 48 STC.

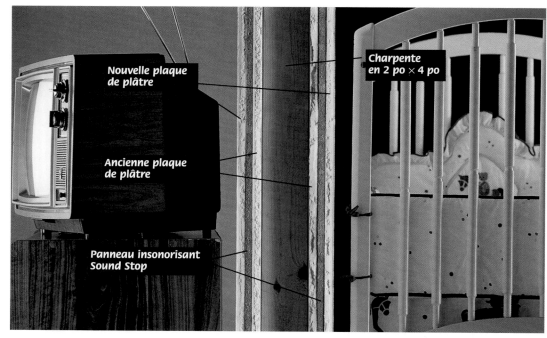

Nouvelle plaque de plâtre

Charpente en 2 po × 4 po

Ancienne plaque de plâtre

Panneau insonorisant Sound Stop

Vous pouvez insonoriser les murs existants en ajoutant des couches de panneaux insonorisants et de plaques de plâtre.

Insonorisation des portes

La porte d'un atelier ou d'un local de services peut laisser passer beaucoup de bruit dans le reste de la maison, surtout s'il s'agit d'une porte à âme évidée.

Mais vous pouvez réduire le bruit en installant des carreaux acoustiques de plafond du côté de la porte exposé au bruit **(photo A)**. Ajustez les carreaux en les coupant à l'aide d'un couteau universel et d'une règle rectifiée. Pour ne pas déparer la surface de la porte, collez les carreaux avec des gouttes de colle chaude ou d'adhésif de construction.

Et vous pouvez empêcher le passage du son sous la porte en installant un bas de porte **(photo B)**. Coupez le bas de porte à la bonne longueur, au moyen d'une scie à métaux, et installez-le de manière que la jupe en vinyle touche le sol.

Outils: *Couteau universel, règle rectifiée, pistolet à adhésif, scie à métaux, foreuse.*

Matériel: *Carreaux acoustiques de plafond, adhésif de construction, bâtons de colle, bas de porte.*

A

Les carreaux acoustiques absorbent le son produit par les outils d'atelier ou les appareils ménagers du local de services.

B

Un bas de porte empêche le passage du son sous la porte.

Insonorisation des murs et des plafonds

Le son se transmet d'une pièce à l'autre par les fissures et les passages d'air ou parce qu'il fait vibrer des éléments de mur et de plancher qui causent des réverbérations acoustiques dans les pièces adjacentes. Réduisez le bruit en scellant les espaces qui entourent les ouvertures comme les portes, les fenêtres et les prises électriques. Ou encore augmentez la densité des murs et des plafonds en installant des couches supplémentaires de plaque de plâtre, qui réduiront les vibrations. Une troisième méthode d'insonorisation consiste à absorber le bruit. Les matériaux mous et poreux, comme les carreaux acoustiques, l'isolant en fibre de verre et les panneaux Sound Stop – un produit en fibre – absorbent tous efficacement le bruit.

Mais c'est en combinant ces méthodes d'insonorisation pour sceller les espaces, absorber le bruit et empêcher sa transmission à travers la maison que vous obtiendrez les meilleurs résultats. Scellez les espaces entre le mur et le plancher avec de la mousse expansible (photo C). Enlevez les moulures des portes et des fenêtres et scellez les espaces qui entourent les châssis. Empêchez la transmission du bruit par les ouvertures des prises de courant en installant des joints en néoprène derrière les plaques d'interrupteur (photo D). La méthode la plus efficace pour empêcher la transmission du bruit d'une pièce à l'autre, c'est d'ajouter des couches aux murs et aux plafonds existants. Cela implique l'installation de nouvelles plaques de plâtre et, si vous n'avez pas l'expérience de ces travaux, vous avez intérêt à les faire exécuter par un professionnel.

Insonorisez un mur en clouant du panneau Sound Stop de ½ po d'épaisseur sur la surface existante (photo E). Utilisez de longs clous à plaque de plâtre et enfoncez-les dans les poteaux muraux. Collez de la plaque de plâtre de ½ po d'épaisseur sur les panneaux Sound Stop, au moyen d'adhésif de construction. En effectuant ce travail des deux côtés du mur, vous pouvez atteindre les 50 STC. Insonorisez les plafonds en installant des profilés en U à brides, en acier, sur la surface du plafond, perpendiculairement aux longerons de la charpente existante (photo F). Espacez les profilés, de 24 po entre axes, et vissez les deux brides des profilés aux solives supérieures. Fixez ensuite des plaques de plâtre de ⅝ po d'épaisseur aux profilés pour que l'indice de transmission acoustique du plafond atteigne 44 STC. Au sous-sol, isolez l'espace entre les solives de plancher avec du matelas de fibre de verre et installez des plaques de plâtre de ⅝ po d'épaisseur sur des profilés en acier.

C

Retirez le quart de rond et injectez de la mousse isolante le long de la base des murs pour sceller les passages d'air entre les pièces.

D

Isolez les ouvertures percées dans la surface des murs pour installer les prises de courant. Replacez les plaques d'interrupteur sur les joints en néoprène.

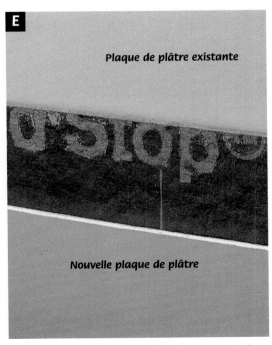

E

Plaque de plâtre existante

Nouvelle plaque de plâtre

Une épaisseur de panneau Sound Stop de ½ po et une épaisseur de plaque de plâtre de ½ po augmenteront l'insonorisation du mur existant dont l'indice pourra atteindre 46 STC minimum.

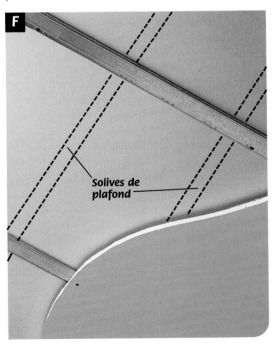

F

Solives de plafond

Des profilés résistants, en acier, et de la plaque de plâtre de ⅝ po d'épaisseur absorbent les vibrations transmises du plancher supérieur par le plafond.

Peinture

Un nouvel agencement de couleurs peut complètement transformer une pièce, et ce type de changement ne coûte pas nécessairement une fortune. Vous pouvez transformer une pièce ordinaire en un lieu de séjour agréable sans changer les meubles ou les tapis, ce qui coûte cher.

Dans les travaux de peinture, le soin apporté aux détails est la clé de la réussite. Commencez par choisir un escabeau qui vous permette d'atteindre sans effort les surfaces que vous devez peindre. Si vous devez peindre de grandes surfaces, utilisez un échafaudage. Les échafaudages permettent de travailler en hauteur pendant des périodes prolongées, en vous sentant plus en sécurité et plus à l'aise.

Ne négligez pas la sécurité. Lisez les étiquettes des pots de diluants, d'apprêts et de peintures pour connaître leur mode d'utilisation et les instructions à suivre lorsque viendra le moment de les éliminer.

La qualité des outils et du matériel que vous utilisez se répercutera sur la qualité des finis de peinture que vous obtiendrez. Achetez les meilleurs outils et le meilleur matériel possible. Vous pourrez utiliser les pinceaux et les rouleaux pendant des années si vous les nettoyez convenablement. En planifiant vos travaux, vous n'achèterez que la quantité requise de peinture.

La sécurité et les échelles

Pour peindre la plupart des surfaces intérieures, vous n'avez besoin que de deux escabeaux de qualité et d'une planche. Ce matériel vous permet de construire l'échafaudage simple et robuste nécessaire à la peinture des hauts murs et des plafonds. Choisissez des escabeaux assez hauts et une planche droite, robuste, de 2 po x 10 po de section, n'ayant pas plus de 12 pi de long.

Pour construire l'échafaudage, placez les escabeaux face à face, les échelons vers l'intérieur. Assurez-vous que les cales des escabeaux sont verrouillées et posez la planche sur les mêmes échelons des deux escabeaux **(photo A)**. Ne posez pas la planche sur l'échelon supérieur de chaque escabeau: la partie supérieure des escabeaux peut vous aider à ne pas perdre l'équilibre et elle vous empêche de dépasser les extrémités de la planche.

Pour construire un échafaudage appuyé sur un escalier, n'utilisez qu'un escabeau. Faites reposer la planche sur un échelon de l'escabeau et sur une marche de l'escalier **(photo B)**. Placez l'échafaudage de manière à ce que la planche soit près du mur. Vérifiez la stabilité de l'escabeau et assurez-vous que la planche est bien horizontale avant de monter dessus.

Vous pouvez acheter une planche d'échafaudage dans une maisonnerie ou en louer une chez un marchand de matériel ou dans une entreprise de location **(photo C)**. Lors de l'achat d'un escabeau, vérifiez toujours l'étiquette du fabricant qui est habituellement collée sur le côté **(photo D)**. Elle vous renseigne sur le poids que l'escabeau peut supporter

Dressez un échafaudage pour peindre les endroits élevés et les plafonds en posant une planche sur les mêmes échelons de deux escabeaux.

Pour constituer un échafaudage d'escalier, posez un côté de la planche sur l'échelon d'un escabeau et l'autre sur une marche d'escalier.

et elle donne les instructions d'utilisation. Choisissez un escabeau qui peut supporter votre poids et celui des outils et du matériel que vous comptez utiliser.

Les échelons de l'escabeau jouent un rôle capital dans sa stabilité. Poussez les cales complètement vers le bas et assurez-vous qu'elles sont verrouillées avant de monter sur l'escabeau **(photo E)**. Vérifiez également si les pattes de l'escabeau sont de niveau et si elles reposent solidement sur le sol.

Il faut également resserrer périodiquement les boulons de fixation des échelons, car ils peuvent se desserrer avec le temps. Si un boulon est desserré, resserrez-le solidement avec une clé **(photo F)**. Placez toujours l'escabeau entre vous et l'endroit que vous allez peindre; ainsi, vous pouvez vous appuyer contre lui pour assurer votre équilibre. Centrez votre poids sur l'escabeau **(photo G)**. Ne vous tenez pas sur l'échelon supérieur, la cale, ou le prolongement utilitaire de l'échelon. Déplacez souvent l'escabeau pour ne pas devoir vous étendre exagérément, et risquer de faire basculer l'escabeau. L'escabeau réglable constitue un bon investissement lorsqu'on effectue souvent des travaux de peinture. On peut soit acheter ces escabeaux dans les maisonneries, soit les louer. Cet escabeau s'adapte à plusieurs types de travaux. On peut s'en servir comme échelle ordinaire, comme escabeau, et il peut servir de base à une planche d'échafaudage **(photo H)**. Avant d'utiliser un escabeau, vérifiez le poids qu'il peut supporter et lisez les instructions d'utilisation du fabricant.

Achetez la planche dans une maisonnerie ou louez-la chez un marchand de peinture ou dans un centre de location.

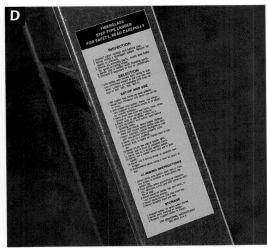
Lisez l'étiquette du fabricant pour connaître le poids que l'escabeau peut supporter et les instructions d'utilisation.

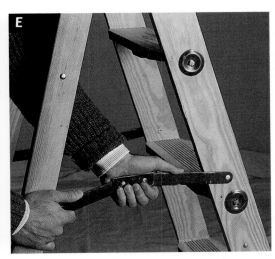
Poussez les cales vers le bas jusqu'à ce qu'elles soient verrouillées.

Vérifiez périodiquement les boulons des échelons et resserrez-les si nécessaire.

Centrez votre poids sur l'escabeau. Déplacez souvent l'escabeau : ne vous étendez pas exagérément.

Un escabeau réglable peut servir d'échelle, d'escabeau ou de base à une planche d'échafaudage.

Questions de sécurité

Lisez toujours les renseignements figurant sur les étiquettes des contenants de peinture et de solvant **(photo A)**. Les produits chimiques qui présentent un danger d'incendie sont classés par ordre d'inflammabilité: *combustibles, inflammables*, ou *extrêmement inflammables*. Utilisez prudemment ces produits et n'oubliez pas que les vapeurs sont également inflammables. Suivez les instructions données sur l'étiquette pour manipuler le produit en toute sécurité.

L'avertissement «utiliser avec une ventilation adéquate» signifie qu'il ne doit pas s'accumuler plus de vapeurs que si on utilisait le produit à l'extérieur. Le produit étiqueté «toxique ou fatal en cas d'ingestion» implique qu'il est dangereux de respirer ses vapeurs. Ouvrez les portes et les fenêtres et utilisez un ventilateur **(photo B)**. Portez un masque respiratoire si vous ne pouvez pas aérer suffisamment la pièce **(photo C)**. Si vous sentez encore les vapeurs de peinture ou de solvant, c'est signe que la ventilation est inadéquate. Si vous travaillez avec des décapants et des produits de nettoyage, ou si vous peignez au-dessus de vous, portez des lunettes de sécurité pour protéger vos yeux **(photo D)**. Il est risqué d'entreposer les produits chimiques de peinture. N'achetez que la quantité nécessaire au travail prévu et rangez les produits hors d'atteinte des enfants. Évitez d'utiliser ou de stocker des matériaux inflammables, comme les décapants, près d'une flamme nue ou d'un appareil ménager muni d'une veilleuse **(photo E)**.

Ne versez jamais les restants de diluant dans l'égout. Laissez-les reposer pour que les particules solides se déposent et récupérez le diluant clair pour le réutiliser plus tard **(photo F)**.

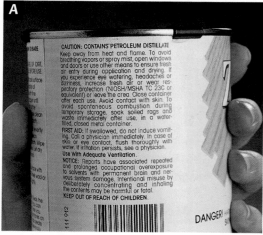

Lisez les étiquettes donnant les avertissements et les instructions à suivre pour utiliser le produit en toute sécurité.

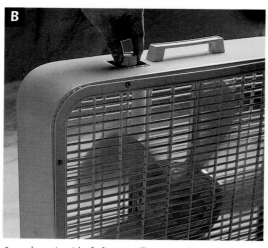

Ouvrez les portes et les fenêtres, et utilisez un ventilateur pour aérer la pièce.

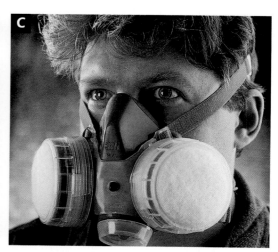

Portez un masque respiratoire si vous ne pouvez aérer la pièce.

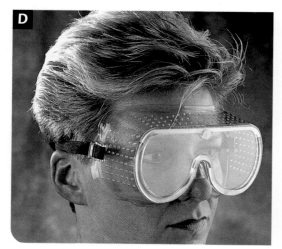

Portez des lunettes de sécurité lorsque vous utilisez des décapants ou des nettoyants, ou que vous peignez au-dessus de vous.

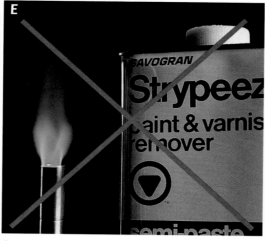

Évitez d'utiliser ou de stocker des produits chimiques combustibles ou inflammables près d'une flamme nue ou d'un appareil muni d'une veilleuse.

Laissez les matières solides se déposer et récupérez le diluant clair pour le réutiliser plus tard.

Outils et matériel de préparation

Vous pouvez réduire ou éliminer la plupart des corvées de nettoyage si vous achetez les outils et le matériel de préparation adéquats. Par exemple, achetez des seaux jetables en plastique ou en papier pour préparer le mortier de replâtrage, le mélange pour ruban de plâtre, ou le vernis à la gomme laque. Lorsque le mélange de replâtrage durcit dans le seau, jetez-le simplement.

Achetez différents outils de replâtrage. Vous aurez besoin d'un couteau à mastiquer étroit pour atteindre les endroits difficiles, et d'un couteau ou d'une truelle plus larges que les trous à replâtrer dans les murs et les plafonds. Ces outils vous permettront de replâtrer l'endroit en une seule passe, ce qui éliminera les traces d'outil et, conséquemment, le ponçage. Utilisez une éponge ou une ponceuse à l'eau pour lisser le plâtre ou le mélange à plaque de plâtre tant qu'il est mou; si vous attendez qu'il sèche, il sera plus difficile à poncer.

Utilisez les produits de préparation qui assureront la propreté et le lissage des murs et des plafonds que vous allez peindre. Les décapants **(photo G)** permettent de préparer la surface à peindre ou à tapisser et accélèrent le nettoyage. Les liquides de préparation **(photo H)** vous permettent d'améliorer rapidement les surfaces en cas de besoin. Les produits de replâtrage et de masquage **(photo I)** servent à remplir les trous, à combler les fissures et à protéger les surfaces qui ne seront pas peintes. Les apprêts et les peintures d'impression **(photo J)** fournissent les composants d'une bonne couche de base qui assure la liaison avec la peinture ou le vernis de finition.

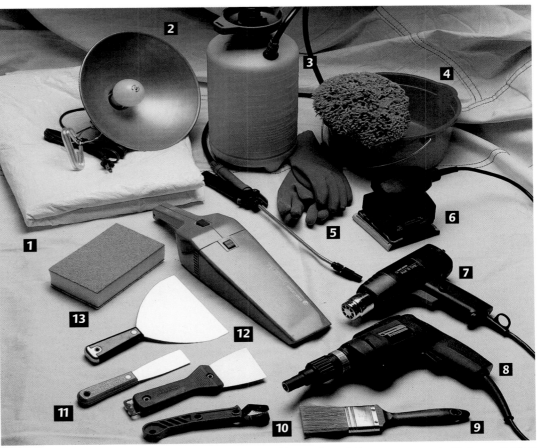

Outils et matériel nécessaires à la préparation de la peinture: toile de peintre (1), lampe de travail (2), arroseuse sous pression (3), éponge naturelle et seau (4), gants en caoutchouc (5), ponceuse à main (6), pistolet chauffant (7), pistolet à vis (8), pinceau (9), outils à perforer (10), couteaux à plaque de plâtre (11), aspirateur à main (12), ponceuse à l'eau (13).

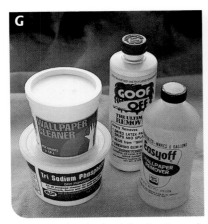

La pâte à papier peint, la solution de nettoyage, le décapant à papier peint et le phosphate trisodique sont des décapants.

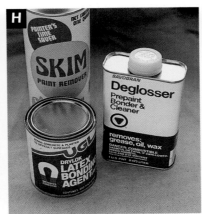

Les liquides de préparation comprennent les décapants pour peinture, les dégraissants et les liants au latex.

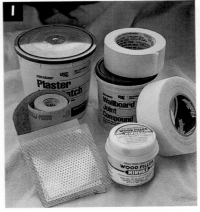

Les produits de replâtrage et de masquage protègent les surfaces et dissimulent les trous et les fissures.

Les apprêts et les peintures d'impression comprennent les apprêts à poncer, les apprêts polyvinyliques, les vernis à la gomme laque et les apprêts alkydes pour plaque de plâtre.

Choix de la peinture, des outils et de l'équipement

Les peintures sont soit à base de latex, soit à base de résines alkydes. La peinture au latex s'applique facilement, elle est facile à nettoyer et convient dans la grande majorité des cas. Les peintres savent que la peinture alkyde laisse un fini plus lisse, mais la réglementation locale restreint parfois son utilisation.

La peinture se caractérise également par son lustre. La gamme des peintures de finition va de la peinture-émail mate à la peinture-émail brillante. La peinture-émail brillante donne un fini lustré en séchant, et on l'utilise sur les surfaces qu'on doit souvent laver, comme les murs de salle de bains, des cuisines et les objets en bois. Quant à la peinture-émail mate, elle est utilisée sur la plupart des murs et des plafonds.

Ne regardez pas à la dépense et achetez une peinture de qualité: son pouvoir couvrant sera nettement plus élevé que celui des peintures bon marché. Vérifiez l'étiquette: le pouvoir couvrant d'une peinture de qualité doit atteindre les 400 pi^2 par gallon, alors qu'il faudra appliquer plusieurs couches pour couvrir la même surface avec des peintures bon marché. Avant de peindre une surface neuve, appliquez toujours un apprêt de qualité. L'apprêt forme une base durable qui empêche la peinture de se fissurer ou de s'écailler.

Estimation de la quantité de peinture requise

Longueur du mur ou du plafond	×
Hauteur du mur, ou largeur du plafond	=
Surface	÷
Pouvoir couvrant de la peinture, par gallon	=
Gallons de peinture requis	

Choix de la peinture

Il faut deux ou trois couches de peinture bon marché (à gauche) pour couvrir la surface qu'on couvre avec une seule couche de peinture de qualité (à droite).

C'est la peinture-émail brillante et la peinture semi-brillante qui conviennent le mieux aux objets en bois et aux murs de cuisine et de salle de bains. On utilise la peinture-émail à fini coquille d'œuf et la peinture-émail mate pour les autres murs et les plafonds.

Choix du pinceau

Choisissez un pinceau à murs, droit, de 3 po, pour délimiter les bords, un pinceau à moulures, droit, de 2 po, pour les objets en bois et un pinceau à encadrements, en biseau, pour les coins et les montants de fenêtre. Achetez des pinceaux en soies de porc ou de bœuf pour les peintures alkydes. Pour les peintures au latex, choisissez des pinceaux tout usage, qui sont faits d'un mélange de fibres de polyester et de nylon, et parfois de soies animales.

Achetez des pinceaux de qualité, munis d'une virole robuste, renforcée, en métal résistant à la corrosion. Les poils doivent être effilés, et le bout du pinceau doit être taillé. Les pinceaux bon marché ont un bout non taillé, des poils non effilés et un séparateur unique en carton.

Les trois pinceaux essentiels à tout travail de peinture sont, de gauche à droite: le pinceau droit, de 3 po, le pinceau droit, de 2 po et le pinceau à boiseries.

Le bout des pinceaux de qualité est biseauté et leurs poils sont effilés.

Choix des rouleaux et autres outils spéciaux

Un bon rouleau à peindre est un outil abordable, qui vous fait gagner du temps et peut durer des années. Choisissez un rouleau standard de 9 po avec armature en fil et coussinets en nylon. Il doit être bien équilibré et son manche doit être moulé pour faciliter la prise. L'extrémité de son manche doit également être filetée pour que vous puissiez y visser une rallonge lorsque vous devez peindre des plafonds ou des murs élevés.

Les rouleaux ont différentes longueurs de poils, mais les poils de ³/₈ po conviennent à la plupart des travaux. Utilisez des rouleaux à poils de ¹/₄ po pour les surfaces très lisses et des rouleaux à poils de 1 po pour les surfaces rugueuses. Choisissez des rouleaux synthétiques d'un prix moyen, vous pourrez les utiliser maintes fois avant de devoir les jeter. Les rouleaux bon marché peuvent laisser des fibres sur la surface peinte et ils ne peuvent être ni nettoyés ni réutilisés. Rincez les rouleaux dans un solvant pour éviter les peluches.

Lorsque vous utilisez des peintures alkydes, servez-vous de rouleaux plus chers, en laine d'agneau. Les rouleaux en laine mohair conviennent bien pour appliquer sur des objets des peintures alkydes brillantes, car le fini de surface dans ce cas est particulièrement important. Les surfaces qui présentent des angles et des contours inhabituels sont souvent difficiles à peindre avec des rouleaux ou des pinceaux standard. Il existe des outils spéciaux qui permettent parfois de résoudre ce genre de difficulté.

Les rouleaux types ont des poils de ¹/₄, ³/₈ et 1 po.

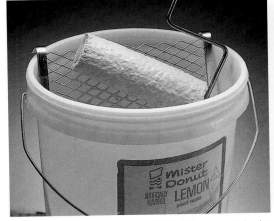

Utilisez un seau de cinq gallons et un treillis à peinture pour peindre plus rapidement les grandes surfaces.

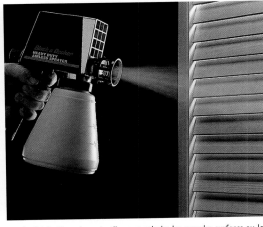

Le pistolet à dépression est utile pour peindre les grandes surfaces ou les surfaces irrégulières comme les portes des placards à persiennes.

Un outil pliable peut épouser la forme des surfaces inhabituelles, comme les ailettes des radiateurs en fonte ou les volets des fenêtres.

Utilisez un gant à peindre pour vous simplifier la tâche lorsque vous peignez des tuyaux et des objets à surface tarabiscotée comme les pièces en fer forgé.

Il existe des tampons à peinture et des rouleaux spéciaux de forme et de taille diverses qui peuvent répondre à différents besoins.

Préparation à la peinture

Avant de peindre ou de revernir les boiseries, nettoyez-les, réparez-les et poncez-les. Si l'ancienne peinture est épaisse ou fortement écaillée, enlevez-la complètement avant de repeindre.

Si vous utilisez un pistolet chauffant, prenez garde de ne pas roussir le bois ou les surfaces environnantes. N'utilisez jamais le pistolet chauffant après vous être servi de décapants, car les résidus chimiques risquent de s'évaporer ou de s'enflammer au contact de la chaleur. Si vous utilisez un décapant à peinture, portez des vêtements protecteurs et l'équipement de protection approprié, y compris les lunettes de sécurité et un respirateur. Suivez les instructions d'utilisation sécuritaire fournies sur l'étiquette et assurez une bonne ventilation de l'endroit où vous travaillez.

Outils: Pistolet chauffant, grattoir ou couteau à mastiquer, pinceau, seau, gants en caoutchouc, lunettes de sécurité.

Matériel: Décapant, laine d'acier, alcool dénaturé.

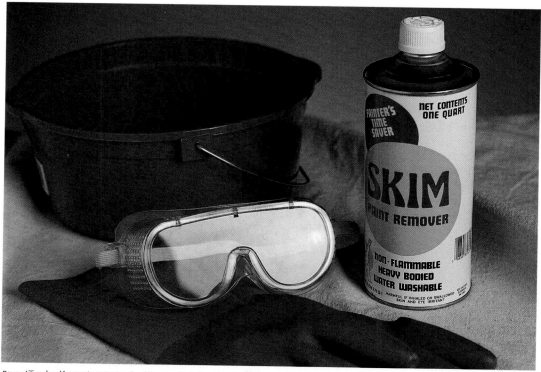

Pour utiliser les décapants en toute sécurité, suivez les instructions fournies sur l'étiquette. Portez des gants épais en caoutchouc et protégez-vous les yeux, utilisez de la toile de peintre et ouvrez les portes et les fenêtres pour ventiler la pièce.

Décapage des boiseries peintes

Pour décaper le bois avec un pistolet chauffant, tenez le pistolet près du bois jusqu'à ce que la peinture se ramollisse et commence à cloquer (**photo A**). Si vous surchauffez la peinture, vous risquez de la rendre gommeuse ou de roussir le bois. Enlevez la peinture ramollie à l'aide d'un grattoir ou d'un couteau à mastiquer (**photo B**). Sablez la surface pour éliminer tout résidu de peinture. Pour décaper le bois avec un décapant chimique, appliquez généreusement le décapant sur la surface, au moyen d'un pinceau ou de laine d'acier (**photo C**). Laissez agir le produit jusqu'à ce que la peinture commence à cloquer. Grattez la peinture avec un couteau à mastiquer, un grattoir, ou de la laine d'acier (**photo D**). Nettoyez le grain du bois décapé en frottant celui-ci avec de l'alcool dénaturé et de la laine d'acier. Essuyez ensuite le bois à l'aide d'une éponge humide ou d'un linge imbibé de solvant, selon les instructions de l'étiquette du récipient de décapant.

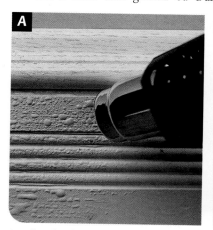

Ramollissez la peinture à l'aide d'un pistolet chauffant.

Enlevez la peinture ramollie à l'aide d'un grattoir.

Appliquez le décapant chimique sur le bois, à l'aide d'un pinceau.

Éliminez la peinture en frottant le bois avec de la laine d'acier.

Préparation des boiseries à repeindre

Pour préparer une boiserie en vue de la peindre, lavez-la avec une solution de phosphate trisodique et rincez-la à l'aide d'une éponge mouillée. Grattez la peinture écaillée ou détachée **(photo E)**. Si la peinture est fortement écaillée, décapez la boiserie (page 62).

À l'aide d'un couteau à mastiquer, remplissez de bois plastique au latex ou de vernis à la gomme laque les trous de clous, les entailles et les autres endroits abîmés **(photo F)**. Laissez le produit sécher.

Sablez les surfaces avec du papier de verre 150 jusqu'à ce qu'elles soient douces au toucher **(photo G)**. Essuyez les surfaces avec un chiffon collant avant d'appliquer l'apprêt et la peinture.

Outils: *Seau, couteau à mastiquer.*

Matériel: *Phosphate trisodique, chiffons, éponge, bois plastique au latex ou vernis à la gomme laque, papier de verre 150, chiffon collant.*

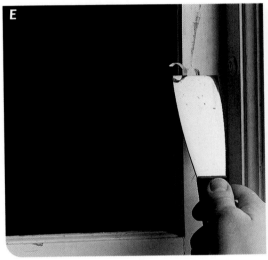

À l'aide d'un couteau à mastiquer, grattez la peinture détachée.

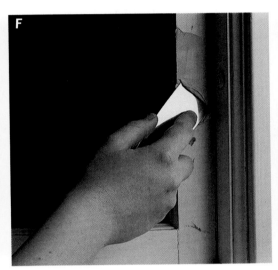

À l'aide d'un couteau à mastiquer, appliquez du bois plastique sur les endroits abîmés.

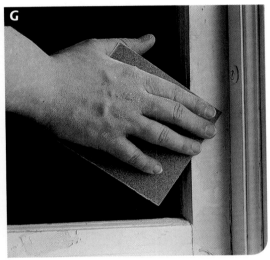

Poncez la surface avec du papier de verre 150.

Réparation des boiseries à revernir

Avant de revernir une boiserie, nettoyez-la avec un chiffon doux imbibé d'essence minérale inodore **(photo H)**. Appliquez du bois plastique teinté sur les trous et les entailles, au moyen d'un couteau à mastiquer **(photo I)**. Laissez sécher et ensuite sablez doucement ces endroits avec du papier de verre 150. Enlevez les particules de poussière à l'aide d'un chiffon collant et reteintez les endroits réparés, afin qu'ils se fondent dans le bois qui les entoure. Attendez que la teinture soit parfaitement sèche avant de faire les retouches de vernis.

Outils: *Couteau à mastiquer, pinceau.*

Matériel: *Chiffons, essence minérale, bois plastique au latex, papier de verre 150, chiffon collant, teinture, vernis.*

Nettoyez la boiserie avec un chiffon doux imbibé d'essence minérale.

À l'aide d'un couteau à mastiquer, remplissez de bois plastique les trous et les entailles.

Nettoyage du béton

La préparation du travail est particulièrement importante lorsque la surface à peindre est un plancher en béton, comme c'est le cas dans une buanderie ou un atelier. Commencez par balayer, et grattez le plancher pour enlever la saleté. Enlevez les taches de graisse, d'huile ou d'autres contaminants, en utilisant un nettoyant. Rincez abondamment le plancher pour le débarrasser de toute trace de nettoyant.

Ensuite, attaquez le béton avec une solution d'acide chlorhydrique. **Attention: l'acide chlorhydrique est un acide assez fort pour brûler la peau et les yeux.** Pour entreprendre cette opération, munissez-vous de l'équipement de sécurité adéquat. Vous aurez besoin de gants en caoutchouc résistant aux produits chimiques, de lunettes à coques anti-éclaboussures et de chaussures en caoutchouc. Si vous ne pouvez ventiler la pièce, portez un masque respiratoire à deux cartouches.

Pour nettoyer le plancher, préparez une solution en mélangeant une part d'acide chlorhydrique à trois parts d'eau (n'ajoutez pas l'eau à l'acide). Appliquez la solution à raison d'un gallon par 100 pi^2 et frottez le plancher à l'aide d'une brosse dure **(photo A)**. Laissez la solution sur le plancher jusqu'à ce qu'elle ne fasse plus de bulles. Rincez abondamment le plancher à l'eau claire et essuyez-le à l'aide d'un balai-éponge pour éliminer les flaques. Si le plancher n'est pas sec après quatre heures, rincez-le une nouvelle fois.

Lorsque le plancher est complètement sec, enlevez la poussière blanche laissée par l'attaque à l'acide chlorhydrique à l'aide d'un aspirateur. Vous pouvez alors le peindre avec une peinture-émail alkyde ou à base d'uréthane-latex pour planchers.

Outils: *Balai, grattoir, seau, gants en caoutchouc, lunettes à coques de sécurité, bottes en caoutchouc, masque respiratoire à deux cartouches, brosse dure, balai-éponge, aspirateur d'atelier.*

Matériel: *Solution de nettoyage, acide chlorhydrique.*

À l'aide d'une brosse dure, frottez le plancher avec une solution d'acide chlorhydrique.

Masquage et recouvrement

Pour peindre rapidement des pièces sans rien salir, protégez toutes les surfaces qui risquent d'être éclaboussées. Enlevez les meubles légers et rassemblez les meubles plus lourds au centre de la pièce avant de les recouvrir de plastique. Recouvrez les planchers de toiles de peintre de 9 onces qui absorbent les éclaboussures de peinture.

Si vous ne peignez que le plafond, protégez les murs et les boiseries contre les éclaboussures en pendant des feuilles de plastique. Pressez la partie supérieure d'un ruban-cache ou d'un ruban de peintre de 2 po le long du bord supérieur de chaque mur, en veillant à ne pas coller la partie inférieure **(photo B)**. Pendez une feuille de plastique en la collant sous la partie inférieure du ruban-cache, pour qu'elle recouvre le mur et la plinthe **(photo C)**.

Lorsque vous peignez des murs, masquez les plinthes et les encadrements de fenêtres et de portes avec du papier-cache, du ruban-cache ou du papier de peintre. Pressez un bord du ruban contre la boiserie, à l'endroit où elle rencontre le mur **(photo D)**. Ne collez pas l'autre bord du ruban. Passez le coin d'un couteau à mastiquer le long du bord intérieur du ruban pour qu'il adhère plus fortement **(photo E)**.

Si vous peignez également les encadrements de fenêtres, essayez d'utiliser un produit de masquage liquide plutôt que de masquer le verre avec du ruban. Ce produit acrylique au latex est spécialement fabriqué pour servir d'apprêt et de peinture d'impression pour les garnitures en bois, et pour masquer efficacement et rapidement les vitres. Appliquez cette pâte épaisse sur la garniture, en la laissant déborder sur le verre.

Lorsque ce produit sèche, il forme une couche propre et mince qui adhère solidement au bois, mais qui se décolle facilement du verre, laissant une surface propre, non peinte. Quand vous avez fini de peindre, enlevez le ruban-cache et le papier-cache dès que la peinture est assez sèche pour ne plus couler.

Outils: *Couteau à mastiquer, pinceau, distributeur de ruban-cache.*

Matériel: *Toile de peintre, feuilles de plastique, ruban-cache ou ruban de peintre de 2 po, ruban-cache gommé, produit masquant liquide.*

Produits de masquage et de recouvrement: feuilles de plastique (1); toiles de peintre (2); papier-cache (3) et (4); distributeur de ruban-cache (5); ruban de peintre (6); ruban-cache (7).

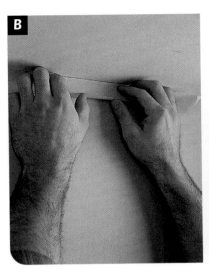

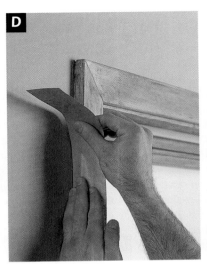

Pressez la moitié supérieure du ruban-cache de 2 po le long du bord supérieur du mur.

Pendez la feuille de plastique en la collant sous le ruban-cache.

Recouvrez de ruban-cache les bords de toutes les moulures en bois.

Passez le coin d'un couteau à mastiquer le long du côté intérieur du papier-cache pour le coller plus fermement.

Préparations finales

Pour obtenir des résultats de qualité professionnelle, sablez les surfaces au moyen d'une ponceuse vibrante munie de papier de verre 150 **(photo F)**. Le ponçage rend la surface poreuse, ce qui la prépare mieux à recevoir la nouvelle peinture. Essuyez les surfaces poncées avec un chiffon collant pour les dépoussiérer. Ensuite, appliquez un dégraissant liquide avec un linge propre,

sur les boiseries **(photo G)**. Enlevez la poussière des appuis et des rainures des fenêtres à l'aide d'un aspirateur **(photo H)**. Avant de peindre, nettoyez complètement la pièce pour éviter que de la poussière ne se dépose sur la peinture fraîche. Arrêtez le chauffage à air pulsé et la climatisation pour éviter que les ventilateurs n'envoient de la poussière dans la pièce.

Outils: Ponceuse vibrante, gants en caoutchouc, aspirateur à main ou d'atelier.

Matériel: Papier de verre 150, linge, chiffon collant, dégraissant liquide.

À l'aide de papier de verre 150, poncez les surfaces à peindre.

Enlevez la poussière des boiseries et appliquez un dégraissant liquide.

Aspirez la poussière des appuis et des rainures des fenêtres.

Application des apprêts et des peintures d'impression

L'apprêt sert à sceller la surface à peindre. Il est normalement blanc, mais vous pouvez le teinter dans une couleur qui s'harmonisera avec celle de la peinture de finition que vous allez utiliser **(photo A)**. Si vous peignez des boiseries, nettoyez, réparez et décapez le bois si nécessaire (pages 62 et 63). Appliquez un apprêt alkyde ou un apprêt au latex sur le bois nu ou les endroits réparés **(photo B)**.

Lorsque le bois doit être verni, appliquez-lui une couche d'impression transparente pour bois avant de le vernir. Le bois présente souvent des grains durs et des grains mous, sans compter les grains fortement absorbants des sections transversales. En appliquant une couche d'impression, vous scellez en quelque sorte la surface, de manière que les différents types de grains du bois absorbent uniformément le vernis. Sans couche d'impression, le bois verni risque de présenter un fini moiré.

Les endroits rapiécés et les joints des plaques de plâtre qui ont été traités avec un produit de rebou-chage ou avec du mélange à plaque de plâtre peuvent absorber la peinture dans une proportion différente que ne le feront les surfaces environnantes, et la surface finie peut présenter des zones plus sombres par endroits. Pour éviter cet inconvénient, appliquez un apprêt polyvinylique sur ces endroits **(photo C)**.

Toutes les surfaces brillantes, comme les fenêtres, les moulures et les portes peintes avec des peintures semi-brillantes ou brillantes doivent être rendues poreuses et recevoir un apprêt avant d'être peintes. Sablez ces endroits avec une ponceuse vibrante munie de papier de verre 150 **(photo D)**. Enlevez la pous-sière avec un chiffon collant et appliquez un apprêt de qualité sur les surfaces. L'apprêt accroche la nouvelle couche de peinture et empêche l'écaillage de la couche de finition.

Scellez les surfaces texturées – les plafonds, par exemple – avec un apprêt polyvinylique ou alkyde. Les plafonds texturés absorbent beaucoup de peinture, ce qui les rend difficiles à peindre uniformément. Utilisez un rouleau à longs poils pour appliquer l'apprêt et la couche de finition **(photo E)**.

> **Outils:** Pinceau, rouleau à peinture, ponceuse vibrante.
>
> **Matériel:** Apprêt alkyde ou polyvinylique, base colorante, peinture d'impression transparente, papier de verre industriel 150.

Teintez l'apprêt à l'aide d'un pigment ou demandez à votre marchand de le faire.

Scellez le bois brut avec un apprêt avant de le peindre, ou avec une peinture d'impression transparente avant de le vernir.

Appliquez un apprêt polyvinylique sur les endroits du plâtre ou des plaques de plâtre que vous avez réparés.

Rendez les surfaces poreuses au moyen d'une ponceuse vibrante avant d'appliquer l'apprêt.

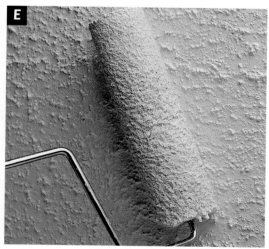

Scellez les surfaces texturées au moyen d'un apprêt alkyde ou polyvinylique.

Préparation des surfaces à la peinture

Surfaces à peindre	Étapes de préparation	Type d'apprêt
Bois non fini.	• Sablez la surface. • Enlevez les résidus avec un linge humide. • Appliquez l'apprêt.	Apprêts à séchage rapide, à l'huile ou au latex.
Bois déjà peint.	• Lavez la surface et rincez-la à l'eau claire; laissez sécher. • Sablez légèrement la surface, enlevez les fragments de peinture détachés. • Enlevez les résidus avec un linge humide. • Appliquez l'apprêt sur les endroits où le bois est à nu.	Apprêts à séchage rapide, à l'huile ou au latex, uniquement sur les endroits où le bois est à nu.
Bois déjà verni.	• Lavez la surface et rincez-la à l'eau claire; laissez sécher. • Sablez la surface pour la dégraisser. • Enlevez les résidus avec un linge humide. • Appliquez l'apprêt.	Apprêts à séchage rapide, à l'huile ou au latex.
Plaque de plâtre non finie.	• Dépoussiérez au balai ou avec un aspirateur muni d'une brosse. • Appliquez l'apprêt.	Apprêt mat au latex.
Plaque de plâtre déjà peinte.	• Nettoyez la surface pour enlever la graisse et la saleté.	Apprêt acrylique polyvinylique, uniquement si vous devez peindre sur des couleurs sombres, accentuées.
Plâtre non peint.	• Sablez les surfaces si nécessaire. • Dépoussiérez au balai ou avec un aspirateur muni d'une brosse. • Appliquez l'apprêt.	Apprêt acrylique polyvinylique.
Plâtre déjà peint.	• Lavez la surface et rincez-la à l'eau claire; laissez sécher complètement. • Remplissez les fissures de plâtre à reboucher. • Sablez la surface pour la dégraisser. • Appliquez l'apprêt, si nécessaire.	Apprêt acrylique polyvinylique, uniquement si vous devez peindre sur des couleurs sombres, accentuées.

Utilisation du pinceau

La peinture au pinceau comprend trois opérations: l'application, la répartition et l'égalisation. En appliquant uniformément la peinture, vous éliminerez les gouttes et les coulures, et vous éviterez les traces de raccords et, en n'étendant pas exagérément la peinture, vous couvrirez entièrement la surface.

Commencez par tremper directement le pinceau dans la peinture, jusqu'au tiers de la longueur des poils. Le tremper davantage surchargerait les poils. Tapotez les poils contre le bord du pot, mais ne frottez pas le pinceau contre le bord, cela use les poils.

Utilisez le côté étroit du pinceau pour délimiter les bords, en appuyant juste assez pour courber les poils **(photo A)**. Peignez les coins du mur avec le côté épais du pinceau **(photo B)**.

Peignez la surface délimitée par les bords avant que ceux-ci ne sèchent. Donnez deux ou trois coups de pinceau en diagonale sur la surface en question. Tenez le pinceau à 45° en appuyant juste assez pour courber les poils. Ensuite, répartissez la peinture en donnant des coups de pinceau horizontaux **(photo C)**. Égalisez la surface en tirant le pinceau verticalement, de haut en bas. Donnez des coups de pinceau légers et terminez-les chaque fois en soulevant le pinceau de la surface **(photo D)**.

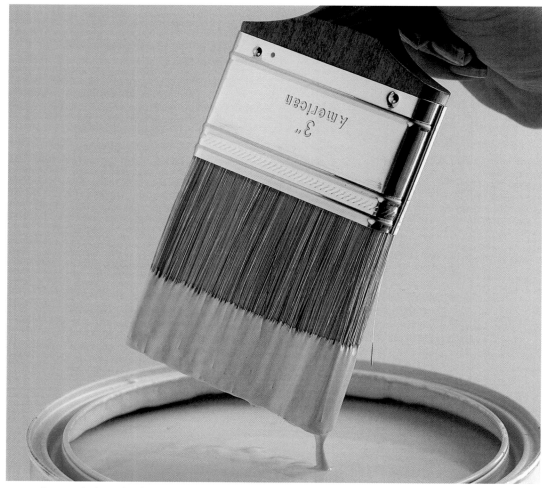

Trempez directement le pinceau dans la peinture, jusqu'au tiers de la longueur des poils.

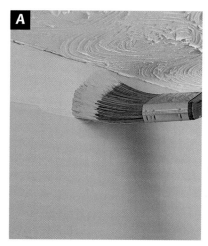

Délimitez les bords en utilisant le côté étroit du pinceau.

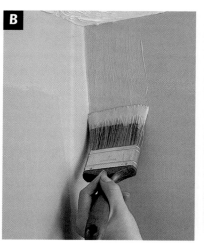

Peignez les coins de murs en utilisant le côté épais du pinceau.

Appliquez la peinture en diagonale, puis répartissez-la horizontalement.

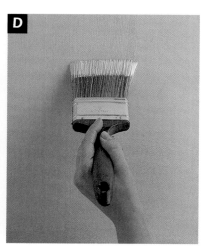

Égalisez la surface en tirant le pinceau verticalement, de haut en bas.

Utilisation du rouleau

Comme la peinture au pinceau, la peinture au rouleau comprend trois opérations: l'application, la répartition et l'égalisation.

La première étape consiste à débarrasser le rouleau de ses peluches et d'ouvrir les fibres en le trempant dans l'eau, si vous appliquez une peinture au latex, et dans une essence minérale, si vous appliquez une peinture alkyde. Pressez le rouleau pour en extraire le liquide excédentaire et remplissez le réservoir du bac à peinture. Trempez complètement le rouleau dans le réservoir et recouvrez uniformément les poils de peinture en effectuant un mouvement de va-et-vient sur la partie nervurée du bac à peinture. La peinture doit imbiber le rouleau, mais elle ne doit pas en dégoutter.

Donnez un coup de rouleau sur la surface à peindre, en diagonale, de bas en haut, sur une longueur approximative de 4 pi **(photo E)**. Le mouvement doit être lent pour éviter les éclaboussures. Arrivé à la fin de la course, descendez le rouleau verticalement. Déplacez ensuite le rouleau vers le début de la diagonale et remontez-le ensuite verticalement pour achever de le décharger **(photo F)**.

Répartissez la peinture sur cette surface en effectuant des mouvements de va-et-vient horizontaux **(photo G)**. Égalisez la surface peinte en tirant légèrement le rouleau verticalement, de haut en bas **(photo H)**. À la fin de chaque course, soulevez le rouleau et commencez le coup de rouleau suivant en haut de la surface à peindre.

Vous peindrez facilement les murs et les plafonds sans utiliser d'échelle, en vissant une rallonge de 4 pi au manche du rouleau.

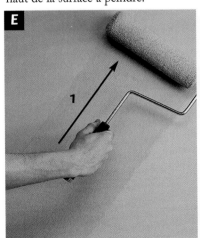

Commencez par un coup de rouleau de 4 pi de long, en diagonale.

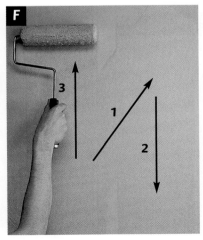

Tirez le rouleau verticalement de haut en bas, puis du début de la diagonale, poussez-le verticalement vers le haut.

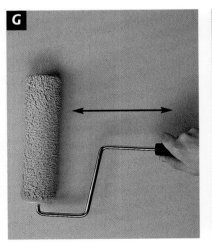

Répartissez la peinture en effectuant des mouvements de va-et-vient horizontaux avec le rouleau.

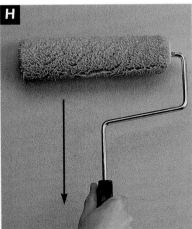

Égalisez la peinture par des légers coups de rouleau verticaux donnés de haut en bas.

Peinture des fenêtres, des portes et des moulures

Lorsque vous peignez une pièce entière, commencez par les moulures. Peignez en premier lieu les parties «intérieures» des moulures et progressez vers les murs. De même, peignez les bords en bois qui sont en contact avec le verre avant de peindre le reste de la fenêtre.

Les peintures laquées alkydes et au latex demandent parfois deux couches. Sablez légèrement la surface entre les différentes couches et essuyez la poussière avec un chiffon collant; ainsi la deuxième couche adhérera bien à la première.

Outils: Escabeau, tréteaux, clous de 3 po, pinceaux (de 3 po, droit, de 2 po, à boiseries, pochon), couteau à mastiquer, tournevis, marteau, ponceuse vibrante, couteau à grosse lame ou outil écran.

Matériel: Peinture, toiles de peinture, apprêt pour bois, chiffon collant, papier de verre 150, linge propre.

Peinture des fenêtres

Enlevez si possible les fenêtres à guillotine de leur châssis avant de les peindre. On enlève les nouvelles fenêtres, montées sur ressorts, en appuyant simplement sur le châssis **(photo A)**.

Pour peindre une fenêtre, vous pouvez soit vous aménager un chevalet en plantant deux clous de 3 po dans les montants d'un escabeau, à la hauteur qui vous convient, sur lesquels vous poserez la fenêtre **(photo B)**, soit poser la fenêtre à plat sur un établi ou sur des tréteaux.

Commencez par peindre les bords en bois qui sont en contact avec le verre, avec un pinceau à boiseries **(photo C)**. Utilisez le côté mince du pinceau et débordez de $1/16$ po sur le verre, afin d'assurer l'étanchéité du joint. Enlevez la peinture excédentaire en nettoyant le verre avec la lame d'un couteau à mastiquer enveloppée dans un linge propre **(photo D)**.

Peignez ensuite les parties plates du cadre, puis successivement les moulures de l'encadrement,

l'appui et la moulure d'allège de la fenêtre **(photo E)**. Donnez des coups de pinceau lents et évitez d'introduire de la peinture entre la guillotine et le cadre. Ne peignez ni les côtés ni le bas de la fenêtre.

Si vous peignez les fenêtres en place, levez et baissez-les plusieurs fois pendant qu'elles sèchent, cela les empêchera de coller. Servez-vous d'un couteau à mastiquer pour ne pas toucher les surfaces peintes **(photo F)**.

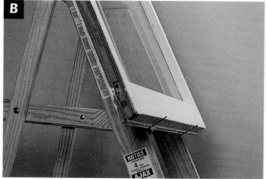

Enlevez si possible les fenêtres à guillotine pour les peindre.

Ménagez-vous un chevalet au moyen d'un escabeau et de clous de 3 po.

Commencez par peindre autour des vitres, avec un pinceau en biseau.

Débordez légèrement sur les vitres, puis essuyez la peinture excédentaire.

Peignez la partie plate du châssis de fenêtre en donnant des coups de pinceau lents et uniformes.

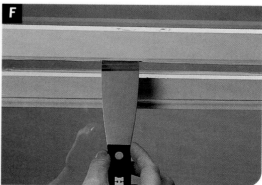

Utilisez un couteau à mastiquer pour ne pas toucher les surfaces peintes.

Peinture des portes

Il faut peindre les portes rapidement, afin que toutes les surfaces soient recouvertes avant que la peinture ne commence à sécher. Pour éviter les marques de raccords, peignez toujours des surfaces sèches vers les surfaces non sèches.

Enlevez la porte en délogeant le pivot de charnière inférieur à l'aide d'un tournevis et d'un marteau.

Demandez à quelqu'un de tenir la porte en place pendant que vous délogez le pivot de charnière supérieur **(photo G)**. Placez la porte sur des tréteaux pour la peindre.

Lorsque vous peignez des portes à panneaux, commencez par les panneaux en retrait, passez ensuite aux traverses et terminez par les montants

(photo H). Laissez sécher la peinture. Si une deuxième couche s'avère nécessaire, sablez légèrement la porte et essuyez-la avec un chiffon collant pour enlever tout résidu **(photo I)**. Scellez la surface des tranches non peintes de la porte avec de l'apprêt pour bois, afin de préserver le bois contre l'humidité **(photo J)**.

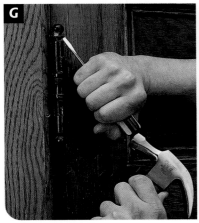

Enlevez la porte en délogeant les pivots de charnière.

Peignez la porte après l'avoir posée sur des tréteaux ou sur un banc plat.

Sablez la porte avec du papier de verre 150 entre chaque couche de peinture.

Scellez les surfaces des tranches non peintes avec de l'apprêt pour bois.

Peinture des moulures

Lorsque vous peignez des moulures, protégez le mur ou le plancher adjacent à l'aide d'un couteau à grosse lame ou d'un écran en plastique. Commencez par peindre le dessus des plinthes et progressez vers le plancher **(photo K)**. Pour éviter les taches, n'oubliez

pas d'essuyer la peinture du couteau à large lame ou de l'écran chaque fois que vous le déplacez **(photo L)**. Peignez les surfaces compliquées avec un pinceau à poils raides ou avec un pochon, pour pouvoir atteindre les renfoncements **(photo M)**. Donnez de petits

coups de pinceau circulaires et attaquez les renfoncements sous différents angles pour que la couverture soit complète.

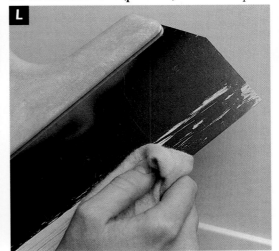

Protégez les murs et les planchers à l'aide d'un couteau à large lame.

Essuyez le couteau à large lame pour éviter les taches de peinture.

Utilisez un pochon pour peindre les renfoncements des moulures compliquées.

Peinture des armoires

Il est facile de peindre les armoires en bois, en métal, ou celles qui ont été peintes précédemment, mais il est impossible de peindre les armoires en stratifié.

Les armoires servent beaucoup et elles subissent constamment les effets du frottement; il faut donc les peindre avec une peinture-émail brillante, résistante. La peinture-émail est plus durable que la peinture mate utilisée pour peindre les murs et elle se nettoie plus facilement. La plupart des armoires demandent deux couches de peinture; sablez légèrement les surfaces entre les couches, à l'aide de papier de verre 150.

Commencez par vider les armoires de leur contenu et par enlever les étagères. Retirez les portes et ôtez la quincaillerie (**photo A**). Si la quincaillerie est peinte, enlevez l'ancienne peinture en trempant les objets dans un décapant pour peinture.

Nettoyez les armoires à l'aide d'un détergent doux. Rincez-les à l'eau claire avec une éponge et utilisez ensuite un couteau à mastiquer pour gratter la peinture détachée. Avec le couteau à mastiquer et de la pâte de bois, remplissez les éraflures, les entailles et les fentes (**photo B**). Laissez sécher la pâte de bois.

Sablez les surfaces de l'armoire au moyen d'une ponceuse vibrante et de papier de verre 150 (**photo C**). Essuyez la poussière du ponçage à l'aide d'un chiffon collant et couvrez d'apprêt les endroits réparés et les endroits mis à nu. Si les armoires sont vernies, sablez les surfaces, appliquez un dégraissant liquide, puis un apprêt, avant de peindre (page 66).

Pour obtenir un fini uniforme, vous devez peindre les parties d'armoires dans un certain ordre. Commencez par peindre l'intérieur dans l'ordre suivant: fond, dessus, côtés et dessous (**photo D**). Utilisez ensuite un rouleau à poils courts pour peindre les surfaces extérieures. Progressez du haut vers le bas, par passes douces et uniformes (**photo E**).

Peignez les deux côtés des portes pour éviter tout gauchissement. Peignez un côté de porte à la fois, à l'aide d'un pinceau à moulures, en commençant par les surfaces intérieures. Peignez d'abord les panneaux en relief, ensuite les traverses et finalement les montants (**photo F**). Une fois la peinture sèche, peignez l'autre côté de la porte en utilisant la même technique, et terminez par les bords.

Peignez l'avant des tiroirs en dernier lieu, à l'aide d'un pinceau en biseau (**photo G**). Laissez sécher les portes et les tiroirs pendant plusieurs jours et réinstallez-les ensuite de même que la quincaillerie.

Outils: *Tournevis, ponceuse vibrante, couteau à mastiquer, pinceaux (de 3 po droit, de 2 po pour moulures, à boiseries), rouleau à poils courts.*

Matériel: *Papier de verre 150, décapant pour peinture, détergent, pâte de bois au latex, chiffon collant, apprêt, linge, dégraissant liquide, peinture-émail brillante.*

Videz les armoires et retirez les portes de leurs charnières.

Remplissez de pâte de bois les entailles, éraflures et fentes.

Poncez toutes les surfaces avec du papier de verre 150.

Peignez l'intérieur, dans l'ordre suivant: fond (1), dessus (2), côtés (3) et dessous (4).

Conseil utile: Comment vernir les armoires

Si vous préférez vernir vos armoires plutôt que de les peindre, vous devez au préalable les décaper, remplir les trous et les entailles de pâte de bois et appliquer un apprêt pour bois (pages 62 et 63). À cause de leur taille, les armoires ne sont pas faciles à décaper. Si elles ne sont pas trop grandes, vous pouvez les détacher du mur et les revernir dans une autre pièce. Si ce n'est pas possible, laissez-les en place et revernissez-les à tour de rôle.

Masquez les endroits qui entourent les armoires et couvrez le dessus des comptoirs et le plancher de toile de peintre pour les protéger pendant le décapage (pages 64 et 65). Commencez par vider les armoires et retirer la quincaillerie et les portes. Dans la plupart des cas, il sera plus efficace d'utiliser un pistolet chauffant qu'un décapant chimique pour décaper l'armoire de la peinture ou du vernis existants. Si vous avez laissé les armoires en place, placez un écran thermique pour empêcher le pistolet chauffant d'abîmer ou de faire cloquer les surfaces qui entourent les armoires. Après avoir décapé le corps des armoires, décapez les portes. Utilisez un grattoir profilé spécial pour enlever la peinture des rainures et des endroits de forme compliquée. Prenez garde à ces endroits: ils sont plus faciles à roussir et à entailler que les surfaces planes. Utilisez un décapant chimique pour les endroits encore sales (page 62).

Après avoir effectué les réparations nécessaires avec de la pâte de bois, et avoir poncé le bois, appliquez un apprêt pour bois transparent (page 66). Puis appliquez le vernis en utilisant la même technique que celle préconisée pour la peinture des armoires (page 72).

Peignez au rouleau les surfaces extérieures, en progressant de haut en bas.

Peignez les portes en commençant par les panneaux en relief (1), peignez ensuite les traverses (2) et terminez par les montants (3).

Peignez l'avant des tiroirs en dernier lieu, en utilisant un pinceau en biseau.

Peinture des murs et des plafonds

Pour obtenir un fini impeccable sur les murs et les plafonds, appliquez la peinture section par section. Commencez par délimiter les bords à l'aide d'un pinceau, puis peignez immédiatement la section délimitée au rouleau avant de passer à la section suivante. Si les bords peints au pinceau sèchent avant que vous ne peigniez la section au rouleau, des raccords apparaîtront sur les murs finis. Choisissez de la peinture et des outils de qualité et chargez complètement de peinture le pinceau et le rouleau pour éviter les raccords et couvrir complètement la section (pages 68 et 69). Peignez si possible à la lumière naturelle, vous détecterez plus facilement les endroits que vous avez oubliés. Peignez les plafonds avec un rouleau dont le manche est muni d'une rallonge. Portez des lunettes de protection et une casquette à visière pour vous protéger des éclaboussures. Commencez par le coin le plus éloigné de la porte d'entrée. Peignez le plafond dans sa petite dimension en sections de 3 pi x 3 pi, en délimitant les bords avant de peindre au rouleau. Appliquez la peinture en diagonale et répartissez-la ensuite uniformément en imprimant au rouleau un mouvement de va-et-vient **(photo A)**. Donnez des coups de rouleaux de finition dans chaque section en dirigeant le rouleau vers le mur d'entrée et en le soulevant à la fin de sa course. Peignez les murs en sections de 2 pi x 4 pi. Commencez dans le coin supérieur, en délimitant les bords des coins de plafond et de mur à l'aide d'un pinceau. Peignez ensuite la section au rouleau, en commençant par un coup de rouleau en diagonale, en montant, pour éviter les éclaboussures **(photo B)**. Répartissez uniformément la peinture par des coups de rouleau horizontaux, et terminez par des coups de rouleaux verticaux, de haut en bas. Délimitez ensuite la section située immédiatement en dessous. Poursuivez avec les sections adjacentes, en délimitant les bords au pinceau et en peignant au rouleau en commençant par la section supérieure. Terminez toujours par des coups de rouleaux vers le plancher, afin que le fini soit lisse et uni.

Outils: *Rouleau à peinture, rallonge de manche de rouleau, pinceau droit de 3 po, lunettes de sécurité, casquette à visière.*

Matériel: *Peinture.*

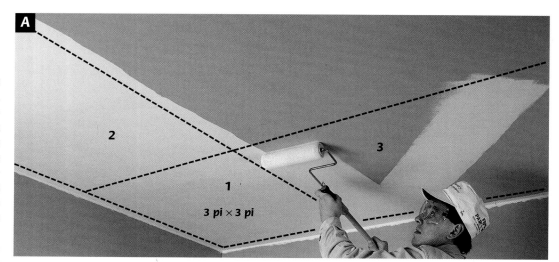

Peignez les plafonds à l'aide d'une rallonge de manche, par section de 3 pi x 3 pi, en délimitant les bords au pinceau avant de passer le rouleau.

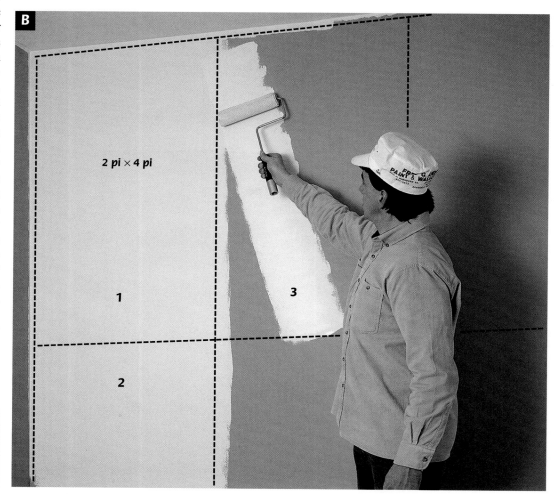

Peignez les murs en sections de 2 pi x 4 pi, en délimitant les coins de plafond et de mur au pinceau et en peignant le reste au rouleau.

Nettoyage

Vos travaux de peinture étant terminés, vos pouvez décider de jeter les rouleaux, mais le bac à peinture, les manches de rouleau et les pinceaux peuvent être nettoyés et conservés pour une utilisation ultérieure.

Reversez le reste de la peinture du bac dans son pot. Nettoyez les pinceaux couverts de peinture au latex avec de l'eau additionnée d'un détergent doux. Peignez les poils à l'aide du côté dentelé d'un outil à nettoyer les rouleaux (**photo C**), qui alignera les poils pour qu'ils sèchent correctement.

Trempez les pinceaux utilisés avec les peintures alkydes dans un petit récipient contenant de l'essence minérale. Lorsque les particules solides se seront déposées, retirez le pinceau et laissez-le sécher avant de le ranger. Rangez les pinceaux dans leur emballage d'origine ou entourez les poils de papier d'emballage.

Si vous décidez de conserver les rouleaux pour une utilisation ultérieure, enlevez la peinture restante à l'aide du côté arrondi de l'outil à nettoyer les rouleaux (**photo D**). Trempez le rouleau dans un solvant et servez-vous d'un outil à essorer les rouleaux pour enlever le reste de peinture et le solvant. Attachez le rouleau à l'outil et introduisez l'outil dans une boîte de carton ou un seau de cinq gallons pour recueillir le liquide et éviter les éclaboussures. Actionnez la pompe pour forcer le liquide hors du rouleau (**photo E**). Rangez les rouleaux debout, pour éviter que leurs poils ne s'aplatissent.

Vous pouvez essuyer les gouttes de peinture occasionnelles si elles sont encore humides. On arrive souvent à enlever les gouttes de peinture au latex à l'aide d'un linge imbibé d'un savon huileux pour bois. On peut aussi se servir d'un couteau à mastiquer ou d'une lame de rasoir pour enlever les gouttes de peinture séchée sur le bois dur ou sur le verre.

On enlève les éclaboussures de peinture récalcitrantes de la plupart des surfaces avec un nettoyant et un linge propre. Avant d'utiliser un nettoyant, appliquez-le sur un endroit peu visible pour vous assurer qu'il ne provoque aucune décoloration. Les nettoyants sont inflammables et dégagent des vapeurs très fortes; utilisez-les toujours dans des endroits bien ventilés.

Outils: *Outil à nettoyer les rouleaux, outil à essorer les rouleaux, couteau à mastiquer ou lame de rasoir.*

Matériel: *Détergent liquide, essence minérale, boîte en carton ou seau de cinq gallons, linge, savon huileux, nettoyant.*

Peignez les poils avec le côté dentelé d'un outil à nettoyer.

Grattez la peinture du rouleau au moyen de la partie arrondie de l'outil à nettoyer.

Utilisez un outil à essorer les rouleaux pour enlever la peinture et le solvant du rouleau.

Planchers

Un plancher se compose de plusieurs couches dont l'action combinée lui donne le support structural nécessaire et l'apparence désirée. Les *solives* constituent la partie inférieure du plancher. Elles sont en bois de charpente de 2 po x 8 po au moins, elles sont posées sur chant et espacées de 16 po. Les solives du rez-de-chaussée sont supportées par les murs de fondation ou par la poutre principale de la maison. Les solives du premier étage reposent sur le dessus des murs portants. On les empêche de gauchir sous l'effet du poids qu'elles supportent en les reliant par des entretoises ou des *croix de St-André* qui répartissent uniformément la charge entre les solives.

Le *sous-plancher*, qui forme la couche supérieure suivante, est constitué de feuilles de contreplaqué de 1 po d'épaisseur clouées sur les solives. Le sous-plancher augmente la rigidité des solives avec lesquelles il forme la plateforme structurale du plancher.

Le type de revêtement du sous-plancher dépend du type de matériau de finition. Les revêtements de sol en bois dur ou en moquette sont habituellement posés directement sur le sous-plancher. D'autres types de matériaux de finition, comme les carreaux de céramique et de vinyle, nécessitent une surface plus lisse que celle d'un sous-plancher, et on les installe habituellement sur une *sous-couche*. La sous-couche la plus courante est faite de contreplaqué de 3/8 po ou de 1/2 po d'épaisseur, cloué ou vissé au sous-plancher. On uniformise la surface en remplissant les joints d'un produit pour revêtements de sol.

La finition du plancher est importante parce que le revêtement est un des éléments principaux de la décoration d'une pièce, mais aussi parce qu'il forme une couche de protection qui empêche l'humidité d'endommager le bois de structure du plancher.

Problèmes types posés par les planchers

Les surfaces des planchers s'usent plus rapidement que toutes les autres surfaces intérieures à cause des allées et venues auxquelles elles sont soumises. Et leur détérioration ne se limite pas à l'apparence: les entailles faites dans les planchers résilients et les fissures des joints de coulis des carreaux de céramique laissent pénétrer l'humidité dans le bois sous-jacent. Les planchers en bois dur perdent leur fini et se décolorent, et les panneaux desserrés grincent.

L'humidité qui pénètre sous le revêtement de sol abîme la sous-couche, et la détérioration se transmet ensuite au sous-plancher. Ce sont les planchers des salles de bain qui connaissent le plus de problèmes dus à l'humidité. Les sous-planchers peuvent se détacher des solives – autre cause de craquements – et le plancher devient alors inégal et élastique à ces endroits.

Les problèmes de solives sont moins fréquents, mais plus visibles. Une solive fendue ou affaiblie risque de s'affaisser et de créer un renfoncement dans le plancher qu'elle supporte ainsi qu'une augmentation des contraintes appliquées aux solives adjacentes, tandis que le bombement d'une solive poussera le sous-plancher vers le haut, desserrera les organes d'assemblage et créera une bosse dans le revêtement de sol.

Il est possible de réparer une solive défectueuse, mais les problèmes de défaillance sérieuse doivent être réglés par un professionnel, notamment lorsqu'il s'agit d'un affaissement généralisé du plancher, d'une surcharge de la poutre principale, de poteaux qui s'enfoncent ou d'une détérioration visible des murs de fondation.

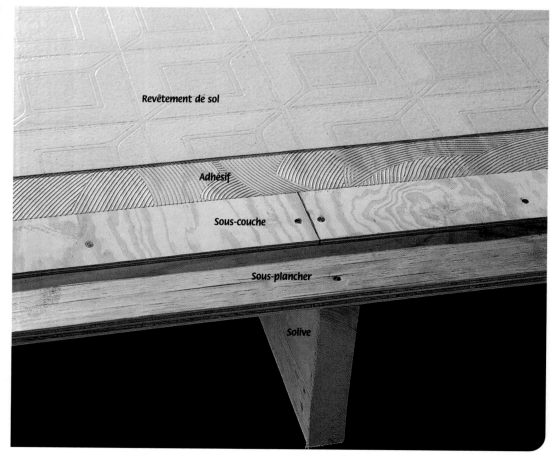

Revêtement de sol

Adhésif

Sous-couche

Sous-plancher

Solive

Examen du plancher

En examinant soigneusement un plancher, vous pourrez décider s'il faut le réparer ou s'il faut le remplacer. On peut souvent installer un nouveau revêtement de sol ou une sous-couche sur l'ancien revêtement, mais il faut au préalable vérifier le nombre de couches qui recouvrent déjà le plancher. S'il y en a plusieurs, il vaut mieux les enlever. N'oubliez pas que le travail préparatoire à l'installation d'un nouveau revêtement vise avant tout à ce que la surface soit en bon état, lisse et de niveau. Vérifiez l'adhérence des carreaux de vinyle en soulevant les bords décollés de certains d'entre eux au moyen d'un couteau à plaque de plâtre **(photo A)**. Si les carreaux sont décollés en différents endroits de la pièce, il se peut que l'adhésif soit défectueux, auquel cas il faut enlever le revêtement au complet. Si, par contre, les carreaux sont bien collés et que vous désirez installer les nouveaux carreaux sur les anciens, préparez la surface à l'aide d'un produit à aplanir (page 79).

La présence de poches d'air sous le revêtement indique une défaillance de l'adhésif **(photo B)**. Dans ce cas, il faut enlever l'ancien revêtement avant de poser le nouveau. Les fissures des joints de coulis entourant les carreaux de céramique sont signe que le plancher bouge ou que la couche d'adhésif s'est détériorée **(photo C)**. Si plus de 10 % des carreaux sont décollés, enlevez complètement l'ancien revêtement. Pour installer un revêtement résilient sur une surface de carreaux de céramique, aplanissez la surface à l'aide du produit adéquat. Si vous installez de nouveaux carreaux de céramique sur les anciens, utilisez un mortier à pose simplifiée, à base d'époxy, pour obtenir une bonne adhérence. Le gondolement des planchers en bois dur indique que des lames se sont détachées du sous-plancher **(photo D)**. À moins que vous n'installiez un nouveau plancher en bois dur, il n'est pas nécessaire d'enlever l'ancien. Revissez plutôt les lames détachées au moyen de clous ou de vis à revêtement. Vous pouvez poser de la moquette directement sur un plancher en bois dur bien assujetti tandis que les nouveaux carreaux de céramique ou le revêtement résilient doivent être installés sur une sous-couche posée sur un revêtement en bois dur.

Avertissement : Certains revêtements de sol résilients produits avant 1986 contiennent de l'amiante et peuvent occasionner de sérieux problèmes pulmonaires si on les inhale. En pareil cas, il faut recouvrir d'une sous-couche le revêtement contenant de l'amiante, ou faire appel à un entrepreneur spécialisé dans l'élimination des poussières d'amiante qui enlèvera le revêtement de sol.

Vérifiez l'état des carreaux de vinyle au moyen d'un couteau à plaque de plâtre.

Les poches d'air dans les revêtements de sol en feuille indiquent une défaillance de l'adhésif.

La détérioration des joints de coulis peut être causée par une sous-couche qui bouge ou par un adhésif défectueux.

Revissez au sous-plancher les lames détachées d'un plancher en bois dur avant d'installer une nouvelle sous-couche ou un nouveau revêtement de sol.

Outils pour les travaux de planchers

Vous possédez probablement la plupart des outils à main et à commande mécanique dont vous aurez besoin pour effectuer les travaux de planchers. S'il vous en manque certains, comme les outils spéciaux à main nécessaires pour installer des revêtements spéciaux, vous les trouverez sur le marché et ils ne coûtent généralement pas cher. Vous pouvez aussi louer de nombreux outils susceptibles de vous faciliter la tâche.

Les outils à commande mécanique couramment utilisés pour les travaux de planchers **(photo A)** comprennent la scie à onglets, la scie circulaire et la scie sauteuse. Vous en aurez besoin pour couper et façonner les revêtements de sol en bois. La scie circulaire est également utile pour effectuer la plupart des réparations. Utilisez une ponceuse vibrante pour retoucher, par endroits, un plancher en bois dur ou pour égaliser la sous-couche après les réparations. La foreuse est indispensable pour les travaux de planchers, comme pour tous les autres travaux. Et le pistolet chauffant est idéal lorsqu'il faut installer des carreaux de vinyle. Les outils à commande mécanique qu'on peut louer comprennent les ponceuses à tambours et les déligneuses, qui permettent de décaper les planchers en bois dur, et les meules de plancher, pour polir les planchers cirés. Pour tous les travaux de planchers, il faut disposer de certains outils à main **(photo B)**. On dresse la liste des outils nécessaires en fonction du travail à effectuer, mais l'installation d'un nouveau revêtement de sol commence toujours par la disposition précise des éléments; donc, assurez-vous d'avoir sous la main des outils de mesure et de marquage, tels qu'un un cordeau traceur, une équerre de charpentier, un niveau, une règle rectifiée, un mètre à ruban et un crayon. Pour installer un plancher de vinyle ou tout autre type de carreaux, utilisez une truelle dentelée pour étaler l'adhésif ou le mortier. Le rouleau de plancher permet de presser le revêtement sur la couche d'adhésif, et on se sert d'une agrafeuse pour pendre des feuilles de plastique dans les ouvertures de porte et les autres ouvertures, afin de faire écran à la poussière et aux fumées. Les travaux de planchers posent des problèmes de sécurité, car ils exigent que l'exécutant soit près de sa tâche. Par exemple, actionner une scie à commande mécanique lorsque vous êtes agenouillé est une tâche inconfortable et souvent dangereuse. Sachez dans quel matériau vous sciez et où la scie (ou le ciseau) risque d'aboutir si l'outil se coince ou glisse. Protégez-vous les yeux et les oreilles, et portez un masque respiratoire si nécessaire. Et enfin, portez des genouillères; sans elles, vous risquez de trouver le travail beaucoup plus pénible.

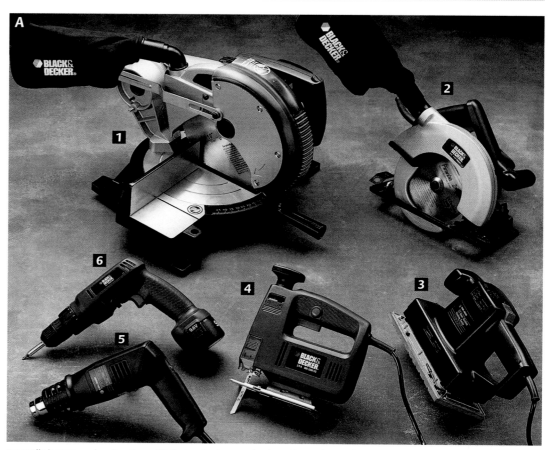

Les outils à commande mécanique utilisés dans les travaux de réparation et de remplacement comprennent la scie à onglets (1), la scie circulaire (2), la ponceuse vibrante (3), la scie sauteuse (4), le pistolet chauffant (5) et la foreuse sans cordon (6).

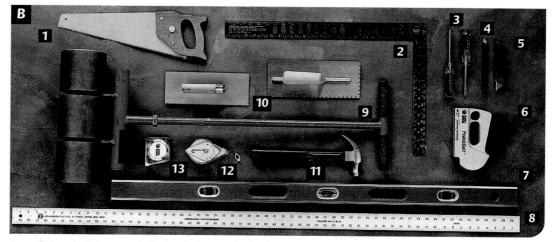

Les outils à main de base, employés dans les travaux de planchers, comprennent la scie (1), l'équerre de charpentier (2), les tournevis (3), le crayon (4), le couteau universel (5), l'agrafeuse (6), le niveau (7), la règle rectifiée (8), le rouleau de plancher (9), les truelles dentelées (10), le marteau (11), le cordeau traceur (12) et le mètre à ruban (13).

Outils et matériel de préparation

Les travaux préparatoires à l'installation d'un nouveau revêtement de sol peuvent se réduire à remplir les fissures du plancher existant, mais ils peuvent aussi exiger qu'on enlève l'ancien revêtement et la sous-couche et qu'on répare le sous-plancher par endroits.

Si vous avez décidé d'enlever l'ancien revêtement, une série d'outils vous y aideront **(photo C)**. Utilisez un maillet et un ciseau pour casser les carreaux de céramique. Le couteau à plaque de plâtre est un grattoir pratique, mais pour gratter des surfaces plus importantes, achetez ou louez un grattoir à planchers. Les pieds-de-biche sont plus pratiques que les marteaux pour retirer les clous et soulever les panneaux. Et utilisez une scie alternative pour effectuer des coupes rapides et grossières. Si le plancher existant est en assez bon état pour servir de sous-couche, appliquez un produit à aplanir, en suivant les instructions du fabricant **(photo D)**. Ce produit ressemble à un mortier et remplit les petites cavités, ce qui donne une surface lisse qui prolongera la vie du nouveau revêtement.

Pour préparer la sous-couche du nouveau revêtement, utilisez un produit de ragréage au latex qui remplira les fissures et les cavités, et couvrira les têtes de vis et de clous **(photo E)**. Remplissez également les joints entre les feuilles de la nouvelle sous-couche.

Rehaussez le bas des moulures en les sciant avec une scie à main, pour pouvoir y glisser le nouveau revêtement de sol; un morceau de sous-couche inutilisé et un morceau du nouveau revêtement superposés vous indiqueront à quelle hauteur scier **(photo F)**. Dans le cas des carreaux de céramique, prévoyez également l'épaisseur de l'adhésif.

Assurez-vous de bien aérer la pièce lorsque le travail produit des poussières ou des émanations **(photo G)**. Un ventilateur placé dans une fenêtre ouverte et orienté vers l'extérieur crée une bonne circulation d'air.

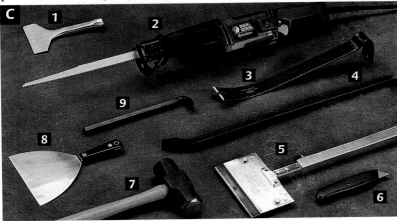

Parmi les outils qui permettent d'enlever un revêtement de sol citons: le ciseau de maçon (1), la scie alternative (2), le levier plat (3), le pied-de-biche (4), le grattoir de planchers à long manche (5), le couteau universel (6), le maillet (7), le couteau à plaque de plâtre (8) et le petit levier (9).

Transformez l'ancien revêtement de sol en une sous-couche lisse pour pouvoir y poser le nouveau revêtement en y appliquant un produit à aplanir au moyen d'une truelle rectangulaire.

Le produit de ragréage au latex remplit les cavités et les dépressions de la sous-couche. Appliquez-le avec une truelle ou un couteau à plaque de plâtre.

Superposez un élément de chaque matériau du nouveau revêtement pour déterminer la hauteur à laquelle scier le montant de la porte et les autres moulures.

Placez un ventilateur dans une fenêtre ouverte pour qu'il aspire la poussière et les fumées toxiques hors du lieu de travail.

Élimination des grincements de plancher

Les planchers grincent quand leurs lattes frottent l'une contre l'autre ou qu'elles jouent contre les clous qui les fixent au sous-plancher. Le frottement de conduites d'eau contre les solives de plancher produit d'autres bruits. Le travail normal du bois rend d'ailleurs certains grincements inévitables. Les grincements de plancher font partie des désagréments normaux des maisons, mais ils sont parfois signe de sérieux problèmes structuraux. Si un endroit du plancher vous paraît plus souple ou anormalement grinçant, inspectez la charpente et la fondation qui supporte le plancher. La méthode choisie pour éliminer les grincements dépend du type de revêtement de sol auquel vous avez affaire et de l'accès que vous avez aux solives. Autant que possible, éliminez les grincements par le dessous du

plancher. Pour situer les endroits bruyants, demandez à quelqu'un de marcher sur le plancher et, d'en dessous, écoutez attentivement et essayez de déterminer la cause du bruit. Vous pouvez aussi repérer les grincements alors que vous êtes au-dessus du plancher, puis les situer par en dessous en mesurant leurs coordonnées par rapport à des éléments communs aux deux étages, comme les murs extérieurs, les conduites ou les gaines de chauffage.

Si les solives sont recouvertes d'un plafond de finition, effectuez le travail par le dessus. Enfoncez des fixations à travers les lames du plancher et du sous-plancher, ou lubrifiez les joints entre les lames. Les solives de plus de 8 pi de long doivent être reliées par des entretoises ou des croix de St-André qui distri-

buent la charge entre les solives. S'il n'y a pas d'entretoises, installez-en tous les 6 pi pour raidir le plancher et supprimer les grincements.

Outils: *Foreuse, marteau, chasse-clou, couteau à mastiquer, brosse à dents, pistolet à calfeutrer.*

Matériel: *Vis à bois, clous de plancher, bois plastique, poudre de graphite, cire pour piste de danse, étriers plats à pattes, intercalaires en bois dur, colle à bois, longueurs de bois de 2 po x 4 po, adhésif de construction, clous ordinaires 16d.*

Fixation des sous-planchers aux planchers

Les planchers en bois dur craqueront s'ils n'ont pas été correctement cloués ou si les clous qui les fixent se sont desserrés au fil du temps et se sont soulevés du sous-plancher.

Si vous avez accès aux solives de plancher par en dessous, enfoncez des vis à travers le sous-plancher et dans les planches de bois dur, pour les rapprocher **(photo A)**. Forez des avant-trous pour éviter les fissures et assurez-vous que les vis sont assez courtes pour ne pas percer les panneaux de plancher. Déterminez

l'épaisseur combinée du plancher et du sous-plancher en la mesurant là où les conduites les traversent.

Si vous ne pouvez atteindre le plancher par en dessous, clouez les lames de plancher au sous-plancher au moyen de clous de plancher à tige vrillée. Forez des avant-trous près du bord à languette des lames et inclinez légèrement les clous pour augmenter leur serrage **(photo B)**. Clouez autant que possible dans des entretoises. Enfoncez les clous à l'aide d'un chasse-clou et remplissez de bois plastique teinté les trous laissés par

les clous. On peut facilement éliminer les craquements d'un plancher recouvert de moquette en utilisant un dispositif spécial permettant d'enfoncer des vis à travers le sous-plancher, dans les solives **(photo C)**. Le dispositif guide la vis et contrôle la profondeur à laquelle on l'enfonce. La tige de la vis est rainurée, si bien qu'une fois installée, on peut la couper juste en dessous de la surface du sous-plancher.

Enfoncez des vis à travers le sous-plancher, dans les lames de bois dur du revêtement de plancher, pour faire cesser les craquements.

Enfoncez des clous de plancher à tige vrillée dans les lames du revêtement de plancher. Dissimulez les clous en remplissant les trous de bois plastique.

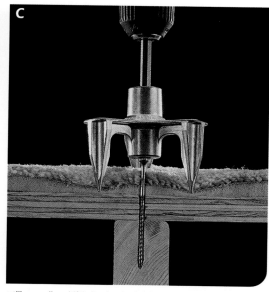

Utilisez un dispositif de fixation de plancher pour river les sous-planchers par le dessus, surtout s'ils sont recouverts de moquette.

Atténuation du bruit dû au frottement

Le moyen le plus facile d'éliminer les craquements d'un plancher en bois dur consiste à lubrifier les joints entre les lames. Cela n'empêche pas les lames de bouger ni de frotter les unes contre les autres, mais cela élimine le bruit pendant un certain temps.

Utilisez de l'huile minérale ou du talc comme lubrifiant, ou achetez du graphite en poudre dans une quincaillerie. On se sert couramment de graphite pour lubrifier les serrures, et on le trouve en petits «tubes à soufflet» en plastique, munis d'un embout pointu. Commencez par ôter la saleté et les dépôts des joints qui séparent les lames de plancher, au moyen d'un couteau à mastiquer ou d'une brosse à dents. Appliquez une petite quantité de poudre de graphite ou d'huile

entre les lames qui craquent. Sautez à plusieurs reprises sur le plancher pour faire pénétrer le lubrifiant dans le joint. Essuyez l'excès de poudre avec un linge humide.

La cire pour piste de danse, que vous trouverez dans les magasins de loisirs, est un lubrifiant qui dure plus longtemps et qui peut supprimer les craquements de plancher. Mais elle ne convient pas à certains finis de plancher, et vous devez donc vous renseigner auprès du fabricant du plancher avant de vous la procurer.

Utilisez un linge propre pour étendre la cire sur les joints qui craquent (**photo D**). Ensuite, enfoncez profondément la cire dans les joints au moyen d'une brosse à dents.

Appliquez de la cire pour piste de danse sur les joints grinçants, au moyen d'un linge et d'une brosse à dents.

Rendre silencieux les étriers des conduites

Dans les sous-sols non finis ou dans les vides sanitaires, on suspend habituellement les conduites d'eau en cuivre aux solives de plancher. Lorsque vous essayez d'identifier les bruits qui proviennent du plancher, essayez d'entendre si certains tuyaux ne frottent pas contre les solives ou les autres organes de la charpente. Desserrez les étriers de suspension des tuyaux ou remplacez-les pour supprimer le bruit.

N'enlevez jamais l'étrier de suspension d'un tuyau sans le remplacer, car un tuyau non supporté peut se mettre à vibrer ou peut s'affaisser lorsqu'il devient chaud, et il risque alors de lâcher à un joint. Pour ajuster l'étrier de suspension, retirez les pointes

enfoncées dans le bois, à l'aide d'un marteau ou d'un pied de biche. Redressez les extrémités de l'étrier si nécessaire. Abaissez-le suffisamment pour que le tuyau ne touche plus la solive, mais en veillant à ce que l'étrier le maintienne fermement et l'empêche de vibrer.

Reclouez l'étrier en enfonçant l'extrémité pointue directement dans le bois (**photo E**).

Vous pouvez également remplacer les étriers de suspension par des étriers à pince, en plastique. La pince s'ouvre de manière à pouvoir enserrer le tuyau. Une fois installée, la pince en plastique bloque le tuyau et l'empêche de toucher la solive.

Abaissez l'étrier de suspension du tuyau pour que celui-ci ne frotte plus contre la solive.

Calage des solives

Comme les lames de plancher se séparent des sous-planchers, les lames ou les feuilles du sous-plancher peuvent se séparer des solives et créer des vides. Ces vides ont deux origines: la contraction de la solive ou le clouage insuffisant du sous-plancher. Si ces vides sont importants ou si vous en découvrez également au-dessus de plusieurs solives voisines, il se peut que la charpente ait besoin d'être renforcée, mais on peut habituellement remédier à un vide isolé en installant quelques intercalaires en bois dur ou une cale qui supportera le sous-plancher.

Remplissez les petits vides au moyen d'intercalaires biseautés en bois dur. Appliquez un peu de colle à bois sur l'intercalaire et déposez un peu de colle à l'endroit où vous allez l'introduire. À l'aide d'un mar-

teau, enfoncez l'intercalaire à sa place, juste assez pour le bloquer (**photo F**). L'enfoncer plus ne ferait qu'élargir le vide. Laissez sécher la colle avant de marcher sur le plancher. Si le vide est plus étendu, clouez une cale sur le côté de la solive au lieu d'utiliser des intercalaires. Coupez un morceau de bois de 2 po x 4 po ou de 2 po x 6 po à une longueur suffisante pour couvrir le vide, enfoncez partiellement quelques clous 16d sur une face de la cale et appliquez de la colle de construction sur l'autre face et sur la face supérieure de la cale.

Placez la cale contre la solive, sa face supérieure contre le sous-plancher. Puis, d'une main, poussez la cale vers le haut contre le sous-plancher et clouez la cale à la solive.

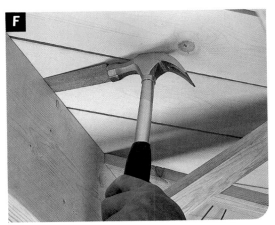

Insérez des intercalaires dans les vides entre les solives et le sousplancher.

Redressement d'une solive bombée

Le bombement d'une solive de plancher peut empirer avec le temps et finir par déformer le plancher. La réparation est facile à effectuer, car on se sert de la pesanteur pour aplatir la solive.

Si vous constatez un bombement dans le plancher, inspectez l'endroit à l'aide d'un niveau et déterminez le point le plus haut **(photo A)**. Déplacez le niveau en différents endroits et notez chaque fois l'écart entre le plancher et les extrémités du niveau.

Marquez le point le plus haut de la bosse et mesurez sa position par rapport à un élément qui traverse le plancher de part en part, comme un mur extérieur

ou une gaine de chauffage. À l'aide de cette mesure, marquez le point haut de la solive bombée, en dessous du plancher.

Au moyen d'une scie alternative, faites une entaille droite dans la solive, de bas en haut, à l'endroit du point le plus haut du bombement **(photo B)**. Entaillez la solive aux trois quarts.

Attendez quelques semaines que la solive se relâche et se redresse, en vérifiant régulièrement le plancher avec un niveau. Ne surchargez pas le plancher à l'endroit de la solive. Quand la solive a repris sa place, renforcez-la en clouant une planche de

même section **(photo C)**. La pièce de renfort doit avoir au moins 6 pi de long; fixez-la au moyen de clous ordinaires 16d, plantés par paires, en quinconce, tous les 12 po. Enfoncez une rangée de trois clous de chaque côté de l'entaille faite dans la solive.

Outils: *Niveau de 4 pi, scie alternative, marteau.*

Matériel: *Bois de charpente, clous ordinaires 16d.*

Déterminez le point haut du bombement, à l'aide d'un niveau.

Utilisez une scie alternative pour entailler la solive à l'endroit du bombement.

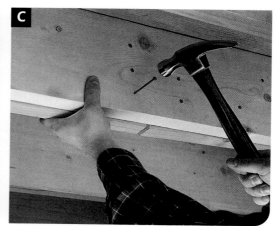
Centrez une planche sur l'entaille et clouez-la à la solive.

Renforcement d'une solive fendue ou qui s'affaisse

Lorsqu'une solive de plancher est affaiblie par une fente importante ou qu'elle s'affaisse sous l'effet du vieillissement du bois, la meilleure solution est souvent de fixer une nouvelle solive à l'ancienne pour l'aider à supporter sa charge. Ce procédé dit de la *solive sœur* consiste à installer la nouvelle solive (la *solive sœur*) contre l'ancienne et à les soulever toutes les deux en se servant de deux étançons de fondations ou de vérins hydrauliques et de traverses en bois de 2 po x 4 po.

Ce procédé s'applique si on doit réparer une ou deux solives, mais si le plancher s'affaisse fortement ou s'il penche, c'est peut-être signe que ses solives sont trop faibles, ou qu'on a affaire à des problèmes de fondation ou de charpente qui nécessitent des réparations plus importantes.

Si une solive se fend, c'est peut-être dû à un défaut naturel ou à une entaille de passage des fils de service qui a affaibli le bois **(photo D)**.

En tenant un niveau de 4 pi contre le point inférieur de la solive, vous pourrez déterminer l'ampleur de son affaissement **(photo E)**. Notez la distance qui sépare les extrémités du niveau et la solive.

Pour installer une solive sœur, enlevez les entretoises ou les croix de St-André qui se trouvent du côté de la solive abîmée où vous comptez installer la solive sœur.

Mesurez l'ancienne solive et coupez une solive sœur de la même longueur. Vous pouvez la raccourcir un peu pour pouvoir la mettre en place, mais en règle générale, elle doit être la plus longue possible. Coupez la solive sœur dans du bois de même section

que celui de la solive abîmée. Utilisez une planche droite ou tout au plus légèrement bombée. Si elle est bombée, veillez à ce qu'elle soit arquée vers le haut.

Le plancher affaissé peut compliquer l'installation de la solive sœur. Si c'est le cas, tentez de résoudre le problème en pratiquant des encoches aux deux extrémités inférieures de la solive, pour qu'elle puisse

Outils: *Marteau, ciseau, niveau de 4 pi, clé à ouverture variable, clé à douille à cliquet.*

Matériel: *Solive de remplacement, étançons en métal, longerons de 2 po x 4 po en bois d'œuvre, intercalaires de bois dur, vis tire-fond de 3 po avec rondelles.*

reposer sur la fondation ou sur les poutres de la fondation. À l'aide d'un ciseau, faites des entailles de ½ po de profondeur et de 18 po de long.

Pour mettre la solive sœur en place, tenez-la à plat pour pouvoir poser ses extrémités sur la lisse ou sur les poutres de la fondation. Ensuite, redressez-la sur chant en la martelant au besoin à la partie supérieure. Préparez deux traverses en clouant ensemble, par paires, des morceaux de bois de 2 po x 4 po de 6 pi de long. Placez un étançon et une traverse près d'une extrémité des solives. Placez l'autre traverse perpendiculairement aux solives et réglez grossièrement la hauteur de l'étançon. À l'aide d'un niveau, assurez-vous que l'étançon est d'aplomb (photo F).

Levez l'étançon en faisant tourner l'axe fileté qui dépasse à sa partie inférieure, jusqu'à ce que la traverse soit bien en contact avec les solives.

Placez le deuxième étançon à l'autre extrémité des solives et levez-le lentement. Arrêtez dès que la solive sœur se trouve à ras du sous-plancher. Installez des intercalaires biseautés en bois dur aux extrémités de la solive sœur, entre les parties entaillées et la lisse ou les poutres de la fondation (photo G). Utilisez si possible deux intercalaires dont vous orienterez les biseaux en sens opposé pour créer une surface horizontale. Enfoncez soigneusement les intercalaires à coups de marteau, mais juste assez pour qu'ils soient bloqués.

Les deux solives étant au même niveau, relâchez la pression des étançons.

Utilisez des vis tire-fond de 3 po avec rondelle pour assembler les solives. Forez une paire d'avant-trous tous les 12 ou 16 po. Enfoncez les vis à l'aide d'une clé à douille à cliquet (photo H).

Coupez les entretoises ou les croix de St-André à la bonne longueur et réinstallez-les aux endroits d'origine, entre les solives.

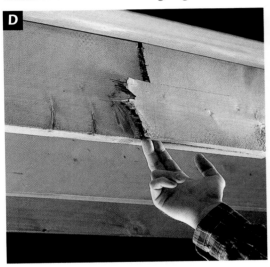

Renforcez une solive fendue avant qu'elle ne cause des problèmes.

Utilisez un niveau pour vérifier l'affaissement des solives.

Assurez-vous que l'étançon est d'aplomb avant de le lever.

Conseils utiles

Appliquez les règles suivantes lorsque vous pratiquez des entailles ou forez des trous dans une solive pour passer des fils de service:

Ne faites jamais d'entailles dans le tiers central d'une solive. N'entaillez pas plus du ⅙ de la largeur de la solive. Par exemple, dans une solive de 2 po x 12 po, dont la largeur est de 11 ¼ po, ne pratiquez aucune entaille de plus de 1 ⅞ po de profondeur.

Forez les trous au milieu de la largeur de la solive. Le diamètre du trou ne doit pas dépasser ⅓ de la largeur de la solive. Les trous de passage des tuyaux doivent être à peine plus larges que le diamètre des tuyaux.

Comme les étançons supportent les solives, introduisez des intercalaires aux extrémités de la solive sœur.

Assemblez la solive sœur et l'ancienne solive au moyen de vis tire-fond et de rondelles.

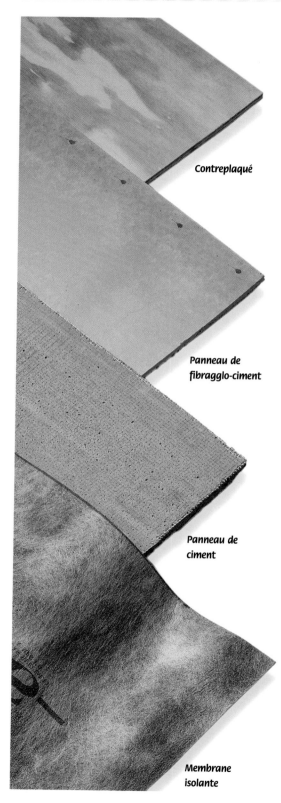

Contreplaqué

Panneau de fibragglo-ciment

Panneau de ciment

Membrane isolante

Sous-couche

La sous-couche est formée de panneaux vissés ou cloués au sous-plancher qui offrent une surface lisse et stable prête à recevoir le revêtement de sol. Réparez ou remplacez la sous-couche avant d'installer un nouveau plancher. Remplissez les trous et les joints des panneaux de la sous-couche au moyen d'un produit de ragréage au latex.

Le type de sous-couche de remplacement que vous installerez dépendra en partie du revêtement de sol que vous aurez choisi. Par exemple, les planchers en carreaux de céramique ou en pierre naturelle nécessitent une sous-couche rigide, comme la sous-couche en panneaux de ciment. Pour les planchers en vinyle, utilisez un contreplaqué de qualité, car les fabricants de revêtements annulent la garantie si celui-ci est installé sur une sous-couche de médiocre qualité. Les planchers en lames de bois massif ou en moquette ne requièrent aucune sous-couche, et on les installe souvent directement sur un sous-plancher en contreplaqué.

On utilise généralement le contreplaqué comme sous-couche des revêtements en carreaux de vinyle ou de céramique. Pour le vinyle, utilisez du contreplaqué extérieur AC de ¼ po, dont le côté lisse présente une surface de qualité. Les revêtements de sol en bois, comme le parquet, peuvent être installés sur du contreplaqué extérieur de moindre qualité. Pour les carreaux de céramique, utilisez du contreplaqué AC de ½ po. Lorsque vous installez le contreplaqué, laissez des espaces de ¼ po pour la dilatation, le long des murs et entre les panneaux.

Le panneau de fibragglo-ciment est une sous-couche mince, de haute densité, utilisée sous les carreaux de céramique ou de vinyle lorsque la hauteur du plancher l'exige.

Le panneau de ciment n'est utilisé que sous les carreaux de céramique. Sa stabilité dimensionnelle, même sous l'effet de l'humidité, en fait la meilleure sous-couche dans les endroits humides, comme les salles de bain. Le panneau de ciment coûte plus cher que le contreplaqué, mais il mérite d'être pris en considération si l'on doit recouvrir une grande surface de carreaux de céramique.

La membrane isolante sert à protéger les carreaux de céramique contre les mouvements qui peuvent se produire lorsqu'un plancher en béton se fissure.

Enlèvement de la sous-couche

Avant de commencer à enlever quoi que ce soit, détachez une petite surface du revêtement de sol pour déterminer le type de fixation dont on s'est servi pour installer la sous-couche. Si celle-ci est vissée, vous devrez d'abord enlever le revêtement de sol, puis retirer les vis, une à une, pour ne pas abîmer le sous-plancher. Si la sous-couche est clouée, vous pouvez l'enlever avec le revêtement de sol **(photo A)**. La technique consiste à découper le revêtement en morceaux pratiques à manipuler.

Veillez à vous débarrasser immédiatement des panneaux que vous détachez et qui contiennent des clous. Louez une benne lorsque vous effectuez ce travail, cela vous économisera du temps et vous évitera des blessures.

Si votre revêtement est en carreaux de céramique collés sur une sous-couche en contreplaqué, utilisez un maillet et un ciseau de maçon pour casser les carreaux le long de la ligne de coupe, avant de les découper en morceaux avec une scie circulaire.

Avertissement: La méthode d'enlèvement qui suit laisse des particules en suspension dans l'air. Vérifiez si les carreaux de vinyle que vous retirez ne contiennent pas d'amiante (page 77).

Avant de découper en sections le revêtement et la sous-couche, organisez-vous pour travailler dans des conditions favorables. La scie rencontrera certainement des clous; donc, utilisez autant que possible une vieille lame, protégez-vous les yeux et portez des gants. Ce travail est plus facile à exécuter avec une lame au carbure.

Outils: *Scie circulaire, scie alternative, ciseau, marteau, levier, maillet, ciseau de maçon.*

Réglez la profondeur de coupe de la scie circulaire pour qu'elle corresponde à l'épaisseur combinée du revêtement et de la sous-couche. Découpez le plancher en sections d'environ 3 pi² **(photo B)**.

À l'extrémité des coupes, lorsque vous rencontrez un mur ou une armoire, sciez le plus près possible des obstacles et achevez le travail avec une scie alternative **(photo C)**. Tenez la scie de manière que la lame soit légèrement inclinée par rapport au plancher. Prenez garde de ne pas dépasser la sous-couche et, pour éviter d'abîmer les murs ou les armoires avec la lame plongeante de la scie alternative, découpez les derniers pouces avec un ciseau.

Une fois que le plancher est découpé en sections, séparez la sous-couche du sous-plancher au moyen d'un levier et d'un marteau **(photo D)**. Débarrassez-vous immédiatement de chaque section enlevée, en prenant garde aux clous qui dépassent.

Après avoir entièrement enlevé le revêtement et la sous-couche, balayez à fond le plancher. Retirez les clous qui pourraient dépasser et inspectez le sous-plancher pour déceler les endroits qui nécessitent des réparations.

Il est plus pratique d'enlever en une fois le revêtement de sol et la sous-couche si les deux sont collés.

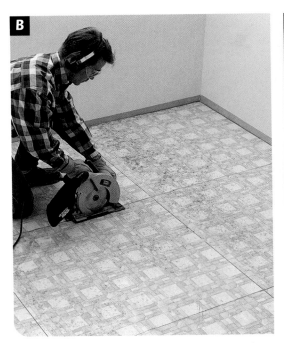

Découpez le revêtement de sol et la sous-couche en petits carrés, au moyen d'une scie circulaire réglée à la bonne profondeur de coupe.

Utilisez une scie alternative lorsque vous vous rapprochez des murs et des armoires. Achevez le travail au ciseau dans les endroits difficiles.

Séparez les sections de revêtement et de sous-couche au moyen d'un levier et d'un marteau. Retirez les clous qui dépassent.

Sous-plancher

Le sous-plancher est la couche structurale de bois qui sépare les solives de plancher du plancher fini. La plupart des sous-planchers modernes sont en feuilles de contreplaqué à rainures et languettes de ¹/₈ po ou ³/₄ po, posées perpendiculairement aux solives. Les anciennes maisons ont parfois des sous-planchers en panneaux de 1 pi x 4 pi ou de 1 pi x 6 pi, installés diagonalement. Le sous-plancher est cloué directement aux solives avec des clous ordinaires 8d ou des clous à tige vrillée qui s'accrochent aux fibres du bois et résistent à l'arrachement.

Le sous-plancher est un important élément structural de votre maison, car il relie tous les éléments constitutifs du plancher. Il maintient les solives d'aplomb et droites pour qu'elles conservent leur résistance maximale, et il constitue la base du plancher sur lequel vous marchez. Il est donc très important qu'il soit en parfait état.

Inspectez le sous-plancher et réparez-le avant de remplacer le revêtement de sol. En enlevant l'ancien revêtement et la sous-couche, vous aurez l'occasion de resserrer les panneaux détachés du sous-plancher et de réparer les endroits où il s'affaisse. S'il est solide et bien fixé, le sous-plancher prévient les mouvements du nouveau plancher et garantit sa durabilité.

La principale fonction du sous-plancher est de supporter le plancher. Lorsque vous remplacez des sections, veillez à installer des pièces robustes en bois pour les supporter et recevoir leurs organes de fixation. Ce n'est pas une question d'esthétique, mais de solidité.

Outils: *Foreuse, marteau, truelle de finition, règle rectifiée, équerre de charpentier, tire-clou, scie circulaire, ciseau, pistolet à calfeutrer.*

Matériel: *Vis de 2 ¹/₄ po, produit à aplanir, seau, bois de 2 po x 4 po, clous ordinaires 16d, contreplaqué, adhésif de construction.*

Rattacher et niveler une sous-couche

Après avoir enlevé l'ancien revêtement de sol et la sous-couche, inspectez le sous-plancher pour découvrir d'éventuels trous, fissures, joints desserrés et parties affaissées.

Promenez-vous sur le plancher en prêtant l'oreille aux craquements et en repérant les endroits qui manquent de rigidité, signe que le sous-plancher s'est détaché des solives. Rattachez le sous-plancher aux solives à l'aide de vis de 2 ¹/₄ po (**photo A**). Enfoncez les clous desserrés ou retirez-les.

Comblez les creux et les défauts au moyen d'un produit à aplanir, mélangé à un additif à base de latex ou de résine acrylique, en suivant les instructions du fabricant.

Étalez le produit à aplanir sur le sous-plancher, à l'aide d'une truelle de finition (**photo B**). Commencez par combler la partie la plus affaissée et utilisez la truelle pour réduire à rien l'épaisseur du produit, au bord de la réparation.

À l'aide d'un niveau, vérifiez si la surface réparée est horizontale (**photo C**). Ajoutez du produit à aplanir si nécessaire.

Laissez sécher le produit et éliminez toute aspérité avec le bord de la truelle, ou poncez la surface.

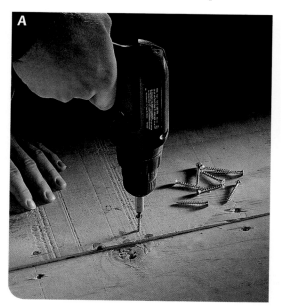

Enfoncez des vis à travers le sous-plancher, dans les solives de plancher.

À l'aide d'une truelle, étalez le produit à aplanir sur les fissures et dans les creux.

Vérifiez avec un niveau si la surface réparée est horizontale.

Remplacement d'une section de sous-plancher

Lorsque vous remplacez les parties pourries ou abîmées d'un sous-plancher, vérifiez si les solives qui les supportent ne sont pas endommagées. Dans les endroits humides comme les salles de bain, où les planchers sont particulièrement exposés aux dégâts des eaux, vérifiez soigneusement les sous-planchers, surtout si les murs ou les surfaces finies du plancher présentent des traces de décoloration, de fissures ou d'écaillage. Déterminez la cause des dommages – les tuyaux ou les accessoires – et corrigez la situation avant de remplacer ou de renforcer le bois endommagé.

Si votre sous-plancher est construit en bois de dimensions courantes plutôt qu'en contreplaqué, vous pouvez réparer les endroits endommagés à l'aide de contreplaqué. Si l'épaisseur du contreplaqué ne correspond pas à celle du sous-plancher, relevez sa surface jusqu'à la hauteur désirée au moyen d'un produit à aplanir les planchers. Pour remplacer les sections abîmées d'un sous-plancher, enlevez l'ancienne sous-couche et découpez les parties du sous-plancher qui sont endommagées, de manière à exposer une partie des solives qui bordent la découpe et qui serviront de surface de clouage. Installez des supports en bois de 2 po x 4 po là où c'est nécessaire.

Tracez un trait sur le sous-plancher, autour de la partie endommagée, en utilisant une équerre de charpentier pour que les lignes soient perpendiculaires et droites, ce qui facilitera la coupe et l'ajustage de la pièce de remplacement. Veillez à ce que deux côtés de la découpe soient centrés sur des solives. À l'aide d'un petit pied-de-biche et d'un marteau, retirez tous les clous se trouvant sur les lignes de coupe ou à proximité de celles-ci.

Réglez la profondeur de coupe de la scie circulaire en fonction de l'épaisseur du sous-plancher. Portez des lunettes de sécurité lorsque vous découpez le sous-plancher avec une scie circulaire, car vous risquez de rencontrer des clous dont la présence vous avait échappé (photo D). Aux endroits où les lignes sont trop près du mur pour qu'on puisse utiliser la scie, achevez le travail avec un large ciseau.

Ôtez la pièce abîmée. Coupez des blocs en bois de 2 po x 4 po qui s'insèrent entre les solives, de chaque côté de la découpe.

Clouez les blocs entre les solives de manière que leur face supérieure soit centrée sous les bords de la découpe pratiquée dans le sous-plancher (photo E). Si possible, clouez les blocs en travaillant en dessous des solives. Sinon, clouez-les en biais, par au-dessus. Lorsque vous clouez en biais, forez des avant-trous aux extrémités des blocs, suivant l'angle voulu.

Mesurez le trou et découpez la pièce de remplacement, en enlevant 1/16 po à chaque dimension pour que la pièce soit légèrement plus petite que le trou. Utilisez du contreplaqué de la même épaisseur (ou d'une épaisseur à peine moindre) que celle du sous-plancher d'origine. Appliquez une petite quantité d'adhésif de construction sur les solives et les cales. Placez la pièce de remplacement et fixez-la aux solives et aux cales, à l'aide de vis de 2 1/4 po, espacées d'environ 5 po (photo F).

Si le sous-plancher est pourri par suite d'une fuite d'eau de la toilette, découpez le bois endommagé qui entoure la toilette (photo G). Pour offrir le support adéquat à la pièce de remplacement, installez des cales en bois de 2 po x 6 po ou de 2 po x 8 po entre les solives et entre les cales existantes, de chaque côté du tuyau de drainage de la toilette.

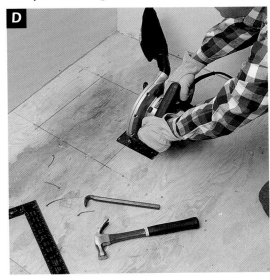

Découpez la partie abîmée au moyen d'une scie circulaire.

Clouez aux solives les cales qui supporteront les bords de la pièce de remplacement.

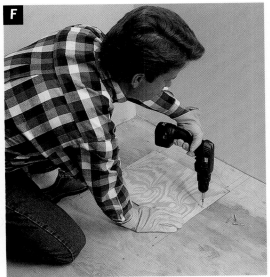

Fixez la pièce de remplacement au moyen d'adhésif et de vis.

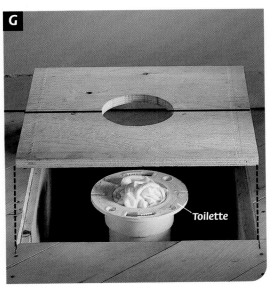

Installez des cales robustes qui supporteront la pièce de remplacement entourant une toilette.

Revêtements de sol courants

Revêtements de sol en vinyle

Le revêtement de sol en vinyle, appelé également *revêtement de sol résilient,* est le revêtement de sol le plus économique et le plus facile à installer. Comme il est durable et facile à nettoyer, on l'installe souvent dans les salles de bain et les cuisines.

Le revêtement de vinyle se vend en *feuilles* ou en *carreaux* que l'on colle normalement sur une sous-couche en contreplaqué.

On trouve le vinyle en feuilles sous forme de rouleaux de 6 pi ou de 12 pi que l'on coupe aux dimensions du plancher. Le vinyle à *encollage complet* est muni d'un renfort en feutre qui est complètement enduit d'adhésif en prévision de son installation. Le vinyle à encollage périphérique est muni d'un renfort en PVC dont seuls les bords sont enduits d'adhésif.

Le carreau de vinyle est très facile à installer ou à remplacer, le dos du matériau étant souvent constitué d'un renfort adhésif. Les revêtements de carreaux comprennent de nombreux joints qui permettent à l'humidité de s'infiltrer et de décoller les carreaux.

Les revêtements de vinyle ont de 1/16 po à 1/8 po d'épaisseur et ils existent en feuilles ou en carreaux.

Carreaux de céramique

Le carreau de céramique est un revêtement de sol dur, durable, à usages multiples qu'on trouve dans toutes sortes de dimensions, de modèles et de couleurs.

Le carreau de céramique est toujours fabriqué en argile moulée et cuite au four, et on en trouve plusieurs sortes. Le *carreau de sol en céramique vernissé* est recouvert d'un vernis coloré après la cuisson. Puis il est recuit, ce qui durcit la couche superficielle, nettement visible sur le chant. Le *carreau de carrière* est un carreau poreux non verni. Il est moins dur et plus épais que le carreau verni et il doit être protégé régulièrement à l'aide d'un produit de scellement. Le *carreau mosaïque de porcelaine* est extrêmement dense et dur, et il résiste naturellement à l'eau. Il a, comme le carreau de carrière, une couleur uniforme dans toute son épaisseur.

Le carreau de céramique normalement utilisé pour les planchers présente une surface texturée qui est moins glissante que celle du carreau verni lisse.

Les carreaux de céramique existent dans toutes sortes de couleurs, de modèles, de formes et de dimensions. Leur épaisseur varie entre 3/16 po et 3/4 po.

Bois dur

Les planchers en bois dur sont chauds, durables et relativement faciles d'entretien. Traités régulièrement avec un produit de finition à base d'uréthane, ils peuvent durer toute une vie.

L'assemblage de lames en bois massif traditionnel constitue le revêtement de sol en bois dur le plus répandu, mais un nombre croissant d'autres produits en bois dur apparaissent dans les constructions neuves ou dans la rénovation; ces produits, qui comprennent les revêtements et les carreaux de parquet à envers en contreplaqué coûtent moins cher que ceux en bois massif et ils peuvent être installés par un simple bricoleur.

Vous pouvez réparer les éraflures d'un revêtement en bois dur et poncer la surface pour lui donner un nouveau fini. Si une petite partie du revêtement en lames de bois dur est fort abîmée, vous pouvez même remplacer certaines lames.

Les revêtements de sol en bois dur existent sous forme de carreaux de parquet laminés ou de lames massives ou laminées.

Moquette

La moquette est faite de fibres synthétiques ou naturelles nouées à un envers maillé. C'est un revêtement de sol très prisé pour les chambres à coucher, les salles familiales et les couloirs.

Les deux principaux types de moquettes sont la moquette à *poil bouclé*, qui crée une impression de surface texturée à cause de ses boucles non coupées, et la moquette à *poil coupé*, qui a une apparence plus uniforme en raison de ses fibres coupées. Une même moquette contient parfois les deux types de fibres.

Les critères de sélection de la plupart des gens sont l'apparence et le confort plutôt que la durabilité, mais heureusement, les nouveaux matériaux offrent une plus grande résistance à l'usure et aux taches.

L'entretien de la moquette consiste essentiellement à la garder aussi propre que possible pour réduire l'usure et à réparer les petits dommages, si nécessaire.

La moquette est un revêtement de sol doux et souple qui requiert peu d'entretien en dehors d'un nettoyage régulier.

Autres revêtements de sol

Les pierres naturelles permettent de constituer des revêtements de sol attrayants, mais coûteux. La pierre en soi coûte cher, mais l'installation et les réparations viennent encore gonfler le prix de ce matériau. Le sous-plancher de ce revêtement doit être en mortier coulé ou en panneaux de ciment, et l'installation et le remplacement des sous-planchers et des carreaux doivent être réalisés par un carreleur expérimenté. Cependant, une fois installés, les carreaux de granit, de marbre et d'ardoise ont une durabilité incroyable et requièrent peu d'entretien en dehors du nettoyage normal.

Les revêtements en stratifiés synthétiques offrent une solution de remplacement économique et durable aux revêtements en bois dur. Comme les produits utilisés dans les dessus de comptoirs, ces revêtements de sol sont formés d'une succession de couches de plastique laminé, qui sont liées à une âme constituée d'un panneau de fibres, et le produit fini imite la couleur et le grain du bois naturel.

Les revêtements de sol stratifiés résistent aux éraflures et requièrent peu d'entretien en dehors du nettoyage normal. Ils doivent toutefois être installés sur un sous-plancher parfaitement lisse, et nombreux sont les fabricants qui n'accordent leur garantie que si les planchers ont été installés par des installateurs professionnels agréés.

Entretien et réparation des revêtements de sol en vinyle

Les planchers en vinyle ont beaucoup de succès parce qu'ils sont faciles à nettoyer et à entretenir. Les revêtements de sol en vinyle de première qualité que l'on trouve actuellement sur le marché ne requièrent aucun autre entretien qu'un balayage et un nettoyage fréquents. Mais il faut parfois donner aux anciens planchers de vinyle ou à ceux de moins bonne qualité un nouveau fini. Commencez par enlever l'ancien fini, par petites sections, en appliquant un décapant commercial de plancher. Utilisez un tampon en nylon et une meule pour enlever la saleté incrustée dans le revêtement. Nettoyez le plancher et rincez-le deux fois. Lorsqu'il est sec, remplissez d'enduit au latex les éraflures et les rainures.

Recouvrez le plancher d'une couche de fini acrylique. Aux endroits très passants ou très usés, appliquez une première couche, laissez-la sécher toute une nuit et appliquez une seconde couche le lendemain. Pour que le fini dure plus longtemps, balayez souvent, mettez des carpettes dans les entrées et

placez des protections sous les pattes des meubles. Ne placez pas de tapis matelassés directement sur les planchers en vinyle, surtout dans les endroits ensoleillés. Le dos de ces tapis contient souvent des dérivés de pétrole qui peuvent laisser des taches indélébiles sur le vinyle. Et si vous tachez un plancher en vinyle avec du vernis à ongles, n'essayez pas de le nettoyer avec un dissolvant: vous risquez d'attaquer le revêtement. Nettoyez-le plutôt avec un peu de poudre à récurer ou un tampon de laine d'acier.

Les taches d'asphalte, qui occasionnent de fréquents problèmes sur les planchers en vinyle, peuvent être enlevées avec des essences minérales ou un détergent ménager. Imbibez un chiffon d'essence minérale et mettez-le sur la tache. Puis, couvrez le chiffon d'un morceau de plastique pour ralentir l'évaporation. Après une heure ou deux, essuyez la tache. Faites l'essai des solvants dans un endroit dissimulé avant de les utiliser sur le plancher. Les méthodes de réparation des revêtements de vinyle dépendent du type de plancher et des

dommages qu'il a subis. Dans le cas de carreaux de vinyle, le moyen le plus simple consiste à remplacer les carreaux endommagés. Dans le cas du vinyle en feuilles, vous pouvez faire fondre la surface ou la rapiécer.

Vous pouvez pratiquement faire disparaître toutes les petites coupures ou les griffes en faisant fondre la surface abîmée et en appliquant un liquide de scellement, que vous trouverez dans tous les magasins où on vend des revêtements de sol en vinyle. Nettoyez l'endroit à l'aide de diluant à peinture-laque et d'un chiffon doux. Lorsqu'il est sec, injectez un mince cordon de produit de scellement dans la coupure. Pour réparer les déchirures et les brûlures, découpez le morceau abîmé et collez une pièce sur l'endroit dénudé (voir ci-dessous).

Lorsque le revêtement de vinyle est fort usé ou endommagé, la seule solution est de le remplacer complètement. Il est parfois possible d'ajouter une couche de revêtement sur le revêtement existant, mais il faut étudier soigneusement la question.

Rapiéçage du vinyle en feuilles

Pour rapiécer une feuille de vinyle, il faut disposer d'un morceau de revêtement identique et utiliser la technique dite de la *double découpe*. Si vous ne disposez pas de morceaux de revêtement, prélevez-en un à l'intérieur d'un placard ou sous un appareil électroménager.

Placez le morceau de remplacement sur l'endroit abîmé, en l'ajustant pour que les motifs coïncident parfaitement. Maintenez-le en place au moyen de ruban-cache. Utilisez une équerre de charpentier pour délimiter la pièce **(photo A)**. Suivez autant que possible les lignes du motif, cela facilite la dissimulation des joints.

Coupez à travers la pièce et le revêtement avec un couteau universel. Utilisez une nouvelle lame et tenez le couteau verticalement en coupant.

Enlevez la pièce et retirez la partie endommagée. Si le revêtement n'est collé que sur le périmètre, cette partie s'enlèvera sans difficulté. Si tout le revêtement est collé, grattez la partie endommagée avec un couteau à mastiquer ou un grattoir. Dissolvez l'adhésif qui reste sur le sous-plancher avec une essence minérale et grattez l'endroit pour qu'il soit propre.

Étendez de l'adhésif pour revêtements de sol sur le sous-plancher. Si le revêtement n'est collé que sur le périmètre, soulevez les bords de la coupure et éten-

dez du mastic en dessous. Pressez la pièce en place **(photo B)**, en veillant à ce que les motifs coïncident parfaitement. Essuyez délicatement l'excès d'adhésif. Couvrez la pièce d'un papier ciré et pesez sur l'endroit au moyen d'un empilement de livres. Attendez 24 heures que l'adhésif sèche.

Appliquez un mince cordon de produit de scellement liquide sur les joints de la pièce. La réparation sera presque invisible.

Outils: *Équerre de charpentier, couteau universel, couteau à mastiquer.*

Matériel: *Morceau de revêtement correspondant, ruban-cache, marqueur, essences minérales, adhésif pour revêtements de sol, papier ciré, produit de scellement liquide pour joints.*

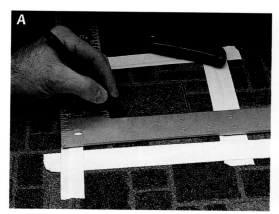

Collez en place un morceau de revêtement et marquez les lignes de la découpe de la pièce.

Appliquez l'adhésif et pressez la pièce en place. Après 24 heures, appliquez du produit de scellement liquide pour joints sur les bords de la pièce.

Remplacement du vinyle en feuilles

La qualité de l'installation du nouveau revêtement de vinyle dépend beaucoup du soin apporté à l'enlèvement de l'ancien. L'enlèvement peut n'être qu'un jeu d'enfant ou prendre énormément de temps suivant le type de revêtement posé et son mode d'installation. Il est généralement plus facile d'enlever un revêtement à encollage complet qu'un revêtement à encollage périphérique. Dans tous les cas, travaillez avec des outils bien affûtés et efforcez-vous de ne pas abîmer la sous-couche.

Découpez l'ancien revêtement en bandes d'environ 1 pi de large à l'aide d'un couteau universel. Arrachez les bandes à la main **(photo C)**. Si vous sentez de la résistance, découpez des bandes d'environ 5 po de large. Commencez près du mur et arrachez la plus grande partie possible du revêtement restant. Si l'envers du revêtement reste partiellement collé, aspergez-le, sous la surface, d'une solution aqueuse de détergent à vaisselle pour faciliter la séparation du vinyle et de l'envers. Utilisez un couteau à plaque de plâtre pour enlever les morceaux qui restent collés.

Grattez le reste du revêtement avec un grattoir à planchers **(photo D)**. Aspergez l'envers avec la solution de détergent pour le décoller, si nécessaire. Balayez le plancher pour enlever les débris, puis remplissez un aspirateur d'atelier à eaux et poussières avec environ 1 po d'eau (pour éviter la poussière), et achevez le nettoyage.

Examinez l'état de la sous-couche, et enlevez et remplacez les parties abîmées (page 84). Prenez votre temps, les professionnels disent que la tâche la plus importante, dans l'installation du vinyle en feuilles, est la pose de la sous-couche dont la surface doit être quasi parfaite.

Utilisez un gabarit pour être sûr que vous découpez très précisément le revêtement. Pour tracer le gabarit, placez des feuilles de papier épais le long des murs, à 1/8 po de ceux-ci **(photo E)**. À l'aide d'un

Suite à la page suivante

Outils: *Grattoir à planchers, lunettes de protection, couteau à plaque de plâtre, bouteille à vaporiser, pistolet chauffant, aspirateur d'atelier à eaux et poussières, couteau à revêtements de sol, compas, couteau universel, règle rectifiée.*

Matériel: *Détergent à vaisselle, ruban-cache, papier épais de boucherie, revêtement de sol en vinyle, stylo-feutre.*

C

D

Découpez le revêtement de sol en bandes et arrachez-en la plus grande partie possible.

Grattez le reste du vinyle et de l'envers du revêtement qui reste collé. Balayez la sous-couche et passez l'aspirateur pour enlever les débris.

E

F

Constituez un gabarit de découpage en assemblant des feuilles de papier qui doivent faire le tour de toute la pièce.

Indiquez sur le gabarit l'emplacement des tuyaux et autres obstacles et découpez suivant le tracé.

Remplacement du vinyle en feuilles (suite)

couteau universel, découpez des ouvertures triangulaires dans le papier. Fixez le gabarit au plancher en collant du ruban-cache dans ces ouvertures.

Suivez la configuration de la pièce. Faites chevaucher d'environ 2 po les bords des feuilles de papier adjacentes, et attachez-les au fur et à mesure avec du ruban-cache. Ajustez le gabarit autour d'un tuyau en attachant le papier de chaque côté. Mesurez la distance entre le mur et l'axe du tuyau et soustrayez ⅛ po. Reproduisez cette distance sur une autre feuille de papier. À l'aide d'un compas, dessinez la section du tuyau sur cette feuille et découpez suivant le tracé. Coupez une fente du bord du papier jusqu'au trou et ajustez la découpe du trou autour du tuyau **(photo F)**. Atta-

chez ce gabarit au papier adjacent avec du ruban-cache. Déroulez le revêtement sur une surface propre et horizontale, motif en haut. Si l'installation comprend plusieurs feuilles, faites-les chevaucher de 2 po au moins en faisant coïncider les lignes des motifs **(photo G)**. Quand les motifs coïncident parfaitement, attachez-les avec du ruban adhésif en toile. Attachez le gabarit en papier sur le revêtement de sol au moyen de ruban-cache. Tracez le contour sur le revêtement à l'aide d'un stylo-feutre à encre délébile **(photo H)**.

Découpez suivant le contour au moyen d'un couteau à linoléum ou d'un couteau universel muni d'une lame neuve **(photo I)**. Utilisez une règle rectifiée pour faire les longues découpes. Découpez les trous aux endroits

des tuyaux et des autres obstacles. Coupez ensuite une fente allant de chaque trou vers le bord le plus rapproché du revêtement **(photo J)**, en suivant autant que possible les lignes des motifs. Enroulez le revêtement et transportez-le à l'endroit de l'installation. Déroulez-le et posez-le soigneusement, en faisant glisser les bords sous les encadrements des portes. Si l'installation comprend plusieurs feuilles, procédez au découpage des joints. Appuyez fermement une règle rectifiée sur le revêtement et coupez à travers les deux couches de revêtement, en suivant les lignes des motifs **(photo K)**. Enlevez les déchets **(photo L)**. Le revêtement est en place et vous pouvez le coller, soit à la périphérie, soit complètement.

Préparez les joints en faisant chevaucher de 2 po les différentes feuilles et en veillant à faire coïncider très précisément les motifs.

Tracez le contour du gabarit sur le revêtement.

Découpez en suivant le tracé du gabarit.

Découpez les trous aux endroits des obstacles et faites une fente du trou vers le bord le plus rapproché du revêtement.

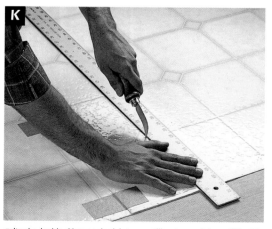
Faites la double découpe des joints, en utilisant une règle rectifiée si la découpe est longue.

Enlevez les déchets et vérifiez l'alignement des joints.

Installation de vinyle en feuilles à encollage périphérique

Découpez le vinyle et installez-le en place (pages 91 et 92), puis repliez chaque feuille. Utilisez un couteau à plaque de plâtre ou une truelle dentelée de ¼ po **(photo M)** pour appliquer sur la sous-couche, à l'endroit des joints, une bande de 3 po de large d'adhésif tout usage pour revêtements de sol.

Posez les bords des joints sur l'adhésif. Appuyez sur le revêtement pour rapprocher les joints et passez ensuite le rouleau en J sur le joint **(photo N)**. Appli-

quez de l'adhésif autour des tuyaux, des obstacles et tout autour de la pièce **(photo O)**. Pressez le revêtement sur l'adhésif et passez le rouleau pour le faire adhérer fermement.

Fixez les bords extérieurs de la feuille au plancher au moyen d'agrafes de ⅜ po plantées tous les 3 po. Coupez et installez les seuils de porte en métal et réinstallez les plinthes.

Outils: *Couteau à plaque de plâtre ou truelle dentelée de ¼ po, rouleau en J, agrafeuse industrielle, marteau.*

Matériel: *Adhésif tout usage pour revêtements de sol, seuils métalliques.*

Repliez les bords et appliquez de l'adhésif sous les joints.

Pressez les bords sur l'adhésif et comprimez-les avec un rouleau.

Entourez les obstacles d'adhésif et appliquez-en sur le périmètre de la sous-couche.

Installation du vinyle en feuilles à encollage complet

Découpez le vinyle (pages 91 et 92) et installez-le en place dans la pièce **(photo P)**.

Repliez la moitié du revêtement et appliquez une couche d'adhésif pour revêtements de sol sur la sous-couche, au moyen d'une truelle dentelée de ¼ po **(photo Q)**. Dépliez le revêtement pour qu'il entre en contact avec l'adhésif. Pour augmenter l'adhérence et éliminer les poches d'air, passez le rouleau à plancher

sur le revêtement **(photo R)**. Commencez au centre de la pièce et déplacez-vous vers les murs. Repliez la section non collée du revêtement, appliquez l'adhésif, dépliez-la de la même façon que la première et passez le rouleau. Utilisez un chiffon humide pour essuyer l'excédent d'adhésif. Coupez et installez les seuils métalliques des portes et réinstallez les plinthes.

Outils: *Truelle dentelée de ¼ po, rouleau à plancher, marteau.*

Matériel: *Adhésif tout usage pour revêtements de sol, seuils métalliques.*

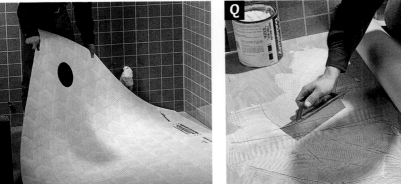
Placez le vinyle, en faisant glisser les bords sous les encadrements des portes.

Repliez la moitié du revêtement et appliquez de l'adhésif sur la sous-couche.

Passez le rouleau sur le revêtement pour qu'il adhère fermement à la sous-couche.

Remplacement des carreaux de plancher abîmés en vinyle

Si quelques carreaux sont abîmés, remplacez-les. Si vous ne disposez d'aucun carreau de rechange, enlevez des carreaux à un endroit dissimulé, comme un placard ou le dessous d'un appareil électroménager. Sachez que le dos d'anciens carreaux bitumineux peut contenir de l'amiante; consultez un professionnel et faites-les enlever.

Ramollissez l'adhésif des carreaux à l'aide d'un pistolet chauffant **(photo A)**. Déplacez rapidement le pistolet sur les carreaux, en prenant garde de ne pas les faire fondre. Dès que l'adhésif cède, soulevez le carreau à l'aide d'un couteau à mastiquer. Si vous ne possédez pas de pistolet chauffant, placez un bac à glace sur le carreau. L'adhésif se fragilise à basse température, et vous pourrez soulever plus facilement le carreau.

Dissolvez le reste d'adhésif avec de l'essence minérale. Grattez tous les résidus au moyen d'un couteau à mastiquer **(photo B)**. Inspectez la sous-couche et réparez-la si nécessaire. Appliquez le nouvel adhésif sur la sous-couche à l'aide d'une truelle dentelée et installez le nouveau carreau dans l'ouverture **(photo C)**. Passez le rouleau sur le carreau pour qu'il adhère bien. Essuyez l'excédent d'adhésif.

Outils: Pistolet chauffant, couteau à mastiquer, truelle dentelée, rouleau en J ou rouleau à pâtisserie.

Matériel: Essence minérale, adhésif pour revêtements de sol, carreaux de rechange.

Enlevez le carreau en ramollissant l'adhésif à l'aide d'un pistolet chauffant.

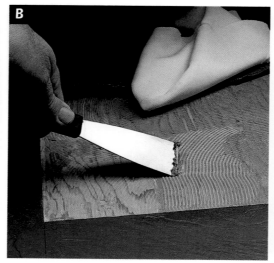

Dissolvez le reste d'adhésif avec de l'essence minérale et grattez-le.

Appliquez de l'adhésif sur la sous-couche et pressez un nouveau carreau en place.

Préparation en vue de l'installation d'un plancher en carreaux de vinyle

Comme on l'a montré ci-dessus, il est facile de remplacer quelques carreaux de vinyle, mais cette opération est inutile si le revêtement cède de toutes parts. Il est d'ailleurs plus raisonnable de remplacer le revêtement complet puisque cette tâche ne présente pas de difficulté.

Inspectez votre revêtement en réfléchissant aux options qui se présentent. Les joints décollés, les déchirures, les éclats, les poches d'air et les carreaux décollés sont signe que l'adhésif a perdu toute efficacité. Servez-vous d'un couteau à plaque de plâtre pour tester les carreaux. S'il est possible de les soulever en différents endroits, envisagez de remplacer tout le revêtement. Les professionnels appliquent le principe suivant: si plus de 30 % du revêtement est abîmé, mieux vaut le remplacer que de le réparer.

Avant d'acheter des carreaux de vinyle, faites votre petite enquête et comparez les prix. Vous trouverez dans le commerce des carreaux autocollants et des carreaux sans adhésif. Les carreaux autocollants sont faciles à installer, mais leur adhérence est moins fiable que celle des carreaux sans adhésif qui vous permettent d'utiliser l'adhésif de votre choix. Avec les carreaux autocollants, vous ne pouvez utiliser aucun adhésif supplémentaire.

Réfléchissez également à la méthode que vous utiliserez pour enlever les carreaux existants et à ce qu'ils cachent. Les carreaux autocollants s'enlèvent généralement sans effort et sans risque d'endommager quoi que ce soit. Donc, si la sous-couche est en bon état, il vous suffira probablement de la nettoyer et d'y poser directement le nouveau revêtement.

Comme on encolle soi-même les carreaux sans adhésif, ceux-ci adhèrent généralement bien et ils sont dès lors beaucoup plus difficiles à enlever; dans ce cas, il vaut mieux enlever la sous-couche en même temps que le revêtement. Cette solution s'impose

Outils: Couteau à plaque de plâtre, mètre à ruban, cordeau traceur, équerre de charpentier.

Matériel: Crayon.

encore davantage si la sous-couche est abîmée ou s'il faut la remplacer pour quelque autre raison.

Si vous parvenez à séparer les carreaux de la sous-couche, inspectez celle-ci avant de commencer à remplacer le revêtement. Il est essentiel qu'elle soit en bon état pour que l'installation soit réussie. Réparez ou remplacez la sous-couche (page 84) ou le sous-plancher (page 86) si nécessaire.

Une fois que la sous-couche est propre et solidement installée, il faut tracer les lignes qui faciliteront l'installation.

Avant d'adopter un agencement de carreaux, faites-en l'essai afin de déceler les éventuels problèmes. Vérifiez si les carreaux ont un motif ou s'ils présentent des caractéristiques directionnelles particulières. Certains carreaux ont une surface grenée et peuvent être placés de manière que le grain soit toujours orienté dans la même direction, soit installés suivant la méthode du quart-de-tour, qui permet d'alterner le grain pour donner un aspect de damier.

Mesurez deux côtés opposés de la pièce et marquez leur milieu. Joignez ces points d'un trait (X) au moyen d'un cordeau traceur: c'est une première ligne de référence **(photo D)**.

Mesurez la ligne de référence et indiquez son milieu. De ce point, à l'aide d'une équerre de charpentier, tracez l'amorce d'une deuxième ligne de référence (Y) et achevez-la au moyen du cordeau traceur **(photo E)**.

Vérifiez la perpendicularité des deux lignes en utilisant la méthode du «triangle 3-4-5». Du centre, mesurez 3 pi sur la ligne X et marquez l'endroit par un point. De même, mesurez 4 pi sur la ligne Y et marquez également l'endroit par un point **(photo F)**.

Mesurez la distance entre les deux points **(photo G)**. Si les lignes de référence sont perpendiculaires, cette distance mesure exactement 5 pi. Si ce n'est pas le cas, corrigez les lignes de référence jusqu'à ce qu'elles soient perpendiculaires et correctement placées pour vous guider dans l'installation.

Divisez la pièce en deux au moyen d'un cordeau traceur.

Trouvez le milieu de cette ligne et, à partir de là, tracez une deuxième ligne (Y), perpendiculaire à la première.

Vérifiez la perpendicularité des deux lignes en mesurant du centre respectivement 3 pi sur la ligne X et 4 pi sur la ligne Y et en marquant ces endroits d'un point.

La distance entre ces deux points doit être exactement de 5 pi. Sinon, corrigez les lignes de référence en conséquence.

Tracé des lignes d'installation

Les lignes de référence perpendiculaires X et Y (page 95) servent de base à l'étape suivante: le tracé des lignes d'installation. Commencez par placer des carreaux le long de la ligne Y **(photo A)**. Déplacez-les dans un sens ou dans l'autre pour respecter la symétrie ou pour réduire le nombre de découpes nécessaires.

Si vous avez dû déplacer les carreaux, tracez une nouvelle ligne, parallèle à la ligne de référence X et

passant par le joint de carreau le plus rapproché de la ligne initiale. Cette nouvelle ligne (X') est la première ligne d'installation. NOTE: Pour éviter toute confusion, utilisez une craie de couleur différente pour tracer la ligne X'.

Placez des carreaux le long de la ligne X' **(photo B)**. Si nécessaire, déplacez de nouveau les carreaux, comme ci-dessus.

Si vous avez dû déplacer les carreaux le long de la ligne X, tracez une nouvelle ligne (Y') parallèle à la ligne de référence (Y) et passant par le joint d'un carreau **(photo C)**. Cette nouvelle ligne (Y') est la deuxième ligne d'installation.

Placez des carreaux le long de Y et déplacez X si nécessaire.

Placez des carreaux le long de X' et déplacez Y si nécessaire.

Si vous avez dû déplacer Y, tracez une nouvelle ligne Y'.

Installation des carreaux autocollants

Tracez les lignes de références et d'installation suivant la méthode ci-dessus. Détachez la pellicule en papier d'un carreau et installez celui-ci dans un des coins formés par l'intersection des deux lignes d'installation **(photo D)**. Installez trois carreaux ou plus le long de chaque ligne d'installation, dans ce quadrant. Pressez la surface de chaque carreau installé pour qu'il adhère bien à la sous-couche. Ensuite, commen-

cez à installer des carreaux à l'intérieur du quadrant, en formant des joints serrés **(photo E)**. Achevez d'installer les carreaux entiers du premier quadrant et passez ensuite à un des quadrants adjacents. Installez de nouveau des carreaux le long des lignes d'installation, puis remplissez l'intérieur du quadrant.

Tracez les lignes de coupe sur les carreaux **(photo F)**. Placez le carreau à couper (A) à l'envers sur le dernier

Outils: *Règle rectifiée, couteau universel, coupe-carreaux (facultatif), marteau.*

Matériel: *Carreaux de vinyle autocollants, stylo-feutre, seuils métalliques.*

Placez trois carreaux le long de chaque ligne d'installation dans un quadrant.

Installez tous les carreaux entiers dans deux quadrants.

Marquez les carreaux pour les couper. NOTE: le carreau est à l'envers pour une raison de clarté; les carreaux doivent être marqués du côté du motif.

carreau entier. Mettez un intercalaire de ⅛ po d'épaisseur contre le mur et placez un carreau (B) contre l'intercalaire, sur le carreau à couper. Tracez la ligne de coupe le long du bord de ce carreau. NOTE: C'est la partie découverte du carreau à couper qui sera installée.

Pour marquer les carreaux entourant les coins extérieurs, tracez un gabarit en carton qui correspond à l'ouverture à remplir, en prévoyant un espace de ⅛ po le long des murs **(photo G)**. Découpez le gabarit, véri-

fiez s'il entre dans l'ouverture et tracez son contour sur un carreau. Coupez le carreau à l'aide d'un couteau universel et d'une règle rectifiée. Tenez la règle fermement le long des lignes de coupe pour que la découpe soit bien droite. Si le carreau est épais ou difficile à couper, entamez-le comme il est indiqué ci-dessus et coupez-le avec un coupe-carreaux **(photo H)**.

Installez les carreaux coupés **(photo I)**. Vous pouvez couper tous les carreaux à l'avance, mais mesurez

en différents endroits la distance entre le mur et les carreaux installés pour vous assurer que cette distance ne varie pas de plus de ½ po.

Installez les carreaux dans les autres quadrants jusqu'à ce que le plancher de toute la pièce soit recouvert. Vérifiez l'installation du plancher entier, en appuyant sur les carreaux pour améliorer leur adhérence. Installez les seuils des portes et réinstallez les plinthes.

G

Découpez des gabarits pour les coins extérieurs.

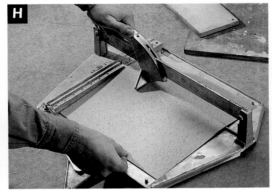

H

Si les carreaux sont épais, coupez-les à l'aide d'un coupe-carreaux.

I

Installez les carreaux coupés près des murs.

Installation des carreaux sans adhésif

Tracez les lignes de référence (page 95) et les lignes d'installation (page 96).

Commencez par appliquer l'adhésif autour de l'intersection des lignes d'installation, à l'aide d'une truelle dentelée à encoches en V de 1/16 po. Tenez la truelle à 45° et étendez uniformément l'adhésif sur la surface **(photo J)**.

Étendez de l'adhésif dans les trois quadrants de la zone d'installation. Laissez-le prendre, conformé-

ment aux instructions du fabricant, et installez ensuite les carreaux, en commençant à l'intersection des lignes d'installation **(photo K)**.

Appliquez les techniques expliquées ci-dessus pour couper et ajuster les carreaux. Lorsque les trois quadrants sont complètement recouverts de carreaux, étendez de l'adhésif sur le dernier quadrant et installez les carreaux restants.

Outils: *Truelle dentelée à encoches en V de 1/16 po, règle rectifiée, couteau universel ou coupe-carreaux.*

Matériel: *Carreaux en vinyle sans adhésif, adhésif pour revêtements de sol, seuils métalliques.*

J

Appliquez de l'adhésif dans trois des quadrants tracés.

K

Installez les carreaux dans chacun des quadrants. Étendez ensuite de l'adhésif dans le quadrant restant et achevez l'installation.

Entretien et réparation des revêtements de sol en céramique

Le carreau de céramique compte parmi les matériaux de revêtement de sol les plus durs sur le marché. Sa pose est relativement simple: mise en place d'une sous-couche et pose du carreau dans un mortier à base de ciment. Pour terminer, on remplit les espaces entre les carreaux d'un mortier fluide appelé *coulis*. Chacune de ces tâches joue un rôle dans la solidité du plancher.

Pour qu'un plancher en carreaux de céramique soit durable, il faut notamment que sa sous-couche soit en parfait état. Il faut également que le plancher soit uniforme: des carreaux cassés et un coulis défectueux exposent la sous-couche à l'humidité, ce qui risque de détériorer le plancher.

Il existe des différences sensibles entre les différents types de carreaux de céramique, mais leur prix reflète généralement leur succès et leur durabilité. Le carreau de céramique ne nécessite normalement aucun entretien particulier, mais il est raisonnable de protéger son investissement en le nettoyant régulièrement et en le réparant lorsque c'est nécessaire.

De nombreux carreaux de céramique ont une surface vernissée qui protège l'argile poreuse contre les taches; quant aux carreaux de céramique non vernissés, il faut également les protéger contre les taches et l'eau en leur appliquant régulièrement une couche de produit de scellement pour carreaux. Empêchez la saleté de s'introduire dans les joints de coulis en les scellant environ une fois par an.

Des fissures importantes dans les joints de coulis indiquent que les mouvements du plancher ont entraîné la détérioration de la couche sous-jacente d'adhésif. Pour remédier à cette situation, il faut remplacer la couche d'adhésif et le coulis.

Chaque fois que vous enlevez un carreau de céramique, vérifiez l'état de la sous-couche à cet endroit. Si elle n'est plus lisse, solide et horizontale, réparez-la ou remplacez-la avant de replacer le carreau (page 85).

Remplacement du coulis d'un plancher en carreaux de céramique

La première étape de cette opération s'avère la plus délicate, car vous devez enlever complètement l'ancien coulis sans endommager le carreau. Pour ce faire, vous devez être capable de manier délicatement un marteau et un ciseau (protégez-vous toujours les yeux quand vous travaillez avec un marteau et un ciseau). En tenant le ciseau légèrement incliné, détachez le coulis, morceau par morceau. Enlevez le coulis détaché et nettoyez les joints à l'aide d'un balai à poils raides ou d'un petit aspirateur. Régler les problèmes sous-jacents qui pourraient causer des défaillances à répétition.

Préparez une petite quantité de coulis à plancher. Si les carreaux sont poreux, ajoutez un additif contenant un agent anticollant, afin que le coulis n'adhère pas à la surface du carreau.

Commencez dans un coin, en versant le coulis sur un carreau **(photo A)**. À l'aide d'un aplanissoir en caoutchouc, étalez le coulis vers l'extérieur, en vous éloignant du coin, en inclinant l'aplanissoir de 60° par rapport au plancher et en effectuant des mouvements en forme de huit. Appuyez fermement sur l'aplanissoir pour que les joints soient complètement remplis.

Enlevez l'excédent de coulis de la surface, au moyen de l'aplanissoir **(photo B)**. Frottez les joints en diagonale, en tenant l'aplanissoir presque vertical. Continuez d'appliquer du coulis et d'enlever l'excédent jusqu'à ce que le coulis d'environ 25 % de la surface du plancher ait été renouvelé.

Passez une éponge humide sur les carreaux, en diagonale, pour ôter l'excédent de coulis, à raison de 2 pi^2 à la fois **(photo C)**. Rincez l'éponge entre les passages. Ne passez qu'une fois sur chaque surface, pour éviter d'enlever du coulis des joints. Répétez l'opération jusqu'à ce que tous les joints soient remplis de coulis.

Laissez sécher le coulis pendant 4 heures environ, puis essuyez la surface avec un linge doux et sec.

Outils: *Marteau, ciseau, lunettes de protection, balai à poils raides, seau, aplanissoir en caoutchouc.*

Matériel: *Mélange de coulis pour planchers, gants en caoutchouc, éponge, linge doux.*

A Enlevez complètement l'ancien coulis et nettoyez les joints. Étendez le coulis sur les carreaux à l'aide d'un aplanissoir en caoutchouc.

B Introduisez le coulis dans les joints, puis enlevez l'excédent avec l'aplanissoir.

C Essuyez les joints avec une éponge humide, en diagonale, à raison de 2 pi^2 à la fois.

Remplacement des carreaux endommagés

Enlevez le coulis (page 98). Quand les joints sont propres, cassez le carreau abîmé au moyen d'un marteau et d'un ciseau **(photo D)**. Introduisez le ciseau dans une fissure, près du centre du carreau, en l'inclinant pour soulever le carreau. Progressez du centre vers l'extérieur jusqu'à ce que le carreau soit complètement enlevé.

Dans les salles de bain et les autres pièces dont le plancher reçoit beaucoup d'humidité, il faut que la sous-couche soit en panneaux de ciment. Dans les autres pièces, elle peut être en contreplaqué. Dans un cas comme dans l'autre, grattez l'adhésif et le mortier jusqu'à obtention d'une sous-couche lisse et horizontale **(photo E)**. Le cas échéant, rebouchez les entailles ou les creux laissés dans la sous-couche en utilisant un mortier à pose simplifiée à base d'époxy pour panneaux

de ciment ou un produit à aplanir pour contreplaqué. Appliquez du mortier à pose simplifiée sur l'envers du carreau de remplacement, au moyen d'une truelle dentelée qui créera des sillons dans le mortier **(photo F)**. Si vous remplacez plusieurs carreaux, utilisez des intercalaires en plastique pour respecter l'écartement entre les carreaux. Installez le carreau à sa place, en appuyant dessus jusqu'à ce qu'il soit de niveau avec les carreaux qui l'entourent.

À l'aide d'un maillet en caoutchouc, frappez doucement quelques coups au centre du carreau pour le caler horizontalement dans le mortier. Vérifiez la surface avec un niveau. Si nécessaire, placez un morceau en bois de 2 po x 4 po recouvert de tapis à travers plusieurs carreaux et frappez dessus avec le

maillet pour mettre le carreau de niveau **(photo G)**.

Enlevez les intercalaires avec une pince à becs effilés. Enlevez le mortier humide des joints avec un petit tournevis et essuyez la surface des carreaux pour la débarrasser du mortier qui s'y trouve **(photo H)**. Laissez sécher le mortier pendant 24 heures.

Si la couleur du nouveau coulis est identique à celle de l'ancien, la réparation se fondra dans le reste du plancher. Ajoutez du pigment à des échantillons de coulis et comparez leur couleur lorsqu'ils sont secs; dosez le pigment pour obtenir le résultat voulu.

Remplissez les joints de coulis (page 98). Appliquez un produit de scellement pour coulis avec un petit pinceau.

Outils: Marteau, ciseau de maçon, truelle dentelée à encoches carrées, maillet en caoutchouc, niveau, pince à longs becs, tournevis, aplanissoir en caoutchouc, pinceau.

Matériel: Mortier à pose simplifiée, mélange à aplanir les planchers (facultatif), carreaux de remplacement, intercalaires en plastique pour carreaux, morceau de bois de 2 po x 4 po, seau, coulis, pigment pour coulis, éponge, produit de scellement pour coulis.

Cassez précautionneusement le carreau abîmé et enlevez-le.

Détachez le mortier qui reste, jusqu'à obtention d'une sous-couche lisse et horizontale.

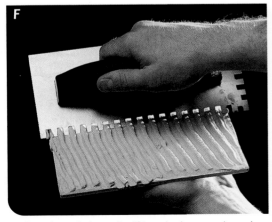

Appliquez du mortier à pose simplifiée au dos du carreau de remplacement et installez-le à sa place.

Utilisez un morceau de bois de 2 po x 4 po recouvert de tapis pour mettre le carreau de niveau.

Enlevez le mortier humide des joints avec un tournevis, puis essuyez le carreau pour le nettoyer.

Entretien et réparation des revêtements de sol en bois dur

Du fait qu'il s'agit d'un produit naturel, le revêtement en bois dur est des plus attrayants. Les dessins du grain plaisent à l'œil et les combinaisons de couleurs donnent aux pièces éclat et chaleur. Les fibres du bois, très résilientes, rendent les planchers en bois dur extrêmement durables, mais elles subissent également des changements dus à l'effet de l'humidité et du vieillissement. Le fini est normalement la première partie du plancher en bois dur qui s'use. Les finis les plus résistants se détériorent au fil du temps, et le plancher doit supporter l'action destructrice de la lumière, de l'eau et de la saleté qui s'y incruste. La saleté traînée par les souliers agit comme du papier de verre et chaque pas griffe et entaille le fini. C'est pourquoi nettoyer régulièrement et soigneusement ce type de plancher est la meilleure façon de le conserver en bon état. Enlevez la saleté de vos planchers avec un aspirateur muni d'une brosse plutôt qu'avec un balai.

Pour rendre l'aspect du neuf à un plancher de bois dur, vous devez connaître le type de fini qui le recouvre. Si vous hésitez à ce sujet, faites le test suivant avec un chiffon ou un coton-tige, de l'alcool dénaturé et un diluant à vernis-laque. Dans un endroit propre et dissimulé, frottez le plancher à l'alcool en faisant un petit cercle. Si le fini disparaît, c'est probablement qu'il s'agit de vernis à la gomme laque. Si l'alcool n'a aucun effet, mais que le diluant en a, le fini est un vernis-laque. Si les deux produits n'ont pas d'effet, le fini est un vernis, probablement du polyuréthane. Souvenez-vous du type de fini de votre plancher lorsque vous achetez des nettoyants et des cires.

Si votre plancher en bois dur est relativement neuf, ou s'il est préfini, vérifiez auprès du fabricant ou de l'installateur si vous pouvez appliquer un produit de nettoyage ou de la cire. La plupart des planchers préfinis en bois dur ne doivent pas être cirés.

Étant donné que le sablage enlève la coloration due au vieillissement, appelée *patine*, il est souvent difficile de fondre un endroit réparé par sablage dans le reste du plancher. Si vous envisagez une réparation importante, songez à refaire entièrement le fini du plancher.

Outils: *Aspirateur, polisseuse, marteau, chasse-clou, couteau à mastiquer.*

Matériel: *Chiffons propres, nécessaire de nettoyage pour bois dur, cire en pâte, gants en caoutchouc, acide oxalique, vinaigre, produit rénovateur pour le bois, produit de ragréage du bois à base de latex, papier de verre.*

Nettoyage et restauration du bois dur

Avec les planchers de bois dur, foncés et ternes, il suffit d'un nettoyage en profondeur pour les débarrasser de leur saleté et de la cire accumulée et pour leur rendre un fini attrayant. Utilisez de l'eau et du savon ou un solvant de nettoyage pour enlever l'ancienne cire. Cirez et polissez ensuite le plancher pour lui redonner son éclat.

Commencez par passer l'aspirateur pour débarrasser le plancher de la saleté, du sable et de la poussière **(photo A)** qui le recouvrent.

Dans un seau, mélangez à de l'eau chaude un peu de détergent à vaisselle ne contenant ni lessive, ni triphosphate de sodium, ni ammoniac. Frottez le plancher à la brosse ou au tampon à laver en nylon, en procédant par sections de 3 pi². Essuyez chaque fois l'eau et la cire avec une serviette avant de passer à la section suivante. Si l'eau et la solution de détergent n'enlèvent pas l'ancienne cire, essayez le nécessaire de nettoyage pour planchers en bois dur **(photo B)**. N'utilisez que des

nettoyants du type solvant, car les produits à base d'eau risquent de noircir le bois. Appliquez le nettoyant en suivant les instructions du fabricant.

Lorsque le plancher est propre et sec, appliquez une cire de première qualité **(photo C)**. La cire en pâte est plus difficile à appliquer que la cire liquide, mais elle dure beaucoup plus longtemps. Polissez le plancher à l'aide d'une polisseuse louée, munie de tampons lustreurs synthétiques.

Aspirez la saleté et la poussière du plancher.

Nettoyez le plancher avec de l'eau chaude et un détergent doux, ou utilisez un nettoyant pour planchers de bois dur.

Protégez et polissez le plancher avec de la cire en pâte. Appliquez-la à la main et lustrez ensuite le plancher à l'aide d'une polisseuse.

Enlèvement des taches

L'eau et d'autres liquides peuvent pénétrer profondément dans les fibres des planchers de bois dur et laisser des taches foncées qu'il est parfois impossible d'éliminer, même par sablage. Si c'est le cas de votre plancher, essayez de décolorer le bois avec de l'acide oxalique qui se vend en cristaux dans les maisonneries ou les magasins de peinture.

Commencez par enlever le fini du plancher en sablant la partie tachée avec du papier de verre.

Dans un pot jetable, dissolvez la quantité recommandée de cristaux d'acide oxalique dans de l'eau. Portez des gants de caoutchouc et versez la solution sur l'endroit taché, en prenant soin de ne couvrir que la partie foncée du bois (**photo D**).

Attendez une heure et répétez l'application, si nécessaire. Lavez l'endroit avec du vinaigre pour neutraliser l'acide (**photo E**). Rincez à l'eau et laissez sécher le bois. Polissez l'endroit.

Appliquez plusieurs couches de produit rénovateur jusqu'à ce que la partie décolorée se fonde dans le fini du bois qui l'entoure (**photo F**).

Appliquez une solution aqueuse d'acide oxalique à l'endroit de la tache.

Neutralisez l'acide avec du vinaigre et rincez à l'eau.

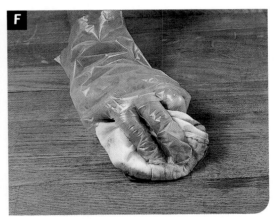
À l'aide d'un produit rénovateur, restaurez la couleur de l'endroit décoloré.

Rebouchage des entailles et des trous

Lorsque la profondeur des éraflures et des entailles ne justifie pas le remplacement d'une lame de plancher, réparez l'endroit abîmé à l'aide d'un produit de ragréage pour bois, à base de latex. Les produits de ragréage existent dans différents tons de bois; choisissez celui qui correspond à la couleur de votre plancher.

Avant de boucher les trous faits par l'enfoncement des clous, vérifiez, au moyen d'un marteau et d'un chasse-clou, si ceux-ci sont bien rentrés sous la surface et s'ils ne risquent pas de ressortir.

Avec un couteau à mastiquer, appliquez le produit de ragréage sur l'endroit abîmé (**photo G**). Introduisez le produit dans le trou en appuyant la lame du couteau jusqu'à ce qu'elle soit à plat contre le plancher.

Raclez l'excédent de produit sur les bords de la réparation et laissez sécher complètement.

Sablez l'endroit pour que la surface soit entièrement plane (**photo H**). Utilisez du papier de verre à grain fin et travaillez dans le sens des fibres.

Appliquez des couches de produit rénovateur sur la partie sablée jusqu'à ce qu'elle se fonde dans le reste du plancher (**photo I**).

Introduisez le produit de ragréage dans le trou avec un couteau à mastiquer.

Sablez l'endroit avec du papier de verre à grain fin, jusqu'à ce qu'il soit lisse.

Couvrez l'endroit de produit rénovateur pour lui donner le même fini que le reste du plancher.

Remplacement des lames endommagées

Lorsque des lames de plancher de bois dur sont irréparables, découpez-les soigneusement et remplacez-les par des lames de même largeur et de même épaisseur. Remplacez autant que possible des lames entières. Si la lame est longue ou si une partie est inaccessible, tracez une ligne de coupe transversale et collez du ruban-cache derrière la ligne pour délimiter la surface abîmée et ne pas entamer la section qui restera en place.

Forez aux extrémités de la lame, juste à l'intérieur des lignes de coupe, plusieurs trous qui chevauchent, en utilisant un foret à trois lames.

Réglez la profondeur de coupe de votre scie circulaire pour qu'elle coupe l'épaisseur exacte des lames de plancher et effectuez plusieurs coupes au milieu de chaque lame **(photo A)**. Sciez du milieu vers l'extrémité, en arrêtant la scie lorsqu'elle arrive aux trous.

Enlevez le milieu de la lame avec un ciseau, en progressant du centre vers les côtés **(photo B)**. N'appuyez pas le ciseau contre les lames en bon état.

Pour achever le découpage au centre de la lame, coupez ses extrémités d'équerre, au moyen d'un ciseau affûté et large **(photo C)**.

Découpez les lames de remplacement aux bonnes dimensions et installez-les, une à la fois. Appliquez de l'adhésif de construction sur leur face inférieure et dans leur rainure et mettez-les en place. Forez des avant-trous et enfoncez des clous à tige spiralée, à 45°, dans la base de la languette et dans le sous-plancher. Enfoncez-les plus profondément avec un chasse-clou **(photo D)**.

Pour installer la dernière lame, ôtez la lèvre inférieure de sa rainure **(photo E)**. Enlevez également la languette de l'autre côté de la lame, si nécessaire. Appliquez de l'adhésif sur la lame et mettez-la en place, languette d'abord. Enfoncez des clous à plancher dans la lame, aux deux extrémités et le long du côté où se trouvait la rainure **(photo F)**. Remplissez les trous faits par les clous avec du bois plastique.

Outils: Foreuse, foret à trois pointes, scie circulaire, ciseau, marteau, pistolet à calfeutrer, chasse-clou.

Matériel: Lames de remplacement, ruban-cache, adhésif de construction, clous de plancher à tige spiralée, bois plastique.

Forez des trous aux extrémités des lames, puis sciez les lames entre les trous, avec une scie circulaire.

Avec un ciseau, enlevez la partie centrale des lames, et enlevez prudemment les bords.

À l'aide d'un ciseau affûté, coupez d'équerre les extrémités des découpes, à l'endroit des lignes de coupe.

Enfoncez des clous de plancher dans les faces frontales des lames de remplacement, en terminant avec un chasse-clou.

Attachez la dernière lame de remplacement sur l'établi et enlevez la lèvre inférieure de la rainure.

Enfoncez des clous dans la surface des lames de remplacement, aux extrémités et le long de la rainure, après avoir foré des avant-trous. Terminez l'opération avec un chasse-clou.

Renouveler le fini d'un plancher de bois dur

Votre vieux plancher aura l'air neuf si vous le poncez à l'aide d'une ponceuse à tambour et d'une ponceuse de pourtour. Exercez-vous à utiliser ces machines sur un morceau de contreplaqué et n'oubliez pas de garder la ponceuse en mouvement lorsque le tambour ou le disque est en contact avec le plancher. En règle générale, utilisez le plus fin papier de verre capable d'effectuer efficacement le travail.

Préparez le plancher en reclouant toutes les lames desserrées et en enfonçant les clous avec un chasse-clou. Retirez les quarts-de-rond des plinthes et calfeutrez les entrées des portes et des gaines de ventilation pour contenir la poussière pendant le ponçage. Passez soigneusement l'aspirateur entre les différentes phases du ponçage.

Entamez le travail avec du papier de verre 80, en plaçant la ponceuse à environ 6 po du mur. Écartez le tambour du sol, faites démarrer la machine et faites-la avancer, en abaissant lentement le tambour **(photo G)**. Poncez dans la direction des lames de plancher, jusqu'à 1 pi du mur du fond et levez le tambour en gardant la ponceuse en mouvement.

Retournez d'où vous êtes parti et entamez la deuxième passe, en empiétant sur la moitié de la largeur de la première passe **(photo H)**.

La première phase du ponçage devrait enlever la plus grande partie de l'ancien fini **(photo I)**. Remplacez le premier papier de verre par du papier de verre 120 et cette fois poncez tout le plancher. Répétez l'opération en utilisant du papier de verre plus fin (150 à 180), afin d'enlever toutes les éraflures laissées par les papiers plus grossiers.

Poncez le plancher le long des bords, en utilisant une ponceuse de pourtour et la même gamme de papiers de verre **(photo J)**. Grattez l'ancien fini dans les endroits difficiles d'accès, puis lissez la surface avec une ponceuse à main **(photo K)**. Enlevez la poussière du plancher en l'essuyant avec un chiffon collant et appliquez la couche superficielle de votre choix **(photo L)**. Le polyuréthane donne un fini brillant et durable.

> **Outils:** *Chasse-clou, marteau, ponceuse à tambour, ponceuse de pourtour, grattoir, tampon à peindre.*
>
> **Matériel:** *Bandes et disques abrasifs, chiffon collant, fini pour planchers.*

Faites démarrer la machine et faites-la avancer après avoir abaissé le tambour. Avancez tout droit, dans le sens des fibres.

Poncez la rangée de lames suivante, en empiétant sur la moitié de la première rangée.

Enlevez la plus grande partie de l'ancien fini avant d'utiliser une bande abrasive plus fine. Utilisez un abrasif de plus en plus fin, jusqu'à ce que la surface soit parfaitement lisse.

Pour les bords, utilisez une ponceuse de pourtour. Gardez-la en mouvement et laissez-la peser sur le plancher.

Utilisez un grattoir bien affûté pour atteindre les endroits difficiles. Poncez ces endroits à la main de manière qu'ils se fondent dans le plancher poncé à la machine.

Appliquez une couche superficielle au moyen d'un tampon à peindre dont le manche est muni d'une rallonge. Polissez le plancher avec un tampon abrasif fin.

Décapage chimique d'un plancher de bois

Si vous désirez que votre plancher conserve son éclat ancien ou s'il a déjà été sablé et qu'il a moins de ⅜ po d'épaisseur, le décapage constitue une solution de rechange au ponçage. Déterminez le type de fini de votre plancher (page 100) et achetez le décapant semi-pâteux le plus approprié.

Protégez les plinthes et autres moulures avec du ruban-cache, fermez hermétiquement les portes intérieures et ouvrez les fenêtres avant d'appliquer le décapant. Portez un masque respiratoire et des gants de caoutchouc, et appliquez le décapant avec un pin-

ceau (photo A). Ne couvrez que la surface que vous pouvez gratter pendant le temps que met le décapant à agir.

À l'aide d'un couteau à décaper en nylon, grattez le mélange boueux que forment le décapant et l'ancien fini (photo B). Avancez dans le sens des fibres du bois et déposez la boue sur de vieux journaux.

Après avoir décapé le plancher au complet, frottez-le à l'aide d'un tampon abrasif trempé dans un solvant de rinçage qui est compatible avec le décapant, de l'essence minérale, par exemple. N'utilisez pas d'eau.

Enlevez la boue et la saleté qui restent dans les joints des lames du plancher, au moyen d'un couteau à palette ou d'un couteau à mastiquer (photo C).

Faites disparaître les taches et la décoloration en ponçant soigneusement la surface abîmée (photo D). Utilisez de l'acide oxalique pour enlever les taches profondes (page 101). Faites les retouches nécessaires sur les endroits poncés au moyen de teinture (photo E). Essayez la teinture avant de l'appliquer.

Outils: Pinceaux, couteau à décaper en nylon, couteau à palette, bloc à poncer.

Matériel: Décapant, ruban-cache, masque respiratoire, gants de caoutchouc, solvant de rinçage, tampons abrasifs, papier de verre, teinture pour bois.

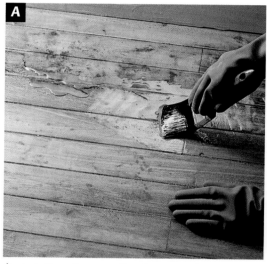

Étendez le décapant sur une petite surface avec un pinceau.

Grattez le fini dissous à l'aide d'un couteau à décaper.

Nettoyez les joints des lames de plancher avec un couteau à palette.

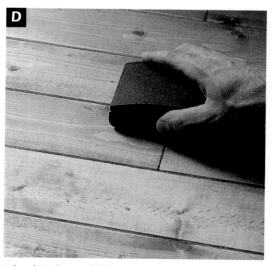

Enlevez les taches superficielles en ponçant soigneusement dans le sens des fibres.

Procédez au finissage des parties poncées avec de la teinture.

Découpage et installation des revêtements de sol en bois dur

L'installation des revêtements traditionnels en bois dur, massif, est une tâche difficile qu'il vaut mieux confier à des gens de métier. Par contre, il existe actuellement sur le marché de nombreux produits manufacturés conçus pour être installés par le bricoleur **(photo F)**. Les produits les plus vendus sont le panneau de fibres, revêtu d'une couche de stratifié synthétique qui imite l'aspect de la fibre de bois, et les planches de contreplaqué recouvertes d'un placage en bois dur. Les carreaux de parquet, fabriqués avec des bandes de bois dur formant des motifs décoratifs, sont également faciles à installer. Ces produits sont préfinis par le fabricant et n'ont pas besoin d'être poncés, teints, ni protégés.

On peut installer les planches stratifiées de deux façons. La première technique, dite du «parquet flottant», consiste à coller latéralement les planches et à les poser sur un support en mousse. C'est la solution idéale lorsqu'on recouvre un plancher en béton qui risque d'être humide, comme les planchers des sous-sols. L'autre technique consiste à coller les planches sur une sous-couche, avec de l'adhésif pour revêtements de sol; c'est la meilleure technique à adopter dans les endroits fréquentés. Quant aux carreaux de parquet, on les installe comme les carreaux de vinyle ou de céramique (pages 94 à 99). Étant donné que le bois se dilate sous l'effet de l'humidité, laissez toujours un espace de ½ po entre le revêtement de sol en bois et le mur. Dissimulez cet espace sous la plinthe.

Quel que soit le type de revêtement de sol en bois dur que vous choisissiez, tenez compte des conseils suivants lors de l'installation. Lorsque vous utilisez une scie circulaire ou une scie alternative, entamez toujours la pièce par le dos pour éviter de faire sauter des éclats de la surface supérieure.

Pour installer la dernière lame le long d'un mur, mesurez la distance entre le mur et le bord de la dernière lame installée et soustrayez ½ po pour la dilatation du bois. Marquez la ligne de coupe d'un trait de craie **(photo G)**. Lorsque vous coupez des lames étroites avec une scie circulaire, placez une autre planche à côté de celle que vous sciez, pour que le pied de la scie soit stable **(photo H)**. Fixez également une règle rectifiée qui guidera la coupe.

Faites les coupes transversales et de côté avec une scie à onglets **(photo I)**. Gardez la face supérieure de la pièce tournée vers le haut, pour éviter les éclats.

Utilisez une scie à chantourner ou une scie alternative pour effectuer des coupes courbes et des entailles **(photo J)**.

Comme les lames en bois dur massif, on assemble les produits manufacturés pour revêtements de sol par rainure et languette pour assurer leur solidité.

Utilisez un trait de craie pour tracer les lignes de coupe sur de longues lames.

Une règle rectifiée et une planche inutilisée facilitent la coupe rectiligne.

Utilisez une scie à onglets pour exécuter très précisément les coupes transversales et de côté.

Faites les entailles et les découpes courbes à l'aide d'une scie à chantourner ou d'une scie alternative.

Installation des revêtements de sol en lames de parquet collées

La réussite de l'installation d'un revêtement de sol en lames de parquet collées dépend de la sous-couche, qui doit être lisse et en parfait état. Pour installer la première rangée de lames, tracez une ligne d'installation à l'aide d'un cordeau traceur, à environ 30 po du mur le plus long. Travaillez en vous plaçant du côté de la ligne le plus près du mur.

Appliquez de l'adhésif de plancher de l'autre côté de la ligne d'installation, à l'aide d'une truelle dentelée **(photo A)**. Étendez uniformément l'adhésif et ne masquez pas la ligne d'installation. Installez la première rangée de lames en veillant à ce que le bord des

languettes soit dans le même plan vertical que la ligne d'installation **(photo B)**. Appliquez de la colle à bois dans la rainure de l'extrémité de la lame que vous installez. Assurez-vous que les extrémités sont bien jointives et essuyez immédiatement tout excédent de colle. Laissez un espace de ½ po le long de chacun des murs pour permettre au bois de se dilater. Pour installer la rangée de lames suivante, insérez d'abord la languette de chaque lame dans la rainure de la rangée précédente et posez ensuite la lame dans l'adhésif **(photo C)**. Puis, faites glisser la lame pour que son extrémité et celle de la lame adjacente soient jointives.

Après avoir installé quelques rangées de lames, frappez à l'aide d'un marteau et d'un morceau de lame inutilisé sur la tranche des lames de la dernière rangée, pour que les lames joignent bien.

Utilisez un gabarit en carton pour ajuster les lames dans les endroits à contour irrégulier **(photo D)**. Découpez le carton aux dimensions requises, tracez son contour sur une lame et coupez la lame avec une scie alternative. Terminez chaque section en passant un lourd rouleau à planchers sur la surface, pour bien faire adhérer le plancher à la sous-couche **(photo E)**. Achevez cette tâche durant le temps d'emploi de l'adhésif.

Outils: *Ruban, cordeau traceur, truelle dentelée à encoches en V pour adhésifs, scies à commande mécanique, marteau, rouleau à planchers (à louer chez les distributeurs de revêtements de sol).*

Matériel: *Revêtement de sol en bois, adhésif pour revêtements de sol, colle à bois, carton.*

Appliquez une couche uniforme d'adhésif au moyen d'une truelle dentelée.

Installez la première rangée de lames le long de la ligne d'installation.

Placez d'abord le long côté à languette de la lame, puis faites glisser la lame pour que les extrémités des lames soient jointives.

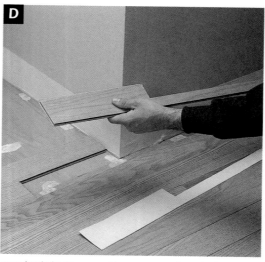
Pour obtenir des découpes précises, servez-vous d'un gabarit en carton.

Utilisez un rouleau à planchers pour accroître l'adhérence des lames.

Installation d'un plancher flottant en bois

L'installation d'un plancher flottant en bois est une tâche facile qui n'exige ni clous ni adhésif pour la fixation du revêtement au sous-plancher. Le plancher est fait d'une couche massive de planches individuelles collées ensemble, posée sur une sous-couche en mousse. Comme cette sous-couche existe en différentes épaisseurs, il faut que vous sachiez quel type convient à votre revêtement avant de l'acheter. Puisqu'il n'exige aucun organe de fixation, le plancher flottant convient particulièrement bien aux dalles de béton, dans lesquelles il est difficile d'enfoncer des clous. Mais il est important, par contre, d'installer un pare-vapeur sur le béton pour empêcher que l'humidité ne détériore le bois. Procurez-vous un rouleau de polyéthylène en feuille (de 4 mil d'épaisseur ou plus) et un rouleau de ruban adhésif entoilé. Déroulez le plastique sur l'ensemble du plancher en faisant chevaucher de plusieurs pouces les différentes feuilles, et attachez-les avec du ruban entoilé. Installez ensuite la sous-couche en mousse sur le pare-vapeur. Si l'installation a lieu sur un plancher de bois, vérifiez que la sous-couche soit lisse et horizontale. Déroulez la sous-couche en mousse et découpez-la aux dimensions requises à l'aide d'un couteau universel (photo F). Attachez les bords avec du ruban entoilé, sans faire chevaucher les feuilles. Découpez des intercalaires en contreplaqué de ½ po d'épaisseur et placez-les tous les 8 po, le long du plus long mur. Posez la première rangée de lames, rainures contre intercalaires (photo G). Laissez les intercalaires en place jusqu'à la fin de l'installation. Joignez les lames en collant les bords rainurés et les extrémités (photo H). Placez la lame pour que sa rainure recouvre la languette d'une lame de la rangée précédente et posez ensuite la lame à plat sur le sol. Placez un bloc de bois rectiligne d'au moins 1 pi de long le long de la languette de la lame, et à coups de marteau, rapprochez les lames. Même méthode pour les joints des extrémités. Essuyez l'excédent de colle avec un chiffon humide. Coupez les pièces d'extrémités aux dimensions requises (page 105) et n'oubliez pas de laisser un espace de ½ po entre le revêtement et les murs, pour permettre au plancher en bois de se dilater.

Outils: *Couteau universel, marteau, scies à commande mécanique.*
Matériel: *Revêtement de sol en bois, plastique en feuille, ruban adhésif entoilé, sous-couche en mousse, contreplaqué de ½ po d'épaisseur, colle à bois.*

Déroulez la sous-couche en mousse et attachez les bords avec du ruban entoilé.

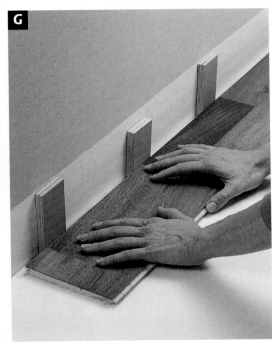

Utilisez des intercalaires pour supporter la première rangée et pour ménager l'espace requis entre les murs et le revêtement.

Appliquez de la colle dans la rainure de côté et dans celle de l'extrémité de chaque lame. Utilisez un bloc de bois et un marteau pour rapprocher les lames.

Entretien et réparation des moquettes

La moquette est un des revêtements de sol les plus demandés et les plus variés offerts sur le marché; en plus de donner aux pièces couleur et cachet, elle amortit le bruit, réchauffe l'atmosphère et crée une impression de confort.

Pour prolonger la vie d'une moquette, il importe avant tout de la garder propre en passant souvent l'aspirateur et en enlevant les taches dès qu'elles apparaissent. La saleté incrustée feutre le poil et use les fibres d'une moquette. Pour prévenir les dommages à la moquette et son usure excessive, placez un paillasson devant la porte d'entrée.

Méfiez-vous des méthodes de nettoyage qui détrempent la moquette ou de celles qui laissent un résidu de savon qui attire la poussière comme un aimant. Un nettoyant ordinaire pour verre vous permettra d'enlever les taches les plus tenaces de la plupart des moquettes. Aspergez généreusement la tache, laissez pénétrer pen-

dant 5 ou 10 minutes et séchez l'endroit avec une serviette en papier. Répétez le traitement, le cas échéant. Frottez l'endroit avec un morceau de moquette de rechange si la tache est récalcitrante.

Si vous désirez réduire l'électricité statique dans une pièce dont le plancher est recouvert de moquette, aspergez celle-ci d'une solution faite de cinq parties d'eau pour une partie d'assouplissant pour tissus. Appliquez un léger brouillard sur la moquette tout en sortant à reculons de la pièce. Attendez cinq minutes avant de fouler la moquette.

Marcher nu-pieds laisse des traces d'huile sécrétée par la peau, qui attirent la saleté. Protégez la moquette en insistant auprès de membres de votre famille pour qu'ils portent des chaussettes, des pantoufles ou des souliers propres à l'intérieur.

Les petites brûlures ou les taches, les endroits soulevés et les joints défectueux sont les problèmes que l'on

rencontre le plus fréquemment avec les moquettes. Ces problèmes sont relativement faciles à régler si vous disposez des outils et du matériel nécessaires. Pour la plupart des ces réparations, il faut avoir sous la main des morceaux de moquette; donc, conservez-en lors de l'installation d'une nouvelle moquette.

Outils: *Emporte-pièce, coup de genou, couteau à plaque de plâtre de 4 po, couteau universel, fer à joints.*

Matériel: *Moquette de remplacement, ruban double face pour moquette, adhésif pour joints, ruban thermocollant pour joints, panneaux, poids.*

Réparation d'un dommage ponctuel

Les brûlures et les taches font partie des dommages aux moquettes qu'on doit résoudre le plus fréquemment. Vous pouvez couper les fibres brûlées des brûlures superficielles avec des ciseaux. Et vous pouvez rapiécer la moquette si la brûlure est plus profonde ou si la tache est indélébile, en découpant l'endroit abîmé et en le rapiéçant. Lorsque l'endroit est fort abîmé ou taché, enlevez-le à l'aide d'un

emporte-pièce **(photo A)** que vous trouverez dans les magasins de tapis. Appuyez l'emporte-pièce sur l'endroit abîmé et faites-le tourner pour découper la moquette et enlever le morceau abîmé.

Toujours aidé de l'emporte-pièce, découpez un morceau de moquette de remplacement. Introduisez un morceau de ruban double face pour moquette sous la découpe, en plaçant le ruban de manière qu'il

chevauche les joints **(photo B)**. Pressez la pièce en place. Assurez-vous que le sens du poil ou le motif coïncident avec ceux de la moquette existante. Scellez le joint et évitez les effilochures en appliquant un adhésif pour joints sur le pourtour de la pièce **(photo C)**.

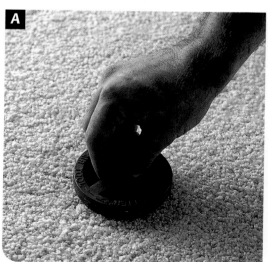

Faites tourner l'emporte-pièce pour découper l'endroit abîmé.

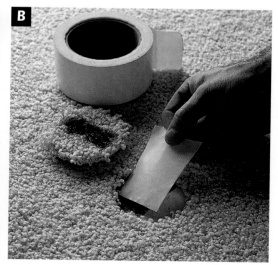

Maintenez la pièce en place au moyen de ruban double face pour moquette.

Appliquez de l'adhésif pour joints sur le pourtour de la pièce, pour éviter les effilochures.

Retendre une moquette détachée

Les moquettes qui ne sont pas collées sont assujetties sur le périmètre de la pièce par des languettes de bois munies de pointes métalliques qui accrochent le dossier de la moquette. Pour retendre les moquettes détachées, utilisez un *coup de genou*, outil conçu pour retendre les moquettes et attacher leurs bords aux languettes.

Louez un coup de genou dans un centre de location ou chez un distributeur de moquettes. Réglez la profondeur des pointes en tournant le bouton qui se trouve sur la tête de l'outil (**photo D**). Les pointes doivent dépasser suffisamment pour agripper le dossier de la moquette mais ne peuvent pas entamer la thibaude.

Commencez dans un coin ou près d'un endroit où la moquette est fermement attachée, enfoncez la tête du coup de genou dans la moquette, à environ 2 po du mur. Appuyez avec le genou contre le coussin du coup de genou pour forcer la moquette à se déplacer vers le mur. Ensuite, rentrez le bord de la moquette dans l'espace qui existe entre la languette de bois et la plinthe, à l'aide d'un couteau à plaque de plâtre de 4 po (**photo E**). Si la moquette est toujours lâche, coupez le bord avec un couteau universel et retendez-la.

Réglez les pointes du coup de genou pour qu'elles n'accrochent que le dossier de la moquette.

Retendez la moquette et rentrez le bord derrière la languette.

Recollage des joints défaits

La plupart des moquettes sont maintenues ensemble par du ruban thermocollant pour joints. Ce ruban se vend en rouleaux, et un de ses côtés est recouvert de colle dure. Pour réparer un joint défait, il faut remplacer le ruban et recoller le joint à l'aide d'un fer à joints loué. Commencez par enlever l'ancien ruban qui se trouve sous le joint. Coupez le nouveau ruban à la longueur voulue et placez ce morceau sous la moquette en la centrant sur le joint, l'adhésif dirigé vers le haut (**photo F**).

Branchez le fer à joints et laissez-le chauffer. Tirez les deux bords de la moquette l'un vers l'autre et placez le fer centré sur le ruban. Attendez environ 30 secondes que la colle ramollisse. Poussez ensuite le fer d'environ 12 po vers l'avant, le long du joint (**photo G**). Pressez rapidement les bords de la moquette l'un contre l'autre, dans la colle ramollie, derrière le fer. Séparez le poil pour que les fibres ne restent pas coincées dans la colle et que le joint soit bien serré.

Placez des panneaux lestés sur le joint pour le maintenir à plat pendant que la colle prend. N'oubliez pas que vous ne disposez que de 30 secondes pour répéter le processus.

Après avoir enlevé l'ancien ruban introduisez le nouveau sous les bords de la moquette, adhésif vers le haut.

Dès que la colle ramollit, faites avancer le fer et appuyez les bords de la moquette sur la colle ramollie.

Escaliers

L'escalier, qui constituait auparavant un ouvrage important pour l'architecte et le charpentier, s'est considérablement normalisé dans la construction des maisons modernes. Il n'en reste pas moins que sa conception et sa construction doivent répondre à un code et à des spécifications rigoureux. On doit pouvoir l'emprunter facilement pour monter ou pour descendre, ses marches doivent être parfaitement uniformes et il doit occuper le moins d'espace vital possible. De plus, comme il relie deux planchers, il doit résister aux mouvements de ceux-ci – parfois en sens opposé – dus au vieillissement de la maison.

Le martèlement incessant des pas et la traction exercée sur les rampes finissent par avoir raison des rampes et des escaliers les mieux construits. Et un escalier instable est non seulement rébarbatif, mais dangereux. Les problèmes liés à la structure de l'escalier, c'est-à-dire son affaissement, sa torsion ou son inclinaison, doivent être résolus par des professionnels. Par contre, si vous connaissez bien les différentes parties constitutives de l'escalier et si vous savez comment elles sont assemblées, vous pourrez effectuer la plupart des réparations courantes.

L'escalier est formé à la base de deux ou de plusieurs planches épaisses, fixées entre les deux planchers. Ces planches, appelées *limons* (ou crémaillères), sont habituellement en bois d'œuvre de 2 po x 12 po et elles supportent les marches de l'escalier. Elles sont soit taillées en dents de scie, offrant ainsi un support au bas des marches, soit munies de rainures dans lesquelles viennent s'emboîter les bords arrière des marches, et on les appelle alors limons «engravés». Le limon peut être bordé d'un côté ou des deux côtés par un panneau destiné à dissimuler les joints de construction.

Chaque marche d'escalier comprend deux parties: le giron, sur lequel on marche, et la contremarche, qui est la partie verticale reliant deux girons successifs. Les girons et les contremarches sont reliés par des joints rainurés ou de simples joints aboutés. Les deux pièces sont clouées au limon ou, dans le cas d'un limon engravé, maintenues solidement dans la rainure du limon par des coins chassés par en dessous de l'escalier. Lorsqu'elle délimite des escaliers ouverts, la rampe est appelée *balustrade*; elle com-

L'escalier comporte des limons centraux qui renforcent le support des girons. Les longerons de 2 po x 4 po, cloués entre les limons d'extrémité et les poteaux muraux, permettent d'installer les panneaux muraux et le revêtement mural de finition.

prend la main courante, les poteaux et les balustres. Les poteaux sont de grosses colonnes creuses ou en bois massif qui supportent la rampe aux extrémités de l'escalier et sur les paliers de repos. Quant aux balustres, ils supportent la main courante à chaque giron. Les balustres de section ronde s'emboîtent dans des trous ménagés dans la main courante, tandis que ceux de section carrée se fixent dans une rainure continue, pratiquée à la partie inférieure de la main courante. De petites pièces de bois, appelées baguettes, relient les balustres de section carrée.

Si vous savez à quel type d'escalier vous avez affaire et comment sont assemblées ses pièces maîtresses, vous pourrez effectuer des réparations de qualité, efficacement. Si vous avez accès au dessous de l'escalier, commencez votre examen par là. Notez où se trouvent les limons, leur type et leur état, et examinez les joints entre les girons et les contremar-

ches. Tenez-vous sur l'escalier et regardez sous la moquette ou retirez des moulures pour découvrir le mode d'assemblage de ses parties.

Les marches grinçantes et les balustrades mal fixées sont les problèmes les plus fréquents que posent les escaliers. Les grincements proviennent souvent des mouvements relatifs entre les girons et les contremarches, auxquels on peut remédier en travaillant par au-dessus ou par en dessous de l'escalier.

Les remèdes aux problèmes de balustrades sont de plusieurs ordres et comprennent le renforcement ou le remplacement des balustres, la fixation des poteaux branlants et le serrage des joints des mains courantes. N'oubliez pas que toutes ces pièces sont reliées et qu'il ne sert pas à grand-chose de resserrer une balustrade si on néglige de réparer des joints défectueux de la main courante.

Élimination des grincements en travaillant par le dessous de l'escalier

Travaillez autant que possible par le dessous de l'escalier pour éliminer les grincements, cela vous évitera d'avoir à dissimuler les réparations.

En utilisant de l'adhésif de construction, collez des blocs de bois dans les coins que forment les girons et les contremarches **(photo A)**. Une fois les blocs en place, forez des avant-trous et fixez les blocs aux girons et aux contremarches à l'aide de vis.

Si les contremarches recouvrent la tranche arrière des girons, enfoncez des vis à travers les contremarches, dans les girons, pour assembler les deux.

Comblez les espaces entre les parties de l'escalier avec des intercalaires biseautés **(photo B)**. Recouvrez les intercalaires de colle et enfoncez-les dans les joints entre les girons et les contremarches, de manière qu'ils serrent.

Outils: Foreuse, marteau, tournevis.

Matériel: Adhésif de construction, blocs de bois, vis, intercalaires en bois dur, colle à bois.

Attachez les blocs de bois aux girons et aux contremarches avec de l'adhésif.

Enfoncez des intercalaires dans les espaces de l'escalier pour éliminer les grincements.

Élimination des grincements en travaillant par le dessus

Si la partie inférieure de l'escalier est inaccessible, éliminez les grincements en travaillant par au-dessus à l'aide de vis, d'intercalaires ou de moulures.

Forez des avant-trous dans les girons et enfoncez des vis dans les girons et les contremarches **(photo C)**. Noyez les vis et remplissez les trous de bois plastique ou de bouchons de bois.

Enfoncez des intercalaires sous les girons mal attachés pour les empêcher de plier **(photo D)**. À l'aide d'un couteau universel, coupez les intercalaires au ras des girons lorsque la colle est sèche.

Renforcez les joints entre les girons et les contremarches à l'aide de quarts-de-rond **(photo E)**. Utilisez des clous de finition et un chasse-clou.

Outils: Foreuse, tournevis, marteau, couteau universel, chasse-clou.

Matériel: Vis, bois plastique, intercalaires en bois dur, bouchons de bois, colle à bois, quarts-de-rond, clous de finition.

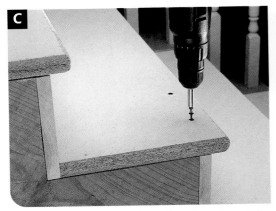

Utilisez des vis pour assembler les girons et les contremarches mal attachés.

Enfoncez des intercalaires sous les girons, en vous aidant d'un bloc de bois pour ne pas fendre les girons.

Renforcez les joints affaiblis avec des quarts-de-rond.

Resserrement des balustres

Les balustres à tête carrée sont fixés à la main courante à l'aide de colle et de clous de finition, qui peuvent finir par perdre de leur efficacité. Renforcez les balustres desserrés avec des vis et remplacez les baguettes desserrées qui séparent les balustres. Si vous devez réparer plusieurs balustres voisins, fixez-les tous avant d'installer de nouvelles baguettes.

Commencez par entamer les baguettes au ciseau et par enlever les clous détachés.

Aux endroits où vous avez retiré les baguettes, supportez la partie inférieure du balustre avec un serre-joint fixé à la main courante. Forez et fraisez un avant-trou incliné. Faites le trou de manière que la tête de la vis soit cachée par la nouvelle baguette. Immobilisez le balustre avec une vis à plaque de plâtre ou une vis à bois (**photo A**).

Outils: *Ciseau, marteau, serre-joint, foreuse, boîte à onglets, marteau de rembourreur, chasse-clou.*

Matériel: *Vis, bois à baguettes, clous de finition.*

Coupez les nouvelles baguettes de manière qu'elles serrent entre les balustres, en utilisant une scie à onglets pour que les coupes d'angles soient nettes. Essayez chaque baguette avant de l'installer. Appliquez-y ensuite de la colle et installez-la en place.

Forez des avant-trous et enfoncez des clous de finition avec un marteau de rembourreur, pour attacher les baguettes à la main courante (**photo B**). Terminez avec un chasse-clou.

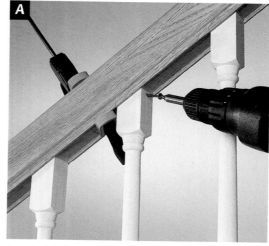

Supportez le balustre avec un serre-joint et enfoncez une vis à l'extrémité du balustre, dans la main courante.

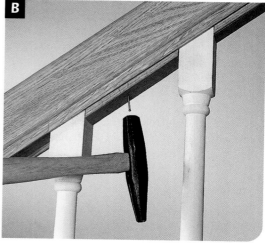

Coupez la baguette à la bonne dimension et collez-la dans la rainure de la main courante avant de la clouer en place avec deux clous de finition.

Remplacement d'un balustre cassé

Lorsqu'on remplace un balustre, il faut avant tout déterminer comment il est relié au giron et à la main courante de l'escalier, car cela indique la méthode à utiliser pour l'enlever. Si la base du balustre repose sur une partie massive du giron, elle se termine probablement par un tenon rond qui est collé dans un trou du giron. Si, par contre, elle repose sur un joint, à l'endroit où une partie de garniture couvre l'extrémité du giron, il y a fort à parier que le balustre est fixé au moyen d'un tenon carré ou d'un assemblage en queue d'aronde. Enlevez le couvre-joint pour exposer le joint, et dégagez soigneusement la cheville de la rainure.

Les balustres à tête arrondie sont collés dans des trous forés dans la partie inférieure de la main courante. Pour les retirer, enlevez les clous un à un à l'aide d'une pince multiprise et tordez-en l'extrémité pour sortir son tenon du trou. Pour retirer les balustres à tête carrée, enlevez la baguette de la partie supérieure du balustre cassé au moyen d'un ciseau. Si le système d'installation des balustres est à rainure et baguette aux deux extrémités, enlevez au ciseau la baguette infé-

rieure pour libérer l'extrémité inférieure du balustre. Suivez les mêmes étapes pour remplacer un balustre dont l'extrémité est formée d'un tenon rond, et adaptez votre méthode si vos balustres diffèrent de ceux montrés ici.

Utilisez une scie alternative pour couper de part en part le balustre abîmé (**photo C**). Coupez dans une section pleine, sans abîmer les détails dont vous pourriez avoir besoin pour obtenir une pièce de remplacement.

Protégez le giron, à la base du balustre, avec du ruban-cache. Ensuite, serrez les mâchoires d'une clé à tuyaux contre le balustre, le plus près possible du giron (**photo D**). Tirez fermement sur le manche de la clé pour tordre le balustre et briser le joint de colle du tenon.

Si le tenon casse dans le trou, alésez celui-ci avec une foreuse munie d'un foret à trois pointes, de la même dimension que le tenon du nouveau balustre.

Détachez de la main courante la moitié supérieure du balustre. Grattez la colle qui reste dans le trou du tenon et sur la main courante.

Prenez le balustre abîmé et essayez de trouver un balustre identique dans les cours à bois; si vous n'en trouvez pas, faites-en fabriquer un par un menuisier.

Coupez le nouveau balustre aux dimensions requises. Utilisez un rapporteur d'angles ou l'ancien balustre pour déterminer l'inclinaison de l'extrémité supérieure et coupez le balustre avec une scie à onglets, pour que la coupe soit droite. Essayez le balustre avant de l'installer. Appliquez de la colle à bois sur les surfaces de contact, aux deux extrémités, et installez le nouveau balustre (**photo E**).

Remplacez les baguettes (voir ci-dessus). Laissez sécher la colle avant d'utiliser la main courante.

Outils: *Ciseau, marteau, pince multiprise, scie alternative, clé à tuyaux, foreuse, emporte-pièce, rapporteur d'angles, boîte à onglets.*

Matériel: *Ruban-cache, balustre de remplacement, colle à bois.*

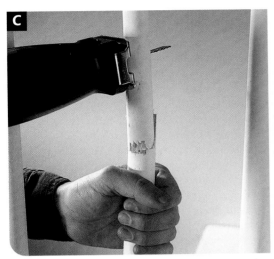

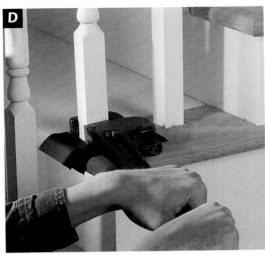

Vous simplifierez l'enlèvement du balustre abîmé en le coupant en deux à l'aide d'une scie alternative.

Protégez le giron avec du ruban-cache et tordez le balustre avec une clé à tuyaux pour libérer le joint du tenon.

Appliquez de la colle aux deux extrémités du nouveau balustre. Placez d'abord le tenon inférieur dans le giron; fixez ensuite la partie supérieure en place.

Serrage des mains courantes

Les joints des mains courantes aux endroits où elles rencontrent les poteaux ou d'autres sections de la balustrade sont assurés de l'intérieur, par des vis-boulons et de la colle **(photo F)**. La vis-boulon possède une tige filetée dont la moitié présente un filet grossier et l'autre un filet usiné. La partie grossière est vissée dans un poteau ou dans une main courante, et la partie usinée est introduite dans un trou foré dans l'extrémité d'une autre main courante. Un trou de grand diamètre, foré à la base de la main courante, donne accès au filet usiné sur lequel on serre un écrou étoilé pour maintenir les pièces assemblées. Le trou d'accès est dissimulé par un bouchon de bois.

Si cet assemblage se desserre et qu'un espace apparaît entre les éléments de la balustrade, nettoyez les joints, recollez-les, et resserrez les vis-boulons.

Commencez par trouver le bouchon du trou d'accès, à la partie inférieure de la main courante. Il doit se trouver à 1 ou 2 po du joint. Enlevez le bouchon en forant plusieurs trous au moyen d'un foret de ¼ po et en veillant à ne pas toucher la vis-boulon **(photo G)**. Délogez le bouchon avec un petit ciseau.

Desserrez l'écrou étoilé en martelant un chasse-clou ou un tournevis sur ses pointes. Ne dévissez pas complètement l'écrou étoilé.

Grattez l'ancienne colle et la saleté des surfaces de contact du joint, au moyen d'un ciseau, de papier de verre ou d'un morceau de fil de fer.

Appliquez une mince couche de colle à bois sur les deux surfaces de contact, en étendant la colle avec une ficelle.

Pour refermer le joint, resserrez l'écrou étoilé en frappant sur les pointes dans l'autre direction.

Fabriquez un bouchon de remplacement en coupant un petit morceau de tenon de bois de la même dimension que celui de la main courante. Collez-le en place et poncez-le pour qu'il soit à ras de la surface de la main courante.

Outils: Foreuse, ciseau, marteau, chasse-clou.

Matériel: Papier de verre, fil de fer, ficelle, colle à bois, tenon en bois.

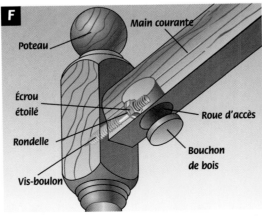

Les vis-boulons assemblent les parties de la balustrade et fixent les mains courantes aux poteaux. Les écrous étoilés et la colle forment le joint.

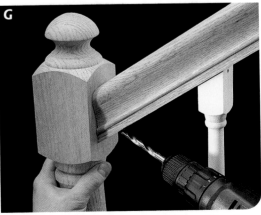

Enlevez le bouchon du trou d'accès à la partie inférieure de la main courante, en forant de petits trous et en cassant ensuite le bouchon avec un ciseau.

Remplacement d'un giron cassé

Un giron cassé présente un grave danger, car on oublie facilement qu'il est cassé jusqu'à ce qu'on trébuche dessus dans l'obscurité ou qu'un invité se blesse en empruntant l'escalier. Remplacez sans tarder un giron endommagé ou affaibli. Si vous n'avez pas accès au dessous de l'escalier, ce ne sera pas chose facile, mais il vaut mieux remplacer le giron que de le réparer, car la réparation risque de créer une marche irrégulière qui peut dérouter quelqu'un qui n'y est pas habitué.

Si les limons de votre escalier sont engravés et que les extrémités des girons sont assujetties dans des encoches aménagées dans les limons, vous devrez accéder à la marche abîmée par le dessous de l'escalier. Si nécessaire, enlevez complètement le fini des murs et remplacez le giron en retirant, au moyen d'un ciseau, les coins qui le tiennent en place dans les encoches. Le remplacement des girons de la plupart des autres types d'escaliers s'effectue normalement par le dessus, mais il est toujours plus commode d'avoir accès aux deux faces de l'escalier pour soulever l'ancien giron et installer le nouveau.

Avant d'enlever un giron abîmé, débarrassez-le soigneusement de tous les éléments décoratifs qui y sont attachés. Retirez la moquette, roulez-la hors du chemin et retirez les moulures qui ornent les extrémités ou les côtés du giron.

Enlevez les balustres en dégageant leur extrémité supérieure de la rampe et en défaisant le joint entre leur extrémité inférieure et le giron (page 112).

Les girons de certains escaliers partiellement recouverts de moquette se terminent par des pièces décoratives en bois dur. Enlevez ces pièces à l'aide d'un levier plat, en prenant soin de glisser le levier sous la pièce pour ne pas endommager ses faces exposées **(photo A)**.

Ensuite, enlevez le giron en le soulevant **(photo B)**. Autant que possible, utilisez un marteau pour séparer le giron des contremarches et des limons et martelez le giron par en dessous. Sinon, servez-vous d'un marteau et d'un levier plat pour l'enlever, en retirant les clous au fur et à mesure. Une fois le giron enlevé, grattez les extrémités exposées des limons pour enlever la vieille colle et les fragments de bois.

Mesurez la longueur que doit avoir le nouveau giron et tracez une ligne de coupe au moyen d'une équerre combinée pour que l'extrémité coupée soit parfaitement d'équerre et droite **(photo C)**. Si une des extrémités du giron est façonnée pour qu'on puisse l'incruster, coupez le giron à la longueur requise, de l'autre côté. Utilisez une scie circulaire pour couper le giron et ajustez-le soigneusement en l'essayant. Appliquez un cordon d'adhésif de construction sur les faces supérieures exposées des limons **(photo D)**. L'adhésif

renforcera la liaison entre le giron et le limon, et il aura un effet amortisseur sur le joint, ce qui empêchera le grincement des différentes pièces assemblées.

Fixez le giron à sa place. Si vous avez accès au dessous de la marche, fixez le giron à la contremarche qui se trouve derrière lui au moyen de vis qui traversent la contremarche et pénètrent dans le giron par l'arrière **(photo E)**. Pour fixer le giron par le dessus, forez et fraisez des avant-trous et vissez le giron à la partie supérieure de chaque limon. Vissez également la partie avant du giron et la contremarche située juste en dessous. Remplissez les trous à l'aide de bois plastique ou de bouchons.

Réinstallez les éléments décoratifs, en utilisant des clous de finition **(photo F)**. Terminez l'ouvrage à l'aide d'un chasse-clou.

Réinstallez les balustres et replacez les baguettes, si nécessaire.

Outils: *Levier plat, marteau, équerre combinée, scie circulaire, foreuse, chasse-clou, pistolet à calfeutrer.*

Matériel: *Giron, adhésif de construction, vis, bois plastique, clous de finition.*

Enlevez du giron les garnitures et autres éléments de finition.

Enlevez le giron et retirez les clous qui restent.

En utilisant une équerre combinée, tracez une ligne pour couper le nouveau giron à la longueur voulue.

Appliquez un cordon d'adhésif de construction sur les limons.

Vissez la contremarche à la partie arrière du giron.

Réinstallez les garnitures du giron au moyen de clous de finition.

Renforcement des poteaux

Les poteaux en bois massif sont boulonnés ou vissés au plancher, au premier giron de l'escalier ou au limon. Certains poteaux ont la base boulonnée à une solive qui se trouve sous le plancher. Si ces modes de fixation sont inaccessibles, vous pouvez renforcer un poteau branlant en le fixant au limon à l'aide d'une vis tire-fond **(photo G)**.

Pour forer l'avant-trou de cette vis, commencez par inspecter la base du poteau afin de découvrir les bouchons de bois qui dissimulent les organes d'assemblage existants. Évitez ces bouchons et forez le trou à peu près au milieu de la section de la base.

À l'aide d'un foret à trois pointes de $3/4$ po, forez par lamage un trou d'environ $3/4$ po de profondeur. Veillez à orienter le trou vers le limon. Forez un avant-trou de $7/32$ po de diamètre au centre du trou lamé, jusque dans le limon. Élargissez ensuite l'avant-trou avec un foret de $5/16$ po, uniquement dans le poteau. Vous empêcherez ainsi la tige de la vis de fendre le bois.

Placez une rondelle de $3/4$ po de diamètre sur la tige d'une vis tire-fond de $5/16$ po de diamètre et de 4 po de long. Enfoncez et serrez la vis à l'aide d'une clé à douille et à cliquet **(photo H)**.

Obturez le trou lamé avec une cheville de $3/4$ po de diamètre en bois de la même essence que celle du poteau. Coupez une cheville de 2 po de long et collez-la par une extrémité dans le trou lamé. Attendez que la colle sèche et sciez la partie qui dépasse à l'aide d'une scie à main; poncez ensuite la cheville au ras de la surface du poteau. Teintez ou peignez l'endroit pour qu'il se fonde dans la surface qui l'entoure.

Outils: Foreuse, clé à douille à cliquet, scie à main.

Matériel: Vis tire-fond de $5/16$ po x 4 po avec rondelle de $3/4$ po, cheville en bois de $3/4$ po de diamètre, colle à bois.

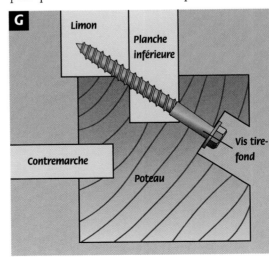

La vis tire-fond doit pénétrer dans la partie massive du poteau et s'enfoncer profondément dans le limon qui supporte l'escalier.

Utilisez une clé à douille et à cliquet pour enfoncer la vis tire-fond. Ne serrez pas trop la vis, vous risqueriez de fendre le bois.

Portes

Les portes sont tellement visibles et utilisées dans nos maisons qu'on a tendance à ne pas leur accorder l'importance qu'elles méritent. Rares sont pourtant les éléments de construction dont on exige des fonctions aussi nombreuses, importantes et exigeantes.

D'une part, les portes doivent permettre d'entrer ou de sortir facilement de la maison; d'autre part, elles doivent décourager les intrus et refouler les insectes. À l'extérieur, elles doivent résister aux tempêtes, au vent, au froid intense et à la chaleur étouffante. À l'intérieur, elles sont exposées à une température et à un degré d'humidité relativement constants. Elles sont censées durer des décennies tout en gardant un aspect attrayant pour les visiteurs.

Votre maison contient probablement des portes de différents types, et chacune d'elles exigera de temps à autre une certaine attention. Les travaux à effectuer vont du simple réglage au remplacement de la porte. Chaque type de porte génère certains types de problèmes, que vous risquez de rencontrer.

Les *portes d'entrée* sont celles qui relient les lieux de séjour au monde extérieur. Elles peuvent connaître toute une gamme de problèmes, car elles sont directement exposées aux éléments. Au fil du temps, vous devrez peut-être réparer ou remplacer des serrures (pages 120 et 121), régler des pênes demi-tour et des charnières (page 122), redresser des portes gauchies (page 123), réparer les dégâts dus à la pourriture (page 124), ou même remplacer votre porte d'entrée (pages 129 et 130).

Lorsqu'une porte d'entrée est source de courants d'air, c'est que son coupe-bise est défectueux ou qu'elle n'en a pas, ou encore que son encadrement est mal isolé. La solution la plus simple consiste à remplacer le coupe-bise ou à en installer un (pages 132 et 133) et à surveiller si la situation s'améliore. Si rien n'a changé, il faut retirer les moulures de l'encadrement et remplir d'isolant en fibre de verre les espaces vides qui entourent ses éléments.

Porte pliante

Porte d'entrée

Porte intérieure

Vos portes d'entrée peuvent être protégées par des avant-portes qui améliorent l'isolation tout en préservant les portes de l'action des éléments. Les avant-portes ont des besoins propres en entretien (pages 134 et 135), comme le réglage des charnières et des serrures, ou la réparation des glissières des fenêtres.

Les *portes intérieures* sont les lignes de démarcation entre les différentes pièces et assurent la vie privée. Les réparations de portes intérieures les plus courantes sont la réparation des serrures (page 119),

l'alignement des pênes demi-tour avec les gâches et le réglage des charnières (page 122), ou l'ajustement des portes qui frottent contre leur encadrement (page 123). Il faut parfois raccourcir les portes lorsqu'on installe un nouveau revêtement de plancher (page 125) ou reprendre leur finition lorsqu'on change la décoration (page 126). On doit parfois les remplacer (page 128) soit parce qu'elles sont endommagées, soit parce qu'elles sont démodées.

Les portes coulissantes, qui peuvent servir de portes d'entrée ou de portes intérieures, posent

rarement problème, mais vous devrez périodiquement nettoyer les glissières, nettoyer et lubrifier les galets et régler les portes mêmes (page 118).

De même, il faut inspecter et entretenir les portes pliantes, utilisées couramment pour les placards et les autres espaces utilitaires (page 119).

Outils pour réparer les portes

En règle générale, les travaux de réparation des portes ne nécessitent aucun équipement particulier: un ensemble d'outils de base de menuiserie et de produits de menuiserie suffit dans la plupart des cas.

Il est utile d'avoir sous la main un bloc de béton lorsqu'il faut redresser une porte gauchie ou bosselée endommagée par l'humidité.

L'apprêt transparent pour bois permet d'empêcher au départ l'humidité de pénétrer dans la porte par les chants.

L'huile pénétrante en aérosol a de multiples usages: elle permet notamment de lubrifier les charnières qui grincent et les serrures qui se bloquent.

On utilise des marteaux et des tournevis de toutes dimensions dans la plupart des travaux de réparation aux portes.

Les ciseaux de différentes largeurs sont des outils de menuiserie indispensables lorsqu'on installe une serrure de sécurité, qu'on répare du bois endommagé ou qu'on remplace un seuil.

Le papier de verre et le rabot sont particulièrement utiles lorsqu'il faut refaire le fini des portes ou les ajuster.

Parmi les autres outils utiles, citons encore la craie, utilisée pour tracer les lignes de coupe sur une porte dont les dimensions doivent être modifiées, et le couteau universel qui, parmi ses multiples usages, permet d'entailler le bois à l'endroit des lignes de coupe, avant de le scier.

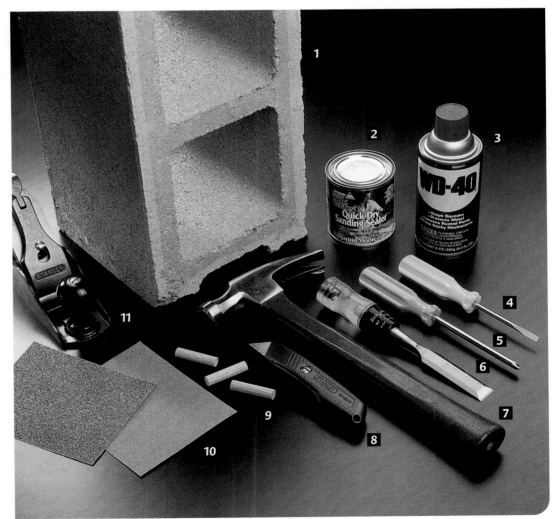

Les outils et le matériel nécessaires pour réparer les portes comprennent le bloc de béton (1), l'apprêt étanche (2), le lubrifiant en aérosol (3), le tournevis ordinaire (4), le tournevis cruciforme (5), le ciseau (6), le marteau (7), le couteau universel (8), la craie (9), le papier de verre (10) et le rabot (11).

Entretien et réparation des portes

La plupart des problèmes posés par la quincaillerie des portes sont causés par un manque de lubrification. La meilleure façon de débloquer une porte, c'est de pulvériser un lubrifiant en aérosol sur ses parties mobiles, puis de les essuyer. Voici quelques autres conseils qui vous permettront de résoudre facilement certains problèmes de portes.

Nettoyez les glissières des portes coulissantes à l'aide d'un aspirateur manuel et d'une brosse à dents. Vous constaterez que les glissières – celles des portes coulissantes surtout – retiennent la saleté, ce qui peut empêcher la porte de bien fonctionner.

Nettoyez les garnitures d'étanchéité en caoutchouc qui entourent la porte en y pulvérisant un détergent et en essuyant ensuite la saleté.

Lubrifiez les serrures et les charnières une fois par an, en les démontant et en les aspergeant de lubrifiant en aérosol. Lorsque vous installez une nouvelle serrure, lubrifiez-la préalablement.

La poudre de graphite est une excellente solution au problème de la serrure qui se coince. Si vous n'avez pas de poudre de graphite sous la main, les particules d'une mine de crayon feront également l'affaire. Pour transférer le graphite de la mine sur la clé, frot-

tez le crayon d'un bout à l'autre de la clé et autour de celle-ci. Une fois que la clé est recouverte d'une bonne couche de graphite, introduisez-la dans la serrure, bougez-la et ressortez-la; puis ouvrez et fermez plusieurs fois la serrure. Le problème du grippage devrait disparaître sur-le-champ.

Pour retirer une broche de charnière récalcitrante, introduisez la tête d'un clou dans le trou situé à la base du corps de la charnière et à l'aide d'un marteau, dégagez la broche vers le haut.

Entretien d'une porte coulissante

Nous avons tendance à ignorer les portes coulissantes tant qu'elles fonctionnent ou qu'elles ne sortent pas de leurs glissières, alors que la période idéale pour les entretenir est celle qui précède les problèmes.

Une porte glissera en douceur si on la débarrasse régulièrement des poussières, au moyen d'un aspirateur, et qu'on y applique de la poudre de graphite ou de la silicone pulvérisée.

Cependant, si des problèmes apparaissent, vérifiez le réglage de la porte: reculez et examinez-la. L'espace devrait être uniforme, au-dessus et en dessous de la porte. Si ce n'est pas le cas, observez quel côté est le plus haut de manière à savoir comment régler le problème plus tard. Ensuite, nettoyez et lubrifiez la porte. Enlevez la saleté accumulée sur les glissières au

moyen d'un aspirateur manuel ou d'une brosse à dents et d'un chiffon humide **(photo A)**.

Vérifiez les galets. S'ils sont pliés ou présentent des traces d'usure, remplacez-les. Aspergez-les de lubrifiant **(photo B)**.

Vérifiez ensuite la glissière en métal qui sert de seuil. Si elle est déformée, redressez-la: placez un mince bloc de bois dans la glissière, appuyez un pied dessus et aplatissez les bosses en frappant sur le bloc à l'aide d'un marteau.

Finalement, si l'espace en haut ou en bas de la porte n'est pas uniforme, corrigez la situation en réglant le montage. Si le côté de la porte où se trouve la vis de réglage est trop haut, tournez la vis dans le sens contraire des aiguilles d'une montre. Dans le cas

contraire, servez-vous d'un levier plat pour soulever la porte pendant que vous tournez la vis dans le sens des aiguilles d'une montre **(photo C)**.

Outils: *Brosse à dents ou chiffon humide et aspirateur manuel, levier plat, tournevis, bloc en bois.*

Matériel: *Lubrifiant en aérosol, pièces de rechange (si nécessaire).*

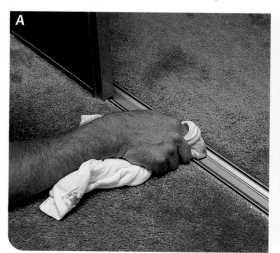

Nettoyez les glissières pour enlever la saleté qui s'y est accumulée.

Lubrifiez les galets et remplacez les pièces défectueuses.

Réglez la vis de montage, si nécessaire.

Entretien d'une porte pliante

Pour lubrifier et régler une porte pliante, commencez par fermer la porte et par vérifier l'alignement des battants. L'écart entre les battants de la porte fermée doit être le même de haut en bas.

Ensuite, ouvrez les portes et enlevez-les. Essuyez les glissières avec un chiffon propre pour enlever la saleté accumulée. Aspergez la glissière, les galets et les broches de lubrifiant en aérosol **(photo D)**.

Si l'écart entre les battants de la porte fermée n'est pas constant, réglez les charnières à pivot à l'aide d'un tournevis ou d'une clé **(photo E)**. Certains modèles de portes sont également munis de charnières à pivot, à la partie inférieure de la porte **(photo F)**.

Réglez les charnières à pivot et réinstallez les portes, puis vérifiez de nouveau l'alignement. Répétez le réglage et la vérification jusqu'à ce que l'écart entre les portes soit uniforme.

> **Outils:** *Chiffon propre, tournevis ou clé.*
>
> **Matériel:** *Lubrifiant en aérosol.*

Pulvérisez du lubrifiant sur les glissières, les galets et les pivots.

Si les portes sont mal alignées, réglez la charnière à pivot supérieure.

Si les portes sont munies de charnières à pivot inférieures, réglez-les également.

Réparation d'une serrure qui se bloque

Le blocage d'un pêne demi-tour de porte **(photo G)** est habituellement dû à l'accumulation de saleté ou au manque de lubrification. Il disparaîtra si vous nettoyez et lubrifiez la serrure (page 120).

Assurez-vous également que les vis d'assemblage de la serrure ne sont pas trop serrées, car cela peut également entraîner le blocage du pêne.

Si le pêne est mal aligné par rapport à la gâche, il n'y entrera pas **(photo H)**. Vérifiez d'abord si aucune des charnières de la porte n'est desserrée. Dans la négative, procédez à l'alignement de la gâche et du pêne (page 122).

Le gauchissement dû à l'humidité peut aussi causer des problèmes de pêne. Vérifiez, au moyen d'une règle rectifiée, si la porte est gauchie **(photo I)** et redressez-la si nécessaire (page 123).

Pour empêcher qu'un pêne se bloque, nettoyez et lubrifiez la serrure.

Un pêne mal aligné n'entrera pas dans la gâche.

Utilisez une règle rectifiée pour déterminer si une porte est gauchie.

Réparation d'une serrure

Dans les serrures modernes, le pêne traverse une têtière pour entrer dans la gâche fixée à l'encadrement de la porte **(photo A)**. Le va-et-vient du pêne est assuré par un axe ou une tringle de liaison, actionnés par un loquet à poucier, un levier de porte ou un barillet à clé.

La plupart des problèmes de serrure sont faciles à résoudre; il suffit de démonter la serrure et de lubrifier le mécanisme interne à l'aide d'un lubrifiant universel en aérosol.

Par exemple, si un bouton de porte ou une clé se coincent lorsqu'on les fait tourner, le problème est sans doute causé par l'axe et le mécanisme du pêne. En nettoyant et en lubrifiant les pièces mobiles, on corrige habituellement la situation.

Pour nettoyer une vieille serrure intérieure **(photo B)**, desserrez la vis de blocage de la poignée et retirez les poignées et l'axe qui est attaché à l'une d'elles. Desserrez les vis de la têtière et écartez la serrure de la porte à l'aide d'un levier. Retirez le couvercle de la serrure ou la têtière et aspergez toutes les pièces de lubrifiant. Essuyez l'excès de lubrifiant et remontez la serrure.

Si la poignée d'une vieille serrure se détache continuellement de son axe, changez-la de position en la faisant tourner sur l'axe et resserrez la vis de blocage.

Pour nettoyer une serrure moderne **(photo C)**, retirez les poignées (tenues en place par des vis de liaison ou un mentonnet à ressort). Desserrez les vis qui retiennent la têtière et l'axe du pêne. Pulvérisez du lubrifiant sur toutes les pièces. Essuyez l'excès de lubrifiant et remontez la serrure.

Pour nettoyer une serrure de sécurité **(photo D)**, desserrez les vis de liaison pour pouvoir enlever le pêne et le barillet. Desserrez les vis qui retiennent la têtière et l'axe du pêne. Pulvérisez du lubrifiant sur toutes les pièces. Essuyez l'excès de lubrifiant et remontez la serrure.

Si la porte ne se ferme toujours pas après que vous avez nettoyé et lubrifié la serrure, vérifiez si le problème n'est pas causé par le bois, les charnières, la gâche ou le chambranle de la porte.

A

Les pièces mobiles d'une serrure sont actionnées par un loquet à poucier.

B

Vis de blocage

Vis de la têtière

On trouve encore de vieilles serrures dans beaucoup de maisons.

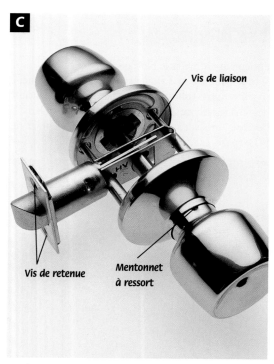

C

Vis de liaison

Vis de retenue

Mentonnet à ressort

Les pièces mobiles d'une serrure intérieure moderne.

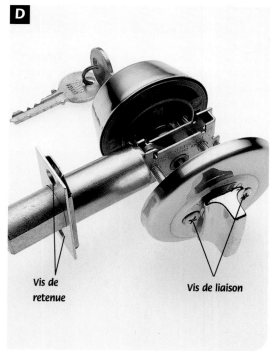

D

Vis de retenue

Vis de liaison

Les pièces mobiles d'une serrure de sécurité.

Installation d'une serrure de sécurité

La serrure de sécurité est munie d'un long pêne appelé *pêne dormant*, qui pénètre dans le chambranle de la porte et qui est manœuvré par un mécanisme à clé. Comme le pêne dormant assure une meilleure protection contre l'effraction, si vous installez une serrure de sécurité, vous pourrez peut-être obtenir une diminution de votre prime d'assurance-habitation.

La première étape de l'installation d'une serrure de sécurité consiste à déterminer la hauteur à laquelle la serrure doit se trouver. Ensuite, collez le gabarit en carton de la serrure sur la porte, à l'aide de ruban-cache **(photo E)**. Au moyen d'un clou ou d'une alène, marquez les centres du barillet et du trou destiné au pêne.

Forez le trou du barillet avec une scie à trous, montée sur une foreuse **(photo F)**. Pour que le bois n'éclate pas, forez le trou d'un côté de la porte jusqu'à ce que la scie à trous perce la porte. Retirez la scie à trous et placez-la de l'autre côté de la porte pour achever le forage du trou.

Utilisez un foret à trois pointes pour forer le trou du pêne dans le chant de la porte, à hauteur du trou du barillet **(photo G)**. Travaillez en tenant la foreuse perpendiculaire au chant de la porte.

Introduisez le pêne dans son trou. Introduisez la pièce arrière de la serrure dans le trou du barillet de manière que les vis de liaison traversent le mécanisme du pêne **(photo H)** et vissez les deux barillets l'un à l'autre. Poussez la porte jusqu'à ce que le pêne rencontre le chambranle de la porte.

Entaillez le pourtour de la gâche à l'aide d'un couteau universel, en vous servant de la gâche comme gabarit. À l'aide d'un ciseau dont le biseau est orienté vers l'intérieur du pourtour, marquez le pourtour de la mortaise **(photo I)** en martelant délicatement le ciseau jusqu'à ce qu'il atteigne la profondeur voulue.

À travers toute la mortaise, faites une série d'entailles parallèles, écartées de ¼ po, en tenant le ciseau incliné à 45° **(photo J)**. Enfoncez le ciseau dans le bois en le martelant délicatement.

Enlevez le bois entaillé en dirigeant le ciseau vers le bas, en l'inclinant faiblement et en plaçant le biseau contre le bois **(photo K)**. Enfoncez-le en exerçant une légère pression de la main.

Utilisez un foret à trois pointes pour forer le trou du pêne au centre de la mortaise. Fixez la gâche dans la mortaise, à l'aide des vis de retenue fournies avec la serrure **(photo L)**.

Outils: *Mètre à ruban, trousse de forage pour serrure (comprenant une scie à trous et un foret à trois pointes), foreuse, ciseau, couteau universel, marteau.*

Matériel: *Serrure de sécurité.*

Collez le gabarit de la serrure sur la porte.

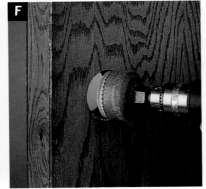
Forez le trou du barillet avec une scie à trous.

Utilisez un foret à trois pointes pour forer le trou du pêne.

Assemblez les éléments de la serrure.

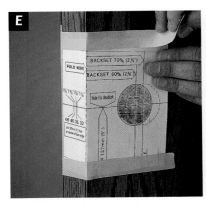
Marquez le pourtour de la mortaise au ciseau.

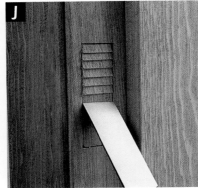
Faites, au ciseau, une série d'entailles parallèles écartées de ¼ po.

Dirigez le ciseau vers le bas pour enlever le bois entaillé.

Fixez la gâche dans la mortaise.

Alignement du pêne et de la gâche

Pour aligner le pêne et la gâche, commencez par resserrer les charnières. Éliminez ensuite les problèmes d'alignement latéral en limant la gâche jusqu'à ce que le pêne y pénètre facilement **(photo A)**.

Si le pêne arrive trop haut ou trop bas par rapport à la gâche, vérifiez si la porte est bien verticale **(photo B)**. Si elle penche sérieusement, enlevez-la et placez un intercalaire à la charnière supérieure ou inférieure **(photo C)**.

Pour relever le pêne, insérez un mince intercalaire de carton derrière la charnière inférieure. Pour baisser le pêne, placez l'intercalaire de carton derrière la charnière supérieure.

Outils: *Tournevis, lime à métaux, règle.*

Matériel: *Intercalaire de carton.*

Si le problème est bénin, limez les bords de la gâche.

Vérifiez si la porte est d'équerre par rapport à son encadrement.

Relevez ou abaissez le pêne en plaçant un intercalaire derrière une des charnières.

Resserrer une charnière

Pour resserrer une charnière, commencez par séparer la porte de ses charnières pendant qu'un aide la tient en place. À l'aide d'un marteau, frappez sur un tournevis de bas en haut pour enlever la broche inférieure, puis la broche supérieure. Enlevez la porte et posez-la de côté.

Resserrez les vis **(photo D)**. Si vous constatez que le bois s'effrite autour des vis, démontez les charnières.

Enduisez de colle des tees de golf en bois ou des chevilles en bois et enfoncez-les dans les trous usés des vis, aussi profondément que possible. Laissez sécher la colle et coupez le bois qui dépasse à l'aide d'un couteau universel **(photo E)**.

Forez des avant-trous dans le bois frais **(photo F)**. Réinstallez les charnières.

Outils: *Tournevis, marteau, couteau universel, foreuse.*

Matériel: *Papier de verre, tees ou chevilles en bois.*

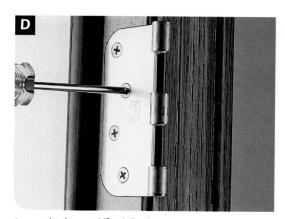
Resserrez les vis pour vérifier si elles tiennent.

Enfoncez des tees en bois ou des chevilles enduits de colle dans les trous des vis.

Forez des avant-trous dans le bois frais et réinstallez les charnières.

Réparation d'une porte qui frotte

Pour résoudre le problème d'une porte qui frotte, commencez par resserrer les charnières (page 122). Si la porte frotte toujours, tracez de légers traits de crayon à l'endroit du frottement (**photo G**).

Attendez qu'il fasse sec et sortez la porte de ses gonds. Poncez ou rabotez la porte aux endroits marqués (**photo H**) jusqu'à ce que le frottement disparaisse.

Recouvrez les chants de la porte d'une couche d'apprêt pour bois transparent. Réinstallez la porte.

Si la porte ne frotte que lorsqu'il fait humide, attendez qu'il fasse sec pour poncer et sceller les chants.

Outils: Crayon, bloc de ponçage ou rabot, tournevis, pinceau.

Matériel: Papier de verre, apprêt pour bois transparent.

Tracez de légers traits de crayon aux endroits du frottement de la porte.

Poncez ou rabotez les endroits marqués jusqu'à ce que le frottement disparaisse.

Redresser une porte gauchie

Pour redresser une porte gauchie, commencez par la sortir de ses gonds (page 125). Installez-la horizontalement sur des chevalets placés aux extrémités.

Placez un morceau de contreplaqué ou de carton épais sur la porte pour protéger son fini. Placez des poids lourds, des blocs de béton par exemple, sur la partie du contreplaqué en contact avec la déformation (**photo I**).

Gardez la porte lestée pendant plusieurs jours, ou jusqu'à ce que le gauchissement disparaisse. Vérifiez, au moyen d'une règle rectifiée, qu'il en est bien ainsi.

Appliquez un apprêt pour bois transparent sur les chants de la porte, pour l'empêcher de gauchir de nouveau sous l'effet de l'humidité (**photo J**). Réinstallez la porte.

Outils: Tournevis, règle rectifiée, pinceau.

Matériel: Chevalets, contreplaqué mince ou carton épais, blocs de béton, apprêt pour bois transparent.

Placez des poids, tels que des blocs de bétons, sur la surface protégée de la porte, pour l'aplatir.

Pour empêcher tout nouveau gauchissement, scellez les chants de la porte au moyen d'une couche d'apprêt pour bois transparent.

Réparation des dommages subis par le bois

Il est recommandé d'inspecter périodiquement le bois des portes, des châssis de fenêtres et des planchers extérieurs afin de déceler les dommages dus à la pourriture et à l'action des insectes quand il est encore possible de les réparer. Même les bois durables comme le séquoia et le cèdre peuvent subir des dommages, surtout s'ils ne sont pas protégés par un apprêt étanche.

Pour réparer le bois abîmé, utilisez un bouche-pores mixte; c'est un produit facile à façonner et facile à peindre ou à teindre.

Si une porte en bois est abîmée, enlevez-la de son encadrement et placez-la sur une surface de travail horizontale, stable. Portez des lunettes de protection et, à l'aide d'un ciseau, enlevez tout le bois abîmé **(photo A)**.

Si la réparation s'étend au bord de la porte, fabriquez un simple encadrement en bois pour délimiter l'espace à remplir **(photo B)**. Avant de clouer provisoirement l'encadrement avec des clous à tête perdue, appliquez-lui une couche d'huile végétale pour que le bouche-pores n'y adhère pas.

Mélangez et appliquez le bouche-pores mixte, en suivant les instructions du fabricant. Utilisez un couteau à mastiquer ou une truelle pour aplanir la surface et lui donner la forme qu'avait le bois original **(photo C)**. Laissez le bouche-pores sécher complètement avant de poursuivre le travail.

Enlevez l'encadrement. Poncez légèrement le bouche-pores durci **(photo D)**. Ne le poncez pas trop, car cela obturerait ses pores et le rendrait difficile à teindre.

Peignez ou teintez la surface réparée pour qu'elle ait la couleur du reste de la porte. (Vous pouvez aussi poncer le reste de la porte et repeindre ou reteindre la surface entière.) Terminez la réparation en réinstallant la porte.

Outils: *Lunettes de sécurité, ciseau, couteau à mastiquer, ponceuse, marteau de rembourreur, outils de peinture.*

Matériel: *Bouche-pores mixte, papier de verre, baguettes de bois, clous à tête perdue, peinture ou teinture pour bois.*

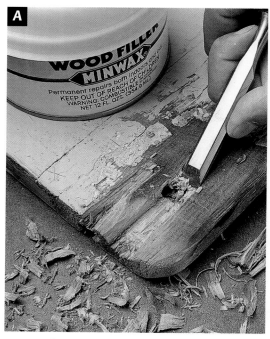

Commencez la réparation en enlevant, au moyen d'un ciseau, tout le bois abîmé.

Fabriquez un simple encadrement qui délimitera l'espace à remplir.

Mélangez et appliquez le bouche-pores; utilisez un couteau à mastiquer ou une truelle pour aplanir la surface.

Lorsque le bouche-pores est sec, poncez légèrement la surface réparée.

Rognage d'une porte intérieure

Les portes intérieures toutes montées ont des dimensions qui laissent un espace de 3/8 po en dessous de la porte. Cet espace permet à la porte de s'ouvrir et de se fermer sans accrocher la moquette ou le revêtement de plancher. Si vous installez un nouveau plancher, une moquette plus épaisse ou un seuil plus haut, vous devrez peut-être rogner le bas de la porte.

Commencez par mesurer 3/8 po vers le haut, à partir du seuil ou du revêtement de plancher. Marquez cette hauteur sur la porte.

Sortez la porte de ses gonds. Pendant qu'un aide la tient en place, servez-vous d'un tournevis et d'un marteau pour dégager les broches des charnières – d'abord la broche inférieure, ensuite la broche supérieure (**photo E**). Placez la porte sur une surface horizontale stable. Marquez la ligne de coupe au bas

de la porte en entaillant légèrement la surface avec un couteau universel.

Installez une nouvelle lame dans le couteau universel et entaillez toute l'épaisseur du placage de la porte, pour éviter les éclats lorsque vous scierez le bas de la porte (**photo F**).

Placez la porte sur une paire de chevalets. Une règle rectifiée fixée à la porte vous servira de guide lors de la coupe (**photo G**).

Sciez le bas de la porte (**photo H**). Si vous mettez à nu l'âme évidée de la porte, vous devrez réinstaller l'encadrement original dans le nouveau bas de porte. Voici comment procéder.

Calez le bas de porte pour qu'il ne bouge pas. À l'aide d'un ciseau, enlevez le placage des deux côtés pour ne laisser que l'encadrement intérieur (**photo I**). Appliquez de la colle à bois sur l'encadrement inté-

rieur et insérez-le dans la partie évidée, au bas de la porte (**photo J**). Serrez les pièces avec des serre-joints, essuyez l'excès de colle et laissez le tout sécher jusqu'au lendemain.

Appliquez de l'apprêt pour bois sur le chant inférieur de la porte, pour prévenir tout gauchissement. Réinstallez la porte.

Outils: *Scie circulaire, mètre à ruban, marteau, tournevis, couteau universel, règle rectifiée, ciseau, serre-joints.*

Matériel: *Chevalets, colle de menuisier, apprêt pour bois transparent.*

Commencez par sortir la porte de ses gonds.

Coupez à travers le placage pour éviter les éclats.

Attachez la règle rectifiée à la porte pour qu'elle vous serve de guide.

Sciez le bas de la porte le long de la ligne de coupe.

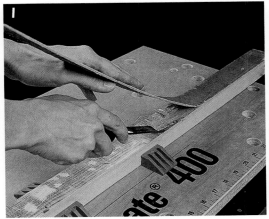
Utilisez un ciseau pour enlever le placage de l'encadrement intérieur.

Appliquez de la colle sur l'encadrement intérieur et insérez-le dans la nouvelle partie évidée de la porte.

Revernissage d'une porte intérieure

Le revernissage des boiseries et des portes peut vous paraître une tâche insurmontable, mais si vous utilisez les techniques appropriées, vous vous simplifierez considérablement le travail. Le secret consiste à combiner adéquatement le décapage au pistolet chauffant et le décapage chimique. Utilisez un pistolet chauffant et un grattoir pour enlever la plus grande partie de l'ancienne peinture et enlevez le reste à l'aide d'un décapant et en grattant le bois.

Dans une maison, les boiseries se composent souvent de différentes sortes de bois, ce qui complique l'uniformisation de la couleur, lors du revernissage. Cependant, avec un peu d'expérience, vous trouverez la combinaison de teintures qui vous permettra d'atteindre le résultat voulu.

Sur un bois poreux, utilisez une teinture claire, et pour les essences plus résistantes à l'action de la teinture mélangez-la avec une teinture plus foncée. Si la plus grande partie de vos portes et de vos boiseries sont d'une essence et que quelques éléments sont d'une essence différente, déterminez en premier lieu la couleur de la teinture principale, puis faites des essais pour déterminer la couleur des autres éléments.

Vous avez également intérêt à gratter les boiseries pour vérifier si la première couche de finition était de la peinture. Si c'est le cas, il vous sera très difficile de décaper le bois jusqu'à lui rendre sa couleur naturelle. Vous devrez sans doute choisir une autre solution.

Commencez par sortir la porte de ses gonds (page 125) et isolez la zone de travail. Attachez du plastique en feuille à tous les chambranles de portes pour empêcher les fumées et la poussière de se répandre dans les autres pièces de la maison **(photo A)**.

Démontez ensuite les charnières et le reste de la quincaillerie des portes, de même que les plaques

Outils: *Tournevis, marteau, chevalets, agrafeuse, pistolet chauffant, pinceau, grattoirs larges, grattoir spécial, ponceuse, foreuse.*

Matériel: *Plastique en feuille, tampon abrasif, essence minérale, bois plastique pouvant se mélanger à de la teinture, décapant semi-pâteux, papier de verre 150 et 220, chiffons, teinture pour bois, vernis et huile de bois de Chine.*

Agrafez du plastique en feuille aux chambranles des portes pour empêcher la propagation des fumées et de la poussière dans le reste de la maison.

Utilisez un pistolet chauffant et un grattoir pour enlever la plus grande partie de l'ancienne peinture des grandes surfaces planes des boiseries.

Appliquez au pinceau une couche épaisse de décapant semi-pâteux sur les surfaces courbes et les arêtes des boiseries.

Au moyen d'un grattoir spécial, enlevez des boiseries la pâte mêlée de décapant et de vernis dissous.

d'interrupteurs et de prises qui se trouvent à proximité de la zone de travail. Recouvrez immédiatement ces endroits afin d'éviter les chocs électriques.

Enlevez l'ancien vernis des boiseries, d'abord en le chauffant, puis à l'aide d'un décapant. Avant d'utiliser l'air chaud, veillez à enlever tout résidu de peinture détachée ou écaillée, car le pistolet chauffant risque d'y mettre le feu.

Enlevez la majeure partie de l'ancienne peinture des grandes surfaces et des surfaces planes des boiseries **(photo B)**. Prêtez une attention particulière aux arêtes, afin de n'abîmer ni le bois ni les murs adjacents. En travaillant au pistolet chauffant, vous pouvez facilement roussir les surfaces si elles sont irrégulières; utilisez donc préférablement un décapant à ces endroits. Au moyen d'un pinceau, appliquez une bonne couche de décapant semi-pâteux sur ces endroits de la boiserie **(photo C)**.

Laissez agir le décapant, puis enlevez la pâte à l'aide d'un grattoir spécial **(photo D)**.

Après avoir enlevé la plus grande partie de la peinture, appliquez une fine couche de décapant sur toutes les boiseries et enlevez-le à l'aide d'un tampon abrasif, ce qui éliminera le reste de vernis.

Ensuite, décapez les portes. Enlevez toute leur quincaillerie et décapez-les pour les débarrasser de l'ancien vernis, en suivant la même séquence d'opérations que dans le cas des boiseries **(photo E)**.

Nettoyez ensuite les boiseries et les portes en passant sur toutes les surfaces avec un tampon abrasif imbibé d'essence minérale **(photo F)**. Vous éliminerez ainsi les résidus cireux laissés par le décapant ainsi que toute trace d'ancien vernis.

Pour remplir les trous et les dépressions des portes ou des boiseries, utilisez un bois plastique pouvant être mélangé à de la teinture **(photo G)**. Poncez les

endroits réparés et colorez le bois plastique avec de la teinture afin de lui donner la couleur du bois qui l'entoure.

Poncez les boiseries et les portes **(photo H)**. Utilisez du papier de verre 150 pour égaliser les surfaces et finissez le travail au papier de verre 220.

Teintez tout le bois, en mélangeant si nécessaire différentes teintures pour obtenir une couleur uniforme. Appliquez une couche de finition contenant du vernis ou de l'huile de bois de Chine **(photo I)**.

Si vous le désirez, décapez et nettoyez la quincaillerie des portes. Réinstallez les charnières et les portes **(photo J)** de même que les plaques des interrupteurs et des prises.

Démontez la quincaillerie des portes et décapez-les.

Frottez le bois avec un tampon imbibé d'essence minérale.

Remplissez les trous et les dépressions de bois plastique pouvant se mélanger à de la teinture.

Poncez les surfaces avec du papier de verre 150 et 220.

Teintez le bois, puis appliquez un vernis de finition.

Nettoyez et remontez la quincaillerie, puis réinstallez les portes.

Remplacement d'une porte intérieure

On trouve actuellement dans le commerce des portes toutes montées relativement faciles à installer.

En premier lieu, mesurez la hauteur et la largeur de la porte existante pour acheter une nouvelle porte qui ait les mêmes dimensions.

Pour enlever l'ancienne porte, retirez les broches des charnières au moyen d'un marteau et d'un tournevis. À l'aide d'un levier plat et d'un marteau, détachez délicatement l'encadrement existant (**photo A**). S'il est en bon état, conservez-le pour le réinstaller après avoir placé la nouvelle porte.

Déballez la nouvelle porte et vérifiez si elle est en parfait état. Normalement, un montant de porte est déjà attaché à un côté de la porte.

Avant d'installer la porte, peignez-la ou teintez-la dans la couleur désirée et traitez l'encadrement de la même manière.

Installez la porte toute montée dans l'ouverture encadrée prévue à cet effet. Assurez-vous qu'elle est d'aplomb (**photo B**).

Pour mettre une porte d'aplomb, insérez des intercalaires en bois entre le montant de la porte et l'encadrement, du côté des charnières. Enfoncez les intercalaires à l'aide d'un marteau, jusqu'à ce que le niveau indique que la porte est d'aplomb (**photo C**).

Remplissez avec des intercalaires les espaces existant entre le montant et l'encadrement, aux endroits des charnières et de la serrure. Clouez le montant à l'encadrement, au moyen de clous de finition 6d qui traversent les intercalaires (**photo D**).

Sciez les parties d'intercalaires qui dépassent, avec une scie à main tenue verticalement (**photo E**) pour ne pas endommager le montant ou le mur. Clouez les moulures à l'encadrement, à l'aide de clous de fini-

tion 4d plantés tous les 16 po (**photo F**). Noyez les têtes des clous dans le bois en utilisant un chasse-clou et remplissez les trous de bois plastique de couleur assortie.

Outils: *Levier plat, marteau, tournevis, niveau, chasse-clou, scie à main, outils de peinture ou de teinture.*

Matériel: *Porte toute montée, peinture ou teinture, intercalaires en bois de cèdre, clous de finition (4d et 6d), bois plastique.*

A

Utilisez un levier plat et un marteau pour détacher délicatement la garniture de la porte existante. Conservez-la pour pouvoir la réinstaller plus tard.

B

Installez la porte toute montée dans l'ouverture de l'encadrement et vérifiez si elle est d'aplomb.

C

Pour mettre une porte d'aplomb, insérez des intercalaires en bois entre le montant et l'encadrement, du côté des charnières.

D

Placez des intercalaires dans les autres espaces entre les montants et l'encadrement; clouez les montants et les intercalaires à l'encadrement en utilisant des clous de finition 6d.

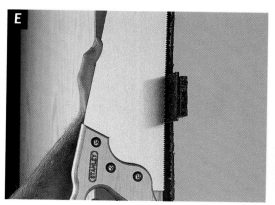

E

Sciez les parties d'intercalaires qui dépassent en tenant la scie verticalement pour éviter d'endommager le montant ou le mur.

F

Clouez aux montants les garnitures déjà coupées à angle, en enfonçant des clous de finition 4d tous les 16 po.

Remplacement d'une porte d'entrée

Le remplacement d'une porte d'entrée gauchie, non étanche, est un travail à la portée de tout bricoleur. En effet, on trouve dans le commerce non seulement des portes intérieures, mais également des portes d'entrée éconergétiques toutes montées, avec montants et quincaillerie. La serrure est le seul article qu'il faut acheter séparément.

En premier lieu, mesurez la hauteur et la largeur de la porte existante pour acheter une nouvelle porte qui ait les mêmes dimensions.

Pour enlever l'ancienne porte, retirez les broches des charnières au moyen d'un marteau et d'un tournevis. À l'aide d'un levier plat et d'un marteau, détachez délicatement l'encadrement existant (page 128). S'il est en bon état, conservez-le pour pouvoir le réinstaller après avoir placé la nouvelle porte.

Utilisez un couteau universel pour couper le cordon de calfeutrage entre l'habillage de façade extérieur et la moulure imitation brique de l'encadrement de porte **(photo G)**. À l'aide d'un levier plat, enlevez l'ancienne huisserie et le seuil **(photo H)**.

Coupez les clous récalcitrants au moyen d'une scie alternative.

Placez la porte toute montée dans l'ouverture et ajustez-la. Assurez-vous de laisser un espace d'environ $^3/_8$ po sur les côtés et en haut de la porte.

Sortez la porte toute montée de l'ouverture et appliquez de la pâte à calfeutrer sous le nouveau seuil **(photo I)** pour former un joint étanche entre le seuil et la porte. Replacez la porte toute montée dans l'ouverture.

Suite à la page suivante

Outils: Levier plat, couteau universel, marteau, tournevis, scie alternative, pistolet à calfeutrer, niveau de menuisier.

Matériel: Porte d'entrée toute montée, pâte à calfeutrer à la silicone, intercalaires en bois de cèdre, clous d'encadrement 16d galvanisés, clous de finition 6d, serrure.

Remplacement d'un encadrement de porte

Il se peut qu'en installant une porte toute montée vous ayez à remplacer un encadrement de porte endommagé (la garniture d'une porte intérieure).

Amenez un échantillon de l'ancien encadrement au magasin en vue de trouver une moulure identique.

Pour scier les extrémités à 45°, placez la partie plate de la moulure contre la base horizontale d'une boîte à onglets.

Peignez ou teintez la moulure pour qu'elle ressemble aux autres moulures de la pièce. Vous devrez peut-être faire des essais de teinture sur un morceau de déchet de bois (ou sur la face arrière de la garniture) avant d'obtenir la couleur désirée.

Utilisez un couteau universel pour couper le cordon de calfeutrage entre l'habillage de façade extérieur et la moulure imitation brique de la porte existante.

À l'aide d'un levier plat, enlevez l'ancienne huisserie et l'ancien seuil, en coupant les clous récalcitrants avec une scie alternative.

Appliquez deux cordons de pâte à calfeutrer sous le nouveau seuil, pour former un joint étanche entre le seuil et la porte.

Remplacement d'une porte d'entrée (suite)

Enfoncez des intercalaires en bois dans les espaces existant entre l'encadrement et les montants, en utilisant un niveau pour vous assurer que la porte toute montée est d'aplomb. Placez les intercalaires aux endroits de la serrure et des charnières **(photo J)**.

Enfoncez des clous d'encadrement 16d à travers les montants et les intercalaires, dans l'encadrement de la porte. Vérifiez si la porte est toujours d'aplomb après avoir enfoncé chaque clou **(photo K)**.

Enfoncez des clous d'encadrement 16d à travers la moulure imitation brique, dans l'encadrement de la porte **(photo L)**.

Réinstallez les moulures d'encadrement que vous avez enlevées du côté intérieur de la huisserie **(photo M)**, en utilisant des clous de finition 6d.

Si ces moulures ne sont pas en bon état ou si vous les avez abîmées en les enlevant, installez-en de nouvelles, après les avoir coupées à l'aide d'une scie et d'une boîte à onglets, avant de les vernir (page 128).

Installez la serrure de la nouvelle porte. Commencez par introduire le mécanisme du pêne dans le trou prévu à cet effet dans la porte.

Introduisez ensuite les parties extérieures de la serrure dans le mécanisme du pêne et fixez les poignées en serrant les vis de retenue **(photo N)**.

Vissez la gâche sur le montant de la porte **(photo O)**. Alignez la plaque de la gâche sur le pêne.

Terminez en calfeutrant les espaces laissés entre l'habillage de façade et les moulures de la nouvelle porte. Vous obtiendrez un plus bel effet si le produit de calfeutrage est de la même couleur que l'habillage de façade ou les moulures de la porte.

Portes de maisons anciennes

Si vous devez remplacer les portes d'une maison ancienne, prenez soigneusement les mesures, mais attendez-vous à des surprises.

Les encadrements des portes ont souvent des dimensions non standard dans les anciennes maisons, et les portes de la maison sont souvent de dimensions différentes.

Si les dimensions des entrées de portes ne sont pas standard, vous devrez soit commander des portes fabriquées sur mesure, soit réduire les dimensions de portes standard plus grandes pour qu'elles s'adaptent aux entrées de portes.

Lorsque vous remplacez une porte dans une ancienne maison, veillez également à ce que le style de la nouvelle porte s'adapte au style de la maison.

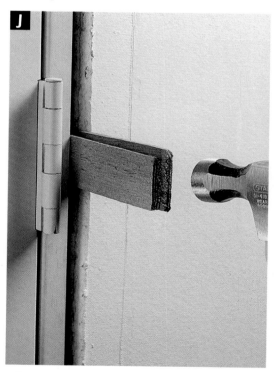

Enfoncez des intercalaires en bois dans les espaces existant entre l'encadrement et le montant de la porte, aux endroits de la serrure et des charnières.

Vérifiez avec un niveau si la porte est toujours d'aplomb après avoir enfoncé chaque clou.

Enfoncez des clous 16d galvanisés, à travers la moulure imitation brique, dans l'encadrement de la porte.

Réinstallez la moulure d'encadrement du côté intérieur de la huisserie. Utilisez l'ancienne moulure ou celle qui est fournie avec la porte.

Introduisez le pêne dans le trou destiné à le recevoir. Introduisez ensuite les parties extérieures de la serrure dans le mécanisme du pêne et fixez-les au moyen de vis de retenue.

Vissez la gâche sur le montant de la porte et alignez la plaque de la gâche sur le pêne.

Achat des portes toutes montées

Installer une porte fabriquée sur mesure est une tâche compliquée; il s'agit d'un travail précis qu'il vaut mieux confier à un professionnel possédant les outils et la dextérité nécessaires.

Par contre, les portes toutes montées que l'on trouve aujourd'hui dans le commerce permettent à n'importe quel bricoleur de remplacer ou de moderniser une porte standard.

La porte toute montée comprend la porte proprement dite, la huisserie et les moulures à onglets qui entourent la porte. Les mortaises des charnières sont creusées, les charnières sont installées, et les trous destinés à recevoir la serrure et le pêne sont forés.

Le travail difficile étant fait, l'installation de la porte se résume à la placer d'aplomb dans l'ouverture, à enfoncer les intercalaires et à les clouer, et à exécuter le travail de finition.

Si vous achetez une nouvelle porte d'entrée, n'oubliez pas que la plupart d'entre elles sont soumises à un usage intensif et qu'il ne faut donc pas lésiner sur la qualité. Comme c'est la porte d'entrée qui produit chez vos invités la première impression qu'ils ont de votre demeure, vous souhaiterez probablement qu'elle évoque la sobriété, l'élégance ou la simplicité.

Avant d'acheter une porte, vos devez savoir de quel côté elle s'ouvre. Pour cela, tenez-vous face au côté intérieur de l'entrée de porte. Si les charnières sont à droite, c'est une porte «droite»; si les charnières sont à gauche, c'est une porte «gauche».

En plus de ces principes de base, tenez compte des facteurs suivants lorsque vous choisissez des portes.

Les portes d'entrée en fibre de verre sont coûteuses, mais elles sont résistantes et offrent une bonne isolation. La fibre de verre peut être préteintée ou vous pouvez peindre ou teinter la porte dans la couleur de votre choix.

Les portes d'entrée en acier épais offrent une bonne sécurité et protègent efficacement contre le froid, mais elles sont parfois moins attrayantes que les portes en bois. De plus, si le seuil de votre maison est en métal, vous devrez prévoir l'installation d'un isolant qui empêchera le contact entre les bords métalliques de la porte et le seuil.

Les portes d'entrée en bois massif sont belles, mais elles nécessitent un certain entretien, et leur pouvoir isolant est inférieur à celui des portes en fibre de verre. Les portes à âme massive gauchissent plus facilement que celles à noyaux massifs dont la direction des fibres est alternée d'un noyau à l'autre.

L'isolation acoustique est une autre caractéristique dont il faut tenir compte lors de l'achat d'une porte. Les portes des salles de bain et des chambres à coucher, par exemple, doivent être mieux isolées que les autres contre le bruit.

Intempérisation des portes d'entrée

Les portes d'entrée sont souvent la source de pertes de chaleur, et vos factures de chauffage diminueront certainement si vous protégez votre porte d'entrée contre les intempéries.

Ce problème peut se présenter même si l'intempérisation de la porte d'entrée a été effectuée précédemment, car les coupe-bise des portes d'entrée s'usent rapidement vu l'usage intensif auquel la porte est soumise. Il est important de vérifier régulièrement chaque porte extérieure et de remplacer les coupe-bise dès qu'ils montrent des signes d'usure.

Utilisez autant que possible des coupe-bise métalliques que l'on applique autour des portes, surtout autour de la huisserie: ils sont beaucoup plus durables que les coupe-bise autocollants. Si le coupe-bise doit être flexible, choisissez-le en néoprène plutôt qu'en matériau mousse, pour la même raison. Voici quelques idées sur l'intempérisation d'une porte d'entrée.

Ajustez l'encadrement de la porte pour éliminer les passages d'air importants entre la porte et la huisserie. Retirez les moulures d'encadrement intérieures et enfoncez de nouveaux intercalaires entre la huisserie et l'encadrement, du côté des charnières **(photo A)**. Fermez la porte pour en vérifier l'ajustement et rectifiez celui-ci, si nécessaire. Réinstallez les moulures. (Pour renforcer la fixation, vous pouvez installer des bandes de contreplaqué entre les intercalaires.)

Coupez deux longueurs de bande métallique en V correspondant à la hauteur de l'entrée de porte. Coupez-en une troisième de la largeur de l'entrée de porte. Utilisez des clous à tête perdue pour attacher les bandes aux montants et à la traverse de la huisserie, du côté intérieur des arrêts de porte. Attachez les coupe-bise métalliques de haut en bas, pour éviter qu'ils ne gondolent. À l'aide d'un couteau à mastiquer, évasez les bandes **(photo B)** de manière qu'elles remplissent les espaces existant entre la huisserie et la porte lorsque celle-ci est fermée.

Outils: *Couteau à mastiquer, marteau de rembourreur, tournevis, scie à dos, levier plat, mètre à ruban, foreuse.*

Matériel: *Bande métallique en V, bandes de feutre renforcé, bas de porte, clous à tête perdue, bois plastique.*

Le pourtour d'une porte d'entrée est souvent la cause des fuites d'air et des pertes d'énergie qui font grimper les dépenses de chauffage.

Enfoncez de nouveaux intercalaires entre la huisserie et l'encadrement de la porte.

Évasez les bandes en V à l'aide d'un couteau à mastiquer, de manière à bloquer les passages d'air.

Ajoutez une bande de feutre renforcé le long de l'arrêt de porte, du côté extérieur de la porte **(photo C)**. Lorsque la porte est fermée, le bord en feutre doit former un joint étanche entre la porte et l'arrêt.

Fixez un nouveau bas de porte du côté intérieur de celle-ci **(photo D)**. Si l'entrée est inégale, choisissez un bas de porte garni de feutre ou d'un balai.

En vous tenant du côté intérieur de la porte, rem-

plissez les fissures existant dans les panneaux de bois à l'aide de bois plastique teinté **(photo E)**. Poncez, et peignez ou teintez l'endroit pour l'assortir au reste de la porte.

Ajoutez une bande de feutre renforcé le long de l'arrêt de porte.

Installez un nouveau bas de porte.

Utilisez du bois plastique pour remplir les fissures existant dans les panneaux de la porte.

Remplacer un seuil de porte

Si vous avez souci d'économiser l'énergie, il est important que vous remplaciez les vieux seuils de porte ou leurs garnitures dès qu'ils montrent des signes d'usure.

Avant d'enlever l'ancien seuil, regardez quel côté du seuil est le plus biseauté, vous pourrez ainsi installer le nouveau seuil dans la même position. Utilisez une scie à dos pour couper l'ancien seuil en deux. Enlevez ensuite les deux morceaux à l'aide d'un levier plat **(photo F)** et nettoyez la lisse sur

laquelle était fixé le seuil. Mesurez l'ouverture dans laquelle placer le nouveau seuil et coupez celui-ci à la bonne longueur, en vous servant de l'ancien seuil comme gabarit. Si le profil du nouveau seuil est différent de celui de l'ancien, tracez ce profil au bas des arrêts de porte et découpez ceux-ci en conséquence, au moyen d'un ciseau **(photo G)**. Appliquez de la pâte à calfeutrer sur la lisse. Placez le nouveau seuil au bon endroit, en l'enfonçant dans la pâte. Introduisez les vis fournies dans les trous prévus pour les

recevoir dans le nouveau seuil et serrez-les **(photo H)**. Installez la garniture du seuil en suivant les instructions du fabricant.

Outils: *Scie à dos, levier plat, scie sauteuse, mètre à ruban, ciseau, maillet, pistolet à calfeutrer, pistolet à vis.*

Matériel: *Seuil et garniture, pâte à calfeutrer.*

Coupez l'ancien seuil en deux et enlevez les morceaux avec un levier.

Taillez le profil du nouveau seuil dans les arrêts de porte.

Enfoncez les vis dans la lisse en traversant les trous prévus dans le seuil.

Avant-portes

Les avant-portes jouent un rôle important dans l'économie d'énergie. Une avant-porte se place toujours à l'extérieur d'une porte d'entrée; elle en double virtuellement l'isolation, surtout si l'intempérisation est soigneusement exécutée (pages 132 et 133).

Si vous vivez dans une partie froide du pays, votre maison est sans doute munie d'une porte combinée en bois ou en aluminium qui se transforme soit en porte moustiquaire, l'été, soit en avant-porte, l'hiver. Si vous remplacez votre vieille avant-porte non étanche par une avant-porte moderne, isolée, vous rendrez votre maison plus confortable et vous réaliserez des économies. Néanmoins, il est toujours possible de prolonger la vie d'une avant-porte en la nettoyant et en l'entretenant régulièrement.

Inspectez-la à l'automne pour déceler les éventuels problèmes importants et pour y apporter quelques améliorations, entre autres aux coupe-bise. Profitez-en pour la nettoyer et pour éliminer les petits problèmes. Voici divers éléments à considérer.

Aspirez la saleté qui recouvre la moustiquaire. Si la surface d'aluminium est oxydée, nettoyez-la avec du produit de polissage pour carrosseries.

Vérifiez le calfeutrage autour de l'encadrement de la porte combinée. Remplacez-le s'il est défectueux.

Décelez les petits trous dans la moustiquaire qui laissent passer les insectes, et bouchez-les avec de la colle époxy ou du ciment de ménage à séchage rapide.

Si vous découvrez une petite déchirure dans la moustiquaire métallique, raccommodez-la avec du mince fil métallique ou du fil de pêche.

Si vous devez rapiécer la moustiquaire, découpez dans une moustiquaire de mailles identiques une pièce plus grande que le trou, défaites quelques brins, placez-la sur le trou et repliez les brins autour de ceux de la moustiquaire à réparer pour bien attacher la pièce.

Un entretien adéquat de votre avant-porte combinée améliorera l'isolation de la maison.

Remplacer une moustiquaire

Pour remplacer une moustiquaire tendue sur un châssis en bois, enlevez le châssis de la porte et découpez une nouvelle moustiquaire un peu plus large et au moins 1 pi plus longue que le cadre. Agrafez la partie supérieure en place. Clouez le bord inférieur sur une baguette de bois et, au moyen de coins, tendez-la le plus possible. Agrafez la moustiquaire au bord inférieur du cadre, puis aux côtés et finalement au montant central. Coupez les morceaux de moustiquaire qui dépassent du châssis et utilisez de petits clous à tête perdue pour réinstaller les moulures. Noyez les clous dans le bois et couvrez les trous de bois plastique. Pour remplacer une moustiquaire tendue sur un châssis en aluminium, enlevez le châssis de la porte et enlevez la languette avec un levier. Placez le châssis bien d'équerre, étendez la nouvelle moustiquaire sur le châssis et découpez-la autour du châssis. Utilisez la partie convexe d'un rouleau pour mise en place des languettes pour enfoncer la moustiquaire dans la rainure du châssis. Utilisez la partie concave du rouleau pour enfoncer la baguette dans la rainure, par-dessus la moustiquaire.

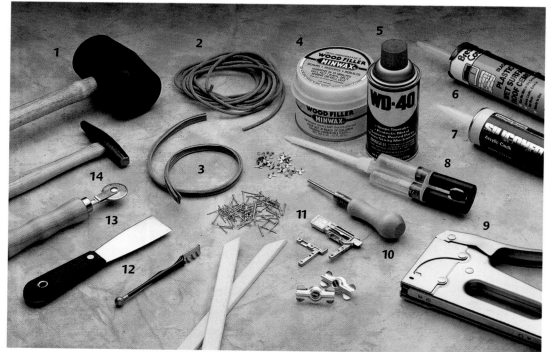

Les outils et le matériel nécessaires à la réparation des avant-portes combinées comprennent: le maillet (1), le cordon à languette (2), le joint de fenêtre caoutchouté (3), le bois plastique mixte (4), le lubrifiant en aérosol (5), le ciment à toiture (6), la pâte à calfeutrer acrylique à base de silicone (7), la colle époxy (8), l'agrafeuse industrielle (9), le pousse-clou (10), les clous à tête perdue (11), le couteau à mastiquer (12), le rouleau pour mise en place des languettes (13) et le marteau de rembourreur (14).

Entretien des avant-portes

Vous tirerez le maximum de satisfaction de vos avant-portes si vous les inspectez chaque année et si vous les entretenez régulièrement. Voici quelques conseils qui vous aideront à les conserver en bon état.

Resserrez les fermetures en revissant les vis desserrées des gâches **(photo A)**.

Si la fermeture n'est pas suffisamment serrée dans la gâche, insérez des intercalaires en bois entre la gâche et le montant de la porte, et resserrez les vis.

Si votre avant-porte n'est pas munie d'une chaîne de retenue contre le vent, ajoutez-en une **(photo B)**. Elle empêchera la porte de s'ouvrir trop largement sous l'effet du vent, ce qui risquerait d'endommager les charnières ou le ferme-porte. Réglez la chaîne pour que la porte ne puisse pas s'ouvrir à plus de 90°.

Réglez le ferme-porte à une tension suffisante pour que la porte se ferme convenablement sans claquer **(photo C)**. La plupart des ferme-portes sont munis d'une vis de réglage de la tension à l'extrémité du cylindre la plus éloignée des charnières. Augmentez la durée de vie de votre porte en remplaçant le ferme-porte dès qu'il fonctionne moins bien.

Si votre avant-porte est munie de fenêtres à cadre métallique, lubrifiez une fois par an les parties coulissantes, au moyen d'un lubrifiant en aérosol **(photo D)**.

Outils: Tournevis.

Matériel: Intercalaires minces en bois, chaîne de retenue, lubrifiant en aérosol.

Resserrez la fermeture en revissant les vis desserrées de la gâche.

Ajoutez si nécessaire une chaîne de retenue pour empêcher que la porte ne s'ouvre trop largement sous l'effet du vent.

Réglez le ferme-porte pour que la porte se ferme sans claquer.

Lubrifiez les parties coulissantes de l'avant-porte une fois par an.

Fenêtres

Les fenêtres sont les yeux de votre maison sur le monde extérieur. Elles vous permettent de faire entrer dans la maison la lumière naturelle et l'air frais en cas de besoin, et elles vous protègent contre les insectes, les intrus et les éléments. Elles font également partie des éléments les plus coûteux de la maison, ce qui vous donne une bonne raison d'en prendre soin. Les fenêtres bien entretenues peuvent durer plus de 40 ans.

Les fenêtres peuvent avoir tellement de formes et de dimensions qu'il est presque impossible de les cataloguer. On peut trouver dans de nombreuses maisons – surtout dans les plus anciennes qui ont connu plusieurs modernisations – jusqu'à quatre ou cinq styles de fenêtres différents. Si vous savez comment fonctionne chaque type de fenêtre, vous serez plus en mesure de déterminer les problèmes de vos fenêtres et vous pourrez les résoudre plus efficacement.

Dans les anciennes maisons, on trouve fréquemment des fenêtres à guillotine à deux châssis mobiles. Les fenêtres de ce type ont deux châssis qui coulissent l'un derrière l'autre, vers le haut et vers le bas, le long de glissières installées dans l'ouverture de la fenêtre. Les fenêtres à guillotine à deux châssis classiques fonctionnent normalement grâce à deux ensembles de poulies et de contrepoids installés dans les cavités murales dissimulées par les moulures de l'encadrement. Comme ces fenêtres anciennes sont à simple vitrage, on les double souvent de contre-fenêtres pour améliorer le rendement énergétique.

Les fenêtres à guillotine à deux châssis récentes sont munies de glissières en vinyle et fonctionnent grâce à un système à ressorts. Elles sont conçues de manière qu'un des châssis ou les deux puissent basculer vers l'avant pour faciliter le nettoyage. Les cadres de ces fenêtres sont soit en bois, soit en bois recouvert de vinyle. Les fenêtres à guillotine à deux châssis les plus récentes sont souvent équipées de double vitrage séparé par un espace étanche à l'air, qui rend inutile la présence de contre-fenêtres.

Les fenêtres à guillotine à châssis unique ressemblent à celles à deux châssis, mais le châssis supérieur est fixe.

Voici quelques exemples de types et de styles de fenêtres (de gauche à droite): fenêtres à guillotine à deux châssis installées dans un cadre surmonté d'impostes; oriel muni de fenêtres à guillotine à deux châssis; fenêtre à battant.

Les fenêtres à battant sont utilisées dans beaucoup de nouvelles maisons. Elles sont articulées d'un côté et fonctionnent grâce à une manivelle. Leur cadre est habituellement en bois, ou en bois recouvert de vinyle.

Les fenêtres coulissantes ressemblent à des fenêtres à guillotine à deux châssis qu'on ferait reposer sur le côté. Chaque fenêtre comprend normalement deux châssis qui coulissent l'un derrière l'autre sur des glissières, vers la gauche et vers la droite. Comme ces fenêtres n'ont aucune pièce mécanique, elles ne posent habituellement aucun problème, si ce n'est la difficulté de nettoyage. Les fenêtres à l'italienne ressemblent à des fenêtres à battant qu'on ferait reposer sur le côté, les charnières vers le haut. On les actionne à l'aide d'une manivelle et elles pivotent vers le haut ou vers le bas.

Les oriels sont constitués d'un ensemble de fenêtres en saillie. Les fenêtres de côté sont souvent des fenêtres qui s'ouvrent – fenêtres à battant ou fenêtres à guillotine à deux châssis – tandis que la fenêtre centrale est fixe.

Les fenêtres panoramiques sont de grandes fenêtres fixes, conçues pour offrir une vue panoramique et laisser entrer beaucoup de lumière. À moins que le mastic de leur vitrage ne cède, ces fenêtres ne présentent généralement aucun problème.

Inspection des fenêtres et diagnostic

La gamme des problèmes de fenêtres comprend aussi bien les châssis coincés qui requièrent le nettoyage des glissières que les cadres complètement pourris qui obligent à remplacer toute la fenêtre. Inspectez vos fenêtres une fois par an et réparez-les sans tarder. Vous éviterez ainsi que de petits problèmes ne finissent par vous occasionner d'importantes dépenses.

Vérifiez l'état des vitres. Non seulement une vitre brisée est dangereuse, mais elle diminue le rendement énergétique de la fenêtre. Il est facile de remplacer une vitre simple (page 141) comme celle que l'on trouve dans les anciennes fenêtres à guillotine à deux châssis, mais les doubles ou triples vitrages doivent être commandés spécialement et installés par un professionnel. En attendant de pouvoir réparer les vitres de vos fenêtres, recouvrez les fissures de ruban adhésif pour empêcher que les vitres ne volent en éclats.

Vérifiez l'état du mastic qui fixe la vitre dans son cadre. Remplacez le mastic fissuré ou manquant, vous empêcherez les infiltrations d'humidité et la pourriture du bois. Lorsque vous remplacez le mastic, suivez la même méthode que lorsque vous remplacez une vitre (page 141).

Nettoyez et lubrifiez toutes les pièces mécaniques et les surfaces frottantes. Servez-vous de cire d'abeille ou de savon pour lubrifier les fenêtres coulissantes en bois et d'un lubrifiant sans graisse en aérosol pour lubrifier les fenêtres coulissantes en vinyle. Utilisez de l'huile légère pour les pièces mécaniques (page 143).

Vérifiez si les fenêtres coulissantes glissent facilement et si elles n'ont pas été peintes en place comme c'est souvent le cas lorsque les fenêtres sont figées. Vous pouvez libérer ces fenêtres en coupant à travers la peinture séchée et en frappant légèrement avec un marteau sur un morceau de bois placé le long du cadre (page 138).

Il arrive fréquemment que la partie supérieure des fenêtres à guillotine à deux châssis ait été peinte en place; en fait ce problème est si fréquent que certains propriétaires d'anciennes maisons ne savent même pas que les fenêtres supérieures sont censées coulisser sur leurs glissières. Comme c'est en ouvrant la fenêtre supérieure qu'on évacue le plus efficacement l'air chaud de la maison, vous avez intérêt à corriger cette situation lorsqu'elle se présente.

Vérifiez le joint à la base de chaque fenêtre. Pour ce faire, utilisez un moyen simple qui consiste à placer un billet de banque sous la fenêtre, de la fermer et d'essayer de tirer le billet par l'extérieur. Si le billet sort facilement, c'est que la fenêtre est trop lâche, il faut donc améliorer son étanchéité (page 142).

Essayez de manœuvrer les fenêtres à guillotine à deux châssis pour vous assurer qu'elles fonctionnent normalement. Les plus anciennes fonctionnent grâce à un système de poulies, de contrepoids et de cordons se trouvant dans des cavités murales, de chaque côté du cadre. Inspectez les cordons et remplacez-les si nécessaire (page 144).

Chaque année, nettoyez et lubrifiez les glissières, les ressorts et les leviers des contre-fenêtres combinées. Utilisez un lubrifiant sans graisse à la silicone, en aérosol, plutôt qu'une huile à base de pétrole.

Outils et matériel nécessaires à la réparation des fenêtres

Vous pourriez avoir besoin des outils et du matériel suivants pour réparer vos fenêtres: un pistolet chauffant pour détacher le mastic, un couteau à mastiquer pour fixer les vitres, un coupe-peinture pour rompre le film de peinture qui entoure les fenêtres, des pointes de vitrier pour installer de nouvelles vitres, un rouleau pour mise en place des languettes et des languettes en vinyle pour installer de nouvelles moustiquaires dans les fenêtres moustiquaires.

En plus de ces outils spéciaux, vous devrez disposer des outils et du matériel standard de bricolage et d'atelier suivants: un marteau, des tournevis, des blocs à poncer et du papier de verre, des pinceaux, de l'apprêt et de la peinture, des lubrifiants, un pistolet à calfeutrer, un couteau universel, un aspirateur portatif et un levier plat.

Conseil utile

Pour remplacer la moustiquaire d'une contre-fenêtre combinée en métal, commencez par enlever le châssis garni de la moustiquaire. À l'aide d'un tournevis, faites sortir la languette de vinyle des rainures qui entourent le cadre. Tendez la nouvelle moustiquaire sur le cadre de manière qu'elle recouvre les rainures de retenue. (Choisissez de la moustiquaire en vinyle pour remplacer l'ancienne moustiquaire.) À l'aide d'un rouleau spécial, enfoncez les languettes et la toile moustiquaire dans les rainures. Avec un couteau universel, coupez la moustiquaire qui dépasse autour des rainures.

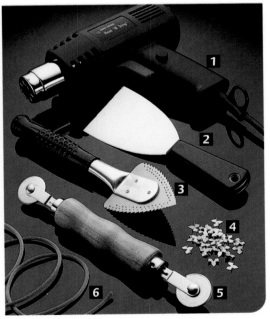

Outils pour la réparation des fenêtres: pistolet chauffant (1), couteau à mastiquer (2), coupe-peinture (3), pointes de vitrier (4), rouleau pour mise en place des languettes (5), vinyle en languette (6).

Déblocage des fenêtres

Les fenêtres peuvent se coincer pour toutes sortes de raisons, mais le plus souvent elles se coincent parce que les glissières n'ont pas été nettoyées ou parce que les fenêtres ont été peintes alors qu'elles étaient fermées, ce qui est particulièrement fréquent avec la partie supérieure des fenêtres à guillotine à deux châssis.

Pour débloquer une fenêtre, commencez par entailler la pellicule de peinture qui relie le cadre de la fenêtre à l'encadrement, à l'aide d'un coupe-peinture ou d'un couteau universel (**photo A**). Soyez prudent, et n'entaillez ni l'arrêt de la fenêtre ni son châssis. Vous constaterez parfois que le joint horizontal entre le châssis de la fenêtre avant et celui de la fenêtre arrière a également été peint alors que la fenêtre était fermée.

Ensuite, plaquez un morceau de bois sur le bord du châssis de la fenêtre et martelez-le légèrement (**photo B**). Répétez l'opération en déplaçant le bloc le long du cadre et, pour finir, essayez de faire glisser les fenêtres vers le haut et vers le bas.

Si cette méthode ne donne aucun résultat, c'est que le cadre de la fenêtre est gauchi ou qu'il a gonflé. Dans ce cas, la seule solution consiste à enlever les arrêts de la fenêtre et à les réinstaller en laissant un faible espace entre eux et les châssis des fenêtres.

Une fois que les fenêtres se déplacent facilement, nettoyez les glissières et lubrifiez-les avec de la cire d'abeille ou de la paraffine. La meilleure façon de procéder à cette opération, c'est de sortir les fenêtres de leurs glissières. Profitez-en pour inspecter les cordons des châssis et pour les remplacer si nécessaire (page 144), et faites de même avec les garnitures d'étanchéité (page 142).

Lorsque vous peignez des fenêtres, vous éviterez ces problèmes de blocage si vous suivez les techniques de peinture appropriées. Enlevez autant que possible les fenêtres pour les repeindre. Si vous devez les laisser en place, faites-les glisser de temps en temps vers le haut et vers le bas pendant que la peinture sèche, pour les empêcher de coller.

À l'aide d'un coupe-peinture ou d'un couteau universel, coupez le joint de peinture qui s'est formé entre le châssis et les arrêts des fenêtres.

Avec un bloc de bois et un marteau, frappez légèrement le cadre tout autour de la fenêtre pour briser le joint de peinture et libérer la fenêtre.

Amélioration de la sécurité

Les fenêtres constituent incontestablement une faiblesse dans la protection de la maison contre l'intrusion. Il existe heureusement quelques moyens peu coûteux d'accroître la protection des fenêtres contre l'effraction.

Dans le cas des fenêtres à guillotine à deux châssis, vous pouvez joindre les deux châssis en forant un trou à travers le bord supérieur de la fenêtre du bas et le bord inférieur de la fenêtre du haut, dans lequel vous introduirez un piton **(photo C)**.

Dans le cas des fenêtres coulissantes, coincez un barreau épais dans la glissière inférieure, entre le bord de la fenêtre mobile et le montant de la fenêtre **(photo D)**. Enfoncez une vis dans la glissière supérieure pour empêcher les malfaiteurs de soulever le châssis pour le dégager de ses glissières **(photo E)**.

Vous pouvez protéger les fenêtres du rez-de-chaussée en installant des barres ou des barrières **(photo F)**. Et finalement, vous pouvez retirer les poignées des manivelles des fenêtres à l'italienne et des fenêtres à battant **(photo G)**. Un cambrioleur qui brise la vitre devra alors s'introduire par l'ouverture hérissée de verre brisé plutôt qu'en ouvrant simplement la fenêtre au moyen de la manivelle.

Joignez les châssis des fenêtres à guillotine à deux châssis en forant un avant-trou dans lequel vous introduirez un piton.

Vous pouvez bloquer les fenêtres coulissantes en coinçant un barreau épais dans la glissière, ce qui rend la fenêtre impossible à ouvrir en votre absence.

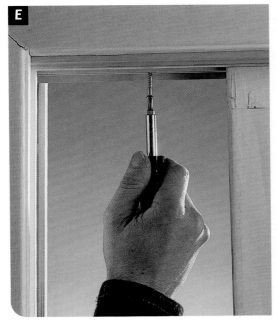

Enfoncez une vis dans la glissière supérieure d'une fenêtre coulissante pour qu'on ne puisse pas soulever le châssis pour le dégager de sa glissière.

Des barres et des barrières de sécurité installées dans les fenêtres du rez-de-chaussée empêcheront les malfaiteurs de s'introduire dans la maison.

Des malfaiteurs qui auraient brisé la vitre d'une fenêtre à battant ou à l'italienne ne pourront pas ouvrir la fenêtre si vous avez enlevé la manivelle.

Nettoyage et lubrification des fenêtres

Vous éviterez de nombreux problèmes si vous maintenez les pièces mobiles et les glissières des fenêtres, propres et bien lubrifiées. Les fenêtres coulissantes et les fenêtres à guillotine à deux châssis fonctionneront mieux si leurs glissières sont propres et glissantes, et les manivelles et les charnières des fenêtres à battant et à l'italienne subiront moins de contraintes si leur mécanisme est bien lubrifié, ce qui en outre prolonge la vie de ces éléments.

Commencez par choisir un lubrifiant qui convient à l'application **(photo A)**. Les produits pétroliers conviennent aux mécanismes métal sur métal, mais les autres produits, tels que le graphite en poudre, la cire ou la paraffine, conviennent mieux à la lubrification des surfaces en bois.

Nettoyez les glissières des fenêtres coulissantes de tous types à l'aide d'une brosse à dents et d'un aspirateur à main **(photo B)**. L'accumulation de saleté est un problème que l'on rencontre fréquemment avec les fenêtres à guillotine à deux châssis, les fenêtres coulissantes et les contre-fenêtres combinées.

Nettoyez ensuite les glissières et les garnitures d'étanchéité avec un chiffon trempé dans un nettoyant ou un solvant léger **(photo C)**. Si vous trouvez de la peinture séchée dans les glissières, enlevez-la en utilisant un grattoir et du diluant à peinture, car ce résidu pourrait bloquer la fenêtre. Si une garniture d'étanchéité est usée, remplacez-la (page 142). NOTE: N'utilisez jamais de solvant puissant pour nettoyer les glissières en vinyle des fenêtres.

Une fois les glissières nettoyées, appliquez-y une petite quantité de lubrifiant pour les empêcher de frotter. Veillez à utiliser un lubrifiant sans graisse, qui ne soit pas à base de pétrole.

Nettoyez et lubrifiez également les mécanismes de verrouillage des fenêtres. Nettoyez et lubrifiez les manivelles et les charnières des fenêtres à battant (page 143).

Outils: Aspirateur à main, brosse à dents.

Matériel: Lubrifiant, chiffon, savon, solvant à peinture (si nécessaire).

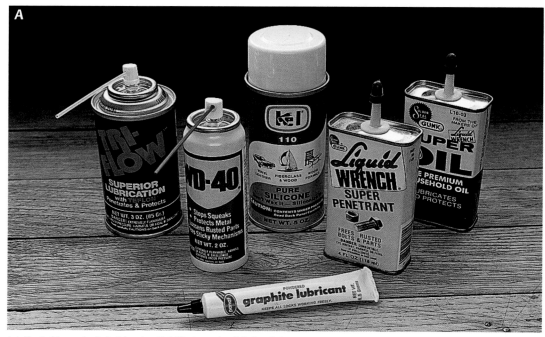

Lubrifiants (de gauche à droite): solvant/lubrifiant en aérosol, huile pénétrante en aérosol, silicone en aérosol, huiles pénétrantes, graphite en poudre (à l'avant-plan).

Utilisez une brosse à dents et un aspirateur à main pour détacher la saleté et pour l'enlever des glissières des fenêtres coulissantes.

Nettoyez les garnitures d'étanchéité des glissières à l'aide d'un chiffon imbibé de nettoyant. Remplacez les garnitures usées.

Remplacement d'une vitre de fenêtre

Pour remplacer une vitre brisée, il faut enlever le mastic et les pointes de vitrier avant de retirer prudemment la vitre. Mesurez l'ouverture avec précision et achetez une vitre de remplacement dans une quincaillerie ou une maisonnerie: la vitre doit mesurer ¼ po de moins que l'ouverture, dans chaque direction, ce qui laisse à chaque bord ⅛ po de jeu pour la dilatation.

Si vous êtes bricoleur, vous pouvez facilement installer un vitrage simple, mais n'essayez jamais de remplacer un vitrage double ou triple: confiez ce travail à un installateur professionnel.

Si c'est possible, enlevez la fenêtre de son encadrement. On peut sortir les fenêtres à guillotine à deux châssis récentes en poussant sur les rainures flexibles en vinyle (photo D); dans les modèles plus anciens, il faut démonter les arrêts de la fenêtre (page 144).

Ensuite, ramollissez le mastic à l'aide d'un pistolet chauffant, en prenant garde de ne pas roussir le bois (photo E). Grattez le mastic ramolli à l'aide d'un couteau à mastiquer.

Enlevez du châssis le verre brisé et les pointes de vitrier, et poncez le bois pour le débarrasser de l'ancienne peinture et du mastic (photo F). Recouvrez le bois mis à nu d'une couche d'apprêt pour bois et laissez sécher.

Appliquez ensuite une fine couche de mastic dans le renfoncement du cadre et mettez la nouvelle vitre à sa place, en l'enfonçant légèrement dans le mastic. Installez de nouvelles pointes de vitrier tous les 10 po, en vous servant de l'extrémité du couteau à mastiquer (photo G).

Appliquez le mastic. On applique certains mastics avec un pistolet à calfeutrer (photo H) et d'autres avec un couteau à mastiquer. Polissez la surface du mastic avec le doigt ou un chiffon humides.

Lorsque le mastic est sec, peignez-le. Pressez le pinceau pour qu'il empiète sur ¹⁄₁₆ po du verre: cela améliorera l'étanchéité de la vitre (photo I). Réinstallez la fenêtre.

Outils: Pistolet chauffant, couteau à mastiquer, pistolet à calfeutrer, bloc à poncer, pinceau.

Matériel: Mastic, pointes de vitrier, apprêt pour bois, peinture.

Si c'est possible, enlevez la fenêtre de son encadrement et couchez-la sur une surface plane. Si c'est impossible, remplacez la vitre en laissant la fenêtre en place.

Ramollissez le mastic à l'aide d'un pistolet chauffant, puis enlevez-le ainsi que les pointes de vitrier, et retirez le verre brisé.

Nettoyez et poncez le bois à l'intérieur du renfoncement en L et recouvrez le bois mis à nu d'une couche d'apprêt pour bois.

Appliquez une fine couche de mastic dans le renfoncement du cadre et installez la nouvelle vitre, en l'enfonçant légèrement dans le mastic. Installez les pointes de vitrier qui maintiendront la vitre à sa place.

Appliquez un cordon de mastic tout autour de la vitre. Polissez le cordon avec le doigt ou un chiffon humides.

Une fois le mastic sec, repeignez la fenêtre, en empiétant de ¹⁄₁₆ po sur la vitre.

Intempérisation des fenêtres à guillotine à deux châssis

Dans la plupart des climats, l'intempérisation des fenêtres est essentielle si l'on veut assurer leur rendement énergétique. Elle prévient les pertes de chaleur en hiver, l'accumulation de chaleur en été et elle constitue également une barrière contre l'humidité et les insectes.

Enlevez la fenêtre à guillotine à deux châssis (page 144) et retirez toutes les garnitures d'étanchéité, anciennes et usées. Nettoyez soigneusement les glissières. Coupez des garnitures d'étanchéité métalliques en V et installez-les dans les rainures des châssis (**photo A**) en veillant à ce qu'elles dépassent d'au moins 2 po du bord des châssis lorsque ceux-ci sont en position fermée (sans toutefois recouvrir le mécanisme de fermeture des châssis). Fixez les garnitures d'étanchéité en V au moyen de clous à tête perdue et d'un marteau de rembourreur. Veillez à ce que les clous viennent au ras de la surface des languettes pour qu'en glissant les châssis ne les accrochent pas.

Évasez les languettes en V avec un couteau à mastiquer jusqu'à ce que l'ouverture soit légèrement plus grande que l'espace compris entre le châssis et la rainure dans laquelle il se déplace (**photo B**). Ne les évasez pas trop du premier coup, car il est difficile de les refermer sans les faire gondoler.

Ensuite, essuyez le bas de la fenêtre inférieure avec un chiffon humide et laissez sécher. Attachez la garniture d'étanchéité autocollante en mousse ou en caoutchouc au bas du châssis (**photo C**). Fermez l'espace entre le châssis supérieur et le châssis inférieur. Soulevez le châssis inférieur et abaissez quelque peu le châssis supérieur pour en faciliter l'accès et clouez une garniture d'étanchéité métallique en V sur le côté de la traverse inférieure du châssis supérieur (**photo D**). L'évasement doit regarder vers le bas pour empêcher que l'humidité s'infiltre par le joint. Évasez la garniture en V à l'aide d'un couteau à mastiquer.

Outils: *Marteau, couteau à mastiquer.*

Matériel: *Garniture métallique d'étanchéité en V, garnitures d'étanchéité autocollantes en mousse ou en caoutchouc.*

Coupez à la bonne longueur les garnitures d'étanchéité métalliques en V et attachez-les dans les rainures latérales du châssis. L'évasement doit regarder vers l'extérieur.

Évasez légèrement la garniture en V à l'aide d'un couteau à mastiquer, pour accroître l'étanchéité.

Appliquez une garniture d'étanchéité autocollante en mousse ou en caoutchouc au bas du châssis.

Appliquez une garniture d'étanchéité en V sur le côté de la traverse inférieure de la fenêtre arrière.

Intempérisation des fenêtres à battant et à l'italienne

Les fenêtres à battant et les fenêtres à l'italienne sont également munies de garnitures d'étanchéité qu'il faut inspecter régulièrement et remplacer si elles sont fissurées ou usées.

Commencez par enlever les anciennes garnitures et la saleté qui recouvre les surfaces. Coupez à la bonne longueur des bandes autocollantes de mousse ou de caoutchouc compressibles pour les coller sur les bords extérieurs des arrêts des fenêtres. Décollez la pellicule de protection et pressez les garnitures en place (photo E).

Outils: *Ciseaux.*

Matériel: *Garnitures autocollantes d'étanchéité en mousse ou en caoutchouc.*

Réparation des fenêtres à battant

Si les fenêtres à battant s'ouvrent ou se ferment difficilement, c'est normalement parce que de la saleté ou de la graisse empêchent les manivelles et les pivots de fonctionner librement.

Commencez par ouvrir la fenêtre jusqu'à ce qu'il soit possible de libérer de sa glissière le bouton en vinyle du bras d'extension (photo F).

Sortez le bras d'extension de la glissière (photo G). Sur certaines fenêtres, il faut pour y arriver, enlever une agrafe en C. Nettoyez la glissière avec une brosse à poils raides. Utilisez un chiffon propre imbibé d'alcool à friction pour essuyer la saleté et la graisse accumulées sur le bras et sur les pivots (photo H). Nettoyez également la saleté et la graisse accumulées sur les engrenages de la manivelle.

Lubrifiez la manivelle, les joints du bras d'extension et la glissière avec de l'huile mouvement légère en aérosol. Actionnez la manivelle pour ouvrir et fermer plusieurs fois la fenêtre, afin que l'huile pénètre complètement les différents endroits.

Outils: *Chiffon, brosse à poils raides.*

Matériel: *Alcool à friction, huile mouvement légère.*

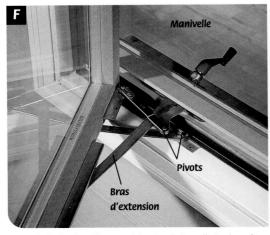

Ouvrez la fenêtre jusqu'à ce que le bouton du bras d'extension soit en face de l'encoche pratiquée dans la glissière de la fenêtre.

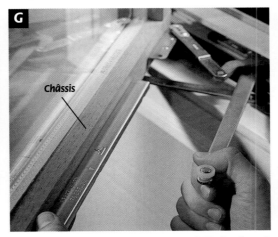

Dégagez le bras d'extension. Nettoyez la glissière à l'aide d'une brosse à poils raides.

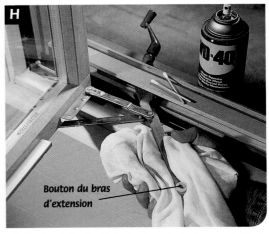

Lubrifiez la glissière, les joints et le bras d'extension avec de l'huile mouvement légère en aérosol.

Remplacement des cordons des châssis

Ne vous laissez pas importuner par une fenêtre à guillotine à deux châssis qui fonctionne mal. Il est relativement facile de remplacer les cordons défectueux qui actionnent une fenêtre.

Commencez par couper la pellicule de peinture, si la fenêtre a été peinte en place **(photo A)**. Ensuite, à l'aide d'un mince levier plat, enlevez délicatement les arrêts de bois qui maintiennent le châssis inférieur à sa place **(photo B)**.

Retirez le châssis inférieur de l'ouverture de la fenêtre **(photo C)**, et enlevez les cordons noués qui sont accrochés dans les mortaises latérales du châssis.

À l'aide d'un levier, enlevez les lattes de guidage, c'est-à-dire les étroites bandes de bois verticales qui séparent les deux châssis. Soulevez-les précautionneusement, car ces lattes s'insèrent dans des rainures pratiquées dans les montants latéraux. Néanmoins, si une latte casse, ne vous alarmez pas, on en trouve dans la plupart des maisonneries et des cours à bois.

Après avoir enlevé les lattes de guidage, retirez le châssis supérieur. S'il ne bouge pas, c'est probablement parce qu'il a été peint en place. Au moyen d'un couteau universel, coupez à travers le joint de peinture qui entoure le châssis. Martelez ensuite prudemment un bloc de bois plaqué sur le châssis pour décoller celui-ci. Enlevez les cordons qui sont attachés au châssis. Ouvrez les petits panneaux d'accès qui se trouvent de chaque côté des montants de la

Outils: *Couteau universel, levier plat, tournevis, marteau, couteau à mastiquer.*

Matériel: *Cordon de châssis de ¼ po, huile mouvement légère, papier de verre 100.*

Coupez la pellicule de peinture qui bloque les arrêts de la fenêtre au moyen d'un couteau universel.

Si les arrêts sont cloués, enlevez-les en utilisant un levier plat, s'ils sont vissés, enlevez-les avec un tournevis.

Enlevez le châssis inférieur – intérieur – du cadre de la fenêtre et détachez les cordons latéraux du châssis.

Retirez le panneau de la cavité abritant les poids. Enlevez la latte de guidage et retirez le châssis supérieur.

À l'aide d'une ficelle et d'un petit clou, faites passer le nouveau cordon autour de la poulie et laissez-le descendre dans la cavité murale.

Tirez le nouveau cordon hors de la cavité et attachez-en l'extrémité au poids.

fenêtre **(photo D)**. Dans la plupart des cas, il suffit d'enlever un clou ou une vis pour ouvrir le panneau. Saisissez les poids qui se trouvent dans la cavité et sortez-les.

Dénouez ou coupez les cordons de châssis attachés aux poids et retirez les cordons des cavités.

Vérifiez si les poulies qui se trouvent au-dessus de chaque montant latéral tournent librement et si leur rotation n'est pas freinée par de la poussière, de la saleté ou de la peinture. Grattez toute trace de peinture avec un couteau à mastiquer et appliquez quelques gouttes d'huile de mouvement légère sur les axes des poulies.

Pour installer un nouveau cordon en nylon de ¼ po, attachez d'abord une des extrémités d'un bout de ficelle à un petit clou et l'autre, au nouveau cordon **(photo E)**. Introduisez le nouveau cordon dans la cavité murale en le passant autour de la poulie **(photo F)**.

Attachez le bout du cordon à un poids et remettez le poids dans la cavité murale **(photo G)**.

Grattez la peinture séchée et enlevez la saleté du montant latéral. Enlevez les anciennes garnitures d'étanchéité. Ensuite, poncez ces surfaces avec un papier de verre 100, entourant un petit bloc de bois.

Si vous désirez peindre les châssis, faites-le avant de les remettre en place; mais ne peignez pas les faces latérales qui doivent glisser le long des montants de

côté, sinon le châssis collera et on ne pourra plus le faire coulisser.

Appliquez une couche de cire sur les faces et les arêtes latérales de chaque châssis. Si vous découvrez des rugosités ou des gouttes de peinture à ces endroits, faites-les disparaître par ponçage.

Coupez les cordons du châssis supérieur – extérieur – à la bonne longueur, en prenant les anciens cordons comme référence **(photo H)**.

Faites des nœuds au bout des cordons et introduisez-les dans les mortaises pratiquées dans les faces latérales du châssis. Veillez à ce que les nœuds n'empêchent pas le châssis de glisser librement de la position ouverte à la position fermée. Modifiez si nécessaire la position des nœuds pour allonger ou raccourcir les cordons. Enfoncez un petit clou dans chaque nœud et dans le cadre de la fenêtre pour maintenir le cordon à sa place **(photo I)**.

Réinstallez le panneau d'accès sur les cavités murales. Installez si nécessaire une nouvelle garniture d'étanchéité sur le châssis arrière (page 142). Placez le châssis arrière entre les montants et réinstallez la latte de guidage.

Coupez les cordons du châssis inférieur – intérieur – en suivant la même méthode. Réinstallez le châssis intérieur. Les arrêts doivent être suffisamment près du châssis pour l'empêcher de cliqueter, mais ne pas

l'empêcher de glisser. Attachez les arrêts avec de petites vis à bois ou des clous de finition juste assez longs pour traverser l'arrêt et pénétrer dans le montant latéral. (S'ils sont trop longs, ils dépasseront dans les cavités murales et empêcheront le libre mouvement des cordons et des poids.) Assurez-vous que chaque châssis glisse facilement et ferme convenablement.

G

Poids

Remettez les poids dans les cavités murales.

H

Mesurez le morceau de nouveau cordon à couper.

I

Nœud de châssis

Nouez le bout du cordon de châssis et clouez les nœuds dans la mortaise pratiquée dans la face latérale du châssis.

Démontage et remplacement d'une fenêtre

Si une fenêtre vous semble trop abîmée pour être réparée, vous pouvez la remplacer. Heureusement, ce travail est moins difficile qu'il ne paraît à première vue. Assurez-vous d'acheter une fenêtre de remplacement dont les dimensions correspondent à l'ouverture de la fenêtre et attendez qu'il fasse sec pour effectuer le travail.

À l'aide d'un levier, enlevez tout d'abord les appuis, rebords et dormants de la fenêtre **(photo A)**. Conservez les moulures si vous comptez les réutiliser, car certaines fenêtres sont fournies avec leurs propres moulures.

S'il s'agit de fenêtres à guillotine à deux châssis, sortez les poids de leur cavité en coupant les cordons (page 144).

À l'aide d'une scie alternative, coupez les clous qui fixent le cadre de la fenêtre à l'encadrement **(photo B)**. De l'extérieur, retirez la fenêtre de son ouverture. Faites-vous aider s'il s'agit d'une fenêtre de grande dimension. Collez du ruban-cache sur les panneaux vitrés pour empêcher que le verre ne vole en éclats en cas de malheur **(photo C)**.

NOTE: Si vous ne pouvez pas installer la nouvelle fenêtre immédiatement, couvrez temporairement l'ouverture en vissant un morceau de contreplaqué aux éléments de l'encadrement. Agrafez du plastique en feuille à l'extérieur de l'ouverture pour empêcher les dommages dus à l'humidité.

Essayez la nouvelle fenêtre en l'introduisant dans l'ouverture **(photo D)**. Supportez-la à l'aide de blocs de bois et d'intercalaires placés sous le bord inférieur de la fenêtre.

Vérifiez si la fenêtre est d'aplomb **(photo E)**. Au besoin, ajustez les intercalaires se trouvant aux coins inférieurs de la fenêtre, jusqu'à ce que celle-ci soit de niveau **(photo F)**.

Installez les intercalaires biseautés par paires pour obtenir une épaisseur uniforme. De l'intérieur, insérez-

Outils: Levier plat, couteau universel, scie alternative, marteau, foreuse, chasse-clou, scie à main, pistolet à calfeutrer.

Matériel: Ruban-cache, blocs de bois, intercalaires en bois, clous à boiserie 8d, clous à boiserie 10d galvanisés, pâte à calfeutrer.

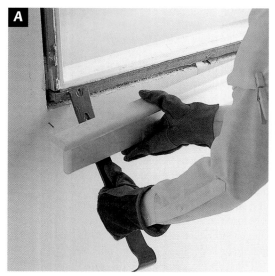

À l'aide d'un levier plat, enlevez l'appui, le rebord et les moulures d'encadrement de l'ancienne fenêtre. Conservez-les si vous comptez les réutiliser avec la nouvelle fenêtre.

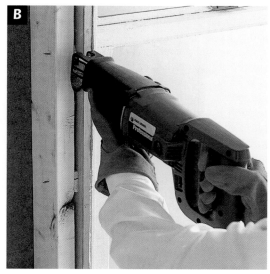

Utilisez une scie alternative munie d'une lame de scie à métaux pour couper les clous qui fixent la fenêtre aux éléments de l'encadrement.

Faites-vous aider pour retirer la fenêtre de son ouverture et la déposer à l'écart. Collez du ruban-cache à travers les panneaux vitrés pour empêcher le verre de voler en éclats pendant que vous déplacez la fenêtre.

les entre les montants et les éléments de l'encadrement, tous les 12 po **(photo G)**. Ajustez les intercalaires pour qu'ils serrent, sans toutefois qu'ils déforment les montants. Ouvrez et fermez la fenêtre pour vous assurer qu'elle fonctionne bien. Vérifiez une fois encore si la fenêtre est de niveau et faites les derniers ajustements.

À l'endroit de chaque paire d'intercalaires, forez un avant-trou et enfoncez un clou à boiserie 8d à travers le montant, les intercalaires et l'élément de l'encadrement **(photo H)**. Noyez les têtes des clous dans les montants à l'aide d'un chasse-clou. Remplissez d'isolant en fibre de verre les espaces compris entre les montants de fenêtre et les éléments de l'encadrement, pour réduire le passage de l'air.

À l'aide d'une scie à main, coupez les intercalaires au ras des éléments de l'encadrement.

De l'extérieur, forez des avant-trous et enfoncez, tous les 12 po, des clous à boiserie 10d galvanisés, à travers les moulures imitation brique, dans les éléments de l'encadrement **(photo I)**. Noyez les têtes des clous dans le bois à l'aide d'un chasse-clou.

Calfeutrez le pourtour de la fenêtre avec de la silicone. Remplissez de pâte à calfeutrer les trous des clous et peignez les moulures en bois.

Replacez les moulures intérieures (page 48).

Essayez d'installer la nouvelle fenêtre dans l'ouverture.

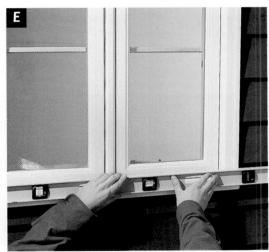

Vérifiez si le bord inférieur de la fenêtre est de niveau.

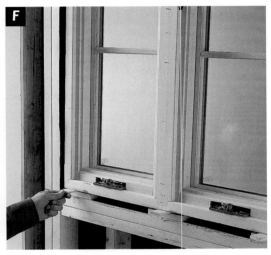

Au besoin, réglez les intercalaires placés sous le bord de la fenêtre pour ajuster celle-ci.

Placez des paires d'intercalaires dans les espaces existant entre les montants et les éléments de l'encadrement.

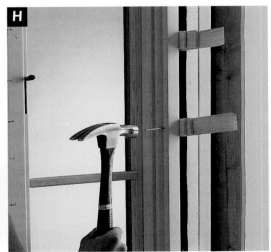

Fixez la fenêtre en enfonçant des clous 8d dans les montants, à l'endroit des intercalaires.

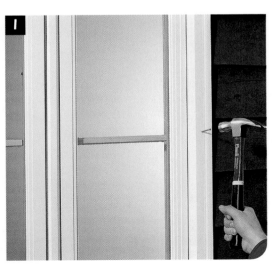

Enfoncez des clous à boiserie 10d à travers la moulure imitation brique dans l'encadrement.

Réparation des contre-fenêtres

Les contre-fenêtres combinées sont plus commodes que les fenêtres amovibles, car il ne faut pas les changer deux fois par an. Elles protègent l'intérieur de la maison contre les vents violents, créent une zone isolante grâce à l'air enfermé entre la contre-fenêtre et la fenêtre permanente, et on peut les ouvrir lorsqu'on désire aérer la pièce.

Les contre-fenêtres combinées sont toutefois plus difficiles à nettoyer et à entretenir que les fenêtres amovibles. C'est la raison pour laquelle les nouveaux modèles sont munis de mécanismes de basculement qui permettent d'effectuer ces tâches tout en demeurant à l'intérieur de la maison.

Les fenêtres amovibles présentent cet inconvénient qu'on doit les changer deux fois par année, mais elles offrent une excellente isolation en hiver et une parfaite ventilation en été. C'est pourquoi de nombreux propriétaires continuent de les préférer aux fenêtres combinées, malgré l'effort supplémentaire qu'elles exigent.

De construction simple, la fenêtre amovible à châssis de bois ne contient pas de pièces mobiles, ce qui la rend facile à entretenir et à réparer. Les réparations les plus fréquentes consistent à remplacer les moustiquaires et les vitres, à resserrer les joints et à repeindre les châssis.

Outils: *Marteau, tournevis, couteau à mastiquer.*

Matériel: *Matériel de suspension pour fenêtre, pitons, longerons de 2 po x 4 po, bois plastique ou cure-dents et colle époxy, lubrifiant pénétrant en aérosol, mastic, pointes de vitrier.*

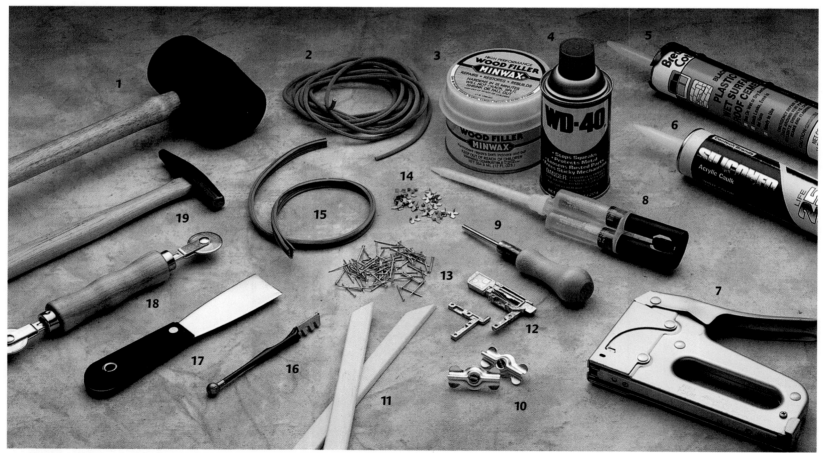

Les outils et le matériel nécessaires à la réparation des contre-fenêtres comprennent le maillet en caoutchouc (1), le cordon à cannelure pour châssis métallique (2), le bouche-pores mixte (3), le lubrifiant pénétrant (4), le ciment pour toiture (5), la pâte à calfeutrer acrylique à base de silicone (6), l'agrafeuse industrielle (7), la colle époxy (8), le pousse-clou (9), les papillons rotatifs (10), les languettes de retenue pour châssis de bois (11), la quincaillerie de remplacement pour châssis métallique (12), les clous à tête perdue (13), les pointes de vitrier (14), le joint de fenêtre en caoutchouc pour châssis métallique (15), le coupe-verre (16), le couteau à mastiquer (17), le rouleau pour mise en place des languettes (18) et le marteau de rembourreur (19).

Entretien des contre-fenêtres

Que vos contre-fenêtres soient du type amovible ou du type combiné, voici quelques conseils qui simplifieront leur entretien, prolongeront leur durée de vie et amélioreront leur rendement.

Une des meilleures façons de prolonger la durée de vie des contre-fenêtres amovibles est d'aménager un râtelier de suspension pour les stocker en ordre, en dehors de la saison **(photo A)**.

Si vos contre-fenêtres ne sont pas pourvues d'œillets de suspension, commencez par en installer sur la traverse supérieure, à 1 po des extrémités.

Ensuite, attachez une paire de morceaux de bois de 2 po x 4 po aux chevrons de votre garage ou aux solives de plafond de votre sous-sol. Laissez entre eux la même distance que celle qui sépare les œillets de suspension des contre-fenêtres.

Terminez l'opération en attachant des rangées de crochets sur les longerons de 2 po x 4 po, pour y suspendre les châssis d'hiver ou d'été non utilisés.

Si vos contre-fenêtres d'hiver sont desserrées, c'est probablement parce que les papillons rotatifs ou les crampons ne les tiennent plus fermement en place. Pour offrir une meilleure prise aux vis de ces accessoires, remplissez les anciens trous des vis avec du bois plastique ou des cure-dents enrobés de colle époxy (n'utilisez jamais de colle à bois ordinaire lors de travaux extérieurs). Laissez sécher la colle et réinstallez les vis **(photo B).**

Pour assurer le glissement aisé des châssis coulissants des contre-fenêtres combinées à châssis métallique, lubrifiez-les une fois par an avec un lubrifiant pénétrant en aérosol **(photo C)**.

Remplacez le mastic qui se détériore autour des vitres des fenêtres à châssis de bois, à l'aide d'un couteau à mastiquer **(photo D)**. Vérifiez d'abord s'il manque des pointes de vitrier et, dans l'affirmative, remplacez-les. En remplaçant le mastic, vous améliorerez à la fois le rendement thermique et l'aspect des fenêtres.

Un râtelier de stockage prolongera la durée de vie des fenêtres amovibles.

Resserrez les papillons rotatifs qui tiennent les contre-fenêtres en place.

Lubrifiez une fois par an les châssis coulissants des fenêtres métalliques.

Remplacez le mastic usé ou fissuré des fenêtres à châssis de bois.

Intempérisation d'une contre-fenêtre en bois

Les contre-fenêtres réduisent les pertes calorifiques, car elles créent un volume d'air inerte entre les vitres intérieures et extérieures. Les fuites d'air autour des vitres diminuent leur rendement thermique et augmentent les dépenses de chauffage.

Pour réduire ces fuites, rendez les bords des vitres étanches (**photo A**) au moyen de garnitures d'étanchéité appropriées. Créez un joint autour du châssis extérieur en installant une bande de mousse compressible du côté extérieur des arrêts de la contre-fenêtre (**photo B**). Après avoir installé la fenêtre, utilisez du cordon à calfeutrer pour remplir tous les espaces existant entre le bord de la fenêtre extérieure et la contre-fenêtre.

S'il est important de limiter autant que possible les fuites d'air, il faut également empêcher la formation de condensation et de givre entre les vitres. Si vous constatez que l'humidité s'accumule entre les vitres, forez quelques trous d'évacuation, qui permettront à l'humidité de s'échapper et préserveront le bois des dégâts dus à l'humidité. Forez un ou deux trous d'évacuation inclinés dans la traverse inférieure de la contre-fenêtre (**photo C**).

> **Outils:** *Foreuse.*
>
> **Matériel:** *Garnitures d'étanchéité, bande de mousse compressible, cordon à calfeutrer.*

Les pertes de chaleur les plus importantes se produisent aux joints entre les vitres et les châssis de fenêtre.

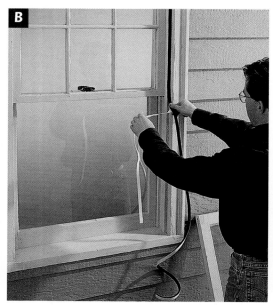

Remplissez l'espace entre la contre-fenêtre et la fenêtre permanente au moyen de cordon à calfeutrer.

Forez un ou deux petits trous inclinés dans la traverse inférieure de la contre-fenêtre pour empêcher l'accumulation d'humidité entre les vitres.

Remplacement de la vitre d'une contre-fenêtre en bois

Pour remplacer la vitre d'une contre-fenêtre en bois, commencez par nettoyer le renfoncement du cadre en enlevant précautionneusement le vieux verre, le mastic et les pointes de vitrier. À l'aide d'un vieux ciseau, grattez les résidus qui souillent le renfoncement et appliquez ensuite une couche d'apprêt sur le cadre de la contre-fenêtre.

Mesurez la largeur et la hauteur de l'ouverture entre les épaulements extérieurs du renfoncement. Soustrayez 1/8 po de chaque dimension et faites couper une nouvelle vitre à ces dimensions. Déposez un mince cordon de pâte à calfeutrer dans le renfoncement et posez-y la nouvelle vitre (**photo D**). Enfoncez légèrement la nouvelle vitre dans la pâte (**photo E**).

À l'aide d'un couteau à mastiquer ou d'une tige de tournevis, poussez des pointes de vitrier dans le cadre, sous le verre, tous les 8 à 10 po, pour tenir la vitre en place.

Roulez le mastic en minces cylindres de 3/8 po de diamètre et pressez ceux-ci dans le joint entre la vitre et le cadre (**photo F**).

Égalisez la surface du mastic avec un couteau à calfeutrer tenu à 45°.

Enlevez l'excédent de mastic avec le bord du couteau à mastiquer. Laissez sécher pendant plusieurs jours avant de peindre la contre-fenêtre.

> **Outils:** *Vieux ciseau, couteau à mastiquer, tournevis, pistolet à calfeutrer.*
>
> **Matériel:** *Pâte à calfeutrer, vitre de remplacement, pointes de vitrier, mastic.*

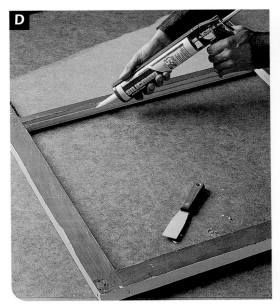

Déposez un mince cordon de pâte à calfeutrer dans le renfoncement du cadre.

Enfoncez légèrement la nouvelle vitre dans la pâte à calfeutrer fraîchement déposée.

Étendez du mastic entre le verre et le cadre.

Remplacement de la moustiquaire d'une contre-fenêtre en bois

Pour remplacer la moustiquaire d'une contre-fenêtre en bois, commencez par débarrasser le renfoncement des restes de l'ancienne moustiquaire et des languettes de retenue, à l'aide d'un vieux ciseau; appliquez ensuite une couche d'apprêt sur le cadre.

Découpez un morceau de moustiquaire en fibre de verre plus large et plus long d'au moins 3 po que l'ouverture du cadre **(photo G)**. La moustiquaire en fibre de verre est facile à manipuler, ne rouille pas et ne se corrode pas. À l'aide d'une agrafeuse industrielle,

agrafez le bord supérieur de la moustiquaire dans le renfoncement **(photo H)**. Tendez bien la moustiquaire vers le bas du cadre et agrafez également le bord inférieur de la moustiquaire dans le renfoncement.

Agrafez ensuite un côté de la moustiquaire dans le renfoncement latéral correspondant. Tendez bien la moustiquaire sur le cadre et agrafez l'autre côté dans l'autre renfoncement latéral. Installez les languettes de retenue le long des bords de la moustiquaire. N'utilisez pas les trous des anciens clous; forez des

avant-trous de $^1/_{32}$ po de diamètre dans les languettes de retenue et enfoncez-y des clous à tête perdue **(photo I)**. Coupez la moustiquaire qui dépasse à l'aide d'un couteau universel bien affûté.

Outils: *Vieux ciseau, agrafeuse industrielle, couteau universel.*

Matériel: *Moustiquaire en fibre de verre, agrafes, clous à tête perdue.*

Coupez un morceau de moustiquaire plus long et plus large de 3 po que l'ouverture.

Commencez par agrafer le dessus de la moustiquaire.

Enfoncez des clous à tête perdue dans les nouveaux trous forés dans les languettes de retenue.

Réparation des joints d'une contre-fenêtre en bois

Les contre-fenêtres amovibles nécessitent un entretien et des réparations réguliers, car on les démonte, on les transporte pour les ranger et on les remonte fréquemment. Les joints desserrés sont un des problèmes les plus courants qu'elles posent, mais heureusement, il s'agit d'une réparation facile à effectuer sur la plupart des contre-fenêtres en bois, qui sont normalement assemblées par des joints aboutés, à recouvrement ou à tenon et mortaise.

Enlevez la vitre ou la moustiquaire et inspectez-la. Si elle est abîmée, nettoyez et préparez le renfoncement (photo A) et prenez les dispositions pour remplacer la vitre ou la moustiquaire (pages 150 et 151) lorsque vous aurez réparé le joint.

À l'aide d'un levier plat, ouvrez avec précaution le joint desserré et grattez, au moyen d'un couteau à mastiquer, les surfaces du joint pour les nettoyer.

Utilisez une seringue à colle jetable, pour injecter de la colle époxy dans le joint (photo B). Pressez l'une contre l'autre les deux surfaces jointives et serrez-les en place en utilisant un serre-joint à barre. À l'aide d'une équerre de charpentier, vérifiez si le cadre est bien d'équerre.

Après avoir laissé sécher la colle, renforcez la réparation en forant deux trous de $3/16$ po de diamètre à travers le joint. Coupez deux chevilles de $3/16$ po de diamètre à une longueur dépassant de 1 po l'épaisseur du cadre. Arrondissez une des extrémités des chevilles avec du papier de verre. Enrobez les chevilles de colle époxy et enfoncez-les dans les trous (photo C).

Une fois que la colle est sèche, coupez à l'aide d'une scie à dos la partie des chevilles qui dépasse du cadre et poncez le dessus pour obtenir une surface plane. Recouvrez l'endroit d'une couche de peinture.

Outils: *Levier plat, couteau à mastiquer, seringue à colle jetable, serre-joint à barre, équerre de charpentier, foreuse, marteau, scie à dos, outils de ponçage et de peinture.*

Matériel: *Colle époxy, chevilles de $3/16$ po, papier de verre, peinture.*

Lorsque vous enlevez la vitre d'une contre-fenêtre en bois, il est important de nettoyer et de préparer soigneusement le renfoncement (page 150).

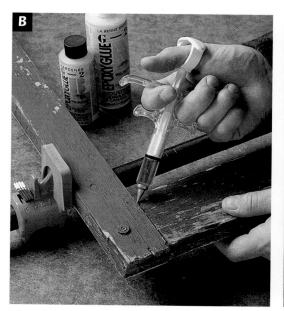

Injectez de la colle époxy dans le joint et pressez les deux surfaces jointives l'une contre l'autre.

Enfoncez des chevilles à travers le joint pour renforcer la réparation.

Remplacement de la vitre d'une contre-fenêtre métallique

Il est plus compliqué de réparer une contre-fenêtre métallique que de réparer une contre-fenêtre amovible en bois, mais vous pouvez néanmoins effectuer certaines réparations vous-même, pour autant que vous trouviez les pièces dont vous avez besoin.

Lorsque vous cherchez à acheter de nouvelles pièces, prenez toujours les pièces d'origine avec vous. Allez dans les quincailleries où on répare les contre-fenêtres et demandez au commis de vous aider à trouver les pièces nécessaires. Si votre tentative échoue n'essayez pas d'effectuer la réparation; faites plutôt fabriquer un nouveau châssis.

Commencez par enlever le châssis de la fenêtre. Alignez les crochets de suspension fixés aux extrémités de la traverse supérieure sur les encoches des glissières latérales. Appuyez sur le mécanisme de déverrouillage de la traverse inférieure – comme les languettes montrées ici (photo D) – et soulevez le châssis pour le sortir.

Ensuite, enlevez le verre brisé du châssis. Enlevez tous les fragments de verre ainsi que le joint en caoutchouc qui entourait l'ancienne vitre.

Relevez les dimensions que doit avoir la vitre de remplacement en mesurant les distances entre les bords intérieurs de l'ouverture du châssis, auxquelles vous ajouterez deux fois l'épaisseur du joint de caoutchouc pour chaque dimension (photo E).

Placez le châssis sur une surface plane et détachez la traverse supérieure (photo F). Pour ce faire, vous devez normalement retirer les vis de retenue des côtés du châssis, là où ils sont fixés à la traverse supé-

rieure. Après avoir desserré ces vis de retenue, détachez précautionneusement la traverse supérieure, en prenant soin de ne pas abîmer les clavettes d'angle en L qui relient la traverse aux montants.

Mettez des gants et installez le joint de caoutchouc sur le bord, d'un côté de la vitre (photo G). Au coin, coupez partiellement la languette du joint de sorte qu'il épouse facilement le bord du deuxième côté de la vitre. Continuez jusqu'à ce que les quatre côtés soient couverts et coupez le surplus de joint. Glissez la vitre dans les rainures des montants et de la traverse inférieure du cadre du châssis. Installez les clavettes d'angle dans la traverse supérieure et glissez l'extrémité

libre des clavettes dans les montants du cadre (photo H). Appuyez sur la traverse supérieure jusqu'à ce que les coins biseautés viennent toucher les montants. Installez les vis de retenue pour assembler le cadre.

Outils: *Mètre à ruban, couteau universel, tournevis, gants.*

Matériel: *Joint de remplacement en caoutchouc, vitre de remplacement, quincaillerie de remplacement.*

Poussez sur les languettes de déverrouillage pour enlever le châssis de la fenêtre.

Relevez les dimensions que doit avoir la vitre de remplacement.

Enlevez les vis de retenue pour détacher la traverse supérieure.

Installez le joint de caoutchouc autour de la nouvelle vitre.

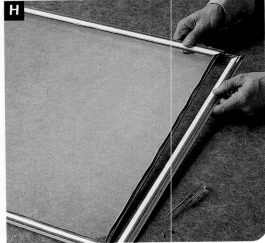
Introduisez les extrémités des clavettes d'angle dans les montants du cadre.

Remplacement d'une moustiquaire de contre-fenêtre métallique

Le remplacement de la moustiquaire d'une contre-fenêtre métallique combinée compte parmi les tâches d'entretien et de réparation les plus simples à effectuer. Choisissez de la moustiquaire de remplacement en fibre de verre, elle est facile à manipuler, ne rouille pas et ne se corrode pas.

Commencez par enlever le cadre métallique de la fenêtre (page 153) et placez-le sur une surface de travail plane.

À l'aide d'un tournevis, retirez le cordon à cannelure qui tient la moustiquaire abîmée en place dans le cadre (**photo A**). Examinez l'état du cordon à cannelure et remplacez-le si nécessaire.

Enlevez soigneusement tous les morceaux de l'ancienne moustiquaire qui restent accrochés au cadre et enlevez les déchets de cordon à cannelure qui restent dans les rainures du cadre.

Avec un couteau universel, découpez un morceau de nouvelle moustiquaire qui aura au moins 3 po de plus en longueur et en largeur que l'ouverture du cadre. Centrez-le sur le cadre (**photo B**).

Déposez le cordon à cannelure sur la moustiquaire, en l'alignant grossièrement sur la rainure du cadre.

En commençant par la traverse supérieure de la fenêtre, pressez le cordon à cannelure dans la rainure du cadre en utilisant la partie concave du rouleau pour mise en place des languettes. Enfoncez le cordon dans la rainure de la traverse supérieure. Tendez la moustiquaire sur le cadre et enfoncez le cordon tout autour du cadre (**photo C**).

À l'aide d'un couteau universel, coupez le surplus de cordon ainsi que la moustiquaire qui dépasse du cadre. Replacez le cadre métallique dans la contre-fenêtre.

Outils: *Tournevis, couteau universel, rouleau pour mise en place des languettes.*

Matériel: *Moustiquaire en fibre de verre, cordon à cannelure de remplacement.*

Enlevez le cordon à cannelure qui retient la moustiquaire abîmée dans le cadre et vérifiez s'il est usé ou endommagé.

Découpez un morceau de nouvelle moustiquaire qui ait au moins 3 po de plus en longueur et en largeur que l'ouverture du cadre.

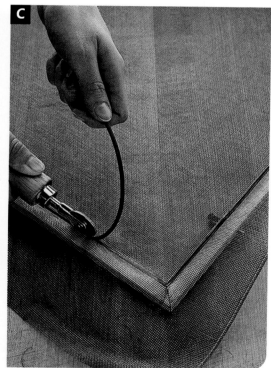

Pressez le cordon à cannelure dans sa rainure, en commençant par la traverse supérieure et en faisant le tour du cadre.

Réparation d'un cadre de châssis métallique

Les coins des châssis de fenêtre métalliques sont assemblés par des pièces de quincaillerie en forme de L, appelées clavettes de coin, qui s'insèrent dans les rainures ménagées à cet effet dans les éléments du cadre. Lorsqu'un problème de joint se présente, il est normalement causé par la rupture d'une clavette de coin.

Pour réparer un joint brisé, commencez par détacher, sur le coin, le montant de la traverse en retirant une vis de retenue qui traverse le montant **(photo D)**.

Si le cadre est muni d'une moustiquaire, enlevez-la. S'il est muni d'une vitre, retirez-la et rangez-la afin de ne pas l'abîmer au cours de la réparation.

Les clavettes de coin sont serties dans les rainures des traverses par des sertissures poinçonnées dans le métal qui entoure la clavette. Pour enlever les clavettes, forez à travers le métal, dans la zone de la sertissure, à l'aide d'un foret qui a le même diamètre que celui de la sertissure **(photo E)**.

À l'aide d'un tournevis et d'un marteau, faites sortir tous les morceaux de clavette des rainures du cadre.

Allez dans les quincailleries avec la clavette cassée pour trouver une clavette identique, qui se compose habituellement de deux ou trois pièces différentes **(photo F)**. Comme il existe des dizaines de modèles de clavettes semblables, il est primordial que vous les compariez à l'ancienne clavette pour choisir celle qui a le même modèle et les mêmes dimensions.

Insérez la clavette de coin dans la rainure de la traverse. En utilisant un chasse-clou comme poinçon, tapez sur le métal qui recouvre la clavette **(photo G)**. Vous créerez ainsi une nouvelle sertissure qui tiendra la clavette en place.

Si le cadre contenait une vitre, réinstallez-la (entourée de son joint en caoutchouc) dans les rainures du cadre **(photo H)**. Puis, assemblez le cadre et replacez les vis de retenue. Si le cadre contenait une moustiquaire, assemblez d'abord le cadre avec les vis, puis réinstallez la moustiquaire (page 153).

> **Outils:** *Tournevis, foreuse, marteau, chasse-clou.*
>
> **Matériel:** *Quincaillerie de remplacement, moustiquaire de remplacement en fibre de verre.*

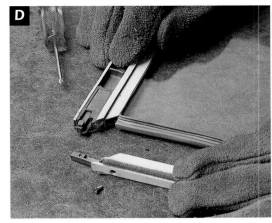

Défaites le joint en dévissant la vis de retenue du montant.

Forez à travers la sertissure en tenant la clavette en place, et retirez les pièces.

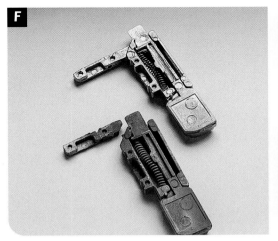

Apportez l'ancienne clavette de coin au magasin pour acheter une clavette identique.

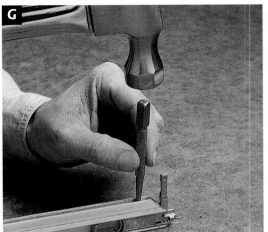

Introduisez la clavette de coin dans la rainure de la traverse. À l'aide d'un chasse-clou et d'un marteau, faites une nouvelle sertissure.

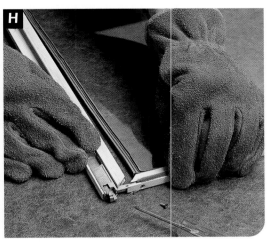

Introduisez la vitre (entourée de son joint en caoutchouc) dans les rainures. Assemblez le cadre et réinstallez les vis de retenue.

Remplacement des contre-fenêtres

Beaucoup de propriétaires de maison choisissent de remplacer leurs anciennes contre-fenêtres amovibles usées par des contre-fenêtres combinées, plus commodes, car conçues pour être installées en permanence dans les ouvertures existantes. Ces contre-fenêtres combinées modernes sont relativement bon marché et très faciles à installer.

La plupart des contre-fenêtres modernes se fixent à l'extérieur des arrêts de fenêtre sur les côtés et au-dessus de l'ouverture de la fenêtre. Les arrêts de fenêtre sont des languettes de bois fixées à l'extérieur de la fenêtre permanente pour la maintenir dans l'ouverture. Mais, comme la plupart des fenêtres n'ont pas d'arrêt en bas, la traverse inférieure de la fenêtre combinée est maintenue en place par de la pâte à calfeutrer.

Les centres du bâtiment et les maisonneries vendent des contre-fenêtres combinées de dimensions courantes, mais si l'ouverture destinée à recevoir la contre-fenêtre n'a pas les dimensions standard, vous devrez peut-être la faire fabriquer. La meilleure façon de déterminer les mesures d'une contre-fenêtre combinée, c'est de se baser sur les dimensions de l'ancienne contre-fenêtre amovible. Sinon, mesurez la distance la plus courte entre les montants de la fenêtre pour déterminer sa largeur et mesurez la distance la plus courte entre le linteau et l'appui de fenêtre pour déterminer sa hauteur **(photo A).**

Veillez à connaître les mesures exactes lorsque vous commandez les contre-fenêtres. Ayez une idée précise de la couleur et du style de contre-fenêtre que vous allez commander. Si votre maison est équipée de fenêtres à guillotine à deux châssis, choisissez des contre-fenêtres à trois châssis, vous aurez ainsi la possibilité d'ouvrir le châssis supérieur.

Outils: *Tournevis, foreuse, mètre à ruban, pistolet à calfeutrer.*

Matériel: *Contre-fenêtre de remplacement, adhésif à panneaux pour l'extérieur ou pâte à calfeutrer pour l'extérieur, vis autotaraudeuses nᵒ 4 de 1 po ou autres attaches.*

A

Avant de commander des contre-fenêtres, mesurez soigneusement la distance la plus courte en hauteur et en largeur entre les éléments du cadre de chaque fenêtre.

Lorsque vous recevez vos nouvelles contre-fenêtres, essayez-les dans leurs ouvertures respectives avant de commencer à les installer. Ainsi, si une fenêtre n'a pas les bonnes dimensions, vous vous épargnerez des surprises désagréables et vous pourrez régler le problème sans tarder.

Installer de nouvelles contre-fenêtres combinées est un travail simple, quoiqu'il puisse se compliquer si vos fenêtres sont loin du sol ou difficilement accessibles.

Commencez par déposer sur les bords extérieurs des arrêts latéraux et supérieur de la fenêtre permanente, un cordon d'adhésif à panneaux pour l'extérieur ou de pâte à calfeutrer pour l'extérieur **(photo B)**.

Forez des avant-trous dans les brides de fixation, tous les 12 po, en vous assurant que ces avant-trous sont centrés par rapport aux arrêts de la fenêtre.

Pressez la nouvelle contre-fenêtre dans l'ouverture calfeutrée. Centrez-la par rapport aux arrêts et laissez la traverse inférieure reposer sur l'appui de fenêtre **(photo C)**.

Fixez la contre-fenêtre à sa place, en commençant par visser la bride de fixation supérieure (les vis autotaraudeuses n° 4 de 1 po conviennent parfaitement dans ce cas). Vérifiez que la contre-fenêtre est bien centrée dans l'ouverture, et puis enfoncez les vis sur les côtés **(photo D)**.

Déposez un cordon de pâte à calfeutrer le long de la traverse inférieure. Veillez cependant à laisser une ouverture de 1/4 po de largeur au milieu du cordon, pour que l'humidité accumulée entre la contre-fenêtre et la fenêtre permanente puisse sortir.

Achat des contre-fenêtres combinées

Les contre-fenêtres combinées constituent un bon investissement que vous récupérerez rapidement grâce à la diminution des dépenses d'énergie qui en résultera.

Cependant, méfiez-vous des produits de mauvaise qualité qui peuvent occasionner des déperditions de chaleur, se bloquer et se briser facilement.

Vous trouverez des contre-fenêtres à double et à triple glissières. Seuls les modèles à triple glissières sont vraiment isolants. En règle générale, plus les glissières sont profondes, plus la contre-fenêtre est isolée.

Choisissez des contre-fenêtres ayant des joints à recouvrement, plus robustes et plus étanches que les joints aboutés en biseau.

N'achetez pas une contre-fenêtre si les joints laissent passer le jour.

Après avoir essayé toutes les contre-fenêtres dans leur ouverture, déposez un cordon d'adhésif à panneaux ou de pâte à calfeutrer pour l'extérieur sur les bords extérieurs des arrêts latéraux et supérieur de la fenêtre.

Pressez la nouvelle contre-fenêtre dans l'ouverture et centrez-la entre les arrêts latéraux. Laissez la traverse inférieure reposer sur l'appui de fenêtre.

Commencez par fixer la traverse supérieure de la fenêtre en enfonçant des vis dans les arrêts de fenêtre. Assurez-vous que la contre-fenêtre est de niveau et enfoncez les vis dans les arrêts latéraux.

Isolation et intempérisation

Que vous viviez dans un climat chaud ou froid, l'intempérisation et l'isolation de votre maison sont rentables si l'on pense que, dans les maisons moyennement isolées, les frais de chauffage et de conditionnement représentent plus de la moitié des dépenses d'énergie.

Comme la plupart des travaux d'isolation et d'intempérisation sont relativement peu coûteux, vous pourrez récupérer rapidement votre investissement. En fait, si vous vivez dans certains climats, vous pourrez probablement récupérer le coût des travaux d'intempérisation en une saison de chauffage.

Si vous vivez dans un climat froid, vous êtes probablement déjà convaincu de l'importance de l'isolation et de l'intempérisation. La nécessité de conserver l'air chaud dans la maison en hiver est évidente, mais au point de vue du rendement énergétique, il est tout aussi important d'empêcher l'air chaud de pénétrer dans la maison en été.

Que vous ayez le souci de l'environnement ou que vous cherchiez à diminuer vos dépenses d'énergie, l'information contenue dans cette section vous aidera à reconnaître les occasions d'économiser de l'énergie et à en profiter.

Les maisons ont de nombreuses petites fuites qui, additionnées, équivalent à la perte d'énergie d'un trou de 2 pi de diamètre dans le mur. Ces pertes d'énergie peuvent représenter jusqu'au tiers des pertes totales d'énergie de la maison.

Une thermographie révèle les endroits énergivores de votre maison. Les dépenses d'énergie du propriétaire de la maison montrée à droite étaient élevées. Sa compagnie de services publics lui a proposé un service d'inspection utilisant une technique infrarouge, qui a pris la photographie ci-dessus.

La thermographie montre clairement les zones de déperdition de chaleur (les zones rouges et jaunes) autour de la porte d'entrée et de la fenêtre située à l'étage. Ces renseignements ont permis au propriétaire de prendre des mesures d'intempérisation peu coûteuses grâce auxquelles il a réalisé immédiatement des économies.

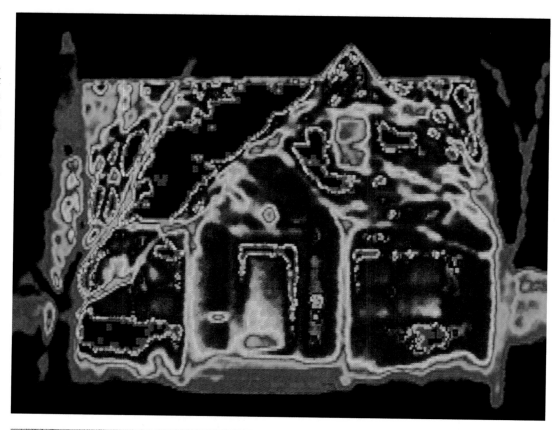

La thermographie est utile, car elle révèle les pertes d'énergie et permet au propriétaire de la maison de découvrir les travaux d'intempérisation les plus importants et ceux qui s'avéreront les plus rentables.

Principales pertes de chaleur

Le pourtour des solives, des lisses et des fenêtres des murs de fondation.

Les évents des séchoirs, des salles de bain et des cuisines, les tuyaux, les registres, les sorties de tuyaux, les conduits, etc.

Les interstices autour des portes et des fenêtres et l'intempérisation défectueuse de ces ouvertures.

Les fissures aux endroits où les cheminées traversent les plafonds et les murs.

Les trous ménagés dans les pare-vent et les pare-vapeur pour les ouvertures dans les plafonds et les murs.

Les trappes d'accès aux combles, mal ajustées.

Les registres de cheminées ouverts.

Détection des pertes d'énergie

Certains signes tels que les courants d'air, les fenêtres embuées ou givrées, les barrages de glace au bord du toit et les dépenses d'énergie élevées indiquent clairement le mauvais rendement énergétique d'une maison. Mais il peut être plus difficile de détecter des problèmes tels qu'une isolation défectueuse des murs ou la déperdition de chaleur autour des évents du comble. Voici quelques moyens qui vous permettront de déceler les endroits de votre maison où se produisent des pertes d'énergie.

Mesurez la température à différents endroits, dans la maison. Une différence de plus d'un ou deux degrés dans une pièce indique que cette pièce manque d'étanchéité. La solution est de reprendre l'intempérisation, particulièrement celle du pourtour des portes et des fenêtres (pages 170 et 171).

Vérifiez l'étanchéité du pourtour des portes et des fenêtres en tenant, par grand vent, un morceau de papier fin près des montants. Si le morceau de papier tremble, l'intempérisation est inadéquate. (Il en est de même si les montants laissent passer le jour.)

Pour détecter les déperditions de chaleur par le comble, tenez un bâton d'encens fumant près des tuyaux, des gaines, des accessoires d'éclairage et des autres ouvertures donnant dans le comble. Si la fumée suit un courant d'air, c'est signe que vous devez calfeutrer ou sceller l'ouverture. (Bien que l'encens se consume sans s'enflammer, soyez prudent lorsque vous approchez le bâton de matériaux inflammables.)

Vérifiez votre consommation d'énergie. La plupart des compagnies d'électricité peuvent vous fournir le nécessaire pour effectuer cette vérification ou la faire elles-mêmes.

Surveillez votre consommation d'énergie, d'année en année. Si vous constatez une augmentation notable que les variations du temps ne suffisent pas à expliquer, faites appel aux services d'un professionnel qui effectuera une vérification de votre consommation d'énergie.

Si votre comble n'est pas chauffé, vérifiez, en la mesurant, si la profondeur de l'isolant entre les solives correspond aux normes établies. Pour calculer le facteur R de l'isolant en vrac, multipliez l'épaisseur mesurée en pouces par 3,7. Pour calculer le facteur R d'un isolant en fibre de verre, multipliez le nombre de pouces par 3,1. Comparez les résultats obtenus aux valeurs indiquées au tableau de la page 162.

L'accumulation de la condensation ou du givre sur les fenêtres est le signe que l'intempérisation est insuffisante et la contre-fenêtre inefficace.

De la mousse ou du caoutchouc qui se désagrègent sont des indications de l'inefficacité de l'isolation et des mesures d'intempérisation.

Lorsque les compagnies d'électricité vérifient la consommation d'énergie, elles utilisent parfois une porte à soufflerie pour mesurer l'écoulement de l'air et détecter les fuites.

L'augmentation de votre consommation d'énergie par rapport à l'année précédente peut vous indiquer que l'isolation ou les mesures d'intempérisation ont perdu de leur efficacité.

Matériaux d'isolation et d'intempérisation

Les propriétaires disposent d'une gamme étendue de matériaux d'isolation et d'intempérisation. Voici quelques produits qui vous aideront à rendre votre maison plus éconergétique. Les pare-vapeur **(photo A)** peuvent être fabriqués dans n'importe quel matériau imperméable, comme le polyéthylène ou l'aluminium en feuille. Dans la plupart des climats, les murs extérieurs (à ossature en bois ou en maçonnerie) doivent être munis d'un pare-vapeur entre l'isolation et le mur intérieur, qui empêche l'air humide de circuler et de se condenser dans les cavités murales.

Dans les régions froides, où la température moyenne en janvier descend sous 35 °F, il faut installer le pare-vapeur du côté du mur qui est chaud en hiver. Dans les autres climats, la pratique peut changer et le pare-vapeur peut même s'avérer inutile; vérifiez ce qu'il en est auprès des autorités officielles locales et des entrepreneurs. L'isolant en fibre de verre revêtu **(photo B)** est recouvert d'un côté d'un papier ou d'un feuil qui sert de pare-vapeur. L'isolant revêtu coûte plus cher que l'isolant non revêtu, mais il s'avère particulièrement utile lorsqu'il faut prévoir un pare-vapeur du côté des murs, des planchers et des plafonds qui est chaud en hiver. La couverture de comble **(photo C)** est une sorte

Tous les murs extérieurs doivent être munis d'un pare-vapeur entre l'isolant et la paroi intérieure.

Lorsque vous isolez un plancher situé au-dessus d'un sous-sol non chauffé, le côté revêtu de l'isolant doit se trouver contre le plancher.

Isolation et sécurité

L'isolant en fibre de verre peut irriter la peau et les voies respiratoires, il vaut donc mieux éviter son contact.

Lorsque vous travaillez avec un isolant, portez des lunettes de sécurité, un masque respiratoire et des vêtements de protection: chemise à manches longues, longs pantalons, bottes et gants. Portez éventuellement une salopette par-dessus vos vêtements.

Si des fibres de verre entrent en contact avec votre peau, enlevez-les en passant délicatement à cet endroit du ruban adhésif entoilé.

Lorsque vous manipulez de l'isolant à base de cellulose, enlevez vos verres de contact et portez des lunettes de sécurité, comme des lunettes étanches.

Prenez une douche dès que vous avez terminé votre travail d'isolation et lavez immédiatement les vêtements que vous avez portés pendant le travail.

L'isolant non revêtu se vend soit en rouleaux, soit en coussins que l'on enfonce entre les poteaux et les solives.

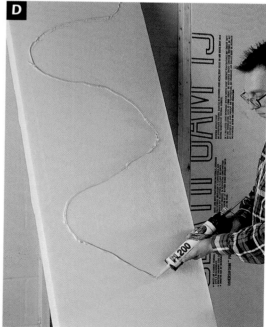
Les panneaux d'isolant rigide, comme ce panneau en uréthane, conviennent bien à l'isolation des murs de sous-sol.

d'isolation en fibre de verre non revêtu. Cet isolant coûte moins cher, mais il assure une meilleure protection contre l'humidité lorsqu'on l'utilise avec un pare-vapeur en polyéthylène. Il se vend soit en rouleaux, soit en coussins plats que l'on enfonce dans les cavités standard entre les poteaux et les solives.

Les écrans sont habituellement en plastique ou en polystyrène. On les attache entre les chevrons, contre la lisse d'assise du comble, pour que l'isolant ne gêne pas la circulation de l'air sous le toit.

Les panneaux d'isolant rigide (photo D) existent dans les épaisseurs comprises entre ¹/₂ po et 2 po. On les colle directement sur les murs du sous-sol avec de l'adhésif à panneaux. Les panneaux en uréthane sont solides et isolent efficacement. Les panneaux en mousse à alvéoles ouvertes coûtent moins cher, mais ils sont plus difficiles à installer.

Comme son nom l'indique, le bas de porte (photo E) s'attache au bas de la porte, à l'intérieur, et il empêche l'air d'entrer. Choisissez-en un qui soit muni d'une languette de feutre ou d'un balai, si le plancher est inégal ou si le seuil est bas. Il existe également des modèles à languette en caoutchouc.

La semelle de porte se fixe sous la porte. Elle est, dans la plupart des cas, munie d'une languette du côté intérieur, et d'un rebord dirigé vers l'extérieur pour évacuer l'eau du seuil.

Le joint de seuil est destiné à remplir l'espace existant entre la porte et le seuil. Il est fabriqué en caoutchouc ou en vinyle et il se remplace facilement.

Les joints d'interrupteurs et de prises (photo F) s'installent sous les plaques de ces accessoires lorsqu'ils sont montés sur les murs extérieurs. Ils suppriment les courants d'air qui peuvent occasionner des pertes de chaleur. Les bandes de mousse autocollantes (photo G) s'attachent aux châssis et aux cadres lorsqu'on veut combler les vides autour des portes et des fenêtres. Les bandes de feutre renforcé (photo H) ont un envers métallique qui augmente leur rigidité lorsque les bandes sont placées dans des endroits fortement sollicités comme les arrêts de portes.

La pâte à calfeutrer est un moyen simple de boucher les étroits interstices entre les surfaces, à l'intérieur ou à l'extérieur. Elle existe également sous la forme d'un cordon amovible, facile à enlever à la fin de la saison froide. Lorsque vous achetez de la pâte à calfeutrer, comptez une demi-cartouche par fenêtre ou par porte, quatre cartouches par lisse de fondations normales et au moins une de plus pour boucher les vides autour des évents, des tuyaux et des autres ouvertures donnant sur l'extérieur.

Un bas de porte à languette de feutre peut empêcher l'air d'entrer, même si votre seuil est inégal ou bas.

Placer des joints d'interrupteurs et de prises permet d'éviter les pertes d'énergie autour des boîtes électriques installées sur les murs extérieurs.

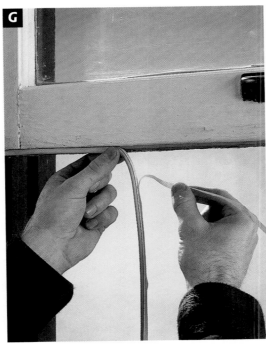

Les bandes de mousse autocollantes permettent de boucher facilement les fentes autour des châssis de fenêtres et des encadrements de portes.

Une bande de feutre renforcé assure la rigidité nécessaire aux endroits fortement sollicités, comme les arrêts de portes, en plus d'empêcher le passage de l'air à ces endroits.

Amélioration de l'isolation

L'isolation et l'intempérisation créent une enveloppe thermique qui améliore le rendement énergétique des habitations. Selon certaines études, les propriétaires d'habitations pourraient économiser en moyenne 10 % sur leurs dépenses d'énergie en améliorant simplement l'isolation et l'intempérisation de leur maison.

La valeur de résistance thermique, ou *valeur R*, est la mesure de la capacité d'un matériau de remplir la fonction d'isolant thermique. Les tableaux de cette page montrent la valeur R par pouce d'épaisseur de différents types d'isolants, les valeurs R recommandées pour les différents climats et la profondeur d'isolant requise pour atteindre ces valeurs.

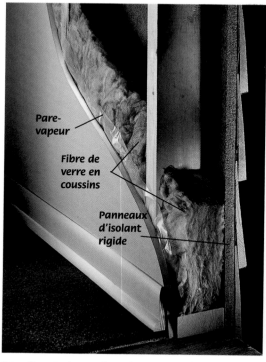

Les revêtements des nouvelles maisons sont constitués de panneaux d'isolant rigide séparés par de la fibre de verre en coussins recouverts d'un pare-vapeur en plastique.

Les maisons plus anciennes ont des revêtements en planches. Les murs, lorsqu'ils sont isolés, sont habituellement remplis de cellulose en vrac.

Isolations recommandées

	Zone nordique	Zone tempérée	Zone méridionale
Combles	R38	R30	R26
Murs	R19	R19	R19
Planchers	R22	R13	R11

Comparaison des isolants

Type d'isolant	Valeur R par pouce	Coût par valeur R par pied carré	Commentaires
Fibre de verre, en coussins ou en vrac	2,9 à 3,2	0,01 à 0,019 $	Il est facile à installer, mais il irrite la peau, les yeux et les poumons. Ininflammable, exception faite pour le revêtement en papier.
En vrac	3,3	0,019 $	Utilisation et précautions à pendre semblables à celles de la fibre de verre.
Cellulose	3,2	0,014 $	Bon marché. Doit être traité avec des produits chimiques retardateurs. Main-d'œuvre employée pour l'installation parfois coûteuse.
Panneaux de polystyrène extrudé	5	0,077 $	Utilisés sur les murs de fondation extérieurs et sous les dalles. En cas d'utilisation à l'intérieur, couvrir de panneaux muraux résistant au feu.
Panneaux de polystyrène expansé	4	0,046 $	Utilisés sur les murs de fondation; moins résistants que les types extrudés. En cas d'utilisation à l'intérieur, couvrir de panneaux muraux résistant au feu.
Panneaux de polyisocyanurate	7	0,077 $	Utilisés comme revêtement. Valeur R qui peut diminuer avec le temps. CFC utilisés dans leur fabrication.
Air Krete	3,9	0,08 $	Mousse qui doit être installée par un spécialiste. Prix en fonction de la disponibilité de ce personnel.

Vous devez vérifier l'isolation actuelle de votre maison avant de décider si vous devez ou non l'améliorer. Commencez par le comble; mesurez l'épaisseur de l'isolant qui s'y trouve. Posez une feuille de contreplaqué sur les solives du plancher du comble pour pouvoir y circuler. Marchez à l'endroit des solives, pas entre celles-ci.

Les murs du sous-sol, les murs extérieurs, les planchers couvrant les endroits non chauffés et les plafonds situés sous les endroits non chauffés sont les autres parties cruciales de la maison qu'il est important de vérifier. Dans un endroit non fini, comme le comble ou le vide sanitaire, il est facile de voir l'isolant et de mesurer son épaisseur. Si cette tâche est plus difficile dans les endroits finis, elle est néanmoins faisable. Voici trois moyens d'y arriver:

Trouvez une plaque d'interrupteur, le long d'un mur extérieur. Débranchez le circuit électrique correspondant sur le tableau de distribution, et retirez la plaque de l'interrupteur. À l'aide d'un crochet en plastique, sondez les environs de la boîte électrique pour déterminer le type et l'épaisseur d'isolant qui remplit la cavité murale. Découpez, à l'aide d'une scie à guichet ou d'une scie alternative, un trou de 1 po à 1 ½ po de diamètre dans un mur extérieur, que ce soit dans un placard ou à quelque autre endroit dissimulé. Après avoir vérifié l'isolant, réparez le mur (pages 34 à 37).

Ou encore, faites établir un diagnostic énergétique par votre compagnie d'électricité ou par un entrepreneur qualifié dans ce domaine. Évaluez la qualité de leurs services en leur demandant s'ils effectuent des thermographies, s'ils utilisent des instruments de vérification du rendement des générateurs de chaleur et s'ils effectuent des essais à l'aide de portes à soufflerie. Comparez le résultat de vos investigations au tableau de la page 162 pour savoir si vous devez améliorer l'isolation de votre maison. À ce sujet, voici quelques conseils.

Installez un pare-vapeur en polyéthylène de 6 mil du côté de l'isolant existant qui est chaud en hiver **(photo A)**. Isolez les extrémités des solives, au sommet des murs de fondation, en remplissant ces vides d'isolant en fibre de verre en vrac **(photo B)**. Comprimez juste assez l'isolant pour l'empêcher de tomber. Avec le même isolant, isolez les murs du garage attenant à la maison, en plaçant le pare-vapeur du côté du garage. Couvrez-le à l'aide d'un revêtement mural, comme des plaques de plâtre **(photo C)**. Ne comprimez jamais l'isolant pour l'introduire dans une cavité. S'il est trop épais, diminuez l'épaisseur pour qu'elle corresponde à celle de la cavité **(photo D)**.

Installez un pare-vapeur en polyéthylène de 6 mil du côté de l'isolant qui est chaud en hiver.

Isolez les extrémités des solives au sommet des murs de fondation en remplissant ces vides d'isolant en fibre de verre en vrac.

À l'aide d'isolant en fibre de verre, isolez le garage attenant à la maison, en plaçant le pare-vapeur du côté du garage.

Ne comprimez pas l'isolant; pour être efficace, il doit contenir de l'air. Désépaississez-le plutôt, jusqu'à ce qu'il entre facilement dans l'ouverture.

Isolation d'un comble non fini

Dans un comble bien conçu, l'action combinée des pare-vapeur, de l'isolant et des évents prévient les dommages dus à l'humidité et rend la maison confortable en toute saison. Si votre comble non fini n'est pas isolé, vous diminuerez sensiblement vos dépenses d'énergie en y pourvoyant et vous rendrez votre maison plus confortable. Voici comment procéder.

Commencez par jauger l'isolant existant et calculez la quantité d'isolant que vous devez y ajouter en vous basant sur le tableau de la page 162 **(photo A)**. Utilisez un morceau de contreplaqué pour supporter votre poids sur les solives; ne marchez jamais entre celles-ci.

Si le comble n'est pas isolé du tout, utilisez de l'isolant revêtu (si le climat est très chaud, vérifiez les codes du bâtiment locaux, car le revêtement est peut-être inutile). S'il s'agit d'un complément d'isolant, utilisez de l'isolant non revêtu.

Fixez d'abord des écrans à chicanes contre le revêtement du toit ou entre les chevrons de sorte que l'isolant n'empêche pas la circulation de l'air sous le toit **(photo B).** Les écrans doivent descendre plus bas que les solives de toiture, pour que l'air puisse circuler librement du soffite au comble. Si vous ne prévoyez pas ce passage, l'humidité risque de rester prisonnière dans les espaces compris entre les chevrons, ce qui entraînera la rupture ou la pourriture du revêtement du toit, des plaques de plâtre ou du plâtre des plafonds.

Scellez ensuite tous les endroits qui laissent passer la chaleur: les espaces ou les fissures autour des cheminées et des tuyaux par lesquels la chaleur et l'humidité peuvent monter des endroits chauffés, situés en dessous, et arriver dans le comble.

Déroulez l'isolant, en commençant par les points les plus éloignés de l'ouverture d'accès au comble et en progressant vers celle-ci **(photo C)**. Si vous utilisez de l'isolant revêtu, installez le pare-vapeur

Outils: *Masque respiratoire, gants, mètre à ruban, couteau universel, règle rectifiée, fil à plomb, scie à panneaux isolants, agrafeuse industrielle.*

Matériel: *Pare-vapeur en polyéthylène de 6 mil, écrans, isolant, fourrures en bois de 2 po x 2 po, adhésif de construction, feuilles de contreplaqué, adhésif à panneaux.*

Commencez par jauger l'isolation existante et évaluez la quantité d'isolant qu'il faut y ajouter.

Fixez des écrans à chicanes contre le revêtement du toit ou entre les chevrons, afin d'assurer la circulation de l'air sous le toit.

Déroulez l'isolant, en commençant par le point le plus éloigné de l'ouverture d'accès au comble et en progressant vers celle-ci.

Laissez un espace de 3 po au moins entre l'isolant et les sources de chaleur telles que les cheminées métalliques.

dessous, du côté du plafond qui est chaud en hiver. Portez toujours des vêtements de protection (page 160) et travaillez dans un endroit bien aéré. Utilisez une règle rectifiée et un couteau universel pour couper l'isolant à la bonne longueur (page 167).

Placez d'abord les longs morceaux et coupez ensuite de petits morceaux pour combler les espaces vides qui restent. Si l'écartement des solives est inégal, vous devrez peut-être y adapter la largeur de certains morceaux. Coupez les extrémités des morceaux d'isolant pour que celui-ci entoure parfaitement les traverses.

Laissez au moins 3 po de jeu entre l'isolant et toutes les sources de chaleur, telles que les cheminées en métal, les gaines de chauffe-eau ou les appareils d'éclairage encastrés. Construisez des bordures pour contenir l'isolant (**photo D**).

Certains nouveaux appareils d'éclairage encastrés sont marqués «I.C.» («insulation contact»), ce qui signifie qu'ils sont conçus pour pouvoir être en contact avec l'isolant. Dans ce cas, vous pouvez appliquer l'isolant contre ces appareils.

Bien que la fibre de verre soit incombustible, le papier kraft ou le feuil utilisés comme revêtements peuvent s'enflammer. Pour éviter les incendies, installez toujours le côté revêtu de l'isolant à l'écart des sources de chaleur, telles que les cheminées et les appareils d'éclairage encastrés.

Adjonction d'une couche d'isolant dans le comble

Si vous vivez dans un climat froid et que vous n'utilisez pas votre comble pour l'entreposage, vous pouvez ajouter une deuxième couche d'isolant par-dessus les solives. N'employez dans ce cas, que de l'isolant non revêtu, car il ne faut jamais ajouter un deuxième pare-vapeur.

Installez la deuxième couche d'isolant perpendiculairement à la première (**photo E**). Placez d'abord les longs morceaux et coupez ensuite de petits morceaux pour combler les espaces vides qui restent.

Étendez la deuxième couche de sorte qu'elle recouvre le sommet des murs extérieurs, mais ne gênez pas l'écoulement de l'air provenant des évents de soffite. Si le comble n'est pas muni d'écrans, profitez de cette occasion pour en installer (page 164).

Vous pouvez entourer une cheminée en maçonnerie avec de l'isolant non revêtu (**photo F**) mais, dans ce cas, installez des bordures pour que la couche d'isolant reste à au moins 3 po des autres sources de chaleur telles que les cheminées métalliques, les gaines de chauffe-eau ou les appareils

d'éclairage encastrés (**photo G**). Certains nouveaux appareils d'éclairage encastrés, marqués «I.C.» («insulation contact»), peuvent être mis directement en contact avec l'isolant, et on peut même les couvrir d'isolant.

Mais si vous possédez d'anciens appareils d'éclairage encastrés, ne les recouvrez jamais d'isolant et installez des bordures qui retiendront l'isolant à 3 po au moins des parois de ces appareils. N'oubliez pas, n'utilisez jamais d'isolant revêtu près d'une source de chaleur.

Si vous voulez isoler davantage le comble, installez une deuxième couche d'isolant, perpendiculairement à la première.

N'utilisez que de l'isolant non revêtu près d'une cheminée en maçonnerie ou de toute autre source de chaleur.

Vous pouvez étendre l'isolant par-dessus les appareils d'éclairage encastrés marqués «I.C.».

Adjonction d'isolant au sous-sol

En réponse au souci croissant de conservation de l'énergie, de nombreuses communautés exigent que les murs de fondation des nouvelles maisons soient isolés. Si votre maison n'a pas été construite suivant cette règle, vous pouvez ajouter un isolant rigide en mousse, du côté intérieur de vos murs de fondation.

Il existe une autre manière d'empêcher les pertes de chaleur dans le sous-sol, c'est d'isoler les extrémités des solives au sommet des murs de fondation **(photo A)**.

Vous pouvez aussi isoler facilement les tuyaux et réaliser ainsi des économies d'énergie substantielles, car les tuyaux d'eau chaude non isolés se refroidissent rapidement dans un sous-sol non chauffé.

Et vous avez également intérêt à isoler les vides sanitaires non chauffés.

Outils: Fil à plomb, couteau universel, scie pour panneaux isolants, agrafeuse industrielle.

Matériel: Fibre de verre isolante en bande, manchons en mousse isolante pour tuyaux, isolant en fibre de verre non revêtu, fourrures en bois de 2 po x 2 po, clous, panneaux isolants en uréthane de 2 po d'épaisseur, adhésif de construction, plaques de plâtre, adhésif à panneaux, feuille de polyéthylène de 6 mil, ruban transparent en plastique.

Isolez les extrémités des solives au sommet des murs de fondation en remplissant ces espaces d'isolant en fibre de verre en vrac.

Isolation des tuyaux

Vous pouvez économiser de l'énergie et empêcher les tuyaux de geler en les isolant aux endroits où ils traversent des parties non chauffées du sous-sol.

On peut appliquer deux méthodes pour isoler les tuyaux: les envelopper dans un manchon de mousse isolante ou les entourer d'isolant en bande et de ruban imperméabilisé.

La méthode du manchon de mousse isolante est la plus simple **(photo B)**. Elle est particulièrement utile dans les vides sanitaires ou les autres endroits où les tuyaux sont difficilement accessibles.

La deuxième méthode consiste à entourer les tuyaux d'une bande d'isolant en fibre de verre et de ruban imperméabilisé **(photo C)**. Vous obtiendrez une meilleure isolation si vous ne serrez pas trop l'isolant.

Il est recommandé d'isoler au moins les dix premiers pieds des conduites d'eau chaude et d'eau froide qui sortent du chauffe-eau (laissez refroidir les conduites d'eau chaude avant d'y travailler).

Si votre chauffe-eau se trouve dans une partie non chauffée de la maison, isolez la portion des tuyaux qui ne se trouve pas dans une partie chauffée. Ainsi, vous économiserez du combustible, partant de l'argent, et vous réduirez le temps de chauffe de l'eau.

Pour empêcher les tuyaux de geler dans les vides sanitaires, enveloppez-les de manchons d'isolant en mousse.

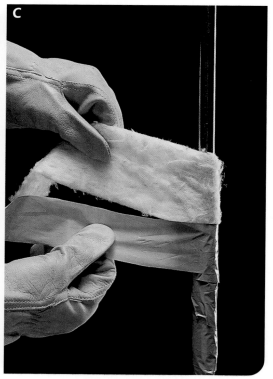

Entourez le tuyau d'une bande isolante en fibre de verre et de ruban imperméabilisé, sans trop serrer.

Isolation des murs

Vous serez surpris de la facilité avec laquelle vous pouvez isoler les murs de votre sous-sol au moyen de panneaux d'isolant rigide. Commencez par indiquer, à l'aide d'un fil à plomb, les lignes de référence verticales qui serviront à installer les fourrures **(photo D)**. Espacez les fourrures de manière que les panneaux isolants s'encastrent parfaitement entre elles, sans laisser d'espaces vides (mais ne les espacez pas de plus de 24 po).

Si vous comptez recouvrir les fourrures de plaques de plâtre, fixez des morceaux de bois de 2 po x 2 po au-dessus et en bas des fourrures. Utilisez de l'adhésif de construction pour attacher les fourrures aux murs de fondation. À l'aide d'une scie à panneaux isolants, coupez les panneaux à la hauteur du mur (et de manière qu'ils s'encastrent entre les fourrures). Faites les découpes nécessaires pour les prises électriques, les fenêtres et autres ouvertures **(photo E)**.

Attachez les panneaux isolants au mur à l'aide d'adhésif à panneaux **(photo F)**. Utilisez un adhésif qui soit compatible avec l'isolant.

Pour créer un pare-vapeur, agrafez du polyéthylène en feuille aux fourrures et recouvrez les joints de ruban adhésif transparent.

Si vous prévoyez la finition du mur, installez des plaques de plâtre par-dessus l'isolation, en les fixant aux fourrures.

Tracez des lignes verticales pour savoir où attacher les fourrures.

Coupez les panneaux en fonction de la hauteur du mur et faites les découpes des ouvertures.

Utilisez de l'adhésif à panneaux pour coller les panneaux au mur.

Travailler avec des matériaux isolants

Les isolants en mousse et en fibre de verre ne sont pas difficiles à utiliser, mais quelques conseils utiles devraient quand même vous faciliter la tâche (pour les directives de sécurité, reportez-vous à la page 160).

La plupart des travaux d'isolation ne demandent que quelques outils simples: un mètre à ruban, un couteau universel et une règle rectifiée ou un morceau de bois de 2 po x 4 po, rectiligne.

Pour effectuer des travaux plus poussés, vous pourriez avoir besoin d'une agrafeuse ordinaire, d'une lampe de travail portative, de feuilles de contreplaqué (sur lesquelles marcher dans un comble non fini), d'une tige ou d'une raclette (pour pousser l'isolant dans les endroits inaccessibles) et de supports (qui tiendront l'isolant en place entre les solives, sous un plancher).

Comme l'isolant en fibre de verre est assez comprimé dans son emballage, ne déballez les

rouleaux qu'au moment de les utiliser; et comme l'isolant déballé se dilatera alors considérablement, efforcez-vous d'achever le travail sans tarder.

S'il vous arrive de déchirer par accident le pare-vapeur d'un isolant revêtu, vous pouvez réparer la déchirure avec du ruban adhésif entoilé, mais cette précaution est inutile si la déchirure n'est pas importante.

Pour couper de l'isolant en fibre de verre, étalez-le sur une planche, le côté revêtu vers le bas si ce revêtement existe. Placez une règle ou un morceau de bois de 2 po x 4 po, rectiligne, le long de la ligne de coupe et appuyez fortement dessus. Coupez le long de l'arête avec un couteau universel.

Pour couper de l'isolant en mousse, utilisez simplement un couteau bien affûté. Scellez les joints et les ouvertures avec du ruban adhésif de construction.

Ne comprimez pas l'isolant: il n'est efficace que s'il contient une multitude de petites poches d'air.

Isolation d'un vide sanitaire chauffé

Les vides sanitaires sont, après les combles, les parties de la maison qu'il importe le plus d'isoler, surtout s'ils ne sont pas chauffés.

Il existe deux méthodes d'isolation des vides sanitaires: vous pouvez soit tendre des rouleaux d'isolant le long des murs extérieurs, soit intercaler l'isolant entre les solives de plancher. On utilise habituellement la première méthode dans les vides sanitaires chauffés, et la seconde dans les vides sanitaires non chauffés, mais il existe quelques exceptions à cette règle.

Tendre de l'isolant le long des murs revient à créer une sorte de chambre étanche, remplie d'air, très isolante. Cependant, certains vides sanitaires sont construits de telle manière qu'on ne peut isoler que le plancher entre les solives.

De plus, si vous vivez dans une zone extrêmement froide, telle que les plaines septentrionales, il n'est pas recommandé de tendre de l'isolant le long des murs, car cette méthode engendre une telle quantité de chaleur dans le vide sanitaire que cela risque de provoquer le déchaussement et la détérioration des fondations. Si vous hésitez quant à la méthode la plus appropriée à votre cas, consultez le code du bâtiment ou des entrepreneurs locaux.

Tendre de l'isolant le long des murs d'un vide sanitaire n'est pas un travail difficile, pour autant que l'espace le permette; c'est toutefois un travail sale. Comme toujours lorsque vous travaillez avec des matériaux isolants, portez des vêtements de protection et un masque respiratoire (page 160).

Commencez par boucher tous les orifices, surtout autour de la solive de ceinture. Ne bouchez pas les évents, car ils seront utiles lorsque le temps deviendra chaud et humide. Commencez par les petits vides contre la solive de ceinture. Mesurez-les et coupez des morceaux d'isolant de dimension légèrement supérieure, afin qu'ils serrent bien entre la solive de ceinture et les solives de plancher **(photo A)**.

Quant aux murs du vide sanitaire, placez le bord supérieur du rouleau d'isolant contre le bord supérieur de la lisse. Déroulez assez d'isolant pour qu'il couvre le mur et deux pieds du sol.

Attachez l'isolant en place au moyen de longues fourrures en bois scié de 1 po x 2 po, clouées à la lisse **(photo B)**. Essayez de comprimer le moins possible l'isolant: lorsque vous aurez terminé ce travail, l'épaisseur de l'isolant à l'endroit des fourrures ne devrait pas être inférieure à la moitié de son épaisseur initiale. Après avoir isolé les murs, installez une feuille de polyéthylène sur le sol, sous l'isolant, comme pare-vapeur **(photo C)**, en la collant avec du ruban adhésif transparent en plastique.

À l'aide de ruban adhésif transparent en plastique, collez aussi les joints entre les bandes d'isolant ou faites chevaucher les bandes d'au moins 6 po. Prenez soin de ne pas percer l'enveloppe plastique de l'isolant. Lestez l'isolant et le polyéthylène avec des briques ou de gros cailloux.

Outils: *Mètre à ruban, marteau, couteau universel, règle rectifiée.*

Matériel: *Gants, masque respiratoire, isolant en fibre de verre non revêtu, fourrures de 1 po x 2 po, polyéthylène en feuille de 6 mil, ruban adhésif transparent en plastique.*

Mesurez et coupez de petits morceaux d'isolant qui rempliront les espaces contre les solives de ceinture.

Clouez à la lisse des fourrures de 1 po x 2 po en bois scié, qui maintiendront l'isolant en place.

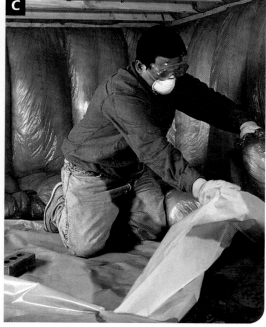

Installez une feuille de polyéthylène sur le sol, sous l'isolant, comme pare-vapeur.

Isolation d'un vide sanitaire non chauffé

Intercaler l'isolant entre les solives de plancher est la meilleure façon d'isoler un vide sanitaire non chauffé et c'est d'ailleurs la seule méthode préconisée lorsque le climat est très froid.

Utilisez de l'isolant revêtu, sauf si on a déjà installé un isolant ou un pare-vapeur à cet endroit. L'isolant revêtu d'un feuil convient bien à ce type de travail, car il réfléchira la chaleur vers le haut, c'est-à-dire vers les lieux de séjour. Installez l'isolant, le côté revêtu placé au-dessus, du côté du plancher qui est chaud en hiver **(photo D)**.

En installant l'isolant, faites particulièrement attention aux solives et aux traverses qui entourent le plancher. Commencez par installer l'isolant à l'extrémité des solives, à l'endroit où il touche la solive de ceinture. Il existe normalement un espace entre la solive et le mur; coupez un morceau d'isolant et introduisez-le à cet endroit **(photo E)**. Dans un vide sanitaire, vous rencontrerez normalement des tuyaux et des fils **(photo F)** ou même des boîtiers de raccordement. Lorsque vous contournez le câblage, veillez à ne pas toucher les fils sous tension. Découpez l'isolant autour des obstacles, de manière qu'il se trouve à 3 po de toute source de chaleur.

Isolez séparément les tuyaux d'eau (page 166).

Après avoir coupé l'isolant, en le poussant encastrez-le entre des entretoises **(photo G)**.

Maintenez l'isolant en place au moyen de supports fixés aux solives. Les supports peuvent être des fils de nylon ou des fils métalliques **(photo H)**, ou encore des fourrures de 1 po x 2 po en bois scié.

Terminez le travail en couvrant de feuilles de polyéthylène le sol du vide sanitaire, qui le protégeront contre l'humidité du sol **(photo I)**. Maintenez la feuille en place au moyen de briques ou de gros cailloux.

Outils: Marteau, couteau universel, règle rectifiée.

Matériel: Gants, masque respiratoire, isolant en fibre de verre revêtu, supports d'isolant en nylon ou en métal, polyéthylène en feuille de 6 mil, ruban adhésif transparent en plastique.

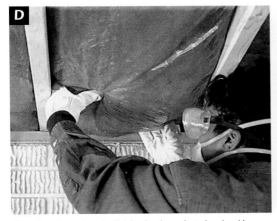

Placez le revêtement sur le côté du plancher qui est chaud en hiver.

Coupez l'isolant à la bonne dimension et remplissez-en l'espace étroit entre la solive et le mur.

Découpez l'isolant autour des tuyaux, des fils et autres obstacles.

Encastrez l'isolant entre les entretoises, en le poussant vers le haut.

Vous pouvez supporter l'isolant à l'aide de fils de nylon ou de métal.

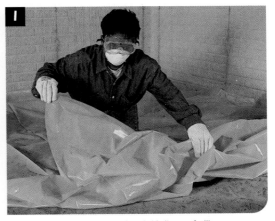

Couvrez le sol du vide sanitaire de polyéthylène en feuille.

Intempérisation de la maison

L'intempérisation de votre maison vous offre le travail de bricolage idéal, car vous pouvez le faire progressivement, à votre rythme. Le meilleur moment de l'année pour effectuer ce travail, c'est l'automne, juste avant qu'il ne fasse trop froid pour travailler à l'extérieur. Il existe de nombreux matériaux différents de calfeutrage et d'intempérisation. Ils sont tous bon marché et faciles à utiliser, mais il est important d'utiliser le produit approprié à la tâche, car ils ont, pour la plupart, des applications propres.

En général, les garnitures d'étanchéité en métal ou renforcées de métal sont plus durables que les garnitures en plastique, en caoutchouc ou en mousse. Cependant, même parmi ces dernières, il existe différentes qualités. Les meilleures garnitures en caoutchouc sont celles en néoprène; utilisez-les autant que possible. La plupart des travaux d'intempérisation portent sur les fenêtres (pages 150 et 151) et les portes (pages 132 et 133), car ce sont elles, dans la plupart des maisons, qui engendrent la plus forte déperdition de chaleur. Voici quelques travaux d'intempérisation que vous pouvez effectuer à l'extérieur de la maison.

Calfeutrez les fenêtres et les portes **(photo A)**. Pour obtenir les meilleurs résultats, employez un produit dont la couleur est assortie à celle du parement extérieur de votre maison.

Réduisez les pertes thermiques produites par les encadrements de soupirail en couvrant ces ouvertures d'un couvercle approprié **(photo B)**. Avant d'acheter ces couvercles, mesurez la largeur maximale du soupirail et vérifiez si celui-ci est rectangulaire ou semi-circulaire. La plupart des couvercles pour soupirail sont munis d'une bride supérieure que l'on glisse sous le parement de la maison, après quoi on fixe le couvercle sur les côtés à l'aide de pièces d'ancrage de maçonnerie et on leste la bride inférieure avec des cailloux. Pour achever l'ensemble, on peut calfeutrer les bords du couvercle.

Appliquez une pâte à calfeutrer à base de silicone autour des évents de séchoir et de ventilateurs et autour des autres accessoires montés sur le parement extérieur de la maison **(photo C)**.

À l'aide de mousse isolante à pulvériser, bouchez les espaces qui entourent les robinets, l'entrée du câble de télévision, l'entrée des lignes téléphoniques et les autres points d'entrée **(photo D)**. Prenez soin de ne pas travailler autour ou à proximité des câbles électriques.

Outils: *Tournevis, foreuse, pistolet à calfeutrer.*

Matériel: *Couvercle d'encadrement de soupirail en plastique moulé, pièces d'ancrage de maçonnerie, mousse de scellement expansible à pulvériser 1:1, pâte à calfeutrer à base de silicone, cordon à calfeutrer en plastique ou en mousse de ³/₈ po de diamètre, polyéthylène en feuille.*

Pour sceller les encadrements de fenêtres et de portes, utilisez une pâte à calfeutrer dont la couleur est assortie au parement extérieur de la maison.

On réduit facilement les déperditions de chaleur du sous-sol en installant, sur les encadrements des soupiraux, des couvercles en plastique moulé. Avant d'acheter ce couvercle, mesurez la largeur maximale de l'encadrement de soupirail et vérifiez sa forme.

Scellez l'espace entre la lisse et le parement en y introduisant un cordon de calfeutrage en plastique ou en mousse de ³/₈ po de diamètre **(photo E)**.

À l'intérieur de la maison, il est relativement facile de détecter les courants d'air dus à une mauvaise intempérisation. Par temps froid ou venteux, passez une main humide le long des plinthes et des encadrements de fenêtres et de portes de la maison pour détecter ces courants d'air. Vérifiez également les ouvertures pratiquées dans les murs extérieurs (les boîtiers électriques et les foyers, par exemple) ainsi que les plafonds et les planchers qui séparent les parties chauffées et les parties non chauffées de la maison.

Vous pouvez également détecter les fuites à l'aide d'un bâton d'encens, en observant le trajet de la fumée qu'il dégage. (Bien que l'encens ne s'enflamme pas, soyez prudent lorsque vous l'utilisez à proximité de matériaux inflammables.)

Si vous détectez un courant d'air à un endroit, c'est qu'il nécessite un travail d'intempérisation. Mais si la cause du courant d'air est douteuse (savoir si l'air froid émane bien d'une fenêtre à simple vitrage, par exemple), collez à l'aide de ruban adhésif une feuille de polyéthylène sur l'ouverture suspecte et scellez-en les bords. Si la feuille oscille, c'est signe qu'il faut installer des garnitures d'étanchéité à cet endroit ou le calfeutrer.

Assurez l'intempérisation des fenêtres et des portes en éliminant les fuites d'air (pages 132 et 133, et 150 et 151). Pour supprimer les autres fuites d'air à l'intérieur de la maison, il suffit généralement d'appliquer au bon endroit de la pâte à calfeutrer ou un produit de scellement en mousse expansible. Par exemple, à l'aide de pâte à calfeutrer à base de silicone, remplissez les espaces qui entourent les évents et les boîtiers électriques.

Il existe deux manières de supprimer les courants d'air entre les plinthes et les planchers. La plus simple est de sceller les bords des plinthes avec un produit acrylique.

Cependant, si la fente est importante, il vaut mieux enlever le quart-de-rond et introduire dans la fente de la mousse expansible à pulvériser 1:1, qui se répandra dans le mur **(photo F)**. En plus de supprimer les courants d'air, cette méthode empêche les insectes de pénétrer dans les lieux de séjour de votre maison.

Appliquez un produit de calfeutrage à base de silicone autour des évents de séchoirs et de ventilateurs et autour des autres accessoires montés sur le parement extérieur de la maison.

Calfeutrez les orifices des robinets et des autres points d'entrée extérieurs à l'aide de mousse isolante à pulvériser.

Remplissez l'espace compris entre la lisse et le parement de la maison à l'aide d'un cordon à calfeutrer.

Pour supprimer les courants d'air provenant du bas des plinthes, enlevez le quart-de-rond et introduisez dans la fente de la mousse de scellement expansible à pulvériser.

Armoires

Les armoires contiennent nos articles ménagers les plus utilisés, et leur apparence modifie l'aspect de la pièce dans laquelle elles se trouvent. Elles continueront de bien fonctionner si vous resserrez les charnières des portes et les poignées des tiroirs. Examinez au préalable les charnières: elles sont peut-être munies de vis de réglage qui vous permettent de remettre les portes d'aplomb, si nécessaire.

Les armoires ne requièrent pratiquement aucun entretien structural en dehors des réparations simples à effectuer aux joints de façade. En fait, les armoires sont démodées avant d'être usées.

Vous pouvez rafraîchir l'aspect de vos armoires en les repeignant et en installant une nouvelle quincaillerie (pages 72 et 73). Vous pouvez aussi les garnir pour rafraîchir l'aspect de la pièce sans engager de dépenses de remplacement coûteuses. Les trousses de garnissage comprennent de nouvelles portes, de nouveaux devants de tiroirs et des feuilles de bois autocollantes qui permettent de remplacer les surfaces de façade et de côtés des armoires.

Des armoires fonctionnant bien et d'apparence soignée rendent une pièce plus attrayante.

Identification des types de charnières

Les charnières des *armoires à encadrement* sont montées sur l'encadrement. Il existe une variante de ce type de charnière: elle est munie d'une griffe qui se fixe sur l'arête intérieure de l'encadrement **(photo A)**.

Et on trouve d'autres types de charnières que l'on monte directement sur la façade de l'encadrement **(photo B)**. Les armoires sans encadrement sont munies de charnières «invisibles», vissées sur la face intérieure du panneau de l'armoire **(photo C)** et parfois munies de vis de réglage dissimulées derrière un motif décoratif en plastique.

A

On peut desserrer la vis de réglage de cette charnière pour remettre la porte d'aplomb.

B

Cette charnière montée sur l'encadrement ne possède pas de réglage.

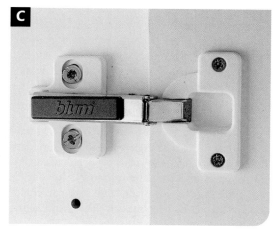

C

Les charnières des armoires sans encadrement sont invisibles lorsque les portes sont fermées.

Resserrement des charnières

Si les portes des armoires ne sont pas d'aplomb ou ne s'ouvrent pas facilement, resserrez les vis de montage des charnières.

Si les trous des vis sont abîmés et que les vis ne serrent plus, enlevez la porte de l'armoire. Pour ce faire, dévissez les charnières de l'encadrement à l'aide d'un tournevis (photo D). Trouvez une cheville qui ait le même diamètre que le trou de la vis; un tee en bois peut également faire l'affaire. Enrobez de colle à bois l'extrémité de la cheville et introduisez-la dans le trou de la vis. Puis, avec un couteau universel, coupez la partie de la cheville qui dépasse (photo E).

Lorsque la colle est sèche, forez un avant-trou dans le centre de la cheville (photo F), et fixez la charnière et la porte.

Vous pouvez réparer de la même manière les trous de vis de la porte, mais prenez soin de ne pas traverser la porte lorsque vous forez les trous.

Outils: Tournevis, couteau universel, foreuse.
Matériel: Cheville, colle à bois.

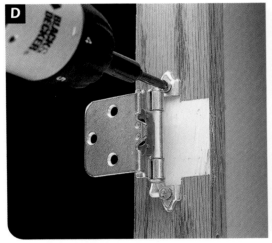
Enlevez la charnière de l'encadrement de l'armoire.

Collez une cheville dans le trou de la vis initiale et coupez la partie qui dépasse.

Forez un avant-trou pour la vis. Ensuite, rattachez la charnière.

Resserrement des poignées de tiroir

Resserrez les poignées des tiroirs en remplissant de bois plastique les trous de vis abîmés. Utilisez du bois plastique en poudre que vous mélangerez à de l'eau au moment de l'emploi; ce type de produit devient plus dur que la plupart des produits mélangés à l'avance.

Retirez la vis de la poignée du tiroir et assurez-vous que le trou ne contient ni poussière ni saleté. Mélangez le bois plastique et l'eau jusqu'à ce qu'il ait la consistance voulue et remplissez-en le trou au moyen d'un couteau à mastiquer (photo G). Essuyez l'excédent de bois plastique avec un chiffon humide.

Lorsque le bois plastique est sec, forez un avant-trou et rattachez la poignée du tiroir (photo H).

Outils: Tournevis, couteau à mastiquer, foreuse.
Matériel: Bois plastique, chiffon.

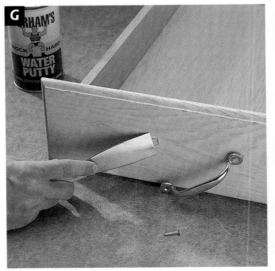
Remplissez de bois plastique le trou de la vis et essuyez la surface avant que le bois plastique ne sèche.

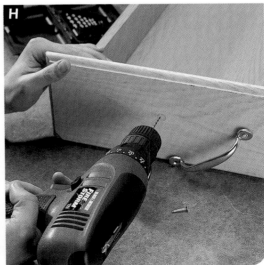
Forez un avant-trou au centre du bois plastique durci.

Réparation d'un joint d'encadrement

Les encadrements des armoires sont assemblés de différentes façons mais, le plus souvent, ils sont réunis par des joints collés, simplement aboutés. Vous pouvez les réparer en les recollant et en les renforçant à l'aide d'une vis à bois.

Pour effectuer cette opération, vous devez enlever l'armoire; donc, retirez les étagères amovibles et démontez les portes si elles vous gênent. Ensuite, cherchez les vis de montage qui servent à accrocher l'armoire au mur. Cherchez-les à l'intérieur de l'armoire et le long des languettes de montage, en haut et en bas de l'armoire.

Une armoire est parfois plus lourde qu'on ne pense; soutenez les grandes armoires avec des supports temporaires avant d'enlever leur quincaillerie de montage.

Il y a normalement, le long des bords intérieurs de l'encadrement, deux ou trois vis qui attachent l'armoire aux armoires adjacentes. Commencez par les enlever **(photo A)**. Puis, enlevez les vis de montage. Écartez prudemment l'armoire du mur et déposez-la sur une surface de travail horizontale **(photo B)**.

Enlevez des surfaces de contact du joint la saleté, la graisse et les traces de vieille colle. Utilisez un couteau à mastiquer ou un morceau de papier de verre pour gratter les surfaces intérieures du joint.

Écartez légèrement les parties de l'encadrement pour ouvrir un peu le joint et y injecter de la colle à bois au moyen d'une seringue à colle **(photo C)**. Refermez le joint et serrez l'encadrement à l'aide d'un serre-joint à barre, en intercalant des morceaux de bois entre le serre-joint et l'encadrement pour ne pas abîmer ce dernier.

Assurez-vous qu'à l'endroit du joint, les pièces de l'encadrement sont dans le même plan et forez un avant-trou de l'extérieur du montant de l'encadrement vers l'extrémité de la traverse **(photo D)**.

Fraisez le trou de manière que la vis soit légèrement en retrait de la surface. Si la vis risque d'être visible lorsque l'armoire sera installée, couvrez la tête de la vis d'un bouchon de bois assorti à l'encadrement.

Enfoncez une vis à bois dans l'avant-trou **(photo E)**. Si l'encadrement est en chêne, utilisez une vis en laiton, car l'acier noircit ce bois. Essuyez l'excédent de colle avec un chiffon humide et laissez sécher la colle.

Pour réinstaller l'armoire, alignez d'abord son encadrement sur les encadrements des armoires adjacentes et réunissez-les. Ensuite, fixez l'armoire au mur au moyen de vis de montage.

Outils: *Foreuse, tournevis, couteau à mastiquer, seringue à colle, serre-joint à barre.*

Matériel: *Papier de verre, colle à bois, vis à bois, chiffon, bouchons de bois.*

Enlevez de l'encadrement les vis qui tiennent les armoires attachées l'une à l'autre.

Enlevez les vis de montage qui fixent l'armoire au mur et retirez l'armoire.

Injectez de la colle à bois dans le joint à l'aide d'une seringue à colle.

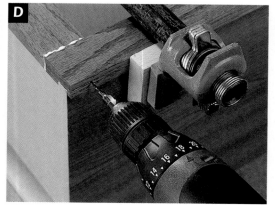
Serrez l'encadrement. Ensuite, fraisez un avant-trou.

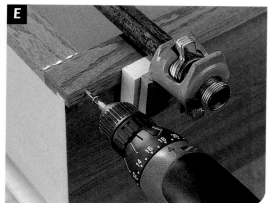
Enfoncez une vis à travers le joint et essuyez l'excédent de colle.

Garnissage des armoires

Les trousses de garnissage des armoires comprennent de la feuille de bois autocollante, de nouvelles portes et des devants de tiroirs.

Réparez les joints d'encadrement si nécessaire (page 174). Enlevez les anciennes portes, les charnières, les cliquets et autres pièces de quincaillerie (**photo F**).

Préparez les surfaces des armoires en grattant ou en pelant le fini existant et en remplissant les trous et les entailles d'un produit de ragréage au latex. Poncez légèrement les armoires avec du papier de verre 150.

Étalez les feuilles de bois à plat sur une surface lisse. Mesurez la surface de chaque armoire à recouvrir et ajoutez ¼ po pour le chevauchement. Coupez les morceaux de feuille de bois avec un couteau universel et une règle rectifiée (**photo G**).

Commencez par appliquer les feuilles de bois sur les parties verticales des encadrements (**photo H**). Décollez un coin de l'adhésif. Alignez la feuille de bois sur le bord de l'encadrement et pressez légèrement sur le coin pour qu'il adhère bien. Enlevez graduellement la pellicule adhésive et faites sortir les bulles d'air en les poussant du bout des doigts. Ensuite, renforcez l'adhérence des feuilles de bois en passant un rouleau en J sur toute la surface. Coupez ce qui dépasse de l'encadrement avec un couteau universel.

Ensuite, appliquez les feuilles de bois sur les surfaces horizontales de l'encadrement, en faisant chevaucher les bords intérieurs des parties verticales. Utilisez une règle rectifiée et un couteau universel pour couper les feuilles au ras des bords intérieurs des parties verticales.

Finissez les portes, les devants des tiroirs ou les feuilles de bois si nécessaire.

Réglez une équerre combinée à 2 po et utilisez-la pour installer les charnières supérieure et inférieure de chaque porte (**photo I**). Forez des avant-trous et fixez les charnières à l'aide de vis. Installez les portes en vous assurant qu'elles recouvrent uniformément les encadrements. Rognez les devants de tiroir massifs (en une pièce) existants (**photo J**). Si les devants de tiroir sont en deux pièces, détachez les parties frontales. Attachez les nouveaux devants des tiroirs en forant des avant-trous et en enfonçant des vis de l'intérieur des tiroirs.

Attachez de faux devants de tiroir aux armoires de lavabos, en les vissant sur les blocs de bois qui séparent les ouvertures des tiroirs (**photo K**). Installez les pièces de quincaillerie.

Outils: Tournevis, couteau universel, règle rectifiée, rouleau en J, équerre combinée, foreuse, scie à main.

Matériel: Papier de verre, trousse de garnissage, matériaux de finition, vis, quincaillerie.

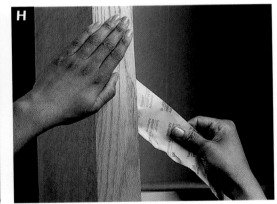

Enlevez les portes, les poignées de tiroirs et les autres pièces de quincaillerie.

Coupez les feuilles de bois aux bonnes dimensions à l'aide d'un couteau universel et d'une règle rectifiée.

Retirez graduellement la pellicule adhésive à mesure que vous déroulez la feuille en place.

Utilisez une équerre combinée pour déterminer l'emplacement des charnières des portes.

Coupez les bords des anciens devants de tiroir et attachez les nouveaux.

Attachez les devants de tiroirs postiches aux traverses, entre les ouvertures des tiroirs.

Dessus de comptoirs

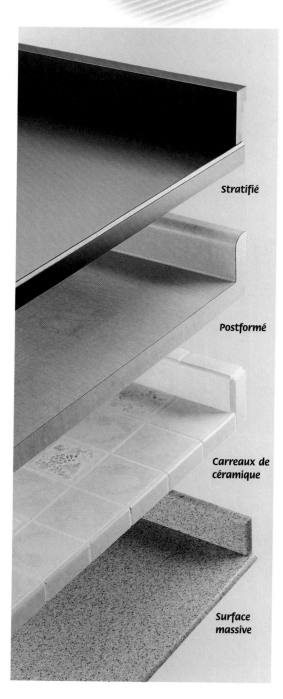

Stratifié

Postformé

Carreaux de céramique

Surface massive

Principes des dessus de comptoirs

Les dessus de comptoirs constituent les principales surfaces de travail, dans les cuisines et les salles de bain. Ils doivent être durables, faciles à entretenir et attrayants. Ils sont le plus souvent fabriqués en stratifié, en carreaux de céramique ou en «surface massive». Ceux en pierre naturelle, en acier inoxydable et en bois sont moins courants. Les dessus de comptoirs en stratifié – de loin les plus utilisés – sont soit fabriqués sur mesure, soit du type *postformé*. Les dessus de comptoirs postformés sont constitués de feuilles de stratifié collées à des panneaux de particules, et ils sont munis de dosserets et de devants attachés à l'avance. On en trouve de toutes les couleurs et ils sont faciles à installer.

Les stratifiés sont durables et résistants aux taches, mais il est malheureusement souvent impossible de réparer leur surface. Les dessus de comptoirs en carreaux de céramique sont d'une durabilité exceptionnelle et ils ont une apparence naturelle. Il est possible de réparer les carreaux abîmés en appliquant les méthodes utilisées pour réparer les planchers et les murs recouverts de carreaux de céramique. Les dessus de comptoirs massifs sont fabriqués en résine acrylique ou en résine polyester mélangées à des additifs. Les réparations superficielles sont possibles, dans la plupart des cas, mais l'installation de ces dessus de comptoirs et les réparations importantes qu'ils peuvent nécessiter doivent être confiées à un professionnel.

Réparation des dessus de comptoirs

Les dessus de comptoirs massifs, comme les meubles en bois, acquièrent une patine avec le temps et l'usage. Les réparations qui altèrent cette patine doivent se fondre dans la surface pour lui conserver une apparence uniforme. Pour enlever les éraflures et les taches, essayez d'abord d'utiliser un détergent doux et de frotter la surface suivant un mouvement circulaire, à l'aide d'une éponge ou d'un chiffon. Si cette méthode échoue, essayez une poudre légèrement abrasive et un tampon à récurer en plastique. Il est possible d'enlever

les entailles profondes ou les traces de brûlures avec du papier de verre fin **(photo A)**. Pour que l'endroit réparé se fonde dans la surface environnante, frottez celle-ci avec un liquide légèrement abrasif et une éponge ou un chiffon. Pour réparer les dessus de comptoirs en carreaux de céramique, remplacez les carreaux abîmés **(photo B)**. Enlevez précautionneusement le coulis avant de casser le carreau (pages 98 et 99). Protégez les joints de coulis en appliquant, une fois par an, un produit de scellement de coulis à base de silicone.

N'utilisez du papier de verre qu'en dernier recours sur les dessus de comptoirs massifs. Consultez le fabricant sur la meilleure méthode pour les réparer.

Entretenez les dessus de comptoirs en carreaux de céramique en scellant les joints de coulis. Enlevez les carreaux abîmés au moyen d'un ciseau de maçon et d'un marteau.

Enlèvement d'un ancien dessus de comptoir

Commencez par couper l'alimentation en eau des accessoires de plomberie et des appareils ménagers en fermant les robinets appropriés. Débranchez les fils électriques et les tuyaux de la plomberie, et enlevez le lavabo, les accessoires et les appareils ménagers.

Les dessus de comptoirs sont normalement fixés aux armoires à l'aide de vis enfoncées dans des supports de montage en plastique ou en bois qui sont attachés dans les coins supérieurs intérieurs des armoires (**photo C**). Enlevez les vis et les autres accessoires de montage.

Dévissez les boulons de tension en dessous des joints en biseau. Utilisez un couteau universel pour couper les cordons de calfeutrage le long du dosseret et du mur. Enlevez les garnitures. À l'aide d'un levier, soulevez le dessus de comptoir pour l'écarter des armoires (**photo D**). Si vous ne parvenez pas à enlever le dessus de comptoir en une pièce, découpez-le à l'aide d'une scie alternative et d'une scie à bois (**photo E**). Prenez garde de ne pas couper dans les armoires. Un ancien dessus de comptoir de cuisine fera une excellente surface

d'établi. Utilisez une scie circulaire ou une scie sauteuse pour donner aux sections du dessus de comptoir récupérées la forme désirée. Entamez la coupe sur la face inférieure pour éviter les éclats.

Outils: Pince multiprise, tournevis, couteau universel, levier plat, scie alternative.

Enlevez les vis de montage situées à l'intérieur des armoires.

À l'aide d'un levier plat, écartez précautionneusement des armoires le dessus de comptoir.

Si nécessaire, coupez le dessus de comptoir à l'aide d'une scie alternative.

Remplacement d'un dessus de comptoir

Les dessus de comptoirs en stratifié postformé sont vendus en sections de longueurs standard que vous pouvez couper pour les adapter à vos armoires. Il existe des sections droites et des sections en biseau pour installation dans les coins. Achetez un ensemble de garniture de bout pour chaque extrémité visible de votre dessus de comptoir. Chaque ensemble comprend un couvre-joint en bois et une bande préformée en stratifié assorti, destinée à couvrir l'extrémité une fois que la section aura été coupée à la longueur voulue.

Pour une installation précise, découpez le dosseret de manière qu'il épouse la forme irrégulière du mur arrière, suivant un procédé appelé *chantournage*.

Commencez par prendre les mesures du dessus des armoires, afin de déterminer les dimensions du dessus de comptoir. Les murs sont rarement planes et d'équerre: vous devrez donc prendre des mesures à l'avant et à l'arrière des armoires et ne conserver que les mesures les plus longues (**photo F**). À l'aide d'une équerre de charpentier, établissez une ligne

Suite à la page suivante

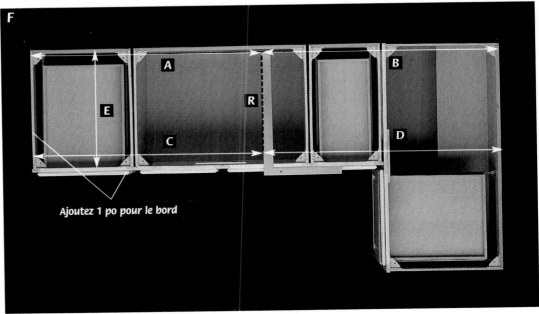
Ajoutez 1 po pour le bord

À l'aide d'une équerre de charpentier, établissez une ligne de référence perpendiculaire aux devants des armoires. Mesurez la distance de chaque côté de la ligne et additionnez ces mesures. Ajoutez 1 po pour le bord, à l'avant et aux extrémités visibles des armoires.

Remplacement d'un dessus de comptoir (suite)

de référence (R) vers le milieu des armoires. Prenez quatre mesures (A, B, C, D) à partir de la ligne de référence jusqu'aux extrémités des armoires et aux murs.

Ajoutez 1 po à la longueur calculée, pour le bord de chaque extrémité visible, et 1 po à la largeur (E). Prévoyez également un espace de $1/16$ po aux endroits où le dessus de comptoir borde des appareils ménagers.

Placez le dessus de comptoir à l'envers sur une surface de travail et, avec une scie sauteuse, coupez-le à la longueur voulue **(photo G)**. Pour ce faire, attachez à l'aide de serre-joints au dessus de comptoir une règle rectifiée qui guidera la scie. Si la scie produit des éclats, remplacez la lame par une lame à dents plus petites. Finissez chaque extrémité visible en attachant le couvre-joint contenu dans la trousse de la garniture de bout, sous le comptoir, à l'aide de colle à bois imperméable et de petits clous à tête perdue **(photo H)**. Poncez les irrégularités de surface avec une ponceuse à courroie. Fixez ensuite la garniture de bout en stratifié autocollant à l'extrémité, en la laissant légèrement dépasser des arêtes supérieures du comptoir. Pressez la garniture en place à l'aide d'un fer à repasser moyennement chaud qui ramollira l'adhésif. Une fois la garniture refroidie, limez ses bords à ras des arêtes du dessus de comptoir à l'aide d'une lime fine.

Installez le dessus de comptoir sur les armoires, en vous assurant que le bord avant est parallèle aux faces avant des armoires. Le bas du bord avant du dessus de comptoir doit atteindre le niveau du dessus des armoires. Vérifiez si le dessus de comptoir est de niveau **(photo I)** et, si nécessaire, utilisez des intercalaires de bois pour le redresser; assurez-vous aussi qu'il est uniformément supporté.

Lorsque les surfaces des joints en biseau sont accolées et que le dessus de comptoir est fermement appuyé contre les murs, il reste à chantourner le dosseret **(photo J)**. Les dessus de comptoirs postformés sont munis d'un *bord à chantourner* – lèvre mince de bois et de stratifié bordant le dosseret – qui permet de lui donner facilement la forme voulue.

Réglez les branches d'un compas sur la distance maximale entre le dosseret et le mur. Puis, tracez le contour du mur sur le bord à chantourner du dosseret en frôlant le mur avec la branche du compas. Si le stratifié est trop foncé pour faire ressortir le trait de crayon, appliquez du ruban-cache sur le bord à chantourner et tracez le trait sur le ruban-cache.

Utilisez une ponceuse à courroie munie d'une courroie à gros grain pour poncer le dosseret jusqu'à la ligne tracée sur le bord à chantourner **(photo K)**. Pour ne pas faire d'éclats dans le stratifié, tenez la ponceuse parallèlement au bord supérieur du dosseret. Biseautez légèrement le bord, vers l'intérieur, en travaillant de haut en bas. Essayez le dessus de comptoir à sa place.

Déterminez sur le dessus de comptoir la position du lavabo et des autres accessoires à installer. Pour tracer la découpe d'un lavabo de comptoir à bord intégré, placez le lavabo à l'envers sur le dessus de comptoir et tracez-en le contour au crayon **(photo L)**. Enlevez le lavabo et tracez une ligne de coupe à $5/8$ po à l'intérieur du contour. Si votre lavabo est muni d'un encadrement amovible, placez celui-ci à l'endroit sur le dessus de comptoir et tracez le contour de sa bride verticale.

Pour découper l'ouverture, forez un trou d'amorçage juste à l'intérieur de la ligne de coupe et découpez l'ouverture avec une scie sauteuse munie d'une lame à dents fines **(photo M)**. Soutenez la découpe afin

> **Outils:** *Équerre de charpentier, règle rectifiée, scie sauteuse, marteau, ponceuse à courroie, fer à repasser, lime plate, niveau, compas, crayon, foreuse, clé réglable, pistolet à calfeutrer.*
>
> **Matériel:** *Dessus de comptoir postformé, trousse de garniture de bout, colle à bois imperméable, intercalaires, ruban-cache, boulons de tension, pâte à calfeutrer à base de silicone, bloc de bois, vis à plaque de plâtre.*

G

Servez-vous d'une règle rectifiée comme guide pour effectuer à la scie une coupe droite et d'équerre, à l'extrémité du dessus de comptoir.

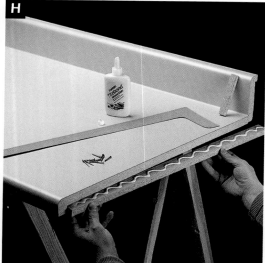

H

Collez et clouez le couvre-joint en place. Attachez la garniture de bout en utilisant un fer à repasser pour ramollir l'adhésif.

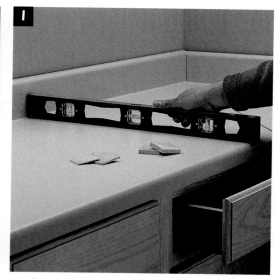

I

Posez le dessus de comptoir à sa place et vérifiez s'il est de niveau. Utilisez des intercalaires pour le redresser éventuellement et pour remplir les espaces vides, afin de consolider le support.

qu'elle n'abîme pas l'armoire en tombant. Découpez les autres ouvertures de la même manière. La tâche suivante consiste à joindre les surfaces biseautées, le cas échéant. Si le dessus de comptoir est court, vous pouvez effectuer cette tâche sur un établi, mais il est plus facile d'assembler les longs dessus de comptoirs sur les armoires. Les joints biseautés seront maintenus serrés par des boulons de tension spéciaux placés dans des encoches aménagées dans le corps du dessus de comptoir.

Appliquez un cordon de pâte à calfeutrer à base de silicone sur les surfaces en contact du joint et étalez la pâte uniformément avec le doigt (**photo N**). Pressez les surfaces l'une contre l'autre. De l'intérieur de l'armoire, installez les boulons de tension et serrez-les légèrement (**photo N, *en médaillon***). Vérifiez si les bords avant du joint du dessus de comptoir sont au même niveau. Avec un bloc de bois et un marteau, frappez le long du joint jusqu'à ce que la surface soit uniforme. Puis, serrez les boulons de tension.

Placez le dessus de comptoir tout contre le mur et attachez-le aux armoires, en serrant les vis à plaque de plâtre qui traversent les supports de montage pour s'enfoncer dans le corps du dessus de comptoir (page 177). Assurez-vous que les vis sont assez courtes pour ne pas percer la surface en stratifié.

Déposez un mince cordon de pâte à calfeutrer le long du joint, entre le dosseret et le mur (**photo O**). Passez le doigt humecté sur la surface du cordon pour l'égaliser.

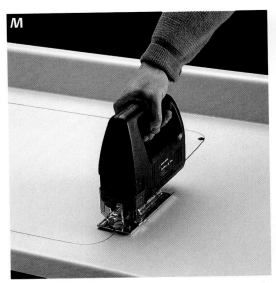

À l'aide d'un compas, tracez le contour du mur sur le bord à chantourner du dosseret.

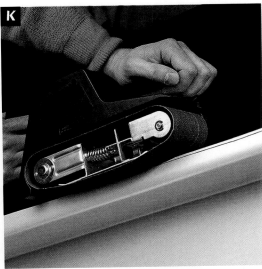

Poncez le bord à chantourner à l'aide d'une ponceuse à courroie.

Placez le lavabo à l'envers sur le dessus de comptoir et tracez-en le contour. Découpez une pièce qui ait sur tout le pourtour ⅝ po de moins que le tracé.

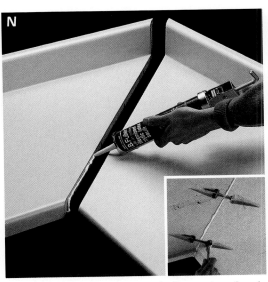

Forez un trou d'amorçage juste à l'intérieur de la ligne de coupe du lavabo et découpez l'ouverture à l'aide d'une scie sauteuse.

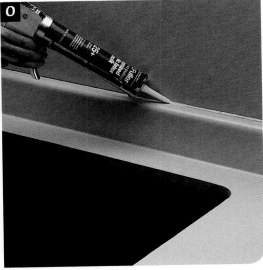

Appliquez de la pâte à calfeutrer à base de silicone sur les surfaces du joint biseauté. Serrez le joint par le dessous, au moyen de boulons de tension.

Bouchez l'espace entre le dosseret et le mur: cela empêchera l'eau d'atteindre le bois du corps du dessus de comptoir.

RÉPARATIONS EXTÉRIEURES

L'extérieur de votre maison représente plus que la façade qu'elle montre. Chacun de ses éléments fait partie d'un système conçu pour protéger l'intégrité structurale de votre maison. Ce chapitre vous aidera à entretenir et à réparer chaque partie de ce système.

Réparations extérieures

Un extérieur de maison bien entretenu met les propriétaires et les biens à l'abri de l'humidité et des éléments, et leur procure fierté et satisfaction. Cette section vous montre comment entretenir, protéger et réparer l'extérieur de votre maison, afin qu'elle demeure étanche et attrayante. Nous traiterons successivement les toitures, les bordures et soffites, les gouttières, les cheminées, les murs et les parements, les sentiers, les marches et les allées.

En suivant un programme d'inspection et d'entretien réguliers, votre attention sera attirée par les endroits de l'extérieur de la maison qui requièrent des réparations relativement simples et peu coûteuses. En procédant régulièrement à de petites réparations, vous améliorerez l'aspect extérieur de votre maison, vous protégerez sa valeur et vous contribuerez à la qualité esthétique du quartier.

Travailler en toute sécurité

Les réparations à l'extérieur de votre maison peuvent vous amener à travailler dans toutes sortes de conditions atmosphériques. En mettant les choses au pire, une réparation urgente peut vous imposer de travailler dans une chaleur suffocante, une humidité insupportable, ou un froid polaire. Et, comme c'est souvent le cas, les réparations extérieures peuvent vous obliger à travailler en hauteur. Voici quelques règles de bon sens qui vous aideront à travailler sans risques à l'extérieur.

Il est parfois difficile d'évaluer le temps que prendra une réparation. Habillez-vous en fonction du travail à effectuer et du temps qu'il fait, et faites de fréquentes pauses pour vous réchauffer ou vous rafraîchir, selon le temps. Si les conditions sont extrêmes, le moment est mal choisi pour effectuer des réparations extérieures. Évitez de travailler à l'extérieur par grand vent ou durant une tempête.

Soyez prudent à proximité des câbles d'alimentation électrique de la maison. Ces câbles, qui transportent un courant de 100 ampères ou plus, sont toujours sous tension, sauf lorsque la compagnie d'électricité les débranche. N'installez jamais d'échelle dans les environs de ces câbles.

Créez une plateforme à outils à l'aide d'un morceau de contreplaqué posé sur des chevalets. Les outils éparpillés sur le sol constituent un danger, et l'humidité risque de les abîmer. Il est plus sûr et plus pratique de vous organiser pour que vos outils demeurent secs et faciles à trouver.

Travaillez autant que possible avec un aide, surtout si vous avez à travailler en hauteur. Si vous travaillez seul, tenez un ami ou votre famille au courant de vos activités, afin qu'ils puissent vous surveiller.

Ne maniez pas d'outils et ne travaillez pas en hauteur si vous êtes sous l'influence de l'alcool. Si vous prenez des médicaments, lisez les mises en garde relatives au maniement des outils et du matériel.

L'échelle la plus utilisée pour les travaux extérieurs est l'échelle coulissante, composée de deux échelles reliées, qui glissent l'une sur l'autre et peuvent atteindre différentes hauteurs. Lorsque vous travaillez avec une échelle coulissante, orientez le plat des échelons vers le haut. Réglez l'échelle pour qu'elle dépasse de deux ou trois pieds le bord du toit: cela lui donne une meilleure stabilité, surtout lorsque vous montez sur l'échelle ou que vous en descendez. Lorsque vous tâchez d'atteindre un objet qui se trouve sur le côté de l'échelle, gardez les hanches entre les montants. Ne dépassez pas la charge maximale de l'échelle. Lisez l'étiquette pour connaître cette charge limite ainsi que les recommandations de sécurité, et respectez-les.

Travailler avec des échelles et des échafaudages

Utilisez une échelle coulissante munie d'un stabilisateur réglable.

Stabilisez l'échelle à l'aide de piquets enfoncés dans le sol et mettez-la de niveau au moyen de blocs de bois.

Avant de monter sur une échelle coulissante, vérifiez si les crochets basculants sont en place.

Attachez le dessus de l'échelle coulissante avec une corde entourant une cheminée ou attachez-la à un piton bien ancré.

Lorsque vous travaillez sur des échelles, utilisez des outils sans cordon pour éliminer les risques inhérents aux cordons à rallonge.

Pour ancrer une échelle, attachez une courte corde munie d'un bloc de bois au dernier échelon; placez le bloc de bois à l'intérieur de la maison et fermez la fenêtre.

Lorsque vous devez travailler longtemps en hauteur, utilisez des échafaudages plutôt que des échelles.

Utilisez des morceaux de contreplaqué pour mettre l'échafaudage de niveau et stabiliser ses pattes.

Toitures

L'essentiel sur les toitures

Le toit de votre maison est votre première ligne de défense contre les éléments. Il a pour fonction de vous protéger contre le soleil, le vent et les précipitations de toutes sortes. La structure de la toiture est recouverte de rangées de matériaux qui chevauchent et agissent à la manière des écailles du poisson ou des plumes de l'oiseau.

En dehors des catastrophes – la chute d'un arbre sur la maison ou l'arrachement des bardeaux par le vent – la plupart des problèmes de toiture sont causés par l'eau. Ou elle s'infiltre de l'extérieur et coule le long d'éléments dissimulés de la toiture jusqu'au centre du beau plafond blanc de votre salon, ou elle attaque de l'intérieur de la toiture, où elle se condense insidieusement, imbibe les chevrons et le revêtement intermédiaire, coule du bout des clous de toiture qui dépassent, et ne tarde pas à causer des problèmes.

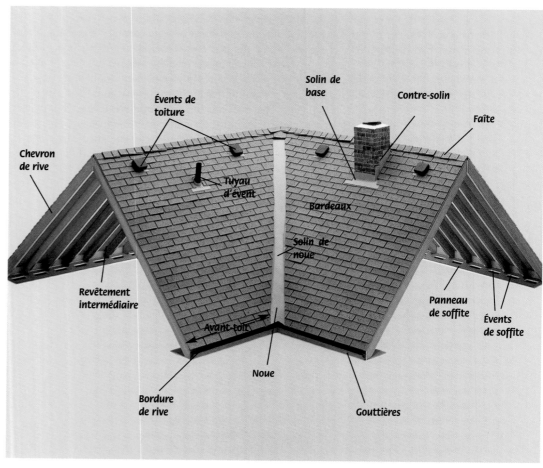

Les éléments d'un système de toiture s'unissent pour assurer la protection, le drainage et la ventilation du toit. La couverture de la toiture se compose du revêtement intermédiaire, du papier de construction et des bardeaux. Les solins métalliques sont fixés aux noues et autour des cheminées, des tuyaux d'évents et des autres éléments du toit pour empêcher l'eau d'entrer. Les soffites couvrent et protègent l'avant-toit sous le débord du toit. Les bordures de rive, qui sont habituellement fixées aux extrémités des chevrons, supportent les panneaux de soffite ainsi que les gouttières et les tuyaux de descente pluviale. Et les évents de soffite et de toiture assurent la circulation de l'air à travers le système.

Types de toitures

On rencontre plusieurs types de toitures en Amérique du Nord, chacun ayant ses avantages et ses inconvénients.

Les bardeaux d'asphalte (photo A) sont de loin les plus utilisés car les propriétaires des maisons peuvent facilement les installer et les réparer.

Par le passé les toits métalliques (photo B) étaient associés aux abris de stockage à toiture d'étain ou aux cathédrales à dôme de cuivre, mais il existe actuellement des panneaux d'aluminium ou d'acier galvanisé ondulés qui sont à la fois pratiques et attrayants.

Nombreux sont ceux qui admirent la beauté des bardeaux de bois (photo C). Ceux-ci sont durables

(surtout s'ils sont traités après 3 à 5 ans avec un produit de préservation) et ils sont faciles à installer. Les bardeaux de fente coûtent plus cher parce qu'ils sont plus épais et fabriqués à la main; mais ils sont plus durables que les bardeaux de bois: ils peuvent durer 50 ans, alors que la durée de vie maximale des bardeaux de bois n'est que de 25 ans.

Les ardoises dont sont recouverts certains toits (photo D) proviennent de blocs d'ardoise – extraits le plus souvent de carrières situées dans l'est des États-Unis – que l'on fend. Leur installation doit être confiée à des professionnels, mais lorsqu'elles sont bien entretenues, elles sont virtuellement

indestructibles (on trouve de l'ardoise verte du Vermont en parfait état sur des maisons qui datent de quelque 200 ans). Les toits d'ardoises sont coûteux: en plus de nécessiter l'intervention de professionnels pour leur installation, les ardoises coûtent cher et leur poids élevé exige le renforcement de la structure de la toiture.

Les tuiles d'argile (photo E) offrent les mêmes avantages et les mêmes inconvénients que les ardoises, mais leur aspect est différent. Elles sont lourdes et relativement chères, mais elles sont imperméables, incombustibles et à l'épreuve des insectes. Elles existent en différents modèles. Les tuiles d'argile se fixent généralement avec des étriers ou d'autres attaches, mais elles sont parfois maintenues en place par un système de fils attachés au faîte de la maison auxquels les tuiles pendent littéralement. La plupart des réparations effectuées aux toits de tuiles d'argile exigent l'intervention de professionnels et un équipement spécial.

Les toits multicouches (**photo F**) recouvrent plus souvent les bâtiments commerciaux que les maisons privées, mais ils conviennent parfaitement aux maisons à toits plats. Leur installation et leur remplacement doivent être confiés à des professionnels, mais les propriétaires peuvent facilement effectuer les rapiéçages et les réparations mineures qui prolongent grandement la durée de vie de ces toits.

Les bardeaux d'asphalte sont composés de feutre-toiture saturé d'asphalte, recouvert de granules minérales.

La toiture métallique a évolué: les anciens revêtements en tôle plombée et en cuivre ont fait place aux panneaux d'aluminium et d'acier galvanisé ondulés, fréquemment utilisés de nos jours. Habituellement peinte, cette toiture est attrayante, durable et d'un prix modéré.

Les bardeaux de bois sont habituellement fabriqués en thuya géant. Ils sont plus minces, plus petits et meilleur marché que les bardeaux de fente.

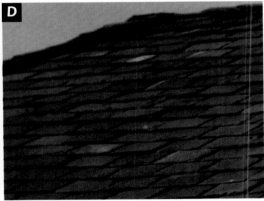

L'ardoise est une pierre naturelle. Belle, durable et incombustible, elle a néanmoins deux inconvénients: son prix et son poids.

Les tuiles d'argile sont incombustibles et donnent un cachet particulier à la maison. Comme l'ardoise, les tuiles coûtent cher et nécessitent le renforcement de la toiture.

Les toits multicouches se composent d'une série de couches alternées de feutre-toiture et de goudron chaud, recouvertes d'une couche protectrice de gravier. Ce type de recouvrement convient aux toits plats ou aux toits dont la pente est inférieure à 3:12.

Outils et matériel

Les conditions de travail sur un toit peuvent être pénibles, et vous avez intérêt à vous faciliter la tâche au maximum en rassemblant les outils et le matériel nécessaires avant de commencer. Les outils de toiture comprennent le marteau cloueur pneumatique, le couteau universel à lame courbe, le marteau à toiture avec guides d'alignement et lame de hache, et un aimant **(photo A)**. Si vous devez enlever des bardeaux – les *arracher* dans le jargon du métier – vous aurez besoin d'un levier plat et d'une pelle à bardeaux.

L'équipement de sécurité – lunettes de sécurité, gants de travail, appuis de toiture, planche de 2 po x 6 po et genouillères – est indispensable. Les chaussures doivent également être adaptées au travail à effectuer. Des bottes hautes à semelles en caoutchouc assurent le support adéquat de la cheville et l'adhérence requise sur les surfaces inclinées. Sur les couvertures en bardeaux d'asphalte, les bottes à semelles lisses conviennent mieux, car les semelles à dessins peuvent abîmer ce type de couverture. Vous aurez évidemment besoin d'échelles: une échelle pour monter sur le toit et, si le toit est fort incliné, une échelle à plaquer sur le toit. L'échelle coulissante en fibre de verre offre la meilleure solution, car elle est légère, robuste et non conductrice de l'électricité si elle entre accidentellement en contact avec des lignes électriques. Une fois sur le toit, utilisez des appuis de toiture **(photo B)** et une échelle **(photo C)** pour être sûr de ne pas glisser. Suivez scrupuleusement les instructions du fabricant.

Les solins de toitures protègent le toit le long des bords, dans les noues et aux endroits où le toit rejoint des éléments de toiture tels que les cheminées et les tuyaux d'évents **(photo D)**. Vous pouvez découper les solins à l'aide d'une cisaille type aviation. Les attaches sont spécialement conçues pour chaque travail de toiture à effectuer **(photo E)**. Utilisez des clous en aluminium pour les solins en aluminium et des clous à joint de caoutchouc pour les solins en métal galvanisé. Comptez entre deux et quatre clous par pied de solin. Pour attacher les bardeaux d'asphalte, utilisez des clous pour couverture, galvanisés. Comptez quatre clous par bardeau et 325 clous (environ 2 ½ lb) par carré (100 pi²) de bardeaux. À prix égal, les clous galvanisés par immersion à chaud offrent souvent une meilleure résistance à la corrosion.

Le papier de construction et les membranes de protection contre la glace protègent les toitures-terrasses **(photo F)**. Le ciment de toiture sert à boucher les trous ou à jointoyer les espaces existant entre les solins et les éléments de toiture.

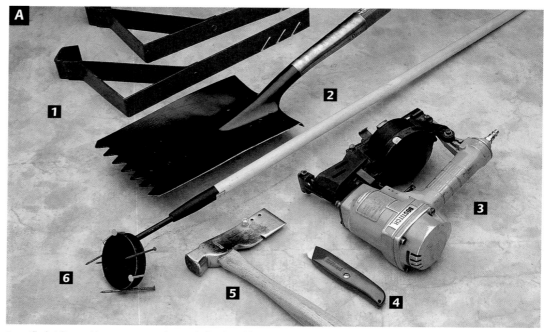

Les outils de toiture spéciaux comprennent les appuis de toiture (1), la pelle à bardeaux (2), le marteau cloueur pneumatique (3), le couteau universel à lame courbe (4), le marteau à toiture à guides d'alignement et lame de hache (5), et l'aimant réversible permettant de nettoyer le toit (6).

Utilisez des appuis de toiture plutôt qu'une échelle. Clouez les appuis sur la quatrième ou la cinquième rangée de bardeaux et appuyez-y la planche la plus large possible.

Si vous n'aimez pas les hauteurs, confectionnez-vous une échelle de toiture en clouant transversalement des lattes sur une paire de longerons de 2 po x 4 po. Fixez l'échelle aux appuis et servez-vous-en pour assurer votre position.

D

Tôle à solin laminée

Rebord

Cisaille type aviation

Solin de noue préformé

Solin de tuyau d'évent

Carrés de solins en cascade

Nécessaire de solins pour puits de lumière (incomplet)

Vous pouvez acheter toutes sortes de solins de toiture préformés ou les découper vous-même. À l'aide d'une cisaille type aviation, vous pouvez découper les longs solins de noues, les solins de base, les solins de faîte et autres pièces non standard dans des rouleaux de tôle à solin laminée. Vous pouvez acheter les carrés de solins à installer en cascade, de dimensions standard, et les plier suivant les besoins. Vous trouverez des rebords et des solins de tuyaux d'évents préformés. Les solins pour puits de lumière sont généralement fournis avec la fenêtre sous forme de kit. Les solins de forme compliquée, tels que les solins en dos d'âne des cheminées, peuvent être fabriqués par un ferblantier.

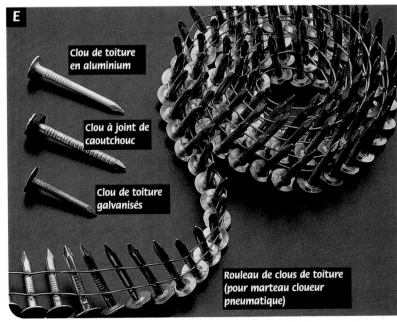

E

Clou de toiture en aluminium

Clou à joint de caoutchouc

Clou de toiture galvanisés

Rouleau de clous de toiture (pour marteau cloueur pneumatique)

Des attaches sont expressément conçues pour différents types de travaux. Utilisez les clous de toiture galvanisés pour clouer les bardeaux au marteau ordinaire; utilisez des clous en aluminium pour les solins en aluminium; utilisez les clous à joint de caoutchouc pour les solins en métal galvanisé, et les rouleaux de clous avec les marteaux cloueurs pneumatiques.

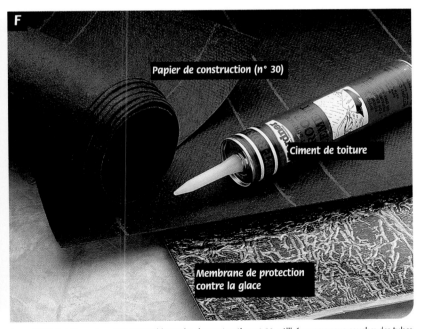

F

Papier de construction (n° 30)

Ciment de toiture

Membrane de protection contre la glace

Le matériel de toiture courant comprend le papier de construction n° 30, utilisé comme sous-couche; des tubes de ciment de toiture pour boucher les petits trous, les fissures et les joints; des membranes de protection contre la glace.

Inspection d'un toit

Un système de toiture comprend plusieurs éléments dont les fonctions combinées assurent la protection, le drainage et la ventilation de votre maison. La couverture et les solins sont conçus pour barrer le passage à l'eau et la diriger vers les gouttières et les descentes pluviales, qui l'éloigneront des fondations. Les entrées d'air et les évents assurent la circulation de l'air frais sous le revêtement intermédiaire de la toiture, ce qui empêche l'accumulation soit de l'humidité, soit de la chaleur.

Les problèmes de votre système de toiture qui compromettent sa capacité de protéger votre maison – bardeaux abîmés, ventilation incomplète, ou solins endommagés – engendrent des dommages qui se répandent rapidement dans les autres parties de la maison. Un système de toiture en bon état protège votre maison, et les inspections régulières constituent le meilleur moyen de vous assurer qu'il remplit efficacement sa fonction.

Étant donné l'évolution des problèmes de toiture, vous devez inspecter la toiture aussi bien à l'intérieur qu'à l'extérieur. Dans le comble, vérifiez si les chevrons et le revêtement intérieur ne montrent pas de signe d'humidité. L'humidité laisse soit des traînées, soit une décoloration de la surface **(photo A)**. Et bien sûr, un endroit mouillé ou humide, indique également un dommage dû à l'eau.

Pendant que vous vous trouvez dans le comble, examinez le système de ventilation et vérifiez si l'air circule librement par les évents. Si votre comble est muni d'un pare-vapeur, les évents doivent couvrir 1 pi^2 sur une surface de 300 pi^2 de toiture. Si le comble ne contient pas de pare-vapeur, cette proportion se réduit à 1 pi^2 d'évents pour 150 pi^2 de toiture.

Après avoir inspecté l'intérieur, inspectez l'extérieur de la toiture. Examinez particulièrement l'état des solins et des bardeaux. Les solins assurent des joints flexibles et imperméables entre le toit, qui se dilate et se contracte, et les éléments de toiture qu'il comporte, tels que les cheminées et les tuyaux d'évents. Examinez l'état des solins et du produit de scellement utilisé. Ce produit est facile à remplacer s'il est devenu inefficace, et il est également possible de réparer ou de remplacer les solins.

Les bardeaux tordus ou manquants permettent à l'humidité de s'accumuler et d'accélérer la détérioration de la toiture. Les bardeaux d'asphalte sous lesquels s'accumule une trop grande quantité d'humidité commencent souvent à se déformer ou à se soulever en cuvette, perdant ainsi leur capacité protectrice. Lorsque l'humidité diminue, les bardeaux déformés s'aplatissent parfois, mais les bardeaux soulevés en cuvette doivent toujours être remplacés.

La décoloration des chevrons indique des fuites.

Barrages de glace et problèmes de ventilation

Les barrages de glace se forment lorsque la neige fondante gèle près de l'avant-toit et que la glace remonte pour s'accumuler sous les bardeaux, où elle fond au contact du revêtement intermédiaire, puis coule dans la maison **(photo B)**.

Pour diminuer les dommages et prévenir la remontée de la glace, créez un passage en faisant fondre la glace avec de l'eau chaude **(photo C)**: cela permettra à l'eau de s'écouler du toit avant de geler. Ou engagez un professionnel qui utilise de la vapeur.

Vous pouvez également installer des câbles électriques de toiture qui feront fondre la glace. Placez le câble dans les gouttières et dans les descentes d'eau pluviale.

Pour résoudre ce problème de façon permanente, améliorez la ventilation du toit, ce qui réduira la température dans le comble.

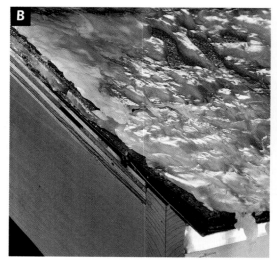

Les barrages de glace sont causés par la neige fondante.

Utilisez de l'eau chaude pour faire fondre les barrages de glace.

Inspection et entretien du toit

Vous pouvez commencer à inspecter l'extérieur du toit sans risquer de vous rompre le cou ou de vous blesser. Avec des jumelles, observez l'état du toit depuis une fenêtre située à l'étage, chez votre voisin, ou depuis votre jardin. Mais cette opération n'est qu'une première étape, vous devrez quand même monter sur le toit pour l'inspecter de plus près.

Le vent, les intempéries et les débris aéroportés peuvent endommager les ardoises et les bardeaux. Ce sont les endroits qui longent les noues et les bords de la toiture qui sont les plus soumis aux effets des intempéries. On rencontre souvent des bardeaux déformés, détachés ou cassés à ces endroits **(photo D)**. Des dépôts de granules dans les gouttières ou à la sortie des descentes pluviales sont signe que la couche de protection des bardeaux d'asphalte se détériore. Lorsque cette détérioration progresse, les bardeaux

pâlissent et s'incurvent **(photo E)**. À ce stade, il faut envisager de refaire la toiture.

L'affaissement d'un avant-toit est possible dû au poids d'un nombre excessif de couches de couverture **(photo F)**. Mais il peut résulter d'un problème plus important, comme la pourriture d'un poteau d'avant-toit ou le manque de support de ce poteau.

La saleté et les débris sont une source d'humidité et de pourriture, facteurs qui raccourcissent la durée de vie de la toiture. Pour protéger les bardeaux, lavez soigneusement le toit une fois par an **(photo G)**. Prenez particulièrement soin des endroits à l'ombre qui peuvent être endommagés par la mousse et la moisissure.

Si le climat est humide, il est bon de clouer une bande de zinc le long de la faîtière de la toiture **(photo H)**. La présence de très faibles quantités de zinc a pour

effet de laver le toit chaque fois qu'il pleut et d'empêcher la formation de mousse et de moisissure.

Les branches qui surplombent la toiture lâchent des débris et causent de l'ombre, facteurs qui favorisent la formation de mousse et de moisissure. Pour diminuer le risque de pourriture, coupez les branches qui surplombent la toiture **(photo I)**.

Quand vous vous trouvez sur le toit, essayez de détecter les endroits plus mous, indiquant la pourriture du revêtement intermédiaire. Les bardeaux s'arrachent facilement autour de cet endroit. Si vous découvrez un endroit semblable, remplacez-y immédiatement le revêtement intermédiaire.

Les problèmes courants causés par les tuiles d'argile et les ardoises sont mineurs: il s'agit généralement de pièces fissurées ou détachées, qu'il est facile de remplacer.

Les dommages ou l'usure excessive se manifestent de plus en plus à mesure que les bardeaux vieillissent, qu'ils deviennent plus fragiles et perdent leurs granules minérales de protection.

Les bardeaux bombés ou en cuvette sont habituellement le résultat d'une accumulation d'humidité sous leur surface. Les endroits détachés offrent un point d'entrée à l'humidité et rendent les bardeaux plus sensibles au vent.

Un avant-toit qui s'affaisse peut indiquer des problèmes de support importants.

Prolongez la vie de vos bardeaux en les lavant une ou deux fois par an à l'eau sous pression. Dans le cas des bardeaux de thuya, appliquez-leur périodiquement un produit de protection pour bois.

Clouez une bande de zinc le long de la faîtière d'un toit en bardeaux. Lorsqu'il pleut, la présence de zinc a pour effet de laver le toit et d'empêcher la formation de mousse et de moisissure.

Coupez les branches d'arbre qui surplombent le toit pour exposer davantage celui-ci au soleil et empêcher la formation de mousse et de moisissure.

Détection et réparation des fuites

Il n'est pas toujours facile de découvrir l'origine d'une fuite, mais heureusement les lois physiques jouent en notre faveur. Même si l'eau effectue parfois un parcours sinueux, elle finit toujours par descendre.

Si votre comble est non fini, examinez la surface intérieure du toit avec une puissante lampe de poche, un jour de pluie. Si vous détectez de l'eau, une décoloration ou tout autre signe d'humidité, suivez le trajet de l'eau en remontant jusqu'au point de pénétration dans la maison **(photo A)**.

On peut détourner temporairement l'eau qui s'accumule au bas d'un mur, pour réduire les dégâts au minimum. Clouez un petit bloc de bois sur le trajet de l'eau et placez un seau en dessous pour recueillir l'eau qui s'égoutte **(photo B)**. Ensuite, par temps sec, enfoncez un clou de l'intérieur, à travers la couverture, pour localiser l'endroit de la fuite et effectuer la réparation requise.

Si vous ne constatez aucune trace d'eau indicative de la fuite, vérifiez l'isolant entre les chevrons. Portez un masque respiratoire, des vêtements à longues manches et des gants pour examiner l'isolant et chercher les traces de moisissure, de décoloration et d'humidité. Enlevez l'isolant jusqu'à ce que vous trouviez la fuite.

Si l'eau se fraie un chemin jusqu'à un plafond fini, prenez les mesures nécessaires pour limiter les dégâts jusqu'au moment de la réparation. Réduisez l'accumulation d'eau au-dessus du plafond en perçant le plus rapidement possible un petit trou dans la plaque de plâtre ou le plâtre du plafond, afin que l'eau puisse en dégoutter **(photo C)**.

Lorsque vous trouvez l'origine d'une fuite à l'intérieur, mesurez la distance qui sépare ce point d'un endroit précis et visible, à l'extérieur de la maison, comme une cheminée, un tuyau d'évent, ou – à défaut d'autre repère – le sommet du toit **(photo D)**. Ensuite, montez sur le toit et localisez l'origine de la fuite au moyen de cette mesure. Et tant que vous y êtes, vérifiez la présence de tuiles, d'ardoises ou de bardeaux abîmés ou manquants; de solins endommagés; de clous qui ressortent; de joints défectueux entre le toit et les parements; de dégâts à la maçonnerie de cheminée; de joints non étanches entre les matériaux de couverture; de rejéteaux manquants au-dessus des fenêtres et des portes.

Vérifiez si les chevrons et le revêtement intermédiaire du comble présentent des traces d'humidité. Placez un seau pour recueillir l'eau qui s'égoutte. Suivez le trajet de l'eau jusqu'à l'origine de la fuite et marquez l'endroit.

Si l'eau s'égoutte vers le bas d'un mur, clouez un petit bloc de bois pour la diriger vers un seau.

Enfoncez une alène ou un clou au centre d'une tache d'humidité et laissez l'eau s'égoutter dans un seau.

Utilisez les mesures prises à l'intérieur de la maison, entre les repères, pour localiser la fuite sur le toit, à l'extérieur.

Effectuer des réparations d'urgence

Si votre toit est sérieusement endommagé, il faut avant tout prévenir d'autres dommages éventuels à l'intérieur de la maison en attendant que les réparations définitives puissent être effectuées. Utilisez une feuille de contreplaqué et vissez-la sur le toit comme couverture de secours, pour barrer le passage au vent et à l'eau **(photo E)**. Ou recouvrez l'endroit de la fuite d'une feuille de plastique ou de toile, tenue par un cadre de lattes clouées **(photo F)**. Utilisez des clous à deux têtes superposées, qui seront faciles à enlever lorsque vous serez prêt à effectuer les réparations définitives. Indiquez les endroits des clous lorsque vous les enlevez et dès que la réparation est terminée, remplissez de ciment de toiture les trous laissés par les clous.

Outils: Marteau.

Matériel: Contreplaqué (ou lattes de bois et plastique), clous à deux têtes superposées.

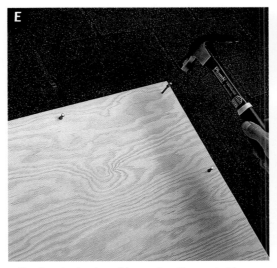

Utilisez du contreplaqué pour faire une réparation urgente à la couverture du toit. Lorsque la réparation définitive est terminée, remplissez de ciment de toiture les trous laissés par les clous.

Clouez des lattes de bois autour d'une feuille de plastique ou de toile qui servira de couverture d'urgence.

Réparations ponctuelles avec du ciment de toiture

Vous pouvez effectuer plusieurs réparations mineures avec du ciment plastique de toiture et du solin laminé, galvanisé. Faites ces réparations par temps sec et lorsque la température est clémente. La chaleur ramollit la surface de la couverture, et le froid la fragilise, ce qui rend les bardeaux plus difficiles à travailler et augmente les risques de dommages. Si les bardeaux vous paraissent fragiles, réchauffez-les avec un sèche-cheveux pour faciliter leur manipula-tion et diminuer le risque de les briser. Pour ratta-cher un bardeau **(photo G)**, essuyez le papier de construction et la partie inférieure du bardeau. Lais-sez sécher et appliquez une généreuse couche de ciment de toiture. Pressez le bardeau sur la couche de ciment.

Aplatissez les bardeaux soulevés **(photo H)** en nettoyant la partie inférieure, à l'endroit soulevé, et en la remplissant de ciment de toiture; puis, pressez le bardeau sur la couche de ciment. Vous pouvez également boucher les fissures et les fentes avec du ciment de toiture.

Vérifiez les joints sur le pourtour des solins: ils sont souvent à l'origine des fuites dans les toitures. Nettoyez les joints des solins et remplacez le ciment de toiture devenu inefficace **(photo I)**.

Recollez les bardeaux avec du ciment de toiture.

Aplatissez les bords des bardeaux soulevés en les pressant sur une couche de ciment de toiture.

Scellez les solins en enlevant le ciment de toiture devenu inefficace et en le remplaçant par du ciment neuf.

Remplacement des bardeaux d'asphalte

Pour remplacer des bardeaux d'asphalte, retirez les bardeaux endommagés, en commençant par ceux qui se trouvent le plus haut **(photo A)**. Prenez garde de ne pas abîmer les bardeaux adjacents en bon état.

Les têtes de clous qui dépassent risquant de percer les nouveaux bardeaux, retirez-les de la zone à réparer et de la partie de la couverture située juste au-dessus **(photo B)**. Avec du ciment de toiture, bouchez les trous laissés par les clous dans le papier de construction. Installez les bardeaux de remplacement, en commençant par les bardeaux les plus bas **(photo C)**. Clouez-les au-dessus des entailles des bardeaux, avec des clous de toiture de ⅞ po ou de 1 po. Clouez tous les bardeaux, sauf le dernier. Appliquez du ciment de toiture sur l'envers de celui-ci, au-dessus de la ligne d'étanchéité **(photo D)**.

Glissez le dernier bardeau en place, sous le bardeau qui le chevauche. Soulevez les bardeaux qui se trouvent juste au-dessus de la zone de réparation et clouez les bardeaux de remplacement supérieurs en place **(photo E)**.

Outils: *Marteau, pied-de-biche plat, pistolet à calfeutrer, couteau universel.*

Matériel: *Ciment de toiture, bardeaux de remplacement, clous de toiture.*

Enlevez les bardeaux abîmés, en commençant par ceux du haut.

Enlevez les anciens clous et, à l'aide de ciment de toiture, réparez le papier de construction abîmé.

Installez les bardeaux de remplacement en commençant par ceux du bas.

Installez tous les bardeaux, sauf le plus haut, à l'aide de clous; ensuite, appliquez du ciment de toiture sur l'envers du bardeau le plus haut.

Glissez le dernier bardeau à sa place, sous le bardeau qui le chevauche. Soulevez le bardeau situé juste au-dessus de la zone de réparation pour clouer le dernier bardeau de remplacement.

Vieillissement des bardeaux de bois ou de fente et des bardeaux d'asphalte

Presque tous les bardeaux changent de couleur avec le temps. Lorsque vous réparez un toit ou installez des bardeaux de remplacement, la couleur de ceux-ci tranche souvent sur celle des bardeaux plus anciens. Après quelques saisons, les nouveaux bardeaux de bois ou de fente se fondront graduellement dans le reste de la toiture, mais vous ne devez pas nécessairement attendre aussi longtemps pour obtenir le même résultat. Avec un peu de travail, vous donnerez aux bardeaux de remplacement le même aspect que celui des bardeaux d'origine, et les réparations n'auront pas l'air d'emplâtres.

Pour «vieillir» des bardeaux de bois ou de fente et les faire ressembler aux bardeaux existants, dissolvez une livre de bicarbonate de soude dans un gallon d'eau. À l'aide d'un pinceau, appliquez la solution sur les bardeaux et laissez-les en plein soleil pendant quatre ou cinq heures. Rincez-les abondamment et laissez-les sécher. Répétez le processus jusqu'à ce que leur couleur ressemble à celle des bardeaux d'origine. Si vous avez affaire à des bardeaux d'asphalte, vous pouvez accélérer leur vieillissement avec de l'essence minérale. Frottez la surface des bardeaux avec un chiffon imbibé d'essence minérale, pour enlever quelques granules. Comme ces granules protègent les bardeaux contre les éléments, faites-le précautionneusement et enlevez juste assez de granules pour que les nouveaux bardeaux ressemblent aux anciens. Rincez abondamment les bardeaux vieillis artificiellement et laissez-les sécher avant de les installer.

Remplacement des bardeaux de bois et des bardeaux de fente

Les bardeaux de bois et de fente sont fixés au revêtement intermédiaire par des clous. Comme ces bardeaux n'ont pas la flexibilité des bardeaux d'asphalte, il faut les casser pour retirer les clous.

Commencez par fendre le bardeau de bois ou de fente abîmé à l'aide d'un marteau et d'un ciseau. Enlevez les morceaux et glissez une lame de scie à métaux sous les bardeaux qui chevauchent (photo F). Coupez les clous à l'aide de la scie à métaux et arrachez les morceaux de bardeaux qui restent.

Soulevez délicatement les bardeaux de bois ou de fente situés au-dessus de la zone de réparation. Coupez de nouveaux bardeaux pour remplacer la rangée inférieure et installez-les en laissant entre eux environ $^3/_8$ po pour la dilatation. Clouez en place les bardeaux de remplacement à l'aide de clous de parement (photo G). Remplissez toutes les rangées à réparer sauf la rangée supérieure.

Coupez les bardeaux destinés à la rangée supérieure. Comme il n'est pas possible de les clouer, collez-les au revêtement intermédiaire avec du ciment de toiture.

Appliquez une couche de ciment de toiture à l'endroit qui doit recevoir ces bardeaux et glissez ceux-ci sous les bardeaux qui doivent les chevaucher. Pressez-les sur le ciment de toiture (photo H).

À l'aide d'une scie à métaux, coupez les clous sous les bardeaux supérieurs.

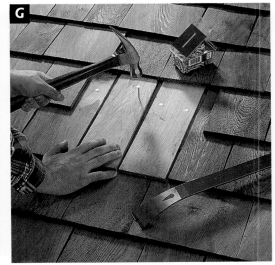

Clouez les nouveaux bardeaux de bois ou de fente à leur place.

Appliquez du ciment de toiture sur les bardeaux de remplacement de la rangée supérieure et glissez ceux-ci sous les bardeaux qui doivent les chevaucher.

Réparation et remplacement des solins

Les solins protègent les joints qui entourent les éléments de toiture et les joints entre les différentes parties de toiture en barrant le passage à l'eau qui ruisselle sur le toit. Pour que la toiture conserve son intégrité, il faut réparer ou remplacer les solins qui se détériorent ou qui sont abîmés.

Si vous envisagez le rapiéçage ou le remplacement partiel d'un solin, utilisez le même matériau que celui d'origine, c'est-à-dire installez de l'aluminium sur de l'aluminium, par exemple. Lorsque deux métaux différents sont en contact, cela favorise la corrosion. Si vous remplacez le solin qui entoure une cheminée ou quelque autre structure en maçonnerie, utilisez un solin de cuivre ou d'acier galvanisé, car la chaux du mortier peut corroder l'aluminium.

Au début, on remarquera facilement les rapiéçages, mais les pièces se décoloreront rapidement pour se confondre avec le reste du solin.

Portez des gants épais et méfiez-vous des arêtes coupantes lorsque vous manipulez les solins.

> **Outils:** *Mètre à ruban, brosse métallique, cisaille type aviation, truelle, levier plat, marteau, couteau universel.*
>
> **Matériel:** *Solins de remplacement, ciment de toiture, clous de toiture.*

Rapiéçage d'un solin de noue

Lorsqu'on répare un solin de noue, on n'enlève pas le solin endommagé, on le rapièce avec des morceaux neufs.

Mesurez l'endroit abîmé et dessinez la pièce sur le solin. Elle doit être assez large pour glisser sous les bardeaux, de part et d'autre de la zone réparée, et pointue d'un côté pour qu'on puisse l'insérer dans une fente pratiquée dans le solin existant.

Coupez la pièce à l'aide d'une cisaille type aviation **(photo A)**.

Avec une truelle ou un levier plat, coupez précautionneusement le joint entre le solin endommagé et les bardeaux qui l'entourent.

Frottez le solin abîmé à la brosse métallique et essuyez-le.

Appliquez un cordon épais de ciment de toiture à l'arrière de la pièce **(photo B)**.

Coupez une fente dans l'ancien solin. Introduisez l'extrémité pointue de la pièce dans la fente et glissez les arêtes latérales sous les bardeaux latéraux.

Posez l'autre extrémité de la pièce sur l'ancien solin et pressez fortement l'extrémité sur le ciment de toiture. Ajoutez du ciment de toiture sur les joints exposés et sur les joints entre la pièce et les bardeaux.

À l'aide d'une truelle, amincissez progressivement le ciment, ce qui facilitera l'écoulement de l'eau **(photo C)**. Assurez-vous que tous les joints sont recouverts.

À l'aide d'une cisaille type aviation, coupez la pièce de métal aux dimensions voulues. Assurez-vous que la pièce est assez large pour qu'on puisse la glisser sous les bardeaux.

Appliquez un cordon continu de ciment de toiture sur les bords de la pièce.

Amincissez progressivement le ciment pour que l'eau puisse s'écouler facilement.

Installation d'un solin d'évent

Installez les bardeaux jusqu'au tuyau d'évent, de manière que le solin repose sur au moins un bardeau. Appliquez un double cordon de ciment de toiture sur les bords inférieurs de la bride.

Placez le col du solin de sorte que la partie conique allongée soit orientée vers le bas et que la bride repose sur les bardeaux. Clouez la bride sur son pourtour, en utilisant des clous de toiture (**photo D**).

Découpez les bardeaux qui entourent le col du solin de manière qu'ils reposent à plat sur la bride (**photo E**). Appliquez du ciment de toiture sur le joint entre les bardeaux et le solin et sur les clous.

Étalez un cordon épais de ciment de toiture au bas du solin, abaissez celui-ci en le glissant autour du tuyau d'évent et clouez-le en place.

Découpez des bardeaux et installez-les de manière qu'ils entourent le solin et reposent à plat sur celui-ci.

Remplacement de solins en cascade

Pour remplacer un solin d'une série de solins installés en cascade, recourbez précautionneusement le contre-solin ou le parement qui recouvre le solin abîmé. Coupez les joints de ciment de toiture attenants et écartez les bardeaux. À l'aide d'un levier plat, retirez le solin abîmé (**photo F**). Cou-

pez le nouveau solin aux dimensions voulues et appliquez du ciment de toiture sur tous les bords recouverts.

Glissez le solin en place, en veillant à ce qu'il soit recouvert par le solin supérieur et qu'il recouvre le bardeau et le solin inférieurs (**photo G**).

Plantez un clou de toiture dans le coin inférieur du solin, pour le fixer au revêtement de toiture (**photo H**). N'attachez pas le solin à un élément vertical du toit.

Replacez les bardeaux et le contre-solin, et scellez tous les joints avec du ciment de toiture.

À l'aide d'un levier plat, enlevez le solin abîmé.

Appliquez du ciment de toiture sur le nouveau solin et installez-le.

Attachez le solin au toit au moyen de clous de toiture.

Préparation en vue de l'installation d'un nouveau toit

Si votre toit est recouvert de plus d'une couche de bardeaux, si les bardeaux sont déformés ou incurvés, ou si le revêtement intermédiaire est gauchi, vous devez enlever complètement l'ancienne couverture. Mais n'entamez pas ce travail sans avoir dressé un pan détaillé des opérations.

Évaluez le temps que le travail exigera (consultez le tableau de la page suivante). Tenez compte de la pente du toit et essayez de déterminer si le travail nécessite l'installation d'appuis de toiture. L'installation et le démontage des appuis prennent du temps. Vous gagnerez du temps et vous éviterez des problèmes si vous organisez les tâches en séquences logiques et si vous les répartissez en journées de travail. Par exemple, en planifiant bien les travaux, vous ne serez peut-être pas obligé de couvrir le toit en entier tous les soirs.

Mesurez la surface du toit en pieds carrés. Rendez-vous dans différents magasins et comparez les prix, puis estimez grossièrement le coût des bardeaux que vous avez choisis. Comptez le nombre d'éléments que comprend votre toiture, tels que les tuyaux d'évent, les évents de ventilateurs, les puits de lumière, les man-

sardes et les cheminées, et évaluez le nombre de solins dont vous aurez besoin. S'il est nécessaire de remplacer le revêtement intermédiaire, incluez cette dépense dans votre estimation, ainsi que le papier de construction, le ciment de toiture, les clous, la location d'une benne à rebuts et l'achat ou la location d'outils. Ajoutez 15 % à votre estimation pour les pertes.

Outils: Cisaille type aviation, balai, pistolet à calfeutrer, levier plat, scie alternative, aimant réversible, marteau à toiture, pelle à bardeaux, mètre à ruban, truelle.

Matériel: Contreplaqué pour l'extérieur, solins en métal galvanisé, ciment de toiture, clous de toiture, clous à joint de caoutchouc, rebuts de bois, vis, solins pour tuyaux d'évents.

Lorsque vous travaillez sur le toit, portez des souliers à semelles de caoutchouc, des genouillères, un tablier à clous, une ceinture porte-outils, une chemise à longues manches, de longs pantalons et des gants de travail. Portez des lunettes de protection si vous utilisez des outils à commande mécanique.

Calcul de la pente d'un toit

On définit la pente d'un toit comme étant la différence de hauteur du toit, mesurée à 12 po de distance horizontale d'un de ses points. Par exemple, le toit ci-contre a une pente de 5:12, c'est-à-dire qu'il s'élève de 5 po sur une distance horizontale de 12 po. Il est important de connaître la pente du toit lorsqu'on choisit le matériel et qu'on veut juger du degré de difficulté du travail à réaliser. Pour assurer votre assise, installez des appuis de toiture temporaires si le toit a une pente de 7:12 ou plus. Les toits qui ont une pente de 3:12 ou moins exigent une couverture continue assurant une protection contre les effets de la formation de nappes d'eau.

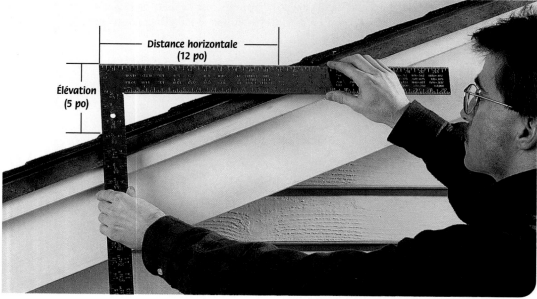

Tenez une équerre de charpentier contre le bord du toit, le bras supérieur se trouvant à l'horizontale (vérifiez avec un niveau). Placez l'équerre pour que ce bras rencontre le toit à 12 po. Mesurez sur le bras vertical la distance à laquelle il rencontre le toit: elle indique la pente.

Estimation des temps requis

Tâche	Temps requis ×	Quantité =	Temps total
Arrachement	1 heure par carré (1 carré = 100 pieds carrés)		
Installation du papier de construction	30 minutes par carré		
Installation des bardeaux: À plat Faîtages, arêtiers Mansardes	 2 heures par carré 30 minutes pour 10 pieds ajouter 1 heure par mansarde (comprend la surface de la mansarde estimée «à plat»)		
Solins: Cheminées Tuyaux d'évents Noues Évents de toiture Puits de lumière Rejéteaux	 2 heures chacune 30 minutes chacun 30 minutes pour 10 pieds 30 minutes chacun 2 heures chacun 30 minutes pour 20 pieds		
Temps total des travaux			

NOTE: Tous les temps sont basés sur la tâche d'un seul travailleur. Les réduire de 40 % si celui-ci a un aide.

Installation des appuis de toiture

Les appuis de toiture assurent une bonne assiette sur les toits à forte pente. Lorsque vous installez des appuis de toiture, posez le premier sur la quatrième ou la cinquième rangée de bardeaux, en enfonçant des clous dans le recouvrement vertical – appelé aussi zone morte – des bardeaux, où les clous seront recouverts **(photo A)**. Utilisez des clous 16d et installez un appui tous les 4 pi, en laissant de 6 po à 12 po de dépassement aux extrémités. Recouvrez l'extrémité de chaque appui avec un bardeau. Appuyez ensuite une planche de 2 po x 8 po ou de 2 po x 10 po sur les appuis **(photo B).** Assujettis-sez la planche en plantant un clou à travers le trou du rebord horizontal supérieur de chaque appui. Lorsque le travail est terminé, enlevez les planches et les appuis. Placez l'extrémité d'un levier plat sur chaque clou et enfoncez-le en frappant avec un marteau sur la tige du levier **(photo C).**

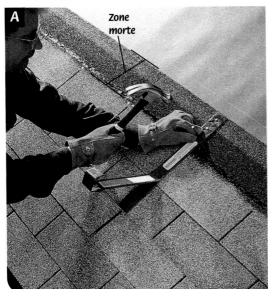

Fixez les appuis de toiture au toit avec des clous 16d enfoncés dans la zone morte, où les clous seront recouverts.

Recouvrez l'extrémité de chaque appui avec un bardeau. Appuyez une planche de 2 po x 8 po ou de 2 po x 10 po sur les appuis. Utilisez la planche la plus large qui puisse entrer dans les appuis.

Enlevez les planches et les appuis, et enfoncez les clous à l'aide d'un marteau et d'un levier plat.

Arrachement complet

On peut exécuter l'enlèvement des bardeaux – appelé *arrachement* dans le jargon du métier – assez rapidement, ce qui en fait une des tâches les plus satisfaisantes lorsqu'on refait une couverture. Pour plus d'efficacité, faites-vous aider par quelqu'un qui ramassera les débris sur le sol pendant que vous effectuerez le travail.

Si vous ne pouvez refaire toute la couverture en un jour, n'arrachez qu'une section à la fois. Enlevez les bardeaux du faîte avec un levier plat **(photo A)**. Progressez de haut en bas et arrachez le papier de construction ainsi que les anciens bardeaux à l'aide d'une pelle à bardeaux ou d'une fourche **(photo B)**. À moins que les solins ne soient en parfait état, enlevez-les en coupant le ciment de toiture qui les attache aux bardeaux **(photo C)**. Vous pourrez peut-être sauver certains solins, comme les dossiers et dos d'âne des cheminées, pour les réutiliser.

Après avoir enlevé les bardeaux, le papier de construction et les solins de toute la section à remplacer, retirez les clous restants **(photo D)** et balayez le toit. Couvrez les sections sans bardeaux pour la nuit, au moyen de bâches lestées de paquets de bardeaux **(photo E)**.

Enlevez les bardeaux de la faîtière à l'aide d'un levier plat. Puis, enlevez les bardeaux de la rangée supérieure.

Arrachez les anciens bardeaux et le papier de construction en progressant de haut en bas.

Coupez dans le ciment de toiture avec un levier plat. Enlevez et jetez les solins, à moins qu'ils ne soient en excellent état.

Utilisez une pelle à bardeaux ou un marteau pour enlever les anciens clous. Au sol, recueillez les clous à l'aide d'un aimant réversible.

Utilisez des bâches lestées de paquets de bardeaux pour protéger les sections découvertes pendant la nuit.

Traitement des débris

L'arrachement fournit une grande quantité de débris et de rebuts. En prenant certaines précautions, vous allégerez grandement la tâche de nettoyage subséquente.

Commencez par étendre des bâches sur le sol et appuyez des feuilles de contreplaqué contre la maison pour protéger les arbrisseaux.

Louez si nécessaire une benne à déchets à une compagnie de rebuts ou à votre service local de gestion des déchets. Tâchez de les convaincre de transporter les débris dans une décharge autorisée. Ensuite, installez directement la benne sous le bord du toit, afin de pouvoir y jeter au fur et à mesure les débris de l'ancienne toiture.

Si la location d'une benne n'est pas justifiée, utilisez des brouettes et déchargez-en le contenu sur des bâches. Cependant, dans ce cas, vous serez finalement responsable de l'évacuation des débris, ce qui nécessitera probablement plusieurs voyages à la décharge.

Remplacement du revêtement de toiture

Si vous rencontrez un endroit mou en inspectant votre toiture après l'arrachement, ou si une partie du revêtement intermédiaire est abîmée, c'est le moment de remplacer ces éléments.

Vérifiez qu'aucun câble électrique ne passe sous le revêtement, à cet endroit. À l'aide d'une scie alternative, enlevez le revêtement jusqu'aux chevrons, sur une surface dépassant largement la partie abîmée. Enlevez les parties endommagées **(photo F)**.

Attachez des bandes de clouage de 2 po x 4 po à l'intérieur des chevrons, à l'aide de vis de plancher de 3 po **(photo G)**.

Après avoir mesuré la surface à recouvrir, découpez la pièce dans un panneau de contreplaqué pour l'extérieur, et laissez un espace de 1/8 po tout autour de la pièce, pour la dilatation.

Fixez la pièce aux chevrons et aux bandes de clouage avec des vis de plancher de 2 1/4 po ou des clous de parement 8d **(photo H)**.

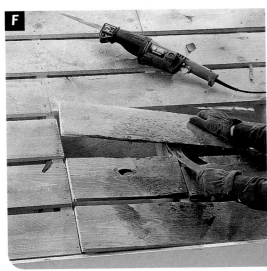

Après avoir découpé les parties abîmées du revêtement intermédiaire, enlevez-les avec un levier plat.

Installez les bandes de clouage de 2 po x 4 po qui supporteront le revêtement intermédiaire de remplacement.

À l'aide de vis de plancher de 2 1/4 po ou de clous de parement 8d, fixez la pièce, en laissant 1/8 po tout autour de la pièce pour la dilatation.

Installation d'un nouveau toit

Installation du papier de construction

On installe le papier de construction sur les revêtements intermédiaires des toitures pour protéger celles-ci contre le manque d'étanchéité éventuel des bardeaux et des solins. On trouve du papier de construction de différentes densités, mais le papier n° 30 est le papier adéquat comme dessous de bardeaux. Dans les climats froids, les codes du bâtiment exigent souvent qu'on installe une sous-couche de protection contre le gel ou la glace plutôt que du papier de construction standard, au moins pour la première ou les deux premières sous-couches. Cette couche de protection est une membrane adhésive qui, collée au revêtement intermédiaire, constitue une barrière de protection contre l'eau provenant des barrages de glace formés sur la toiture. Tracez un trait à la craie à 35 ⅝ po du bord de l'avant-toit, de sorte que la première membrane de 36 po de large dépassera du bord de l'avant-toit de

³⁄₈ po. Installez une sous-couche de protection contre la glace en utilisant le trait de craie comme référence et en enlevant la pellicule de protection à mesure que vous déroulez la membrane **(photo A)**. Dans les régions froides, appliquez la longueur de membrane suffisante pour qu'elle dépasse le surplomb du toit de 24 po. Dans les régions chaudes, il faut vérifier les codes du bâtiment locaux pour savoir s'ils exigent l'installation d'une membrane. Tracez une autre ligne à la craie, 32 po plus haut que le bord supérieur de la sous-couche précédente. Déroulez la longueur suivante de papier de construction (ou de membrane si nécessaire) en recouvrant toujours 4 po de la sous-couche précédente. Attachez le papier de construction à l'aide d'une agrafeuse à poignée, en posant une agrafe tous les 6 à 12 po le long des bords, et une agrafe par pi² de surface sur la sous-couche **(photo B)**. Installez le papier de construc-

tion jusqu'au faîtage – côté ligné dirigé vers le haut – en traçant une ligne horizontale toutes les deux ou trois largeurs pour vérifier l'alignement des longueurs de sous-couche. Coupez les sous-couches au ras du chevron de rive. Progressez vers le haut du revêtement intermédiaire en faisant chevaucher les longueurs de 4 po aux joints horizontaux et de 12 po aux joints

Outils: *Cordeau traceur, levier plat, agrafeuse à poignée, couteau à toiture, mètre à ruban, cisaille type aviation.*

Matériel: *Papier de construction n° 30 et (ou) sous-couche de protection contre la glace, solin de rebord, ciment de toiture, clous de toiture.*

Installez la première largeur de papier de couverture ou de membrane de protection contre la glace, en la laissant dépasser de ³⁄₈ po du bord de l'avant-toit.

Posez des agrafes tous les 6 à 12 po.

Faites chevaucher le papier de construction pour que le revêtement intermédiaire de la toiture soit complètement recouvert.

verticaux. Déroulez le papier de construction des deux côtés des noues **(photo C)**, en faisant chevaucher les extrémités de 36 po. Faites chevaucher les sous-couches de 6 po aux arêtiers et aux faîtages. Installez des pièces de papier de construction par-dessus les obstacles tels que les tuyaux d'évents et les évents de toiture **(photo D)**. Appliquez du papier de construction sur le revêtement intermédiaire, en le déroulant jusqu'à contre l'obstacle. Ensuite, continuez à l'appliquer de l'autre côté de l'obstacle (en veillant à suivre la même ligne horizontale). Découpez une pièce dont le pourtour recouvrira partout le papier de construction sur 12 po. Entaillez la pièce en forme de croix pour faire passer l'obstacle. Installez la pièce et agrafez-la en place; puis, scellez les joints avec du ciment de toiture. Au pied des mansardes et des parois verticales, glissez le papier de construction sous le parement **(photo E)**, à l'endroit de son intersection avec le toit. Glissez également le papier de construction sous les contre-solins des cheminées et des puits de lumière. Soulevez précautionneusement le parement et glissez le papier pour qu'il rentre de 2 po au moins sous celui-ci. Ne rattachez pas le parement ou le contre-solin tant que vous n'avez pas installé les solins en cascade. Attachez les solins le long des chevrons de rive (voir ci-dessous).

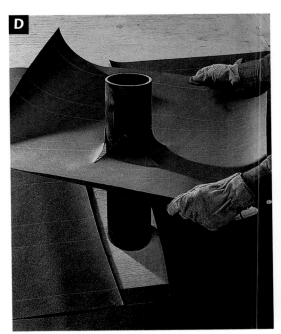

Installez le papier de construction jusqu'au bord des obstacles. Ensuite, posez une pièce autour de l'obstacle et scellez les joints avec du ciment de toiture.

Au pied des mansardes et des parois verticales, glissez le papier de construction de manière qu'il rentre de 2 po au moins sous le parement.

Installation des solins aux rebords

Installez les solins des rebords d'avant-toit *avant* d'installer le papier de construction et installez les solins des chevrons de rive *après* avoir installé le papier de construction.

Clouez une bande de solin le long du bord de l'avant-toit **(photo F)**. Faites chevaucher les morceaux de 2 po à l'endroit des joints verticaux et enfoncez un clou tous les 12 po. Biseautez les extrémités à 45° en prévision des joints biseautés que formeront les solins d'avant-toit avec les solins des chevrons de rive. Utilisez des clous galvanisés pour installer des solins de rebord galvanisés ou en vinyle; utilisez des clous en aluminium pour fixer les solins de rebord en aluminium. Enfoncez les clous tous les 12 po.

Pour installer les solins des chevrons de rive, commencez par le bas, en formant un joint biseauté avec le solin de rebord d'avant-toit. Progressez vers le faîte en faisant chevaucher les solins de 2 po et en vous assurant que c'est bien le solin supérieur qui recouvre l'autre **(photo G)**.

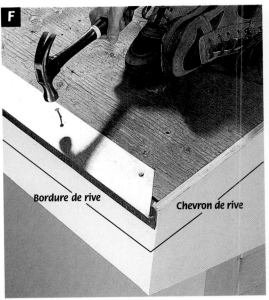

Bordure de rive

Chevron de rive

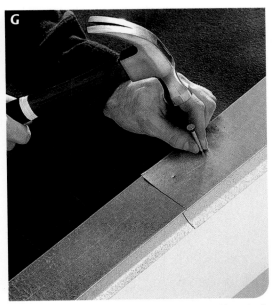

On installe les solins des rebords d'avant-toit avant de poser le papier de construction. Fixez une bande de solin le long du bord de l'avant-toit, en espaçant les clous de 12 po.

On installe les solins des chevrons de rive après avoir posé le papier de construction. Faites chevaucher ces solins de 2 po.

Installation des solins

Les solins sont des barrières en métal ou en caoutchouc destinées à protéger les joints qui entourent les éléments de toiture ou les joints des surfaces adjacentes des toitures.

Les solins qui entourent les éléments de toiture tels que les cheminées et les tuyaux d'évents ne doivent être fixés qu'à une surface, habituellement le revêtement intermédiaire. N'utilisez que le ciment de toiture pour attacher les solins aux éléments de toiture. Le solin doit être assez flexible pour suivre la contraction et la dilatation de l'élément de toiture et du revêtement intermédiaire; s'il est assujetti aux deux, il se déchirera ou se détachera.

Pour plier les solins, commencez par vous confectionner un gabarit de pliage en enfonçant partiellement des vis dans un morceau de bois qui serviront d'arrêts, à une distance du bord égale à la moitié de la largeur des solins. Fixez le morceau de bois à une surface de travail. Placez un morceau de solin à plat sur le morceau de bois et pliez-le autour de l'arête **(photo A)**.

Utilisez un vieux solin comme modèle pour découper les nouveaux **(photo B)**. Cette méthode est particulièrement utile lorsqu'il faut reproduire des solins compliqués, comme les solins en dos d'âne des cheminées et des mansardes.

Si votre toit est normalement muni d'un solin en dos d'âne pour détourner l'eau de la cheminée, demandez à un ferblantier de vous en fabriquer un autre. Donnez-lui l'ancien solin comme modèle ou renseignez-le sur la pente du toit et la largeur de la cheminée.

Solins métalliques de noues: commencez au bord de l'avant-toit. Placez un morceau de solin dans la noue, le «V» dirigé vers le fond **(photo C)**. Fixez le solin à l'aide de clous plantés tous les 12 po, de chaque côté. Coupez l'extrémité du solin au bord de l'avant-toit, au ras des solins latéraux d'avant-toit.

Progressez vers le faîte en faisant chevaucher les solins sur 8 po au moins, jusqu'au sommet. Laissez le dernier solin dépasser le faîte de plusieurs pouces **(photo D)**. Pliez le solin sur le faîte, de manière qu'il repose à plat sur l'autre versant. Si vous installez des solins préformés, faites une petite entaille le long du pli pour faciliter le pliage. Couvrez les têtes de clous à l'aide de ciment de toiture (à moins que vous n'utilisiez des clous à joint de caoutchouc). Appliquez également du ciment de toiture le long des bords latéraux des solins.

Solins en cascade: posez les bardeaux jusqu'à 5 po de l'élément de toiture à protéger. Installez le solin de base en vous servant de l'ancien solin comme modèle. Pliez un morceau de solin en deux et placez-le, la pliure dans le coin inférieur de l'élément. Tracez une ligne de coupe sur le solin en suivant l'arête verticale de l'élément. Coupez le solin suivant cette ligne et enlevez la partie inutile **(photo E)**.

Écartez de la paroi la partie inférieure du parement et les garnitures se trouvant éventuellement à la base de l'élément. Insérez des intercalaires pour écarter le parement ou les garnitures de la zone de travail. Appliquez du ciment de toiture sur le solin de base, à

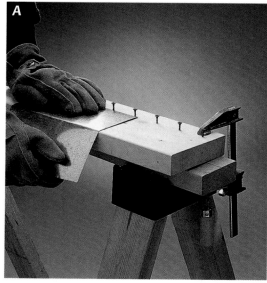

Trouvez une planche inutilisée et confectionnez un gabarit de pliage en y plantant une rangée de vis. Utilisez-le ensuite pour plier vos solins.

Outils: Cisaille type aviation, pistolet à calfeutrer, barre plate, marteau à toiture, mètre à ruban, truelle.

Matériel: Solins galvanisés, ciment de toiture, clous de toiture, clous à joint en caoutchouc, morceau de planche inutilisé, vis, solins de tuyaux d'évents.

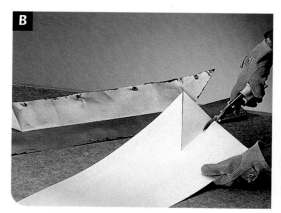

Prenez les anciens solins comme modèles pour découper les solins de remplacement, surtout lorsqu'ils doivent prendre une forme compliquée.

En commençant au bord de l'avant-toit, clouez les solins des deux côtés, tous les 12 po. Faites chevaucher les solins d'au moins 8 po, en progressant vers le faîte.

Le dernier solin doit dépasser du faîte de quelques pouces. Pliez le solin sur le faîte pour qu'il repose à plat sur l'autre versant.

l'endroit où il sera recouvert par le solin en cascade. Glissez la partie coupée du solin en cascade sous le parement écarté **(photo F)** et fixez le solin à l'aide d'un clou à joint en caoutchouc, enfoncé dans le revêtement intermédiaire, près du coin supérieur du solin.

Appliquez du ciment de toiture sur le premier solin en cascade, à l'endroit où il sera recouvert par le bardeau de la rangée suivante. Installez le bardeau en le pressant fermement dans le ciment de toiture **(photo G)**. Ne perforez pas le solin qui se trouve sous le bardeau. Glissez un autre solin sous la garniture ou le parement, en lui faisant recouvrir 2 po au moins du premier solin. Enfoncez le solin dans le ciment de toiture appliqué sur le bardeau. Ensuite, clouez le bardeau en place, en veillant à ne pas planter de clous à travers le solin **(photo H)**.

Continuez à installer les solins de cette manière jusqu'au-dessus de l'élément. Coupez le dernier solin de manière qu'il épouse le coin supérieur de l'élément. Rattachez le parement et les garnitures.

Solins de cheminée: installez les solins jusqu'à la base de la cheminée. Servez-vous de l'ancien solin de base comme gabarit lorsque vous découpez le nouveau solin. Pliez les contre-solins (pièces ancrées dans la cheminée pour recouvrir les solins en cascade). Appliquez du ciment de toiture à la base de la cheminée et sur les bardeaux qui se trouvent juste en dessous. Pressez le solin de base dans le ciment de toiture et pliez le solin pour qu'il épouse le coin de la cheminée **(photo I)**. Enfoncez des clous à joint en caoutchouc dans la bride du solin et le revêtement intermédiaire.

Installez les solins en cascade et les bardeaux jusqu'au dessus de la cheminée. Attachez les solins à la cheminée avec du ciment de toiture. Dépliez les contre-solins au fur et à mesure.

Coupez et installez le solin supérieur (parfois appelé «selle») autour du bord supérieur de la cheminée, exactement comme vous avez installé le solin de base et en lui faisant recouvrir les derniers solins installés de chaque côté de la cheminée **(photo J)**. Attachez le solin avec du ciment de toiture appliqué sur le revêtement intermédiaire et sur la cheminée, ainsi qu'avec des clous à joint en caoutchouc plantés à travers les solins et le revêtement intermédiaire. Continuez à installer les bardeaux, en utilisant du ciment de toiture (non des clous) pour attacher les bardeaux sur les solins.

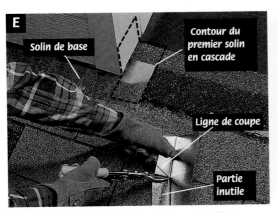

Pliez en deux le solin en cascade, posez-le et coupez l'excédent.

Fixez le solin en le pressant dans le ciment de toiture.

Installez le bardeau en le pressant fermement dans le ciment de toiture.

Attachez le solin au bardeau avec du ciment de toiture. Puis, fixez le bardeau avec des clous.

Pliez les contre-solins vers le haut pour pouvoir glisser le solin de base en dessous.

Installez le solin supérieur, en lui faisant recouvrir les solins en cascade latéraux et en utilisant du ciment de toiture et des clous à joint en caoutchouc.

Installation des bardeaux

Tracez un trait à la craie sur la sous-couche de papier de construction ou de membrane protectrice contre la glace, à 11 ½ po du bord de l'avant-toit, qui servira de ligne de référence pour la rangée de départ des bardeaux (**photo A**). Les bardeaux standard de 12 po dépasseront donc le bord de l'avant-toit de ½ po. Pour installer la rangée de départ, coupez la moitié (6 po) d'un pureau à l'extrémité d'un bardeau. Retournez ce bardeau et placez-le de sorte que le bord des pureaux soit aligné sur le trait à la craie et que le demi-pureau coupé vienne au ras du chevron de rive. Enfoncez des clous de toiture de ⅞ po près de chaque extrémité, à 1 po environ en dessous de chaque encoche, au milieu de chaque pureau. Installez un bardeau entier à côté du bardeau coupé et clouez-le. Ache-

vez la rangée, en coupant le dernier bardeau au ras de l'autre bordure de rive (**photo B**).

Installez ensuite, sur la rangée de départ, le premier rang complet de bardeaux, pureaux vers le bas. Commencez à la bordure de rive où vous avez commencé la rangée de départ. Laissez le premier bardeau dépasser la bordure de rive de ⅜ po et le bord de l'avant-toit de ½ po. Assurez-vous que les bords supérieurs des autres bardeaux viennent à ras des bords supérieurs des bardeaux de la rangée de départ, le long du trait de craie (**photo C**).

Tracez un trait à la craie entre le bord de l'avant-toit et le faîte, pour disposer d'une verticale de référence qui servira à aligner les bardeaux. Choisissez un endroit sans obstacle, aussi près que possible du centre de la toiture. Le trait doit passer par le

centre d'une des encoches d'un bardeau du premier rang complet. Utilisez une équerre de charpentier pour que la ligne soit perpendiculaire au bord de l'avant-toit (**photo D**).

Basez-vous sur la ligne verticale pour marquer la succession d'encoches qui seront décalées de 6 po par rapport au rang suivant. Attachez un bardeau à 6 po de la ligne, d'un côté de celle-ci: il servira de point de départ à l'installation du deuxième rang. Le bord inférieur du bardeau doit se trouver 5 po plus haut que le bord inférieur des bardeaux du rang précédent. Fixez les bardeaux qui serviront de point de départ au troisième et au quatrième rang, à 12 et 18 po respectivement de la ligne verticale. Commencez le cinquième rang contre la ligne verticale (**photo E**).

Pour assurer l'alignement des bardeaux du rang de départ, tracez à la craie une ligne de référence à 11 ½ po du bord de l'avant-toit.

Pureau complet

Demi-pureau

Placez le premier bardeau du rang de départ de manière que ses pureaux soient alignés sur le trait de craie et que le demi-pureau vienne au ras du chevron de rive.

Outils: Cisaille type aviation, équerre de charpentier, cordeau traceur, barre plate, appuis de toiture, bois scié de 2 po x 10 po, marteau à toiture, couteau de toiture, règle rectifiée, mètre à ruban.

Matériel: Solins, bardeaux, cartouches de clouage, ciment de toiture, clous de toiture.

Installez le premier rang sur le rang de départ, pureaux vers le bas.

Tracez un trait à la craie entre le bord de l'avant-toit et le faîte, à peu près au centre du toit.

18 po

12 po

6 po

Zone visible de 5 po

Suivez le trait pour installer les bardeaux en décalant les encoches de 6 po d'un rang à l'autre.

Remplissez de bardeaux les rangs deux à cinq, en progressant vers le haut à partir du deuxième rang, tout en conservant un écart de 5 po entre deux rangs successifs. Glissez les bardeaux d'un rang sous les bardeaux du rang supérieur laissés incomplètement cloués, et clouez-les ensuite **(photo F)**. NOTE: Après avoir rempli le cinquième rang, installez des appuis de toiture, si nécessaire.

Vérifiez l'alignement des bardeaux tous les 4 rangs. À plusieurs reprises le long du rang supérieur, mesurez la distance entre le bord inférieur des bardeaux et la ligne de papier de construction la plus proche. Si vous constatez un désalignement, redressez la situation progressivement au cours de l'installation des rangs suivants.

Lorsque vous rencontrez des obstacles – des mansardes, par exemple –, commencez à les recouvrir d'un côté, en respectant le même décalage des bardeaux. De l'autre côté, tracez une autre verticale de référence en prenant les bardeaux situés plus haut que l'obstacle comme ligne de référence **(photo G)**. Installez les bardeaux du même côté de l'obstacle, en commençant au bord de l'avant-toit, en progressant vers le haut et en vous basant sur la ligne de référence verticale pour recommencer le décalage des encoches de bardeaux **(photo H)**. Remplissez les rangs de bardeaux jusqu'aux bordures de rive et coupez ce qui dépasse.

Lorsque deux pans de revêtement se rejoignent, coupez les bardeaux qui dépassent, sur les solins, dans les noues **(photo I)**. Vous couperez ces bords plus précisément et légèrement en biseau lorsque les deux pans du revêtement seront recouverts de bardeaux. N'entaillez pas les solins. Installez les bardeaux sur les revêtements de toiture adjacents en commençant par le bord inférieur et en utilisant le même alignement décalé que sur les autres parties de la toiture. Installez des bardeaux jusqu'à ce que les rangs chevauchent, au centre des solins de noues **(photo J)**. Coupez les bardeaux des deux côtés des solins lorsque vous avez terminé le travail.

Lorsque vous rencontrez un arêtier (une arête où se rencontrent deux pans du toit) ou le faîte (l'arêtier situé au sommet du toit), installez les bardeaux sur le premier versant du toit, jusqu'à ce que leur bord inférieur se trouve à moins de 5 po de l'arête. Coupez l'excédent le long du joint, au sommet. Avec le rang supérieur de l'autre versant, recouvrez l'arêtier ou le faîte, de 5 po maximum **(photo K)**.

Dans un bardeau, coupez trois bardeaux carrés d'arêtier/de faîte, de 12 po de côté. Retournez-les, granules

Suite à la page suivante

En progressant vers le haut, laissez les bardeaux partiellement cloués de manière à pouvoir glisser les bardeaux d'un rang sous les bardeaux du rang supérieur.

Installez les bardeaux jusque sur l'obstacle à recouvrir en suivant le schéma de décalage. Ensuite, tracez une verticale de référence de l'autre côté de l'obstacle.

Installez les bardeaux de l'autre côté en progressant vers le haut et achevez l'installation, en faisant dépasser les bardeaux des chevrons de rive et en coupant l'excédent.

Coupez les bardeaux qui débordent sur les solins des noues de mansardes.

Installez les bardeaux sur le revêtement intermédiaire des mansardes, en leur faisant recouvrir les solins des noues.

Bardeaux du premier versant coupés au sommet

Bardeaux du second versant qui recouvrent le sommet

Aux faîtes, recouvrez les bardeaux d'un versant avec ceux de l'autre versant.

Installation des bardeaux (suite)

vers le bas, et coupez-les aux encoches (**photo L**). Biseautez les coins supérieurs de chaque carré, en commençant juste en dessous de la bande du joint, pour empêcher les chevauchements dans la zone visible.

À 6 po de l'arête, tracez d'un côté un trait à la craie, parallèlement à l'arête. Commencez à attacher les bardeaux de faîte à une extrémité du toit, en les alignant sur le trait de craie. Enfoncez deux clous de toiture de 1 ¼ po, par bardeau de faîte, à environ 1 po de chaque bord, juste en dessous de la bande du joint (**photo M**).

Installez ainsi les bardeaux de faîte jusqu'à la moitié du toit, laissant une zone visible de 5 po à chaque bardeau de faîte. Ensuite, en commençant par l'autre extrémité du toit, installez des bardeaux de faîte sur l'autre moitié du toit, jusqu'à ce qu'ils rencontrent la première rangée, au milieu.

Coupez une section de 5 po de large de la zone visible d'un bardeau de faîte et utilisez-la comme «fermeture» pour couvrir le joint où les bardeaux de faîte se rencontrent (**photo N**).

Installez les bardeaux des arêtiers de la même manière, en utilisant une ligne de référence et des bardeaux de faîte. Commencez au bas de chaque arêtier et progressez vers le haut. Lorsque les arêtiers rencontrent des faîtages, coupez sur mesure un morceau dans le centre d'un bardeau de faîte et placez-le sur l'extrémité du faîtage, en pliant ses coins de manière qu'ils recouvrent les arêtiers (**photo O**).

Fixez chaque coin avec un clou de toiture et recouvrez les têtes de clous de ciment de toiture.

Lorsque tous les bardeaux sont installés, coupez-les aux noues pour laisser un espace de 3 po de large au sommet, qui s'élargira à raison de ⅛ po par pied, en descendant. Utilisez un couteau à toiture et une règle rectifiée pour couper les bardeaux et assurez-vous de ne pas entailler les solins de noues. Des deux côtés des noues, scellez le dessous et les bords des bardeaux avec du ciment de toiture (**photo P**). Recouvrez de ciment de toiture toutes les têtes de clous.

Tracez sur les bardeaux un trait à la craie à ⅜ po du chevron de rive, pour laisser dépasser les bardeaux à ces endroits, et coupez l'excédent (**photo Q**).

Dans un bardeau, coupez trois bardeaux de faîte carrés, de 12 po de côté. Coupez les coins supérieurs en biseau.

D'un côté de l'arête, tracez une ligne, à 6 po de celle-ci, et attachez les bardeaux de faîte avec deux clous de toiture de 1 ¼ po.

Utilisez une section de 5 po du pureau d'un bardeau comme bardeau de «fermeture».

Aux endroits où les arêtiers rejoignent le faîtage, recouvrez le sommet de chaque arêtier.

Scellez le dessous et les bords des bardeaux avec du ciment de toiture.

Coupez les bardeaux au bord des frontons avec un couteau à toiture.

Installation de bardeaux sur un ancien toit

NOTE: Lisez la section sur l'installation de bardeaux (pages 204 à 206) avant de commencer.

Coupez les pureaux des bardeaux qui serviront à créer une surface plane pour la rangée de départ et installez les bandes qui restent de ces bardeaux sur la zone visible de l'ancien premier rang (**photo R**). Utilisez des clous de toiture de 1 ¼ po.

Coupez les parties supérieures des bardeaux qui serviront au premier rang, de manière qu'ils touchent le bord inférieur des bardeaux de l'ancien premier rang et dépassent le bord du toit de ½ po. Installez les bardeaux de manière que les encoches des pureaux ne correspondent pas à celles des anciens bardeaux (**photo S**).

Commencez à installer les nouveaux bardeaux en vous guidant sur les anciens (**photo T**). Conservez un décalage constant entre les pureaux et les encoches (page 204). Progressez vers le faîte du toit et arrêtez-vous avant d'installer le dernier rang. Installez les solins au fur et à mesure.

Les solins de noues qui sont en bon état ne doivent pas être remplacés. Par contre, remplacez les autres vieux solins au fur et à mesure. Pour installer des solins autour des éléments de toiture, utilisez les mêmes techniques et les mêmes matériaux que lors de l'installation de bardeaux sur du papier de construction, à la différence près que vous devrez découper ou installer des bardeaux autour des tuyaux d'évents et des évents de toiture afin de créer une surface plane sur laquelle la bride de base du solin viendra reposer (**photo U**).

Arrachez les anciens bardeaux de faîte, sur les arêtiers et le faîtage, avant d'installer de nouveaux bardeaux de faîte à ces endroits. Ne procédez à cette installation que lorsque tous les bardeaux sont en place (**photo V**).

Coupez les pureaux des bardeaux et installez les bandes sur la zone visible de l'ancien rang pour que la surface de la rangée de départ soit plane.

Coupez la partie supérieure des bardeaux destinés au premier rang. Coupez-les de manière qu'ils touchent le bord inférieur des bardeaux de l'ancien premier rang et dépassent de ½ po le bord du toit.

Conseil utile

La plupart des maisonneries livrent les bardeaux, le papier de construction et le reste du matériel directement sur votre toit à l'aide d'un système de levage mécanique. Essayez d'avoir arraché au moins une section de l'ancien toit et d'avoir installé le nouveau papier de construction et les solins de rebords avant la livraison. Vous épargnerez ainsi temps et énergie.

Guidez-vous sur l'agencement des anciens bardeaux. Conservez un décalage constant pureau/encoche.

Il faut couper les bardeaux qui entourent les évents de toiture et les tuyaux d'évents pour créer une surface plane sur laquelle la bride du nouveau solin reposera.

Arrachez les bardeaux de faîte des arêtiers et des faîtages et ne les remplacez que lorsque tous les autres bardeaux seront installés.

Bordures et soffites

Les bordures et les soffites ajoutent un surplus de finition à votre toit et sont garants de la qualité de votre système de toiture. Un système bordures/soffites bien ventilé empêche l'accumulation d'humidité sous le toit et dans les combles. Un système sûr empêche également les oiseaux de nicher dans les débords de toit. Habituellement conçues pour être fabriquées en bois de construction de dimensions courantes, les bordures sont attachées aux chevrons et à leurs supports. Elles rehaussent l'apparence de votre maison, mais elles constituent également une surface stable à laquelle vous pouvez fixer vos gouttières. On règle la plupart des problèmes de bordures et de soffites en remplaçant les sections abîmées. Les joints entre les panneaux de bordure sont cloués en biais aux endroits où aboutissent les chevrons, et vous devrez donc enlever des sections complètes de bordure pour pouvoir réaliser précisément les coupes biseautées des pièces de remplacement. La plupart du temps, les soffites demeurent en place, lors des réparations. Pour réussir vos travaux aux soffites et aux bordures, vérifiez au préalable si les chevrons, les rives et les murs extérieurs situés en dessous des nouveaux matériaux et des matériaux réparés sont en bon état et propres.

Outils: *Échelle, scie circulaire, scie sauteuse, foreuse, couteau à mastiquer, marteau, levier plat, ciseau, chasse-clou, pistolet à calfeutrer.*

Matériel: *Matériaux de remplacement correspondant aux pièces à remplacer, bandes de clouage, vis galvanisées de 2 po, clous 4d à boiserie galvanisés, clous galvanisés ordinaires, pâte à calfeutrer acrylique, apprêt, peinture.*

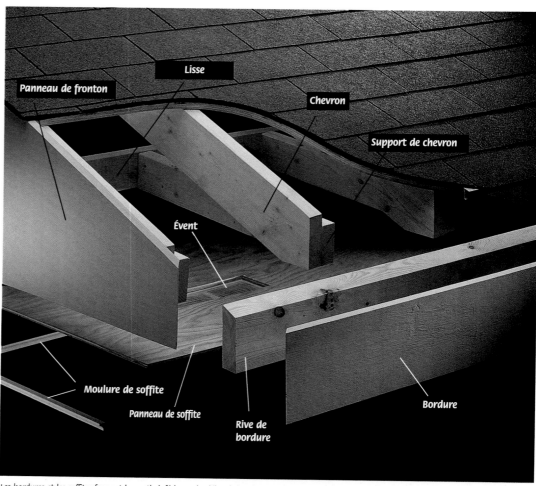

Les bordures et les soffites ferment la partie inférieure du débord de toit. La bordure couvre les extrémités des chevrons et des supports de chevron et sert de support à la gouttière. Le soffite est un panneau de protection qui s'étend de la bordure au mur de la maison. Certains soffites s'attachent à la rive de bordure (voir ci-dessus), tandis que d'autres s'installent dans des encoches pratiquées à l'arrière des bordures. Les lisses et les moulures de soffite permettent d'attacher les panneaux de soffite au mur de la maison.

Inspection des soffites

Lorsque vous commencez à réparer des soffites, prenez le temps d'inspecter les évents du système de toiture pour vérifier si la circulation de l'air est suffisante. Il faut compter une entrée d'air de 1 pi^2 dans le soffite pour 150 pi^2 de surface non chauffée du comble.

Si votre ancien système de soffites est défectueux, ou si des animaux nuisibles infestent les débords de toit, vous avez intérêt à installer un nouveau système de soffites (page 212). Le système complet comprend des panneaux de bordures, des panneaux de soffites (non ventilés ou ventilés) et des profilés supportant les panneaux le long de la maison.

La plupart des systèmes de soffites vendus dans les maisonneries sont en aluminium ou en vinyle.

Suivez les instructions du fabricant pour les installer correctement.

Vous pouvez fixer les matériaux des bordures et des soffites avec des clous de parement ou des vis de panneaux galvanisées. Les clous sont plus faciles à utiliser dans certains cas, mais les vis offrent une plus grande résistance à l'arrachement.

Réparation des bordures en bois

Inspectez les bordures pour découvrir les éventuels dommages. Lorsqu'une bordure est abîmée, enlevez tous les accessoires qui y sont fixés, tels que les gouttières ou les moulures de bardeaux **(photo A)**. Profitez de l'occasion pour inspecter les gouttières et vous assurer qu'elles sont en bon état.

À l'aide d'un levier plat, écartez avec précaution les panneaux de bordure endommagés **(photo B)**. Enlevez complètement le panneau, de même que les anciens clous.

Comme les trous des clous vous indiquent l'endroit où le panneau est fixé à un chevron, repérez les clous sur une section en bon état du panneau, afin de savoir où le couper; en effectuant la coupe à cet endroit, vous pourrez fixer solidement et le panneau restant, et le nouveau panneau.

Réglez la lame de votre scie circulaire à 45° et sciez l'ancien panneau de bordure à l'endroit du chevron **(photo C)**. Veillez à détacher tout le bois abîmé.

Rattachez le panneau de bordure original aux chevrons et aux supports de chevrons, à l'aide de vis de plancher galvanisées de 2 po **(photo D)**. Vous pouvez enfoncer les vis dans les trous des clous originaux – c'est plus facile – ou dans de nouveaux trous – c'est plus solide.

La scie circulaire étant toujours réglée pour une coupe en biseau, sciez un nouveau panneau de bordure assez long pour remplacer la partie abîmée. Lorsque vous mesurez le panneau, tenez compte de la coupe en biseau afin que le nouveau panneau s'ajuste bien aux deux extrémités.

À l'endroit où l'ancien panneau et le nouveau se rencontrent, face à un chevron, forez des avant-trous dans les deux panneaux et dans le chevron. Enfoncez des clous dans les avant-trous **(photo E)**. Les trous doivent traverser les bords biseautés des deux panneaux et s'enfoncer dans le chevron, de manière à créer un joint à clous de blocage.

Pour remplacer les moulures de bardeaux et les autres pièces de garniture, utilisez des clous 4d à boiserie galvanisés **(photo F)**. Noyez les têtes de clous à l'aide d'un chasse-clou. Appliquez un apprêt sur le nouveau panneau et peignez-le de la même couleur que les bordures originales. Rattachez les supports de gouttières, les gouttières et les autres garnitures.

Enlevez les gouttières, les moulures de bardeaux et les autres accessoires qui vous empêchent de retirer la section de bordure endommagée.

À l'aide d'un levier plat, enlevez la section endommagée au complet, jusqu'au panneau de bordure suivant. Enlevez les anciens clous.

Coupez la partie abîmée du panneau de bordure. Faites la coupe en biseau, à l'emplacement d'un chevron (trouvez les trous des clous).

Fixez la partie du panneau de bordure original en bon état en la clouant aux chevrons ou aux supports de chevrons. Coupez un panneau en biseau pour remplacer le panneau abîmé.

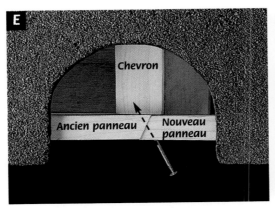

Chevron

Ancien panneau — **Nouveau panneau**

Attachez le panneau de remplacement. Forez des avant-trous et enfoncez les clous en biais, à travers les extrémités biseautées, afin de former un joint à clous de blocage.

Rattachez les moulures de bardeaux et les garnitures avec des clous 4d à boiserie galvanisés. Noyez les têtes des clous. Appliquez un apprêt et peignez. Rattachez les gouttières.

Réparation des panneaux de soffite en bois

Aux endroits où le soffite est abîmé, enlevez les moulures qui le tiennent en place le long du mur extérieur et de la bordure, et rangez-les. Forez un trou d'amorçage et, à l'aide d'une scie sauteuse, découpez la partie abîmée du soffite **(photo A)**. Sciez-la le plus près possible de l'endroit où le soffite rencontre un chevron et un support de chevron. Achevez de découper l'ouverture avec un ciseau, si nécessaire.

Enlevez les panneaux de soffite abîmés. S'ils sont difficiles à enlever, aidez-vous d'un levier plat **(photo B)**. Coupez des bandes de clouage à la longueur de la partie exposée du chevron. Fixez les bandes de clouage au chevron ou au support de chevron, au bord de l'ouverture, afin de pouvoir clouer le panneau de remplacement du soffite à ces bandes.

Découpez, dans un matériau identique à celui du soffite original, une pièce de remplacement qui s'ajuste à l'ouverture **(photo C)**, compte tenu de l'espace de 1/8 po laissé sur le pourtour, pour permettre sa dilatation. Si le panneau doit être ventilé, découpez les ouvertures de ventilation.

Si vous comptez repeindre complètement le soffite après la réparation, vous pouvez laisser les panneaux de remplacement non finis en attendant. Par contre, si seuls les panneaux de remplacement doivent recevoir une couche d'apprêt et être peints, faites-le avant de les installer.

Tenez le panneau de remplacement en place et attachez-le aux bandes de clouage ou aux supports de chevron avec des vis de plancher de 2 po galvanisées **(photo D)**. Une fois le nouveau panneau de soffite solidement installé, rattachez les moulures de soffite à l'aide de clous 4d à boiserie galvanisés **(photo E)**.

Remplissez les trous de clous, les trous de vis et les espaces vides à l'aide de pâte à calfeutrer acrylique à base de silicone **(photo F)**. Égalisez la surface de la pâte avec un couteau à mastiquer ou un outil plat, jusqu'à ce que la surface soit uniforme. Si vous le jugez nécessaire, appliquez un apprêt et peignez les panneaux de soffite avant de remettre les grilles des évents.

A Découpez la partie endommagée du soffite avec une scie sauteuse. Sciez le plus près possible de l'emplacement d'un chevron ou d'un support de chevron.

B Enlevez la partie endommagée. Coupez des bandes de clouage et fixez-les au chevron ou au support de chevron.

C Coupez la pièce de remplacement du soffite en prévoyant 1/8 po d'espace tout autour, pour la dilatation. Découpez des ouvertures pour les évents, si nécessaire.

D Installez la pièce de remplacement du soffite au moyen de vis de plancher galvanisées, enfoncées dans les bandes de clouage ou les supports de chevron.

E Rattachez les moulures du soffite, en utilisant des clous 4d à boiserie galvanisés. Noyez les têtes des clous.

F Remplissez les trous et les espaces vides de pâte à calfeutrer. Égalisez la surface de la pâte, puis appliquez un apprêt et peignez la pièce. Installez les grilles d'évents si nécessaire.

Réparation des soffites assemblés par rainure et languette

Enlevez les moulures de soffite à l'endroit endommagé. Trouvez le support de chevron le plus proche, de chaque côté de l'endroit abîmé et forez des trous d'amorçage pour la scie sauteuse près des supports de chevron.

À l'aide d'une scie sauteuse, découpez la section endommagée le plus près possible des supports de chevron. Enlevez la section endommagée **(photo G)**.

Pour enlever les parties de soffite assemblées par rainure et languette, entre le mur extérieur et les panneaux de bordure, coupez-les près de la bordure.

Coupez des bandes de clouage de 2 po x 2 po, qui ont la même longueur que la partie exposée des supports de chevron. À l'aide de vis de plancher galvanisées de 2 po, fixez les bandes de clouage au ras des supports de chevron, sur les bords de l'ouverture **(photo H)**: elles offrent une surface sur laquelle vous pourrez clouer les panneaux de soffite.

Utilisez des panneaux à rainure et languette standard, identiques à ceux d'origine, et coupez-les aux dimensions de l'ouverture. Forez des avant-trous dans les languettes, en face des bandes de clouage.

Enfoncez des clous 8d à boiserie galvanisés dans les avant-trous et dans les bandes de clouage **(photo I)**. Enfoncez les têtes des clous de manière qu'un panneau suivant s'encastre facilement dans la languette du panneau précédent. Fixez ainsi tous les panneaux de remplacement, sauf le dernier.

Coupez la lèvre supérieure de la rainure du dernier panneau à installer. Vous pourrez ainsi le mettre en place sans interrompre le système d'assemblage par rainure et languette.

Placez la languette du dernier panneau de remplacement dans l'ouverture et glissez le panneau en place **(photo J)**.

Utilisez des clous à boiserie 4d pour fixer le dernier panneau aux bandes de clouage. Appliquez un apprêt aux panneaux de remplacement et peignez-les de la même couleur que le soffite original. Fixez les grilles d'évents du soffite, si nécessaire.

Découpez la section endommagée, le plus près possible de supports de chevron.

Fixez une bande de clouage au support de chevron, de chaque côté de l'ouverture.

Coupez des panneaux de remplacement aux dimensions de l'ouverture. Clouez-les en place et noyez les têtes des clous.

Glissez le dernier panneau en place et clouez-le avec des clous 4d à boiserie, enfoncés dans les bandes de clouage.

Installation d'un nouveau système de soffites

Cachés par les gouttières, les vieilles bordures et les vieux soffites peuvent être abîmés par les intempéries ou pourris, ou encore ils peuvent ne pas offrir la ventilation prévue. Si vous devez réparer plus de 15 % de vos bordures et de vos soffites, il vaut mieux les remplacer au complet.

La plupart des centres de rénovation vendent des ensembles complets de soffites en aluminium ou en vinyle. Suivez les indications fournies dans ces pages pour les installer et n'oubliez pas que, pour obtenir les meilleurs résultats, il faut suivre les instructions du fabricant.

Les panneaux de soffite et de bordure en aluminium ou en vinyle ne doivent pas être peints et ils résistent mieux aux intempéries que les panneaux de bois. Vous devez les fixer à des surfaces propres et lisses, c'est dire que vous devez vous assurer que les chevrons, les panneaux de frise et les rives de clouage sont en bon état, car ils servent de supports aux profilés qui soutiendront le nouveau système de soffites.

Les soffites, les bordures et les profilés de montage en vinyle et en aluminium sont munis de boutonnières qui permettent aux matériaux de se déformer en fonction des variations de la température; vous devez donc placer les clous au centre de ces boutonnières et laisser un petit espace sous la tête de clou pour permettre au matériau de jouer

légèrement. N'enfoncez donc pas complètement les clous.

Utilisez des évents de soffites dont la dimension sera fonction des évents de toiture et des évents de pignon; ils permettront à l'air de circuler sous le toit, ce qui prévient les dommages dus à l'humidité et les barrages de glace. Prévoyez 1 pi^2 d'évent de soffite pour 150 pi^2 de surface de comble non chauffée. Soignez l'aspect général en orientant toutes les grilles des évents de soffite du même côté.

La plupart des panneaux de soffite ont une profondeur de 16 po; si votre avant-toit dépasse 16 po ou si votre maison est exposée à des vents violents, installez des bandes de clouage entre le mur extérieur et les bordures, afin de renforcer le support des panneaux de soffite. Vérifiez si votre échelle est bien ancrée aux extrémités. Si vous prévoyez travailler longtemps en hauteur, remplacez les échelles par des échafaudages. Évitez de porter de lourdes charges en montant sur l'échelle; utilisez plutôt une corde pour soulever la charge, une fois que vous êtes installé en haut, en sécurité.

Attachez et couvrez les arbustes qui se trouvent près des fondations; vous les protégerez et vous disposerez de plus d'espace pour travailler.

Lorsque vous coupez des produits en vinyle à l'aide d'une scie circulaire, utilisez une lame à fines dents, les

dents orientées dans le sens contraire, ce qui adoucira la coupe; déplacez la scie lentement. Si vous coupez le vinyle avec un couteau universel, faites une entaille le long de la ligne de coupe; pliez ensuite le vinyle à l'endroit de l'entaille, dans un mouvement de va-et-vient, jusqu'à ce qu'il casse en deux. La cisaille type aviation est le meilleur moyen de couper de l'aluminium.

Avant d'installer des panneaux de bordure et de soffite, enlevez les gouttières, les supports de gouttières, les moulures de bardeaux et les autres garnitures de l'avant-toit **(photo A)**. Ensuite, enlevez les anciens soffites et bordures. Si l'avant-toit contient des débris, tels que des nids d'oiseaux ou du bois pourri, profitez de l'occasion pour le nettoyer.

Vérifiez si les chevrons, les supports de chevron et les rives de bordure ne sont pas pourris ni abîmés **(photo B)**. Réparez-les ou remplacez-les si nécessaire.

Installez un rebord ou une moulure de bardeaux au-dessus des rives de bordure **(photo C)**. Laissez un espace d'environ ¹/₁₆ po en dessous du rebord ou de la moulure de bardeaux. Les panneaux de bordure viendront s'insérer dans cet espace, ce qui protégera l'avant-toit contre l'humidité. À différents endroits, mesurez la distance entre le mur extérieur et la rive de clouage. Elle doit être constante. Si ce n'est pas le cas, introduisez des intercalaires derrière les rives de bordure pour rectifier l'alignement.

Outils: *Échelle ou échafaudage, levier plat, marteau, scie circulaire avec lame à fines dents, scie à main avec lame à fines dents (pour le vinyle) ou scie à métaux (pour l'aluminium), foreuse, tournevis, mètre à ruban, cisaille type aviation ou couteau universel.*

Matériel: *Rebord, profilés de montage, panneaux de soffite et de bordure, clous galvanisés (pour le vinyle) ou en aluminium (pour l'aluminium), bandes de clouage (si nécessaire).*

Enlevez les gouttières, les supports de gouttières et les moulures de bardeaux au sommet des bordures. Enlevez les panneaux de soffite et de bordure existants.

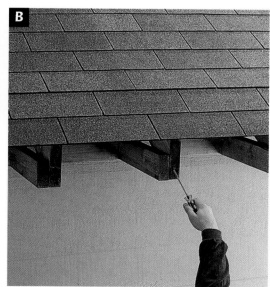

Inspectez les chevrons et les supports de chevron.

Installez les profilés de montage des panneaux de soffite le long des rives de bordure, derrière celles-ci, et le long du mur extérieur de la maison **(photo D)**. Suivez les instructions du fabricant.

Si les panneaux de soffite doivent avoir une profondeur supérieure à 16 po ou si votre maison est exposée à des vents violents, ajoutez des bandes de clouage pour renforcer le support **(photo E)**. Glis-sez les panneaux de soffite en place. Certains s'installent dans des profilés de montage, aux deux extrémités; d'autres doivent être cloués à la base des rives de clouage **(photo F)**. Si vous avez installé des bandes de clouage, clouez-y également les panneaux de soffite. Installez les panneaux de soffite aux extrémités ainsi que les caissons de retour des frontons, en suivant les instructions du fabricant **(photo G)**. S'il reste des espaces vides, installez-y des panneaux de soffite après les avoir coupés aux dimensions voulues. Attachez les panneaux de bordure aux rives de bordure, en commençant au centre de chacun d'eux **(photo H)**. Alignez les panneaux de bordure sur les extrémités, puis clouez-les solidement. Réinstallez les supports de gouttières, les gouttières et les descentes pluviales.

Installez un rebord ou une moulure de bardeaux au-dessus des rives de bordure. Laissez assez d'espace pour pouvoir fixer les panneaux de bordure.

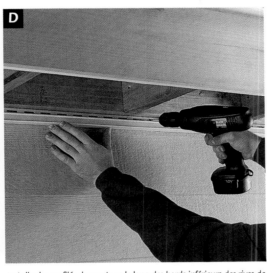

Installez les profilés de montage le long des bords inférieurs des rives de bordure et le long du mur extérieur de la maison.

Si nécessaire, installez des bandes de clouage qui constitueront un support supplémentaire.

Glissez les panneaux de soffite en place et attachez-les aux profilés de montage.

Attachez les panneaux de soffite aux extrémités ainsi que les caissons de retour des frontons.

Fixez les panneaux de bordure aux rives de bordure. Alignez-les sur les extrémités et clouez-les solidement.

Gouttières

Les gouttières remplissent une fonction importante: éloigner l'eau de votre maison. Un bon système de gouttières prévient les dommages au parement, aux fondations et au paysage, et il empêche l'eau de s'accumuler près des fondations.

Lorsque les gouttières ne remplissent plus leur fonction, vous devez examiner le type et l'étendue des dommages qu'elles ont subis, afin de déterminer la meilleure façon de les réparer. Dans le cas de gouttières métalliques, vous pouvez supprimer les petites fuites à l'aide de produits à calfeutrer, et rapiécer les endroits plus endommagés au moyen de solins et de ciment de toiture. Quant aux gouttières en bois, vous pouvez boucher les petits trous ou les endroits pourris qu'elles présentent avec du bouche-pores à base d'époxy.

Nettoyage des gouttières

Gardez les gouttières et les descentes pluviales bien dégagées pour qu'elles puissent éloigner des fondations l'eau de pluie qui tombe sur le toit. Plus de 95 % des problèmes de sous-sols humides sont causés par l'accumulation d'eau près des fondations, et cette accumulation résulte souvent de gouttières et de descentes bouchées, qui débordent.

Cherchez les signes annonciateurs de gouttières ou de descentes obstruées et nettoyez celles-ci aussi souvent qu'il le faut pour que le système conserve toute son efficacité. Utilisez une truelle pour enlever les feuilles, les branches et les autres débris **(photo A)**.

Dégagez les descentes obstruées avec de l'eau sous pression **(photo B)**. Entourez un tuyau d'arrosage d'un grand chiffon et introduisez-le dans l'ouverture de la descente. Comprimez le chiffon dans l'ouverture pour qu'il empêche l'eau de ressortir et que la pression s'exerce sur le bouchon. Ouvrez complètement le robinet. Dès que le bouchon cédera, l'eau jaillira au bas de la descente.

Vérifiez la pente des gouttières avec un niveau **(photo C)** et réglez les supports si nécessaire. Les gouttières doivent être légèrement inclinées vers les descentes (page 215) afin que l'eau puisse s'écouler librement des gouttières au lieu de s'y accumuler, ce qui favorise la formation de rouille.

Protégez les gouttières avec un treillis **(photo D)** adapté à la dimension et au style de vos gouttières: ça les empêchera de s'obstruer plus tard.

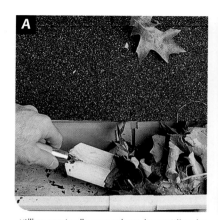

Utilisez une truelle pour enlever des gouttières les feuilles, les branches et les autres débris.

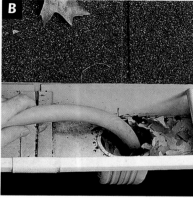

Débouchez les descentes en y introduisant un tuyau d'arrosage et en ouvrant complètement le robinet.

Vérifiez la pente de vos gouttières. Celles-ci doivent être légèrement inclinées vers les descentes.

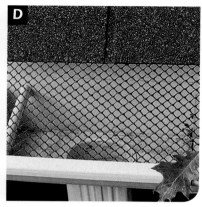

Installez un treillis pour empêcher l'accumulation de débris et l'obstruction des descentes.

Relèvement des gouttières affaissées et suppression des fuites

Il arrive couramment qu'il faille relever des gouttières affaissées **(photo E)**. Commencez par tracer un trait à la craie pour indiquer la pente normale de la gouttière (elle doit normalement s'incliner de ¼ po sur 10 pi de longueur, vers la descente d'eau pluviale). Enlevez les supports, à l'endroit de l'affaissement et à proximité, et soulevez la gouttière jusqu'au trait de craie. Rattachez les supports, ou remplacez-les s'ils sont rouillés ou en mauvais état. Déplacez-les légèrement pour éviter d'utiliser les anciens trous des clous. Ajoutez des supports si cela s'avère nécessaire, afin d'en avoir un tous les 2 pi, à moins de 12 po de chaque joint. Ensuite, examinez le type et l'étendue des dommages que la gouttière a subis afin de déterminer la meilleure façon de la réparer. Il est souvent possible de supprimer les petites fuites et de réparer les dommages mineurs au moyen de produits de réparation d'utilisation facile. Utilisez de la pâte à calfeutrer les gouttières pour remplir les petits trous et supprimer les petites fuites **(photo F)**. Ce produit, qui est habituellement fabriqué à base de caoutchouc butyle, résiste aux éléments et se déforme sans perdre son étanchéité.

Utilisez un nécessaire de réparation de gouttières pour effectuer des réparations temporaires, lorsque les dommages ne sont pas importants **(photo G)**. Lisez les recommandations et les instructions du fabricant avant d'acheter les produits de réparation. Pour les réparations permanentes, reportez-vous à la page 216.

Outils: Couteau universel, brosse à poils raides ou brosse métallique, laine d'acier, cisaille type aviation, tournevis, levier plat, marteau, foreuse portative, scie à métaux, pistolet à calfeutrer.

Matériel: Pâte à calfeutrer les gouttières, nécessaire de rapiéçage des gouttières, ciment de toiture, solins, fixations pour gouttières.

Pour relever une gouttière affaissée, enlevez les supports près de l'endroit de l'affaissement et soulevez la gouttière. Replacez les supports en les décalant par rapport aux anciens. Ajoutez des supports si nécessaire pour que soit distribué uniformément le poids de la gouttière.

Bouchez les petits trous et supprimez les petites fuites avec de la pâte à calfeutrer à base de caoutchouc butyle spécialement conçue pour la réparation des gouttières.

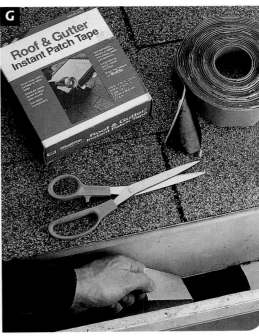

Réparez les dommages mineurs à l'aide d'un nécessaire de réparation des gouttières.

Réparation des gouttières qui fuient

Pour réparer le joint d'une gouttière qui fuit, défaites le joint en forant dans les rivets pour les enlever ou en enlevant les vis autotaraudeuses qui fixent la gouttière à cet endroit **(photo A)**. Dans le cas de descentes pluviales, vous devrez peut-être démonter toute la descente pour parvenir au joint défectueux.

Frottez les deux parties du joint avec une brosse à poils raides. Nettoyez l'endroit abîmé avec de l'eau et laissez-le sécher complètement.

Appliquez de la pâte à calfeutrer sur les deux parties **(photo B)**, assemblez-les et consolidez le joint avec de nouvelles attaches.

Pour empêcher la corrosion, rapiécez les gouttières avec le même métal que le métal initial (habituellement de l'aluminium ou de l'acier galvanisé).

Pour rapiécer une gouttière métallique, nettoyez d'abord le pourtour de l'endroit abîmé avec une brosse à poils raides **(photo C)**. Frottez l'endroit

avec de la laine d'acier ou un tampon abrasif, pour détacher les résidus qui le recouvrent, et rincez-le ensuite à l'eau.

Appliquez une couche uniforme de $1/8$ po d'épaisseur de ciment de toiture **(photo D)** à l'endroit abîmé et étendez-la sur quelques pouces dans toutes

les directions. Coupez la pièce dans un morceau de solin et pliez-la pour pouvoir l'introduire dans la gouttière. Enfoncez-la dans le ciment de toiture et amincissez celui-ci pour qu'il ne crée aucun obstacle à l'écoulement de l'eau **(photo E)**.

> **Outils:** Foreuse, tournevis, pistolet à calfeutrer, brosse à poils raides, couteau à mastiquer.
>
> **Matériel:** Pâte à calfeutrer acrylique à base de silicone, laine d'acier, ciment de toiture, solins.

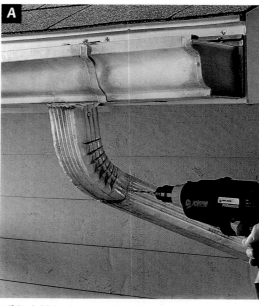

Défaites le joint endommagé et frottez-le pour le nettoyer.

Appliquez la pâte à calfeutrer sur les parties à assembler et refaites le joint.

Utilisez une brosse à poils raides et de la laine d'acier pour nettoyer l'endroit abîmé et en détacher les résidus.

Étalez une couche de $1/8$ po d'épaisseur de ciment de toiture et étendez-la sur quelques pouces autour de l'endroit abîmé.

Coupez une pièce dans un solin et enfoncez-la dans le ciment de toiture, en amincissant les bords pour ne pas créer d'obstacle à l'écoulement.

Remplacement d'une section de gouttière métallique

Si l'endroit abîmé a plus de 2 pi de long, remplacez la section de gouttière au complet. Pour trouver une section de gouttière, tracez le profil de la gouttière existante et amenez le gabarit avec vous au centre de rénovation. Si vos gouttières ont plus de 15 ans, elles sont sans doute légèrement plus larges que les gouttières récentes. Vous devrez peut-être fouiller les cours de récupération pour en trouver une ou la faire fabriquer par un ferblantier.

Enlevez les supports à l'endroit abîmé et à proximité de celui-ci **(photo F)**. Installez un intercalaire en bois dans la gouttière, près de chaque support, puis appuyez un levier contre la gouttière pour l'enlever.

Glissez des intercalaires entre la gouttière et la bordure du toit, près de chaque extrémité de la section abîmée, de manière à ne pas endommager le toit lors-que vous couperez la gouttière. Coupez la section abî-mée à l'aide d'une scie à métaux **(photo G)**.

Coupez une nouvelle section de gouttière, qui ait au moins 4 po de long en plus que la section abîmée **(photo H)**.

À l'aide d'une brosse métallique, nettoyez les extrémités de la gouttière, aux endroits où vous l'avez coupée. Appliquez de la pâte à calfeutrer sur ces extrémités **(photo I)** et mettez ensuite la nouvelle section à sa place en l'enfonçant dans la pâte à calfeutrer.

Attachez la nouvelle section avec des rivets pop ou des vis autotaraudeuses **(photo J)**. Utilisez au moins trois ou quatre attaches par joint. Couvrez les têtes des attaches, à l'intérieur de la gouttière, avec de la pâte à calfeutrer.

Remplacez, si nécessaire, les supports de gouttière **(photo K)**, (n'utilisez pas les anciens trous). Appli-quez un apprêt sur la nouvelle section et peignez-la.

Outils: *Levier plat, scie à métaux, pistolet à calfeutrer, tournevis ou pistolet à rivets pop, marteau.*

Matériel: *Morceaux de bois (intercalaires), section de gouttière de remplacement, pâte à calfeutrer, vis autotaraudeuses ou rivets pop, supports de gouttières, apprêt et peinture.*

Enlevez les supports de gouttière près de l'endroit abîmé.

Placez des intercalaires entre la gouttière et la bordure de toit, et utili-sez une scie à métaux pour couper la section endommagée.

Coupez dans une gouttière identique une section de remplacement qui aura au moins 4 po de long en plus que la section abîmée.

Nettoyez et calfeutrez les extrémités de la gouttière avant d'enfoncer la nouvelle section dans la pâte à calfeutrer.

Fixez la nouvelle section avec des rivets pop ou des vis autotaraudeuses. Couvrez de pâte à calfeutrer les têtes d'attaches situées dans la gout-tière.

Réinstallez les supports, en utilisant de nouveaux trous. Appliquez un apprêt sur la nouvelle section et peignez-la de la même couleur que la gouttière existante.

Installation d'un système de gouttières en vinyle

L'installation d'un système à pression de gouttières en vinyle est à la portée de la plupart des bricoleurs. Avant d'acheter de nouvelles gouttières, élaborez un plan et une estimation des travaux détaillés. Incluez toutes les pièces nécessaires, en plus de la gouttière et des sections de tuyaux d'évacuation qui ne forment qu'une partie du système.

Essayez toutes les pièces sur le sol avant de commencer l'installation.

Commencez par marquer le point haut de chaque longueur de gouttière, à 1 po sous le sommet de la bordure **(photo A)**. Faites un trait à la craie qui représentera une pente de 1/4 po sur 10 pi de long vers les moignons. Lorsque les longueurs dépassent 35 pi, indiquez la pente en prenant le centre de la longueur comme point haut et en descendant vers les moignons situés aux deux extrémités.

Installez les moignons **(photo B)** près de l'extrémité des longueurs de gouttière (un moignon tous les 35 pi au moins). Aux endroits où seront attachés les tuyaux d'évacuation, le dessus de chaque moignon doit venir au ras du trait de craie et le

Outils: Cordeau traceur, mètre à ruban, foreuse, scie à métaux.

Matériel: Vis de plancher de 1 1/4 po, gouttières, tuyaux d'évacuation, raccords, accessoires, supports.

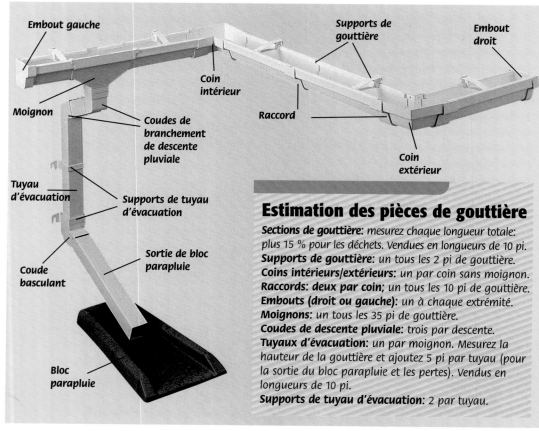

Les systèmes à pression de gouttières en vinyle ont de plus en plus de succès. Faciles à installer et relativement bon marché, ils ne pourrissent pas et ne se détériorent pas. Les joints glissants ne gênent pas la dilatation ni la contraction, ce qui contribue à leur fiabilité et à leur durabilité.

Estimation des pièces de gouttière

Sections de gouttière: mesurez chaque longueur totale: plus 15 % pour les déchets. Vendues en longueurs de 10 pi.
Supports de gouttière: un tous les 2 pi de gouttière.
Coins intérieurs/extérieurs: un par coin sans moignon.
Raccords: deux par coin; un tous les 10 pi de gouttière.
Embouts (droit ou gauche): un à chaque extrémité.
Moignons: un tous les 35 pi de gouttière.
Coudes de descente pluviale: trois par descente.
Tuyaux d'évacuation: un par moignon. Mesurez la hauteur de la gouttière et ajoutez 5 pi par tuyau (pour la sortie du bloc parapluie et les pertes). Vendus en longueurs de 10 pi.
Supports de tuyau d'évacuation: 2 par tuyau.

Marquez un point haut pour chaque longueur de gouttière et tracez un trait à la craie vers les moignons.

Installez les moignons près de l'extrémité de la longueur de gouttière, en comptant au moins un moignon tous les 35 pi de longueur de gouttière.

Utilisez des vis de plancher de 1 1/4 po pour attacher les supports ou fixez les supports d'agrafes aux bordures, tous les 24 po.

moignon doit être aligné sur les capuchons d'extrémité situés aux coins de la maison.

Fixez les supports ou les agrafes des supports, le long de la ligne de pente **(photo C)** pour chaque longueur de gouttière. Attachez-les à la bordure, tous les 24 po, à l'aide de vis de plancher.

En suivant toujours la ligne de pente, attachez les coins extérieurs et les coins intérieurs aux différents coins sans moignons ni capuchons d'extrémité **(photo D).**

Utilisez une scie à métaux pour couper les sections de gouttière à installer entre les moignons et

les coins. Attachez les capuchons d'extrémité et raccordez les sections de gouttière aux moignons.

Coupez et essayez les sections de gouttière qui doivent être installées entre les moignons, en tenant compte des espaces à prévoir pour la dilatation **(photo E).** Sur le sol, raccordez les sections de gouttière en utilisant des raccords. Attachez ensuite les supports à la gouttière (pour les modèles qui ont des agrafes supports, montées sur les bordures). Installez les gouttières en place et raccordez-les aux moignons **(photo F).**

Coupez une section de tuyau d'évacuation à installer entre deux coudes de descente pluviale: un

coude doit être installé à la sortie du moignon et l'autre, contre le mur. Assemblez les parties, glissez le coude supérieur sur la sortie du moignon **(photo G)** et fixez l'autre coude au parement, à l'aide d'un support de tuyau d'évacuation.

Coupez le tuyau d'évacuation à la longueur requise pour qu'il s'ajuste au coude fixé en haut du mur et qu'il s'arrête à au moins 12 po du sol. Attachez un coude, en bas du tuyau d'évacuation, et fixez ce tuyau au mur à l'aide d'un support de tuyau d'évacuation **(photo H).** Ajoutez les accessoires **(photo I)** tels que les coudes basculants, les blocs parapluies ou les rallonges.

Attachez les moignons, puis les coins extérieurs et les coins intérieurs. Coupez les sections de gouttière à installer entre les moignons et les coins.

Attachez les embouts et raccordez les sections de gouttière aux moignons. Coupez à la bonne longueur les sections à installer entre les moignons et essayez-les.

Attachez les supports de gouttière (pour les modèles à agrafes supports, montées sur les bordures). Accrochez les gouttières et raccordez-les aux moignons.

Coupez le tuyau d'évacuation et installez un coude à chacune de ses extrémités. Glissez le coude supérieur sur la sortie du moignon et fixez l'autre coude au mur avec un support de tuyau d'évacuation.

Coupez la longueur de tuyau d'évacuation qui prolongera la descente pluviale depuis le coude situé en haut du mur jusqu'à 12 po du sol au moins. Attachez un coude à l'extrémité de ce tuyau et fixez-le avec un support de tuyau d'évacuation.

Ajoutez les accessoires tels que les coudes basculants qui permettent de relever le tuyau de sortie ou les blocs parapluie qui aident à éloigner l'eau de la maison.

Cheminées

Nombreux sont ceux qui associent les cheminées en briques aux foyers à feu ouvert alors qu'en réalité, dans de nombreuses maisons, la cheminée évacue également les gaz provenant du générateur de chaleur et du chauffe-eau.

Les principaux éléments de la cheminée sont le corps de la cheminée, le conduit de fumée et le couronnement. Le *corps* de la cheminée est l'enveloppe extérieure visible de la cheminée, qui est habituellement en briques, en blocs de béton ou en pierre. À l'intérieur se trouvent les *conduits de fumée*, espaces vides ou conduits qui évacuent les gaz de la maison; on trouve autant de conduits que d'appareils émettant des gaz à évacuer. Une chemise en béton ou en acier constitue une protection pour les parois intérieures de la cheminée. Le *couronnement* de la cheminée, qui la recouvre, est souvent en mortier et il scelle l'espace qui existe entre le pourtour de la cheminée et les conduits de fumée. Les couronnements se fissurent et s'écaillent fréquemment sous l'effet des fluctuations de température auxquelles ils sont soumis. Il est important de les inspecter régulièrement et de les réparer en bouchant les fissures, car celles-ci risquent d'exposer la cheminée à des dommages plus importants qui finiront par la détériorer.

Un des meilleurs moyens d'inspecter une cheminée sans avoir à s'aventurer sur le toit, c'est de l'observer avec une paire de jumelles. Du sol, examinez-la soigneusement pour découvrir les fissures, les affaissements et tout autre signe de détérioration. Vous devrez peut-être faire appel à des professionnels pour inspecter les chemises des conduits de fumée ou pour effectuer des réparations importantes à la maçonnerie, mais si le travail en hauteur ne vous dérange pas, vous pouvez certainement vous charger des travaux d'entretien routiniers de la cheminée.

Les endroits les plus fragiles de la cheminée sont le couronnement, les joints de mortier du corps et le conduit de fumée.

Nettoyage du conduit de fumée

Il est recommandé d'inspecter les cheminées une fois par an. Lors de cette inspection, essayez de découvrir la présence éventuelle de nids d'animaux nuisibles ou les autres obstructions, les fissures dans le conduit de fumée ou la maçonnerie et les dépôts de créosote (un produit inflammable, ressemblant à du goudron, que laisse la combustion du bois).

Si le conduit de fumée a besoin d'un nettoyage, louez une brosse de cheminée qui peut pénétrer dans le conduit. Scellez l'ouverture du foyer à feu ouvert avec du plastique ou une ancienne couverture. Travaillez sur le toit, introduisez la brosse dans le conduit de fumée et enfoncez-la. Brossez l'intérieur du conduit de fumée de haut en bas, assez vigoureusement pour détacher la suie, mais pas trop brutalement pour ne pas endommager la chemise ou le mortier. Allongez le manche de la brosse jusqu'à ce qu'elle atteigne l'ouverture du foyer à feu ouvert. Si la cheminée est coiffée d'un capuchon inamovible ou s'il est impossible de travailler sur le toit, introduisez la brosse par l'ouverture du foyer à feu ouvert et poussez-la jusqu'en haut du conduit de fumée.

Laissez la poussière se déposer pendant une heure et passez ensuite l'aspirateur pour déchets solides et humides sur la sole du foyer à feu ouvert.

Inspectez et nettoyez les conduits de fumée une fois par an.

Nettoyage des briques

Il est possible d'enlever de nombreuses taches avec de l'eau et une brosse à récurer (**photo A**). Mais on peut également frotter les briques avec un solvant de nettoyage (**photo B**). Avant d'utiliser les solvants de nettoyage, masquez les surfaces qui ne sont pas en maçonnerie et essayez la solution sur une petite surface, dans un endroit dissimulé.

Mélangez le solvant (voir le tableau à droite) avec du talc en poudre ou de la farine, pour faire une pâte qui servira à nettoyer les briques. Vous empêcherez la solution de nettoyage de pénétrer trop rapidement dans les briques en les humectant d'eau avant d'appliquer le mélange. Appliquez la pâte directement sur la tache, laissez-la sécher et grattez-la ensuite avec un grattoir en vinyle ou en plastique. Utilisez des grattoirs en nylon (**photo C**) qui ne risquent pas d'endommager les surfaces de maçonnerie. Rincez abondamment toute la surface après le nettoyage.

A

L'efflorescence, c'est-à-dire la mince couche blanche qui apparaît sur la surface de la maçonnerie, disparaît souvent lorsqu'on frotte l'endroit avec une brosse à récurer mouillée, ou imbibée d'un nettoyant ménager.

B

Nettoyez les briques tachées avec une pâte composée d'un solvant de nettoyage et de talc en poudre ou de farine.

C

Utilisez un grattoir en vinyle pour enlever l'excès de mortier durci.

Solutions pour nettoyer les briques tachées

Fientes d'oiseaux: *dans un récipient non métallique, dissolvez des cristaux d'acide oxalique dans de l'eau. Brossez la surface avec la solution.*

Efflorescence: *à l'aide d'une brosse à poils raides, mouillée, frottez la surface tachée. Ajoutez un produit de nettoyage si l'accumulation de substance blanchâtre est importante.*

Taches de rouille: *frottez la surface avec une solution de cristaux d'acide oxalique dissous dans de l'eau.*

Lierre: *coupez (sans les arracher) les sarments loin de la surface. Laissez sécher les parties coupées et enlevez-les avec une brosse à poils raides, imbibée d'une solution de nettoyant ménager.*

Huile: *faites une pâte en mélangeant de l'essence minérale avec une matière inerte, comme la sciure de bois. Étendez-la sur la tache et laissez-la sécher.*

Taches de peinture: *enlevez la peinture fraîche avec une solution aqueuse de phosphate trisodique (TSP). On enlève habituellement l'ancienne peinture en frottant vigoureusement la tache, ou par sablage au jet.*

Plantes: *appliquez un herbicide en suivant les instructions du fabricant.*

Taches de fumée: *frottez la surface avec un nettoyant ménager contenant un agent de blanchiment, ou avec un mélange d'ammoniaque et d'eau.*

Rejointoiement d'une cheminée en briques

Le rejointoiement, qui consiste à remplacer le mortier défectueux des joints par du mortier frais, est la réparation la plus courante en maçonnerie. Non seulement le mortier fissuré ou détaché donne à la maison un aspect négligé, mais il laisse entrer l'humidité dans la structure de la cheminée, ce qui risque d'entraîner des dommages additionnels. Les techniques de rejointoiement permettent de réparer n'importe quelle structure dont les briques ou les blocs sont liés par du mortier.

Commencez par enlever tout le mortier détaché ou abîmé, jusqu'à une profondeur de ¼ po à ¾ po, à l'aide d'un outil à gratter le mortier **(photo A)**. Remplacez cet outil par un ciseau de maçon et un marteau si le mortier est trop résistant. Enlevez tous les débris détachés et humectez la surface avec de l'eau.

Mélangez le mortier, ajoutez-y un durcisseur à béton et, si nécessaire, un pigment qui lui donnera la couleur des autres joints de mortier. Donnez au mortier une consistance telle qu'il glisse lentement d'une truelle. Mettez du mortier sur une taloche et poussez-le dans les joints horizontaux à l'aide d'un outil à jointoyer **(photo B)**. Appliquez le mortier en couches successives de ¼ po, en laissant chaque couche sécher pendant 30 minutes avant d'appliquer la couche suivante. Remplissez les joints jusqu'à ce que le mortier affleure la surface de la brique.

Appliquez ensuite la première couche de mortier dans les joints verticaux, en mettant du mortier sur le dos de l'outil à jointoyer et en l'enfonçant dans le joint **(photo C)**. Progressez du haut vers le bas de la cheminée. Après avoir appliqué la dernière couche de mortier, aplanissez les joints avec un lissoir dont le profil correspond à celui des joints de mortier **(photo D)**, en commençant par les joints horizontaux. Brossez l'excédent de mortier avec une brosse à poils raides. Pour ralentir le séchage et renforcer l'adhérence du mortier, vaporisez régulièrement de l'eau sur la surface réparée, ou couvrez-la de linges humides pendant plusieurs jours.

Outils: Marteau, outils à jointoyer, lissoir, truelle de maçon, ciseau de maçon, taloche, truelle pointue de maçon, outils à gratter le mortier, brosse à poils raides.

Matériel: Durcisseur pour béton, mélange de mortier, pigment pour mortier (si nécessaire).

Utilisez un outil à gratter le mortier pour enlever tout le mortier détaché ou abîmé jusqu'à une profondeur de ¼ po à ¾ po.

Enfoncez le mortier dans les joints horizontaux. Appliquez le mortier en couches successives de ¼ po jusqu'à ce qu'il affleure la surface de la brique.

Avec le dos d'un outil à jointoyer, pressez le mortier dans les joints verticaux. Progressez du haut vers le bas de la cheminée.

Aplanissez les joints à l'aide d'un lissoir. Lorsque le mortier est sec, brossez l'excédent à l'aide d'une brosse à poils raides.

Réparation d'un couronnement de cheminée

Inspectez une fois par an le couronnement de la cheminée et bouchez les petites fissures avec de la pâte à calfeutrer à base de silicone résistant au feu. Si vous découvrez des dommages importants, utilisez un ciseau et un marteau pour briser les parties détériorées, en prenant soin de ne pas endommager le conduit de fumée au cours de ce travail. Enlevez les débris et étendez une couche uniforme de produit de ragréage tout autour du couronnement.

Si le couronnement est fortement endommagé, ou si les fissures réapparaissent, envisagez la fabrication et l'installation d'un couronnement de cheminée flottant **(photo E)**. Ce type de couronnement a moins tendance à se fissurer parce qu'il n'est pas fixé à la cheminée et qu'il peut donc bouger librement sous l'effet des changements de température. Il est également

muni d'une rainure qui assure l'écoulement de l'eau et ralentit la détérioration du mortier et de la brique. Pour fabriquer un couronnement flottant, mesurez le corps de la cheminée et le conduit de fumée et construisez un moule en contreplaqué de ³/₄ po **(photo F)**. Le moule doit avoir 4 ³/₄ po de haut au centre et 3 ¹/₂ po de haut sur les bords extérieurs, et il doit dépasser de 2 po le bord de la cheminée. Assemblez les différentes parties à l'aide de vis à bois de 1 ¹/₂ po et fixez le cadre sur une base en contreplaqué. Pour former la rainure de ruissellement, fabriquez un cadre en baguettes de ³/₈ po et collez-le à l'intérieur du moule, à 1 po du bord.

Préparez un mélange consistant (relativement sec) de mortier et remplissez-en le moule **(photo G)**. Appuyez un lissoir en bois sur les bords du moule pour tasser et aplanir le mortier. Veillez à ce que les

arêtes soient nettes aux coins du moule. Laissez le couronnement sécher pendant au moins deux jours avant de démonter le moule avec précaution.

Enlevez l'ancien couronnement à l'aide d'un burin plat et nettoyez le dessus de la cheminée avec une brosse métallique. Posez le nouveau couronnement directement sur la cheminée, en le centrant pour qu'il dépasse également de tous les côtés **(photo H)**. Ajustez le couronnement pour que l'écart soit constant tout autour du conduit de fumée et remplissez cet espace à l'aide d'un cordon résistant au feu ou de laine minérale. Déposez sur ce matériau de remplissage un cordon épais de pâte à calfeutrer à base de silicone résistant au feu **(photo I)**. Formez également un joint entre le dessous du couronnement et la cheminée. Inspectez les joints tous les deux ans et refaites-les si nécessaire.

Outils: Burin plat, foreuse, marteau, mètre à ruban, lissoir en bois.

Matériel: Produit de ragréage à béton, mélange de mortier, contreplaqué de ³/₄ po, baguettes de ¹/₄ po, vis à bois de 1 ¹/₂ po, cordon résistant au feu, pâte à calfeutrer à base de silicone résistant au feu.

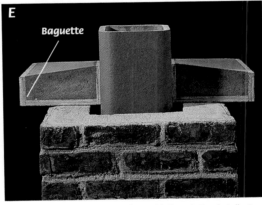

Mettez fin aux réparations annuelles en fabriquant et en installant un couronnement de cheminée flottant.

Mesurez la cheminée et le conduit de cheminée, et construisez un moule en contreplaqué.

Préparez un mélange de mortier et remplissez le moule de ce mélange. Laissez sécher le couronnement pendant au moins deux jours.

Centrez le couronnement sur la cheminée pour qu'il la dépasse également partout.

Remplissez d'un cordon résistant au feu ou de laine minérale l'espace autour du conduit de fumée et déposez ensuite un cordon de pâte à calfeutrer résistant au feu.

Murs et parements

Si l'ossature est le squelette de la maison, le parement en est l'épiderme. Et de même que les coupures et les égratignures subies par une personne l'exposent à la saleté et aux microbes, les fissures et les trous dans le parement de la maison permettent à l'eau et aux animaux nuisibles d'y pénétrer. Pour éviter ces problèmes, inspectez le parement deux fois par an afin de découvrir les fissures, les trous, la peinture écaillée et les signes de détérioration éventuels.

Réparer la surface sans régler le problème sous-jacent ne vous fournit que la garantie de devoir reprendre le travail plus tard. Les méthodes de réparation à suivre dépendent du matériau constitutif du parement ainsi que du type et de l'étendue des dommages. Mais, dans la majorité des cas, il est relativement facile de réparer un parement.

Si vous devez enlever une partie du parement pour effectuer la réparation, profitez-en pour inspecter les éléments qu'il recouvre et réparez ceux qui doivent l'être. Reclouez les revêtements intermédiaires détachés, remplacez les éléments pourris, scellez les ouvertures autour des portes et des fenêtres; bouchez tous les trous, les espaces vides et les fissures.

L'entretien préventif d'un parement est relativement simple: il suffit de laver les murs, de calfeutrer les joints aux endroits où deux matériaux se rencontrent et de remplir ou de rapiécer les fissures et les petits trous.

Une fois par an, lavez votre maison à l'eau sous pression ou à l'aide d'une brosse à long manche et d'une solution de détergent diluée. Dirigez le jet d'eau en biais et évitez qu'il ne frappe les joints de mortier de plein fouet. Prenez particulièrement soin

des endroits éclaboussés sous les avant-toits, les porches et autres emplacements abrités, qui ne sont pas lavés par l'eau de pluie comme le sont les surfaces complètement exposées. Par exemple, la peinture extérieure subit le *farinage*, c'est-à-dire qu'elle s'use lentement sous l'effet du lavage répété de l'eau. Dans les endroits qui ne sont pas lavés par la pluie, il faut donc nettoyer les surfaces peintes plus soigneusement. N'oubliez pas non plus que les endroits qui ne reçoivent pas directement la lumière du soleil ont plus tendance à moisir que les autres.

Avant de calfeutrer les ouvertures de services, enlevez complètement l'ancien produit de calfeutrage et nettoyez soigneusement les ouvertures. Scellez-les ensuite avec de la pâte à calfeutrer à base de butyle ou de la mousse extensible.

Murs de maçonnerie

La réparation des murs de maçonnerie est vouée à l'échec si on ne commence pas par traiter les causes du problème. Par exemple, une pièce de béton continuera de se fissurer si la structure est toujours soumise, après la réparation, aux contraintes qui avaient provoqué les premiers dommages.

Déterminez la cause et la nature des problèmes avant d'entamer les réparations. Cherchez les causes évidentes, comme les racines envahissantes des arbres ou les gouttières endommagées qui dégouttent sur les

surfaces en maçonnerie. Vérifiez également la pente du paysage environnant afin de déterminer s'il faut le déniveler pour éloigner l'eau des fondations. Une fois que vous êtes sûr d'avoir éliminé le problème, vous pouvez commencer à réparer les dommages.

La détérioration des joints de mortier est fréquente **(photo A)**; elle est généralement plus courante que la détérioration de la surface des briques. Si vous découvrez du mortier abîmé, sondez les joints qui l'entourent avec un tournevis afin de

déterminer s'ils sont en bon état et rejointoyez le mur s'il est abîmé (ci-dessous).

L'écaillage se produit lorsque l'humidité contenue dans la brique subit les cycles répétés du gel et du dégel, phénomène qui produit une force suffisante pour fracturer la brique **(photo B)**. Si les dommages se limitent à une petite zone, vous pouvez remplacer les briques atteintes (page 225); si le mal est plus étendu, vous devrez peut-être remplacer toute la structure touchée.

Outils: *Foreuse à commande mécanique munie d'un disque coupant à maçonnerie, ciseau de maçon, marteau, brosse métallique, truelle pointue de maçon, truelle de maçon, lissoir.*

Matériel: *Mélange à mortier, durcisseur à béton, pigment pour mortier.*

Rejointoyez les murs en enlevant le mortier fissuré et abîmé et en remplissant les joints de mortier frais.

L'écaillage se produit lorsque l'humidité contenue dans la brique subit des cycles gel-dégel répétés.

Remplacement des briques endommagées

On ne doit remplacer les briques que si la zone atteinte est petite (quatre briques adjacentes tout au plus) et si on a affaire à un mur non portant. Pour les réparations plus importantes ou les réparations de murs portants, il faut consulter un professionnel.

Commencez par entailler la brique endommagée: elle sera plus facile à casser **(photo C)**. Utilisez une foreuse à commande mécanique munie d'un disque coupant à maçonnerie pour effectuer plusieurs entailles dans la brique et les joints qui l'entourent.

À l'aide d'un ciseau de maçon et d'un marteau, cassez la brique en morceaux **(photo D)**. Si vous devez enlever plusieurs briques, travaillez du haut vers le bas, une rangée à la fois, jusqu'à ce que toutes les briques abîmées soient enlevées. Prenez soin de ne pas endommager les briques voisines.

Enlevez au ciseau le mortier qui reste dans la cavité **(photo E)**, et enlevez la saleté et les débris à l'aide d'une brosse métallique. Rincez à l'eau l'endroit évidé.

Mélangez le mortier en lui ajoutant un durcisseur à béton et, si nécessaire, le pigment qui lui donnera la couleur de l'ancien mortier.

Utilisez une truelle pointue de maçon pour appliquer une couche de mortier de 1 po d'épaisseur sur la base et sur les côtés de la cavité **(photo F)**.

Humectez la brique de remplacement avec de l'eau et appliquez-y du mortier sur les côtés et sur le dessus **(photo G)**. Introduisez la brique dans la cavité et frappez-la avec le manche de la truelle jusqu'à ce qu'elle affleure les briques avoisinantes. Si le mortier n'arrive pas au ras de la surface de la brique, utilisez la truelle pointue pour introduire un peu plus de mortier dans le joint.

Grattez l'excédent de mortier avec une truelle et aplanissez les joints avec un lissoir qui a le même profil que celui des joints d'origine **(photo H)**. Laissez sécher le mortier jusqu'à ce qu'il soit granuleux, et brossez l'excédent.

À l'aide d'une foreuse à commande mécanique et d'un disque coupant à maçonnerie, entaillez la brique et les joints qui l'entourent.

Cassez la brique en morceaux le long des entailles, en utilisant un ciseau de maçon et un marteau.

Enlevez le mortier restant à l'aide d'un ciseau, et nettoyez la surface avec une brosse métallique.

À l'aide d'une truelle pointue de maçon, appliquez une couche de mortier de 1 po d'épaisseur sur la base et sur les côtés de la cavité.

Appliquez du mortier sur la brique de remplacement humectée avec de l'eau et pressez-la en place.

Grattez l'excédent de mortier. Aplanissez les joints avec un lissoir qui a le même profil que celui des joints avoisinants.

Murs en stuc

Bien que la durabilité des parements en stuc soit excellente, ils peuvent s'abîmer ou, avec le temps, devenir friables ou se fissurer. Remplissez les fissures de pâte à calfeutrer le béton: comme elle reste élastique, elle préviendra d'autres fissures. Si une fissure est déjà remplie de pâte à calfeutrer inefficace, enlevez-la complètement avec une brosse métallique. Lorsque la fissure est parfaitement propre et sèche, remplissez-la de pâte à calfeutrer le béton. Faites déborder légèrement la pâte et aplanissez le joint à l'aide d'un pinceau jetable et d'alcool dénaturé.

Outils: Pistolet à calfeutrer, pinceau jetable, couteau ou truelle à mastiquer, balayette, brosse métallique.

Matériel: Liant adhésif, pâte à calfeutrer le béton, alcool dénaturé, apprêt pour métal, stuc prémélangé, peinture à maçonnerie.

Réparez les fissures dans le stuc avec de la pâte à calfeutrer le béton.

Rapiéçage d'une petite surface

Cette méthode simple convient aux surfaces abîmées de moins de 2 pi². Si les dommages sont plus étendus, enlevez tout le stuc de la surface murale et reconstituez-le par couches successives (page 227).

Commencez par enlever les particules détachées à l'aide d'une brosse métallique **(photo A)**. Utilisez une brosse métallique pour enlever la rouille des parties de support métallique exposées et appli-quez-y une couche d'apprêt pour métal. Enduisez les bords de stuc brisés avec un liant adhésif, ce qui améliorera la liaison entre le vieux stuc et le stuc de la réparation.

Appliquez le stuc prémélangé avec un couteau à mastiquer, en le faisant légèrement déborder du trou **(photo B)**. Lisez les instructions du fabricant, car les temps de séchage diffèrent d'un produit à l'autre. Amincissez les bords pour que la pièce se fonde dans la surface qui l'entoure.

Utilisez une balayette ou une truelle pour reproduire la texture originale **(photo C)**. Laissez sécher la pièce pendant plusieurs jours, ensuite retouchez-la avec de la peinture à maçonnerie, de la même couleur que le reste du parement.

Débarrassez la surface de ses particules détachées, en utilisant une brosse métallique.

À l'aide d'un couteau à mastiquer ou d'une truelle, appliquez du stuc prémélangé.

Reproduisez, sur la surface, la texture de la surface avoisinante.

Réparation d'une surface étendue

Reproduire la texture du stuc exige de la patience, de l'adresse et de l'expérience; il est donc recommandé de procéder à des essais avant d'entreprendre une réparation importante. Enlevez l'ancien stuc en forant un trou d'amorçage à l'aide d'une foreuse munie d'un foret à maçonnerie, et utilisez ensuite un ciseau de maçon et un marteau pour enlever tout le stuc de la surface à réparer. Portez des lunettes de sécurité et un masque respiratoire lorsque vous coupez du stuc.

Coupez un support métallique à enduit et attachez-le au revêtement intermédiaire au moyen de clous de toiture **(photo D)**. Si la réparation exige plus d'une largeur de support, faites chevaucher les pièces sur 2 po. Si la réparation descend jusqu'à la base du mur, attachez un arrêt métallique qui empêchera le stuc de s'écouler.

Le stuc prémélangé convient bien aux petites réparations, mais lorsqu'il s'agit d'une réparation importante, vous avez avantage à faire votre propre mélange. Mélangez trois parties de sable, deux parties de ciment portland et une partie de ciment de maçonnerie **(photo E)**. Ajoutez juste assez d'eau pour que le mélange garde la forme qu'on lui donne lorsqu'on le comprime. Ne préparez pas plus de stuc que la quantité que vous utiliserez pendant une heure environ.

Appliquez une couche de stuc de ⅜ po d'épaisseur, directement sur le support métallique **(photo F)**. Enfoncez le stuc dans le treillis jusqu'à ce qu'il remplisse l'espace entre le support et le revêtement intermédiaire. Rainurez horizontalement la surface humide. Laissez sécher le stuc pendant deux jours, en pulvérisant de l'eau sur la surface toutes les deux à quatre heures pour que le stuc sèche uniformément. Appliquez une deuxième couche de stuc le plus uniformément possible **(photo G)**. Amenez la surface du stuc à ¼ po de la surface originale. Laissez sécher la couche pendant deux jours, en la mouillant comme précédemment.

Mélangez la couche de finition de stuc avec juste assez d'eau pour que le mélange garde sa forme. Humectez la surface à réparer et appliquez la couche de finition jusqu'à ce qu'elle affleure la surface originale **(photo H)**. La couche de finition montrée ici a été appliquée à petits coups de balayette et aplanie ensuite avec une truelle. Humectez périodiquement la surface réparée pendant une semaine. Laissez-la sécher encore plusieurs jours avant de la peindre.

Outils: Cisaille type aviation, ciseau de maçon, marteau, boîte à mortier, bouteille à vaporiser, truelle.

Matériel: Lunettes de sécurité, masque respiratoire, support métallique à enduit, clous de toiture, arrêt en métal, sable, ciment portland, ciment de maçonnerie, mélange de stuc pour couche de finition.

Fixez le support métallique à enduit au revêtement intermédiaire.

Mélangez le stuc, en ajoutant juste assez d'eau pour que le mélange garde sa forme lorsqu'on le comprime.

Appliquez une couche de stuc directement sur le support métallique et rainurez la surface.

Appliquez une deuxième couche de stuc et lissez-la le plus également possible avec une truelle.

Appliquez la couche de finition de stuc et donnez-lui la texture de la surface originale.

Parements de bois

Les dommages aux parements de bois sont courants, mais ils sont heureusement faciles à réparer.

Bouchez les petits trous avec un bouche-pores à l'époxy. Réparez les fissures et les fentes avec de la colle à bois à base d'époxy. Appliquez la colle sur les deux surfaces à coller et pressez-les l'une contre l'autre. Pour ce faire, la meilleure méthode consiste à placer une planche contre le bord inférieur de la pièce à recoller et de la soulever pour créer une pression uniforme jusqu'à ce que la colle soit sèche. Si la réparation a lieu près du sol, coincez un longeron de 2 po x 4 po sous la planche de support pour la tenir en place. Une fois que la colle est sèche, enfoncez des vis de plancher galvanisées de part et d'autre de la fissure et retouchez la peinture.

Profitez de l'enlèvement des panneaux pour améliorer l'isolation murale, si nécessaire. Vérifiez l'isolation pendant que le parement est enlevé. Si vous désirez augmenter le facteur R, forez des trous dans le revêtement intermédiaire exposé et soufflez de l'isolant dans les murs. Ensuite, bouchez les trous et effectuez les réparations.

Les joints défectueux peuvent exister dans n'importe quel type de parement à recouvrement, mais ils sont particulièrement fréquents dans les recouvrements en bois. Remplissez les espaces de 1/8 po à 1/4 po avec de la pâte à calfeutrer. Si vous trouvez des espaces vides de 3/8 po ou davantage, consultez un inspecteur du bâtiment, car de tels espaces peuvent être le signe de problèmes sérieux dus à l'humidité ou au mouvement de la maison.

Choisissez des clous spéciaux lorsque vous réparez des parements en bois. Ces clous ont de plus petites têtes fraisées qui sont munies d'un gaufrage pour mieux retenir le produit de finition. Ils ont également des tiges spiralées qui améliorent la résistance à l'arrachement et des pointes arrondies qui réduisent le risque de fissure. On les trouve sous forme de clous galvanisés par trempage à chaud ou de clous en acier inoxydable. Choisissez des clous assez longs pour qu'ils puissent pénétrer dans le revêtement intermédiaire en bois et dans l'ossature d'au moins 1 1/2 po.

Outils: *Marteau, ciseau, truelle, tournevis, scie à métaux, scie à onglets ou scie circulaire, scie sauteuse, scie à guichet, levier plat, chasse-clou, détecteur électronique de poteaux, pinceau,*

Matériel: *Bouche-pores à bois à base d'époxy, colle époxy, clous de parement à tige spiralée, pâte à calfeutrer acrylique à base de silicone, ciment de toiture, papier de construction, revêtement intermédiaire, préservatif pour bois, apprêt, peinture ou teinture.*

Remplacement des parements de recouvrement

Commencez par déterminer l'endroit à réparer et par supprimer la fuite ou toute autre cause de dommage dû à l'eau **(photo A)**.

Marquez la surface du parement qui doit être remplacée **(photo B)**. Marquez les lignes de coupe aux centres des membres de l'ossature, de chaque côté de la surface à réparer, en décalant les coupes pour décaler les joints. Introduisez des intercalaires sous la planche située au-dessus de la surface à réparer. Faites des amorces de coupe au sommet de chaque ligne de coupe avec une scie à guichet et sciez ces planches **(photo C)**. Enlevez les clous ou coupez les têtes des clous avec une lame de scie à métaux. Rapiécez ou remplacez le revêtement intermédiaire et le papier de construction, si nécessaire. Utilisez du ciment de toiture pour boucher les petits trous ou les petites déchirures dans le papier de construction. Si vous devez rapiécer une surface plus importante, détachez le papier de construction au-dessus de l'endroit abîmé, glissez le dessus de la pièce sous le papier existant et agrafez les deux

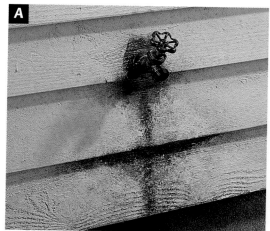

Déterminez l'endroit à réparer et la cause du dommage dû à l'eau.

Tracez le contour de la partie de parement à remplacer.

Marquez les planches pour les couper, en décalant les lignes afin que les joints verticaux ne forment pas une ligne continue.

couches. Si vous avez dû enlever la planche inférieure du parement, clouez une bande de départ de 1 po x 2 po le long de la partie rapiécée, en utilisant des clous 6d de parement. Laissez un espace de ¼ po de part et d'autre de la bande de départ pour la dilatation.

Mesurez et coupez toutes les planches de remplacement à la longueur voulue, en laissant un espace de ⅛ po à chaque extrémité, pour la dilatation **(photo D)**. Servez-vous des anciennes planches comme gabarits pour tracer les découpes des accessoires ou autres ouvertures. Faites ces découpes avec une scie sauteuse. Appliquez un préservatif pour bois, un agent de scellement ou un apprêt, aux extrémités et au dos des planches et laissez-les sécher avant de les installer.

Clouez les nouvelles planches en place avec des clous de parement à tige spiralée, en commençant par la planche la plus basse **(photo E)**. Enfoncez les clous dans des membres de l'ossature, en suivant le schéma de clouage original (normalement un clou tous les 16 po), c'est-à-dire en enfonçant chaque clou au bas de la nouvelle planche, à travers le haut de la planche située juste en dessous.

Calfeutrez les joints avec de la pâte à calfeutrer (utilisez de la pâte à peindre si le bois est peint et de la pâte à teinter si le bois est teinté); ensuite, appliquez un apprêt et peignez ou teintez les planches de remplacement pour qu'elles se fondent dans le parement qui les entoure **(photo F)**.

Mesurez et coupez les planches de remplacement, en prévoyant un espace de dilatation de 1/8 po à chaque extrémité.

Clouez les nouvelles planches en place, en suivant le schéma de clouage d'origine.

Calfeutrez les joints de dilatation avec de la pâte à calfeutrer; puis appliquez un apprêt ou teintez les planches de remplacement.

Remplacement des bardeaux de fente ou des bardeaux de bois

Fendez les bardeaux abîmés avec un marteau et un ciseau et enlevez-les. Placez des intercalaires en bois sous les bardeaux situés au-dessus de la zone à réparer, puis glissez une lame de scie à métaux sous le panneau supérieur pour couper les têtes de clou laissées par l'ancien bardeau **(photo G)**. Coupez les bardeaux de remplacement aux dimensions voulues en laissant un espace de ⅛ po à ¼ po de chaque côté pour la dilatation. Recouvrez toutes les faces des bardeaux de remplacement d'une couche de préservatif pour bois. En commençant par le rang le plus bas, glissez les pièces de remplacement sous les bardeaux du parement situés au-dessus de la surface à réparer **(photo H)**. Enfoncez des clous de parement à tige spiralée dans la portion supérieure de la partie exposée de la surface à réparer. Couvrez les clous de pâte à calfeutrer. Enlevez les intercalaires.

Enlevez les bardeaux de fente ou de bois endommagés et coupez les anciennes têtes de clou.

Glissez les bardeaux de remplacement sous le parement et fixez-les avec des clous de parement à tige spiralée.

Remplacement des parements en panneaux et tasseaux

Enlevez les *tasseaux* des panneaux endommagés, c'est-à-dire les lattes étroites qui les retiennent **(photo A)**. À l'aide d'un levier plat, détachez entièrement le panneau abîmé. Inspectez le papier de construction à l'arrière et rapiécez-le si nécessaire. Coupez le panneau de remplacement dans le même matériau que le matériau d'origine, en prévoyant un espace de ⅛ po de chaque côté pour la dilatation **(photo B)**. Recouvrez les bords et l'arrière du panneau de remplacement avec un apprêt ou un produit de scellement et laissez-le sécher. Clouez le nouveau panneau en place avec des clous de parement à tige spiralée **(photo C)**. Calfeutrez tous les joints, y compris les joints de dilatation, et replacez les tasseaux et autres éléments de garniture. Recouvrez la partie réparée d'un apprêt ou peignez-la pour qu'elle se fonde dans le parement qui l'entoure.

Coupez les panneaux de remplacement dans le même matériau que celui d'origine, en laissant ⅛ po d'espace de chaque côté.

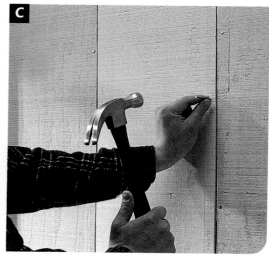

Clouez les nouveaux panneaux en place. Calfeutrez tous les joints et replacez les garnitures.

Enlevez les tasseaux ou les garnitures, et à l'aide d'un levier plat, détachez les panneaux abîmés.

Parements manufacturés

Le vinyle et l'aluminium ont rejoint le bois dans le cercle restreint des matériaux de parement couramment utilisés. Mais, malgré leur durabilité, il faut parfois les réparer.

Le vinyle se vend à un prix raisonnable, il est durable, ne demande virtuellement pas d'entretien et est éconergétique. On le classe aussi parmi les matériaux de parement les plus adaptables aux bricoleurs non avertis qui les installent.

Les nouvelles sortes de parements de vinyle sont plus résistantes que les anciennes, qu'on griffe facilement et qui résistent mal à l'abrasion et dont certaines sont également sensibles aux rayons ultraviolets qui les défraîchissent et les décolorent. Lorsque des parties de parement de vinyle sont décolorées ou griffées, il faut les rapiécer ou les remplacer.

Les parements de vinyle se décolorent irrémédiablement sous l'effet de produits à base de pétrole tels que les insecticides utilisés contre les guêpes ou les abeilles. Ces taches ne s'enlèvent pas, mais on peut les atténuer. Trempez un chiffon blanc dans du naphte ou une essence minérale et tamponnez la tache. Ensuite, rincez abondamment à l'eau.

Le parement d'aluminium est assez bon marché, il est facile à installer et à entretenir et il résiste au feu. On le trouve dans une grande variété de styles et de couleurs, avec ou sans envers isolant.

On peut repeindre le parement d'aluminium s'il est griffé et le débosseler avec un produit de ragréage pour carrosseries d'automobiles. On peut également réparer des dommages plus importants et le rapiécer. Si vous devez remplacer de grandes surfaces, vous éprouverez peut-être de la difficulté à trouver un produit de même couleur et de même style que le produit d'origine. Pour camoufler les réparations, achetez le produit qui s'en approche le plus et enlevez des sections situées dans des endroits dissimulés. Utilisez les pièces d'origine pour les réparations à effectuer dans les endroits visibles et installez les nouvelles pièces dans les endroits moins visibles où on remarquera moins la différence.

Outils: *Cisaille type aviation, pistolet à calfeutrer, foreuse, levier plat, marteau, règle rectifiée, mètre à ruban, couteau universel, outil à déboîter.*

Matériel: *Pâte à calfeutrer, clous, ciment de toiture ou adhésif pour panneaux extérieurs, garnitures, panneaux de parement (si nécessaire), embouts.*

Réparation des parements de vinyle

Déboîtez les joints – en commençant par le joint le plus rapproché de la surface abîmée – en utilisant un outil à déboîter. Installez des intercalaires et enlevez les attaches de la pièce supérieure du parement abîmé.

À l'aide d'une cisaille type aviation, découpez la partie endommagée et découpez ensuite une pièce de remplacement qui aura 4 po de long en plus que la partie enlevée. Enlevez 2 po de chaque côté de la bande de clouage de la pièce de remplacement. Glissez la pièce en place **(photo D)**. Piquez des clous de parement à tige spiralée dans la bande de clouage, placez ensuite le bout d'un levier plat sur chaque tête de clou, et enfoncez-le en frappant sur le levier avec un marteau **(photo E)**. Enfoncez la ferrure en J dans la bande de clouage.

Déboîtez les joints et découpez la section endommagée. Découpez la pièce de remplacement, raccourcissez sa bande de clouage et glissez la pièce de remplacement en place.

Piquez les clous à tige spiralée dans la bande de clouage et enfoncez-les avec un levier plat et un marteau.

Rapiéçage d'un parement d'aluminium

Découpez la partie abîmée avec une cisaille type aviation **(photo F)**. Laissez intacte une partie de la pièce supérieure qui servira de surface de liaison.

Découpez une pièce qui sera 4 po plus large que la surface à réparer et enlevez sa bande de clouage. Lissez ses bords avec du papier de verre pour métaux.

Clouez en place les pièces inférieures à l'aide de clous de parement à tête spiralée plantés dans leurs bandes de clouage, en commençant par le bas. Appliquez du ciment de toiture à l'arrière de la pièce supérieure et pressez-la en place, en enfonçant sa ferrure en J dans la bande de clouage se trouvant à la base de celle-ci **(photo G)**. Calfeutrez les joints.

Surface de liaison laissée intacte

Découpez la partie endommagée. Découpez une pièce aux bonnes dimensions, puis enlevez la bande de clouage de la pièce supérieure.

Clouez les pièces inférieures en place. Appliquez du ciment de toiture sur la pièce supérieure et pressez-la en place.

Remplacement des embouts d'aluminium

Enlevez l'embout abîmé. Si nécessaire, détachez le bas de l'embout, puis coupez l'embout, en haut, avec une lame de scie à métaux **(photo H)**.

Attachez les embouts de remplacement, en commençant par le bas. Enfoncez des clous de parement à tête spiralée dans les pattes prévues à cet effet et dans les membres de l'ossature.

Coupez les pattes de clouage de l'embout de remplacement supérieur et appliquez du ciment de toiture à l'arrière de celui-ci **(photo I)**. Enfoncez la base de l'embout dans les ferrures de blocage en J, au bas des panneaux du parement. Pressez le dessus de l'embout en place.

Enlevez l'embout abîmé. Installez les embouts de remplacement.

Attachez l'embout supérieur avec du ciment de toiture. Pressez-le en place.

Peinture extérieure

Repeindre l'extérieur d'une maison est un projet d'envergure; si vous le faites vous-même, vous réduirez considérablement les frais qu'entraînent la protection du parement de votre maison et le rafraîchissement de son apparence. Avec un peu de soin et de patience, vous créerez un fini durable, d'apparence professionnelle.

Tout projet de peinture se divise naturellement en deux étapes: la préparation des surfaces et l'application de la peinture. L'étape de préparation, la plus longue et la plus fastidieuse, vaut bien les efforts qu'elle requiert: un fini de haute qualité dépend d'une préparation minutieuse.

L'échéancier est un élément critique du projet de peinture. Le grattage et le ponçage exposent le parement aux intempéries. Si le bois nu y reste exposé trop longtemps, les pores du bois s'obstrueront, ce qui pourrait empêcher la peinture de bien coller. C'est pourquoi il vaut mieux travailler sur un côté de la maison à la fois, et appliquer apprêt et peinture aussitôt le travail de préparation terminé.

La peinture peut durer jusqu'à dix ans, surtout si elle est entretenue périodiquement. Les retouches occasionnelles préviennent l'accumulation d'eau sous la surface de la peinture. Poncez et couvrez d'apprêt les fissures et craquelures dès qu'elles se

produisent. Si vous ne le faites pas promptement, des moisissures risquent de se former, ce qui peut tacher la surface peinte et la faire décoller. Procéder chaque année au lavage sous pression du parement et à la réparation des défauts de peinture mineurs, voilà la clé d'un bon programme d'entretien extérieur.

Comme tout projet faisant appel à l'utilisation d'échelles ou d'échafaudages, le projet de peinture nécessite le respect de certaines règles de sécurité. Lisez la section portant sur la sécurité (page 186) avant de vous lancer.

Défauts de la peinture extérieure

Inspectez annuellement la peinture extérieure de votre maison, en commençant par les endroits qui sont à l'abri **(photo A)**. La présence de défauts dans des endroits peu ou pas du tout exposés directement au soleil pourrait signifier que ces défauts apparaîtront bientôt dans les zones adjacentes. Il est essentiel de déterminer la nature du défaut avant d'essayer de le corriger.

Le cloquage **(photo B)** – déformations convexes à la surface de la peinture – résulte d'une préparation médiocre ou de l'application précipitée de l'apprêt ou

de la peinture. La présence de cloques indique que de l'humidité emprisonnée cherche à percer la surface. Grattez les endroits touchés et retouchez la peinture. Si les dommages sont étendus, enlevez la peinture jusqu'à dénuder le bois, puis appliquez apprêt et peinture.

Le pelage **(photo C)** est le décollement de la peinture, qui tombe alors en flocons. Le pelage signale un problème d'humidité persistant, généralement causé par un pare-vapeur qui fuit ou qui n'est plus efficace. Vous devez donc déterminer l'origine du problème d'humidité et le résoudre. Si le pelage est localisé, grat-

tez et poncez la zone endommagée; ensuite, apportez-y des retouches d'apprêt et de peinture. Si le pelage est étendu, enlevez la peinture jusqu'à dénuder le bois, puis appliquez apprêt et peinture. Le craquellement **(photo D)**, c'est-à-dire l'écaillage et la fissuration d'une grande surface de peinture, apparaît généralement sur les surfaces où les couches de peinture se sont accumulées. Il peut également être causé par une préparation inadéquate de la surface ou par un intervalle de séchage insuffisant entre l'application de l'apprêt et celle de la peinture. Enlevez la vieille

A

Les défauts de peinture apparaîtront d'abord dans les endroits peu ou pas du tout exposés au soleil.

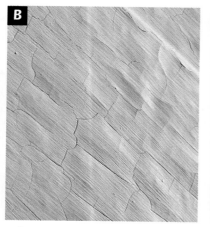

B

Le cloquage est un signe avant-coureur de problèmes plus graves.

C

Lorsqu'il y a pelage, la peinture s'écaille en gros flocons.

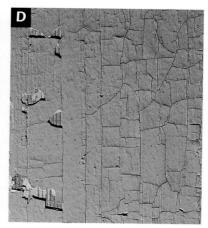

D

Le craquellement apparaît surtout sur la vieille peinture ou sur les surfaces recouvertes de nombreuses couches de peinture.

peinture, appliquez l'apprêt, puis repeignez la surface. Le cloquage et le pelage localisés **(photo E)** indiquent que de l'humidité provenant d'un toit, d'une gouttière ou d'un tuyau intérieur qui fuit est emprisonnée sous la peinture. Repérez et corrigez la fuite. Ensuite, grattez la surface endommagée, appliquez-y l'apprêt et repeignez-la.

Le cloquage et le pelage bien définis **(photo F)** se produisent lorsqu'une pièce humide n'est pas munie d'un pare-vapeur adéquat. Si la ligne de démarcation des dommages correspond à la limite du mur intérieur, enlevez le parement et remplacez le pare-vapeur. Des moisissures **(photo G)** se forment dans les fissures et sur les zones humides peu exposées au soleil. Lavez les zones moisies avec une solution moitié-moitié d'eau et d'eau de Javel, ou avec du

phosphate trisodique. La rouille **(photo H)** apparaît lorsque de l'humidité pénètre la peinture recouvrant du fer ou de l'acier. Enlevez la rouille et la peinture décollée à l'aide d'une perceuse portative munie d'une brosse métallique, puis appliquez apprêt et peinture.

Les taches de suintement **(photo I)** apparaissent lorsque des clous ressortent du parement et commencent à rouiller. Enlevez les clous, poncez pour éliminer la rouille, puis enfoncez des clous crantés. Appliquez de l'apprêt à métal, puis retouchez la peinture.

Utilisez une brosse métallique et une solution d'acide muriatique pour enlever l'efflorescence **(photo J)**. Il s'agit d'un dépôt poudreux qui se forme lorsque des sels minéraux remontent à la surface d'un parement en maçonnerie.

Conseil

Pour déterminer si la peinture actuelle doit ou non être enlevée, faites ce petit test. Avec un couteau universel, tracez un carré de 1 po de côté à plusieurs endroits. Tracez ensuite dans toutes les directions six lignes peu profondes, à ⅛ po d'écart. Collez fermement sur le carré un bout de ruban-cache de 2 po de longueur, puis arrachez-le brusquement. Si la peinture reste collée au ruban-cache, enlevez toutes les vieilles couches, puis appliquez l'apprêt avant de repeindre.

Le cloquage et le pelage localisés indiquent que de l'humidité est emprisonnée sous la peinture.

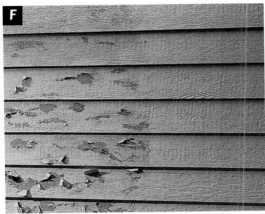
Le cloquage et le pelage bien définis se produisent lorsqu'une partie du pare-vapeur manque ou est inadéquate.

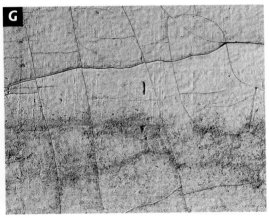
Des moisissures se forment dans les fissures et sur les zones humides peu exposées au soleil.

La rouille se produit lorsque de l'humidité pénètre la peinture recouvrant du fer ou de l'acier.

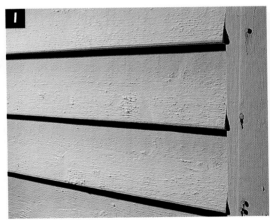
Les taches de suintement apparaissent lorsque des clous ressortent du parement et commencent à rouiller.

L'efflorescence se forme lorsque des sels minéraux remontent à la surface d'un parement en maçonnerie.

Outils et matériaux

Des outils, apprêts et peintures **(photo A)** de haute qualité donnent généralement de meilleurs résultats que des produits moins coûteux. En ne lésinant pas sur la qualité de votre matériel, vous exécuterez vos travaux de peinture plus aisément, et le fini de votre maison sera attrayant et durable.

Dressez la liste des outils et matériaux dont vous aurez besoin. Prévoyez d'appliquer un apprêt sur toutes les surfaces non peintes et sur toutes les parties que vous aurez décapées ou dont le bois est exposé.

Consultez le tableau ci-contre pour estimer la quantité de peinture requise pour une couche; décidez ensuite du nombre de couches que vous appliquerez. Dans le cas du bois nu, mieux vaut appliquer une couche d'apprêt et deux de peinture. Mais si la surface est déjà peinte et que la peinture est encore en bon état, une couche nouvelle devrait suffire.

Traditionnellement, les peintures extérieures ont toujours été à l'huile. La peinture à l'huile donne des couches plus minces aux lignes mieux définies, ce qui est avantageux si vous peignez des boiseries ou moulures travaillées. Cependant, pour des raisons d'ordre écologique, on s'intéresse de plus en plus à d'autres types de peinture. La peinture au latex, comparable à la peinture à l'huile pour ce qui est de la durabilité et de l'apparence, est moins dangereuse, moins odorante et plus facile à éliminer. Naguère, la présence d'une couche de peinture à l'huile vous empêchait d'utiliser une peinture au latex pour les couches suivantes. Aujourd'hui, la peinture acrylique adhère très bien aux apprêts et peintures à base d'huile.

Même si l'enlèvement des anciennes couches de peinture peut représenter une corvée, l'utilisation du matériel **(photo B)** et des outils **(photo C)** adéquats peut en accélérer l'exécution. L'enlèvement sera plus rapide si vous utilisez une perceuse électrique munie d'une brosse métallique circulaire ou si vous louez une ponceuse à parement munie d'une roue dont le diamètre correspond à la largeur de la partie en saillie du parement. Achetez ou louez un pistolet chauffant pour enlever la peinture sur de grandes surfaces. Pour les surfaces réduites, une brosse à soies dures, une brosse

Matériel requis: apprêts, teintés pour correspondre à la couleur de la peinture (1), peinture pour bâtiments (2), apprêt d'impression (3), peinture pour maçonnerie et stucco (4), toile de protection (5), feuilles de plastique (6), produit d'étanchéité (7), apprêt à métal (8), ruban-cache (9).

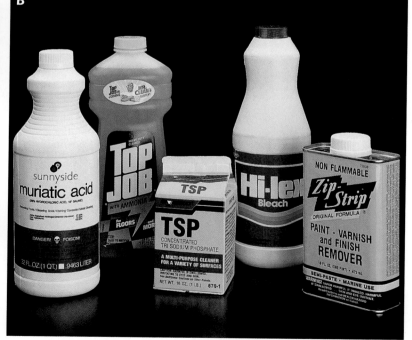

Produits requis pour la préparation et l'entretien des surfaces (de g. à d.): acide muriatique pour enlever la rouille du métal, détergent, phosphate trisodique, eau de Javel pour le nettoyage des surfaces, décapant pour enlever les couches de peinture épaisses des surfaces délicates.

métallique, un bloc à poncer, un couteau à mastiquer, un grattoir à peinture ou un grattoir de détail muni de têtes interchangeables.

Le lavage à la pression enlèvera les écailles de peinture, mais rien ne peut remplacer le grattage ou le ponçage. Achetez ou louez une laveuse à pompe qui convient au travail. Les laveuses dont la pression est inférieure à 1200 psi ne feront pas l'affaire, tandis que celles dont la pression est supérieure à 2500 psi risquent d'endommager le parement (photo D). Utilisez une buse à 12 ou à 25 degrés.

L'utilisation des bons outils facilitera l'application de la peinture (photo E). Les murs extérieurs ayant des surfaces et formes variables, ayez à portée de la main toute une gamme d'outils: rouleau et manchon à poils de ³/₈ po pour les surfaces lisses ou presque lisses; rouleau pour les coins et boiseries; rouleau à poils de ⁵/₈ po pour les surfaces rugueuses; pinceau de 4 po pour le parement à mi-bois; pinceau de 3 po pour le parement et les boiseries; brosse de pouce de 2 po pour les boiseries et montants de fenêtres; rouleau de 3 po pour les boiseries. Pour les murs et autres surfaces plates, un pulvérisateur réduira la durée de l'application (photo F).

Outils servant à enlever la peinture: grattoir (1) ponceuses vibrantes de ¹/₄ et de ¹/₃ (2), perceuse munie d'une brosse métallique circulaire (3), coupe-peinture (4), pistolet chauffant (5), blocs à poncer (6), outil universel (7), couteau à mastiquer (8), brosse métallique à deux poignées (9), brosse à soies dures (10).

Louez une laveuse à pompe avec accessoires pour nettoyer le parement et enlever la peinture écaillée. Une buse avec rallonge se branche sur le tuyau relié au compresseur.

Outils servant à appliquer la peinture: rouleau et manchon à poils de ³/₈ po (1), rouleau pour les coins (2), rouleau à poils de ⁵/₈ po (3), pinceau de 4 po (4), pinceau de 3 po (5), pinceau à boiseries de 2 po (6), rouleau de 3 po (7). NOTE: Tous les pinceaux illustrés ont des soies synthétiques pour utilisation avec la peinture au latex.

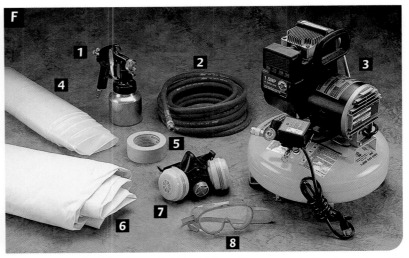

Matériel de pulvérisation de la peinture: pulvérisateur (1), tuyau (2), compresseur (3). Vous devez aussi disposer de feuilles de plastique (4), de ruban-cache (5) et de toiles de protection (6). Portez toujours l'équipement de protection individuelle requis: masque respiratoire à deux cartouches (7) et lunettes à coques de sécurité (8).

Préparation à la peinture

Pour que le recouvrement soit uniforme, la surface à peindre doit être lisse, propre et sèche. Généralement, plus votre travail de préparation sera complet, plus le fini de la peinture sera uniforme et durable.

Pour obtenir le fini le plus lisse, poncez le parement jusqu'au bois à l'aide d'une ponceuse électrique. Pour gagner du temps, vous pouvez gratter la peinture décollée et ne sabler que les endroits qui ont vraiment besoin de l'être; toutefois, le fini que vous obtiendrez sera moins lisse. Vous pouvez vous servir d'une laveuse à pompe pour enlever une partie de la peinture décollée, mais le lavage sous pression ne peut créer une surface lisse pour l'application de la peinture.

Avant de commencer à peindre le mur, vous devez enlever toute la peinture actuelle qui n'adhère plus à la surface.

Outils: *Laveuse à pompe (facultative), grattoirs, ponceuse, blocs à poncer, couteau à mastiquer, brosse à soies dures, brosse métallique, laine d'acier, tampon abrasif à gros grains, perceuse munie d'une brosse métallique circulaire.*

Matériel: *Papier abrasif à 80 grains et à 120 grains, mastic, matériau d'étanchéité à la silicone pouvant être peint, acide muriatique.*

Poncée jusqu'au bois

Grattée et poncée par endroits

Lavée sous pression seulement

La préparation de la surface contribuera pour beaucoup à l'apparence finale de la peinture appliquée. Décidez du degré de ponçage et de grattage que vous êtes prêt à effectuer pour obtenir le fini qui vous satisfera.

Outils pour l'enlèvement de la peinture

L'enlèvement de la vieille peinture sera beaucoup plus aisé si vous utilisez les outils adéquats.

Servez-vous d'un pistolet chauffant pour détacher les couches épaisses de peinture **(photo A)**. Dirigez le pistolet sur la surface et grattez la peinture dès qu'elle se détache. Pour enlever une grande surface de peinture sur un parement à mi-bois, utilisez une ponceuse à parement munie d'une roue dont le diamètre correspond à la largeur de la partie en saillie du parement **(photo B)**. Pour enlever la peinture écaillée et la rouille du métal, servez-vous d'une brosse métallique. Appliquez immédiatement un apprêt à métal pour prévenir la corrosion. Pour poncer-effleurer un parement ou des moulures métalliques, utilisez une laine d'acier moyenne ou un papier abrasif à gros grains. Lavez la surface avant d'appliquer l'apprêt.

Gardez toujours le pistolet chauffant en mouvement.

Utilisez une ponceuse à parement pour enlever la peinture d'un parement à mi-bois.

Nettoyage et ponçage

La première étape de la préparation de la surface à peindre consiste à nettoyer celle-ci et à en éliminer la peinture écaillée. Pour ce faire, l'outil le plus efficace reste la laveuse à pompe **(photo C)**. Laissez la surface sécher complètement avant de poursuivre la préparation.

Puisque le lavage sous pression n'élimine pas toute la peinture détachée, vous devrez vous servir d'un grattoir pour le faire **(photo D)**. Prenez garde de ne pas endommager la surface en la grattant trop vigoureusement. Utilisez des grattoirs de détail pour enlever la peinture dans les endroits difficiles à atteindre. Certains de ces grattoirs sont munis de têtes interchangeables dont le profil correspond à celui des moulures courantes **(photo E)**.

Lissez la peinture rugueuse à l'aide d'une ponceuse vibrante et d'un papier abrasif à 80 grains. Utilisez un papier abrasif à 80 ou à 120 grains pour poncer les moulures difficiles d'accès. On trouve des blocs à poncer de forme et de taille diverses, par exemple en forme de poire **(photo F)**. Vous pouvez aussi fabriquer vos propres blocs avec des pièces de bois, des bouts de tuyau d'arrosage ou d'autres articles courants. Découpez une vieille bande abrasive pour poncer les petites moulures tarabiscotées. Inspectez toutes les surfaces pour y repérer les fissures, la pourriture et autres dommages. Identifiez les endroits endommagés à l'aide de ruban ou de punaises de couleur. Remplissez trous et fissures avec un produit de remplissage époxyde **(photo G)**.

Pour obtenir une surface parfaitement lisse, utilisez une ponceuse vibrante munie d'un papier abrasif de 120 grains pour poncer les zones réparées, de même que les imperfections créées par les coups de grattoir **(photo H)**.

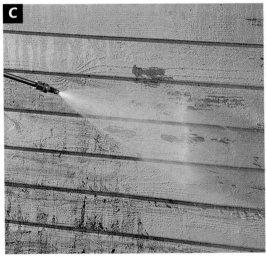

Utilisez une laveuse à pompe pour éliminer les éclats de peinture.

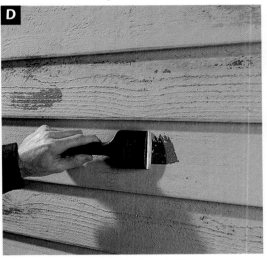

Utilisez un grattoir pour enlever la peinture écaillée.

Servez-vous d'un grattoir de détail dans les endroits difficiles à atteindre.

Poncez les pièces tarabiscotées avec des blocs de forme particulière.

Obturez trous et fissures avec un produit de remplissage pour le bois.

Poncez les zones réparées et les marques laissées par le grattoir pour obtenir une surface lisse.

Lavage sous pression

Si vous décidez de laver votre parement, choisissez la laveuse à pompe qui convient. Pour la plupart des maisons, une laveuse dont la pression est de 1200 à 2500 psi est idéale. Le format de la buse est également important — une buse dont l'angle est de 15° à 25° est parfaite pour ce travail.

Dirigez le jet d'eau vers le bas **(photo A)**; n'approchez pas trop la buse du parement de crainte que le jet n'endommage celui-ci ou les moulures.

Pour nettoyer les endroits difficiles d'accès, comme la corniche ou la sous-face, utilisez une rallonge et une brosse tournante **(photo B)**.

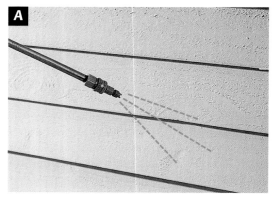

Dirigez le jet d'eau vers le bas.

Utilisez une brosse tournante pour nettoyer les endroits difficiles d'accès, comme la corniche ou la sous-face.

Préparation de la surface des moulures

Poncez-effleurez les surfaces luisantes des cadres de portes et fenêtres ainsi que toutes les surfaces recouvertes d'émail. Utilisez un tampon abrasif grossier ou un papier abrasif de 150 grains **(photo C)**.

Obturez les fissures du parement et les écarts autour des portes et fenêtres avec un produit d'étanchéité acrylique à la silicone pouvant être peint **(photo D)**.

Poncez-effleurez les surfaces luisantes ou recouvertes d'émail afin que l'apprêt et la peinture adhèrent mieux.

Un produit d'étanchéité acrylique à la silicone pouvant être peint scelle de manière durable les cadres de portes et de fenêtres, de même que les fissures du parement.

Enlèvement des finis transparents

Tout comme la peinture, les couches de finition et d'impression peuvent s'écailler et peler. Avant d'appliquer la nouvelle couche d'impression, lavez à la pression les surfaces tachées ou non peintes qui ont été traitées avec un protecteur de bois **(photo E)**.

Utilisez une brosse à soies dures pour déloger les débris de peinture que le lavage sous pression n'a pas éliminés **(photo F)**. N'utilisez pas de brosse métallique sur le bois.

Lavez sous pression les finis tachés ou transparents.

Éliminez la peinture écaillée avec une brosse à soies dures.

Préparation des surfaces

À l'aide d'une brosse métallique, enlevez la rouille et la peinture écaillée des pièces de métal comme les rampes **(photo G)**. Appliquez immédiatement une couche d'apprêt pour prévenir toute nouvelle corrosion.

Poncez-effleurez le parement et les moulures de métal avec une laine d'acier grossière ou un papier abrasif à gros grains **(photo H)**. Lavez la surface avant d'appliquer l'apprêt. Avec une perceuse munie d'une brosse métallique circulaire, enlevez des joints de maçonnerie le mortier détaché, les dépôts minéraux ou la peinture **(photo I)**. Nettoyez les grandes surfaces plates à l'aide d'une brosse métallique. Avant de repeindre, réparez les dommages mineurs présentés par la maçonnerie.

Faites dissoudre la rouille des pièces métalliques avec une solution d'acide muriatique diluée **(photo J)**. Lorsque vous travaillez avec cet acide, vous devez porter l'équipement de protection individuelle approprié, travailler dans une aire bien ventilée, observer le mode d'emploi et prendre les précautions prescrites.

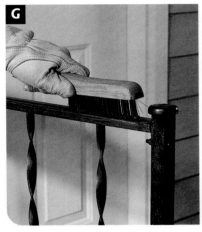

Enlevez la peinture écaillée et la rouille des pièces métalliques, telles les rampes, à l'aide d'une brosse métallique.

Poncez-effleurez le parement et les moulures métalliques avec une laine d'acier grossière ou un papier abrasif à gros grains.

Enlevez le mortier détaché, les dépôts minéraux et la peinture des joints de maçonnerie à l'aide d'une perceuse munie d'une brosse métallique circulaire.

Éliminez la rouille des pièces métalliques avec une solution d'acide muriatique diluée.

Protection des plantes et des appareils extérieurs

Avant de repeindre, étendez des toiles sur le sol autour de la maison pour recueillir les débris et gouttes de peinture. Recouvrez aussi les plantes et les arbustes délicats.

Coupez le courant alimentant les climatiseurs, appareils et structures situés à proximité de la maison, et recouvrez-les **(photo K)**.

Enlevez les persiennes et moulures décoratives pour les protéger et pour pouvoir peindre la surface qu'elles recouvrent **(photo L)**. Réparez au besoin les persiennes et moulures. Préparez-les, appliquez-y une couche d'apprêt, repeignez-les et réinstallez-les une fois les murs repeints.

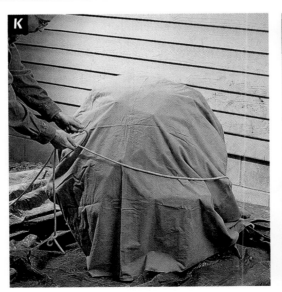

Protégez avec des toiles les plantes délicates et les structures.

Enlevez les persiennes et les moulures décoratives.

Application de l'apprêt et de la peinture

Planifiez votre travail de manière que l'apprêt et la peinture puissent être appliqués à deux semaines d'intervalle. Si plus de deux semaines s'écoulent entre les applications, lavez les surfaces à l'eau savonneuse avant de repeindre.

Écoutez les prévisions météo et observez le temps qu'il fait durant votre travail. Un temps humide ou une pluie dans les deux heures suivant l'application ruinera votre peinture. Ne peignez pas si la température est inférieure à 50 °F ou supérieure à 90 °F. Évitez les jours venteux: il est dangereux de monter dans une échelle par grand vent, et les bourrasques projetteront de la saleté sur la peinture encore fraîche. Planifiez chaque journée de travail de manière que vous puissiez toujours travailler à l'ombre. Mieux vaut peindre à l'ombre

ou à l'abri des rayons directs du soleil. Les rayons directs du soleil peuvent accélérer le séchage de l'apprêt ou de la peinture et emprisonner de l'humidité sous la surface, qui se boursouflera ou pèlera. Les coups et les chevauchements de pinceau tendent à être plus apparents lorsque l'on travaille en plein soleil.

Préparez la surface et appliquez les couches d'apprêt et de peinture sur un seul côté de la maison à la fois, tout en suivant un ordre logique. Commencez par le haut des murs et descendez jusqu'à la fondation avant de déplacer l'échelle ou l'échafaudage. Appliquez les couches d'apprêt et de peinture sur les surfaces verticales avant de le faire sur les surfaces horizontales, afin de ne pas devoir retoucher les éclaboussures et gouttes.

Voici le bon enchaînement à suivre: partie avant de la bordure d'avant-toit; bords inférieurs des panneaux de sous-face; moulure décorative située près du toit; gouttières et tuyaux de descente (de l'arrière vers l'avant); panneaux de sous-face et moulures; bords inférieurs du parement; face du parement (placez un écran pour protéger les moulures de coins, de portes et de fenêtres si vous ne les repeignez pas); fondation; portes et fenêtres; bords intérieurs des moulures de portes et fenêtres; bords extérieurs des contre-chambranles et moulures de briques; faces des moulures de portes; seuils de portes et sol de porche.

Une fois séchée la couche d'apprêt ou de peinture, examinez la surface et retouchez les endroits oubliés ou rendus inaccessibles par l'échelle durant le travail.

Utilisez toujours l'apprêt ou la peinture qui convient au travail à exécuter.

Appliquez les couches d'apprêt et de peinture sur les surfaces verticales d'abord.

Travaillez dans un ordre logique, de haut en bas.

Appliquez les couches d'apprêt et de peinture à l'ombre ou à l'abri des rayons directs du soleil.

Conseil

La peinture de couleur, surtout les mélanges sur commande, peut varier d'un pot à l'autre. Mieux vaut mélanger le contenu de tous vos pots.

Videz tous vos pots de peinture dans un grand contenant et mélangez-la bien. Transvasez le mélange dans les pots, que vous fermerez de manière étanche. Avant l'utilisation, bien mélanger le contenu de chaque pot.

Choix des pinceaux et des rouleaux

Le choix du bon outil d'application est essentiel à la création d'un fini d'apparence professionnelle.

Le pinceau à murs – un épais pinceau carré de 3 po à 5 po de largeur – est conçu pour contenir beaucoup de peinture et la distribuer en une large bande (photo A).

La brosse de pouce, d'une largeur de 1 ½ po à 2 ½ po, convient aux fenêtres et aux moulures.

Le pinceau à encadrement, d'une largeur de 2 po à 3 po, sert à peindre les portes, les encadrements et les petites surfaces. Gardez à portée de la main une gamme de pinceaux propres plats de 2 ½ po, 3 po et 4 po, ainsi que de brosses de pouce biseautées (photo B). Vous pouvez aussi vous servir de rouleaux pour peindre rapidement les surfaces unies. Utilisez un rouleau de 8 po ou 9 po pour les grandes surfaces (photo C), ou de 3 po (photo D) pour les moulures plates, comme les moulures de coin.

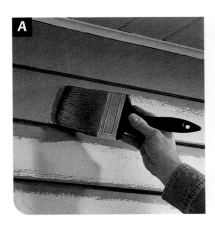

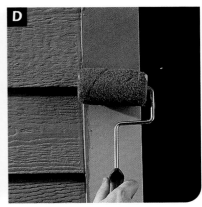

Obtention d'un fini uniforme et lisse

Une fois votre travail terminé, l'épaisseur des couches appliquées (couche d'apprêt et toutes les couches de peinture) devrait être de 4 à 5 millièmes de pouce, soit à peu près celle d'une feuille de papier journal.

Pour obtenir cette couverture uniforme et lisse, vous devez charger votre pinceau de la quantité de peinture suffisant à la partie que vous peignez. Vous ne devez enfoncer dans la peinture que le tiers du pinceau pour une pleine charge.

Utilisez une pleine charge de pinceau pour les grandes surfaces, une charge moyenne pour les surfaces plus réduites et pour les coups de pinceau en dégradé, ou une charge légère pour les moulures ou le travail à proximité de celles-ci (photo E). Pour peindre les grandes surfaces plates, tenez le pinceau à un angle de 45° (photo F). Exercez tout juste assez de pression sur le pinceau pour que les soies plient et que la peinture en sorte.

Conseil

Utilisez l'apprêt ou la peinture qui convient à chacune des surfaces à travailler. Sur les surfaces métalliques, utilisez un apprêt antirouille, et sur les surfaces de maçonnerie, un apprêt à maçonnerie résistant au farinage.

Ne chargez le pinceau que de la quantité de peinture requise par la zone à peindre.

En le tenant à un angle de 45°, exercez une faible pression sur le pinceau.

Peinture au pinceau des surfaces plates

La plupart des peintres professionnels s'entendent pour dire que les pinceaux donnent la meilleure couverture qui soit. Cependant, pour toujours obtenir des résultats satisfaisants, vous devez recourir aux bonnes techniques. Chargez le pinceau au maximum. En commençant à l'une des extrémités de la surface à peindre, donnez un coup de pinceau long et uniforme jusqu'à ce que la couche de peinture laissée commence à «mincir» **(photo A)**. À la fin du coup, soulevez le pinceau de manière que le point d'arrêt soit indéfini **(photo B)**. Si la peinture vous semble inégale ou présente des traces du coup donné, uniformisez-la sans donner trop de coups de pinceau.

Rechargez le pinceau et donnez en sens inverse un long coup qui atteindra l'extrémité du coup précédent et créera une surface uniforme et lisse **(photo C)**. Si le point de rencontre des deux coups de pinceau est visible, appliquez-y une mince couche de peinture et amincissez le point de départ du second coup de pinceau.

À partir de l'extrémité de la surface, donnez un coup de pinceau long et uniforme.

Soulevez graduellement le pinceau. Lissez légèrement la couche.

Rechargez le pinceau et donnez-en un coup dans le sens opposé du coup précédent.

Utilisation des rouleaux

Avant de commencer à appliquer de la peinture au latex avec un rouleau, imbibez d'eau ce dernier, puis pressez-le pour exprimer le liquide excédentaire. Placez un treillis à peinture dans un seau de 5 gallons. Trempez le rouleau dans la peinture, puis faites-le rouler sur le treillis dans un mouvement de va-et-vient **(photo D)**. La peinture doit imbiber le rouleau, mais elle ne doit pas en dégoutter.

Commencez à peindre en passant le rouleau vers le haut pour qu'il ne dégoutte pas trop. Pour éviter les dégâts et le gaspillage que causent les éclaboussures, passez le rouleau de manière uniforme, sans à-coup. Veillez à ce que le rouleau roule au lieu de glisser sur la surface. S'il glisse, des marques seront visibles une fois la peinture séchée. Faites pénétrer la peinture dans les fissures et sur les surfaces rugueuses, en terminant chaque zone peinte par des coups de rouleau verticaux **(photo E)**.

Utilisez des rouleaux spécialisés comme le rouleau pour les coins **(photo F)** ou le rouleau beignet **(photo G)** pour peindre le bord des planches de parement ou les moulures.

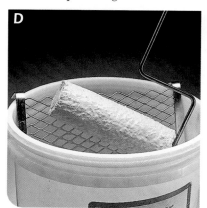
Placez un treillis à peinture dans un seau de 5 gallons pour bien imbiber le rouleau.

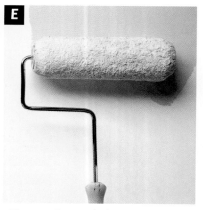
Utilisez un rouleau standard pour peindre les grandes surfaces plates tels les parements avec couvre-joints ou le stuc.

Peignez les joints entre les surfaces qui s'entrecoupent à l'aide d'un rouleau pour les coins.

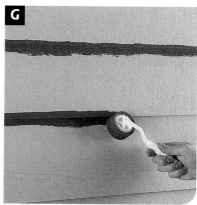
Peignez le bord des planches de parement avec un rouleau beignet.

Pulvérisation de la peinture

On peut acheter ou louer un pulvérisateur dans bon nombre de quincailleries ou de centres de rénovation. Suivez le mode d'emploi de l'appareil, en faisant particulièrement attention aux recommandations relatives à l'épaisseur de la couche et à la distance à laisser entre le pulvérisateur et la surface à peindre. Maintenez la pression de pulvérisation et la température de peinture recommandées. Protégez les zones que vous ne voulez pas peindre **(photo H)** et réglez le jet à la largeur voulue. Gardez le pulvérisateur en position perpendiculaire par rapport à la surface à peindre; pulvérisez la peinture en décrivant un angle et en bandes parallèles **(photo I)**. Faites en sorte que les bandes se chevauchent.

Recouvrez de plastique les zones que vous ne voulez pas peindre.

Pour obtenir un beau fini, faites en sorte que les bandes de peinture se chevauchent.

Peinture de la bordure d'avant-toit, de la sous-face et des garnitures

Appliquez une couche d'apprêt sur toutes les surfaces à peindre et laissez-la sécher complètement. Ne vous inquiétez pas si la couche d'apprêt n'est pas parfaite, la peinture cachera ces imperfections.

Peignez d'abord la partie avant de la bordure d'avant-toit, en rejoignant les panneaux de la sous-face **(photo J)**. NOTE: La bordure et la sous-face sont généralement peintes de la même couleur que les garnitures.

Peignez ensuite la gouttière et les tuyaux de descente, en commençant par leur face arrière, et en donnant les coups de pinceau dans le sens des cannelures afin d'éviter les éclaboussures.

Peignez les panneaux et moulures de sous-face à l'aide d'un pinceau de 4 po **(photo K)**. Commencez par le bord des panneaux en utilisant la partie étroite du pinceau, puis peignez les panneaux avec un pinceau chargé de peinture. Veillez à bien recou-

vrir les rainures. Peignez la garniture située près du toit au même moment que la sous-face ou la bordure d'avant-toit. Utilisez un pinceau de 2 ½ po ou de 3 po pour les grandes surfaces, et un pinceau à boiseries pour les parties tarabiscotées **(photo L)**.

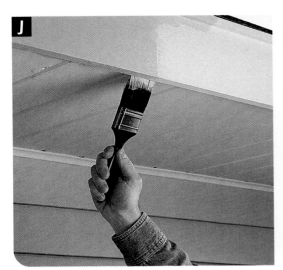

Peignez la face de la bordure en rejoignant la partie inférieure des panneaux de la sous-face.

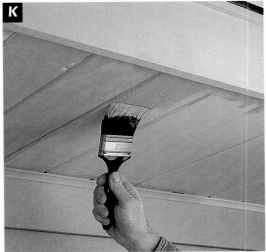

Peignez le bord des panneaux de la sous-face avec un pinceau de 4 po, puis les grandes surfaces.

Peignez les garnitures situées près du toit en même temps que la sous-face et la bordure d'avant-toit.

Peinture du parement

Pour peindre la bordure des planches du parement, tenez le pinceau à plat contre le mur **(photo A)**. Peignez plusieurs bordures avant de commencer à peindre la face des mêmes planches.

Peignez la face des planches du parement à l'aide d'un pinceau de 4 po **(photo B)** en suivant la bonne technique de peinture (page 242). En commençant par la partie supérieure du mur, peignez toutes les surfaces que vous pouvez atteindre sans devoir vous étirer à distance de l'échelle, jusqu'à la fondation **(photo C)**.

Déplacez ensuite l'échelle ou l'échafaudage pour peindre la partie suivante. NOTE: Peignez le parement jusqu'aux coins et jusqu'aux cadres des portes et fenêtres qui doivent être peints. Si vous n'avez pas l'intention de peindre ces cadres, protégez-les avec du ruban-cache ou un cache-peinture.

Dans le cas d'un parement à couvre-joints ou à panneaux verticaux, peignez le bord des couvre-joints en premier lieu **(photo D)**. Peignez la partie avant de ces couvre-joints avant que sèchent les bords; peignez ensuite les surfaces situées entre les couvre-joints à l'aide d'un rouleau muni d'un manchon de ⁵/₈ po, en donnant des petits coups près des bords.

En tenant le pinceau à plat contre le mur, peignez le bord de plusieurs planches.

Peignez la face des planches. Ne peignez que les surfaces que vous pouvez atteindre sans vous étirer à distance de l'échelle.

Peignez le parement jusqu'à la fondation, puis déplacez l'échelle ou l'échafaudage pour peindre la partie suivante.

Dans le cas d'un parement à panneaux verticaux, peignez le bord des couvre-joints puis leur face; peignez ensuite les surfaces situées entre les couvre-joints.

Peinture d'un mur en stuc

Commencez par appliquer une couche d'apprêt antifarinage à maçonnerie sur la fondation; laissez-la sécher, puis appliquez-y une couche de peinture **(photo E)**. Peindre une surface de maçonnerie rugueuse use les pinceaux; utilisez donc un grand pinceau bon marché. Travaillez d'abord autour des cadres de portes et de fenêtres, puis sur les grandes surfaces de la fondation.

Appliquez de la peinture à béton sur le parement de stuc à l'aide d'un rouleau muni d'un manchon de ⁵/₈ po **(photo F)**. Pour les moulures, utilisez un rouleau ou un pinceau de 3 po.

Travaillez d'abord autour des cadres de portes et de fenêtres, puis sur les grandes surfaces de la fondation.

Peignez le parement de stuc avec un rouleau muni d'un manchon de ⁵/₈ po. Pour les moulures, utilisez un rouleau ou un pinceau de 3 po.

Peinture des portes, fenêtres et cadrages

Utilisez un pinceau à boiseries pour peindre les portes et fenêtres **(photo G)**. Commencez par peindre les bords biseautés des panneaux des portes et l'intérieur du cadre des fenêtres; avant que sèchent les bords, peignez les panneaux des portes; peignez ensuite les traverses (parties horizontales) des portes et fenêtres, puis les montants.

Pour les moulures, utilisez un pinceau à boiseries que vous chargerez modérément de peinture. Peignez le bord intérieur des montants, encadrements et moulures des portes et fenêtres **(photo H)**. NOTE: Les surfaces du côté intérieur du butoir de porte devraient être de la même couleur que la moulure intérieure.

Protégez le parement avec du ruban-cache (s'il vient d'être peint, assurez-vous que la peinture est sèche). Peignez le bord extérieur des encadrements et moulures **(photo I)**. Peignez jusque dans les coins créés par le profil du parement.

Peignez la face des montants, encadrements et moulures des portes en appliquant la peinture jusqu'aux bords déjà peints **(photo J)**.

Enfin, peignez les seuils de portes et les sols de porches en bois **(photo K)**. Pour une meilleure durabilité, choisissez une peinture-émail spécialement conçue pour les sols.

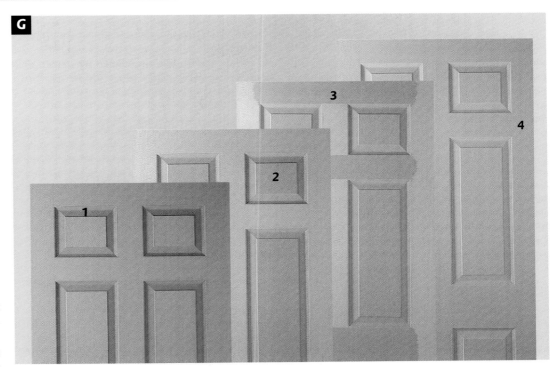

Peignez les portes dans l'ordre suivant: bords biseautés (1), face des panneaux (2), traverses (3) et montants (4).

Peignez le bord intérieur des montants, encadrements et moulures des portes et fenêtres.

Protégez le parement avec du ruban-cache; peignez le bord extérieur des encadrements et moulures.

Peignez la face des montants, encadrements et moulures des portes.

Peignez le seuil des portes et le sol du porche faits de bois avec une peinture-émail spécialement conçue pour les sols.

Nettoyage

Le nettoyage requis entre les étapes d'un travail de peinture dépend de la longueur de l'intervalle les séparant. Dans le cas d'une interruption d'une heure ou moins, laissez simplement les pinceaux immergés dans l'eau (peinture au latex) ou dans le solvant (peinture à l'huile). Pour les interruptions d'une nuit, emballez hermétiquement les rouleaux dans une pellicule de plastique ou une feuille d'aluminium, et mettez-les au réfrigérateur. Si quelques jours séparent les étapes du travail de peinture, nettoyez soigneusement après chaque étape les seaux, auges, manches de rouleaux, manchons et pinceaux; sinon, procédez à ce nettoyage à la fin du travail. Des outils et produits de nettoyage **(photo A)** vous faciliteront la tâche.

Enlevez le plus de peinture possible avant de laver les outils dans l'eau ou le solvant. Pour nettoyer les pinceaux, exprimez-en à la main le plus de peinture possible, puis passez-les dans un mouvement de va-et-vient sur une pile de journaux jusqu'à ce qu'ils soient secs. Enlevez des pages de journal au besoin pour que la surface de frottement reste propre. Pour amorcer le nettoyage d'un manchon, servez-vous du côté courbe de l'outil à nettoyer les rouleaux pour chasser la peinture **(photo B)**.

S'il s'agit de peinture à l'huile, versez du solvant dans le bac à peinture; frottez les pinceaux et rouleaux sur les nervures du bac jusqu'à ce que le solvant qui en sort soit clair. S'il s'agit de peinture à l'eau, éliminez-la à l'eau savonneuse jusqu'à ce que l'eau qui sort des pinceaux et rouleaux soit claire. Une fois les pinceaux et manchons nettoyés, servez-vous de l'outil à essorer pour les assécher le plus possible **(photo C)**. Attachez à l'outil le manchon ou le pinceau, et introduisez le tout dans une boîte en carton ou un seau de 5 gallons; actionnez l'outil pour exprimer le liquide hors du manchon ou du pinceau.

Ne laissez pas tremper trop longtemps les pinceaux dans un contenant de crainte que les soies ne se déforment définitivement. Avec le côté dentelé

de l'outil à nettoyer, peignez les soies du pinceau, puis suspendez-le à la verticale pour l'entreposer **(photo D)**.

Lorsque le pinceau est tout à fait sec, remettez-le dans son emballage d'origine **(photo E)**. Sinon enveloppez-le de papier gris d'emballage, placez un

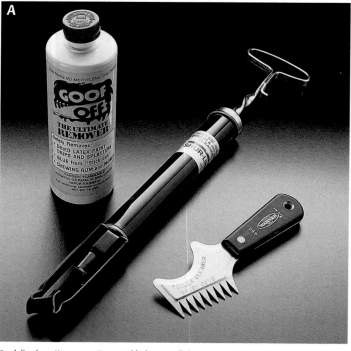

Produits de nettoyage: nettoyant chimique, outil à essorer, outil à nettoyer les pinceaux et rouleaux.

élastique autour de la virole pour retenir l'enveloppe et rangez-le suspendu par le manche. Pour ne pas aplatir les poils des manchons, rangez-les en position verticale.

Versez le solvant usé dans un contenant scellé et attendez que les sédiments de peinture se déposent au fond **(photo F)**. Soutirez le solvant propre, que vous réutiliserez. Entreposez les résidus de solvant en plein air, dans un endroit inaccessible aux enfants et animaux de compagnie. Une fois ces résidus séchés, éliminez-les d'une manière approuvée.

Vérifiez les étiquettes avant d'éliminer des peintures; ne versez jamais de liquides dangereux dans les drains. Dressez la liste des produits dangereux et affichez-la près de l'évier de service. L'étiquette des produits considérés comme dangereux par les organismes de réglementation environnementale porte un ou plusieurs avertissements, tels *Danger, Toxique, Inflammable, Combustible, Corrosif, Explosif, Vapeurs dangereuses*, etc.

L'huile végétale culinaire enlève de la peau les taches de peinture à l'huile de manière sécuritaire et économique **(photo G)**. N'utilisez pas de kérosène, d'essence minérale ou d'autres solvants pour vous nettoyer la peau. Ce sont des produits dangereux irritants susceptibles d'être absorbés par la peau.

Conservez quelques restes de peinture pour les retouches et réparations. Versez les restes dans le même contenant que vous fermerez hermétiquement. Tapez sur tout le pourtour du couvercle avec un maillet de caoutchouc, puis entreposez le contenant à l'envers pour en améliorer l'étanchéité. Communiquez avec l'organisme de réglementation environnementale de votre localité pour savoir comment vous débarrasser des restes de peinture et des pots. La plupart des services de ramassage des ordures ménagères acceptent les pots vides secs et les pots contenant de la peinture au latex séchée et solidifiée.

Outils: *Outil à nettoyer les pinceaux et rouleaux, outil à essorer, seau de 5 gallons.*

Matériel: *Feuille d'aluminium, pellicule de plastique, journaux, essence minérale ou autre solvant à peinture, savon.*

Éliminez la peinture des manchons en vous servant du côté courbe de l'outil à nettoyer.

Utilisez un outil à essorer pour enlever la peinture et le solvant des pinceaux et manchons.

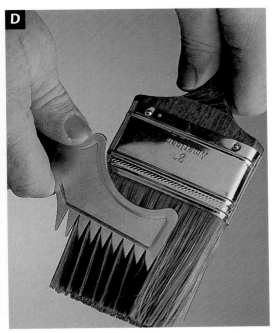

Pour bien aligner les soies du pinceau, peignez-les avec le côté dentelé de l'outil à nettoyer.

Entreposez les pinceaux dans leur emballage ou enveloppés de papier kraft. Rangez les manchons en position verticale.

Laissez décanter l'essence minérale utilisée et conservez le solvant propre pour le réutiliser.

Nettoyez les taches de peinture à l'huile avec de l'huile végétale culinaire.

Béton et asphalte

Le béton, l'un des matériaux de construction les plus durables, nécessite parfois des réparations et de l'entretien, à cause de facteurs externes, de techniques de finition inadéquates ou de matières premières médiocres. Quelle que soit la cause de la situation, mieux vaut la régler dès que possible pour éviter qu'elle ne s'aggrave et devienne difficile, voire impossible, à corriger.

Les projets de réparation du béton sont fort variés et vont du simple scellement d'une surface au remplacement de toute une structure. Les réparations les plus fréquentes sont l'obturation des fissures et la correction des dommages superficiels. On peut aussi refaire la surface en y coulant une couche de béton frais. C'est là une bonne solution aux problèmes mineurs (écaillage, craquelage et formation de cratères) qui touchent la surface davantage que la structure du béton.

Une bonne réparation de surface peut durer des années; cependant, si la surface est abîmée en raison de dommages structurels profonds, la réparation superficielle n'est qu'une solution temporaire. Le recours aux produits, outils et techniques adéquats vous aidera à améliorer l'apparence du béton et empêchera les dommages de se propager avant que vous le remplaciez.

Comme c'est le cas pour toute réparation, la réussite de votre travail dépend surtout de la qualité de la préparation et de l'utilisation des bons matériaux. Avant d'acheter un produit pour réparation, lisez-en attentivement le mode d'emploi pour vous assurer de disposer des outils et fournitures requis par le travail.

La présente section donne également des renseignements sur le rapiéçage et le scellement des entrées en asphalte. Comme le béton, l'asphalte est sujet aux dommages causés par l'eau, et les petits trous devraient être obturés avant de s'agrandir.

Une réparation réussie restaurera l'apparence et l'utilité fonctionnelle d'une structure de béton endommagée. Cependant, une bonne préparation et un travail minutieux sont essentiels pour que la réparation ne soit pas trop visible.

 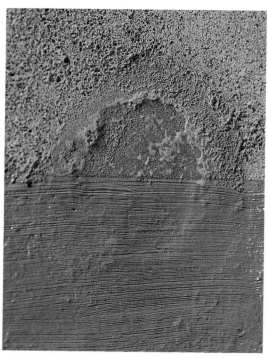

Pour arriver à la couleur du béton d'origine, mélangez les pigments de béton et la pâte à colmater.

Utilisez de la peinture à maçonnerie pour que la partie réparée se fonde dans le reste de la surface de béton.

Défectuosités fréquentes

Deux types de dommages sont fréquents: les dommages structurels, généralement causés par des facteurs extérieurs tels que de l'eau qui gèle, et les dommages superficiels, attribuables à une mauvaise technique de finition ou à un béton inadéquatement mélangé.

On peut souvent réparer de manière définitive les dommages superficiels; les dommages structurels peuvent être corrigés pour que le béton ait plus belle apparence et pour que des dommages supplémentaires ne se produisent pas. Toutefois, la seule solution véritable à un problème structurel consiste à remplacer le béton.

Le soulèvement dû au gel se produit fréquemment dans les régions froides, où l'alternance du gel et du dégel fait sortir du sol les dalles de béton (**photo A**). La meilleure solution est d'enlever les dalles, de répa-rer la fondation inférieure et de couler de nouvelles dalles, séparées par des joints de rupture (planches goudronnées de ½ po d'épaisseur, empêchant les dalles de se lier les unes aux autres).

L'affaissement du béton est généralement causé par l'érosion de la fondation inférieure (**photo B**). Certaines structures, tels les trottoirs, peuvent être enlevées pour que l'on répare la fondation inférieure, et remises en place. Cependant, mieux vaut demander à un entrepreneur de relever la structure en injectant du béton frais par-dessous.

Les fissures isolées sont fréquentes dans le béton (**photo C**). Remplissez les petites fissures avec du produit à colmater le béton ou un enduit antifissures, et les fissures plus importantes avec un produit de colmatage renforcé de vinyle. Les cratères peu-vent être causés par le gel d'eau ou par des contraintes (**photo D**). Ils peuvent aussi apparaître dans le béton inadéquatement compacté ou durci, dans lequel l'agrégat situé près de la surface se déta-che. Pour réparer les cratères, suivez les instructions applicables à l'obturation des trous (page 252).

L'écaillage, détérioration générale de la surface, provient d'un compactage excessif, qui a fait remonter trop d'eau à la surface, ce qui affaiblit le béton et le fait peler (**photo E**). En règle générale, ces dommages sont étendus et requièrent un resur-façage (page 256).

Le craquelage est généralement causé par un compactage excessif (**photo F**). Le nettoyage et le scellement de la surface préviendront une aggrava-tion du craquelage, mais la solution permanente demeure le resurfaçage du béton.

Le soulèvement dû au gel est causé par l'alternance du gel et du dégel de l'eau dans le sol.

L'affaissement est généralement dû à l'érosion de la fondation infé-rieure. Un entrepreneur spécialisé peut relever la partie affaissée.

Les fissures isolées sont fréquentes et faciles à réparer avec du produit à colmater le béton ou un enduit antifissures.

Les cratères peuvent être causés par des contraintes, par le gel ou par le compactage ou le durcissement inadéquat du béton fraîchement coulé.

L'écaillage est causé par un compactage excessif, qui fait remonter trop d'eau à la surface, ce qui affaiblit celle-ci et la fait peler.

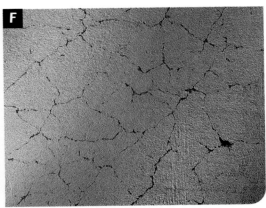
Le craquelage est également causé par un compactage excessif. Pour prévenir une aggravation des dommages, nettoyez et scellez la surface.

Outils et matériel de maçonnerie

Pour travailler de manière efficace le béton, la brique, les blocs de béton et les autres produits de maçonnerie, vous devrez acheter ou louer des outils spécialisés.

Parmi les outils manuels servant à couler, à former et à finir le béton et le mortier, on compte les truelles, les aplanissoirs, les fers à bordures et les mirettes. Le ciseau de briqueteur et les ciseaux à froid servent à couper et à adapter les briques et les blocs de béton. Vous devrez également installer sur votre scie circulaire et votre perceuse des lames et des forets de maçonnerie destinés à la brique et au béton.

Les outils requis pour mélanger le béton et le mortier dépendent de l'ampleur du projet. Pour les très petits projets et pour le gâchage du mortier, vous pouvez utiliser une boîte de gâchage et une houe de maçon. Pour la plupart des autres travaux, vous aurez besoin d'une bétonnière électrique.

Si votre projet requiert plus d'une verge cube de béton (Tableau, page 254), faites-le livrer déjà malaxé; vous gagnerez du temps, vous vous épargnerez des efforts, et le béton sera de consistance uniforme durant tout votre travail.

Pour faciliter la préparation du plan d'aménagement et le rendre plus précis, vous aurez besoin d'outils d'alignement et de mesure adéquats.

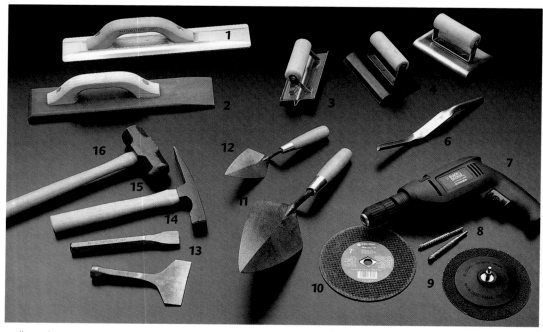

Outils pour les travaux de béton, mortier et maçonnerie: aplanissoir de magnésium (1), aplanissoir de bois (2), fer à rainures (3), fer à bordures d'escalier (4), fer à bordures (5), mirette (6), perceuse électrique (7), forets de maçonnerie (8), disque abrasif pour maçonnerie (9), lame circulaire pour maçonnerie (10), truelle de maçon (11), truelle à jointoyer (12), ciseau de briqueteur (13), ciseau à froid (14), marteau de maçon (15), maillet (16).

Enlèvement d'un trottoir de béton

Le meilleur moyen d'enlever un trottoir de béton consiste à le briser d'abord. Soulevez le bord du trottoir avec un madrier de 2 po x 4 po, puis frappez la partie soulevée avec une masse pour le réduire en morceaux plus faciles à déplacer.

Produits pour la réparation du béton: pâte à colmater au vinyle (1), ciment hydraulique (2), ciment à prise rapide (3), ciment d'ancrage (4), produits pour le scellement du béton (5), produit de recouvrement du béton (6), peinture pour maçonnerie (7), produit de remplissage pour joints (8), produit solidifiable pour le colmatage des fissures (9), nettoyeur de béton (10), fortifiant pour béton (11), adhésif liant (12), mélange pour béton de sable (13).

Scellement et entretien du béton

Il existe bon nombre de produits spécialisés qui vous permettront de sceller, de nettoyer et de protéger vos surfaces de béton.

Un nettoyage périodique est essentiel pour prévenir la détérioration du béton exposé aux huiles et aux sels de déglaçage. Pour éliminer les taches d'huile, humectez de diluant à peinture du bran de scie que vous répandrez sur la tache. Le diluant désintégrera la tache et le bran de scie absorbera l'huile. Enlevez ensuite le bran de scie avec un balai, et répétez l'application au besoin **(photo A)**.

Pour peindre une surface de béton, utilisez de la peinture à béton hydrofuge **(photo B)**, résistant au farinage et à l'efflorescence (film poussiéreux causé par la migration vers la surface des composés minéraux). Elle se vend en couleurs standard, mais vous pouvez commander des couleurs personnalisées.

Pour remplir les joints de contrôle des trottoirs et entrées en béton, utilisez un produit de colmatage pour béton **(photo C)**. Ce produit empêchera l'eau de s'accumuler et d'endommager le béton.

Pour empêcher l'agrégat de se détacher, appliquez un produit de scellement pour agrégat exposé environ trois semaines après le coulage du béton. Commencez par laver la surface et laissez-la sécher. Versez le produit de scellement dans un bac à peinture, en le faisant s'accumuler dans l'un des coins du bac. Appliquez uniformément le produit à l'aide d'un rouleau à peinture muni d'un long manche **(photo D)**.

Pour protéger le béton exposé à la circulation ou à l'humidité, scellez-en la surface avec un produit de scellement transparent, qui créera une couche de protection hydrofuge **(photo E)**. Les produits les plus populaires sont à base d'acrylique et ne retiennent pas la saleté. Certains contribuent même à uniformiser le séchage du béton.

Pour améliorer l'apparence d'un mur de béton, utilisez un produit de recouvrement de maçonnerie **(photo F)**. Appliqué comme de la peinture, il a une fois sec toute l'apparence du béton neuf. Cependant, ce n'est pas un bon hydrofuge.

> **Outils:** Pinceau, rouleau et bac à peinture, balai et pelle à poussière, pistolet à calfeutrer, tampon à peinture.
>
> **Matériel:** Peinture à maçonnerie, diluant pour peinture, produit de colmatage des joints, produit de scellement pour agrégat exposé, produit de recouvrement du béton.

Nettoyez les taches d'huile avec du bran de scie humecté de diluant à peinture pour désintégrer la tache et absorber l'huile.

Appliquez sur les surfaces de béton une couche de peinture à béton hydrofuge formulée résistant au farinage et à l'efflorescence.

Remplissez les joints de contrôle des trottoirs et entrées avec du produit de colmatage du béton, afin d'empêcher l'eau d'endommager le béton.

Appliquez une couche de produit de scellement pour agrégat exposé environ trois semaines après le coulage du béton.

Utilisez un produit de scellement acrylique transparent pour créer un fini hydrofuge sur les surfaces de béton.

Pour améliorer l'apparence d'un mur, appliquez-y une couche de produit de recouvrement de maçonnerie. Une fois sec, le produit ressemble à du béton neuf.

Colmatage des trous

Même une structure de béton bien construite finira par s'user et par présenter des trous et autres dommages. Les outils, matériaux et techniques de colmatage des trous varieront en fonction de la gravité et de la situation des dommages.

Le meilleur produit pour remplir les petits trous de moins de ½ po de profondeur reste la pâte à colmater au vinyle, que l'on peut appliquer en couches pouvant atteindre ½ po d'épaisseur.

Pour les trous plus profonds, on utilisera un mélange pour béton de sable, additionné d'un fortifiant au latex ou au vinyle, que l'on appliquera en couches pouvant atteindre 2 po d'épaisseur.

Comme dans le cas des fissures, vous pouvez rendre le colmatage plus solide et plus durable en nettoyant d'abord le trou et en pratiquant sur le périmètre de la zone endommagée une coupe en biseau. Cela permettra au matériau de réparation de mieux se lier au vieux béton et l'empêchera de se détacher.

Pour les coupes importantes requises pour la préparation des grands trous, mieux vaut utiliser un outil électrique muni d'une lame à maçonnerie, plus rapide et plus efficace, qu'un outil à main. Pour couper le béton, portez toujours des gants et une protection oculaire.

Utilisez du ciment hydraulique ou à prise rapide pour réparer les trous des surfaces verticales (optez pour le ciment hydraulique si la structure est régulièrement exposée à l'humidité). Ces produits durcissent en quelques minutes et peuvent être façonnés pour remplir les trous sans recours à un coffrage.

Colmatage d'un petit trou

Préparez le trou en coupant le béton en périphérie de la zone endommagée à l'aide d'une perceuse munie d'un disque abrasif pour maçonnerie (**photo A**). Vous pouvez aussi vous servir d'un ciseau à froid et d'un maillet.

Biseautez la coupe à un angle de 15° par rapport au centre du trou. Enlevez les débris de béton.

À l'aide d'un pinceau, appliquez une mince couche d'adhésif liant sur toute la zone (**photo B**), pour renforcer la réparation.

Remplissez la zone endommagée de pâte à colmater au vinyle, en couches successives d'une épaisseur maximale de ¼ po à ½ po (**photo C**). Laissez sécher 30 minutes entre chaque couche.

Continuez d'appliquer des couches de pâte dans le trou jusqu'à ce que la pâte dépasse un peu de la surface de béton.

Utilisez une truelle pour égaliser la réparation jusqu'à ce qu'elle soit au même niveau que la surface environnante. Laissez la pâte durcir.

Outils: *Truelle, perceuse munie d'un disque abrasif pour maçonnerie, scie circulaire munie d'une lame pour maçonnerie, ciseau à froid, maillet, pinceau.*

Matériel: *Gants, protection oculaire, adhésif liant pour béton, pâte à colmater au vinyle.*

A

B

C

Préparez le petit trou à l'aide d'une perceuse munie d'un disque abrasif pour maçonnerie.

Appliquez une mince couche d'adhésif liant pour que la pâte à colmater adhère bien.

Remplissez le trou de couches de pâte à colmater, d'une épaisseur maximale de ¹/₂ po chacune.

Colmatage d'un grand trou

Pour préparer la réparation d'un grand trou, commencez par tracer des lignes de coupe droites autour de la zone endommagée. Découpez le béton en suivant ces lignes, à l'aide d'une scie circulaire munie d'une lame pour maçonnerie. Placez la base de la scie sur une mince planche afin de la protéger du béton. Biseautez la coupe à un angle de 15° **(photo D)**.

Avec un ciseau à froid, enlevez le béton restant dans la zone endommagée. Appliquez une mince couche d'adhésif liant.

Ajoutez le fortifiant acrylique au mélange pour béton de sable. Avec une truelle, appliquez dans le

trou des couches de mélange d'une épaisseur maximale de 2 po chacune **(photo E)**. Laissez la couche sécher avant d'appliquer la couche suivante. Continuez d'ajouter des couches jusqu'à ce que le niveau du béton dépasse tout juste celui de la surface environnante.

Uniformisez la réparation à l'aide d'une règle à araser ou d'un aplanissoir en bois, jusqu'à ce que les surfaces soient de niveau **(photo F)**.

Recréez le fini de la surface d'origine, s'il y a lieu, (fini brossé par exemple) et laissez sécher la réparation.

> **Outils:** Scie circulaire munie d'une lame pour maçonnerie, truelle, maillet, perceuse munie d'un disque abrasif pour maçonnerie, boîte de gâchage, pinceau, règle à araser, aplanissoir en bois.
>
> **Matériel:** Gants, protection oculaire, ciment hydraulique, adhésif liant, mélange pour béton de sable, fortifiant à béton.

D

E

F

Découpez la zone à réparer à l'aide d'une scie circulaire munie d'une lame pour maçonnerie.

Remplissez la zone endommagée avec le mélange pour béton de sable fortifié, jusqu'à ce que le niveau de la réparation dépasse tout juste celui de la surface environnante.

À l'aide d'un aplanissoir en bois, uniformisez la réparation jusqu'à ce qu'elle soit de niveau avec la surface environnante.

Réparation d'un trottoir

Les trottoirs et escaliers de béton sont des structures durables qui résistent bien au passage et au pelletage. Cependant, ils peuvent se briser ou s'écailler, être tachés d'huile ou de rouille, ou encore se fissurer sous l'effet de l'eau – pire ennemie du béton.

Pour empêcher l'eau de s'infiltrer sous une dalle de béton, gardez celle-ci bien scellée et corrigez toute érosion du sol environnant.

Les outils, techniques et matériaux dont vous aurez besoin pour réparer le béton dépendent du type, de l'ampleur et de la situation des dommages.

Par exemple, vous ne réparerez pas de la même manière une petite fissure dans une marche et la surface endommagée d'un long trottoir (écaillage, craquelage ou formation de cratères).

La réparation des marches ou du trottoir rend l'accès à votre maison plus sécuritaire et plus attrayant.

Estimation de la quantité de béton requise

Le rendement en surface du béton coulé dépend des dimensions de la dalle. Pour une quantité de béton donnée, plus la dalle sera épaisse, moins sa surface totale sera étendue.

Pour estimer la quantité de béton dont vous aurez besoin, mesurez la largeur, la longueur et l'épaisseur de la zone à bétonner. Multipliez ces dimensions pour obtenir le nombre de pieds cubes requis. Par exemple:

3 pi x 10 pi x ¹/₃ pi = 10 pi³

Une verge cube correspond à 27 pi³.

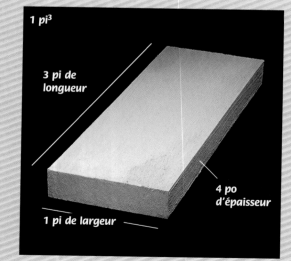

1 pi³

3 pi de longueur

1 pi de largeur

4 po d'épaisseur

Rendement en surface du béton

Volume	Épaisseur	Rendement
1 verge cube	2 po	160 pi²
1 verge cube	3 po	100 pi²
1 verge cube	4 po	80 pi²
1 verge cube	5 po	65 pi²
1 verge cube	6 po	55 pi²
1 verge cube	8 po	40 pi²

Réparation d'une fissure

Pour réparer une fissure, commencez par préparer la surface du béton. Enlevez tous les débris à l'aide d'une brosse métallique ou d'une perceuse munie d'une brosse métallique circulaire **(photo A)**. Nettoyez soigneusement toute la zone; s'il reste des débris dans la fissure, l'adhésion sera médiocre, et la réparation faible.

Pour empêcher le matériau de réparation de sortir de la fissure, servez-vous d'un ciseau à froid et d'un maillet pour couper la paroi de la fissure de manière que celle-ci soit plus large à sa base **(photo B)**.

Appliquez sur la zone une mince couche d'adhésif liant **(photo C)**, grâce auquel le matériau de réparation aura moins tendance à s'échapper de la fissure. Le choix des matériaux utilisés pour remplir une fissure dans le béton dépend de la largeur de la fissure. Pour les fissures de moins de ¼ po de largeur, vous pouvez utiliser un produit de colmatage pour béton; la répara-

tion sera rapide, mais ce n'est qu'une solution temporaire destinée à prévenir l'aggravation des dommages. Une solution plus durable consiste à utiliser une pâte à colmater au vinyle. Pour réparer une petite fissure, mélangez le matériau à colmater et remplissez-en la fissure à l'aide d'une truelle, dont vous vous servirez pour mettre de niveau la surface de la réparation et la surface environnante **(photo D)**. Pour réparer une grosse fissure sur une surface horizontale, utilisez un mélange pour béton de sable additionné de fortifiant. Commencez par verser du sable dans la fissure, jusqu'à une distance de ½ po de la surface. Mélangez le béton et le fortifiant. Avec une truelle, appliquez ce mélange dans la fissure et travaillez la surface de la réparation jusqu'à ce qu'elle soit de niveau avec la surface environnante **(photo E)**. Dans le cas d'une grosse fissure sur une surface verticale, utilisez un ciment hydraulique ou

à prise rapide. Appliquez-le en couches successives d'une épaisseur maximale de ½ po chacune, jusqu'à ce que la surface de la réparation dépasse tout juste la surface environnante **(photo F)**. À la truelle, lissez la réparation jusqu'à ce que sa surface et la surface environnante soient de niveau.

> **Outils:** *Brosse métallique ou perceuse munie d'une brosse métallique circulaire, ciseau à froid, maillet, pinceau, pistolet à calfeutrer, truelle.*
>
> **Matériel:** *Pâte à colmater au vinyle, produit de remplissage pour joints, sable, ciment hydraulique ou à prise rapide, mélange pour béton de sable, fortifiant.*

Avant la réparation, enlevez les débris et saletés se trouvant dans la fissure.

Servez-vous d'un ciseau à froid et d'un maillet pour couper la paroi de la fissure de manière qu'elle soit plus large à sa base qu'en haut.

Après avoir nettoyé la fissure et en avoir travaillé la paroi, appliquez une mince couche d'adhésif liant sur toute la zone à réparer.

À l'aide d'une truelle, remplissez une petite fissure de pâte à colmater au vinyle dont vous égaliserez la surface.

Dans le cas d'une grosse fissure sur une surface horizontale, préparez la fissure, versez-y du sable, puis remplissez-la à la truelle avec un mélange pour béton de sable.

Dans le cas d'une grosse fissure sur une surface verticale, préparez la fissure puis, à la truelle, remplissez-la de béton ou de ciment hydraulique.

Resurfaçage du béton

Le béton dont la surface est endommagée mais dont la structure reste solide peut être préservé grâce au resurfaçage – l'application sur la surface d'une mince couche de béton neuf.

Le resurfaçage représente la solution idéale dans le cas du béton ayant subi des dommages superficiels étendus, tels l'écaillage et la formation de cratères. Mais si la surface présente de profondes fissures ou des dommages importants, le resurfaçage n'est alors qu'une solution temporaire destinée à prévenir une détérioration plus importante susceptible d'être causée par l'infiltration d'eau, le gel et l'érosion.

En raison de la minceur extrême (de 1 po à 2 po) de la nouvelle surface, vous devez utiliser pour le resurfaçage un mélange pour béton de sable. Si vous vous faites livrer par un entrepreneur du béton prêt à l'emploi, assurez-vous que la dimension de l'agrégat reste inférieure à ½ po.

La nouvelle surface adhérera mieux à l'ancienne si elle est compactée; veillez donc à utiliser un mélange de béton sec et épais que vous pourrez compacter à la pelle. (L'adhésif liant améliore également l'adhésion.)

Commencez par nettoyer soigneusement la surface. Si celle-ci est écaillée ou craquelée, grattez-la avec une bêche pour enlever le plus possible de béton détaché **(photo A)**, puis balayez-la.

Tout autour de la surface, creusez la tranchée de 6 po de largeur qui recevra le coffrage de 2 po x 4 po **(photo B)**.

Placez les planches dans la tranchée de manière qu'elles dépassent de 1 po à 2 po de la surface. Toutes les planches doivent être à la même hauteur et bien horizontales **(photo C)**. Enfoncez des pieux

Outils: *Aplanissoir en bois, bêche, balai, boîte de gâchage ou bétonnière motorisée, scie circulaire, maillet, tournevis électrique, pinceau, rouleau avec long manche, brouette, pelle, règle à araser, fer à rainures, fer à bordures.*

Matériel: *Gants, planches de 2 po x 4 po, pieux de 12 po, huile végétale, vis à bois, mélange pour béton de sable, adhésif liant, feuilles de plastique.*

Nouveau béton

Ancien béton

Le resurfaçage du béton consiste à appliquer une mince couche de béton frais sur la surface endommagée. Le resurfaçage coûte moins cher que le remplacement de la structure de béton.

A

Commencez par nettoyer soigneusement la surface; grattez-la avec une bêche puis balayez-la.

B

Creusez une tranchée autour de la surface afin d'y placer les planches de 2 po x 4 po qui serviront de coffrage au nouveau béton.

dans le sol et vissez-les aux planches. Marquez l'emplacement des joints de contrôle sur l'extérieur du coffrage, directement au-dessus des joints actuels. (Les joints de contrôle préviennent les dommages en commandant le sens des fissures.)

Enduisez d'huile végétale l'intérieur du coffrage. Appliquez une mince couche d'adhésif liant sur toute la surface, en suivant le mode d'emploi du fabricant **(photo D)**. Malaxez le mélange pour béton de sable, en veillant à ce qu'il reste un peu plus épais (plus sec) que d'habitude. Étendez le béton et compactez-le à l'aide d'une pelle ou d'une planche de 2 po x 4 po **(photo E)**. Utilisez une «règle à araser» (faite d'une planche bien droite de 2 po x 4 po reposant sur le coffrage) pour éliminer l'excédent de béton. Déplacez cette planche dans un mouvement en dents de scie, de gauche à droite, en la gardant aussi horizontale que possible. Remplissez les creux et passez de nouveau la planche.

Utilisez un aplanissoir en bois pour uniformiser la surface. Déplacez-le dans un mouvement circulaire, en en relevant légèrement le côté avant afin de ne pas faire de creux dans le béton frais **(photo F)**. Mettez fin à l'aplanissement lorsque la surface est bien lisse et que l'aplanissoir ne laisse plus aucune trace. Utilisez un fer à bordures pour former les bordures situées près du coffrage. Si vous le voulez, vous pouvez reproduire la texture de l'ancienne surface sur la nouvelle. D'abord avec une truelle, puis avec un fer à rainures, faites les joints de contrôle aux endroits marqués; servez-vous d'un madrier bien droit pour vous guider. L'aplanissement provoquera la formation de petites mares d'eau à la surface du béton. Dès que cette eau apparaît, terminez le travail le plus rapidement possible.

Pour obtenir un fini plus dense et plus lisse, aplanissez la surface à l'aide d'une truelle mécanique une fois l'eau de surface séchée; refaites ensuite les bords et les rainures. Recouvrez le béton frais d'une feuille de plastique et laissez-le sécher pendant une semaine avant d'enlever le coffrage.

Placez les planches contre le bord du trottoir et fixez-les avec des pieux, toutes à la même hauteur. Marquez sur le coffrage l'emplacement des joints de contrôle.

Pour que la nouvelle surface adhère mieux à l'ancienne, appliquez uniformément sur cette dernière une mince couche d'adhésif liant.

Malaxez le béton à la main ou dans une bétonnière motorisée. Suivez les instructions du fabricant, mais veillez à ce que le béton soit plus sec que d'habitude. Étendez le béton et compactez-le.

Aplanissez la surface dans un mouvement circulaire, en relevant légèrement le bord avant de l'aplanissoir. Continuez jusqu'à ce que toute la surface soit bien lisse et que l'aplanissoir ne laisse plus de traces.

Réparation de marches de béton

Les marches de béton semblent nécessiter plus d'entretien et de réparations que toute autre structure de béton.

Les coins des marches et le bord avant du giron sont les plus vulnérables. Les coins sont sujets à l'érosion et au fissurage; le bord avant du giron s'use et s'endommage vite si l'escalier est constamment utilisé.

La surface du giron peut se réparer (page 259) et on peut recoller les coins avec de la pâte à colmater. Cependant, pour remplacer un coin ou pour réparer le bord avant d'un giron, vous devrez utiliser du ciment à prise rapide et le façonner pour l'adapter à la marche actuelle.

> **Outils:** *Truelle, brosse métallique, pinceau, scie circulaire munie d'une lame pour maçonnerie, ciseau à froid, aplanissoir en bois, fer à bordures.*
>
> **Matériel:** *Gants, protection oculaire, coffrage de bois, adhésif liant, pâte à colmater au vinyle, ciment à prise rapide, feuilles de plastique.*

L'usure des coins et surfaces des marches peut se réparer. Sur la photo, on remplit un cratère profond. Cependant, il faut recourir aux techniques ci-dessous pour réparer les coins et les contremarches (surfaces verticales des marches).

Réparation du coin d'une marche

Pour réparer le coin d'une marche, commencez par retrouver le morceau manquant.

Si vous ne le retrouvez pas, refaites un coin avec du ciment à prise rapide (page 259).

À l'aide d'une brosse métallique, nettoyez bien la marche et le morceau. Appliquez sur les deux de l'adhésif liant **(photo A)**.

Étendez sur les surfaces à joindre une couche épaisse de pâte à colmater fortifiée. Placez sur la marche le morceau à recoller, en appuyant sur celui-ci **(photo B)**.

Posez une brique ou un bloc de béton lourd sur la zone réparée et laissez la pâte sécher (environ 30 minutes).

Protégez la zone réparée de manière qu'on n'y marche pas pendant au moins une semaine.

Avec une brosse métallique, nettoyez les deux surfaces à joindre. Appliquez sur les deux surfaces un adhésif liant.

Appliquez une épaisse couche de pâte à colmater fortifiée sur les deux surfaces et joignez celles-ci.

Réparation du bord d'un giron

Pour réparer un giron endommagé ou cassé, commencez par découper le béton autour de la zone endommagée à l'aide d'une scie circulaire munie d'une lame pour maçonnerie **(photo C)**. Tenez la scie de manière que la coupe décrive un angle creusé vers l'arrière de la marche.

Faites une coupe horizontale dans la contremarche, à un angle droit par rapport à la première coupe. Éliminez au ciseau à froid le béton se trouvant entre les deux coupes.

Découpez une planche dont la largeur correspond à la hauteur de la contremarche et appuyez-la contre la contremarche endommagée. Servez-vous de pieux, de clous ou d'un bloc de béton pour retenir la planche **(photo D)**. Veillez à ce que le bord supérieur de la planche soit à la même hauteur que la contremarche et de niveau avec celle-ci.

Appliquez de l'adhésif liant sur la zone à réparer. Utilisez une truelle pour garnir cette zone de ciment épais à prise rapide **(photo E)**.

Lissez la surface du ciment à l'aide d'un aplanissoir en bois; laissez sécher le ciment pendant quelques minutes **(photo F)**.

Utilisez un fer à bordures pour arrondir le bord du giron. Avec une truelle, tranchez le côté du ciment pour que sa surface corresponde à la surface latérale de la marche.

Lorsqu'il fait chaud et sec, recouvrez la réparation de plastique. Attendez au moins 24 heures avant d'utiliser l'escalier.

À l'aide d'une scie circulaire munie d'une lame pour maçonnerie, coupez le giron en décrivant un angle creusé vers l'arrière de la marche; faites une coupe à angle droit dans la contremarche endommagée. Enlevez au ciseau le béton se trouvant entre les deux coupes.

Découpez une planche dont la largeur correspond à la hauteur de la contremarche. Appuyez-la sur la contremarche et maintenez-la en place avec de lourds blocs de béton. Veillez à ce que le bord supérieur de la planche soit de niveau avec le giron.

Après l'application de l'adhésif liant, garnissez avec une truelle la zone à réparer d'une couche de ciment épais à prise rapide.

À l'aide d'un aplanissoir en bois, égalisez la surface du ciment. Arrondissez le bord avant du ciment avec un fer à bordures et tranchez à la truelle le bord du ciment pour que sa surface corresponde à la surface latérale de la marche.

Remplacement d'un escalier de béton

Le remplacement d'un escalier usé ou endommagé par un nouvel escalier de béton correctement conçu et construit peut rendre votre entrée plus sécuritaire et plus attrayante.

Cependant, avant de démolir l'ancien escalier, mesurez les marches pour voir si elles sont conformes aux normes de sécurité (voir l'encadré). Si c'est le cas, vous pouvez baser les dimensions du nouvel escalier sur celles de l'ancien. Si ce n'est pas le cas, vous devrez concevoir de nouvelles marches et, s'il y a lieu, corriger les erreurs de conception de l'ancien escalier.

Pour concevoir les marches, vous aurez besoin d'un peu de mathématiques et devrez souvent procéder par tâtonnements. Servez-vous de papier quadrillé pour dresser votre plan.

Votre objectif est de mettre au point un escalier adapté à l'espace dont vous disposez et conforme aux normes de sécurité. En règle générale, les girons

profonds sont compatibles avec les petites contremarches – mais vous pouvez adapter toutes les dimensions des marches tant que vous respectez les normes. Cependant, veillez à ce que les girons (et les contremarches) soient de dimensions identiques.

Normes de sécurité des marches

La profondeur du palier doit être d'au moins 12 po supérieure à la largeur de la porte.

La profondeur du giron doit se situer entre 10 po et 12 po.

La hauteur de la contremarche doit être de 6 po à 8 po.

Préparation des semelles et du coffrage

Commencez par démolir l'ancien escalier. S'il est en béton, servez-vous d'une masse ou louez un pistolet à buriner. Portez des vêtements de protection. Conservez les débris de béton qui serviront de matériau de remplissage pour le nouvel escalier.

Pour les semelles, creusez deux rigoles de 12 po de largeur, à la profondeur requise par le code du bâtiment. Les rigoles seront perpendiculaires à la fondation de la maison et espacées de telle manière que les semelles dépasseront de 3 po le bord extérieur des marches. Ajoutez une grille de renforcement en acier pour que les semelles soient plus solides

(photo A). Comme ces semelles soutiendront du béton coulé, nul besoin de coffrage.

Préparez le béton et coulez les semelles. Avec une règle à araser, faites en sorte que les semelles soient au niveau du sol **(photo B)**. Nul besoin d'aplanir la surface. Une fois l'eau de surface séchée, insérez des barres d'armature de 12 po de longueur à une profondeur de 6 po dans le béton, à intervalles de 1 pi, et centrez-les par rapport aux côtés des semelles **(photo C)**. Laissez un dégagement de 1 pi à chaque extrémité.

Laissez les semelles durcir pendant deux jours, puis enlevez la terre du sol jusqu'à 4 po de profon-

deur entre les deux semelles. Avec du gravier compactable, faites une fondation inférieure de 5 po de profondeur et foulez le gravier jusqu'à ce qu'il soit de niveau avec les semelles **(photo D)**.

Outils: *Masse ou pistolet à buriner, règle à araser, fouloir à main.*

Matériel: *Gants, lunettes de protection, grilles de renforcement en acier, barres d'armature de 12 po, gravier compactable.*

Installez les grilles d'acier dans les rigoles pour renforcer les semelles.

Utilisez une règle à araser pour que le béton soit de niveau avec le sol.

Insérez des barres d'armature de 12 po à une profondeur de 6 po dans le béton, à intervalles de 1 pi.

Foulez la fondation de gravier compactable jusqu'à ce qu'elle soit de niveau avec les semelles.

Construction du coffrage

Pour le remplacement d'un escalier, la seconde étape est celle de la construction des coffrages.

Commencez par transférer sur des feuilles de contreplaqué extérieur (5 couches, ³/₄ po) les mesures des côtés du coffrage indiquées sur votre plan de travail **(photo E)**. Prévoyez une pente arrière-avant de ¹/₈ po au pied pour la partie latérale du coffrage correspondant au palier.

Avec une scie sauteuse, découpez le contreplaqué en suivant les lignes tracées. Vous gagnerez du temps en attachant les deux côtés du coffrage avec des serre-joints et en les découpant en même temps.

Découpez la partie du coffrage destinée aux contremarches dans des madriers de 2 po x 8 po, à une longueur qui correspond à la distance devant séparer les côtés du coffrage. Biseautez le bord inférieur des madriers, afin de pouvoir passer l'aplanissoir jusqu'à la contremarche.

Joignez les madriers des contremarches aux côtés du coffrage à l'aide de vis de 2 po **(photo F)**.

Coupez une planche de 2 po x 4 po qui servira de support central pour les madriers des contremarches. Avec des vis de 2 po, attachez à ces madriers des tasseaux; attachez ensuite le support central à ces tasseaux **(photo G)**.

Assurez-vous que tous les coins sont à angle droit et que tous les éléments du coffrage sont bien verticaux. Enduisez d'huile végétale la surface intérieure de tout le coffrage.

Dans un panneau de fibre goudronné, découpez un panneau d'isolation qui couvrira la partie arrière de l'escalier. Collez-le à la fondation avec un adhésif de construction. Ce panneau d'isolation empêchera le béton de l'escalier de se lier à la fondation; ainsi, les deux structures se déplaceront de manière indépendante, ce qui réduira les risques de fissuration.

Installez le coffrage sur les semelles, contre le panneau d'isolation. Vérifiez de nouveau si les coins sont bien à angle droit, et le coffrage parfaitement vertical.

Dans des planches de 2 po x 4 po, découpez des tasseaux, des pieux et des pièces de renforcement. Fixez les tasseaux à la surface extérieure latérale du coffrage. Fixez les pièces de renforcement aux tasseaux.

Enfoncez les pieux dans le sol et fixez-y le support central ainsi que les pièces de renforcement **(photo H)**.

Transférez les dimensions des côtés du coffrage sur des feuilles de contreplaqué extérieur de ³/₄ po, en prévoyant pour le palier une pente de ¹/₈ po au pied.

Outils: Crayon, scie sauteuse, serre-joints, équerre, maillet, niveau, pistolet à calfeutrer, tournevis électrique.

Matériel: Contreplaqué extérieur 5 couches ³/₄ po (côtés du coffrage), tasseaux et pieux de 2 po x 4 po, madriers de 2 po x 8 po pour le coffrage des contremarches, vis de 2 po, huile végétale, panneau de fibre goudronné de ¹/₂ po d'épaisseur, adhésif de construction.

Fixez les madriers des contremarches aux côtés du coffrage à l'aide de vis de 2 po.

Fixez le support central aux tasseaux des madriers des contremarches.

Fixez aux tasseaux le support central et les pièces de renforcement.

Remplissage du coffrage et finition des marches

L'étape suivante du projet de construction est celle du remplissage du coffrage.

Commencez par remplir le dessous du palier de matériau propre – débris de béton. Empilez soigneusement les morceaux de béton, en maintenant un dégagement de 6 po par rapport aux côtés, à l'arrière et aux bords supérieurs du coffrage. Pelletez les fragments plus petits sur le tas pour remplir les espaces vides.

Couchez sur le tas de béton, à intervalles de 12 po, des barres d'armature métalliques n° 3. Avec du fil métallique, attachez ces barres à des cales pour qu'elles ne bougent pas durant le coulage du béton **(photo A)**. Gardez les barres à au moins 2 po sous la partie supérieure du coffrage.

Outils : Pelle ou bêche, règle à araser, aplanissoir en bois, brouette, binette de maçon, marteau, truelle, fer à bordures, balai à poils durs.

Matériel : Matériau de remplissage propre (débris de béton), barres d'armature n° 3, cales de barres d'armature, fil métallique, mélange pour béton tous usages, boîte de gâchage ou bétonnière motorisée, boulons en J (facultatif), feuilles de plastique (facultatives), rampe, produit pour le scellement du béton.

Mélangez le béton selon les instructions du fabricant. Coulez les marches une à la fois, en commençant par celle du bas. Ne coulez pas le béton trop près du coffrage; après chaque coulage, tassez le béton dans les coins. Cependant, ne travaillez pas trop le béton et ne l'étendez pas trop. Espacez les lots et travaillez chacun juste assez pour remplir le coffrage.

Répartissez le béton uniformément avec une binette de maçon jusqu'à ce que la surface soit à peu près plate et un peu au-dessus du niveau de la première marche.

Tassez le béton en frappant sur le coffrage avec un marteau ou une pelle, afin que la surface des côtés de l'escalier soit lisse.

Uniformisez la surface des marches avec une règle à araser, dans un mouvement de va-et-vient, en gardant la règle la plus couchée possible. Pour obtenir de meilleurs résultats, faites-vous aider, une personne travaillant de chaque côté du coffrage. Remplissez les creux et répétez la manœuvre.

À ce moment-ci, faites entrer une barre d'armature n° 3 à une profondeur de 1 po dans le bord avant de chacune des marches pour les renforcer **(photo B)**.

Lissez la surface des marches à l'aide d'un aplanissoir en bois. Déplacez l'aplanissoir en lui faisant décrire des arcs qui se chevauchent, puis, d'un côté à l'autre, des mouvements droits se chevauchant également. Gardez le bord avant de l'outil légère-

ment relevé et faites passer ce bord sous le biseau du madrier de la contremarche **(photo C)**.

Cet aplanissement initial fera apparaître de petites mares d'eau à la surface du béton. Dès que celles-ci apparaissent, mettez fin le plus rapidement possible à l'aplanissement.

Si vous avez l'intention d'installer une rampe dont les plaques de montage seront fixées à des boulons en J noyés, insérez ces boulons dans les marches avant que le béton durcisse **(photo D)**.

Cure du béton

Pour durcir correctement durant la cure, la surface du béton frais doit rester humide. Le risque d'une évaporation trop rapide est le plus élevé par temps chaud et sec.

Le meilleur moyen d'assurer la cure du béton consiste à le recouvrir d'une feuille de plastique. Faites chevaucher les feuilles et reliez-en les joints avec du ruban adhésif. Retenez bien les feuilles sur tous les côtés en y faisant reposer des pièces de bois de 2 po x 4 po.

Vous pouvez également recouvrir le béton de paille, de toile ou d'un autre matériau qui retient bien l'eau, que vous arroserez au besoin.

A

Couchez des barres d'armature sur le tas de béton et attachez-les à des cales avec du fil métallique, afin qu'elles ne se déplacent pas durant le coulage du béton.

B

Après le coulage et l'aplanissement de chacune des marches, insérez une barre d'armature n° 3 à une profondeur de 1 po dans le bord avant des marches.

C

Uniformisez la surface avec un aplanissoir en bois, d'abord en lui faisant décrire des arcs qui se chevauchent, ensuite de longs mouvements d'un côté à l'autre.

Coulez le béton des autres marches, une à la fois, en suivant la méthode expliquée ci-dessus **(photo E)**.

Durant ce travail, gardez l'œil sur les marches déjà coulées. Une fois que l'eau de surface a disparu et que le béton a perdu son brillant, arrêtez-vous pour former le bord des marches et en finir la surface.

Avec le fer à bordures, formez le bord des marches et du palier. Gardez le bord avant de l'outil légèrement relevé **(photo F)**.

Vous pouvez ensuite aplanir le bord des marches pour obtenir un fini lisse **(photo G)**. Cependant, dans le cas des marches exposées à des passages fréquents, mieux vaut donner au béton un fini au balai, lequel est antidérapant.

Pour créer un fini au balai, traînez une brosse à poils durs sur la surface du béton frais, en tirant toujours cette brosse vers vous. Faites en sorte que les passages de la brosse ne se chevauchent pas, sinon le fini au balai sera détruit et la surface aura une texture de peau d'orange. Terminez en refaisant les bords.

Recouvrez le béton frais de feuilles de plastique pour l'empêcher de sécher trop vite. Laissez le béton sécher et durcir pendant une semaine avant d'enlever le coffrage.

Consultez le code du bâtiment pour connaître les normes applicables aux rampes. Installez-en une au besoin **(photo H)**. Remplissez la zone entourant la base de l'escalier.

Si vous le souhaitez, appliquez un produit pour le scellement du béton, surtout si les marches sont exposées à des passages fréquents ou à l'humidité **(photo I)**.

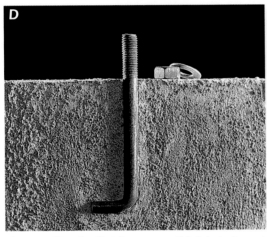

Si vous avez l'intention d'installer une rampe fixée à des boulons en J noyés, posez ces boulons dans le béton avant qu'il prenne.

Coulez le béton une marche à la fois, en le répartissant et en le tassant au fur et à mesure.

Avec le fer à bordures, formez le bord avant des marches et du palier, en gardant le bord avant de l'outil légèrement relevé.

Un dernier aplanissement donnera une surface au fini lisse. Pour obtenir une surface antidérapante, donnez-lui un fini au balai.

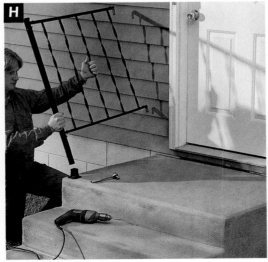

Après l'enlèvement du coffrage, vous pouvez installer une rampe et remplir la zone autour de la base de l'escalier.

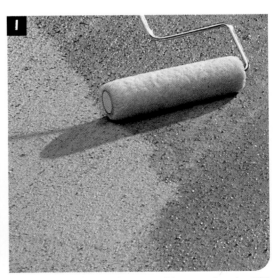

Si le béton doit être exposé à des passages fréquents ou à une humidité constante, appliquez-y un produit de scellement pour béton.

Réparation des surfaces verticales

La réparation des surfaces verticales ne fait généralement pas appel aux mêmes matériaux et techniques que celle des surfaces horizontales. C'est vrai pour les marches et contremarches de béton tout autant que pour les ancrages de piliers, les objets de béton profilés et la maçonnerie plaquée recouvrant la fondation de votre maison.

Vous pouvez adapter les techniques ci-dessous à à peu près n'importe quelle surface verticale, y compris aux murs de béton. Les murs de béton servent souvent de fondation à divers types de structures, en plus d'être utilisés dans l'aménagement paysager: écrans de protection, bordures, lits de plantation, murs de soutènement.

Bien que solides et durables, les murs de béton sont sujets aux mêmes types de dommages que les autres structures de béton, plus particulièrement aux effets néfastes de la pénétration des ruissellements d'eau. C'est pourquoi il est essentiel de réparer ou de remplir les fissures et trous dès que vous les constatez. En outre, les fissures et trous dans les murs permettent aux insectes et rongeurs d'entrer dans votre maison.

Consultez les pages 225 à 227 pour obtenir des renseignements supplémentaires sur la réparation du stuc et de la maçonnerie.

Réparation du béton profilé

La réparation d'une surface profilée requiert une préparation soigneuse, car vous devrez travailler vite. Commencez par enlever le béton décollé de la zone endommagée, à l'aide d'une brosse métallique ou d'une truelle **(photo A)**. Essuyez la surface avec un chiffon humide. Préparez du ciment à prise rapide et appliquez-le à la truelle sur la zone endommagée. Travaillez rapidement: ce ciment durcit en quelques minutes. Servez-vous d'une truelle ou d'un couteau à mastiquer pour donner au béton la forme voulue **(photo B)**. Lissez le béton dès qu'il prend. Une fois le béton sec, polissez-le avec du papier d'émeri.

Outils: *Couteau à mastiquer, truelle, brosse métallique, perceuse, balayette.*

Matériel: *Gants, protection oculaire, ciment à prise rapide, papier d'émeri.*

Grattez le béton décollé puis nettoyez la surface avec un chiffon humide.

Avec une truelle ou un couteau à mastiquer, donnez au béton la forme voulue.

Réparation de la maçonnerie plaquée

La réparation de la maçonnerie plaquée sur treillis métallique n'est pas beaucoup plus difficile que les autres réparations du béton.

Premièrement, à l'aide d'un ciseau à froid et d'un maillet, enlevez du mur la maçonnerie endommagée ou détériorée **(photo C)**.

Enlevez tout ce qui est endommagé, jusqu'à ce qu'il ne reste plus que de la maçonnerie en bon état; prenez garde de ne pas abîmer le mur. Nettoyez la zone avec une brosse métallique.

Si le treillis se trouvant dans la zone à réparer est en bon état, contentez-vous d'en enlever les débris de maçonnerie. Sinon, découpez la partie endommagée avec une cisaille type aviation et remplacez-la par du treillis neuf que vous fixerez au mur à l'aide de chevilles pour maçonnerie **(photo D)**.

Préparez le mélange pour béton de sable et ajoutez-y un fortifiant acrylique. (Vous pouvez également utiliser un mélange de béton conçu spécifiquement pour la réparation des murs.) Si vous le voulez, ajoutez des pigments au mélange pour que la réparation soit moins visible.

Avec la truelle, appliquez le béton sur le treillis jusqu'à ce que la surface de la réparation et la surface environnante soient de niveau **(photo E)**.

Lissez la surface de béton frais et nivelez-la avec la surface environnante.

Si vous le souhaitez, reproduisez la texture d'origine sur la surface réparée. Sur la photo, nous utilisons une brosse à poils durs pour moucheter la surface de béton frais **(photo F)**.

Vous pouvez aussi peindre la surface réparée (une fois séchée) de la même couleur que le reste du mur.

Outils: Couteau à mastiquer, truelle, maillet, ciseau à froid, brosse métallique, cisaille type aviation, perceuse, boîte de gâchage ou bétonnière motorisée, brosse à poils durs.

Matériel: Gants, protection oculaire, chevilles pour maçonnerie, ciment à prise rapide, papier d'émeri, treillis métallique, fortifiant acrylique pour béton, mélange pour béton de sable.

Enlevez la maçonnerie endommagée en prenant garde de ne pas abîmer le mur ni le treillis métallique.

Si le treillis est endommagé, remplacez-le. Fixez le nouveau treillis avec des chevilles pour maçonnerie.

Appliquez à la truelle le béton sur le treillis jusqu'à ce que la zone réparée et la surface environnante soient de niveau.

Lissez la surface fraîche ou donnez-y une texture semblable à celle de la maçonnerie environnante.

Réparation de l'asphalte

Les allées et entrées asphaltées sont exposées à des dommages divers, plus particulièrement à ceux que cause l'infiltration de l'eau. Si de l'eau, entrée par le côté de la zone pavée ou par des fissures, circule sous la couche d'asphalte, il y aura érosion du lit de gravier situé sous la zone pavée.

Pour prévenir une aggravation des dommages, obturez les trous et fissures avec une pâte de colmatage de l'asphalte et scellez annuellement toute la surface asphaltée. De plus, remplissez les creux laissés par le ruissellement de l'eau le long de la zone pavée, afin d'empêcher que l'eau s'infiltre sous celle-ci.

Outils: *Lance d'arrosage munie d'une buse de pulvérisation ou laveuse à pompe, aspirateur d'atelier, pistolet chauffant, truelle, pistolet à calfeutrer, couteau à mastiquer, brosse à récurer, balai ou raclette.*

Matériel: *Nettoyeur pour asphalte, pâte de colmatage de l'asphalte, scellant pour asphalte.*

L'asphalte subira des dommages causés par l'usure intense, les chocs répétés et la pénétration de l'eau.

Colmatage des trous dans l'asphalte

Il est essentiel que vous colmatiez les trous dès que vous les constatez, faute de quoi toute la base de gravier risque de s'abîmer, de même que la couche d'asphalte elle-même.

Commencez par nettoyer le trou. Avec un aspirateur d'atelier, enlevez-en la saleté et les débris **(photo A)**. Lavez le trou avec une lance d'arrosage munie d'une buse de pulvérisation.

Versez la pâte de colmatage dans le trou en le surremplissant légèrement. Réchauffez-la à l'aide d'un pistolet chauffant **(photo B)**. Avec une truelle, égalisez et lissez la pâte. Foulez la pâte avec une brique ou un bloc de béton, jusqu'à ce qu'elle soit bien tassée dans le trou et que sa surface et la surface environnante soient de niveau **(photo C)**.

Nettoyez le trou à l'aide d'un aspirateur d'atelier et lavez-le avec une lance d'arrosage munie d'une buse de pulvérisation.

Versez dans le trou la pâte de colmatage; réchauffez-la avec un pistolet chauffant.

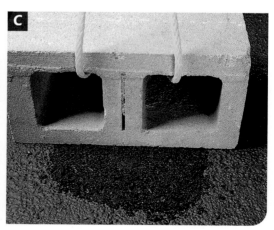

Foulez la pâte à l'aide d'une brique ou d'un bloc de béton jusqu'à ce qu'elle soit bien tassée dans le trou.

Scellement d'une entrée asphaltée

L'application d'un scellant à asphalte rajeunira l'apparence de votre entrée.

Avant de sceller la surface, inspectez-la et obturez tous les trous (page 266).

Utilisez un nettoyant pour asphalte afin d'enlever l'huile et la saleté de la surface **(photo D)**. Si la surface n'est pas très souillée, lavez-la simplement à l'eau savonneuse.

Rincez ensuite l'asphalte à l'aide d'une lance d'arrosage ou d'une pompe.

Réparez les fissures avec un pistolet à calfeutrer chargé d'un produit de colmatage de l'asphalte **(photo E)**, en surremplissant légèrement les fissures. (Les fissures profondes pourraient requérir plusieurs applications de pâte.)

Étendez et lissez la pâte à l'aide d'un couteau à mastiquer **(photo F)**. Pour que la pâte ne colle pas au couteau, trempez celui-ci dans de l'eau froide ou dans de l'essence minérale.

Versez le scellant dans l'un des coins de la zone pavée. Avec une raclette ou un balai, étendez-en une mince couche, en suivant les instructions du fabricant, jusqu'à ce que toute la surface asphaltée soit recouverte **(photo G)**. Si la couche de scellant

est trop épaisse, elle ne séchera pas correctement. Si vous voulez que le recouvrement de scellant soit plus épais, appliquez-en plusieurs couches.

Laissez le scellant sécher avant de rouler ou de marcher sur l'asphalte. Durant le séchage de l'entrée, bloquez l'accès à celle-ci à l'aide de chevalets, de cordons ou d'échelles **(photo H)**.

Conseil

Le meilleur temps pour sceller une entrée asphaltée, c'est un temps chaud et ensoleillé.

Cependant, si vous devez enlever la couche d'asphalte d'une entrée, choisissez une journée fraîche pour le faire. S'il fait chaud, l'asphalte pliera lorsque vous tenterez de l'enlever, et il collera à tout ce avec quoi il entrera en contact.

Nettoyez soigneusement l'entrée avec un nettoyant pour asphalte ou de l'eau savonneuse.

Obturez toutes les fissures avec de la pâte de colmatage pour asphalte que vous appliquerez avec un pistolet à calfeutrer.

Lissez et tassez la pâte à l'aide d'un couteau à mastiquer.

Étendez une mince couche de scellant à l'aide d'une raclette ou d'un balai; recouvrez toute la surface asphaltée.

Bloquez l'accès à l'entrée; ne marchez pas sur l'asphalte avant que le scellant soit parfaitement sec.

RÉPARATIONS DES INSTALLATIONS

Les installations de votre maison ne sont fondamentalement que des systèmes d'alimentation et d'élimination. Le présent chapitre vous aidera à entretenir et à réparer votre plomberie et votre installation électrique, ainsi que vos systèmes de chauffage, de ventilation et de climatisation, afin que vous puissiez disposer en tout temps d'eau, d'électricité et d'air frais tempéré.

Réparations des installations

Quiconque a fait l'expérience d'une panne de courant, d'un bris de la conduite d'eau principale près de la maison, ou encore d'une défectuosité de la chaudière en plein hiver comprend qu'il est essentiel que les diverses installations domestiques – électricité, plomberie et CVCA (chauffage, ventilation et climatisation) soient sécuritaires et fiables. La présente section vous montrera comment entretenir, protéger et réparer vos installations afin de les rendre fiables.

Bon nombre de propriétaires présument que ces installations doivent être réparées par des spécialistes. Pourtant, la plupart des réparations sont beaucoup plus simples que vous pourriez le croire. Vous pouvez économiser beaucoup d'argent en réparant vous-même votre installation électrique, votre plomberie et votre système de chauffage. À long terme, vous amortirez amplement le coût des outils et du matériel que vous aurez achetés.

Dans les pages suivantes, vous apprendrez quels sont les outils spécialisés et le matériel dont vous aurez besoin pour réparer vos diverses installations. En règle générale, lorsqu'un outil particulier vous est recommandé, n'en utilisez pas un autre. Une substitution d'outils peut compromettre la réussite de votre projet de réparation, voire, dans certains cas, présenter des risques.

Certains outils spécialisés, comme le vérificateur de tension, sont si peu coûteux et tellement essentiels qu'ils devraient faire partie du coffre à outils de tous les propriétaires de maison.

D'autres, tel le coupe-tuyau à rupture instantanée, ne servent qu'à une fonction particulière; il pourrait être difficile d'en justifier l'achat, fût-ce pour des projets de réparation importants. Dans ce cas, mieux vaut louer l'outil requis.

Les installations dont il est question dans la présente section touchent à votre confort et à votre commodité dans toutes les pièces de la maison.

Une autre des raisons qui font que les propriétaires de maison hésitent à réparer eux-mêmes leurs diverses installations, c'est que les modifications apportées doivent souvent être approuvées par le service du bâtiment municipal ou être conformes au code du bâtiment.

Si vous n'avez jamais eu à vous conformer au code du bâtiment, demandez les renseignements dont vous avez besoin au service des bâtiments de votre localité. En outre, n'hésitez pas à entrer en contact avec l'inspecteur des bâtiments de votre localité, dont l'une des tâches est de répondre à vos questions sur la conformité au code. Rien n'interdit aux propriétaires d'effectuer eux-mêmes la réparation de leurs installations, pourvu que le travail soit fait correctement.

Avant d'entreprendre tout projet décrit dans la présente section, lisez attentivement toutes les instructions et demandez-vous si vous vous sentez capable de l'exécuter. Certains projets (comme l'installation d'un gradateur) ne requièrent aucune expérience pratique; d'autres (comme le remplacement d'un tuyau de fonte) exigent une certaine expérience. (Après tout, toute économie que vous pourriez réaliser en faisant le travail vous-même fondra si vous devez appeler d'urgence un électricien ou un plombier pour «réparer» votre réparation.)

Enfin, comme vous travaillerez à la maison, n'oubliez pas de tenir les enfants et les animaux domestiques à l'écart de votre aire de travail. Comme toujours, entreposez les échelles, outils électriques et substances toxiques hors de la portée des enfants.

Travaux de plomberie

La section portant sur la plomberie traite de tous les éléments d'une installation standard (tuyaux, raccords, vannes, drains, évents, pièges, robinets, baignoires et douches, bains tourbillon et toilettes) ainsi que des appareils susceptibles d'y être raccordés: broyeurs d'aliments, lave-vaisselle, chauffe-eau, pompes à eau et fosses septiques. Chaque fois que vous entreprendrez des travaux de plomberie, prenez les précautions élémentaires suivantes:

Trouvez les robinets d'arrêt de vos appareils de plomberie et étiquetez-les, afin de pouvoir interrompre rapidement l'arrivée d'eau.

Ne travaillez jamais sur des tuyaux d'eau chaude qui sont encore chauds. Coupez d'abord l'arrivée d'eau et laissez-les refroidir.

Jusqu'à tout récemment, l'installation électrique des nouvelles maisons était mise à la terre par l'intermédiaire des tuyaux métalliques. Le fait de remplacer des tuyaux métalliques par des tuyaux de plastique risque de couper la mise à la terre de votre installation électrique. Vérifiez la mise à la terre de l'installation. Vous aurez peut-être à installer un cavalier pour contourner un tuyau de plastique et ainsi assurer la continuité de la mise à la terre.

Vérifiez auprès de l'inspecteur des bâtiments de votre localité si votre projet est conforme aux dispositions du code du bâtiment.

Travaux d'électricité

La section portant sur l'électricité traite de tous les éléments standard d'une installation électrique domestique (tableau de distribution, prises, interrupteurs muraux, luminaires, carillons et téléphones). Chaque fois que vous entreprendrez des travaux d'électricité, prenez les précautions élémentaires suivantes:

Avant d'exposer tout câblage électrique, allez au tableau de distribution principal et coupez le courant alimentant le circuit sur lequel vous travaillerez. À l'aide d'un vérificateur de tension, assurez-vous ensuite que le courant ne circule plus dans les fils. Affichez une note sur le tableau de distribution pour que personne ne rétablisse le courant pendant que vous travaillez. Durant vos travaux d'électricité,

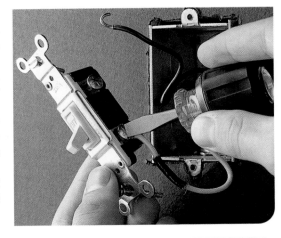

portez des chaussures à semelles de caoutchouc. Ne touchez jamais à un appareil électrique lorsque vos mains sont humides ou que vous avez les pieds dans l'eau.

Ne touchez jamais à un tuyau métallique, à un robinet ou à un appareil quand vous travaillez sur l'installation électrique.

Ne travaillez pas vous-même sur le tableau de distribution principal. Les câbles qui alimentent votre maison en électricité restent sous tension même lorsque le disjoncteur principal du tableau est déclenché.

Avant de commencer vos travaux, faites examiner votre nouveau plan de câblage par le service des bâtiments de votre localité.

Travaux sur le chauffage, la ventilation et la climatisation

Cette section traite des gros appareils tels que les chaudières et les autres appareils de chauffage, ainsi que des appareils de chauffage d'appoint, tels les poêles à bois et plinthes chauffantes. La partie portant sur la ventilation couvre tous les appareils, des ventilateurs d'évacuation installés au plafond ou dans la salle de bain jusqu'aux échangeurs d'air qui aident à rafraîchir l'air dans votre maison. La partie portant sur la réfrigération traite des climatiseurs centraux et des climatiseurs de fenêtre ou de mur, ainsi que des pompes à chaleur et des refroidisseurs à évaporation.

Chaque fois que vous entreprendrez des travaux sur les appareils en question, prenez les précautions élémentaires suivantes: Si vous sentez une odeur de

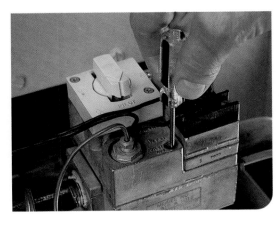

gaz persistante, n'essayez pas d'allumer la veilleuse de l'appareil. Ouvrez portes et fenêtres, éteignez cigarettes et flammes nues, puis fermez le robinet d'arrêt principal du gaz. Quittez prestement la maison et téléphonez de chez un voisin à la compagnie de gaz.

Avant de travailler sur votre appareil de chauffage, installez des détecteurs de monoxyde de carbone dans votre maison. Demandez à votre fournisseur de mazout d'effectuer une vérification annuelle, notamment sur la concentration de monoxyde de carbone dans votre maison.

Avant d'installer un nouvel appareil de chauffage, ventilation ou de climatisation, demandez au service des bâtiments de votre localité si un permis est exigé.

Plomberie

Même si une installation de plomberie domestique, avec ses réseaux de tuyaux et ses nombreux robinets, peut sembler compliquée et mystérieuse, elle est plutôt simple en fait. Avant les travaux de réparation ou d'entretien courant, apprenez à reconnaître les principaux éléments de l'installation ainsi que le rôle joué par chacun.

La plomberie domestique typique comporte trois éléments de base: le système d'alimentation en eau, les appareils et dispositifs, et le système d'égout. Chacun de ces éléments est illustré sur la photo à droite.

L'eau fraîche arrive dans la maison par une conduite d'eau principale (1), à partir d'un puits ou d'un réseau d'alimentation public. Si l'eau provient d'un réseau public, il se peut qu'elle traverse un compteur (2) qui en enregistre la consommation.

Tout près de la conduite d'eau principale, le branchement (3) se divise et un tuyau alimente le chauffe-eau (4). À partir du chauffe-eau, la canalisation d'eau chaude court parallèlement à la canalisation d'eau froide pour alimenter en eau les dispositifs et appareils de toute la maison.

Une fois usée, l'eau tombe dans un siphon (5) puis dans le système d'égout. Ce système fonctionne essentiellement par gravité: les eaux usées descendent dans une série de tuyaux d'égout de grand diamètre, lesquels sont reliés à des tuyaux d'évent. Les tuyaux d'évent (6) laissent l'air pénétrer dans le système par l'intermédiaire d'un évent de colonne (7). L'entrée d'air frais prévient la création d'un vide qui ralentirait ou arrêterait l'évacuation des eaux usées.

Ces eaux usées finissent par aboutir dans la colonne de chute (8), qui les dirige vers la canalisation d'égout (9), laquelle sort de la maison près de la fondation et se décharge soit dans une fosse septique, soit dans le réseau d'égout municipal. Tout ce temps, les gaz d'égout nocifs se dégagent sans danger par la colonne jusqu'à l'évent situé sur le toit.

La plomberie domestique typique comporte trois éléments de base: le système d'alimentation en eau, les dispositifs et appareils, et le système d'égout. En Amérique du Nord, une famille de quatre personnes consomme en moyenne chaque jour environ 400 gallons d'eau.

Le système d'alimentation en eau

Les tuyaux d'alimentation acheminent l'eau chaude et l'eau froide dans le réseau de plomberie de la maison. Dans les maisons construites avant 1950, les tuyaux d'alimentation sont souvent faits de fer galvanisé; dans les nouvelles maisons, ils sont surtout faits de cuivre, bien que les tuyaux de plastique (PVCC) soient de plus en plus souvent acceptés par les codes du bâtiment municipaux.

Même si leur diamètre est petit – généralement de ½ po à 1 po, les tuyaux d'alimentation, joints par de solides raccords étanches, sont conçus pour résister aux fortes pressions d'un système d'alimentation en eau. Ces tuyaux courent dans toute la maison, généralement cachés dans les murs ou attachés aux solives de plancher.

Les tuyaux d'eau chaude et d'eau froide sont raccordés aux appareils et dispositifs. Cependant, certains appareils, comme les toilettes et les robinets d'arrosage, ne sont alimentés qu'en eau froide. Ainsi, le chauffe-eau travaille moins et les frais d'énergie

sont réduits. Par convention, le tuyau et le robinet d'eau chaude sont placés du côté gauche d'un appareil; ceux d'eau froide, du côté droit.

Si l'eau est fournie par un réseau municipal, un compteur et un robinet d'arrêt principal sont installés au point d'arrivée de l'eau. Le compteur appartient au fournisseur d'eau, qui doit le réparer ou le remplacer en cas de fuite ou de défectuosité.

Le système d'égout

Une fois utilisée, l'eau fraîche devenue de l'eau usée est évacuée de la maison par le système d'égout. Ce système fonctionne par gravité: les eaux usées quittent les appareils, dispositifs et drains à travers une série de tuyaux disposés en pente, pour aboutir dans une fosse septique ou dans le réseau d'égout municipal.

La pente est un facteur majeur dans la conception des systèmes d'égout. Le code du bâtiment impose une pente particulière pour chaque partie du système, selon le diamètre et la fonction des tuyaux. Cette pente permet l'écoulement par gravité des eaux usées.

Les tuyaux d'égout sont généralement faits de plastique (ABS ou PVC) ou de fonte. Leur diamètre, supérieur à celui des tuyaux d'alimentation, va de 1 ¼ po à 4 po et assure le bon écoulement des eaux usées. Dans certaines vieilles maisons, les tuyaux d'égout pourraient être en cuivre ou en plomb. Même si les tuyaux d'égout en plomb ne sont plus fabriqués aujourd'hui pour la plomberie domestique, ils ne présentent aucun risque pour la santé du fait qu'ils ne font pas partie de la tuyauterie d'alimentation.

Tous les drains doivent être munis d'un siphon – un bout de tuyau courbe – qui retient de l'eau stagnante. Il s'agit d'un dispositif de sécurité qui empêche les gaz d'égout de remonter dans le tuyau, de s'échapper du drain et de se dégager dans la maison. Chaque fois que l'on fait couler de l'eau dans le drain, l'eau stagnante est chassée et remplacée.

Pour que les eaux usées circulent aisément, un apport d'air est nécessaire. Les tuyaux d'égout sont donc reliés à un système d'évent qui permet à l'air extérieur de pénétrer dans la maison et de réduire la pression dans les tuyaux, généralement par l'intermédiaire d'une ou de plusieurs colonnes d'évent qui dépassent au-dessus du toit. Si une plomberie n'est pas adéquatement mise à l'air libre, les toilettes ne se videront pas complètement, et les égouts glouglouteront, s'engorgeront et finiront par déborder. En outre, l'eau retenue dans les siphons risque d'être aspirée, et les gaz d'égout nocifs pourraient se dégager dans votre maison.

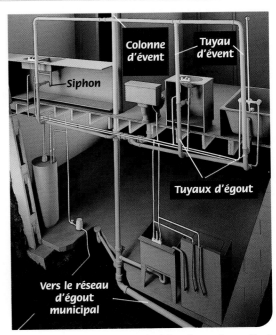

Le système d'égout évacue les eaux usées de la maison. Les tuyaux d'évent (illustrés en jaune) fournissent l'air dont les tuyaux d'égout (en vert) ont besoin pour fonctionner correctement.

Outils de base pour la plomberie

Beaucoup de travaux de plomberie peuvent être exécutés avec des outils manuels de base, comme l'ensemble d'outils essentiels illustré ci-dessous **(photo A)**.

Les limes servent à rendre lisses les surfaces de métal, de bois et de plastique. On se sert d'une lime ronde sur les tuyaux, et d'une lime plate sur les surfaces plates.

Le pistolet à calfeutrer produit un cordon de calfeutrage ou de colle.

La lampe de poche est indispensable durant l'inspection des tuyaux et drains.

Le tournevis pour écrous à fente et le tournevis à pointe cruciforme sont nécessaires.

On se sert d'un maillet de bois pour frapper sur des objets non métalliques.

Le niveau sert à vérifier l'horizontalité des appareils et la pente des tuyaux d'égout.

Le vérificateur de tension permet de s'assurer qu'un fil ou qu'un appareil n'est plus alimenté en courant.

La clé à douille à cliquet, utilisée pour serrer et desserrer les écrous ou boulons, comporte de nombreuses douilles qui s'adaptent au format des écrous ou boulons.

La clé à molette est munie d'une mâchoire réglable qui permet d'adapter l'ouverture de la clé en fonction de l'écrou ou du boulon.

La scie à métaux peut couper le métal, mais on l'utilise aussi pour le plastique.

Le couteau universel sert à découper les tuyaux de plastique et toute une gamme de matériaux.

La pince multiprise est munie de mâchoires dentées et d'un axe d'articulation réglable qui rend possible la saisie ou le serrage d'objets de diverses dimensions.

La pince à bec effilé permet de saisir des objets de petites dimensions ou de travailler dans un espace réduit.

La brosse métallique à fils de laiton mou nettoie les métaux sans les endommager.

Le mètre à ruban doit être muni d'un ruban d'acier rétractile d'une longueur minimale de 16 pi.

Le ciseau à froid s'utilise avec un marteau à panne ronde pour couper les tuiles de céramique, le mortier ou les métaux trempés.

Le couteau à mastiquer permet d'enlever le vieux mastic ou calfeutrage des appareils et pièces.

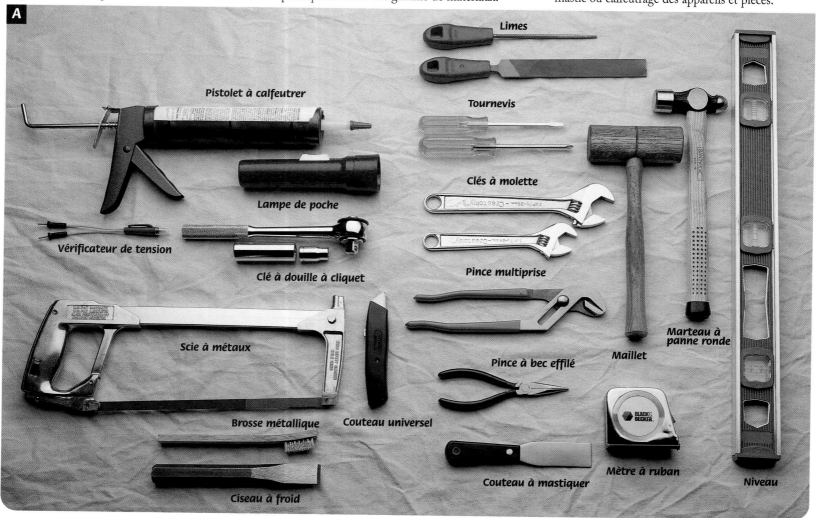

A

Limes

Pistolet à calfeutrer

Tournevis

Lampe de poche

Clés à molette

Vérificateur de tension

Clé à douille à cliquet

Pince multiprise

Marteau à panne ronde

Scie à métaux

Maillet

Pince à bec effilé

Brosse métallique

Couteau universel

Mètre à ruban

Niveau

Ciseau à froid

Couteau à mastiquer

Outils spécialisés pour la plomberie

Certains outils vous aideront à exécuter vos travaux plus facilement et plus rapidement **(photo B)**.

Le dégorgeoir à cuvette, tube mince muni d'une manivelle, débouche les toilettes. Le sécateur pour tuyau de plastique coupe rapidement les tuyaux souples de plastique polyéthylène. Le coupe-tuyau produit une coupe droite et uniforme sur les tuyaux de cuivre ou de plastique. Il est généralement muni d'un embout aléseur servant à ébavurer les tuyaux. Le chalumeau au propane est utilisé pour le brasage des tuyaux et raccords de cuivre. L'allumoir de soudeur permet d'allumer le propane rapidement et de façon sécuritaire. La clé à ergots a été spécialement conçue pour serrer et desserrer les écrous d'un diamètre de 2 po à 4 po. Elle s'accroche aux ergots des écrous, offrant ainsi un effet de levier accru. Le débouchoir dégorge les drains par pression d'air. Le débouchoir à épaulement illustré est utilisé pour les cuvettes. L'épaulement se replie dans la coque lorsqu'on veut utiliser le débouchoir pour un évier, une baignoire, une douche ou un drain de sol. La clé à tuyau comporte une mâchoire mobile qui s'adapte à des tuyaux de divers diamètres. Elle sert à serrer et à desserrer les tuyaux, raccords et gros écrous. On se sert souvent de deux clés à la fois pour éviter d'endommager les tuyaux et raccords. Le furet sert à déboucher les tuyaux d'égout. L'ajutage à expansion s'utilise pour déboucher les drains de sol. On l'attache à une lance d'arrosage pour dégager les obstructions dans les tuyaux au moyen d'un puissant jet d'eau.

Les outils électriques facilitent et accélèrent l'exécution des travaux **(photo C)**. La clé à douille à cliquet sans fil (1) facilite le serrage et le desserrage des petits écrous et des boulons à tête hexagonale. La perceuse sans fil (2) de ³/₈ po simplifie les travaux de perçage. Le tournevis réversible sans fil (3) installe les vis et autres dispositifs de fixation. La scie alternative (4) coupe le bois, le métal ou le plastique. Le pistolet thermique (5) dégèle rapidement les tuyaux. Pour certains travaux de plomberie, vous aurez peut-être besoin de louer des outils **(photo D)**. Le dégorgeoir mécanique (1) permet d'enlever les racines d'arbres dans les conduits d'égout. La scie à onglet électrique (2) découpe rapidement et avec une grande précision toutes sortes de matériaux. La perceuse droite (3) est utile lorsqu'il faut pratiquer des trous dans un endroit difficile d'accès. Le coupe-tuyau à chaîne (4) permet de couper les tuyaux de fonte. Servez-vous d'un diable (5) pour déplacer les objets lourds, tel un chauffe-eau.

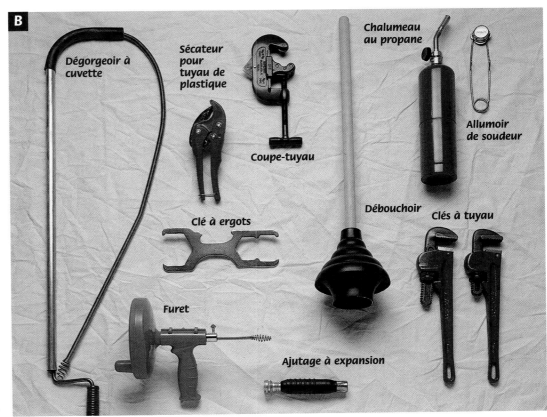

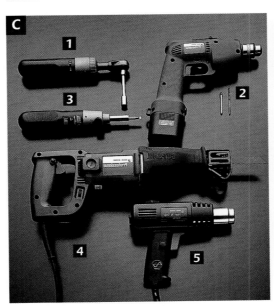

Les outils électriques rendent l'exécution de la tâche plus rapide, plus facile et plus sécuritaire. Les outils sans fil sont encore plus pratiques.

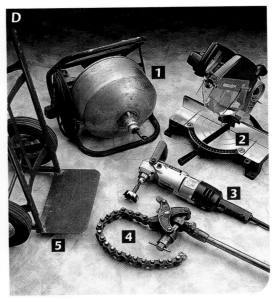

Pour certains travaux, vous devrez louer des outils. Suivez toujours les instructions du fabricant et observez les précautions recommandées.

Matériaux de plomberie

Savoir reconnaître les divers types de tuyaux est important durant le dépannage et essentiel lorsque vous devez acheter des fournitures ou faire des réparations. Souvent, la plomberie d'une maison comporte divers types de tuyaux et de raccords, surtout si des pièces y ont été ajoutées ou si l'installation a été modifiée au fil des ans.

Chaque type de tuyau a ses avantages et ses inconvénients, et, souvent, les plombiers tiennent mordicus à utiliser tel type plutôt que tel autre. Les matériaux utilisés pour la plomberie domestique sont réglementés par le code du bâtiment. Cependant, il est possible que votre code du bâtiment établisse d'autres exigences; vérifiez donc la réglementation en vigueur dans votre région avant d'acheter des matériaux. N'achetez que des tuyaux et raccords approuvés, sur lesquels apparaissent un ou plusieurs codes de norme. (Dans le tableau de droite, tous les diamètres indiqués sont des diamètres intérieurs.)

La fonte est généralement choisie pour le système d'égout. Même s'il s'agit du type de tuyau le plus robuste, il est très lourd et quelque peu difficile à raccorder et à installer. L'épaisseur de sa paroi contribue à amortir le bruit inhérent aux systèmes d'égout.

Le tuyau de plastique est utilisé pour l'alimentation en eau dans les régions où le code du bâtiment le permet. Ce type de tuyau est populaire parce qu'il est peu coûteux, est facile à travailler, ne rouille pas et possède des propriétés d'isolation.

Le tuyau de plastique est offert en quatre versions, généralement identifiées par une abréviation: ABS, PVC, PVCC et PE. Les tuyaux d'ABS et de PVC sont exclusivement utilisés dans les systèmes de drain, bien qu'aujourd'hui l'utilisation de l'ABS ne soit pas souvent autorisée par le code dans les nouvelles installations. Le PVCC convient aux conduites d'alimentation en eau, tandis que le PE ne sert que pour les tuyaux d'alimentation en eau extérieurs.

Le laiton et le laiton chromé sont des matériaux durables utilisés pour les drains, les robinets et les robinets d'arrêt. Le laiton chromé, même s'il est relativement cher, est utilisé pour son apparence dans les endroits où les tuyaux sont visibles (par exemple, lavabos sans colonne, bidets ou anciennes baignoires).

L'acier galvanisé est le plus ancien des matériaux illustrés à droite. Il est répandu dans les maisons construites jusque dans les années 1960, mais rarement utilisé aujourd'hui parce qu'il rouille et qu'il est plus difficile à installer que le cuivre ou le plastique. Le tuyau d'acier galvanisé convient aux conduites d'alimentation et aux systèmes d'égout.

Le cuivre est considéré comme le meilleur choix pour les conduites d'alimentation; on l'utilise parfois pour les systèmes d'égout aussi. Il résiste mieux au tartre que le plastique et présente peu de résistance au passage de l'eau, ce qui signifie que la pression d'eau est meilleure dans un tuyau de cuivre que dans un tuyau d'acier de même diamètre. En outre, le tuyau de cuivre est léger et facile à installer, surtout le tuyau de cuivre souple qui s'adapte aux angles. Toutefois, il coûte plus cher que le tuyau de plastique.

Conseil

Un effet de galvanisation, dans lequel il y a transfert des molécules d'un métal à un autre type de métal, risque de provoquer une corrosion et une obstruction prématurées des tuyaux. Il ne faut donc raccorder aux tuyaux existants que des tuyaux de même métal.

Des raccords spéciaux, dits «raccords diélectriques», rendent possible le raccordement de tuyaux de métaux différents, tels ceux de cuivre et de laiton. De plus, choisissez des supports faits du même métal que les tuyaux à soutenir, afin de prévenir la corrosion accélérée causée par l'effet de galvanisation.

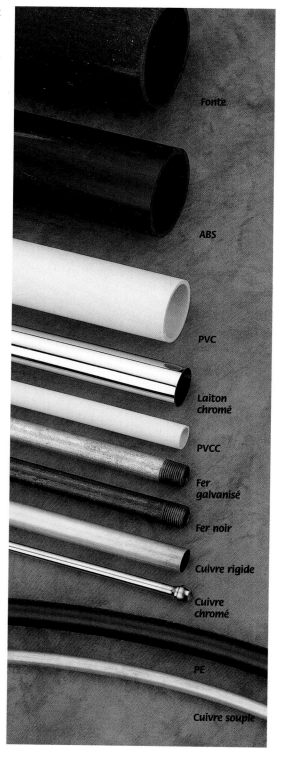

Fonte

ABS

PVC

Laiton chromé

PVCC

Fer galvanisé

Fer noir

Cuivre rigide

Cuivre chromé

PE

Cuivre souple

Avantages et caractéristiques	Utilisations	Raccordement	Outils de coupe
La fonte est très solide mais difficile à couper et à raccorder. Si le code le permet, on recourra aux tuyaux de plastique pour les réparations et remplacements.	Conduite principale du système d'égout	Raccords à emboîtement	Coupe-tuyau à chaîne ou scie à métaux
L'**ABS** (acrylonitrile-butadiène-styrène) a été le premier plastique rigide à être approuvé pour les systèmes d'égout domestiques. Certains codes interdisent désormais son utilisation dans les nouvelles installations.	Tuyaux de drain et d'aération; siphons	Colle à solvant et raccords de plastique	Coupe-tuyau, boîte à onglet ou scie à métaux
Le **PVC** (polychlorure de vinyle) est un plastique rigide moderne hautement résistant à la chaleur et aux produits chimiques. C'est le meilleur matériau pour les systèmes d'égout.	Tuyaux de drain et d'aération; siphons	Colle à solvant et raccords de plastique	Coupe-tuyau, boîte à onglet ou scie à métaux
Le **laiton chromé** a un fini brillant attrayant; on l'utilise pour les siphons là où l'apparence compte.	Robinets et robinets d'arrêt; siphons chromés	Raccords à compression ou brasage	Coupe-tuyau, scie à métaux ou scie alternative
Le **PVCC** (polychlorure de vinyle surchloré) est un plastique rigide dont la formule chimique lui permet de résister aux températures et pressions élevées des conduites d'alimentation. Les tuyaux et raccords de PVCC ne sont pas chers.	Tuyaux d'alimentation en eau froide et en eau chaude	Colle à solvant et raccords de plastique, ou raccords express	Coupe-tuyau, boîte à onglet ou scie à métaux
Le **fer galvanisé**, très solide, se corrode graduellement et est déconseillé dans les nouvelles installations. Vu qu'il est difficile à couper et à raccorder, les gros travaux devraient être confiés à des professionnels.	Drains; tuyaux d'alimentation en eau froide et en eau chaude	Raccords filetés galvanisés	Scie à métaux ou scie alternative
Le **fer noir** ressemble beaucoup au fer galvanisé, sauf qu'il sert à la tuyauterie de gaz et non pas à celle d'eau. Les réparations doivent être confiées à des professionnels.	Tuyaux de gaz	Raccords de fer noir galvanisés	Scie à métaux ou scie alternative
Le **cuivre rigide** est le meilleur matériau pour les tuyaux d'alimentation. Résistant à la corrosion, sa surface lisse facilite la circulation de l'eau. Les joints de cuivre brasés sont très durables.	Tuyaux d'alimentation en eau froide et en eau chaude	Brasage ou raccords à compression	Coupe-tuyau, scie à métaux ou scie à découper
Le **cuivre chromé**, au fini brillant attrayant, est utilisé dans les endroits où l'apparence est importante. Durable, il est facile à courber et à raccorder.	Tuyaux d'alimentation des appareils	Raccords à compression en laiton	Coupe-tuyau ou scie à métaux
Le **PE** (polyéthylène) est un plastique souple, noir ou bleuâtre, dont on se sert pour les conduites d'arrivée principales et pour les systèmes d'irrigation.	Tuyaux d'alimentation en eau froide (à l'extérieur)	Raccords en PVC rigide et colliers en acier inoxydable	Sécateur pour tuyaux de plastique ou scie à onglet
Le tuyau de **cuivre souple** est facile à façonner et peut résister à un léger gel sans se fissurer. Du fait qu'il s'adapte facilement aux angles, il requiert moins de raccords que le tuyau de cuivre rigide.	Tuyaux de gaz; tuyaux d'alimentation en eau froide et en eau chaude	Raccords coniques en laiton, raccords à compression ou brasage	Coupe-tuyau ou scie à onglet

Tuyaux et raccords

Utilisez toujours des raccords faits du même métal que les tuyaux. Si des métaux différents doivent être joints, utilisez un raccord de transition.

Les raccords sont offerts dans tous les formats, mais, qu'ils soient en plastique ou en métal, leurs formes sont standard. En règle générale, l'angle des raccords utilisés pour joindre les tuyaux du système d'égout est peu prononcé, afin que soit facilité l'écoulement des eaux usées. Du fait que l'eau circule sous pression dans les conduites d'arrivée, l'angle des raccords des tuyaux d'arrivée peut être plus prononcé, ce qui réduit l'encombrement dans les cavités murales.

Le coude à 90° permet de faire un angle droit dans une tuyauterie. Les coudes du système d'égout sont arrondis afin que les débris ne s'y accumulent pas. Le raccord en T sert à joindre les branchements du système d'alimentation et du système d'égout.

Les manchons servent à unir deux tuyaux droits. On utilise des raccords de transition spéciaux (page 279) pour joindre deux tuyaux faits de matériaux différents.

Une réduction sert à raccorder des tuyaux de diamètres différents; on peut trouver des coudes et des raccords en T de réduction.

Le coude à 45° permet de courber graduellement une tuyauterie; on trouve aussi des coudes à 60° et à 72°.

On se sert de bouchons pour fermer les bouts de tuyau inutilisés.

On utilise le raccord en Y pour joindre les tuyaux concourants du système d'égout.

Conseil

Durant la planification du projet, achetez plus de raccords que vous n'en avez besoin, mais chez un détaillant qui accepte de les reprendre. Il est beaucoup plus sensé de rendre au détaillant les matériaux non utilisés une fois le projet réalisé que d'interrompre les travaux pour aller chercher au magasin un raccord manquant.

Raccords standard

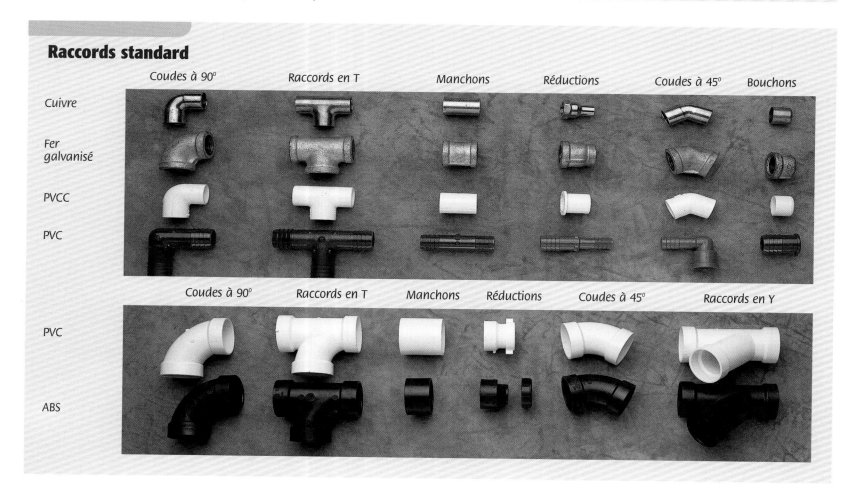

	Coudes à 90°	Raccords en T	Manchons	Réductions	Coudes à 45°	Bouchons
Cuivre						
Fer galvanisé						
PVCC						
PVC						

	Coudes à 90°	Raccords en T	Manchons	Réductions	Coudes à 45°	Raccords en Y
PVC						
ABS						

Utilisation des raccords de transition

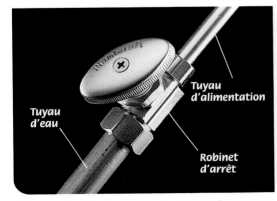

Raccordez un tuyau de plastique à un tuyau de fonte au moyen d'un collier de serrage. Des manchons de caoutchouc recouvrent l'extrémité des tuyaux pour assurer l'étanchéité du raccordement.

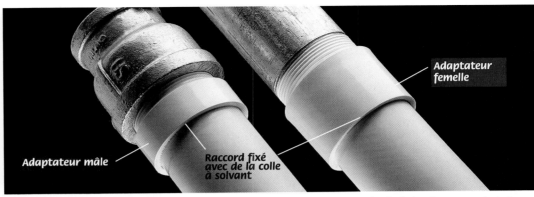

Raccordez un tuyau de plastique à un tuyau métallique fileté en vous servant d'adaptateurs mâle et femelle filetés. Collez au tuyau de plastique un adaptateur de plastique au moyen de colle à solvant. Enroulez du ruban d'étanchéité autour des filets du tuyau métallique, ensuite vissez ce dernier dans l'adaptateur.

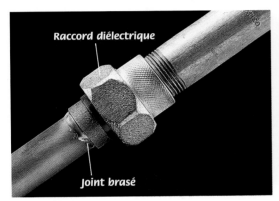

Raccordez un tuyau de cuivre à un tuyau de fer galvanisé au moyen d'un raccord diélectrique. Vissez le raccord au tuyau de fer, puis soudez-le au tuyau de cuivre.

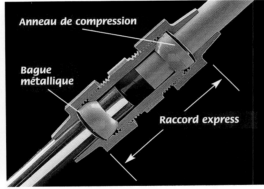

Raccordez un tuyau de plastique à un tuyau de cuivre au moyen d'un raccord express. Chacun des deux côtés du raccord (vu en coupe) contient une bague étroite et un anneau de compression en plastique (ou un joint torique en caoutchouc) qui forment un joint d'étanchéité.

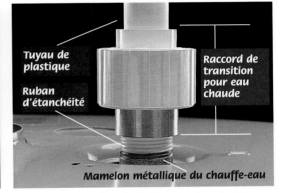

Raccordez le tuyau métallique du chauffe-eau à un tuyau de plastique au moyen d'un raccord de transition pour eau chaude qui prévient les fuites causées par la différence entre les coefficients de dilatation des divers matériaux.

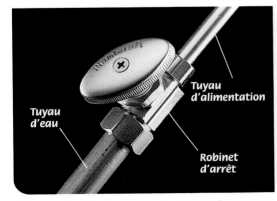

Utilisez un robinet d'arrêt pour raccorder un tuyau d'eau au tuyau d'alimentation de tout appareil.

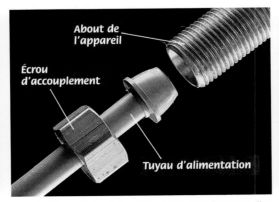

Raccordez le tuyau d'alimentation à l'about d'un appareil au moyen d'un écrou d'accouplement. Celui-ci fait appuyer l'extrémité en cloche du tuyau sur l'about de l'appareil.

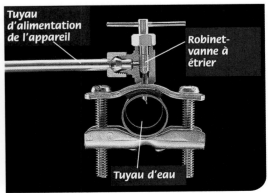

Raccordez le tuyau d'alimentation d'un appareil à un tuyau d'eau en cuivre au moyen d'un robinet-vanne à étrier. On utilise souvent ce dernier (vu en coupe) pour raccorder la machine à glaçons d'un réfrigérateur.

Tuyau de plastique

Les tuyaux et raccords de plastique sont populaires parce qu'ils sont légers, peu coûteux et faciles à utiliser. Leur utilisation dans la plomberie domestique est de plus en plus souvent autorisée par les codes.

Ces tuyaux sont offerts en plastique rigide et en plastique souple. L'ABS et le PVC sont utilisés pour les systèmes d'égout. Le PVC résiste mieux que l'ABS aux produits chimiques et à la chaleur; tous les codes en approuvent l'utilisation non souterraine. Cependant, certains codes imposent encore l'utilisation d'un tuyau en fonte pour les égouts principaux qui circulent sous des dalles de béton.

Le PE est souvent utilisé pour les canalisations d'eau froide souterraines, telles celles des systèmes d'arrosage.

On utilise le PVCC pour les tuyaux d'alimentation en eau chaude et en eau froide. Les tuyaux de plastique peuvent être joints à des tuyaux de fer ou de cuivre grâce à des raccords de transition, mais certains plastiques ne le devraient pas.

Le PB (polybutène) n'est plus considéré comme fiable et n'est plus facile à trouver. Si vos tuyaux ou raccords en PB ont besoin de réparations, consultez un plombier agréé.

Outils: *Sécateur pour tuyau de plastique, marqueur, pince multiprise, mètre à ruban, couteau universel.*

Matériel: *Tuyaux et raccords de plastique, tissu d'émeri, vaseline, apprêt pour tuyaux de plastique, colle à solvant, chiffons.*

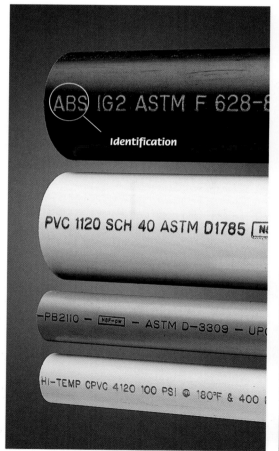
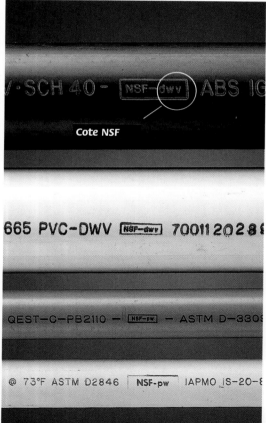

Utilisez le PVC ou l'ABS pour les siphons et tuyaux d'égout, et le PVCC pour les tuyaux d'alimentation. Le diamètre intérieur des tuyaux de PVC ou d'ABS est généralement de 1 1/4 po à 4 po, tandis que celui des tuyaux d'alimentation en PVCC est de 1/2 po à 3/4 po. Pour les siphons et drains d'évier, choisissez un tuyau de PVC ou d'ABS sur lequel figure la cote DWV (système d'égout) de la NSF (National Sanitation Foundation). Pour l'alimentation en eau, choisissez un tuyau de PVCC sur lequel figure une cote PW (pression d'eau). Le tuyau de PB est difficile à trouver; il sera parfois avantageux de le remplacer au lieu de le réparer; demandez l'avis d'un plombier agréé.

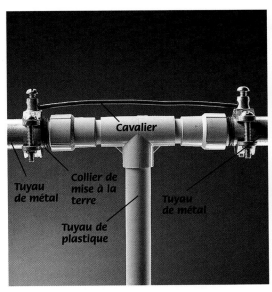

L'installation électrique est souvent mise à la terre par le biais de la tuyauterie métallique. Si vous ajoutez des tuyaux de plastique à votre plomberie métallique, assurez-vous que la mise à la terre demeure intacte.

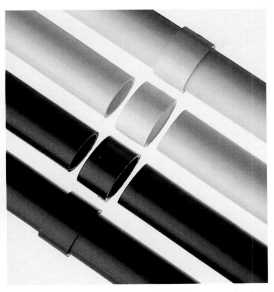

On fixe les raccords des tuyaux de plastique rigide au moyen de colle à solvant. Celle-ci dissout une fine couche de plastique et soude ainsi le raccord au tuyau.

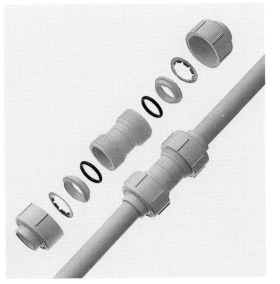

Le raccord express sert à joindre les tuyaux de PVCC. Le raccord comprend une bague métallique, un anneau de compression en plastique et un joint torique en caoutchouc.

Le tuyau de PE

Le tuyau de PE (polyéthylène) est souvent utilisé pour les conduites d'eau froide souterraines.

Raccordez le tuyau de PE à un robinet de vidange afin de pouvoir préparer la conduite pour l'hiver **(photo A)**. Intégrez un raccord en T dans le tuyau de cuivre et fixez-y un robinet d'arrêt ainsi qu'un adaptateur fileté femelle. Vissez dans le raccord de cuivre un adaptateur cannelé et fileté mâle en PVC, puis branchez-y le tuyau de PE.

Utilisez des raccords cannelés en PVC pour joindre des tuyaux de PE **(photo B)**. Glissez des colliers de serrage en acier inoxydable sur le tuyau, puis faites entrer l'extrémité du tuyau sur la partie cannelée du raccord. Faites glisser les colliers jusqu'aux extrémités du tuyau et resserrez-les.

Préparation pour l'hiver

Pour préparer une conduite d'eau froide souterraine pour l'hiver, un système d'arrosage par exemple, fermez le robinet alimentant la conduite extérieure, puis enlevez le bouchon du mamelon de vidange. Ouvrez le robinet extérieur. Raccordez un compresseur d'air au mamelon du robinet, puis chassez l'eau du circuit à une pression maximale de 50 lb/po^2. Retirez les bouchons des raccords en T de chaque bouche à clé et remisez-les pour l'hiver.

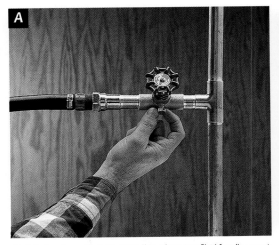

L'installation d'un robinet d'arrêt et d'un adaptateur fileté femelle permet de vidanger l'eau des conduites souterraines de PE en vue de l'hiver.

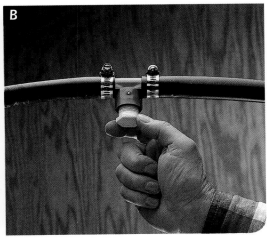

Le tuyau de PE est joint au moyen de raccords cannelés rigides en PVC et de colliers de serrage en acier inoxydable.

Coupage et raccordement des tuyaux de plastique rigides

Coupez les tuyaux de plastique rigides (ABS, PVC ou PVCC) à l'aide d'un coupe-tuyau ou d'une scie. Coupez les tuyaux de PE souples à l'aide d'un sécateur à tuyau de plastique ou d'un couteau. Quel que soit le tuyau, faites toujours une coupe bien droite pour assurer l'étanchéité des joints.

Déterminez la longueur de tuyau dont vous aurez besoin en mesurant la distance séparant les ouvertures des raccords, puis faites un trait au marqueur sur le tuyau.

Utilisez un raccord express pour joindre un tuyau de plastique rigide à un tuyau de cuivre; dans le cas d'un tuyau de PE, servez-vous d'un raccord cannelé en PVC rigide et de colliers de serrage en acier inoxydable.

Joignez les tuyaux de plastique rigides avec des raccords de plastique et de la colle à solvant conçue spécialement pour le matériau à joindre, ou choisissez un produit «universel».

Pour joindre des tuyaux de plastique rigides avec de la colle à solvant, coupez le tuyau, puis ébarbez-le à l'aide d'un couteau universel (**photo A**).

Vérifiez le bon ajustement des tuyaux et raccords (**photo B**). L'extrémité du tuyau devrait s'appuyer contre le fond de l'ouverture du raccord.

Tracez au marqueur un repère d'alignement sur chaque raccordement (**photo C**). Indiquez sur le tuyau la profondeur de l'ouverture du raccord, puis détachez les pièces.

Nettoyez l'extrémité du tuyau et l'ouverture du raccord avec un tissu d'émeri (**photo D**).

Pour amatir la surface du tuyau et ainsi obtenir un joint étanche, appliquez une couche d'apprêt à plastique sur la surface extérieure de l'extrémité du tuyau (**photo E**) et à l'intérieur de l'ouverture du raccord (**photo F**). Appliquez une épaisse couche de colle à solvant sur l'extrémité du tuyau, et une fine couche dans l'ouverture du raccord (**photo G**).

Insérez rapidement le tuyau dans le raccord, en décalant d'environ 2 po les repères d'alignement (**photo H**). Poussez sur le tuyau jusqu'à ce qu'il s'appuie contre le fond de l'ouverture du raccord. La colle à solvant séchant en une trentaine de secondes, vous devrez travailler rapidement.

Faites tourner le tuyau jusqu'à ce que les repères d'alignement coïncident, et tenez l'assemblage pendant une vingtaine de secondes (**photo I**). Essuyez l'excédent de colle et laissez le joint sécher pendant une demi-heure sans y toucher.

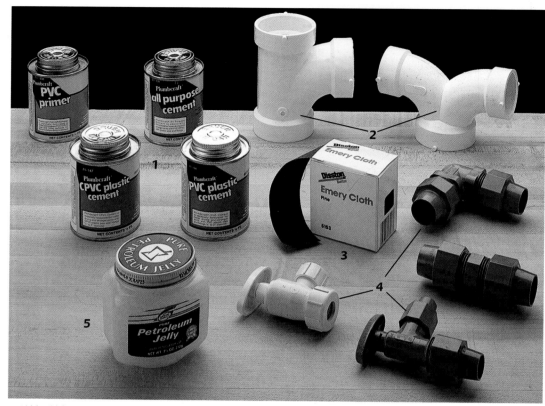

Matériel spécialement conçu pour le plastique: colles à solvant et apprêt (1), raccords à coller (2), tissu d'émeri (3), raccords express en plastique (4) et vaseline (5).

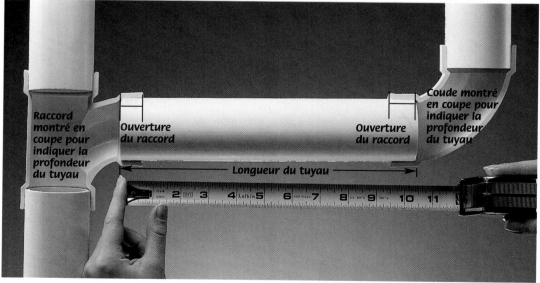

Mesurez la distance séparant le fond des ouvertures des raccords (montrés en coupe). Marquez le tuyau.

Ébarbez l'extrémité du tuyau.

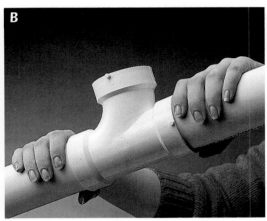

Vérifiez l'ajustement du tuyau dans le raccord.

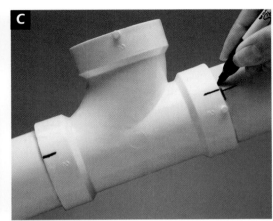

Tracez au marqueur des repères d'alignement sur chaque raccordement.

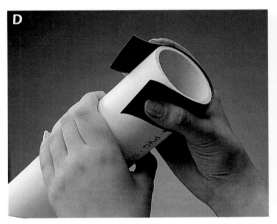

Nettoyez l'extrémité du tuyau et l'ouverture du raccord à l'aide d'un tissu d'émeri.

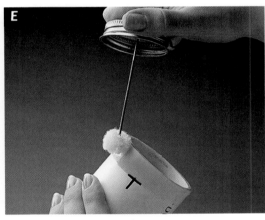

Appliquez une couche d'apprêt sur l'extrémité du tuyau.

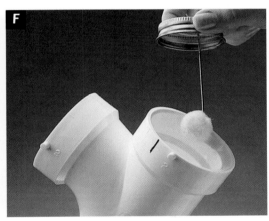

Appliquez une couche d'apprêt à l'intérieur de l'ouverture du raccord.

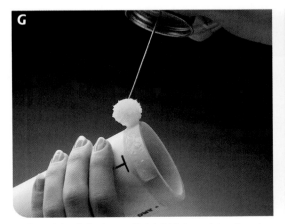

Appliquez de la colle à solvant sur l'extrémité du tuyau et dans l'ouverture du raccord.

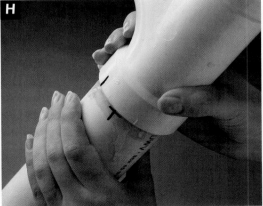

Insérez rapidement le tuyau dans le raccord, en décalant d'environ 2 po les repères d'alignement et en poussant sur le tuyau pour qu'il s'appuie contre le fond de l'ouverture.

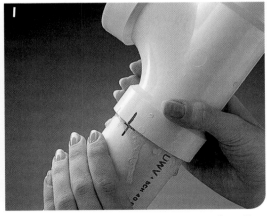

Faites tourner le tuyau pour aligner les repères. Tenez l'assemblage pendant 20 secondes, puis laissez-le sécher pendant une demi-heure sans y toucher.

Tuyau de cuivre

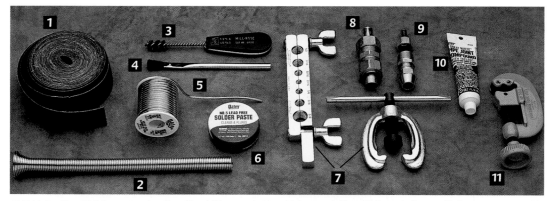

Matériel et outils spécialisés pour le cuivre: tissu d'émeri (1), ressort à cintrer (2), brosse métallique (3), brosse à décapant (4), brasure sans plomb (5), pâte à braser autonettoyante (6), appareils à collets (7), raccord à collet (8), raccord à compression (9), pâte à joints (10), coupe-tuyau (11).

Le cuivre est le matériau idéal pour les tuyaux d'alimentation en eau. Il résiste à la corrosion, et sa surface lisse favorise la circulation de l'eau. Les tuyaux de cuivre sont offerts en plusieurs diamètres, mais la plupart des circuits d'alimentation en eau sont faits de tuyaux de ½ po ou de ¾ po. Ils peuvent être souples ou rigides.

Tous les codes autorisent l'utilisation du tuyau de cuivre rigide pour les circuits domestiques d'alimentation en eau. Il en existe trois types – M, L et K –, déterminés par l'épaisseur de la paroi. Le type M est mince et peu coûteux, ce qui le rend avantageux pour vos travaux de plomberie.

Les codes imposent généralement l'utilisation du tuyau rigide de type L dans les plomberies commerciales. Du fait qu'il est solide et facile à braser, certains plombiers, et vous-même, pourriez le préférer aux autres. Le type K, dont la paroi est la plus épaisse, est le plus souvent utilisé pour les conduites d'eau souterraines.

Le tuyau de cuivre souple est offert en deux types: L et K. Tous deux sont approuvés pour les circuits domestiques d'alimentation en eau, bien que le tuyau de cuivre souple de type L serve surtout aux canalisations de gaz. Du fait qu'il est souple et qu'il résiste aux gels légers, le type L peut être installé dans les parties du circuit d'alimentation en eau qui ne sont pas chauffées, tels les vides sanitaires. Le type K est utilisé pour les conduites d'eau souterraines.

Un troisième type de cuivre, appelé DWV, est utilisé pour les systèmes d'égout. Mais on s'en sert rarement, puisque la plupart des codes autorisent désormais l'utilisation des tuyaux de plastique peu coûteux pour ces systèmes.

Le raccordement des tuyaux de cuivre se fait généralement au moyen de raccords brasés. Un raccord bien brasé est solide et durable. On peut aussi joindre ces tuyaux à l'aide de raccords à compression, lesquels sont plus coûteux que les raccords brasés, mais facilitent la réparation et le remplacement des tuyaux et appareils. Le raccord à collet évasé n'est utilisé qu'avec le tuyau de cuivre souple, généralement pour le gaz. L'utilisation de ces raccords, sans être difficile, requiert une certaine habileté.

Pour éviter que le tuyau plie, courbez-le à l'aide d'un ressort à cintrer. Choisissez un ressort à cintrer qui convient au diamètre extérieur du tuyau.

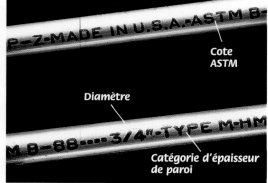

Sur le tuyau sont indiqués le diamètre, la catégorie d'épaisseur de la paroi et l'homologation de l'ASTM (American Society for Testing and Materials).

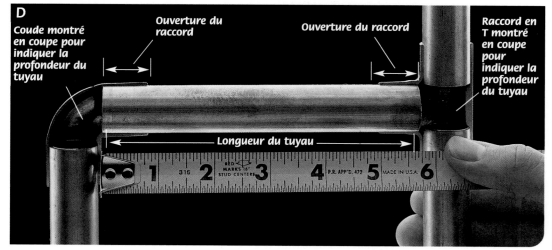

Pour déterminer la longueur du tuyau dont vous aurez besoin, mesurez la distance séparant le fond des ouvertures des raccords (montrés en coupe). Marquez le tuyau.

Tuyaux et raccords de cuivre

Raccordement	Cuivre rigide			Cuivre souple		Commentaires
	Type M	Type L	Type K	Type L	Type K	
Raccord brasé	oui	oui	oui	oui	oui	Méthode de raccordement peu coûteuse, solide et fiable. Requiert une certaine habileté.
Raccord à compression	oui	non recommandé		oui	oui	Facile à utiliser. Permet une réparation ou un remplacement facile des tuyaux et raccords. Plus coûteux que le raccord brasé. Convient surtout au cuivre souple.
Raccord à collet	non	non	non	oui	oui	En réserver l'utilisation pour le tuyau de cuivre souple. Utilisé généralement dans les canalisations de gaz. Requiert une certaine habileté.

Démontage des joints brasés

Le plus souvent, la première étape d'un travail de plomberie consiste à démonter les joints existants pour remplacer un tuyau défectueux. Même s'il s'agit d'un travail facile, il est essentiel de procéder avec soin.

Fermez la vanne principale d'alimentation en eau; vidangez le circuit en ouvrant le robinet situé le plus haut dans la maison ainsi que celui qui est situé le plus bas.

Allumez un chalumeau au propane et dirigez-en la flamme sur le raccord, jusqu'à ce que la brasure devienne luisante et qu'elle commence à fondre **(photo A)**. À l'aide d'une pince multiprise, détachez le tuyau du raccord **(photo B)**.

Enlevez la vieille brasure en chauffant au chalumeau les extrémités des tuyaux. À l'aide d'un chiffon sec, essuyez avec soin la brasure fondue **(photo C)**.

Procédez rapidement, mais prudemment: **les tuyaux sont chauds**. Laissez refroidir les tuyaux pendant plusieurs minutes, puis, à l'aide d'un tissu d'émeri, polissez les extrémités jusqu'à atteindre le métal nu **(photo D)**. Un résidu de brasure ou une bavure métallique restant sur le tuyau risque de compromettre l'étanchéité du nouveau raccordement.

Jetez l'ancien raccord, qui ne doit pas être réutilisé.

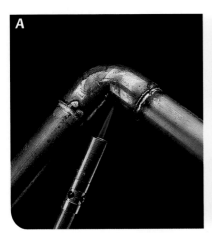

Chauffez la brasure jusqu'à ce qu'elle devienne luisante et qu'elle commence à fondre.

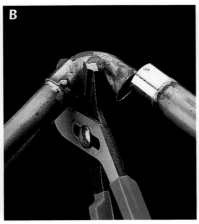

Détachez le tuyau du raccord à l'aide d'une pince multiprise.

Essuyez promptement la brasure à l'aide d'un chiffon propre et sec.

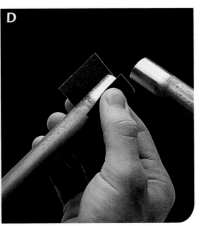

À l'aide d'un tissu d'émeri, polissez l'extrémité du tuyau jusqu'à atteindre le métal nu.

Coupe d'un tuyau de cuivre

L'exécution d'une coupe uniforme et droite est essentielle à la création d'un raccordement étanche. Le meilleur outil pour couper un tuyau de cuivre souple ou rigide reste le coupe-tuyau.

Mesurez la longueur du tuyau à couper et marquez-le au crayon-feutre.

Installez le coupe-tuyau sur le tuyau; serrez la vis jusqu'à ce que le tuyau touche aux deux rouleaux et que le couteau circulaire soit bien centré sur la ligne tracée (**photo A**).

Faites tourner le coupe-tuyau d'un tour, de manière que le couteau circulaire entame le métal et trace une ligne droite continue autour du tuyau (**photo B**).

Faites tourner le coupe-tuyau dans le sens inverse, en resserrant la vis tous les deux tours, jusqu'à ce que le tuyau soit coupé (**photo C**).

Ébavurez le bord à l'aide d'un alésoir ou d'une lime ronde (**photo D**).

Vous pouvez aussi utiliser une scie à métaux pour couper un tuyau de cuivre, mais il vous sera plus difficile de faire une coupe parfaitement droite. Veillez à exécuter une coupe uniforme et droite, et ébavurez l'extrémité du tuyau. La scie à métaux est particulièrement utile lorsque vous travaillez sur un tuyau installé dans un endroit trop réduit pour que vous puissiez y utiliser le coupe-tuyau.

Conseil

S'il vous semble de plus en plus difficile de couper vos tuyaux, il se peut que le couteau circulaire de votre coupe-tuyau soit émoussé.

Vous trouverez des couteaux de rechange dans la plupart des quincailleries et centres de rénovation; le remplacement du couteau circulaire est une opération facile qui vous fera plus tard gagner du temps et vous évitera bien des difficultés.

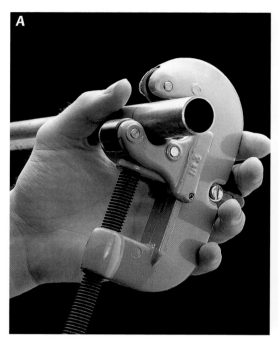

Serrez la vis du coupe-tuyau de manière que le couteau circulaire s'appuie sur la ligne tracée.

Faites tourner le coupe-tuyau d'un tour pour tracer une ligne droite continue autour du tuyau.

Faites tourner le coupe-tuyau dans le sens inverse. Tous les deux tours, resserrez la vis.

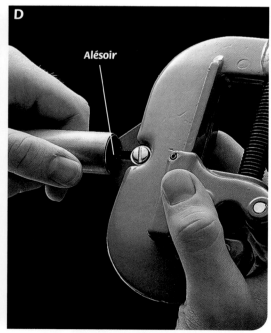

Alésoir

Ébavurez le bord intérieur du tuyau coupé avec l'alésoir du coupe-tuyau ou avec une lime ronde.

Brasage d'un tuyau de cuivre

Pour braser un raccordement de tuyau, il suffit de chauffer le raccord de laiton ou de cuivre jusqu'à ce qu'il soit assez chaud pour faire fondre la brasure. La brasure est aspirée par la chaleur dans l'espace situé entre le tuyau et le raccord, où elle crée un joint étanche.

Pour que le joint soit étanche, il faut que tuyaux et raccords soient propres. Sablez l'extrémité du tuyau à l'aide d'un tissu d'émeri et nettoyez l'intérieur du raccord en y passant une brosse métallique. Une fois le joint brasé, ne touchez pas aux tuyaux tant que la brasure n'a pas perdu son brillant.

Les néophytes commettent souvent l'erreur d'utiliser une chaleur excessive. Rappelez-vous que c'est la pointe de la flamme intérieure du chalumeau qui produit le plus de chaleur. Orientez la flamme avec soin; la brasure coulera dans le sens du déplacement de la chaleur. Chauffez le tuyau jusqu'au moment où le décapant commence à grésiller, puis retirez la flamme. Placez la brasure sur le tuyau et laissez à ce dernier le temps de la faire fondre.

Avant de braser des tuyaux installés, protégez les surfaces inflammables contre la chaleur du chalumeau. Même si l'on peut trouver à cette fin des panneaux qui absorbent la chaleur, bon nombre de plombiers expérimentés préfèrent utiliser deux tôles métalliques de calibre 26. La tôle réfléchit la chaleur et favorise l'uniformité de la chauffe du joint. Le brasage des tuyaux et raccords de cuivre n'est pas difficile, mais requiert de la patience et une certaine habileté. Entraînez-vous en brasant des bouts de tuyau inutiles avant de vous lancer dans des réparations ou autres projets du genre.

Nettoyez toute une tuyauterie, appliquez-y la pâte et assemblez-la en entier avant de braser les joints. Une fois la tuyauterie correctement montée, brasez tous les joints. Après le brasage de chaque joint, vérifiez si des écarts ne risquent pas de causer des fuites. Si vous corrigez les fuites après avoir remis l'eau, vous devrez démonter complètement le joint – situation que vous devez vous efforcer d'éviter autant que faire se peut.

Pour former un joint étanche avec la brasure, l'extrémité du tuyau et l'intérieur du raccord doivent être exempts de saleté et de graisse. Frottez l'extrémité du tuyau avec le tissu d'émeri et passez la brosse métallique dans tous les raccords **(photo E)**.

À l'aide d'une brosse à décapant, appliquez sur l'extrémité du tuyau une mince couche de pâte à braser soluble dans l'eau **(photo F)**. La pâte devrait recouvrir le tuyau sur environ 1 po.

Assemblez tous les joints de la tuyauterie en insérant les tuyaux dans les raccords jusqu'à ce qu'ils s'appuient sur le fond de l'ouverture des raccords **(photo G)**. Faites tourner légèrement les raccords pour étendre la pâte uniformément.

Déroulez de 8 po à 10 po de brasure. Repliez l'extrémité de la brasure sur environ 2 po à un angle de 90° **(photo H)**. Cet angle vous facilitera la tâche et vous pourrez manœuvrer la brasure autour du joint avec rapidité et de manière uniforme.

Suite à la page suivante

Outils: Brosse métallique, brosse à décapant, chalumeau au propane, allumoir de soudeur (ou allumettes), clé à molette, pince multiprise.

Matériel: Tuyau de cuivre, raccords de cuivre, tissu d'émeri, pâte à braser (décapant), brasure sans plomb, chiffon.

Nettoyez l'intérieur des raccords avec une brosse métallique.

Appliquez une mince couche de décapant soluble dans l'eau sur l'extrémité du tuyau.

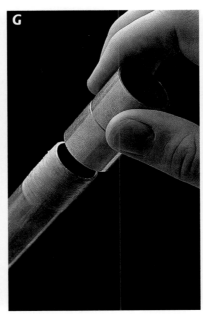

Assemblez chaque joint, en faisant tourner le raccord pour étendre uniformément le décapant.

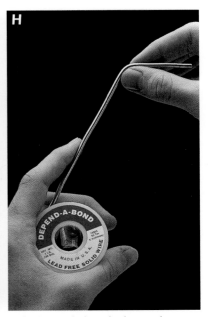

Repliez à un angle de 90° les deux premiers pouces de brasure.

Brasage d'un tuyau de cuivre (suite)

Pour allumer le chalumeau, ouvrez-en le robinet et allumez le propane à l'aide d'un allumoir de soudeur ou d'une allumette **(photo I)**. Réglez le robinet de manière que la flamme intérieure mesure de 1 po à 2 po **(photo J)**.

Tenez la pointe de la flamme sur le milieu du raccord pendant 4 ou 5 secondes, jusqu'à ce que le décapant commence à grésiller **(photo K)**. Chauffez l'autre côté du joint, en prenant soin de distribuer la chaleur de manière uniforme **(photo L)**. Déplacez la flamme autour du joint, dans la direction dans laquelle la brasure devrait couler. Appuyez la brasure sur le tuyau, juste sous le raccord. Si elle fond, c'est que le joint est suffisamment chaud.

Appliquez promptement la brasure le long des deux bords du raccord, en veillant à ce que la brasure fondue soit aspirée dans le raccord **(photo M)**. Une fois le joint rempli, la brasure commencera à former des gouttelettes. Un joint bien brasé présentera un mince cordon de brasure argentée sur le bord du raccord. Il faut généralement un fil à braser de ³/₄ po de long pour remplir un joint de ³/₄ po.

Si la brasure forme un bain autour du bord plutôt que de remplir le joint en refroidissant, réchauffez la zone jusqu'à ce que la brasure se liquéfie et qu'elle se retire légèrement dans le joint.

Laissez reposer le tuyau sans y toucher pendant au moins 20 secondes. Une fois la brasure refroidie, enlevez l'excédent de pâte et de brasure à l'aide d'un chiffon sec **(photo N)**. Une fois tous les joints refroidis, rouvrez l'eau. Si un joint fuit, coupez l'eau et vidangez la tuyauterie. Appliquez de la pâte à braser sur le bord du joint et brasez-le de nouveau.

Ouvrez le robinet du chalumeau et allumez la flamme à l'aide d'un allumoir de soudeur.

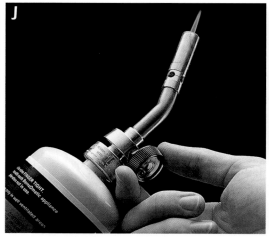

Réglez le robinet jusqu'à ce que la flamme intérieure mesure de 1 po à 2 po de long.

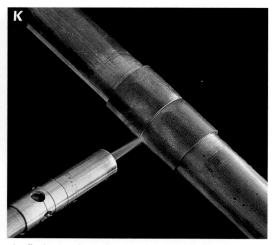

Chauffez le raccord avec la pointe de la flamme jusqu'à ce que le décapant commence à grésiller.

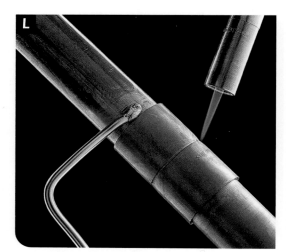

Chauffez l'autre côté du raccord, en déplaçant la flamme dans la direction dans laquelle la brasure devrait couler. Vérifiez la température du métal en y plaçant le bout du fil à braser.

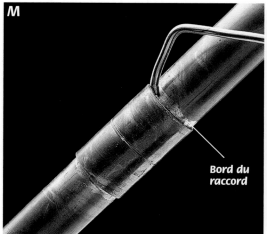

Bord du raccord

Utilisez de ¹/₂ po à ³/₄ po de brasure pour chaque joint, en laissant l'action capillaire entraîner dans le joint la brasure fondue.

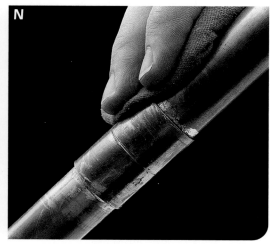

Essuyez l'excédent de brasure avec un chiffon sec. Prudence! Le tuyau sera chaud.

Conseils de brasage

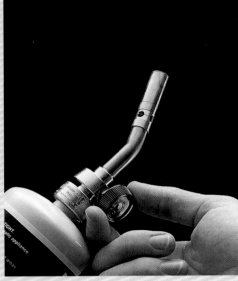

Gardez les joints secs lorsque vous brasez un tuyau installé en le bouchant avec du pain. Le pain absorbera l'eau et se désintégrera lorsque vous réalimenterez la tuyauterie.

Soyez prudent lorsque vous brasez du cuivre. Laissez refroidir les tuyaux et raccords avant d'y toucher.

Prévenez les accidents en refermant le chalumeau dès que vous avez fini de vous en servir. Assurez-vous que le robinet est complètement fermé.

Brasage d'un robinet de laiton

Le brasage du laiton est à peu près identique à celui du cuivre, sauf que le laiton, plus dense que le cuivre, met plus de temps à devenir assez chaud pour aspirer la brasure.

Avant de commencer le brasage, retirez la tige du robinet à l'aide d'une clé à molette **(photo A)**, afin que la chaleur n'en endommage pas les pièces de caoutchouc ou de plastique. Nettoyez le tuyau de cuivre, appliquez-y la pâte à braser et assemblez le joint.

Allumez le chalumeau au propane et chauffez uniformément le corps du robinet **(photo B)**. Appliquez la brasure (page 288), laissez le métal refroidir, et réassemblez le robinet.

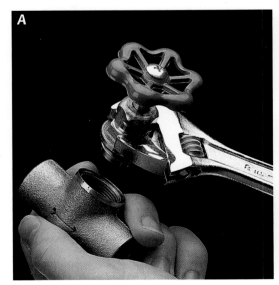

Retirez la tige du robinet à l'aide d'une clé à molette.

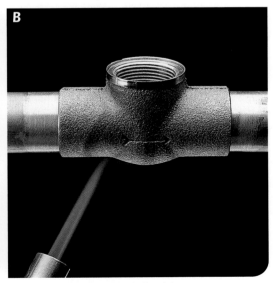

Chauffez le corps du robinet à l'aide d'un chalumeau au propane.

Utilisation d'un raccord à compression

Lorsque le brasage est rendu trop difficile ou dangereux par un espace trop réduit ou mal ventilé, mieux vaut opter pour le raccord à compression. En outre, celui-ci convient parfaitement aux raccordements qui devront plus tard être démontés. Vu qu'il est facile à démonter, le raccord à compression est souvent utilisé pour l'installation des tuyaux d'alimentation et des robinets d'arrêt des appareils.

Le raccord à compression convient bien au tuyau de cuivre souple, lequel est assez mou pour assurer un contact parfait avec la bague de compression et, du coup, une bonne étanchéité. Il sert également au raccordement du tuyau de cuivre rigide de type M.

Lorsque vous mesurez un tuyau de cuivre que vous utiliserez avec un raccord à compression, ajoutez ½ po pour tenir compte de la longueur de tuyau qui doit entrer dans le raccord. Comme toujours, pour créer un joint étanche avec un raccord à compression, vous devez couper le tuyau de manière uniforme et droite. Coupez-le avec un coupe-tuyau ou avec une scie à métaux (page 286). Ébavurez-en l'extrémité avec un alésoir ou une lime ronde.

Pour améliorer l'étanchéité du joint, enduisez de pâte à joints la bague de compression avant d'assembler le raccord à compression.

> **Outils:** Marqueur, coupe-tuyau ou scie à métaux, clés à molette.
>
> **Matériel:** Raccords à compression en laiton, pâte à joints.

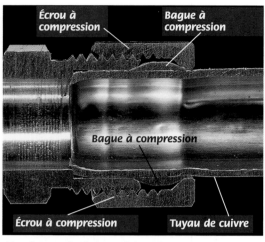

L'écrou à compression fileté pousse la bague à compression contre le tuyau de cuivre pour créer un joint étanche.

Union de deux tuyaux de cuivre à l'aide d'un raccord à compression

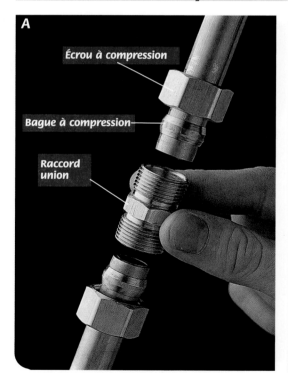

A

Glissez les écrous et les bagues à compression sur l'extrémité des tuyaux. Installez un raccord union entre les tuyaux.

B

Appliquez une couche de pâte à joints sur les bagues à compression; vissez les écrous à compression au raccord union fileté. Serrez les écrous à la main.

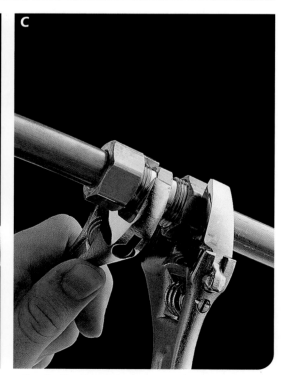

C

Saisissez le milieu du raccord union avec une clé à molette. Utilisez une autre clé pour serrer d'un tour complet chacun des écrous à compression. Si le raccord fuit, resserrez légèrement les écrous.

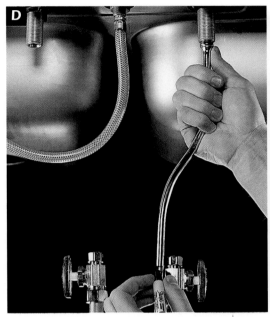

Courbez un tuyau d'alimentation en cuivre souple entre le robinet d'arrêt et l'about du robinet de l'appareil. Déterminez la longueur du tuyau, en tenant compte du ½ po qui doit entrer dans le robinet.

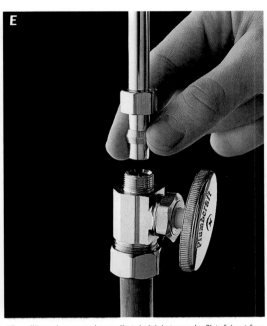

Glissez l'écrou à compression sur l'extrémité du tuyau, les filets faisant face au robinet d'arrêt. Glissez ensuite la bague à compression.

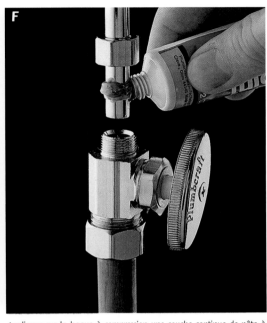

Appliquez sur la bague à compression une couche continue de pâte à joints.

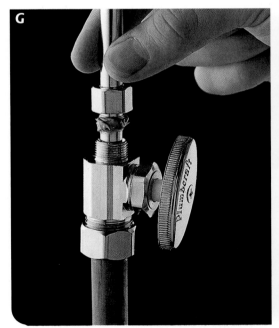

Insérez l'extrémité du tuyau dans le raccord, de manière qu'il touche au fond de ce dernier.

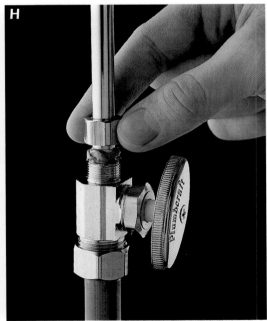

Glissez la bague et l'écrou à compression jusqu'aux filets du robinet d'arrêt. Serrez l'écrou à la main.

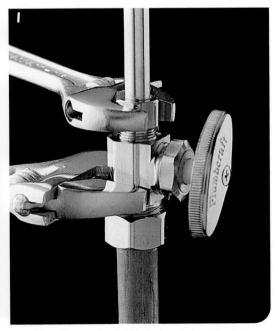

Serrez l'écrou à compression à l'aide de deux clés à molette. Ne le serrez pas trop. Réalimentez le circuit et vérifiez s'il y a une fuite. Si c'est le cas, resserrez légèrement l'écrou.

Utilisation d'un raccord à collet

Le raccord à collet est surtout utilisé sur les canalisations de gaz en cuivre souple, mais il l'est aussi sur les tuyaux d'alimentation en cuivre souple. Cependant, on ne peut l'utiliser si le raccordement est caché dans un mur. Vérifiez les dispositions du code du bâtiment à ce sujet.

Le raccord à collet est le choix idéal dans les situations où il serait difficile ou dangereux de braser, comme dans les vides sanitaires ou autres espaces clos. Il est facile à débrancher, ce qui le rend pratique dans le cas où les raccordements devraient être remplacés ou déplacés.

Outils: *Appareil à collets en deux pièces, clés à molette.*

Matériel: *Tuyau de cuivre, raccords à collets de cuivre.*

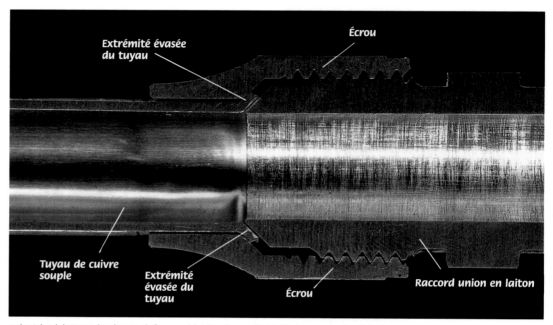

Écrou

Extrémité évasée du tuyau

Tuyau de cuivre souple

Extrémité évasée du tuyau

Écrou

Raccord union en laiton

Le bout évasé du tuyau de cuivre souple forme un joint étanche avec l'extrémité du raccord union, illustré en coupe.

Joint d'un tuyau de cuivre à l'aide d'un raccord union à collet

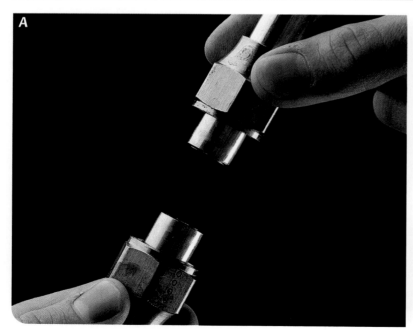

A

Glissez les écrous sur les bouts des tuyaux avant d'évaser ces derniers.

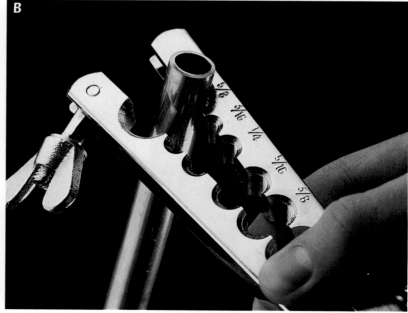

B

Choisissez l'ouverture de l'appareil qui convient au diamètre extérieur du tuyau. Ouvrez l'appareil et glissez le bout du tuyau dans l'ouverture.

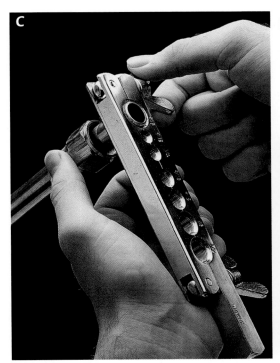

C

Saisissez le tuyau dans l'appareil. Le bout du tuyau doit être au niveau de la surface plate de l'appareil.

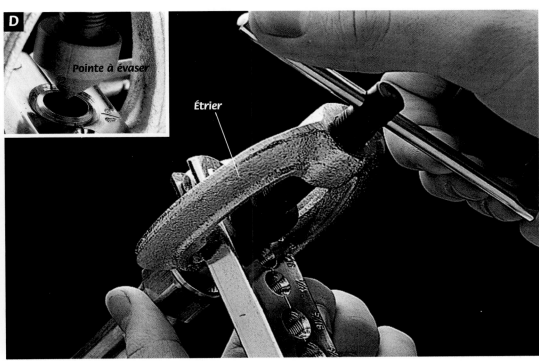

D

Pointe à évaser

Étrier

Glissez l'étrier de l'appareil autour de la base de celui-ci. Centrez la pointe à évaser sur le bout du tuyau (voir le détail). Faites tourner la poignée de l'étrier pour évaser le bout du tuyau. L'évasement est terminé lorsque la poignée ne peut plus tourner.

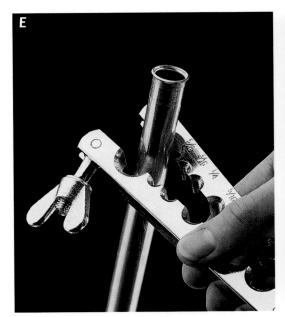

E

Retirez l'étrier. Sortez le tuyau de l'appareil. Répétez la procédure pour évaser le bout de l'autre tuyau.

F

Placez le raccord union entre les bouts évasés des deux tuyaux et vissez les écrous au raccord union. Serrez les écrous à la main.

G

Saisissez le milieu du raccord union à l'aide d'une clé à molette. Servez-vous d'une autre clé pour serrer les écrous d'un tour. Réalimentez la tuyauterie et, en cas de fuite, resserrez les écrous.

Tuyau de fer galvanisé

On trouve souvent le tuyau de fer galvanisé dans les vieilles maisons, où il est utilisé pour l'alimentation en eau et pour les petites conduites d'égout. On le reconnaît à son zingage qui lui donne une couleur argentée, et à ses raccords filetés.

Les tuyaux et raccords de fer galvanisé finissent par rouiller avec le temps et doivent être remplacés. Une faible pression d'eau est peut-être le signe que de la corrosion s'est accumulée dans les tuyaux. Les obstructions se produisent généralement dans les coudes. N'essayez pas de nettoyer les tuyaux de fer galvanisé; remplacez-les.

Lorsque vous achetez des tuyaux et raccords de fer galvanisé, précisez-en le diamètre intérieur. On peut se les procurer dans la plupart des quincailleries et des centres de rénovation. Des bouts de tuyaux filetés, appelés *mamelons*, sont offerts en longueurs de 1 po à 1 pi. Si votre réparation requiert un tuyau plus long, demandez au quincaillier ou au commis du magasin de fournitures de plomberie de le couper à la longueur souhaitée et de le fileter.

Les vieux tuyaux de fer galvanisé sont parfois difficiles à réparer. Lorsque les raccords sont rouillés, ce qui semblait être un petit travail peut rapidement devenir une longue corvée. Une fois un tuyau coupé, vous constaterez parfois que les tuyaux adjacents doivent aussi être remplacés. Dans le cas de longues réparations, vous pouvez boucher les tuyaux ouverts et réalimenter le reste de la maison en eau. C'est pourquoi il est judicieux de disposer d'un bon stock de mamelons et de bouchons avant d'entreprendre toute réparation.

Lorsque vous démontez une tuyauterie et ses raccords, commencez à l'extrémité de celle-ci et détachez les pièces l'une après l'autre. Remplacer un bout de tuyau au milieu d'une tuyauterie peut devenir une tâche longue et ennuyeuse. Cependant, un raccord à trois pièces, appelé *raccord union*, permet d'enlever un bout de tuyau ou un raccord sans devoir démonter toute la tuyauterie.

Pour enlever les tuyaux, servez-vous de deux clés: l'une sera fixe, l'autre mobile. Placez-les de manière que leurs mâchoires soient ouvertes dans des directions opposées, et déplacez les manches dans le sens de l'ouverture des mâchoires.

N'achetez pas le fer galvanisé et le «fer noir», offerts dans des formats semblables et dont les raccords se ressemblent. Le fer noir est utilisé exclusivement pour les canalisations de gaz.

> **Outils:** *Mètre à ruban, scie alternative avec lame à métaux ou scie à métaux, clés à tuyau, chalumeau au propane, brosse métallique.*
>
> **Matériel:** *Mamelons, bouchons, raccord union, pâte à joints, raccords de rechange (au besoin).*

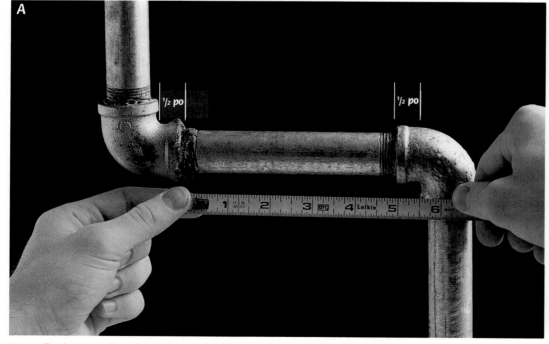

Mesurez l'ancien tuyau; ajoutez ½ po à chaque extrémité pour tenir compte des filets insérés dans le raccord. Servez-vous de cette mesure pour acheter les pièces.

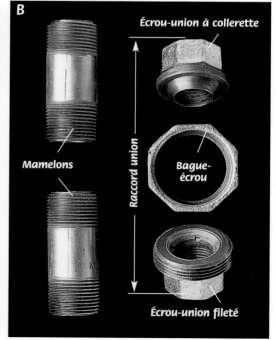

Remplacez un bout de tuyau par un raccord union et deux mamelons. Une fois assemblés, le raccord union et les mamelons doivent avoir la même longueur que le bout de tuyau remplacé.

Remplacement d'un tuyau de fer galvanisé

Coupez le tuyau de fer galvanisé à l'aide d'une scie alternative munie d'une lame à métaux ou à l'aide d'une scie à métaux.

Saisissez le raccord avec une clé à tuyau. Utilisez une autre clé pour dévisser le tuyau. Placez les clés de manière que leurs mâchoires s'ouvrent dans des directions opposées.

Enlevez les raccords rouillés à l'aide de deux clés à tuyau. Nettoyez les filets avec une brosse métallique.

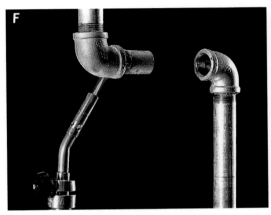

Chauffez les raccords récalcitrants avec un chalumeau au propane pour en faciliter l'enlèvement. Protégez les matériaux inflammables avec une tôle double; chauffez les raccords pendant 5 à 10 secondes.

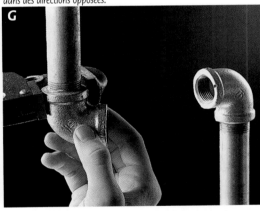

Vissez les nouveaux raccords aux tuyaux. Serrez les raccords en vous servant de deux clés à tuyau. Laissez un écart de 1/8 po par rapport à l'alignement pour permettre le montage du raccord union.

Glissez une bague-écrou sur le mamelon, puis vissez au mamelon l'écrou-union que vous serrerez à l'aide d'une clé à tuyau.

Vissez un deuxième mamelon sur l'autre raccord et serrez-le à l'aide d'une clé à tuyau.

Vissez au deuxième mamelon l'écrou-union fileté et serrez-le. Alignez les tuyaux pour que la collerette de l'écrou-union puisse entrer dans l'écrou-union fileté.

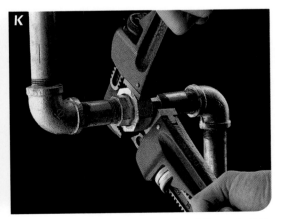

Terminez le raccordement en vissant la bague-écrou à l'écrou-union fileté. Serrez la bague-écrou.

Tuyau de fonte

On installe rarement des tuyaux de fonte de nos jours, mais, dans les maisons datant de plus de 30 ans, il n'est pas rare d'en trouver dans le système d'égout. On reconnaît le tuyau de fonte à sa couleur foncée, à sa surface rugueuse et à son diamètre imposant, généralement de 3 po et plus.

On peut se servir d'un raccord à emboîtement pour joindre les vieux tuyaux de fonte **(photo A)**. Le tuyau comporte alors un bout uni et un bout évasé en tulipe, le bout uni de l'un des tuyaux étant enfoncé dans l'emboîtement de l'autre. Le joint est alors scellé avec un produit d'étanchéité (étoupe) et du plomb **(photo B)**. Il arrive que ces raccords fuient et que les tuyaux rouillent. Dans ce cas, il faut les remplacer, généralement par des tuyaux de plastique de même diamètre.

On se sert d'un raccord spécial à colliers pour joindre le nouveau tuyau de plastique à l'ancien tuyau de fonte **(photo C)**. Le raccord à colliers est composé d'un manchon de néoprène qui scelle le joint et de colliers de serrage en acier inoxydable qui tiennent les tuyaux ensemble. Plusieurs types de ces raccords sont offerts sur le marché; consultez votre code de plomberie pour déterminer lesquels sont approuvés dans votre région.

Si vous installez de nouveaux tuyaux de plastique dans votre système d'égout, il vous faudra peut-être couper dans la canalisation d'égout en fonte pour raccorder les nouveaux tuyaux de drainage et d'aération. Souvent, lorsque cette canalisation est en mauvais état, mieux vaut la remplacer elle aussi par une nouvelle canalisation en plastique.

La fonte est lourde, et difficile à couper et à raccorder. Un tronçon de 5 pi de tuyau de fonte de 4 po de diamètre pèse environ 60 lb; la canalisation d'égout principale peut donc peser quelques centaines de livres. Faites-vous aider lorsque vous réparez ou remplacez un tuyau de fonte; assurez-vous que celui-ci est adéquatement soutenu avant de le couper. Les tuyaux horizontaux doivent être soutenus par des supports à courroie tous les 5 pi et à tous les raccordements. Les tuyaux verticaux doivent être soutenus à tous les étages de la maison au moyen de fixations de colonne montante.

Il est parfois impossible de soutenir la canalisation de fonte avec les solives, dans le grenier par exemple.

Dans ce cas, avant de couper le tuyau, construisez un support en pièces de bois de 2 po x 4 po pour en soutenir le poids **(photo ci-dessous)**. Fixez des cales pour consolider le support; installez une fixation de colonne montante au-dessus de la partie à couper, et une autre au-dessous.

Raccords et manchons pour le tuyau de fonte

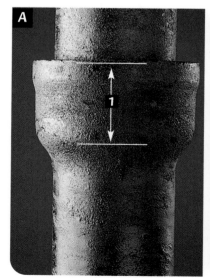

Le raccord à emboîtement (1) peut servir à joindre deux vieux tuyaux de fonte. Le bout uni de l'un s'enfonce dans le bout évasé en tulipe de l'autre.

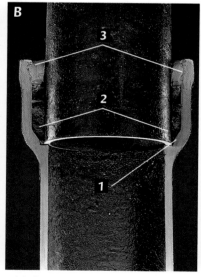

Le joint (vu en coupe) du bout uni et de la tulipe (1) est scellé avec de l'étoupe (2) et du plomb (3).

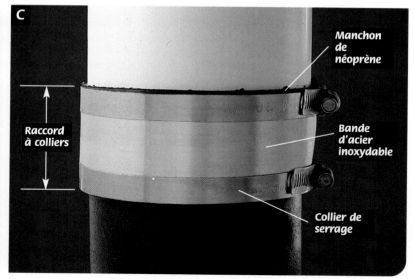

Le raccord à colliers sert à joindre un nouveau tuyau de plastique à un ancien tuyau de fonte.

Manchon de néoprène

Bande d'acier inoxydable

Raccord à colliers

Collier de serrage

Remplacement d'un tronçon de tuyau de fonte

Les tuyaux de fonte peuvent rouiller, et les raccords à emboîtement fuir. Si la construction de votre maison date de plus de 30 ans, vous devrez peut-être remplacer l'un de ces tuyaux ou raccords.

Le coupe-tuyau à chaîne, que l'on peut trouver dans un centre de location, est le meilleur outil pour couper la fonte. Les modèles variant, demandez des instructions au préposé du centre de location et observez toutes les précautions recommandées par le fabricant. Vous pouvez aussi couper la fonte avec une scie à métaux, mais cette tâche sera longue et difficile.

Tracez à la craie sur le tuyau les deux lignes de coupe **(photo D)**. Prévoyez d'enlever une longueur suffisante de tuyau pour permettre l'installation du tuyau de plastique et de ses raccords et manchons. Si vous remplacez un raccord à emboîtement, tracez les lignes à au moins 6 po de chaque côté du raccord.

Soutenez la partie inférieure du tuyau à l'aide d'une fixation de colonne montante, appuyée sur la sablière du mur **(photo E)**. Serrez solidement la fixation autour du tuyau.

Pour soutenir la partie supérieure du tuyau, fixez des cales aux poteaux muraux avec des vis à panneau mural de 2 ½ po **(photo F)**. Placez ces cales de manière qu'elles soutiennent la fixation de colonne montante installée de 6 po à 12 po au-dessus de la partie de tuyau à enlever. La fixation reposera sur les cales. Serrez-la bien sur le tuyau de fonte.

Suite à la page suivante

Outils: Mètre à ruban, craie, clés à molettes, coupe-tuyau à chaîne loué, clé à douille à cliquet, tournevis.

Matériel: Fixations de colonne montante ou supports à courroie, deux blocs de bois, vis à panneau mural de 2 ½ po, raccords à colliers, tuyau de plastique de remplacement.

Conseil

Si vous ne trouvez pas de coupe-tuyau à chaîne, vous pouvez couper le tuyau en y traçant une ligne de coupe avec une scie à métaux, puis en frappant le long de cette ligne avec un ciseau à froid et un marteau.

Portez une protection oculaire durant cette opération. Si vous travaillez dans un sous-sol ou autre espace clos, portez également une protection auditive.

Sur le tuyau, tracez à la craie les lignes de coupe, à au moins 6 po au-dessus et au-dessous de la partie à remplacer.

Soutenez la partie inférieure du tuyau au moyen d'une fixation de colonne montante appuyée sur la sablière du mur.

Installez une fixation de colonne montante de 6 po à 12 po au-dessus de la partie de tuyau à remplacer.

Remplacement d'un tronçon de tuyau de fonte (suite)

Enroulez la chaîne du coupe-tuyau autour du tuyau, en alignant les couteaux circulaires sur la ligne de coupe supérieure **(photo G)**.

En suivant les instructions du fabricant, serrez la chaîne puis faites céder le tuyau **(photo H)**. Répétez la procédure sur la ligne de coupe inférieure, puis retirez le tronçon de tuyau coupé **(photo I)**.

Coupez un bout de tuyau de plastique PVC ou ABS qui sera d'environ 1 po plus court que le tronçon de fonte enlevé **(photo J)**.

Glissez un raccord à colliers et un manchon de néoprène sur les extrémités des tuyaux de fonte **(photo K)**. Assurez-vous que le tuyau de fonte repose bien sur la bague séparatrice moulée à l'intérieur du manchon **(photo L)**.

Repliez le bout de chaque manchon jusqu'à ce que la bague séparatrice moulée soit visible **(photo M)**. Placez le tuyau de plastique de manière qu'il soit bien aligné avec les tuyaux de fonte **(photo N)**.

Dépliez le bout des manchons pour que ceux-ci recouvrent les extrémités du tuyau de plastique **(photo O)**.

Glissez les bandes d'acier et les colliers de serrage sur les manchons de néoprène **(photo P)**. Serrez les colliers à l'aide d'une clé à douille à cliquet ou d'un tournevis **(photo Q)**.

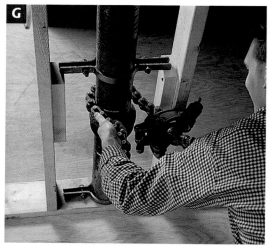

Enroulez la chaîne du coupe-tuyau autour du tuyau, en alignant les couteaux circulaires sur la ligne tracée à la craie.

Serrez la chaîne, puis cassez le tuyau selon les instructions du fabricant de l'outil.

Une fois la deuxième coupe exécutée, retirez le tronçon de tuyau.

Coupez un bout de tuyau de plastique PVC ou ABS qui sera d'environ 1 po plus court que le tronçon de fonte enlevé.

Glissez un raccord à colliers et un manchon de néoprène sur les extrémités des tuyaux de fonte.

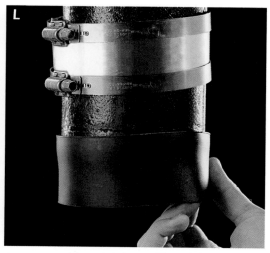

Assurez-vous que le tuyau de fonte repose bien sur la bague séparatrice moulée à l'intérieur du manchon.

Repliez le bout de chaque manchon jusqu'à ce que la bague séparatrice moulée soit visible.

Placez le tuyau de plastique de manière qu'il soit bien aligné avec les tuyaux de fonte.

Dépliez le bout des manchons pour que ceux-ci recouvrent les extrémités du tuyau de plastique.

Glissez les bandes d'acier et les colliers de serrage sur les manchons de néoprène.

Serrez les colliers à l'aide d'une clé à douille à cliquet ou d'un tournevis.

Robinets *(valves)*

Le robinet permet de couper la circulation de l'eau à de nombreux endroits dans la tuyauterie. Si un tuyau se rompt ou qu'un appareil fuit, le robinet vous permet d'interrompre l'alimentation de la section endommagée jusqu'à ce que les réparations soient faites.

Un robinet commence à fuir lorsque les rondelles ou les joints d'étanchéité s'usent. Les pièces de rechange sont incluses dans la trousse universelle de rondelles servant à réparer les robinets à clapet (page 328). Enduisez les nouvelles rondelles de graisse résistant à la chaleur pour les empêcher de se fissurer.

On trouve plusieurs types de robinets dans une maison: robinet à soupape, robinet-vanne à étrier, robinet d'arrêt et robinet à bec courbe.

Le robinet à soupape (1) possède un corps courbe. Réparez les fuites au volant en remplaçant la rondelle d'étanchéité. Si le robinet fuit toujours une fois fermé, remplacez la rondelle de la tige.

Le robinet-vanne à étrier (2) sert généralement à raccorder un tuyau de cuivre à un réfrigérateur, à une machine à glaçons ou à un filtre à eau fixé à l'évier. Il contient une pointe métallique creuse qui perfore le tuyau à la première fermeture du robinet. L'étanchéité est assurée par un joint de caoutchouc. Réparez les fuites à la poignée de manœuvre en remplaçant le joint torique situé sous l'écrou de presse-garniture. Le robinet d'arrêt (3) commande l'alimentation en eau d'un seul appareil. Il comporte une tige en plastique munie d'une rondelle d'étanchéité et d'une rondelle de tige à engagement par pression. Vous pouvez généralement réparer une fuite à la tige en remplaçant la rondelle d'étanchéité. Si le robinet complètement fermé goutte encore, remplacez la rondelle de la tige.

Le robinet-vanne (4) comporte un organe d'obturation mobile en laiton, appelé *opercule*, qui monte ou descend pour commander le passage de l'eau. Pour réparer une fuite à la tige, remplacez la rondelle d'étanchéité ou le cordon d'étanchéité situé sous l'écrou de presse-garniture.

Le robinet à bec courbe (5) est fileté; on y raccorde généralement des tuyaux d'arrosage en caoutchouc ou des tuyaux d'appareils.

Outils: *Tournevis, pince multiprise, clé à molette.*

Matériel: *Trousse universelle de rondelles, graisse résistant à la chaleur.*

Ces types de robinets se trouvent dans presque toutes les maisons.

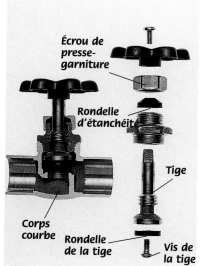

Robinet à soupape: remplacement de la rondelle d'étanchéité.

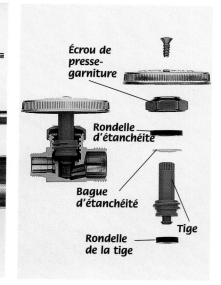

Robinet-vanne à étrier: remplacement du joint torique.

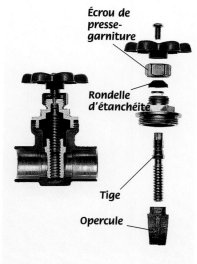

Robinet d'arrêt: remplacement de la rondelle d'étanchéité.

Robinet-vanne: remplacement de la rondelle ou du cordon d'étanchéité.

Réparation d'un robinet à bec courbe

Le robinet à bec courbe est fileté; on y raccorde généralement des tuyaux d'arrosage en caoutchouc ou des tuyaux d'appareils. Lorsque les rondelles ou les joints d'étanchéité s'usent, il commence à fuir. La trousse universelle de rondelles contient les pièces de rechange requises.

Pour réparer ce robinet, vous devez le démonter. Retirez la vis du volant et enlevez ce dernier (**photo A**). Dévissez l'écrou de presse-garniture à l'aide d'une clé à molette.

Dévissez la tige et retirez-la du corps (**photo B**). Au besoin, servez-vous d'une pince multiprise pour dévisser la tige, mais prenez garde de ne pas rayer celle-ci ni d'endommager les saillies situées à son extrémité.

Retirez la vis et la rondelle de la tige. Enduisez de graisse résistant à la chaleur la nouvelle rondelle de tige ainsi que la rondelle d'étanchéité; remontez le robinet.

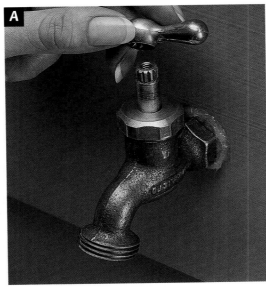

Retirez le volant et démontez le robinet.

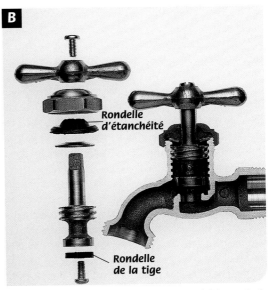

Remplacez la rondelle de la tige et la rondelle d'étanchéité; remontez le robinet.

Réparation d'un robinet d'arrosage

Le robinet d'arrosage est installé sur le mur extérieur de la maison (**photo C**). Les fuites sont généralement causées par une défectuosité du joint torique ou de la rondelle de la tige.

Pour réparer ce robinet, retirez-en la poignée et desserrez l'écrou de retenue à l'aide d'une pince multiprise (**photo D**). Retirez la tige. Remplacez le joint torique de l'écrou de retenue ou de la tige. Enlevez la vis de laiton de la tige et remplacez la rondelle (**photo E**). Remontez le robinet.

Le gel peut endommager le robinet d'arrosage. Avant l'hiver, prenez les précautions suivantes: détachez le tuyau d'arrosage, fermez le robinet d'arrêt intérieur et ouvrez le robinet d'arrosage pour le vidanger.

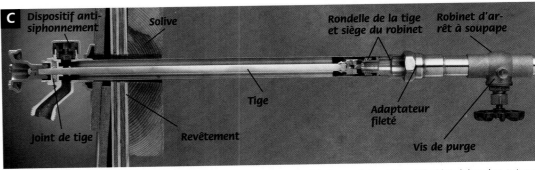

Le robinet d'arrosage à l'épreuve du gel doit être monté contre la solive de rive; sa tige doit dépasser de 6 po à 30 po à l'intérieur de la maison. Le tuyau menant au robinet d'arrêt doit être installé en pente, pour faciliter l'écoulement de l'eau.

Retirez le volant et la tige du robinet; remplacez le joint torique.

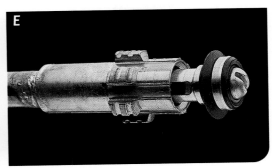

Retirez la vis de la tige et remplacez la rondelle. Remontez le robinet.

Installation de robinets d'arrêt et de tuyaux d'alimentation

Le robinet d'arrêt permet de couper l'alimentation en eau d'un appareil qui doit être réparé. Fait de laiton chromé ou de plastique léger, il est offert en diamètres de ½ po et de ¾ po pour qu'on puisse l'adapter aux tuyaux d'alimentation courants (**photo A**).

Il existe plusieurs types de robinets d'arrêt. Dans le cas des tuyaux de cuivre, le robinet muni d'un raccord à compression (page 219) est le plus facile à installer. Dans le cas des tuyaux de plastique, choisissez un robinet à raccord express. Pour les tuyaux de fer galvanisé, utilisez le robinet à filet femelle.

Les anciennes plomberies ont souvent été installées sans robinets d'arrêt. Lorsque vous remplacez ou réparez des appareils, profitez-en pour en installer là où il n'y en a pas.

Les tuyaux d'alimentation raccordent les tuyaux d'eau aux robinets, toilettes et autres appareils. Ils sont offerts en divers matériaux, en longueurs de 12 po, de 20 po et de 30 po (**photo B**). Les tuyaux de plastique PB et de cuivre

chromé sont peu coûteux. Ceux qui sont faits d'acier et de vinyle tressé sont plus chers, mais plus faciles à installer.

L'usure du robinet d'arrêt ou du tuyau d'alimentation peut provoquer des fuites sous les éviers et autres appareils. En cas de fuite, essayez de resserrer les raccords à l'aide d'une clé à molette. Si cela se révèle vain, suivez les instructions ci-dessous pour remplacer le robinet et le tuyau.

Coupez l'eau au robinet d'arrêt principal (page 273). Enlevez l'ancien tuyau d'alimentation. S'il s'agit de tuyaux de cuivre brasés, coupez-les bien droit juste en dessous du joint à l'aide d'une scie à métaux ou d'un coupe-tuyau (**photo C**). Dévissez les écrous d'accouplement et démontez les anciens tuyaux.

Glissez un écrou et un anneau de compression sur le tuyau de cuivre (**photo D**), le filet de l'écrou étant orienté vers le bout du tuyau. Glissez le robinet d'arrêt sur le tuyau (**photo E**). Appliquez une couche de pâte à joints sur l'anneau de compression. Vissez l'écrou de

Outils: *Scie à métaux, coupe-tuyau, clé à molette, ressort à cintrer, crayon-feutre.*

Matériel: *Robinets d'arrêt, tuyaux d'alimentation, pâte à joints.*

compression au robinet et serrez-le à l'aide d'une clé à molette.

À l'aide d'un ressort à cintrer, courbez un tuyau d'alimentation en cuivre chromé de manière qu'il relie l'about de l'appareil au robinet d'arrêt (**photo F**).

Placez le tuyau entre l'about de l'appareil et le robinet d'arrêt; tracez sur le tuyau une ligne indiquant où vous devrez le couper (**photo G**). Coupez-le à l'aide d'un coupe-tuyau.

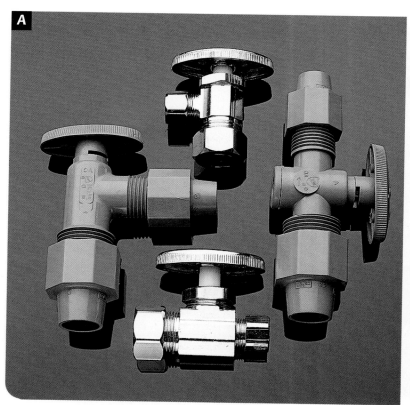

A Le robinet d'arrêt permet de couper l'alimentation en eau d'un appareil qui doit être réparé.

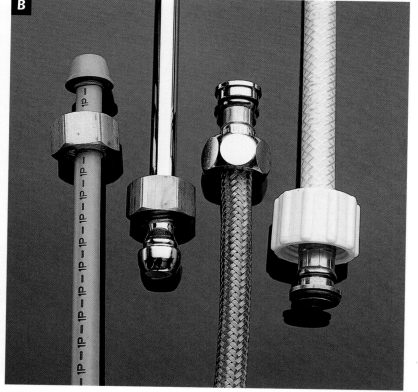

B Les tuyaux d'alimentation raccordent les tuyaux d'eau aux robinets, toilettes et autres appareils; ils sont faits de plastique PB, de cuivre chromé, d'acier ou de vinyle tressé.

À l'aide d'un écrou d'accouplement, raccordez à l'about de l'appareil le bout évasé du tuyau; raccordez-en le bout uni au robinet d'arrêt avec un écrou et un anneau de compression. Serrez tous les raccords avec une clé à molette (**photo H**).

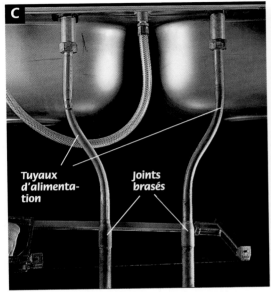

Servez-vous d'une scie à métaux ou d'un coupe-tuyau pour couper les anciens tuyaux d'alimentation juste sous le joint.

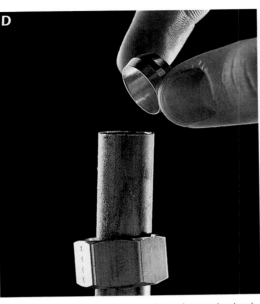

Glissez un écrou et un anneau de compression sur le tuyau de cuivre; les filets seront orientés vers le bout du tuyau.

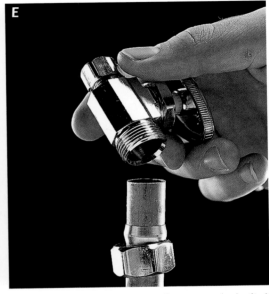

Glissez le robinet d'arrêt sur le tuyau. Appliquez une couche de pâte à joints sur l'anneau; vissez l'écrou au robinet.

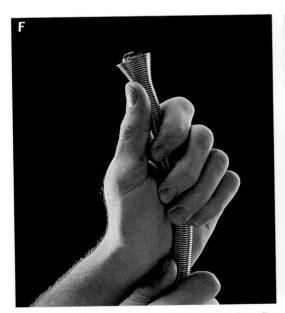

Avec un ressort à cintrer, courbez le tuyau de cuivre chromé de manière qu'il puisse relier l'about de l'appareil au robinet.

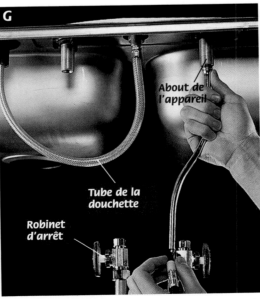

Placez le tuyau entre l'about de l'appareil et le robinet d'arrêt. Tracez la ligne indiquant où vous devrez couper le tuyau.

Serrez tous les raccords à l'aide d'une clé à molette.

Drains, siphons et colonnes d'évent

Lorsqu'un appareil se draine lentement ou ne se draine plus du tout, c'est peut-être que le siphon ou le drain est bouché. Bien entendu, l'obstruction peut se trouver plus loin dans la tuyauterie. Cependant, mieux vaut vérifier les possibilités les plus évidentes et d'abord tenter d'appliquer les solutions les plus simples.

Lorsque le problème semble se limiter à un appareil, l'obstruction se trouve probablement dans le siphon ou dans le drain de l'appareil en question, et celle-ci devrait être facile à éliminer. Mais si deux appareils ou davantage présentent le même problème de drainage, l'obstruction pourrait se situer dans l'un des tuyaux d'égout, voire dans la colonne de chute. Et si les appareils de l'étage semblent davantage bouchés

que ceux du rez-de-chaussée ou du sous-sol, c'est que le bouchon se situe dans la partie supérieure de la colonne de chute.

Mieux vaut commencer par les méthodes les moins «effractives» et réserver les grands moyens aux situations qui les nécessitent: essayez le débouchoir, puis les produits chimiques et enfin le furet. Bien entendu, les anciennes plomberies sont particulièrement vulnérables aux méthodes de débouchage draconiennes, mais il est essentiel de traiter toutes les tuyauteries avec soin.

Le débouchage des drains, siphons et colonnes d'évent est un travail salissant et désagréable. Comme précaution, évitez tout contact de la peau avec les eaux usées. Portez des lunettes de sécurité, un chapeau, un

masque antipoussières, des gants de caoutchouc, une chemise à manches longues et un pantalon en tissu épais. Aussitôt le travail fini, changez de vêtements et lavez-vous les mains avec un savon antibactérien; lavez soigneusement vos outils aussi.

Si vous constatez que les conduites d'égout sont obstruées et qu'elles doivent être débouchées à l'aide d'un dégorgeoir mécanique, songez à recourir à un service professionnel de nettoyage d'égouts. Si vous louez cette machine, demandez les instructions complètes pour la faire fonctionner de manière efficace et sécuritaire. Consultez toujours un service professionnel de nettoyage d'égouts si vous croyez qu'une conduite s'est affaissée.

Dégorgement des tuyaux d'égout principal et secondaire

Si le débouchoir ou le furet ne vient pas à bout de l'obstruction dans le drain de l'appareil, il se peut que cette obstruction se situe dans le tuyau d'égout secondaire.

Repérez le tuyau d'égout secondaire le plus proche de l'appareil et trouvez son regard de nettoyage situé au bout du tuyau (photo A). Puisque des eaux usées peuvent s'être accumulées dans le tuyau, placez un seau, des chiffons et des journaux sous le regard. Au

moyen d'une clé à molette, dévissez lentement le bouchon du regard et retirez-le avec précaution. Tenez-vous à l'écart, jamais sous le regard, durant le dévissage du bouchon. Utilisez un furet pour nettoyer le tuyau.

Si le furet ne règle pas le problème, c'est peut-être que l'obstruction se situe dans la colonne principale. Pour nettoyer celle-ci, trouvez-en l'évent sur le toit (photo B).

Outils: Clé à molette ou clé à tuyau, furet, ciseau à froid, marteau à panne ronde.

Matériel: Seau, chiffons, huile de dégrippage, bouchons de regard de nettoyage (si requis), pâte à joints.

Pour nettoyer le tuyau d'égout secondaire: retirez le bouchon du regard de nettoyage et délogez l'obstruction à l'aide d'un furet.

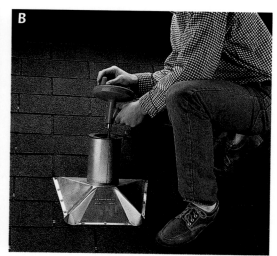

Nettoyez la colonne principale en faisant passer un furet dans l'évent situé sur le toit.

Avant de monter sur le toit, assurez-vous que le serpentin du furet est assez long pour rejoindre l'extrémité de la colonne. Une fois sur le toit, faites passer ce serpentin sur toute la longueur de la colonne. Soyez toujours très prudent lorsque vous travaillez sur le toit ou sur une échelle.

Si le nettoyage de la colonne principale ne règle pas le problème, vérifiez l'état de la canalisation d'égout. Trouvez le regard de nettoyage principal, qui est généralement un raccord en Y situé au bas de la colonne de chute. Placez des chiffons et un seau sous le raccord; retirez le bouchon à l'aide d'une grosse clé à tuyau **(photo C)**. Si le bouchon ne veut pas tourner, versez de l'huile de dégrippage sur sa circonférence; attendez 10 minutes, puis essayez de nouveau de le dévisser.

Si le bouchon est encore grippé, essayez de le faire tourner avec un ciseau à froid et un marteau à panne ronde **(photo D)**. Placez la lame du ciseau sur le bord du bouchon et donnez-y des coups de marteau pour que le bouchon tourne dans le sens inverse des aiguilles d'une montre. Si cela ne marche pas, cassez le bouchon à coups de ciseau. Une fois tous les morceaux de bouchon enlevés, poussez le serpentin d'un furet dans le regard et nettoyez la canalisation.

Pour reboucher le regard, appliquez de la pâte à joints sur les filets d'un bouchon de rechange en plastique et vissez-le dans le raccord **(photo E)**. Ou encore, servez-vous d'un bouchon de caoutchouc à expansion **(photo F)**, lequel est muni d'un écrou à oreilles qui comprime le cœur de caoutchouc entre deux plaques métalliques. Le caoutchouc écrasé prend une forme convexe qui crée un joint étanche.

La canalisation d'égout de certaines vieilles maisons est munie d'un siphon de maison – raccord en U situé à l'endroit où la canalisation d'égout sort de la maison **(photo G)**. On reconnaît ce siphon de maison à ses deux ouvertures, l'une «côté rue», l'autre «côté maison». Retirez lentement le bouchon du «côté rue».

Si de l'eau en sort durant le dévissage, c'est que l'obstruction se trouve dans la partie de la canalisation qui est en aval du siphon. S'il n'y a pas d'écoulement d'eau, essayez de déboucher le siphon avec un furet.

Si le serpentin du furet rencontre une résistance solide dans la canalisation, retirez-le et inspectez-en l'extrémité. La présence de radicelles indique que la canalisation est obstruée par des racines d'arbre, lesquelles peuvent être éliminées au moyen d'un dégorgeoir mécanique ou par un service de nettoyage d'égouts. La présence de saletés sur l'extrémité du serpentin indique que la canalisation s'est affaissée; dans ce cas, recourez dès que possible à un service professionnel de nettoyage d'égouts.

S'il n'y a pas d'obstruction dans le siphon, refermez-en l'ouverture «côté rue» et retirez le bouchon de l'ouverture «côté maison». Servez-vous du furet pour déloger toute obstruction située entre le siphon de maison et la colonne principale.

À l'aide d'une grosse clé à tuyau, retirez le bouchon du regard de nettoyage de la canalisation d'égout.

Enlevez les bouchons récalcitrants en les faisant tourner dans le sens inverse des aiguilles d'une montre à l'aide d'un ciseau à froid et d'un marteau à panne ronde.

Une fois la canalisation débouchée, remplacez l'ancien bouchon par un bouchon de plastique.

Ou encore, remplacez l'ancien bouchon par un bouchon en caoutchouc à expansion, qui, une prochaine fois, sera sans doute plus facile à enlever que le bouchon de plastique.

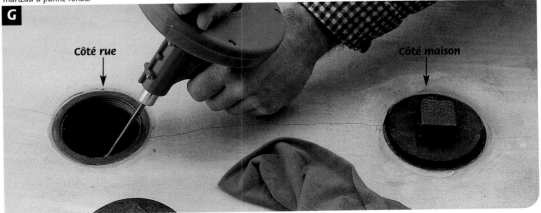

Côté rue

Côté maison

La canalisation d'égout d'une ancienne maison est parfois munie d'un siphon, lequel a une ouverture «côté rue» et une ouverture «côté maison».

Dégorgement des drains de sol

Lorsque l'eau est refoulée sur le plancher d'un sous-sol, c'est qu'il y a une obstruction dans le tuyau de drainage, dans le siphon ou dans la canalisation d'égout.

Servez-vous d'un furet ou d'un ajutage à expansion pour déboucher le tuyau de drainage ou le siphon.

Pour nettoyer un tuyau de drainage avec un furet, retirez le couvercle du drain à l'aide d'un tournevis. Servez-vous d'une clé à molette pour dévisser le bouchon du regard de nettoyage de la cuvette de drainage. Poussez le serpentin du furet par le regard dans le tuyau de drainage **(photo A)**.

L'ajutage à expansion est particulièrement utile pour déboucher les drains de sol. En le remplissant avec un tuyau d'arrosage, vous pouvez libérer un puissant jet d'eau qui délogera la plupart des obstructions.

Pour nettoyer un tuyau de drainage au moyen d'un ajutage à expansion, raccordez cet ajutage à un tuyau d'arrosage **(photo B)**. Raccordez le tuyau à un robinet d'arrosage ou de service. Retirez le couvercle du drain ainsi que le bouchon du regard de nettoyage.

Insérez complètement l'ajutage à expansion dans le drain et ouvrez le robinet **(photo C)**. L'ajutage à expansion mettra quelques minutes pour faire son travail correctement.

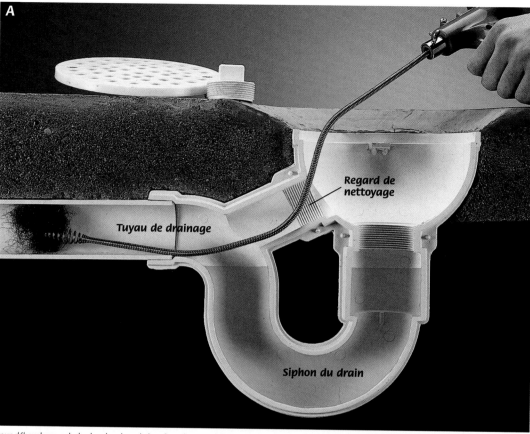

Pour déboucher un drain de sol: enlevez le bouchon du regard de nettoyage et poussez le serpentin d'un furet dans le tuyau.

Outils: *Furet, tournevis, clé à molette, ajutage à expansion.*

Matériel: *Tuyau d'arrosage.*

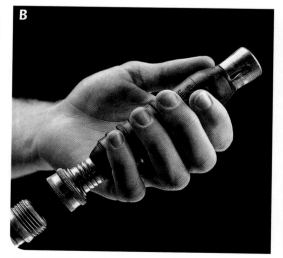

Pour nettoyer un drain de sol au moyen d'un ajutage à expansion, raccordez l'ajutage à un tuyau d'arrosage.

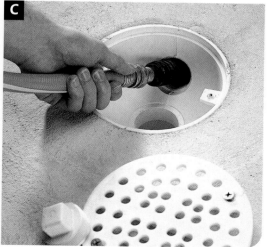

Retirez le bouchon du drain de sol. Insérez l'ajutage à expansion dans le drain et ouvrez l'eau.

Dégorgement d'un siphon tambour

Dans les anciennes maisons, certaines canalisations de drainage sont raccordées à un siphon tambour, lequel est généralement situé dans le plancher, près d'une baignoire **(photo D)**. Ce siphon, muni d'un couvercle ou bouchon plat vissé, est parfois installé la tête en bas sous le plancher, de manière que l'on ait accès au bouchon de l'étage inférieur.

Avant d'ouvrir le siphon, placez des chiffons ou serviettes autour de l'ouverture **(photo E)**.

Retirez avec précaution le couvercle du siphon **(photo F)**. Les anciens siphons tambours sont parfois faits de plomb et se fragilisent au fil des ans. Si le couvercle résiste, appliquez de l'huile de dégrippage.

Utilisez un furet pour déboucher la canalisation **(photo G)**. Enroulez du ruban d'étanchéité autour des filets du couvercle; revissez-le.

Rincez le drain à l'eau chaude pendant 5 minutes pour vous assurer qu'il n'est plus obstrué.

> **Outils:** Clé à molette, furet.
>
> **Matériel:** Chiffons ou serviettes, huile de dégrippage, ruban d'étanchéité.

Le siphon tambour est une espèce de réservoir cylindrique de plomb ou de fonte, auquel se raccorde généralement le tuyau de drainage de plusieurs appareils. Le siphon tambour n'étant pas muni d'un évent, il n'est plus approuvé pour les nouvelles installations.

Placez des chiffons ou serviettes autour de l'ouverture du siphon tambour pour absorber l'eau susceptible de s'être accumulée dans les tuyaux.

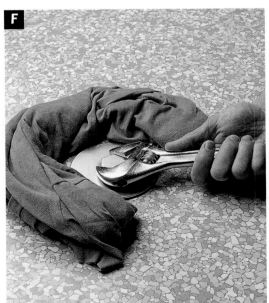

Retirez le couvercle avec précaution.

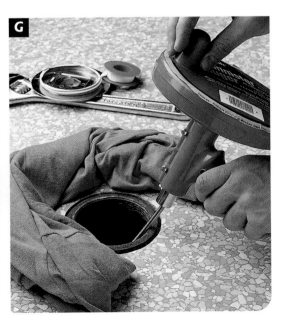

Utilisez un furet pour débloquer chacun des tuyaux; remettez le couvercle sur le siphon. Rincez les drains à l'eau chaude pendant 5 minutes.

Dégorgement du dispositif de vidange d'une baignoire

Si l'eau de la baignoire se vide lentement ou ne se vide plus du tout, retirez et nettoyez le dispositif de vidange. Les deux types de dispositifs de vidange – à piston et à clapet d'obturation – retiennent les cheveux et autres débris qui causent les obstructions.

Le dispositif de vidange à piston est muni d'un piston de laiton creux qui glisse dans le tuyau de trop-plein pour bloquer le passage de l'eau **(photo A)**. Le mouvement du piston est commandé par un levier de vidange relié à une tringlerie située à l'intérieur du tuyau de trop-plein.

Le dispositif de vidange à clapet d'obturation est muni d'un culbuteur qui pivote pour ouvrir ou fermer le clapet métallique du drain **(photo B)**. Le culbuteur est commandé par un levier de vidange relié à la tringlerie située dans le tuyau de trop-plein.

Outils: *Débouchoir, tournevis, petite brosse métallique, pince à bec effilé, furet.*

Matériel: *Vinaigre, graisse résistant à la chaleur, chiffon.*

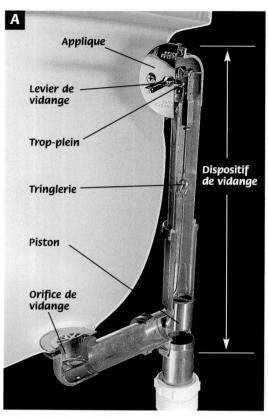

Le dispositif de vidange à piston est muni d'un piston de laiton creux qui glisse dans le tuyau de trop-plein pour bloquer le passage de l'eau.

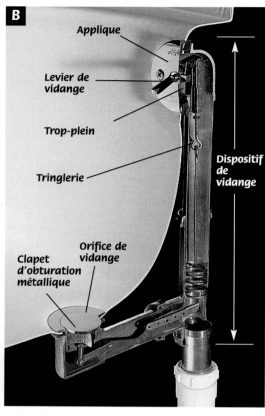

Le dispositif de vidange à clapet d'obturation est muni d'un culbuteur qui pivote pour ouvrir ou fermer le clapet d'obturation métallique.

Nettoyage et réglage du dispositif de vidange à piston

Pour nettoyer et régler ce type de dispositif de vidange de la baignoire, enlevez les vis de l'applique du trop-plein. Avec précaution, ôtez l'applique, la tringlerie et le piston.

Nettoyez la tringlerie et le piston avec une petite brosse métallique trempée de vinaigre **(photo C)**. Lubrifiez-les avec de la graisse résistant à la chaleur.

Réglez l'écoulement et corrigez les fuites en réglant la tringlerie **(photo D)**. À l'aide d'une pince à bec effilé, dévissez l'écrou d'arrêt de la tige filetée. Vissez la tige sur environ ⅛ po. Serrez l'écrou et réinstallez le dispositif.

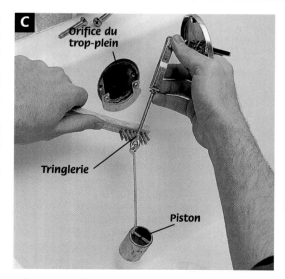

Nettoyez la tringlerie et le piston, puis lubrifiez le dispositif avec de la graisse résistant à la chaleur.

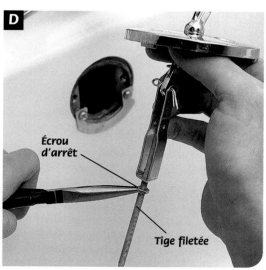

Réglez l'écoulement et corrigez les fuites en réglant la tringlerie, puis réinstallez le dispositif.

Nettoyage et réglage d'un dispositif de vidange à clapet d'obturation

Pour nettoyer et régler ce type de dispositif de vidange de la baignoire, placez le levier de vidange en position ouverte. Par l'orifice de vidange, retirez avec précaution le clapet d'obturation et le culbuteur (**photo E**). Avec une petite brosse métallique, enlevez cheveux et débris du culbuteur.

Enlevez les vis de l'applique du trop-plein. Retirez l'applique, le levier de vidange et la tringlerie (**photo F**). Éliminez cheveux et débris. Nettoyez la tringlerie avec une petite brosse métallique trempée dans le vinaigre, puis lubrifiez-la avec de la graisse résistant à la chaleur.

Améliorez l'écoulement et corrigez les fuites en réglant la tringlerie (**photo G**). Desserrez l'écrou d'arrêt de la tige filetée. Relevez la tige en la vissant sur environ ⅛ po. Serrez l'écrou et réinstallez le dispositif.

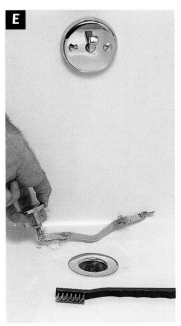

Ôtez l'applique. Retirez le dispositif par l'orifice de vidange.

Nettoyez le dispositif, puis lubrifiez-le avec de la graisse résistant à la chaleur.

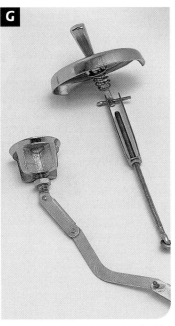

Corrigez les fuites en réglant la tringlerie. Réinstallez le dispositif.

Dégorgement du tuyau de vidange d'une baignoire

Si le nettoyage du dispositif de vidange ne règle pas le problème, c'est probablement que le tuyau de vidange de la baignoire est obstrué. Essayez d'abord de le débloquer à l'aide d'un débouchoir. Poussez un chiffon mouillé dans l'orifice du trop-plein; celui-ci empêchera l'entrée d'air de casser le vide causé par le débouchoir.

Si cette manœuvre ne donne pas de résultat, utilisez un furet (**photo H**). Enlevez avec précaution l'applique du trop-plein et la tringlerie. Poussez le serpentin du furet dans l'ouverture, jusqu'à ce que celui-ci rencontre une résistance. Verrouillez le furet et faites-en tourner la poignée dans le sens des aiguilles d'une montre. Une fois l'opération terminée, réinstallez la tringlerie. Ouvrez le drain et faites couler l'eau chaude pour chasser tous les débris.

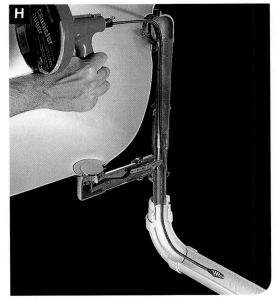

Débouchez le tuyau de vidange d'une baignoire en faisant passer le serpentin d'un furet par l'orifice du trop-plein.

Conseil

Pour garder propres les tuyaux de vidange, dont celui des baignoires, traitez-les chaque semaine avec ce mélange non toxique: 1 tasse de bicarbonate de soude, 1 tasse de sel et ¼ tasse de crème de tartre. Versez dans tous les drains de la maison ¼ tasse de ce mélange, puis 2 tasses d'eau bouillante.

Avant de recourir à un nettoyeur chimique pour déboucher un drain, essayez cette solution toute simple: versez dans le drain 1 tasse de bicarbonate de soude, puis 1 chopine de vinaigre. Au bout d'un quart d'heure, versez-y 2 ou 3 tasses d'eau bouillante. Le tuyau devrait être débouché.

Dégorgement du dispositif de vidange d'un évier

Les éviers se bouchent généralement à cause d'une obstruction dans le siphon ou dans le tuyau de vidange. Pour corriger la situation, utilisez un débouchoir ou un furet, ou encore démontez le siphon et nettoyez-le. Si vous utilisez un débouchoir, commencez par enlever le clapet de vidange. Certains clapets se soulèvent tout simplement, d'autres doivent être au préalable tournés dans le sens des aiguilles d'une montre. Dans le cas des vieux éviers, vous devrez peut-être enlever le levier pour libérer le clapet. Poussez un chiffon mouillé dans l'orifice du trop-plein pour que l'effet d'aspiration du débouchoir soit adéquat. Placez la ventouse du débouchoir sur l'orifice de vidange et faites couler l'eau jusqu'à ce que la ventouse soit immergée. Faites de rapides mouvements verticaux avec le manche du débouchoir. Lorsque l'obstruction semble éliminée, faites couler de l'eau bouillante pendant 2 minutes pour dissoudre ce qui reste du dépôt. Vous pouvez également utiliser un nettoyeur de renvoi non caustique.

Outils: Débouchoir, pince multiprise, petite brosse métallique, tournevis, clé à ergots, marteau, couteau à mastic.

Matériel: Chiffon, seau, joints d'étanchéité, mastic adhésif, rondelles, pièces de rechange requises.

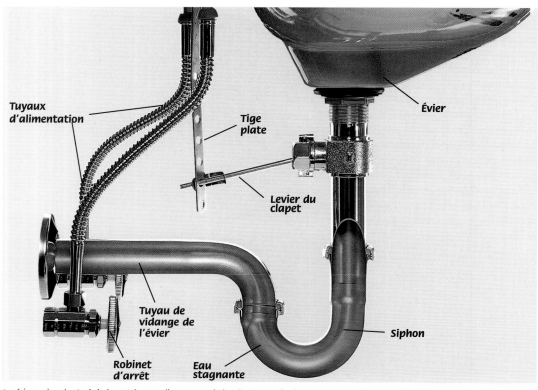

Les éviers se bouchent généralement à cause d'une accumulation de savon et de cheveux dans le siphon ou dans le tuyau de vidange.

Nettoyage et réglage d'un dispositif de vidange à clapet d'obturation

Si l'évier ne retient pas l'eau ou s'il se vidange trop lentement, nettoyez et réglez le clapet d'obturation. Relevez complètement la tirette du clapet (position fermée). Dévissez l'écrou de blocage retenant le levier du clapet. Enlevez du tuyau le levier afin de libérer le clapet. Retirez le clapet et nettoyez-le avec une petite brosse métallique **(photo A)**. Vérifiez si la rondelle d'étanchéité ne serait pas usée ou endommagée; remplacez-la au besoin. Réinstallez le clapet.

Si l'évier ne se vide pas encore correctement, réglez la tige plate **(photo B)**. Desserrez la vis de la tige plate et faites glisser cette dernière le long du levier pour régler la position du clapet. Resserrez la vis de la tige plate.

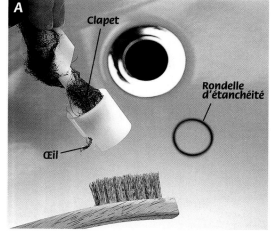

Libérez puis retirez le clapet. Enlevez-en les cheveux et débris; réinstallez-le.

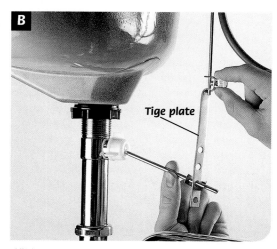

Si l'évier ne retient pas l'eau, réglez la tige plate.

Enlèvement et nettoyage d'un siphon d'évier

Si l'évier continue de se vider trop lentement malgré le recours au débouchoir et le nettoyage du clapet, vous devrez enlever le siphon pour le nettoyer. Placez un seau sous le siphon; desserrez les écrous coulissants à l'aide d'une pince multiprise **(photo C)**. Dévissez ces écrous à la main et éloignez-les du raccordement. Tirez sur le siphon. Videz-le **(photo D)**, puis nettoyez-le avec une petite brosse métallique. Vérifiez si les rondelles des écrous raccords ne seraient pas usées et remplacez-les au besoin. Réinstallez le siphon; resserrez les écrous coulissants.

Desserrez les écrous coulissants et enlevez le siphon.

Nettoyez le siphon; réinstallez-le.

Réparation d'une fuite à la crépine d'un évier

Une fuite constatée sous un évier peut résulter du manque d'étanchéité du joint entre le manchon de la crépine et l'orifice de vidange de l'évier **(photo E)**. Pour corriger cette fuite, il faut enlever et nettoyer le manchon, puis remplacer les joints d'étanchéité usés et le mastic détérioré. À l'aide d'une pince multiprise, dévissez les écrous coulissants aux deux

extrémités de l'about **(photo F)**. Débranchez l'about et retirez-le du siphon du manchon de la crépine.

Enlevez l'écrou d'arrêt à l'aide d'une clé à ergots **(photo G)**, puis retirez le siphon.

Enlevez le vieux mastic de l'orifice de vidange et de la bride du manchon. Appliquez un cordon de mastic adhésif sur le bord de l'orifice de vidange.

Poussez le manchon de la crépine dans cette ouverture. Sous l'évier, installez sur le manchon un nouveau joint de caoutchouc, puis une bague d'étanchéité en métal ou en fibre. Réinstallez l'écrou d'arrêt et serrez-le. Réinstallez l'about.

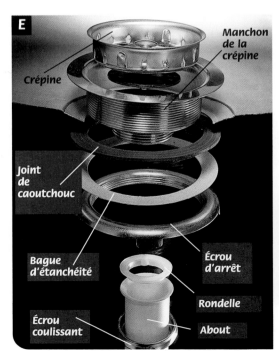

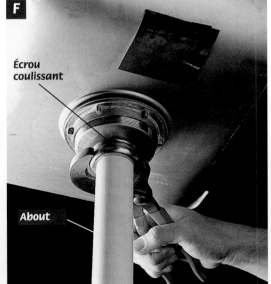

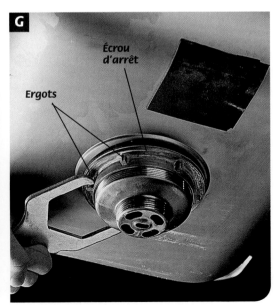

Le dispositif de crépine relie l'évier au tuyau de vidange (à gauche). Une fuite peut se produire au joint unissant le manchon de la crépine à l'orifice de vidange. Du manchon et du siphon, détachez l'about (au centre). Enlevez l'écrou d'arrêt et le dispositif de crépine (à droite).

Dégorgement au furet du tuyau de vidange d'un appareil

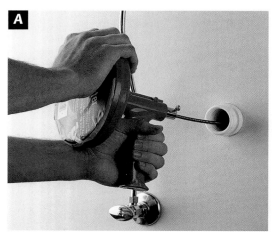

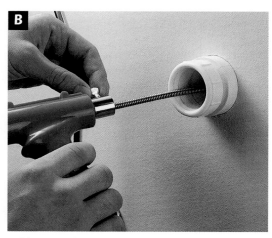

Le furet est muni d'un serpentin souple que l'on pousse dans un tuyau de vidange pour le déboucher. Le furet est facile à utiliser, mais vous devrez apprendre à distinguer la sensation éprouvée lorsque le serpentin entre en contact avec un bouchon de savon ou avec un coude de la tuyauterie.

Placez un seau sous le siphon. À l'aide d'une pince multiprise, desserrez les écrous coulissants du siphon. Dévissez ces écrous à la main, éloignez-les du raccordement et enlevez le siphon. Poussez dans le tuyau de vidange le serpentin du furet jusqu'à ce que celui-ci y rencontre une résistance **(photo A)**. Cette résistance signifie généralement que l'extrémité du serpentin a atteint un coude du tuyau de vidange.

Verrouillez le furet de manière qu'une longueur d'au moins 6 po de serpentin dépasse de l'orifice **(photo B)**. Tournez la manivelle dans le sens des aiguilles d'une montre pour que l'extrémité du serpentin aille au-delà du coude du tuyau de vidange.

Déverrouillez le furet et continuez de pousser le serpentin dans l'orifice jusqu'à ce que ce dernier atteigne une résistance solide. Verrouillez le furet et tournez la manivelle dans le sens des aiguilles d'une montre. Une résistance solide qui empêche le serpentin d'avancer signale que l'obstruction a été atteinte; celle-ci peut parfois être saisie par le bout du serpentin et retirée du tuyau **(photo C)**.

Pour sortir l'obstruction du tuyau, déverrouillez le furet et tournez la manivelle dans le sens des aiguilles d'une montre. Si l'obstruction ne peut être retirée du tuyau, rebranchez le siphon et servez-vous du furet pour déboucher le tuyau de drain le plus proche ou encore la colonne de chute. Une résistance continue qui permet au serpentin d'avancer lentement est sans doute le fait d'une accumulation de savon **(photo D)**. Passez au travers de cette obstruction en faisant tourner la manivelle du furet dans le sens des aiguilles d'une montre tout en continuant de pousser sur le serpentin. Répétez l'opération deux ou trois fois. Rebranchez le siphon. Rincez le circuit avec de l'eau chaude pour chasser les débris.

Retirez le siphon. Faites entrer le serpentin du furet dans le tuyau de vidange. Lorsque le serpentin rencontre une première résistance, c'est qu'il est sans doute arrivé à un coude du tuyau.

En laissant au moins 6 po de serpentin dépasser de l'orifice de vidange, verrouillez le furet et tournez la manivelle dans le sens des aiguilles d'une montre.

Une résistance solide signale la présence d'une obstruction. Attrapez cette obstruction et retirez-la en déverrouillant le furet et en faisant tourner la manivelle dans le sens des aiguilles d'une montre. En cas d'échec, servez-vous du furet pour déboucher le tuyau de drain le plus proche ou encore la colonne de chute.

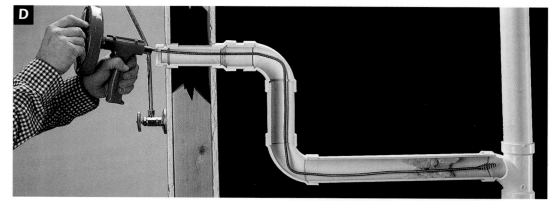

Une résistance continue qui permet au serpentin de continuer son avance signale la présence d'un bouchon de savon. Éliminez-le en le traversant plusieurs fois avec l'extrémité du serpentin. Tournez la manivelle dans le sens des aiguilles d'une montre, en vous servant de la poignée du furet pour exercer une pression sur le serpentin. Réinstallez le siphon et rincez le circuit à l'eau chaude.

Dégorgement d'une cuvette de toilette

Une cuvette est munie d'un drain de vidange situé à la base de celle-ci et d'un siphon intégré. Le drain de vidange est raccordé à un tuyau de vidange et à la colonne de chute.

Si une toilette se bouche, c'est généralement qu'un objet est coincé dans le siphon de la cuvette. Une toilette dont la vidange est lente peut être partiellement bouchée. Utilisez un débouchoir à épaulement ou un dégorgeoir à cuvette.

Le débouchoir crée une pression qui déloge l'obstruction. La présence de quelques centimètres d'eau dans la cuvette contribue à assurer l'étanchéité du débouchoir et en augmente l'efficacité.

Placez la ventouse du débouchoir dans le drain de vidange et imprimez-y un rapide mouvement de va-et-vient (de 15 à 20 coups) **(photo E)**. Versez un seau d'eau dans la cuvette pour en chasser les débris. Si le mouvement de va-et-vient du débouchoir ne vient pas à bout de l'obstruction, poussez le débouchoir dans le drain de vidange pour créer un vide, puis tirez-le d'un geste rapide, ce qui aspirera peut-être l'obstruction. Si le débouchoir est inefficace, servez-vous d'un dégorgeoir à cuvette.

Pour déboucher une cuvette à l'aide d'un dégorgeoir, placez-en le coude au fond de l'orifice du drain et poussez le serpentin dans le siphon **(photo F)**. Tournez la manivelle dans le sens des aiguilles d'une montre pour saisir toute obstruction. Continuez de faire tourner la manivelle tout en retirant l'obstruction du siphon.

Si le débouchoir et le dégorgeoir à cuvette sont tous deux inefficaces, il se peut que l'obstruction ne se trouve pas dans la toilette. Parfois, une cuvette qui se vidange lentement indique que l'obstruction se situe dans la colonne de chute. Dans ce cas, débouchez la colonne (page 304).

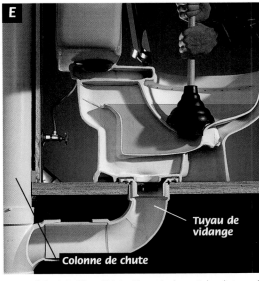

Essayez d'abord de déloger l'obstruction en la chassant dans le tuyau de vidange à l'aide d'un débouchoir à épaulement.

Tuyau de vidange

Colonne de chute

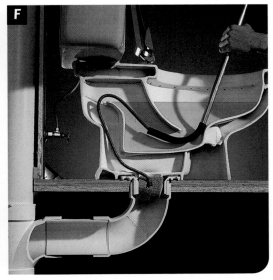

Utilisez un dégorgeoir à cuvette pour retirer l'obstruction du siphon ou pour éliminer les obstructions récalcitrantes.

Dégorgement d'un drain de douche

Le système de drainage d'une douche est composé d'un plancher en pente, d'un orifice de drain, d'un siphon et d'un tuyau de vidange raccordé à une conduite de vidange et à la colonne de chute.

Ce sont généralement des cheveux qui bouchent le drain d'une douche. On peut se servir d'un fil métallique pour retirer ces obstructions, mais des moyens plus draconiens se révèlent parfois nécessaires.

À l'aide d'un tournevis, enlevez la crépine du drain. Regardez à la lampe de poche s'il y a des cheveux ou d'autres obstructions près de l'orifice du drain. Servez-vous d'un fil métallique rigide pour retirer ces obstructions.

Si vous ne pouvez pas atteindre l'obstruction, essayez le débouchoir. Placez la ventouse du débouchoir sur l'orifice du drain, faites couler assez d'eau dans la douche pour recouvrir le bord du débouchoir. Exercez un rapide mouvement de va-et-vient sur le manche.

Délogez les obstructions rebelles à l'aide d'un furet **(photo G)**. Poussez le serpentin du furet dans le drain et tournez la manivelle dans le sens des aiguilles d'une montre pour saisir et retirer l'obstruction.

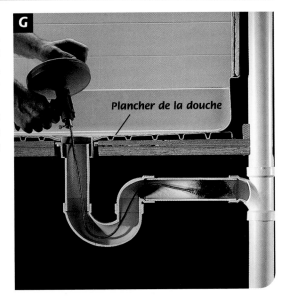

Plancher de la douche

Éviers et lavabos

Certes les éviers et lavabos durent généralement de nombreuses années, mais leur fini peut s'user, et ils risquent de se fêler ou de s'écailler. Remplacer un évier endommagé est sans doute plus aisé que vous ne le croyez.

Achetez le nouvel évier avant d'enlever l'ancien. Si vous avez l'intention de conserver le même plan de travail et les mêmes robinets, mesurez l'ouverture du plan et le périmètre de l'ancien évier, ainsi que les ouvertures destinées aux robinets. Regardez sous l'évier pour noter la configuration des ouvertures de robinets de même que la distance séparant celles-ci.

Les éviers destinés à être installés par un bricoleur sont faits de fonte émaillée, d'acier inoxydable ou d'acier émaillé. Ceux qui sont faits de porcelaine ou de revêtement massif sont généralement installés par des professionnels.

Le bricoleur peut installer lui-même les lavabos faits de marbre synthétique, de porcelaine, de revêtement massif, d'acier inoxydable, de fonte émaillée, d'acier émaillé ou de verre trempé.

Les éviers de fonte sont durables et relativement faciles à installer. La plupart ne comportent pas de cadre et ne requièrent pas de ferrures de fixation.

Les éviers d'acier inoxydable et d'acier émaillé nécessitent parfois l'utilisation d'un cadre et de supports de fixation. Un bon évier d'acier inoxydable sera fait d'acier au nickel dont le numéro de jauge sera de 18 ou de 20. L'acier dont le numéro de jauge est supérieur à 20 se bosselle trop facilement.

Le dessus-lavabo intégré fait de marbre synthétique ou d'un autre matériau à surface solide est très populaire, en partie en raison de la facilité de son installation. L'évier de porcelaine, généralement à encastrer, est également facile à installer. Par contre, l'installation d'un évier à montage inférieur ou à montage affleurant peut présenter des difficultés.

Outils: *Clé pour lavabo, crayon, scie à métaux, couteau universel, pince multiprise, clé à douille à cliquet.*

Matériel: *Seau, mastic adhésif, scellant pour baignoire et carrelage, scellant à la silicone.*

Débranchement et enlèvement d'un évier

Avant de procéder, coupez l'eau au moyen des robinets d'arrêt de l'appareil ou du robinet d'arrêt principal situé près du compteur d'eau.

Utilisez une clé pour lavabo pour enlever les écrous de raccord joignant le tuyau d'alimentation à l'embout du robinet **(photo A)**. Si le tuyau d'alimentation est brasé, servez-vous d'une scie à métaux pour le couper juste *au-dessus* du robinet d'arrêt. Si l'évier est relié à un broyeur et à un lave-vaisselle, débranchez-les (voir pages 356-359, 361-364).

Placez un seau sous le siphon, desserrez les écrous coulissants et retirez le siphon **(photo B)**. Si vous n'arrivez pas à desserrer les écrous, enlevez le siphon en le découpant avec une scie à métaux.

À l'aide d'un couteau universel, tranchez le scellant situé entre le rebord de l'évier et le plan de travail **(photo C)**. Enlevez l'évier avec précaution et mettez-le de côté. Si vous avez l'intention de garder les robinets, enlevez-les à cette étape-ci.

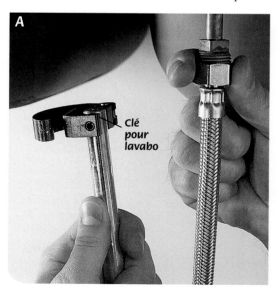
Détachez les tuyaux d'alimentation des embouts de robinets.

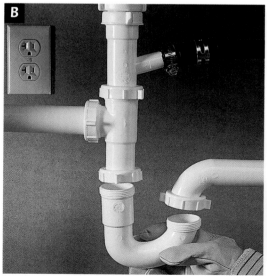
Desserrez les écrous coulissants aux deux extrémités du siphon et retirez ce dernier.

Tranchez le scellant se trouvant sous le rebord de l'évier.

Débranchement et enlèvement d'un lavabo

Le remplacement d'un lavabo endommagé ou peu attrayant est rapide, relativement peu coûteux et assez simple.

Dans tous les cas, la première étape consiste à couper l'eau et à détacher les tuyaux **(photos D, E)**. Fermez les robinets d'arrêt; si les tuyaux sont brasés, sciez-les au-dessus des robinets d'arrêt. S'il n'y a pas de robinets d'arrêt, coupez l'eau au robinet d'arrêt principal; ajoutez des robinets d'arrêt lorsque vous installerez le nouveau lavabo.

Les méthodes d'enlèvement varient légèrement selon le style du lavabo (détails dans les photos ci-dessous).

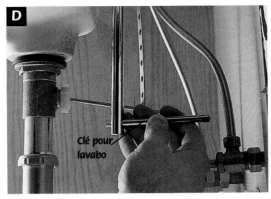

Coupez l'eau; à l'aide d'une clé pour lavabo, enlevez les écrous de raccord reliant les tuyaux d'alimentation aux embouts des robinets.

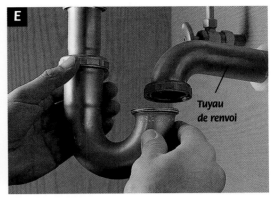

Placez un seau sous le siphon. Desserrez les écrous coulissants aux deux extrémités du siphon. Si cela est impossible, découpez le siphon à l'aide d'une scie à métaux, en prenant garde de ne pas endommager le tuyau de renvoi.

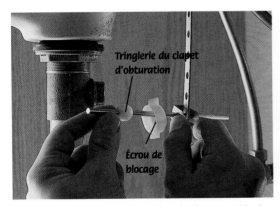

Lavabo dont le robinet est monté sur le plan: Pour détacher de l'embout du drain la tringlerie du clapet, dévissez l'écrou de blocage.

Lavabo mural: Tranchez le scellant; soulevez le lavabo pour le sortir de ses supports muraux. Si le lavabo est retenu par des tire-fond, placez sous celui-ci une pièce de bois de 2 po x 4 po qui le soutiendra durant le dévissage des tire-fond.

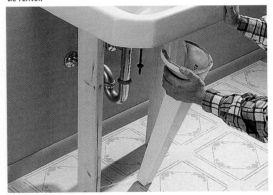

Lavabo sur pied: Si le lavabo est attaché au socle, enlevez les boulons. Placez sous le lavabo des pièces de bois de 2 po x 4 po qui le soutiendront. Enlevez le socle, puis soulevez le lavabo pour le retirer de ses supports muraux.

Dessus-lavabo: Détachez les ferrures de montage situées sous la coiffeuse. Tranchez le scellant situé entre le mur et le dessus-lavabo ainsi qu'entre le dessus-lavabo et la coiffeuse. Soulevez ensuite le dessus-lavabo.

Lavabo encastré: Tranchez le scellant situé entre le rebord du lavabo et le dessus de la coiffeuse. Soulevez ensuite le lavabo.

Lavabo sans rebord: Attachez un fil métallique à une pièce de bois. Faites passer le fil dans l'orifice de vidange et attachez-en l'extrémité à une autre pièce de bois, de manière que le fil soit tendu. Enlevez les agrafes de fixation. Tranchez le scellant, desserrez le fil et retirez le lavabo.

Installation d'un lavabo à encastrer

Mesurez l'ouverture du dessus et achetez un lavabo qui s'y adapte ou qui soit légèrement plus grand que l'ouverture actuelle. S'il faut agrandir l'ouverture, ou si vous remplacez le dessus en même temps que le lavabo, dessinez un gabarit en carton plus étroit de ½ po par rapport au rebord du lavabo.

Pour découper une ouverture ou l'agrandir, faites un trou de départ de ⅜ po; avec une scie à découper, suivez le tracé du gabarit.

Appliquez un cordon de mastic adhésif autour de l'ouverture **(photo A)**. Attachez le corps du robinet au lavabo ou au-dessus, selon le style du lavabo. Installez le manchon de la crépine, le rebord du renvoi et le dispositif d'obturation.

Placez le lavabo dans l'ouverture et appuyez dessus pour le faire pénétrer dans le mastic adhésif **(photo B)**. Installez les raccords de vidange et d'alimentation, puis appliquez un scellant autour du lavabo.

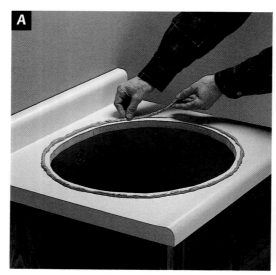

Appliquez du mastic adhésif sur le pourtour de l'ouverture; placez-y ensuite le corps du robinet et installez le dispositif de vidange.

Placez le lavabo dans l'ouverture; appuyez sur le rebord de celui-ci pour le faire pénétrer dans le mastic. Installez les raccords de vidange et d'alimentation, puis scellez le pourtour du lavabo.

Installation d'un lavabo mural

Si vous installez un lavabo mural à un nouvel endroit, vous devez prévoir un moyen de le supporter. Découpez le revêtement mural et clouez les extrémités d'une pièce de bois de 2 po x 8 po que vous aurez placée entre deux poteaux muraux. Placez cette pièce directement derrière l'endroit où vous avez l'intention de fixer le support du lavabo. La plupart des gens trouvent que la hauteur la plus commode du lavabo par rapport au sol est de 30 po à 38 po. Replacez le revêtement mural et finissez-en la surface.

Fixez le support du lavabo **(photo C)** en suivant les instructions du fabricant.

Installez sur le lavabo le manchon du renvoi et le robinet, puis accrochez le lavabo au support **(photo D)**. À l'aide d'un niveau, vérifiez si le lavabo est bien en position horizontale; faites les réglages requis. Fixez toutes les autres attaches qui sont fournies avec le lavabo.

Raccordez au robinet les tuyaux d'alimentation en serrant les écrous de raccord (page 303). À l'aide d'une pince multiprise, raccordez le renvoi au siphon et au tuyau de vidange (page 311). Attachez le clapet et son levier à la tige plate (page 310). Appliquez du scellant pour baignoire et carrelage dans le joint du lavabo et du mur.

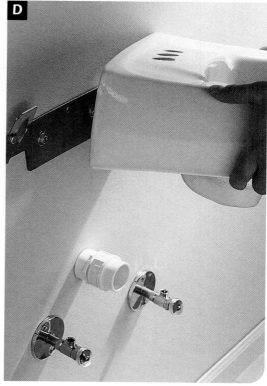

Fixez au mur le support du lavabo de manière parfaitement horizontale.

Accrochez le lavabo au support, puis procédez aux raccordements.

Installation d'un évier à encastrer

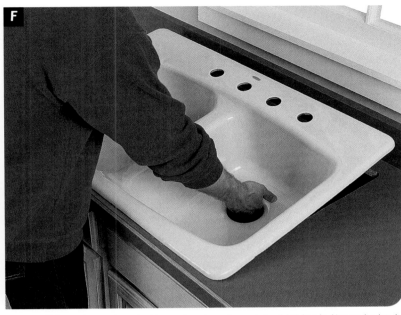

Appliquez un cordon de ¼ po de scellant à la silicone ou de mastic adhésif sur le pourtour inférieur du collet d'évier.

En tenant l'évier par les ouvertures de vidange, placez la partie avant de celui-ci dans la découpe du plan de travail, puis laissez la partie arrière s'appuyer sur le plan. Appuyez sur l'évier pour que le joint soit étanche; essuyez l'excédent de scellant.

Installation d'un évier à cadre

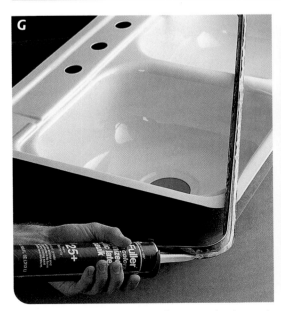

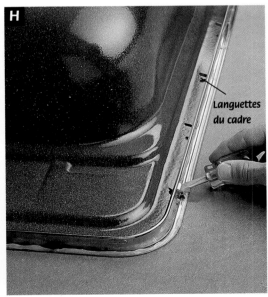

Languettes du cadre

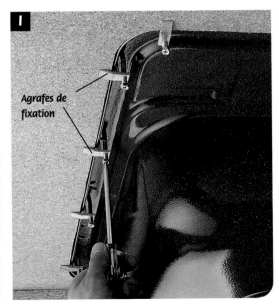

Agrafes de fixation

Mettez le cadre de l'évier à l'envers. Appliquez un cordon de ¼ po de scellant à la silicone ou de mastic adhésif sur les deux côtés de l'arête verticale.

Placez l'évier à l'envers dans le cadre. Repliez les languettes du cadre qui retiennent l'évier. Installez soigneusement l'évier dans l'ouverture du plan de travail; appuyez sur l'évier pour créer un joint étanche.

Sous le plan de travail, attachez autour du cadre les agrafes de fixation, à intervalles de 6 po à 8 po. Serrez les vis de montage. Essuyez l'excédent de scellant autour du cadre.

Installation d'un lavabo sur pied

L'installation d'un lavabo sur pied est fort simple dans le cas où le lavabo remplacé était également sur pied.

Si, par contre, il s'agit d'une nouvelle installation ou du remplacement d'un autre type de lavabo, vous devrez découper le revêtement mural pour clouer une pièce de bois de 2 po x 4 po, à environ 34 po du sol. Cela fait, recouvrez le mur d'un revêtement hydrofuge et repeignez la zone.

Si l'ancien lavabo était également sur pied, assurez-vous que le profil et la configuration du nouveau lavabo correspondent aux trous de montage de l'ancien.

Mettez le lavabo et son pied en position, en supportant le lavabo à l'aide de pièces de bois de 2 po x 4 po **(photo A)**.

Tracez sur le mur une marque correspondant à la hauteur du lavabo; sur le sol, tracez au crayon le pourtour du pied.

Marquez des points de repère sur le mur et sur le sol en faisant passer le crayon par les ouvertures pratiquées au dos du lavabo et sur la base du pied.

Mettez de côté le lavabo et son pied. Pratiquez des avant-trous dans le mur et dans le sol, aux points de repère.

Replacez le pied et ancrez-le au sol à l'aide de tire-fond **(photo B)**.

Installez le robinet (pages 334-335); placez le lavabo sur le pied. Alignez les trous de montage de l'arrière du lavabo et les avant-trous pratiqués dans le mur. À l'aide d'une clé à douille à cliquet, vissez les tire-fond avec rondelles dans le support mural **(photo C)**. Ne serrez pas trop les tire-fond.

Branchez les raccords de vidange (pages 311 et 319) **(photo D)** et d'alimentation (page 303).

Une fois tous les raccords branchés, appliquez un cordon de scellant à la silicone pour obturer le joint entre le lavabo et le mur.

Placez des supports sous le lavabo. Tracez sur le mur une marque correspondant à la hauteur du lavabo, et, sur le sol, une marque correspondant au pourtour du pied.

Pratiquez des avant-trous sur les points de repère; ancrez le pied au sol à l'aide de tire-fond.

Installez le robinet. Placez le lavabo sur son pied. Par les trous de montage, vissez les tire-fond dans le support mural.

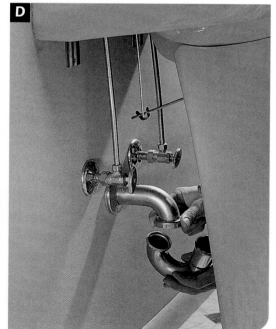

Branchez les raccords de vidange et d'alimentation, puis appliquez un scellant entre le lavabo et le mur.

Raccordement du tuyau de vidange à l'évier

Après l'installation d'un évier, il vous faudra le raccorder à un tuyau de vidange.

Lorsque vous remplacez le tuyau, achetez-en un en plastique si la réglementation le permet. En plus d'être peu coûteux, le plastique est facile à installer; offert dans une grande variété de rallonges et d'angles de raccordement, il s'adapte à tous les types d'installation. De plus, les fabricants proposent des kits contenant tous les raccords nécessaires pour brancher au dispositif de vidange un broyeur d'aliments ou un lave-vaisselle.

Commencez par installer un manchon de crépine dans chacune des ouvertures de vidange de l'évier. Appliquez un cordon de mastic adhésif de ¼ po sous la collerette du manchon, puis insérez ce dernier dans l'ouverture de vidange. Posez les joints de caoutchouc et de fibre sur le col du manchon; vissez l'écrou d'arrêt sur le col (**photo E**) et serrez-le à l'aide d'une pince multiprise.

Installez un about sur le manchon. Commencez par calculer la longueur requise pour l'about; au besoin, raccourcissez-le à l'aide d'une scie à métaux. Glissez un écrou coulissant sur l'about de manière que le filet fasse face à l'extrémité de l'about qui est munie d'une collerette. Placez une rondelle encastrable dans l'extrémité évasée de l'about. Fixez l'about en vissant à la main l'écrou coulissant sur le manchon (**photo F**).

Si l'évier comporte deux bassins, vous devrez utiliser un raccord de vidange en T (**photo G**). Celui-ci relie les abouts des bassins et canalise les eaux de vidange vers un bras de siphon unique. Placez un écrou coulissant et une rondelle coulissante sur l'extrémité de chacun des abouts, de manière que la face biseautée de la rondelle soit orientée vers le bas; fixez le raccord en T en y vissant l'écrou coulissant.

À l'aide d'un écrou coulissant et d'une rondelle, raccordez le bras de siphon à la tubulure de raccordement (**photo H**). Glissez un écrou coulissant et une rondelle biseautée sur le bras de siphon; insérez le bras de siphon dans la tubulure de raccordement et serrez l'écrou coulissant. Au besoin, coupez le bras de siphon à la bonne longueur avec une scie à métaux.

Installez la partie coudée du siphon en utilisant un écrou coulissant et une rondelle (**photo I**). Resserrez tous les écrous à l'aide d'une pince multiprise, puis faites couler l'eau pour vérifier l'étanchéité de l'installation.

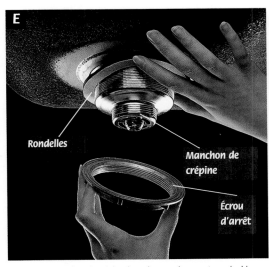

Installez un manchon de crépine dans chacune des ouvertures de vidange.

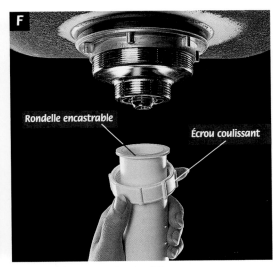

Attachez un about au manchon de crépine.

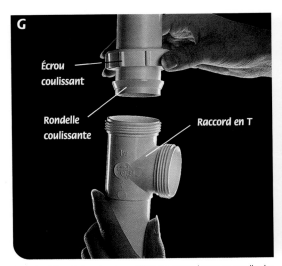

Pour les éviers à deux bassins, utilisez un raccord en T pour relier les deux abouts.

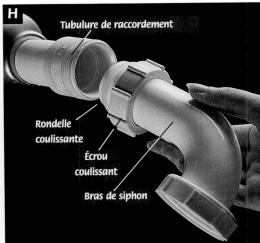

Raccordez le bras de siphon à la tubulure de raccordement, en utilisant une rondelle encastrable et un écrou coulissant.

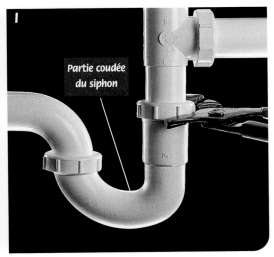

Raccordez la partie coudée du siphon au bras de siphon, en utilisant des rondelles et des écrous coulissants.

Robinets *(faucets)*

Un robinet qui fuit est le problème de plomberie le plus fréquent. La plupart des défectuosités d'un robinet sont faciles à corriger; vous épargnerez temps et argent en les réparant vous-même. La fuite se produit généralement lorsque les rondelles, joints toriques ou autres joints d'étanchéité se trouvant à l'intérieur du robinet s'usent ou s'encrassent. La réparation de la plupart des fuites se limite souvent au nettoyage ou au remplacement de l'un de ces éléments.

Il est essentiel de réparer une fuite dès son apparition. Même si les gouttes qui s'échappent du robinet semblent sans importance, elles peuvent avoir un effet sur votre facture d'eau. De plus, si la fuite n'est pas réparée promptement, l'eau risque de creuser un sillon dans le siège métallique du robinet: vous devrez alors remplacer tout le robinet.

Le robinet typique est muni d'un volant unique relié à une cartouche creuse qui commande l'écoulement de l'eau chaude et de l'eau froide provenant des tuyaux d'alimentation et passant par la chambre de mélange. L'eau poussée hors du bec traverse le brise-jet aérateur. Lorsque des réparations sont nécessaires, remplacez toute la cartouche. Si le robinet continue de fuir après les réparations, c'est que le moment est venu de le remplacer. En moins d'une heure, vous pouvez installer un nouveau robinet, qui durera des années sans aucune défectuosité.

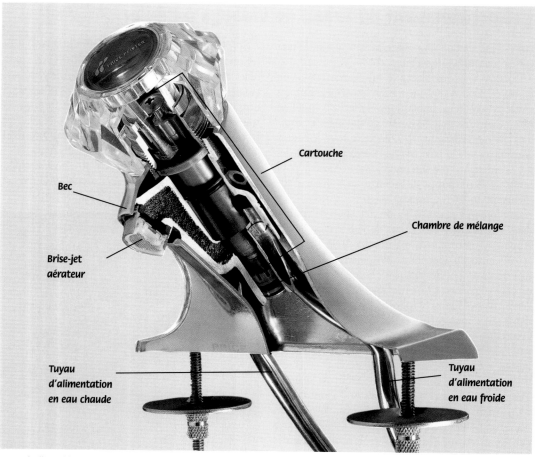

Anatomie d'un robinet typique à volant unique.

Outils et matériaux requis pour la réparation d'un robinet

Quel que soit votre projet de rénovation, vous devez disposer des bons outils; cela est particulièrement vrai lorsque vous devez réparer un robinet. Sans les outils nécessaires, tel l'arrache-volant ou la clé à siège, vous ne pourrez réparer certains types de robinets; vous risquez même d'endommager le robinet ainsi que vos outils.

Achetez toujours des outils de bonne qualité, même s'ils coûtent un peu plus cher. Les outils bien faits durent plus longtemps et sont plus faciles à utiliser que les autres, ce qui vous épargne temps, argent et énervement.

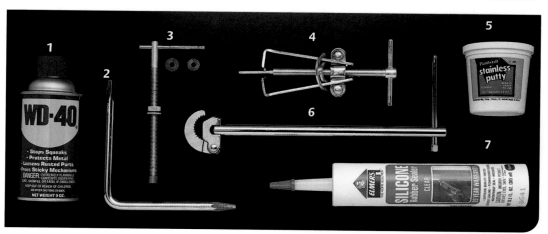

Outils et matériaux spécialisés pour la réparation des robinets: huile de dégrippage (1), clé à siège (2), rodoir à siège (3), arrache-volant (4), mastic adhésif (5), clé à lavabo (6), scellant à la silicone (7).

Défectuosités et réparations d'un robinet

Défectuosité	Réparations
Bec qui goutte ou base qui fuit.	Déterminez le type de robinet; installez les pièces de rechange.
Vieux robinet usé qui continue de fuir après les réparations.	Remplacez le robinet (page 332).
Faible pression du jet d'eau ou jet partiellement obstrué.	1. Nettoyez le brise-jet aérateur (page 330). 2. Enlevez les tuyaux galvanisés corrodés (page 295); remplacez-les par des tuyaux de cuivre.
Faible pression du jet de la douchette ou fuite à la poignée de la douchette.	1. Nettoyez la pomme de la douchette (page 330). 2. Réparez l'inverseur (page 331).
Fuite d'eau au sol, sous le robinet.	1. Remplacez le tuyau endommagé de la douchette (page 331). 2. Resserrez les raccords d'eau ou remplacez les tuyaux d'alimentation et les robinets d'arrêt (page 302).
Bec qui goutte ou fuite autour du volant.	Démontez le robinet; remplacez les rondelles ou les joints toriques (page 301).

Identification du type de robinet

Il existe quatre types de robinet: le *robinet à tournant sphérique*, le *robinet à cartouche*, le *robinet à disque* et le *robinet à compression*. Certains modèles se reconnaissent facilement à leur apparence; d'autres doivent être démontés aux fins d'identification.

Le modèle à compression est surtout utilisé pour les robinets à deux volants **(photo A)**. Lorsqu'on tourne le volant, celui-ci exerce une pression sur des rondelles de caoutchouc ou des joints d'étanchéité et

commande le passage de l'eau. Les rondelles ou les joints d'étanchéité finissent par s'user et doivent être remplacés. Cependant, les pièces de rechange ne coûtent pas cher, et la réparation est facile.

Les robinets à tournant sphérique, à cartouche et à disque sont connus sous l'appellation générique de «robinets sans rondelle» **(photos B à D)**. Bon nombre de robinets sans rondelle sont commandés par un volant unique, bien que certains modèles à cartouche

fassent appel à deux volants. Les robinets sans rondelle sont plus fiables que les robinets à compression et sont conçus de manière que leur réparation soit rapide.

Achetez toujours des pièces de remplacement identiques aux pièces d'origine du robinet que vous réparez. Les pièces s'identifient au moyen d'une marque de commerce et d'un numéro de modèle.

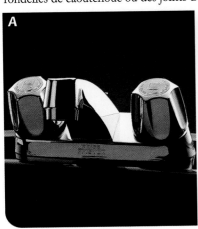

A

Les robinets à compression sont munis de rondelles ou de joints d'étanchéité qui commandent le passage de l'eau (page 328).

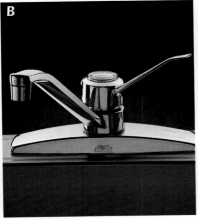

B

Le robinet à cartouche peut être muni d'une manette ou de deux volants (page 324).

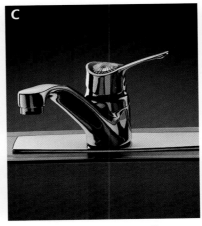

C

Le robinet à disque comporte une manette; son corps est fait de chrome massif (page 326).

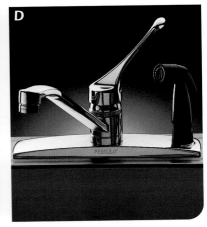

D

Le robinet à tournant sphérique comporte une manette montée sur un enjoliveur en forme de dôme (page 322).

Robinet à tournant sphérique

Vis de pression

Chapeau arrondi

Bordure moletée

Bec

Came

Rondelle de came

Siège du robinet

Tournant

Siège du robinet

Ressort

Joint torique du bec

Le robinet à tournant sphérique est muni d'une poignée unique; on le reconnaît à la boule de métal ou de plastique, appelée «tournant», qu'il renferme. Le tournant commande la température et le débit d'eau. Beaucoup de ces robinets comportent sous la poignée un chapeau arrondi à bordure moletée.

Si un robinet muni de ce type de chapeau fuit au bec, essayez de resserrer le chapeau à l'aide d'une pince multiprise. Si cela ne donne rien, démontez le robinet et inspectez-le. Vérifiez si les sièges ou ressorts ne seraient pas usés, ou le tournant endommagé; c'est généralement cela qui cause une fuite au bec. D'habitude, une fuite à la base du robinet est due à l'usure des joints toriques.

Les fabricants de robinets à tournant sphérique proposent plusieurs types de trousses de réparation **(photo A)**. Certaines ne contiennent que des ressorts et des sièges en néoprène; les plus complets incluent la came et sa rondelle.

Ne remplacez le tournant que s'il est manifestement usé ou rayé. On trouve des tournants de rechange en métal et en plastique. Ceux de métal coûtent un peu plus cher, mais durent plus longtemps que ceux de plastique.

> **Outils:** Pince multiprise, clé hexagonale, tournevis, couteau universel.
>
> **Matériel:** Trousse de réparation de robinets à tournant sphérique, tournant (si nécessaire), ruban-cache, joints toriques, graisse résistant à la chaleur.

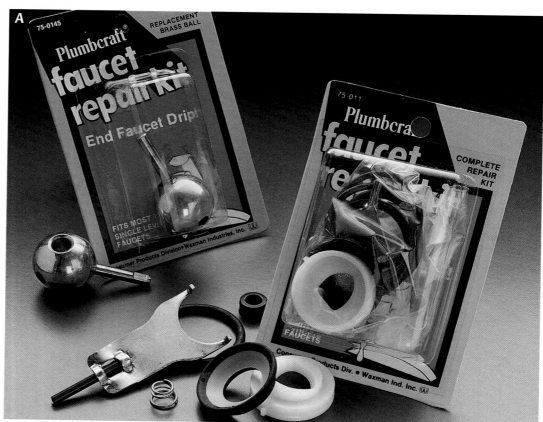

La trousse de réparation du robinet à tournant sphérique contient des sièges en caoutchouc, des ressorts, une came, une rondelle de came, des joints toriques de bec et une petite clé hexagonale. D'autres trousses comprennent des tournants.

Réparation d'un robinet à tournant sphérique

Coupez l'eau aux robinets d'arrêt de l'appareil ou au robinet d'arrêt principal situé près du compteur d'eau. À l'aide d'une clé hexagonale, desserrez la vis de pression de la poignée **(photo B)**. Retirez la poignée pour exposer le chapeau du robinet.

Retirez le chapeau avec une pince multiprise **(photo C)**. Soulevez la came, la rondelle de came et le tournant **(photo D)**. Vérifiez si le tournant ne serait pas usé.

Plongez un tournevis dans le robinet pour en retirer les vieux ressorts et sièges de néoprène **(photo E)**. Enlevez le bec en le faisant tourner et en le tirant vers le haut, puis coupez les vieux joints toriques **(photo F)**. Enduisez les nouveaux joints toriques de graisse résistant à la chaleur et installez-les. Remettez le bec en place, en le poussant vers le bas jusqu'à ce que son col repose sur la bague de glissement en plastique. Installez les nouveaux ressorts et sièges.

Insérez le tournant ainsi que la nouvelle came et sa rondelle **(photo G)**. Faites entrer le petit ergot de la came dans la fente du corps du robinet. Revissez le chapeau du robinet et installez la poignée.

Ouvrez le robinet réparé. Ouvrez lentement les robinets d'arrêt pour rétablir l'alimentation en eau. Vérifiez l'étanchéité du robinet et resserrez les raccords au besoin.

Conseil

Enroulez du ruban-cache autour des mâchoires de votre pince multiprise afin qu'elle n'égratigne pas le fini du robinet.

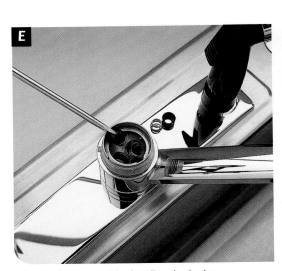
Desserrez la vis de pression et enlevez la poignée du robinet.

Avec une pince multiprise, enlevez le chapeau.

Retirez la came et sa rondelle, ainsi que le tournant.

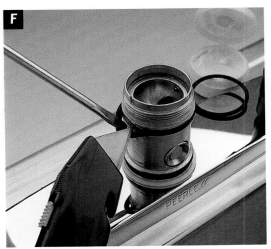
Enlevez les vieux ressorts et les vieux sièges de néoprène.

Remplacez les joints toriques; installez de nouveaux ressorts et de nouveaux sièges.

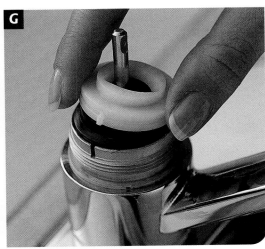
Installez le tournant, la rondelle de came et la came; remettez le chapeau et la poignée.

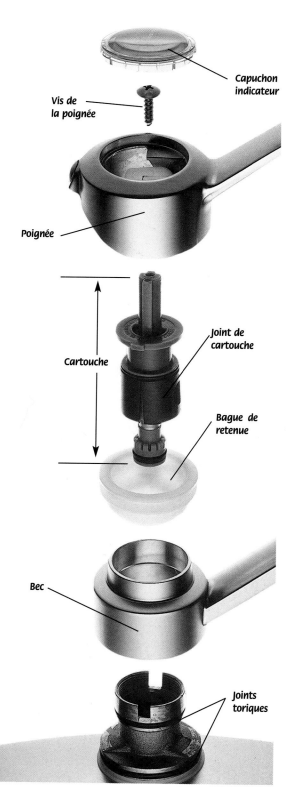

Capuchon indicateur

Vis de la poignée

Poignée

Joint de cartouche

Cartouche

Bague de retenue

Bec

Joints toriques

Robinet à cartouche

On reconnaît le robinet de ce type à la cartouche cylindrique de métal ou de plastique qu'il comporte. La cartouche contient une tige mobile commandée par la poignée du robinet. Lorsque la tige est soulevée, ses trous s'alignent avec ceux de la cartouche pour laisser se mélanger l'eau chaude et l'eau froide. En faisant tourner la poignée, on peut régler la température de l'eau. La plupart des robinets à cartouche sont de type à poignée unique.

Une fuite à la base d'un robinet à cartouche est généralement causée par l'usure des joints toriques et se corrige par le remplacement de ces joints. D'habitude, une fuite au bec est due à l'usure des joints de la cartouche; on la corrige en remplaçant la cartouche. Une diminution du débit peut être causée par l'obstruction des trous de la cartouche ou par la corrosion de celle-ci. Remplacez la cartouche si elle vous semble usée ou corrodée.

Avant de retirer la cartouche, observez bien son alignement. Examinez les ergots supérieurs du boîtier de la cartouche, lesquels sont insérés dans les fentes du corps du robinet. Lorsque vous insérez la nouvelle cartouche, mettez-la dans la même position que l'ancienne. Si la cartouche est mal alignée, il se pourrait que les commandes d'eau chaude et d'eau froide soient inversées. Si c'est le cas, démontez de nouveau le robinet et faites tourner la cartouche sur 180°. Les cartouches se vendant en de nombreux styles, apportez l'ancienne cartouche au magasin pour en choisir une nouvelle (**photo A**).

Outils: *Tournevis, pince multiprise, couteau universel.*

Matériel: *Cartouche de rechange, joints toriques, graisse résistant à la chaleur.*

A

Cartouches de rechange de marques populaires (de g. à d.): Price Pfister, Moen, Kohler. Les joints toriques se vendent parfois séparément.

Réparation d'un robinet à cartouche

Avant de commencer, coupez l'eau aux robinets d'arrêt de l'appareil ou au robinet d'arrêt principal situé près du compteur d'eau. Enlevez le capuchon indicateur et la vis qu'il cachait **(photo B)**. Enlevez la poignée en la tirant vers le haut et en l'inclinant vers l'arrière **(photo C)**. À l'aide d'une pince multiprise, retirez la bague de retenue filetée **(photo D)**. Le cas échéant, enlevez aussi l'anneau d'arrêt retenant la cartouche en place. Saisissez le bout de la cartouche avec la pince multiprise **(photo E)**, puis tirez-la vers le haut. Installez la nouvelle cartouche dans la même position que l'ancienne.

Enlevez le bec en le tirant vers le haut et en le faisant tourner **(photo F)**. Coupez les vieux joints toriques avec un couteau universel. Enduisez les nouveaux joints toriques de graisse résistant à la chaleur et installez-les. Remettez le bec en place **(photo G)**. Vissez la bague de retenue au corps du robinet et serrez-la avec la pince multiprise. Remettez en place la poignée et sa vis, ainsi que le capuchon indicateur.

Ouvrez le robinet. Ouvrez lentement les robinets d'arrêt pour rétablir l'alimentation en eau. Vérifiez l'étanchéité du robinet; au besoin, resserrez les raccords.

Conseil

Fermez le drain de l'évier avant de démonter le robinet, de crainte de perdre une pièce par l'orifice de vidange.

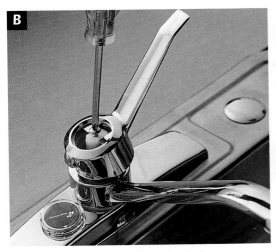

Enlevez le capuchon indicateur et la vis de la poignée.

Enlevez la poignée du robinet.

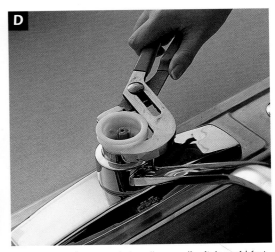

Retirez la bague de retenue ainsi que l'anneau d'arrêt, le cas échéant.

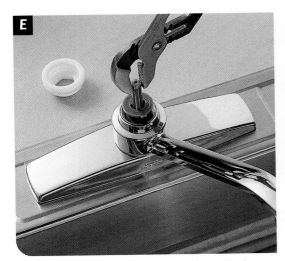

Insérez la nouvelle cartouche dans la même position que l'ancienne.

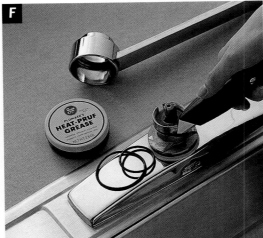

Enlevez le bec; remplacez les joints toriques.

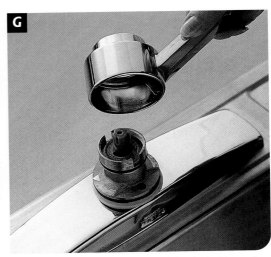

Remettez en place le bec, la poignée, la vis de la poignée et le capuchon.

Robinet à disque

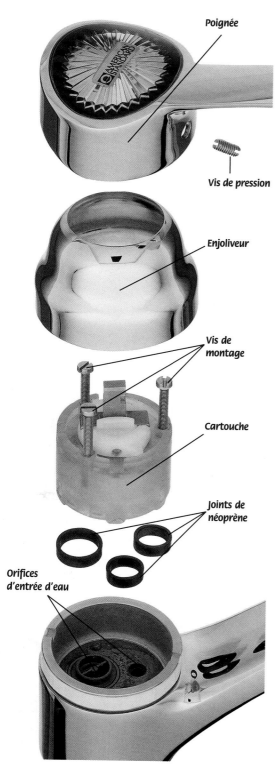

Poignée

Vis de pression

Enjoliveur

Vis de montage

Cartouche

Joints de néoprène

Orifices d'entrée d'eau

Le robinet à disque n'est muni que d'une seule poignée et son corps comporte une large cartouche contenant deux disques de céramique bien enclavés. Les disques sont munis d'orifices d'entrée d'eau chaude et d'eau froide ainsi que d'un orifice de sortie vers le bec. Lorsque l'on soulève la poignée du robinet, le disque supérieur glisse sur le disque inférieur: les orifices s'alignent, l'eau s'achemine dans une chambre de mélange, puis à travers l'orifice de sortie pour arriver au bec. Le robinet à disque est un appareil de haute qualité facile à réparer. Les disques sont durables et ne doivent que très rarement être remplacés. La plupart des défectuosités de ce type de robinet sont causées par l'encrassement des orifices de la cartouche ou des joints de néoprène. On peut généralement corriger une fuite au bec ou au corps du robinet en nettoyant les orifices de la cartouche et les joints.

N'utilisez jamais d'outil pointu (un fil métallique ou la pointe d'un tournevis par exemple) pour nettoyer les orifices, car vous risqueriez de rayer ou d'ébrécher la surface lisse des disques. Vérifiez si des dépôts dans les orifices d'entrée ne gêneraient pas la circulation de l'eau; enlevez ces dépôts à l'aide d'un tampon récurant.

Si le robinet à disque fuit encore après le nettoyage, remplacez-en la cartouche **(photo A)**. Une fuite continue peut signaler que le disque de céramique est fissuré ou rayé, ou que des particules solides logées entre les disques compromettent l'étanchéité de la cartouche.

Pour acheter une cartouche de rechange, prenez note de la marque et du modèle du robinet, ou apportez l'ancien au magasin pour le comparer au nouveau.

Durant l'installation de la cartouche, veillez à bien en aligner les orifices avec les orifices de sortie situés dans le corps du robinet.

Outil: *Tournevis.*

Matériel: *Tampon à récurer, cartouche (au besoin).*

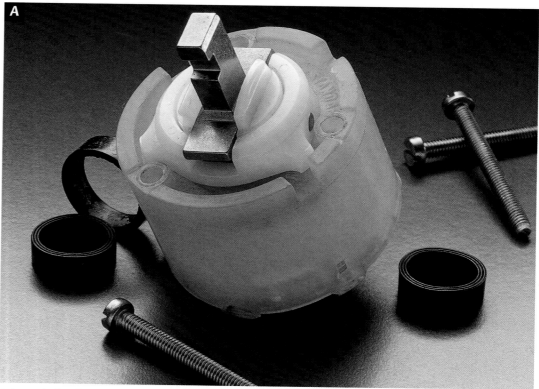

A

La trousse de pièces de rechange pour robinet à disque en céramique contient tous les joints et toutes les vis de montage.

Réparation d'un robinet à disque

Coupez l'eau aux robinets d'arrêt de l'appareil ou au robinet d'arrêt principal situé près du compteur d'eau. Poussez sur le côté le bec du robinet, puis levez la poignée **(photo B)**. Enlevez la vis de pression; détachez la poignée.

Enlevez l'enjoliveur **(photo C)**. Ôtez les vis de montage de la cartouche et retirez-la. Enlevez les joints de néoprène insérés dans les orifices de la cartouche **(photo D)**. Prenez garde de ne pas rayer les disques de céramique.

Nettoyez les orifices de la cartouche ainsi que les joints de néoprène avec un tampon à récurer **(photo**

E**)**. Rincez la cartouche à l'eau claire. Au besoin, nettoyez avec le tampon à récurer les orifices d'entrée situés dans le corps du robinet. Remettez les joints dans les orifices de la cartouche et remontez le robinet **(photo F)**.

Placez la poignée du robinet en position ON; puis ouvrez très lentement les robinets d'arrêt de l'appareil. Lorsque l'eau s'écoulera de manière continue, refermez le robinet à disque.

Si le robinet continue de fuir, installez une nouvelle cartouche **(photo G)**.

Conseil

Soyez particulièrement prudent lorsque vous rétablissez l'alimentation en eau après la réparation d'un robinet à disque. Avec le rétablissement de l'alimentation, la pression de l'air circulant dans le robinet risque de faire craquer les disques de céramique. Après la réparation, placez la poignée du robinet à la position ON; ouvrez très très lentement les robinets d'arrêt de l'appareil. Ne refermez pas le robinet tant que l'eau ne s'en écoulera pas de manière continue, sans poussées d'air.

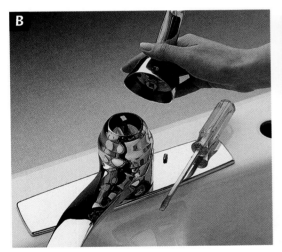

Retirez la vis de pression et enlevez la poignée.

Enlevez l'enjoliveur, les vis de montage et la cartouche.

Enlevez et nettoyez les joints de néoprène.

Nettoyez les orifices de la cartouche avec un tampon à récurer.

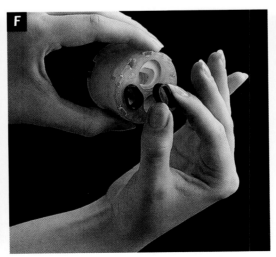

Replacez les joints dans les orifices de la cartouche et remontez le robinet.

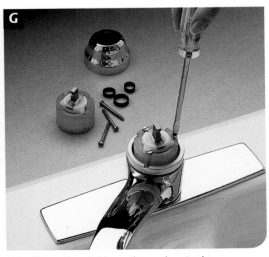

Si le robinet continue de fuir, remplacez-en la cartouche.

Robinet à compression

Le robinet à compression est muni d'un volant pour l'eau chaude et d'un autre pour l'eau froide. Il comporte une tige filetée à l'intérieur du corps. Les types de tiges sont nombreux, mais toutes sont munies de rondelles ou de joints de néoprène servant à commander le passage de l'eau. Le dispositif de manœuvre illustré à gauche comporte un écrou de blocage, une tige filetée, un joint torique, ainsi qu'une rondelle et une vis de tige. Les fuites au bec sont généralement causées par l'usure de la rondelle de tige, tandis que les fuites au volant le sont par l'usure du joint torique.

Lorsque vous remplacez une rondelle, inspectez le siège métallique à l'intérieur du corps du robinet. S'il est inégal, remplacez-le ou rodez-le (page 330).

> **Outils:** Tournevis, arrache-volant (facultatif), pince multiprise, couteau universel, clé à siège ou rodoir (si nécessaire).
>
> **Matériel:** Trousse universelle de rondelles, cordon d'étanchéité, graisse résistant à la chaleur, sièges de rechange (si nécessaire).

Capuchon indicateur

Vis du volant

Volant

Écrou de blocage

Dispositif de manœuvre

Tige filetée

Joint torique

Rondelle de tige

Vis de tige

Siège

La trousse universelle de rondelles contient toutes sortes de rondelles, de joints toriques et de vis.

Types courants de robinets à compression

Tige standard: une vis de tige en laiton retient la rondelle de néoprène sur le bout de la tige filetée. Remplacez la rondelle usée et la vis de tige.

Type tophat: une membrane enclenchable en néoprène remplace la rondelle standard. Remplacez la membrane.

Tige à pression inversée: une rondelle biseautée est installée sur l'extrémité de la tige. Dévissez la tige pour remplacer la rondelle.

Réparation d'un robinet à compression

Coupez l'eau aux robinets d'arrêt de l'appareil ou au robinet d'arrêt principal situé près du compteur d'eau. Ôtez le capuchon indicateur et retirez la vis du volant.

Enlevez le volant en le tirant vers le haut. Si vous n'y arrivez pas, servez-vous d'un arrache-volant. Placez les bras de l'outil sous le volant et vissez l'outil dans la tige du robinet jusqu'à ce que le volant soit libéré **(photo A)**.

Avec une pince multiprise, dévissez le dispositif de manœuvre pour le séparer du corps **(photo B)**. Inspectez le siège pour en vérifier l'usure; remplacez-le ou rodez-le, si nécessaire. Si le corps du robinet ou la tige sont très usés, remplacez tout le robinet. Retirez la vis en laiton de la tige **(photo C)**. Retirez la rondelle de tige usée. Dévissez l'écrou de blocage de la tige filetée **(photo D)**.

Coupez l'ancien joint torique et remplacez-le par un nouveau, parfaitement identique **(photo E)**. Si le robinet est muni d'un cordon d'étanchéité plutôt que d'un joint torique, enroulez du nouveau cordon autour de la tige, juste au-dessous de la garniture ou de l'écrou de blocage **(photo F)**. Installez une nouvelle rondelle et une nouvelle vis de tige. Enduisez toutes les pièces de graisse résistant à la chaleur. Remontez le robinet.

Conseil

Si votre robinet à compression est un modèle ancien, il nécessitera sans doute de fréquentes réparations. Dans ce cas, il serait plus judicieux de le remplacer.

Tige du robinet

Utilisez un arrache-volant pour retirer les volants corrodés.

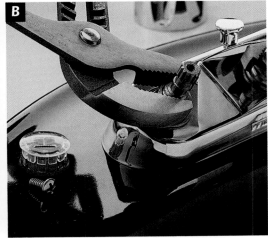

Dévissez le dispositif de manœuvre et vérifiez l'usure du siège.

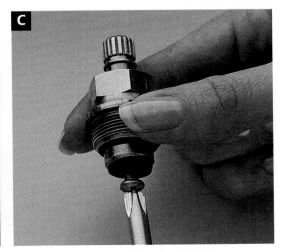

Retirez la vis de tige en laiton ainsi que la rondelle de tige.

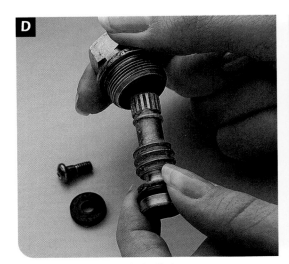

Dévissez l'écrou de blocage de la tige filetée.

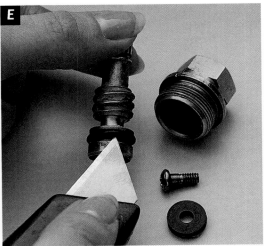

Coupez le vieux joint torique et remplacez-le par un nouveau, parfaitement identique.

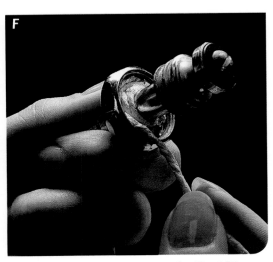

Posez une nouvelle rondelle et un nouveau cordon d'étanchéité.

Remplacement du siège d'un robinet à compression

Lorsque vous réparez un robinet à compression, vérifiez l'état du siège en y passant le doigt sur le pourtour **(photo A)**. Si le siège vous paraît rugueux, remplacez-le.

Retirez le siège à l'aide d'une clé à siège **(photo B)**. Choisissez l'extrémité de la clé qui s'adapte au siège et insérez-la dans le robinet. Faites tourner la clé dans le sens inverse de celui des aiguilles d'une montre pour enlever le siège et remplacez celui-ci par un siège identique.

Si le siège ne peut être enlevé, rodez-le à l'aide d'un rodoir, de la manière expliquée ci-dessous.

Vérifiez si le siège ne serait pas endommagé ou rugueux.

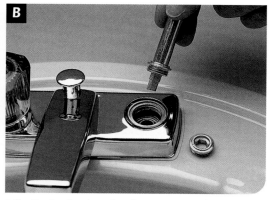
Retirez l'ancien siège et remplacez-le par un nouveau siège identique.

Rodage du siège d'un robinet à compression

Pour roder le siège d'un robinet à compression, choisissez un couteau adapté au diamètre intérieur de l'écrou de blocage **(photo C)**. Faites glisser cet écrou sur la tige filetée du rodoir, puis attachez le contre-écrou et le couteau à la tige.

Vissez lâchement l'écrou de blocage dans le corps du robinet **(photo D)**. Poussez légèrement sur le rodoir et faites-en tourner la poignée sur deux ou trois tours, dans le sens des aiguilles d'une montre. Remontez le robinet.

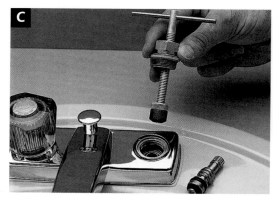
Attachez un couteau au rodoir.

Faites tourner le rodoir sur deux ou trois tours dans le sens des aiguilles d'une montre.

Réparation des becs et douchettes manquant de pression

Si la pression d'eau du bec vous semble faible, c'est généralement que des dépôts minéraux obstruent les petits trous du brise-jet aérateur. Le brise-jet aérateur est la petite pièce vissée au bec, contenant un filtre métallique qui mélange de minuscules bulles d'air à l'eau. Pour régler le problème, démontez le brise-jet aérateur et nettoyez-le avec une petite brosse trempée dans du vinaigre **(photo E)**.

Si la pression d'eau de la douchette vous paraît faible, ou si la poignée de celle-ci fuit, c'est généralement que des dépôts minéraux obstruent les ouvertures de la pomme. Démontez la pomme et nettoyez-en les pièces de la manière décrite plus haut. Si ce nettoyage ne règle pas le problème, il se peut que l'inverseur soit défectueux (page 331).

Si la pression est faible dans toute votre plomberie et que celle-ci est faite de tuyaux de fer galvanisé, il se peut que les tuyaux soient corrodés. La meilleure solution consiste alors à remplacer ces tuyaux par des tuyaux de cuivre.

Le nettoyage du brise-jet aérateur et de la douchette peut rétablir la pression d'eau.

Réparation de l'inverseur

L'inverseur situé dans le corps du robinet sert à diriger l'eau vers le bec du robinet ou vers la douchette, selon que vous appuyez ou non sur le bouton de cette dernière. Si la pression reste faible après le nettoyage de la pomme, vous devrez nettoyer ou remplacer l'inverseur.

Coupez l'eau aux robinets d'arrêt de l'appareil ou au robinet d'arrêt principal situé près du compteur d'eau. Retirez la poignée et le bec du robinet (**photo F**).

Sortez l'inverseur du corps du robinet à l'aide d'une pince à bec effilé (**photo G**). Éliminez les dépôts minéraux et la saleté accumulés dans l'inverseur avec une petite brosse trempée dans du vinaigre.

Si possible, remplacez les rondelles ou les joints toriques usés. Enduisez les nouvelles pièces de graisse résistant à la chaleur (**photo H**). Réinstallez l'inverseur et remontez le robinet.

Enlevez la poignée et le bec du robinet.

Retirez et nettoyez l'inverseur.

Remplacez les rondelles et joints toriques; réinstallez l'inverseur.

Remplacement d'une douchette

Coupez l'eau aux robinets d'arrêt de l'appareil ou au robinet d'arrêt principal situé près du compteur d'eau. À l'aide d'une pince multiprise, dévissez le tuyau de la douchette du mamelon situé sur la partie inférieure du robinet (**photo I**). Tirez le tuyau par l'ouverture de l'évier; vérifiez si celui-ci ne serait pas plié ou fendillé. S'il est usé ou endommagé, remplacez-le. Dévissez la pomme de la douille (**photo J**). Retirez la rondelle pour exposer l'anneau d'arrêt. À l'aide d'une pince à bec effilé, retirez cet anneau. Faites glisser la douille sur l'extrémité du tuyau de la douchette (**photo K**). Jetez le vieux tuyau.

Installez sur le nouveau tuyau la douille, l'anneau d'arrêt, la rondelle et la pomme. Raccordez le tuyau de la douchette au mamelon du robinet.

Dévissez le tuyau du mamelon situé sur le robinet.

Enlevez de la douille la pomme et la rondelle.

Enlevez l'anneau d'arrêt et la douille.

Remplacement d'un robinet

Si un robinet requiert de fréquentes réparations ou si celles-ci ne semblent pas corriger les fuites de manière définitive, le moment est venu de remplacer le robinet. Le remplacement d'un robinet est facile et vous prendra environ une heure. Commencez par mesurer le diamètre des ouvertures de l'évier et la distance séparant le centre de ces ouvertures **(photo A)**. Choisissez un nouveau robinet qui correspond au diamètre et à l'éloignement des ouvertures de l'évier.

Choisissez aussi un robinet provenant d'un fabricant réputé: les pièces de rechange seront plus faciles à trouver lorsque vous en aurez besoin. Les robinets dont le corps est en cuivre massif sont durables et faciles à installer.

Lorsque vous remplacez un robinet, remplacez également les tuyaux d'alimentation. Certains robinets se vendent sans ces tuyaux; vous devrez donc les acheter séparément **(photo B)**. Ces tuyaux sont offerts en acier tressé, en treillis de vinyle ou en cuivre chromé. D'autres robinets se vendent avec les tuyaux d'alimentation raccordés en usine et sont prêts à être branchés directement aux robinets d'arrêt au moyen de raccords à compression **(photo C)**.

Si les tuyaux d'alimentation de l'évier ne sont pas munis de robinets d'arrêt, installez-en avant d'installer le robinet.

Outils: *Clé pour lavabo ou pince multiprise, couteau à mastiquer, pistolet à calfeutrer, clés à molette.*

Matériel: *Huile de dégrippage, scellant à la silicone ou mastic adhésif, robinet de rechange, deux tuyaux d'alimentation souples, robinets d'arrêt (au besoin).*

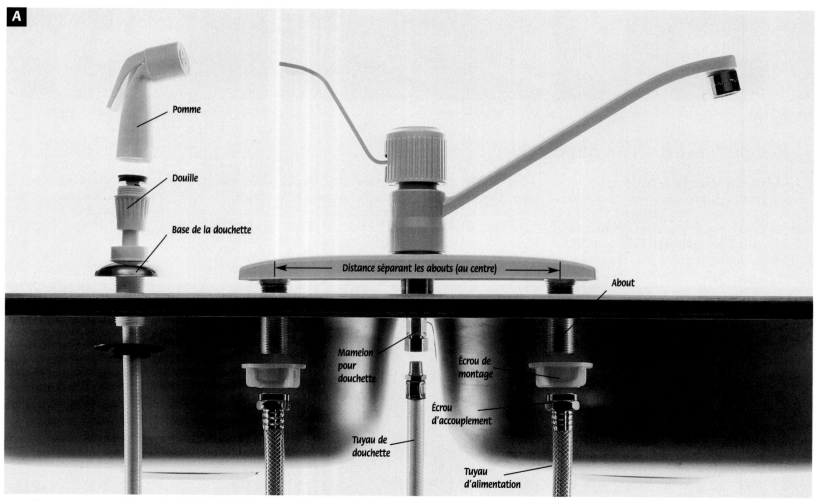

A

Pomme

Douille

Base de la douchette

Distance séparant les abouts (au centre)

About

Mamelon pour douchette

Écrou de montage

Écrou d'accouplement

Tuyau de douchette

Tuyau d'alimentation

Avant d'acheter un nouveau robinet, examinez l'aménagement des ouvertures de l'évier et mesurez la distance séparant les abouts.

Variantes de raccordement des robinets

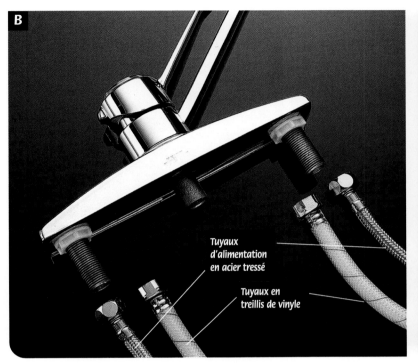

Tuyaux
d'alimentation
en acier tressé

Tuyaux en
treillis de vinyle

Pour certains robinets, vous devrez acheter les tuyaux d'alimentation.

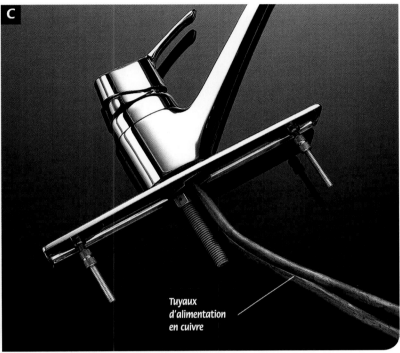

Tuyaux
d'alimentation
en cuivre

D'autres robinets sont vendus avec les tuyaux d'alimentation déjà raccordés.

Enlèvement d'un robinet

Coupez l'eau au robinet d'arrêt principal situé près du compteur d'eau.

Vaporisez de l'huile de dégrippage sur les écrous de montage des abouts et sur les écrous d'accouplement des tuyaux d'alimentation **(photo D)**. Au bout de 5 à 10 minutes, enlevez les écrous d'accouplement à l'aide d'une clé pour lavabo ou d'une pince multiprise.

Enlevez les écrous de montage des abouts à l'aide d'une clé pour lavabo ou d'une pince multiprise. Ces écrous étant souvent situés dans des endroits difficiles d'accès, l'utilisation d'une clé pour lavabo vous facilitera la tâche, bien que cette clé ne soit pas indispensable.

Retirez le robinet des ouvertures de l'évier **(photo E)**. À l'aide d'un couteau à mastiquer, enlevez le vieux mastic sur la surface de l'évier.

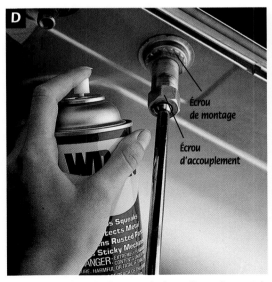

Écrou
de montage

Écrou
d'accouplement

Vaporisez de l'huile de dégrippage sur les écrous d'accouplement et de montage. Enlevez ces écrous à l'aide d'une clé pour lavabo ou d'une pince multiprise.

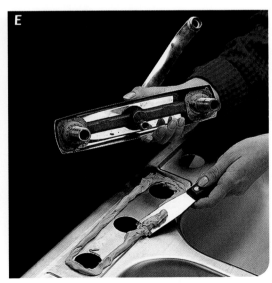

Ôtez le robinet; avec un couteau à mastiquer, enlevez le vieux mastic.

Installation d'un nouveau robinet

Appliquez un cordon de ¼ po de scellant à la silicone ou de mastic adhésif sur le pourtour de la base du robinet **(photo A)**. Insérez les abouts du robinet dans les ouvertures de l'évier. Placez le robinet de manière que sa base soit parallèle à l'arrière de l'évier; appuyez sur le robinet pour que le scellant soit bien étanche.

Vissez les rondelles de friction et les écrous de montage sur les abouts **(photo B)**; serrez-les avec une clé pour lavabo ou une pince multiprise. Essuyez l'excédent de mastic autour de la base du robinet.

Raccordez les tuyaux d'alimentation aux abouts du robinet **(photo C)**. Serrez les écrous d'accouplement avec une clé pour lavabo ou une pince multiprise.

Joignez les tuyaux d'alimentation aux robinets d'arrêt en utilisant des raccords à compression (page 291). Serrez les écrous à la main, puis resserrez-les d'un quart de tour à l'aide d'une clé à molette **(photo D)**.

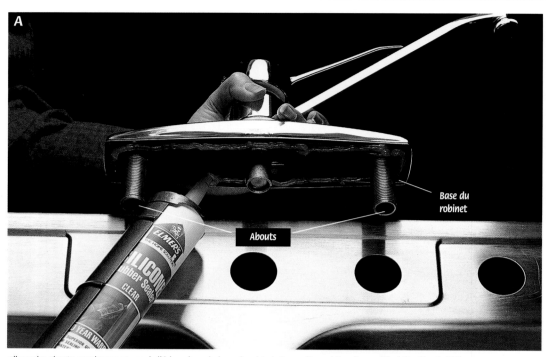

Alignez les abouts avec les ouvertures de l'évier; placez la base du robinet de manière qu'elle soit parallèle à l'arrière de l'évier.

Installez sur les abouts les rondelles à friction et les écrous de montage.

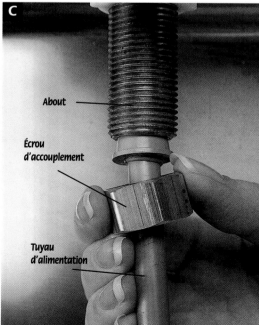

Raccordez les tuyaux d'alimentation aux abouts et serrez les écrous d'accouplement.

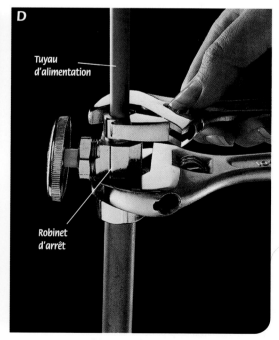

Pour serrer un raccord à compression, immobilisez le robinet à l'aide d'une clé à molette tout en resserrant doucement l'autre pièce avec une autre clé à molette.

Raccordement d'un robinet déjà muni des tuyaux d'alimentation

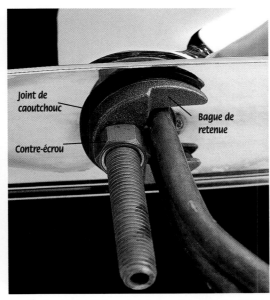

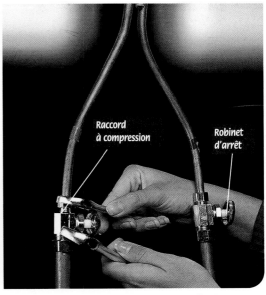

Appliquez un cordon de scellant ou de mastic adhésif; placez le robinet de la manière décrite à la page 334. Si le robinet est muni d'une plaque décorative, vissez les rondelles et contre-écrous sur les boulons de la plaque.

Attachez le robinet à l'évier en installant sur l'about fileté le joint de caoutchouc, la bague de retenue et le contre-écrou. Serrez le contre-écrou.

Avec des raccords à compression, joignez les robinets d'arrêt aux tuyaux d'alimentation (page 291). Raccordez le tuyau à bande rouge au tuyau d'eau chaude, et le tuyau à bande bleue au tuyau d'eau froide.

Installation d'une douchette

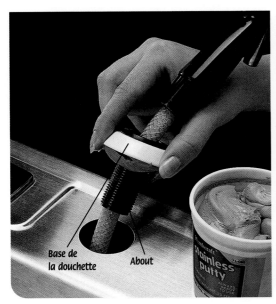

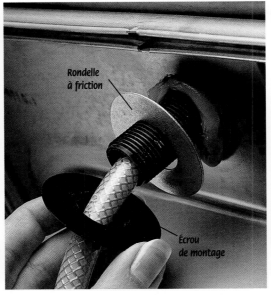

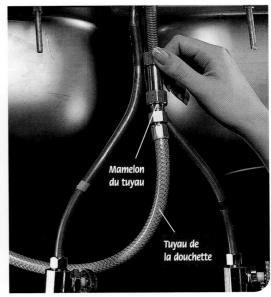

Appliquez un cordon de ¼ po de scellant à la silicone ou de mastic adhésif sur le pourtour de la base de la douchette. Insérez l'about de la base dans l'ouverture de l'évier.

Placez une rondelle à friction sur l'about. Vissez l'écrou de montage sur l'about et serrez-le à l'aide d'une clé pour lavabo ou d'une pince multiprise. Essuyez l'excédent de mastic.

Vissez le tuyau de la douchette sur le mamelon situé sur la partie inférieure du robinet. Serrez-le d'un quart de tour avec une clé pour lavabo ou une pince multiprise.

Baignoires, douches et baignoires à remous

Les baignoires sont reliées au système d'égout au moyen d'un dispositif de vidange et de trop-plein. Des colonnes montantes, munies de robinets d'arrêt individuels, relient les robinets aux tuyaux d'eau chaude et d'eau froide. Beaucoup de baignoires sont équipées d'un levier permettant de diriger l'eau vers une pomme de douche. La baignoire douche est généralement contenue dans une enceinte carrelée ou dans une cabine de fibre de verre préfabriquée. Le mur renfermant les tuyaux d'alimentation de la douche comporte un panneau amovible donnant accès aux robinets d'arrêt et aux raccords.

Les baignoires à remous sont de grandes baignoires munies d'hydrojets intégrés. Les pompes créent un effet de massage qui soulage le stress et les douleurs musculaires. En plus des réparations générales, la baignoire à remous peut nécessiter des réparations spécialisées aux hydrojets et pompes.

Les robinets de baignoire et de douche se présentent dans les quatre mêmes styles de base que ceux des éviers; les techniques de réparation sont identiques à celles décrites aux pages 320 à 329. Pour reconnaître le type du robinet, vous devrez peut-être le démonter.

Dans le cas d'une baignoire douche, la pomme de douche et le bec de la baignoire sont alimentés par les mêmes tuyaux et commandés par les mêmes robinets. La robinetterie peut comporter un seul robinet, deux robinets et un inverseur à opercule, ou trois robinets (**photos A, B, C**).

Lorsque les robinets et inverseurs d'une baignoire douche sont installés dans des cavités murales, vous aurez peut-être besoin d'une clé à douille à cliquet munie d'une douille longue.

A

Baignoire douche à robinet unique de type à cartouche, à tournant sphérique ou à disque.

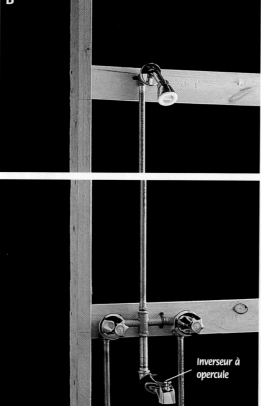

B

Inverseur à opercule

Baignoire douche à deux robinets de type à compression ou à cartouche.

C

Robinet inverseur

Baignoire douche à trois robinets de type à compression ou à cartouche.

Réparation d'une installation à robinet unique

Le robinet unique commande à la fois le débit et la température de l'eau. Un inverseur à opercule dirige l'eau soit vers la pomme de douche, soit vers le bec de la baignoire. L'inverseur à opercule nécessite rarement des réparations, bien que le levier puisse parfois se briser, devenir lâche ou refuser de rester levé. Si l'inverseur est défectueux, remplacez le bec de la baignoire (page 338).

Le robinet unique peut être de type à tournant sphérique, à cartouche ou à disque. Recourez aux techniques de réparation décrites à la page 322 dans le cas des robinets à tournant sphérique, et à la page 326 dans celui des robinets à disque.

Pour réparer un robinet unique à cartouche, commencez par enlever la vis du volant, puis le volant et la plaque décorative **(photo D)**.

Coupez l'eau. Certains robinets sont munis de robinets d'arrêt intégrés **(photo E)**. Vous pouvez aussi couper l'eau aux robinets d'arrêt des colonnes montantes ou au robinet d'arrêt principal situé près du compteur d'eau.

Dévissez et enlevez la bague de retenue ou l'écrou de chapeau à l'aide d'une clé à molette **(photo F)**.

Retirez la cartouche en saisissant l'extrémité du robinet avec une pince multiprise et en tirant doucement **(photo G)**.

Rincez à l'eau claire le corps du robinet pour le nettoyer. Remplacez les joints toriques. Réinstallez la cartouche, puis vérifiez le bon fonctionnement du robinet.

Si le robinet est encore défectueux, démontez-le de nouveau et remplacez la cartouche.

> **Outils:** Tournevis, clé à molette, pince multiprise.
>
> **Matériel:** Joints toriques, cartouche de rechange (au besoin).

Plaque décorative

Retirez le volant et la plaque décorative à l'aide d'un tournevis.

Coupez l'eau aux robinets d'arrêt.

Dévissez et enlevez la bague de retenue ou l'écrou de chapeau.

Enlevez la cartouche.

Réparation d'une installation à deux robinets

Il peut s'agir de robinets à cartouche ou à compression. Recourez aux techniques de réparation décrites à la page 324 dans le cas des robinets à cartouche, et à la page 328 dans celui des robinets à compression.

Ce type d'installation comporte un robinet commandant l'eau chaude et un autre commandant l'eau froide; l'eau chaude et l'eau froide sont dirigées vers une chambre de mélange puis vers le bec de la baignoire.

Un inverseur à opercule, mécanisme simple logé dans le bec, permet de diriger l'eau vers le bec ou vers la pomme de douche.

L'inverseur à opercule nécessite rarement des réparations, bien que le levier puisse parfois se briser, devenir lâche ou refuser de rester levé. Si l'inverseur est défectueux, remplacez le bec de la baignoire (voir ci-dessous).

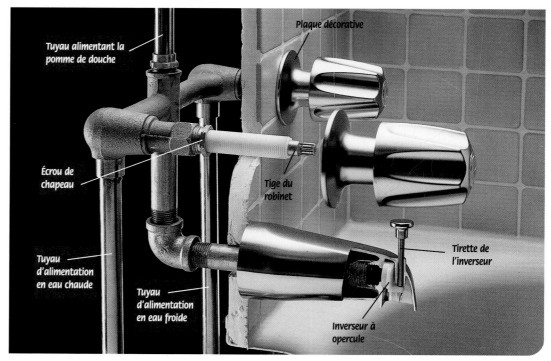

Plaque décorative

Tuyau alimentant la pomme de douche

Écrou de chapeau

Tige du robinet

Tuyau d'alimentation en eau chaude

Tuyau d'alimentation en eau froide

Tirette de l'inverseur

Inverseur à opercule

Dans les installations à deux robinets, l'inverseur à opercule dirige l'eau soit vers le bec de la baignoire, soit vers la pomme de douche.

Remplacement d'un bec de baignoire

Commencez par enlever le vieux bec. Pour ce faire, cherchez sous le bec la petite fente d'accès indiquant qu'il est fixé au moyen d'une vis à tête hexagonale **(photo A)**. Si c'est le cas, servez-vous d'une clé hexagonale pour dévisser la vis, puis faites glisser le bec pour l'enlever.

S'il n'y a pas de fente d'accès, vous devez dévisser le bec même **(photo B)**. Utilisez une clé à tuyau, ou insérez dans le bec un manche de marteau ou encore un goujon de 2 po, et faites tourner le bec dans le sens inverse de celui des aiguilles d'une montre. Si vous utilisez une clé à tuyau, enroulez du ruban-cache autour des mâchoires ou un chiffon autour du bec pour ne pas en abîmer le fini.

Étalez de la pâte à joints sur les filets du mamelon de bec et installez le nouveau bec.

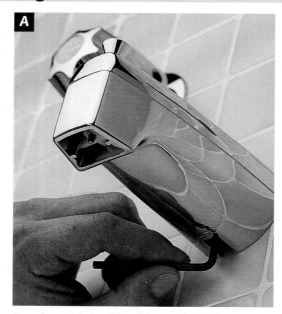

A

Pour enlever certains becs il faut dévisser une vis à tête hexagonale.

B

D'autres becs se dévissent; il faut alors les faire tourner dans le sens inverse des aiguilles d'une montre.

Réparation d'une installation à trois robinets

La baignoire douche à trois robinets comporte un robinet pour l'eau chaude, un pour l'eau froide et un troisième pour l'inverseur qui dirige l'eau soit vers le bec de la baignoire, soit vers la pomme de douche.

Comme c'est le cas pour les éviers, la présence de robinets distincts pour l'eau chaude et pour l'eau froide indique qu'il s'agit de robinets à cartouche ou à compression. Recourez aux techniques de réparation décrites à la page 324 dans le cas des robinets à cartouche, et à la page 328 dans celui des robinets à compression.

Si l'inverseur est défectueux, le débit d'eau sera faible ou l'eau sortira par le bec de la baignoire lorsqu'elle est censée sortir de la pomme de douche. Dans ce cas, il faut réparer ou remplacer l'inverseur.

La plupart des inverseurs ressemblent dans leur conception à des robinets à compression ou à cartouche. On peut réparer les inverseurs à compression, mais les inverseurs à cartouche défectueux doivent être remplacés.

Avant de commencer la réparation d'un inverseur à compression, coupez l'eau aux robinets d'arrêt intégrés ou au robinet d'arrêt principal situé près du compteur d'eau.

Au moyen d'un tournevis, enlevez le volant de l'inverseur **(photo C)**; dévissez ou arrachez la plaque décorative.

Retirez l'écrou de chapeau à l'aide d'une clé à molette ou d'une pince multiprise **(photo D)**.

Dévissez la tige avec une clé à douille à cliquet munie d'une douille longue **(photo E)**. Au besoin, brisez le mortier entourant l'écrou de chapeau. Retirez la vis de tige en laiton **(photo F)**.

Suite à la page suivante

Outils: Tournevis, clé à molette ou pince multiprise, clé à douille à cliquet munie d'une douille longue, petite brosse métallique.

Matériel: Cartouche d'inverseur de rechange ou trousse universelle de rondelles, graisse résistant à la chaleur, vinaigre.

Retirez le volant de l'inverseur; arrachez ou dévissez la plaque décorative de l'inverseur.

À l'aide d'une clé à molette ou d'une pince multiprise, retirez l'écrou de chapeau retenant l'inverseur. S'il s'agit d'un inverseur à cartouche, remplacez cette dernière.

S'il s'agit d'un inverseur à compression, dévissez la tige à l'aide d'une clé à douille à cliquet munie d'une douille longue.

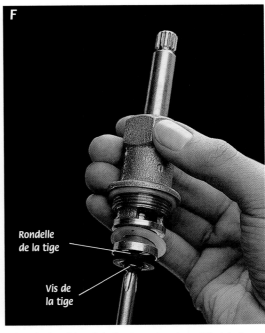

Enlevez la vis en laiton de la tige et remplacez la rondelle de la tige.

Réparation d'une installation à trois robinets (suite)

Remplacez la rondelle de la tige par une rondelle parfaitement identique (page 329). Si la vis de la tige vous semble usée, remplacez-la aussi.

Dévissez la tige filetée de l'écrou de blocage (**photo G**). À l'aide d'une petite brosse métallique trempée dans du vinaigre, éliminez les dépôts accumulés sur l'écrou (**photo H**).

Une fois l'écrou nettoyé et sec, enduisez toutes les pièces de graisse résistant à la chaleur et remontez l'inverseur. Réinstallez la plaque décorative et le volant.

Dévissez la tige filetée de l'écrou de blocage.

Avec une brosse métallique, éliminez les dépôts accumulés sur l'écrou.

Enlèvement d'un robinet encastré

Les robinets de certaines baignoires douches sont encastrés dans une cavité murale. Leur enlèvement requiert une certaine habileté... et une clé à douille à cliquet munie d'une douille longue.

Commencez par enlever le volant (**photo A**). Servez-vous d'une pince multiprise pour dévisser la plaque décorative. (Enroulez du ruban-cache sur les mâchoires de la pince pour ne pas abîmer la plaque.)

Avec le plus de précaution possible, brisez le mortier entourant l'écrou de chapeau au moyen d'un marteau à panne ronde et d'un petit ciseau à froid (**photo B**). À l'aide d'une clé à douille à cliquet munie d'une douille longue, dévissez l'écrou de chapeau (**photo C**). Retirez du corps du robinet l'écrou de chapeau ainsi que la tige.

Outils: *Pince multiprise, marteau à panne ronde, petit ciseau à froid, clé à douille à cliquet munie d'une douille longue.*

Matériel: *Ruban-cache.*

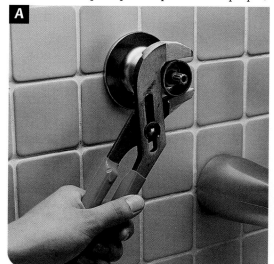

Retirez le volant et dévissez la plaque décorative.

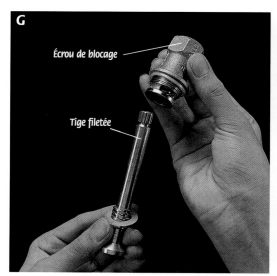

Brisez le mortier entourant l'écrou de chapeau.

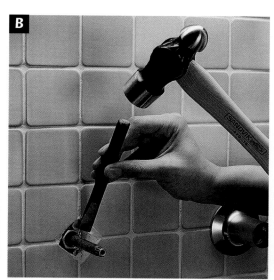

À l'aide d'une clé à douille à cliquet munie d'une douille longue, dévissez l'écrou de chapeau.

Nettoyage et réparation d'une pomme de douche

Il est généralement facile de démonter une pomme de douche en vue d'un nettoyage ou d'une réparation. Mais, avant de commencer, vous devez couper l'eau soit aux robinets d'arrêt intégrés, soit au robinet d'arrêt principal situé près du compteur d'eau.

Certaines pommes, telle celle illustrée à droite **(photo D)**, sont munies d'un levier à came servant à régler le jet d'eau.

En règle générale, les défectuosités de la pomme de douche sont l'obstruction des orifices de sortie ou le mauvais fonctionnement de l'articulation à rotule.

Les orifices de sortie et d'entrée de la pomme ont tendance à se boucher à cause de dépôts minéraux; lorsque c'est le cas, la pomme commence à gicler latéralement.

Démontez la pomme pour la nettoyer. Entourez de ruban-cache les mâchoires d'une clé à molette ou d'une pince multiprise avant de dévisser l'écrou de la rotule **(photo E)**. Ensuite, dévissez l'écrou à embase. Nettoyez les orifices de sortie et d'entrée de la pomme avec une petite tige métallique (comme un trombone déplié) **(photo F)**. Rincez la pomme à l'eau claire.

Certaines pommes sont munies d'une articulation à rotule permettant d'orienter le jet d'eau dans tous les sens. Si l'articulation refuse de rester en position ou si elle fuit, inspectez le joint torique situé entre la pomme et la rotule. Si ce joint est usé, remplacez-le **(photo G)**. Avant d'installer le nouveau joint torique, enduisez-le de graisse résistant à la chaleur.

Outils: Clé à molette ou pince multiprise.

Matériel: Ruban-cache, tige métallique fine (trombone), graisse résistant à la chaleur, joint torique de rechange (au besoin).

D

- Bras de douche
- Écrou à embase
- Écrou de la rotule
- Levier de réglage à came
- Rotule
- Joint torique
- Orifices de sortie

E

Écrou de la rotule

Écrou à embase

Dévissez l'écrou de la rotule à l'aide d'une clé à molette ou d'une pince multiprise, puis dévissez l'écrou à embase.

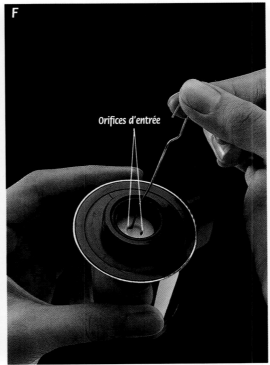

F

Orifices d'entrée

Nettoyez les orifices d'entrée et de sortie, puis rincez la pomme à l'eau claire.

G

Joint torique

Inspectez le joint torique. Remplacez-le s'il est usé. Avant d'installer le nouveau joint torique, enduisez-le de graisse résistant à la chaleur.

Entretien et réparation d'une baignoire à remous

La chaleur de l'eau et l'effet de massage des jets d'une baignoire à remous contribuent à soulager le stress et la tension. Malheureusement, la baignoire à remous connaît parfois elle aussi des problèmes de santé et on doit la réparer. La plupart des réparations courantes sont faciles à exécuter.

Dans une baignoire à remous, l'air et l'eau sont propulsés par des hydrojets, activés par une pompe, lesquels créent un effet de massage. Certaines baignoires à remous sont munies d'une minuterie et d'un chauffe-eau qui maintient la température de l'eau.

La taille et la forme de ce type de baignoire varient énormément; certaines ressemblent à des baignoires ordinaires, d'autres peuvent recevoir deux baigneurs à la fois. Elles sont généralement faites de fonte, d'acier avec émail vitrifié, de fibre de verre avec enduit gélifié ou d'acrylique sur fibre de verre.

Contrairement à la cuve à remous, la baignoire à remous, du fait qu'elle est vidée après chaque utilisation, ne requiert pas de système d'assainissement ni d'essai de pH.

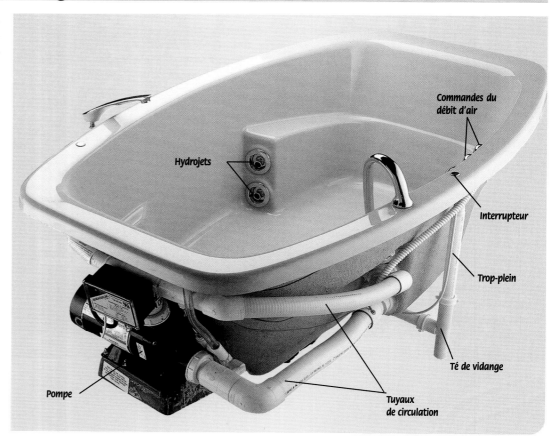

Commandes du débit d'air

Hydrojets

Interrupteur

Trop-plein

Té de vidange

Pompe

Tuyaux de circulation

Nettoyage d'une baignoire à remous

Un nettoyage régulier à l'eau et au nettoyant non abrasif prolongera la vie utile de votre baignoire à remous en éliminant les résidus de savon, les huiles et les dépôts minéraux qui subsistent après le bain.

N'utilisez jamais de nettoyants abrasifs, qui abîmeraient le fini de la baignoire. Enlevez les taches rebelles à l'aide d'alcool dénaturé ou de diluant à peinture.

N'utilisez jamais de produits de débouchage chimiques liquides; ils risquent d'endommager la pompe et le fini de la baignoire.

Bon nombre de systèmes doivent être nettoyés tous les mois (suivez les instructions du fabricant), afin que les hydrojets et les conduites d'eau restent propres.

Pour nettoyer le système, remplissez la baignoire d'eau tiède et ajoutez-y du détergent pour lave-vaisselle. Utilisez 2 cuillerées à soupe de détergent liquide ou 2 cuillerées à thé de détergent en cristaux. Mettez le système en marche et laissez-le fonctionner de 10 à 20 minutes. Videz la baignoire. Pour rincer le système, remplissez la baignoire d'eau froide, puis laissez la pompe marcher pendant 10 minutes.

Certains fabricants recommandent d'utiliser tous les deux mois ½ tasse d'eau de Javel au lieu du détergent; l'eau de Javel contribuera à assécher le système et à y détruire les bactéries.

Vous pouvez polir et protéger la surface de la baignoire en la nettoyant avec un détergent doux, puis en y appliquant une couche de cire d'auto ou de tout autre produit recommandé par le fabricant (**photo A**). Pour éliminer les petites égratignures, appliquez une pâte à polir avant la cire.

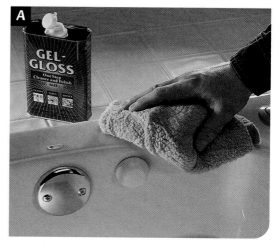

Nettoyez la surface de la baignoire pour en enlever les marques et les dépôts de savon. Appliquez ensuite une couche de cire d'auto, puis polissez-la.

Entretien courant de la pompe

Un bruit excessif ou une mauvaise circulation de l'eau indique que la pompe de la baignoire à remous fonctionne mal.

Assurez-vous que toutes les buses des hydrojets ne sont pas orientées vers les filtres d'aspiration. Un hydrojet mal orienté risque de nuire au bon fonctionnement du système en envoyant de l'air dans la pompe.

Retirez toutes les grilles d'aspiration et nettoyez-les avec un détergent doux **(photo B)**. Certains modèles de baignoire sont munis d'un filtre installé derrière la grille d'aspiration. Consultez le guide du fabricant pour connaître la méthode d'enlèvement et de nettoyage de ce filtre d'aspiration. Réinstallez le filtre (le cas échéant), puis la grille.

Vérifiez si tous les raccordements des tuyaux à la pompe sont bien étanches. Resserrez les raccords à la main **(photo C)**; si vous les serrez trop, les joints vont se briser. Vous devriez pouvoir atteindre tous les raccords sans difficulté.

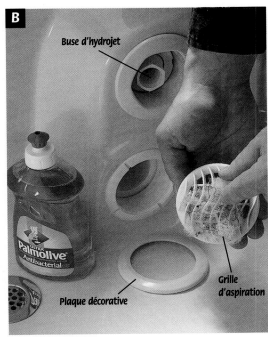

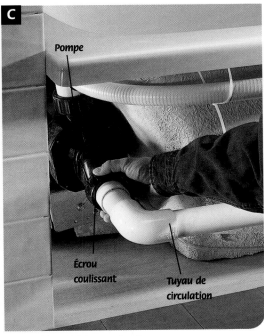

Nettoyez la grille d'aspiration avec un détergent doux et de l'eau.

Resserrez à la main l'écrou coulissant.

Nettoyage des hydrojets

Si l'un des hydrojets de la baignoire ne fonctionne pas, c'est sans doute qu'il est obstrué par des cheveux, des résidus de savon ou des huiles, lesquels peuvent s'accumuler et finir par empêcher le passage de l'eau dans la buse.

Pour dégager la buse, dévissez-la à la main jusqu'à ce que vous puissiez l'enlever **(photo D)**.

Retirez les débris logés dans le corps de l'hydrojet. Nettoyez-le avec un détergent doux et un chiffon ou une brosse souple.

Enduisez les joints toriques de graisse résistant à la chaleur.

Réinstallez l'hydrojet; orientez la buse dans la direction souhaitée. Veillez à l'orienter de manière que le jet ne soit pas dirigé vers la grille d'aspiration.

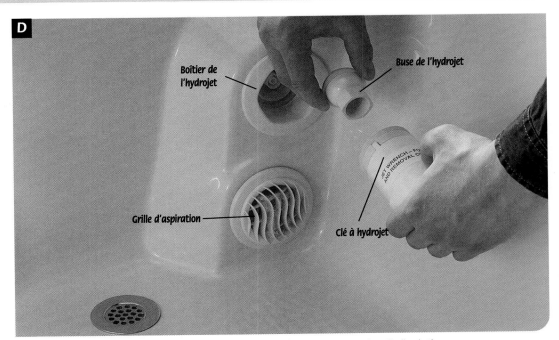

Dévissez l'hydrojet, nettoyez-le, puis réinstallez-le en veillant à ce que le jet ne soit pas dirigé vers la grille d'aspiration.

Toilettes

La toilette est un appareil sanitaire simple; des réglages mineurs suffisent à en corriger la plupart des défectuosités.

Avant de procéder à la réparation d'une toilette, il faut en reconnaître les pièces et comprendre comment celles-ci interagissent.

Lorsque vous poussez sur la *manette*, la *chaîne de levage* ou la *tige de levage* soulève un *clapet* parfois appelé *bouchon-flotteur* ou *cloche*. L'eau du réservoir se déverse rapidement dans la *cuvette* par la soupape de chasse située au fond du réservoir.

Le contenu de la cuvette est alors chassé dans le *siphon*, jusque dans le *tuyau de vidange*.

Une fois le réservoir vide, le clapet retombe sur son siège et en scelle l'ouverture. Un robinet d'alimentation en eau, appelé *robinet à flotteur*, remplit alors le réservoir. Le flotteur commandant ce robinet repose sur la surface de l'eau.

Une fois le réservoir rempli, le flotteur provoque automatiquement la fermeture du robinet à flotteur.

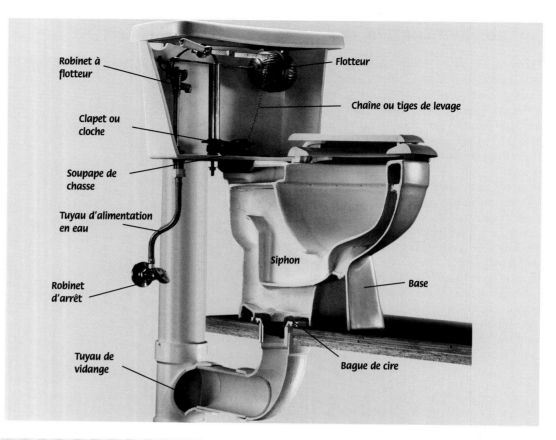

Défectuosités et réparations des toilettes

Défectuosité	Réparation
La manette de chasse grippe ou est difficile à actionner.	1. Réglez les tiges de levage (page 345). 2. Nettoyez et réglez la manette (page 345).
La manette de chasse est lâche.	1. Réglez la manette (page 345). 2. Rattachez au levier la chaîne ou les tiges de levage (page 345).
La chasse ne fonctionne pas du tout.	1. Vérifiez si l'alimentation en eau n'aurait pas été coupée. 2. Réglez au levier la chaîne ou les tiges de levage (page 345).
La cuvette déborde ou la chasse se fait lentement.	1. Dégorgez la cuvette (page 313). 2. Dégorgez la colonne de chute (page 304).
L'eau s'écoule continuellement dans la cuvette.	1. Réglez la chaîne ou les tiges de levage (page 345). 2. Remplacez le flotteur non étanche (page 346). 3. Réglez le niveau de l'eau dans le réservoir (page 346). 4. Réglez et nettoyez la soupape de chasse (page 349). 5. Remplacez la soupape de chasse (page 349). 6. Réparez ou remplacez le robinet à flotteur (page 348).
Il y a de l'eau sur le sol près de la cuvette.	1. Resserrez les boulons du réservoir et les raccords des tuyaux (page 350). 2. Isolez le réservoir pour prévenir la condensation (page 350). 3. Remplacez la bague de cire (page 351). 4. Remplacez le réservoir ou la cuvette fissurés (page 352).

Réparation d'une toilette qui coule continuellement

Si, après avoir réglé le flotteur et les tiges de levage, vous entendez le bruit de l'eau qui s'écoule, inspectez le tuyau de trop-plein.

Si l'eau s'écoule dans le trop-plein, réglez le flotteur de manière à abaisser le niveau de l'eau dans le réservoir (page 346). Si le problème subsiste, réparez ou remplacez le flotteur (page 348).

Si l'eau ne s'écoule pas dans le trop-plein, vérifiez l'usure du clapet ou de la cloche et remplacez cette pièce au besoin. Si le problème subsiste, remplacez la soupape de chasse (page 349).

Outils: Petite brosse métallique, tournevis, clé à molette, pince multiprise, clé à ergots, couteau universel, clé à douille à cliquet, éponge, couteau à mastiquer.

Matériel: Vinaigre, papier d'émeri, rondelles et joints toriques de rechange, pièces de rechange, trousse d'isolation du réservoir, bague de cire, rondelle à ergots.

Si l'eau s'écoule continuellement dans la cuvette, évaluez les causes possibles suivantes, dans l'ordre: La chaîne de levage est-elle entortillée, ou les tiges (1) déformées? Le flotteur (2) frotte-t-il contre la paroi du réservoir ou appuie-t-il contre le couvercle du réservoir? Est-il étanche? Le robinet à flotteur (3) parvient-il à interrompre l'arrivée d'eau une fois le réservoir rempli? La soupape de chasse (4) laisse-t-elle l'eau s'écouler dans la cuvette?

Réglage de la manette et de la chaîne ou des tiges de levage

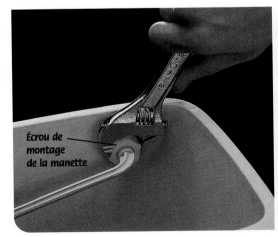

Si la manette grippe, nettoyez-en l'écrou de montage dont le filetage est renversé. Desserrez-le en le tournant dans le sens des aiguilles d'une montre. Enlevez les dépôts en nettoyant les pièces avec une brosse métallique trempée dans le vinaigre.

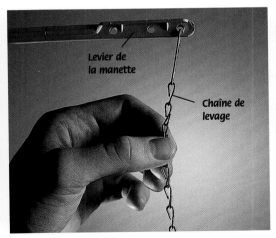

Si la chasse ne fonctionne pas ou qu'elle fonctionne partiellement, c'est peut-être que la chaîne est trop lâche ou qu'elle est cassée. Remplacez-la ou réglez-la de manière qu'elle pende verticalement et que son jeu soit d'environ 1/2 po.

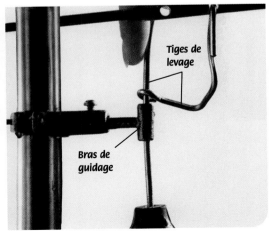

Si la toilette est munie de tiges de levage plutôt que d'une chaîne, il se peut que la manette grippe à cause de la déformation d'une tige. Redressez les tiges pour qu'elles fonctionnent correctement.

Réparation d'un clapet ou d'une cloche non étanche

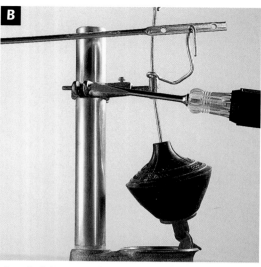

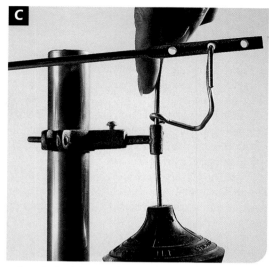

Coupez l'eau et actionnez la chasse pour vider le réservoir. Soulevez la cloche ou décrochez le clapet. Avec un papier d'émeri, nettoyez délicatement l'intérieur du siège et sa bordure.

Alignez la cloche. Desserrez les vis retenant le bras de guidage et placez ce bras directement au-dessus du siège de la soupape. Si la cloche (ou le clapet) est molle ou fissurée, remplacez-la.

Redressez la tige de levage verticale. La cloche devrait monter et descendre aisément lorsque vous actionnez la manette de chasse. Rétablissez l'eau, laissez le réservoir se remplir, puis essayez la chasse.

Réglage du robinet à flotteur

Le réglage du robinet à flotteur permet d'élever ou d'abaisser le niveau de l'eau dans le réservoir. Il existe quatre types de ces robinets, donc quatre méthodes de réglage. Le *robinet à flotteur et à piston traditionnel* commande le passage de l'eau par l'intermédiaire d'un piston de laiton attaché au levier du flotteur **(photo D)**. Pour faire monter le niveau de l'eau dans le réservoir, recourbez le levier du flotteur vers le haut; pour l'abaisser, recourbez légèrement le levier vers le bas. Le *robinet*

à membrane avec flotteur, généralement fait de plastique, comporte un large chapeau et une membrane de caoutchouc **(photo E)**. Pour faire monter le niveau de l'eau dans le réservoir, recourbez le levier du flotteur vers le haut; pour l'abaisser, recourbez le levier légèrement vers le bas. Le *robinet à coupelle flottante*, lui aussi fait de plastique, est facile à régler **(photo F)**. Pour faire monter le niveau de l'eau dans le réservoir, pincez l'agrafe élastique de la tige de levage et faites glisser la coupelle

flottante sur son axe vers le haut. Pour abaisser le niveau de l'eau, faites glisser la coupelle vers le bas. Le *robinet à dispositif sensible à la pression*, comme son nom l'indique, commande le niveau de l'eau au moyen d'un dispositif sensible à la pression **(photo G)**. Pour faire monter le niveau de l'eau dans le réservoir, tournez la vis de réglage d'un quart de tour dans le sens des aiguilles d'une montre; pour le faire baisser, tournez la vis de réglage dans le sens inverse.

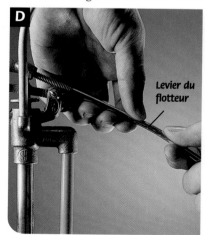

Réglage d'un robinet à flotteur et à piston.

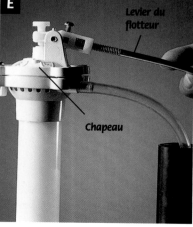

Réglage d'un robinet à membrane avec flotteur.

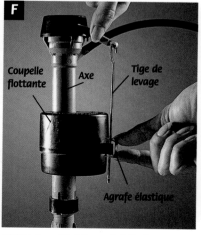

Réglage d'un robinet à coupelle flottante.

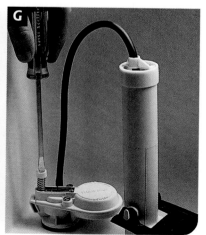

Réglage d'un robinet à dispositif sensible à la pression.

Réparation d'un robinet à flotteur et à piston

Écrous à oreilles

Piston — **Rondelle du piston** — **Rondelle d'étanchéité**

Coupez l'alimentation d'eau et vidangez le réservoir. Enlevez les écrous à oreilles du robinet. Faites glisser le levier du flotteur pour l'enlever.

Retirez le piston. Arrachez la rondelle d'étanchéité ou le joint torique. Arrachez la rondelle du piston pour enlever la vis de la tige.

Installez les rondelles de rechange. À l'aide d'une brosse métallique, nettoyez l'intérieur du robinet, puis remontez-le.

Réparation d'un robinet à membrane avec flotteur

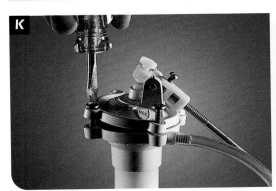
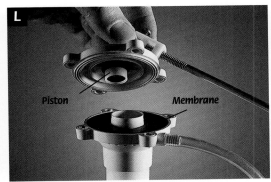

Piston — **Membrane**

Coupez l'alimentation d'eau et vidangez le réservoir. Retirez les vis du chapeau du robinet.

Enlevez le levier du flotteur encore attaché au chapeau. Vérifiez l'usure de la membrane et du piston.

Remplacez toutes les pièces trop rigides ou fissurées. Si le robinet est trop usé, remplacez-le (page 348).

Réparation d'un robinet à coupelle flottante

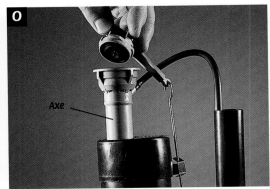

Axe

Coupez l'alimentation d'eau et vidangez le réservoir. Enlevez le chapeau du robinet.

Pour enlever l'axe du robinet, poussez-le vers le bas et faites-le tourner dans le sens contraire des aiguilles d'une montre. Éliminez les sédiments à l'aide d'une brosse métallique.

Remplacez le joint d'étanchéité du robinet. Si le robinet est trop usé, remplacez-le (page 348).

Remplacement du robinet à flotteur

Si l'eau continue de s'écouler par le trop-plein après le réglage du robinet à flotteur, ou si ce dernier est fort usé, le moment est venu d'en installer un nouveau. Commencez par couper l'alimentation d'eau et vidangez le réservoir. Enlevez l'eau qui reste avec une éponge.

À l'aide d'une clé à molette, ôtez l'écrou d'accouplement du tuyau d'alimentation ainsi que l'écrou de montage du robinet à flotteur **(photo A)**. Enlevez l'ancien robinet à flotteur.

Installez une rondelle conique sur l'about du nouveau robinet et insérez l'about dans l'ouverture du réservoir **(photo B)**.

Orientez la douille du levier de flotteur de manière que ce levier passe derrière le trop-plein. Vissez le levier du flotteur dans le robinet. Vissez le flotteur sur son levier **(photo C)**.

Pliez ou coupez le tuyau de remplissage de manière que l'extrémité de celui-ci s'insère dans le trop-plein **(photo D)**.

Vissez sur l'about du robinet l'écrou de montage et l'écrou d'accouplement du tuyau d'alimentation, puis serrez-les à l'aide d'une clé à molette **(photo E)**. Rouvrez l'eau et vérifiez l'étanchéité du dispositif.

Ajustez le niveau de l'eau dans le réservoir en réglant le robinet (page 346). Le niveau de l'eau devrait se situer à environ ½ po de la partie supérieure du trop-plein **(photo F)**.

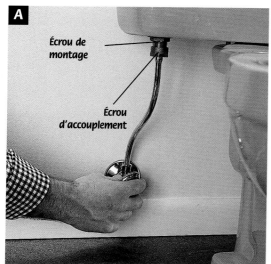

A Écrou de montage — Écrou d'accouplement

Enlevez les écrous et le robinet à flotteur.

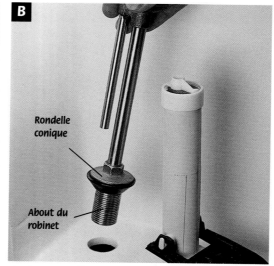

B Rondelle conique — About du robinet

Fixez le nouveau robinet à flotteur avec l'écrou de montage.

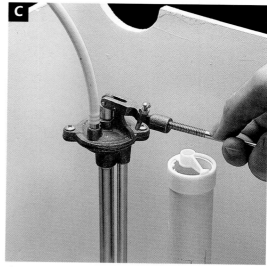

C

Vissez le levier du flotteur sur le robinet. Vissez le flotteur sur son levier.

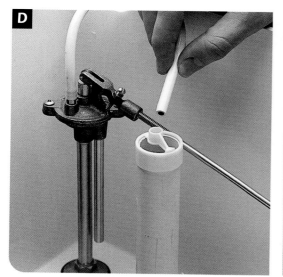

D

Insérez le tuyau de remplissage dans le trop-plein.

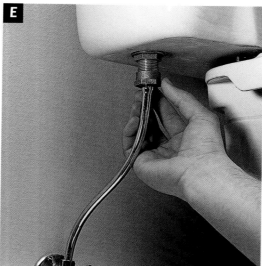

E

Vissez l'écrou d'accouplement sur l'about du robinet.

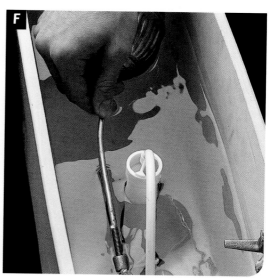

F

Réglez le robinet pour obtenir le niveau d'eau adéquat.

Réglage et nettoyage de la soupape de chasse

Si le réglage du flotteur et des tiges de levage ne suffit pas à arrêter l'écoulement continu de l'eau dans la cuvette, et si le niveau de l'eau dans le réservoir n'est pas assez haut pour que celle-ci s'écoule par le trop-plein, nettoyez et réglez la soupape de chasse.

Commencez par enlever le clapet (ou la cloche) et par nettoyer l'ouverture de la soupape **(photo G)**, à l'aide d'un papier d'émeri dans le cas d'une soupape en laiton, ou d'un tampon à récurer qui ne raie pas dans le cas d'une soupape en plastique.

Desserrez le bras de guidage et orientez-le de manière que le clapet (ou la cloche) se trouve directement au-dessus de la soupape de chasse **(photo H)**.

Inspectez le clapet (ou la cloche) et remplacez-le s'il est usé. Installez le clapet (ou la cloche) de manière qu'il se trouve directement au-dessus de l'ouverture de la soupape de chasse.

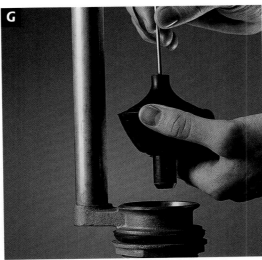
Enlevez la cloche; nettoyez l'ouverture de la soupape de chasse.

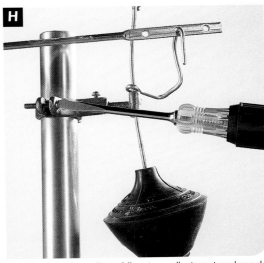
Réglez la cloche de manière qu'elle se trouve directement au-dessus de la soupape de chasse.

Remplacement d'une soupape de chasse

Si, malgré tous les réglages décrits jusqu'ici, l'eau s'écoule encore de manière continue, remplacez la soupape de chasse. Commencez par couper l'alimentation d'eau et par débrancher le robinet à flotteur (page 348). Détachez le réservoir de la cuvette en desserrant les boulons de montage du réservoir (page 351). Mettez le réservoir à l'envers.

Enlevez l'ancienne soupape de chasse en desserrant l'écrou à l'aide d'une clé à ergots ou d'une pince multiprise **(photo I)**.

Faites glisser la rondelle conique sur l'about de la nouvelle soupape, la face biseautée de la rondelle étant orientée vers l'extrémité de l'about **(photo J)**. Insérez la soupape dans l'ouverture du réservoir, de

manière que le tuyau de trop-plein fasse face au robinet à flotteur.

Vissez l'écrou sur l'about de la soupape et serrez-le à l'aide d'une clé à ergots ou d'une pince multiprise **(photo K)**. Placez la rondelle à ergots sur l'about, puis réinstallez le réservoir.

Enlevez la vieille soupape en en dévissant l'écrou.

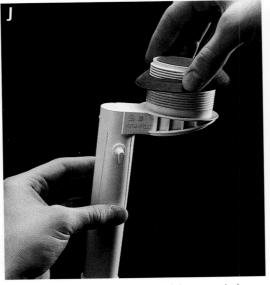
Faites glisser la rondelle conique sur l'about de la soupape de chasse.

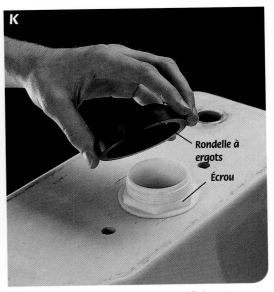
Vissez sur la soupape de chasse l'écrou et la rondelle à ergots.

Rondelle à ergots

Écrou

Réparation d'une toilette qui fuit

Lorsqu'une toilette fuit, vous devez trouver le plus tôt possible la cause de la fuite. Avec le temps, l'eau qui fuit pénétrera dans les couches du sol et endommagera le sous-plancher, voire les solives (**photo A**). Commencez par rechercher les causes les plus simples.

Vérifiez l'étanchéité de tous les raccordements. Servez-vous d'une clé à douille à cliquet pour resserrer les boulons du réservoir, et d'une clé à molette pour resserrer l'écrou de montage du robinet à flotteur ainsi que l'écrou d'accouplement du tuyau d'alimentation (**photo B**). Ne serrez pas trop les boulons du réservoir, vous risqueriez de le faire craquer.

Si de l'eau dégoutte du réservoir par temps humide, c'est peut-être que de la condensation se forme sur sa paroi extérieure. Pour corriger la situation, vous devez installer une chemise isolante à l'intérieur du réservoir.

Coupez l'alimentation d'eau; videz le réservoir et nettoyez-en l'intérieur avec un nettoyant abrasif. Utilisez un couteau universel pour découper les panneaux de mousse aux dimensions de l'avant, de l'arrière, du fond et des côtés du réservoir. Fixez ces panneaux dans le réservoir avec de la colle à l'épreuve de l'eau. Laissez cette colle sécher selon les instructions du fabricant. Rétablissez l'alimentation en eau et remplissez le réservoir (**photo C**).

Si l'eau semble fuir autour de la base de la toilette, surtout pendant que la chasse est actionnée ou juste après, c'est peut-être que la bague de cire est craquelée ou brisée. Pour savoir si c'est le cas ou non, versez quelques gouttes de colorant alimentaire dans le réservoir et actionnez la chasse. Si de l'eau colorée se répand sur le sol, il est presque certain que la bague de cire est à l'origine de la fuite. Remplacez-la (page 351).

Vérifiez si la fuite ne serait pas causée par des fissures dans le réservoir ou la base de la toilette. Ces fissures ne peuvent être réparées; vous devez remplacer le réservoir ou la base le plus tôt possible (page 352).

Si vous achetez une nouvelle toilette, songez à en choisir une qui économise l'eau: celle-ci peut être deux fois plus efficace qu'une toilette standard. Certaines toilettes se vendent avec la soupape de chasse et le robinet à flotteur déjà installés. Si ce n'est pas le cas de celle que vous achetez, vous devrez vous procurer séparément ces dispositifs.

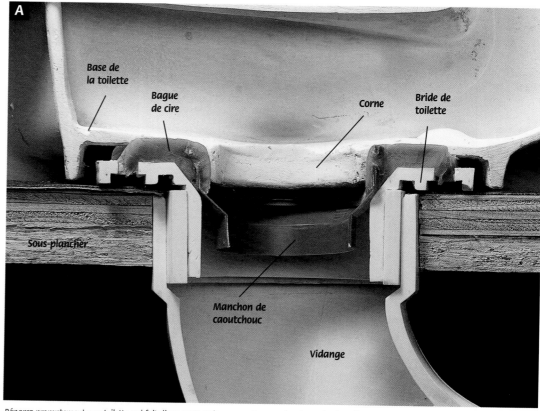

Réparez promptement une toilette qui fuit; l'eau peut endommager le sous-plancher, voire les solives.

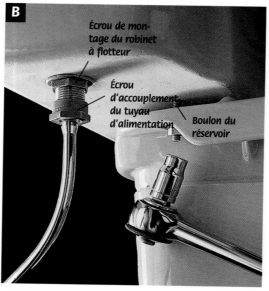

Pour corriger une fuite, commencez par resserrer tous les raccordements.

Isolez le réservoir pour prévenir la condensation.

Enlèvement de la toilette et de la bague de cire

Le raccordement entre la toilette et le drain du sol est scellé par une épaisse bague de cire. Au fil des ans, cette bague peut sécher, s'effriter ou se fissurer et ainsi laisser passer l'eau. Si c'est le cas, vous devez la remplacer. Cette réparation, ni compliquée ni difficile, peut cependant être très salissante. Ayez beaucoup de chiffons à portée de la main.

Coupez l'alimentation d'eau au robinet d'arrêt et vidangez le réservoir. Servez-vous d'une éponge pour enlever l'eau qui y reste. Avec une clé à molette, détachez le tuyau d'alimentation **(photo D)**.

Enlevez les écrous des boulons du réservoir à l'aide d'une clé à douille à cliquet **(photo E)**.

Retirez soigneusement le réservoir et mettez-le de côté. Si vous avez l'intention de le réinstaller, traitez-le avec soin. La plupart des réservoirs sont faits de porcelaine et s'endommagent facilement.

Avec un tournevis, soulevez délicatement les cache-vis de la base de la toilette. Servez-vous d'une clé à molette pour enlever les écrous des boulons **(photo F)**.

Posez un pied de chaque côté de la cuvette et faites-la balancer latéralement jusqu'à ce que le joint d'étanchéité se brise **(photo G)**.

Soulevez avec soin la cuvette et posez-la sur le sol, sur le côté. C'est là l'étape salissante de la répa-

ration: de l'eau peut s'écouler du siphon durant l'enlèvement de la toilette. Enfilez des gants de caoutchouc pour éliminer cette eau et pour nettoyer la toilette et sa bride.

Enlevez la vieille cire de la bride à l'aide d'un couteau à mastiquer **(photo H)**.

Bouchez l'ouverture du drain avec des chiffons, pour que les gaz d'égout ne se répandent pas dans la maison.

Si vous réinstallez la même toilette, enlevez de la corne et de la base de celle-ci la vieille cire et la pâte à joints **(photo I)**.

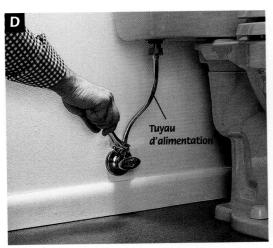

À l'aide d'une clé à molette, détachez le tuyau d'alimentation.

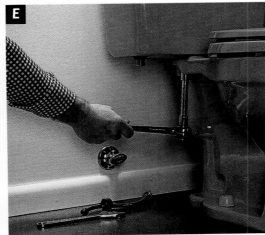

Ôtez les écrous des boulons du réservoir et enlevez ce dernier.

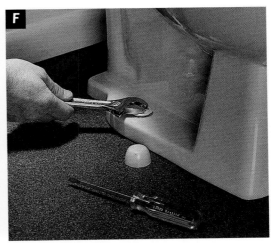

Avec une clé à molette, enlevez les écrous des boulons.

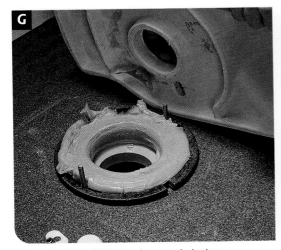

Brisez le joint d'étanchéité; retirez la cuvette des boulons.

Avec un couteau à mastiquer, enlevez de la bride la vieille cire.

Enlevez la cire et la pâte à joints se trouvant sur la corne et sur la base de la toilette.

Installation d'une toilette et d'une bague de cire

Mettez la base de la toilette à l'envers et installez une nouvelle bague de cire sur la corne de vidange **(photo A)**. Si c'est l'ancienne toilette que vous réinstallez, veillez d'abord à enlever la vieille cire et la pâte à joints.

Si la bague est munie d'un manchon de plastique ou de caoutchouc, placez-le de manière qu'il pointe dans le sens de l'écoulement de l'eau **(photo A)**. Appliquez un cordon de pâte à joints sur la bordure inférieure de la base de la toilette. Placez la toilette au-dessus du drain en alignant les ouvertures de sa base sur les boulons qui sortent du sol **(photo B)**.

Appuyez sur la base de la toilette en la faisant légèrement basculer latéralement, afin de comprimer la pâte à joints et la cire **(photo C)**.

Placez les rondelles et les écrous sur les boulons sortant du sol et serrez-les avec une clé à molette jusqu'à obtenir un ajustement serré.

Attention! Ne serrez pas trop ces écrous; la base de la toilette risquerait de craquer.

Essuyez l'excédent de pâte à joints exprimé autour de la base. Remettez les cache-vis.

Il vous faut maintenant préparer le nouveau réservoir pour l'installation. Si vous réinstallez l'ancien, ou si vous en installez un nouveau qui est déjà muni d'une soupape de chasse et d'un robinet à flotteur, vous pouvez passer à l'étape suivante. Sinon, installez la manette de chasse, le robinet à flotteur (page 348) et la soupape de chasse (page 349).

Mettez le réservoir à l'envers et placez une rondelle à ergots souple sur l'about de la soupape de chasse **(photo D)**.

Remettez le réservoir à l'endroit et posez-le sur l'arrière de la base, de manière que la rondelle à ergots soit centrée par rapport aux orifices d'entrée d'eau **(photo E)**.

Alignez les ouvertures du réservoir destinées aux boulons et les ouvertures pratiquées dans la base de la toilette. Glissez les rondelles de caoutchouc sur les boulons du réservoir et insérez les boulons dans les ouvertures **(photo F)**. Sous le réservoir, installez les rondelles et les écrous sur les boulons. Serrez les écrous à l'aide d'une clé à molette jusqu'à obtenir un ajustement serré **(photo G)**.

Soyez prudent lorsque vous serrez les écrous; la plupart des réservoirs reposent sur la rondelle à ergots plutôt que directement sur la base de la toilette.

Raccordez le tuyau d'alimentation en eau à l'about du robinet à flotteur en vous servant d'une clé à molette **(photo H)**.

Rouvrez l'eau et essayez la chasse. Resserrez au besoin tout raccordement non étanche.

Pour remettre en place l'abattant, insérez-en les boulons dans les ouvertures de montage de la base. Vissez les écrous de montage sur ces boulons; serrez les écrous **(photo I)**.

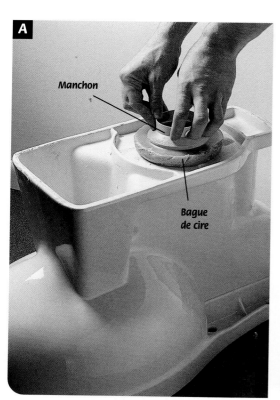

Placez une nouvelle bague de cire sur la corne de vidange.

Alignez les boulons sortant du sol et les ouvertures de la base de la toilette.

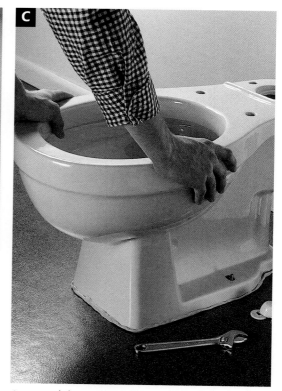

Appuyez sur la base pour comprimer la cire et la pâte à joints.

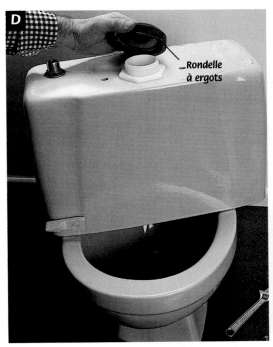

Placez une rondelle à ergots souple sur l'about de la soupape de chasse.

Mettez en position le réservoir sur la base de la toilette.

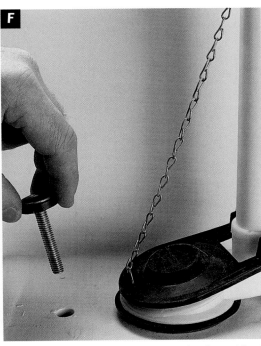

Mettez les boulons du réservoir dans les trous et installez rondelles et écrous.

Serrez doucement les écrous jusqu'à obtenir un ajustement serré du réservoir.

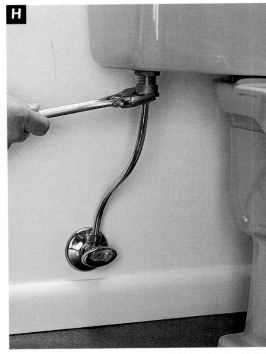

Raccordez le tuyau d'alimentation en eau à l'about du robinet à flotteur.

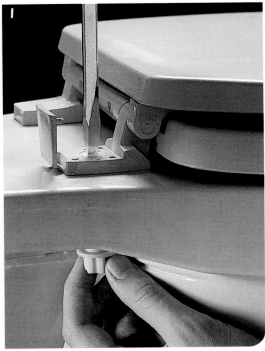

Insérez les boulons de l'abattant dans les trous de montage et fixez-les à l'aide d'écrous.

Réparation d'une toilette à pression

Dans une toilette à pression, de l'air comprimé ou une pompe à eau augmente la puissance de chasse. Cette vitesse de chasse accrue réduit les possibilités d'engorgement et augmente l'efficacité de l'appareil sanitaire.

Cette technologie avancée rend ce type de toilette plus coûteux que les toilettes ordinaires; de plus, l'augmentation du nombre des pièces mobiles rend la toilette à pression plus susceptible d'être défectueuse.

Par contre, la toilette étant l'un des appareils qui consomment le plus d'eau à la maison, la toilette à pression peut réduire considérablement votre consommation d'eau. En outre, dans beaucoup de régions, elle est obligatoire dans les nouvelles constructions.

Vu ces exigences réglementaires, et grâce à sa puissance de chasse et à sa consommation d'eau réduite, la toilette à pression devient de plus en plus répandue.

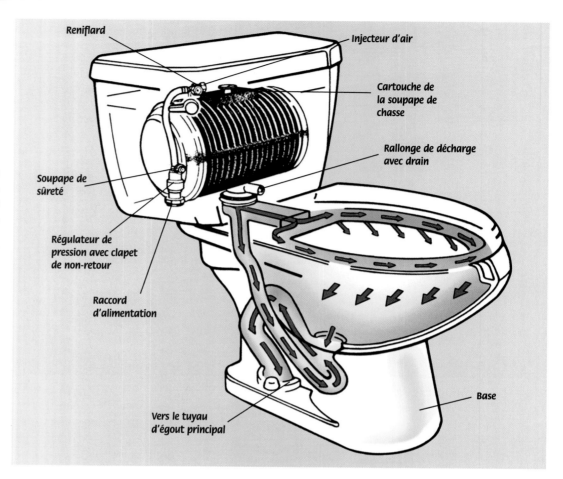

Reniflard — Injecteur d'air — Cartouche de la soupape de chasse — Rallonge de décharge avec drain — Soupape de sûreté — Régulateur de pression avec clapet de non-retour — Raccord d'alimentation — Vers le tuyau d'égout principal — Base

Mesure de la pression d'eau

Si votre toilette à pression fonctionne mal, vérifiez d'abord la pression d'eau. Une pression d'eau insuffisante peut entraîner bon nombre de problèmes, comme un écoulement continu ou une chasse faible, voire nulle.

Pour que la toilette à pression fonctionne correctement, la pression constante doit se situer entre 20 lb/po^2 et 80 lb/po^2 (138 kPa et 552 kPa).

Pour vérifier la pression d'eau, commencez par couper l'alimentation au robinet d'arrêt de la toilette.

Placez un grand seau sous l'extrémité du tuyau d'alimentation. Détachez ce tuyau et mettez-en l'extrémité dans le seau.

Rétablissez l'alimentation et laissez l'eau s'écouler dans le seau pendant 30 secondes (**photo A**).

Coupez de nouveau l'alimentation et mesurez l'eau accumulée dans le seau. Pour que la toilette fonctionne bien, vous devriez avoir plus d'un gallon d'eau (4 litres) dans le seau.

Si vous constatez que la pression d'eau est trop faible, deux solutions s'offrent à vous: augmenter le diamètre du tuyau d'alimentation raccordé au robinet de la toilette (travail que vous pouvez faire vous-même) ou augmenter le diamètre de toute la tuyauterie d'alimentation (travail à confier à un professionnel).

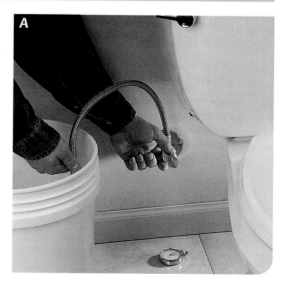

A

Réparation d'une toilette à pression

Si la pression d'eau est satisfaisante, mais que l'eau s'écoule continuellement dans la cuvette, recourez à la méthode de réparation suivante. Fermez le robinet d'arrêt de l'appareil et inspectez la grille du raccord d'alimentation **(photo B)**. Éliminez toute obstruction susceptible de nuire au passage de l'eau.

Ensuite, enlevez le couvercle et vérifiez le réglage de l'actionneur. La tige ne devrait pas nuire à la chasse. Videz le système en actionnant la chasse. Retirez la tige et la cartouche de la soupape de chasse. Vérifiez si les joints toriques ne seraient pas trop usés **(photo C)**. Au besoin, remplacez la cartouche.

Placez la cartouche dans les rainures en la faisant tourner de deux tours dans le sens inverse des aiguilles d'une montre. Vissez-la dans le sens des aiguilles d'une montre, jusqu'à ce que l'ajustement soit adéquat, mais ne la serrez pas trop. Rétablissez l'alimentation en eau et laissez le réservoir se remplir.

Si l'eau continue de couler après le remplissage, appuyez sur l'actionneur. Si cette manœuvre arrête l'écoulement, resserrez la cartouche d'un quart de tour, jusqu'à ce que l'écoulement cesse. Si l'écoulement continue, desserrez la cartouche d'un quart de tour, jusqu'à ce que l'écoulement cesse.

Si la pression d'eau est satisfaisante mais que la chasse est faible, recourez à la méthode de réparation suivante. Enlevez le couvercle et videz le système en faisant fonctionner l'actionneur. Pendant que la chasse fonctionne, soulevez l'actionneur pour éliminer les débris susceptibles de se trouver dans les conduites d'alimentation et dans le réservoir de pression **(photo D)**. Un écoulement d'une minute devrait faire l'affaire.

Pour vérifier le fonctionnement du régulateur d'air, retirez-en le bouchon silencieux et actionnez la chasse **(photo E)**. Vous devriez entendre l'aspiration de l'air dans le réservoir durant le retrait de la soupape et le remplissage. Si vous ne l'entendez pas, enlevez le bouchon et nettoyez-le à fond.

Enfin, coupez l'eau et vidangez le réservoir de pression en faisant fonctionner l'actionneur. Faites couler de l'eau sur le boîtier de la cartouche et rétablissez l'alimentation en eau.

Si des bulles sortent du centre de la cartouche, cela signifie que celle-ci fuit et qu'elle doit être remplacée.

Inspectez la grille du raccord d'alimentation; éliminez toute obstruction.

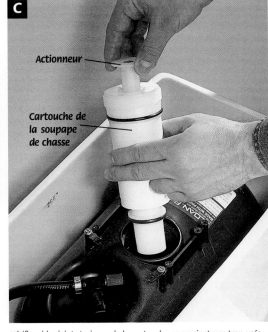
Vérifiez si les joints toriques de la cartouche ne seraient pas trop usés.

Soulevez l'actionneur durant la chasse afin d'éliminer les débris.

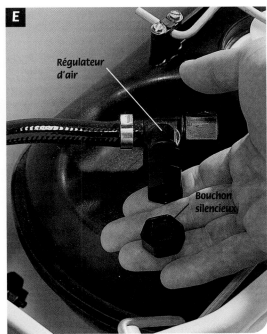
Enlevez le bouchon silencieux du régulateur d'air.

Broyeur à déchets

Le broyeur pulvérise les déchets alimentaires qui sont ensuite évacués par le drain de l'évier. Même s'il est commode, le broyeur augmente considérablement la charge du système d'égout – comme si l'on ajoutait un membre au ménage.

Pour éviter les ennuis, choisissez un broyeur équipé d'un moteur d'une puissance minimale de ½ HP et à auto-inversion prévenant le blocage. Recherchez aussi l'isolation acoustique à la mousse, la couronne de broyage en fonte et l'interrupteur automatique de surcharge qui protège le moteur en cas de surchauffe.

Pour que le broyeur ne dégage pas de mauvaises odeurs, broyez régulièrement de l'écorce de citron ou de limette. Pour le nettoyer, broyez des glaçons.

Si le broyeur ne fonctionne pas et n'émet pas de son lorsque vous le mettez en marche, appuyez sur le bouton de réenclenchement situé sous l'appareil **(photo A)**. Si le broyeur refuse toujours de fonctionner, vérifiez le fusible ou le disjoncteur.

Si le broyeur ne fonctionne pas mais émet un son lorsque vous le mettez en marche, c'est probablement qu'il est bloqué. Dans ce cas, il se peut que vous arriviez à le dégager en faisant tourner l'impulseur. Certains modèles de broyeurs sont même livrés avec une clé servant à faire tourner l'impulseur par la partie inférieure de l'appareil. Commencez par couper au tableau de distribution principal le courant alimentant le broyeur. Repérez la fente, insérez-y la clé et tournez-la dans le sens des aiguilles d'une montre **(photo B)**. Rétablissez le courant; appuyez sur le bouton de réenclenchement et vérifiez si le broyeur fonctionne.

Une autre façon de dégager un broyeur bloqué consiste à utiliser une tige de bois, tel un manche de balai, pour le faire tourner par le dessus. Commencez par couper le courant alimentant l'appareil. Insérez le manche du balai dans le broyeur et essayez de faire tourner l'impulseur. Une fois l'impulseur dégagé, rétablissez le courant; appuyez sur le bouton de réenclenchement et vérifiez si le broyeur fonctionne. Si toutes ces manœuvres sont vaines, installez un nouveau broyeur (page 358).

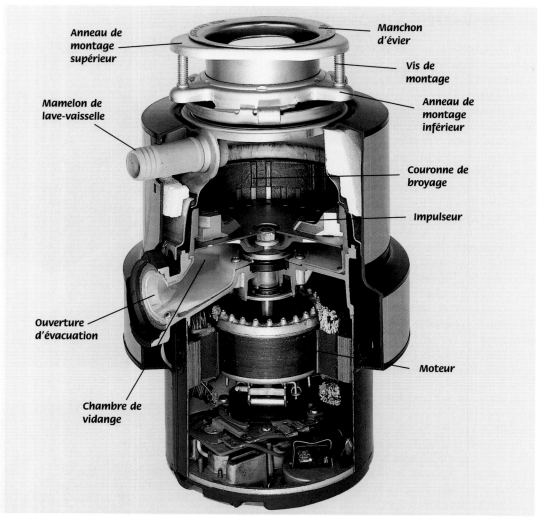

Anneau de montage supérieur
Manchon d'évier
Vis de montage
Mamelon de lave-vaisselle
Anneau de montage inférieur
Couronne de broyage
Impulseur
Ouverture d'évacuation
Moteur
Chambre de vidange

Le broyeur pulvérise les restes d'aliments et les déchets de cuisine, qui sont ensuite évacués par le tuyau de vidange de l'évier.

Pour dégager un broyeur bloqué, appuyez sur le bouton de réenclenchement.

Ou encore, insérez la clé dans la fente et faites tourner l'impulseur.

Enlèvement d'un broyeur à déchets

Si vous installez un nouveau broyeur ou remplacez l'évier, vous devez d'abord enlever l'ancien broyeur. Lorsque vous songez à remplacer le broyeur, n'oubliez pas que l'enlèvement de l'ancien et l'installation du nouveau seront plus faciles si vous en choisissez un de la même marque et du même modèle, puisque vous pourrez alors laisser en place certaines pièces. Cependant, même si vous achetez un modèle différent de broyeur, vous pourrez l'installer vous-même, les étapes supplémentaires à franchir n'étant pas compliquées.

À l'aide d'un tournevis, desserrez la vis située sur le collier du tuyau, puis enlevez du mamelon le tuyau de vidange du lave-vaisselle **(photo C)**.

Placez un seau sous le tuyau. Servez-vous d'une clé à molette pour desserrer l'écrou coulissant raccordant le tuyau d'égout et le tuyau d'évacuation. Détachez les tuyaux **(photo D)**. Si l'écrou coulissant résiste, servez-vous d'une scie à métaux pour couper le tuyau de l'autre côté du coude.

Outils: *Tournevis, scie à métaux (au besoin), couteau à mastiquer.*

Matériel: *Seau, tampon à récurer.*

Insérez un tournevis ou la clé du broyeur dans l'un des ergots de l'anneau de montage inférieur, et faites tourner ce dernier dans le sens contraire des aiguilles d'une montre, jusqu'à ce que les oreilles de montage soient dégagées **(photo E)**.

Si le dispositif de montage installé convient au nouveau broyeur, la phase d'enlèvement de votre projet d'installation se termine ici. Dans le cas contraire, dévissez les trois vis de montage à l'aide d'un tournevis, puis enlevez le dispositif de montage **(photo F)**.

Arrachez le joint d'étanchéité en fibre de verre, le manchon d'évier et la bride **(photo G)**.

Avec un couteau à mastiquer et un tampon à récurer, enlevez la pâte à joints. Nettoyez bien le manchon, la bride et l'ouverture de l'évier.

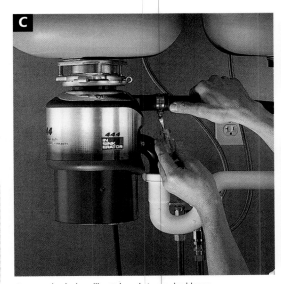
Desserrez la vis du collier. Enlevez le tuyau de vidange.

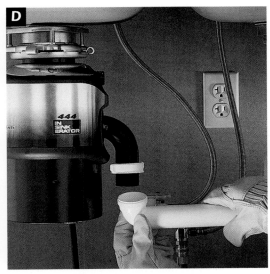
Détachez le tuyau d'égout du tuyau d'évacuation.

Insérez un tournevis dans l'ergot, puis faites tourner l'anneau dans le sens contraire des aiguilles d'une montre.

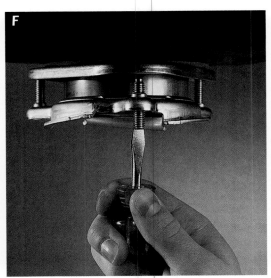
Desserrez les vis de montage et retirez le dispositif de montage.

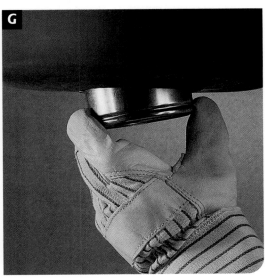
Sous l'évier, enlevez le manchon d'évier en le poussant vers le haut.

Installation d'un broyeur à déchets

Avant d'installer un nouveau broyeur, vous devez y attacher un cordon électrique. À l'aide d'une pince à usages multiples, dénudez chacun des fils du cordon sur environ ½ po.

Retirez la plaque inférieure du broyeur **(photo A)**. Insérez le cordon d'alimentation électrique dans le boîtier. Avec des serre-fils, attachez ensemble les fils blancs, puis les fils noirs. Attachez le fil gainé vert à la vis de mise à la terre verte de l'appareil. Poussez doucement sur les fils pour qu'ils se logent dans le boîtier; remettez la plaque.

Si le nouveau broyeur est de la même marque et du même modèle que l'ancien, et que le dispositif de montage est resté installé, vous devriez pouvoir réutiliser les anneaux de montage actuels. Si c'est le cas, sautez l'étape suivante.

Si vous installez le broyeur sur un nouvel évier ou si vous avez enlevé l'ancien dispositif de montage parce qu'il ne convenait pas au nouveau broyeur, installez le dispositif de montage de la manière suivante.

Appliquez un cordon de ¼ po de pâte à joints sous la bride du manchon d'évier.

Insérez le manchon dans l'ouverture de l'évier; glissez sur le manchon le joint de fibre et la bague de fond. Placez sur le manchon l'anneau de montage supérieur et glissez dans la rainure la bague de retenue **(photo B)**.

Serrez les trois vis de montage de la bague de montage supérieure jusqu'à ce que le manchon soit bien collé sur l'ouverture de l'évier **(photo C)**.

Tenez le broyeur contre l'anneau de montage supérieur de manière que les ergots de l'anneau de montage inférieur se trouvent directement sous les vis de montage.

Faites tourner l'anneau de montage inférieur dans le sens des aiguilles d'une montre, jusqu'à ce que le broyeur soit solidement retenu par le dispositif de montage. Attachez le tuyau d'évacuation à l'ouverture d'évacuation située sur le côté du broyeur, en utilisant la rondelle de caoutchouc et la bride métallique **(photo D)**.

Si vous avez l'intention de raccorder au broyeur un lave-vaisselle, prenez un tournevis et faites sauter le bouchon du mamelon de lave-vaisselle. À l'aide d'un collier de serrage, attachez au mamelon le tuyau de vidange du lave-vaisselle **(photo E)**.

Outils: *Pince à usages multiples, tournevis, clé à molette, scie à métaux (au besoin), pince multiprise.*

Matériel: *Broyeur, cordon électrique de cote 12 avec fiche mise à la terre, serre-fils, pâte à joints.*

Avec des serre-fils, attachez les fils du cordon à ceux du broyeur.

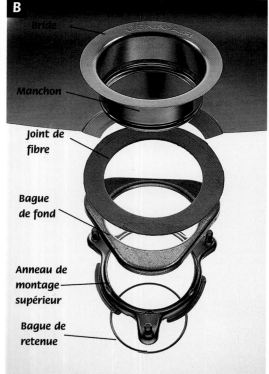

Posez sur le manchon le joint de fibre, la bague de fond et l'anneau de montage supérieur. Faites glisser la bague de retenue dans sa rainure.

Placez le broyeur de manière que l'anneau de montage inférieur s'adapte à l'anneau de montage supérieur; faites tourner l'anneau inférieur dans le sens des aiguilles d'une montre jusqu'à ce qu'il se verrouille en place.

Au moyen d'une rondelle et d'un écrou coulissant, attachez le tuyau d'évacuation du broyeur au tuyau d'égout **(photo F)**.

Si le tuyau d'évacuation est trop long, raccourcissez-le avec une scie à métaux ou un coupe-tuyau. Si vous avez dû couper le tuyau d'égout pour enlever l'ancien broyeur, installez un coude et les raccords nécessaires pour redonner au tuyau sa géométrie antérieure. Pour verrouiller en place le broyeur **(photo G)**, insérez un tournevis ou la clé du broyeur dans l'un des ergots de l'anneau de montage inférieur et faites tourner ce dernier dans le sens des aiguilles d'une montre jusqu'à ce que les oreilles de montage soient verrouillées.

À l'aide d'une pince multiprise, resserrez tous les écrous coulissants. Faites couler de l'eau; mettez le broyeur en marche et vérifiez l'étanchéité de l'installation.

Conseil

Dans certaines communautés où le réseau d'égout fonctionne à pleine capacité, l'installation d'un broyeur à déchets est désormais interdite. En outre, si vous utilisez une fosse septique, l'installation d'un broyeur est déconseillée: une trop grande quantité de déchets alimentaires risque de nuire à la décomposition normale des déchets septiques.

Attachez le tuyau d'évacuation à l'ouverture d'évacuation située sur le côté du broyeur.

Attachez le tuyau d'évacuation, ainsi que le tuyau du lave-vaisselle si vous voulez raccorder un lave-vaisselle au broyeur.

Attachez le tuyau d'évacuation au tuyau d'égout. Si nécessaire, coupez le tuyau d'évacuation à la bonne longueur avec une scie à métaux ou un coupe-tuyau.

Insérez un tournevis dans l'un des ergots de l'anneau de montage inférieur et faites tourner l'anneau jusqu'à ce qu'il se verrouille en place.

Lave-vaisselle

Le lave-vaisselle, conçu pour durer longtemps, requiert peu d'entretien. Les quelques défectuosités qui risquent de se produire peuvent être corrigées assez facilement.

Le remplacement du joint d'étanchéité de la porte élimine les fuites. Le déplacement du tuyau d'alimentation ou du tuyau de vidange qui s'appuie contre l'appareil réduit le niveau de bruit excessif.

L'engorgement du tuyau d'alimentation peut donner lieu à des problèmes plus sérieux. Un filtre bouché ou un solénoïde défectueux peut empêcher le lave-vaisselle de se remplir adéquatement. Le nettoyage de la soupape d'entrée peut corriger la situation, mais la réparation du solénoïde requiert l'intervention d'un professionnel.

Outils: Pince, tournevis, vérificateur de continuité.

Matériel: Tuyau de vidange, colliers de serrage, joint d'étanchéité, grille de soupape.

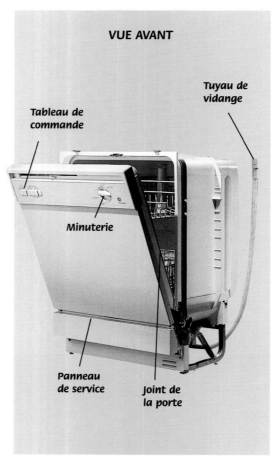

VUE AVANT

Tuyau de vidange

Tableau de commande

Minuterie

Panneau de service

Joint de la porte

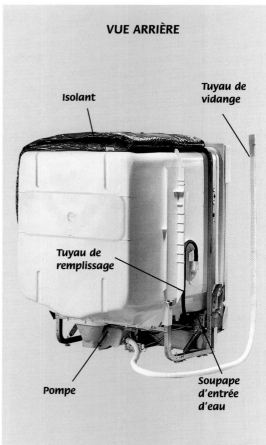

VUE ARRIÈRE

Isolant

Tuyau de vidange

Tuyau de remplissage

Pompe

Soupape d'entrée d'eau

Le lave-vaisselle standard est un électroménager que l'on peut tirer hors de son logement pour le réparer.

Remplacement du tuyau de vidange

Si votre lave-vaisselle ne se vide pas correctement, inspectez le tuyau de vidange. S'il est endommagé ou qu'il est plié de manière irrémédiable, vous devez le remplacer.

Commencez par couper l'alimentation en eau ainsi qu'en électricité. Enlevez le panneau de service de l'appareil. Selon le modèle, le panneau sera fixé par des agrafes ou par des vis de retenue.

Placez une assiette profonde ou un bol sous la pompe pour que s'y dépose l'eau qui reste peut-être dans le tuyau. Desserrez le collier de serrage du tuyau à l'aide d'une pince ou d'un tournevis. Détachez le tuyau de la pompe **(photo A)**.

Sous l'évier, détachez du tuyau de renvoi ou du broyeur à déchets l'autre extrémité du tuyau.

Installez un nouveau tuyau et utilisez de nouveaux colliers de serrage.

Rétablissez le courant et l'alimentation en eau du lave-vaisselle.

Vérifiez le bon fonctionnement de la vidange du lave-vaisselle, en vous assurant aussi que le nouveau tuyau est étanche.

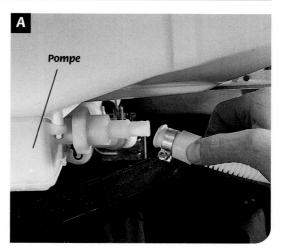

A

Pompe

Desserrez les colliers de serrage et enlevez le tuyau de vidange.

Remplacement du joint de la porte

Si une fuite apparaît autour de la porte du lave-vaisselle, inspectez-en le joint; il s'agit d'une bande de caoutchouc installée sur le pourtour intérieur de la porte. S'il semble en bon état, vous corrigerez peut-être la fuite en réglant le dispositif de fermeture de la porte. Desserrez les vis de retenue du dispositif, déplacez-le, puis resserrez les vis.

Cependant, si le joint est fissuré ou autrement endommagé, remplacez-le. Achetez un joint de rechange parfaitement identique au joint d'origine.

Coupez le courant au tableau de distribution principal. Retirez le panier inférieur de l'appareil.

Enlevez l'ancien joint, en vous servant d'un tournevis pour soulever les pattes ou pour enlever les vis qui le retiennent.

Faites tremper le nouveau joint dans de l'eau savonneuse tiède, pour l'assouplir et le lubrifier.

Installez le nouveau joint en le poussant dans la rainure ou en l'y glissant **(photo B)**. Commencez par le milieu de la porte, en allant vers les deux côtés.

Installez un nouveau joint, en commençant au milieu de la porte.

Vérification de la soupape d'entrée et remplacement de la grille

Si le lave-vaisselle ne se remplit pas, ou si le remplissage ne cesse pas, vérifiez le solénoïde de la soupape d'entrée d'eau.

Coupez le courant au tableau de distribution principal et coupez l'alimentation en eau du lave-vaisselle. Retirez le panneau de service; trouvez le raccord d'alimentation en eau.

Détachez les fils des bornes de la soupape. Attachez à l'une des bornes la pince du vérificateur de continuité et placez la sonde sur l'autre. Si l'ampoule du vérificateur ne s'allume pas, c'est que le solénoïde est défectueux et qu'il doit être remplacé.

Certaines soupapes d'entrée sont munies d'une grille ou d'un filtre lequel, s'il se bouche, peut réduire le débit d'eau. Avant de remplacer ce filtre, placez une poêle peu profonde sous la soupape.

Relâchez l'attache du tuyau de remplissage et détachez-le de la sortie de la soupape **(photo C)**.

Détachez le tuyau d'alimentation en eau. Desserrez les vis du support de la soupape et enlevez cette dernière.

Enlevez le filtre avec un petit tournevis **(photo D)**. Installez un nouveau filtre et remontez la soupape.

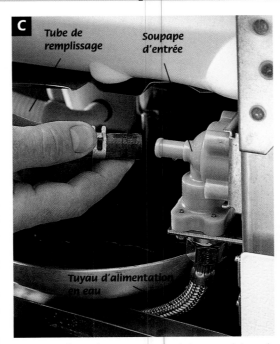

Placez une poêle sous la soupape; détachez de la soupape le tuyau de remplissage.

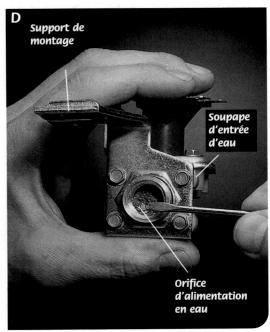

À l'aide d'un tournevis, ôtez le filtre de la soupape et installez-en un nouveau.

Remplacement du lave-vaisselle

Avant de remplacer le lave-vaisselle, vérifiez si la plomberie et le câblage actuels peuvent convenir au nouveau lave-vaisselle. Le code requiert que celui-ci soit branché sur un circuit réservé de 20 A. Vous pouvez raccorder ce circuit à l'une des moitiés d'une prise double et utiliser l'autre moitié de celle-ci pour brancher le broyeur à déchets. Il se peut également que le code exige l'installation d'un intervalle d'air (reniflard), dispositif destiné à empêcher que les eaux usées soient aspirées dans le lave-vaisselle et y contaminent la vaisselle propre.

Pour enlever le vieux lave-vaisselle, coupez le courant alimentant l'appareil au tableau de distribution principal et coupez l'eau au robinet d'arrêt.

Débranchez le tuyau de vidange du broyeur à déchets ou de l'about de l'évier. Retirez le panneau de service de l'appareil.

Enlevez le couvercle métallique de la boîte électrique. Détachez les fils noir et blanc des écrous de connexion ainsi que le fil vert de la vis de mise à la terre.

Placez un contenant plat sous la soupape d'entrée d'eau. À l'aide d'une pince multiprise, détachez du raccord en L le tuyau d'alimentation en eau. Enlevez toutes les vis et attaches retenant le lave-vaisselle en place. Sortez le lave-vaisselle de son logement.

Si vous avez besoin d'un intervalle d'air (reniflard), installez-en un dans l'ouverture déjà pratiquée dans l'évier, ou bien pratiquez une ouverture dans l'évier ou le plan de travail à l'aide d'une perceuse et d'une scie-cloche **(photo A)**.

Dans l'armoire de l'évier, pratiquez les ouvertures requises par les tuyaux et par les câbles **(photo B)**. Consultez la documentation fournie par le fabricant pour connaître le diamètre de ces ouvertures.

Outils: *Perceuse, scie-cloche, pince multiprise, niveau, tournevis, couteau universel, pince à usages multiples.*

Matériel: *Intervalle d'air (reniflard), tuyau de vidange, about d'évier (au besoin), tuyau de caoutchouc, colliers de serrage, tuyau d'alimentation en acier tressé, raccord de laiton en L, cordon de calibre 12, serre-fils.*

Au besoin, agrandissez les ouvertures existantes. Glissez le nouveau lave-vaisselle dans son logement, en faisant passer le tuyau de vidange de caoutchouc par l'ouverture pratiquée dans l'armoire. Mettez l'appareil de niveau en réglant les pieds filetés; vérifiez le bon fonctionnement de la porte de l'appareil. Veillez à ce que les supports de montage du lave-vaisselle soient alignés avec la partie inférieure du plan de travail et des armoires.

Raccordez les tuyaux sous l'évier. Raccordez le tuyau de vidange du lave-vaisselle au petit mamelon de l'intervalle d'air. Si le lave-vaisselle doit se vider dans un broyeur à déchets, installez un tuyau entre le gros mamelon de l'intervalle d'air et le mamelon de vidange du broyeur **(photo C)**. Sinon, installez un tuyau entre l'intervalle d'air et le mamelon de l'about de l'évier **(photo D)**.

Note: *Si vous n'utilisez pas d'intervalle d'air, créez une courbe élevée dans le tuyau de vidange en attachant celui-ci sous le plan de travail. En élevant ce tuyau, vous empêcherez les eaux usées de remonter dans le lave-vaisselle au cas où le tuyau de vidange de l'évier serait obstrué. Utilisez un cordon ou une courroie de plastique pour suspendre le tuyau de vidange.*

Avec une pince multiprise, raccordez le tuyau d'alimentation en eau au robinet d'arrêt d'eau chaude **(photo E)**.

Enlevez le panneau de service du lave-vaisselle. Vissez un raccord en L sur la sortie filetée de la soupape d'entrée d'eau du lave-vaisselle et serrez-le à l'aide d'une pince multiprise **(photo F)**. Prenez garde de ne pas trop serrer le raccord. Branchez sur le raccord en L le tuyau d'alimentation en eau **(photo G)**.

Enlevez le couvercle métallique de la boîte électrique du lave-vaisselle. Insérez un cordon de calibre 12 dans la boîte électrique. Dénudez les fils sur ½ po avec une pince à usages multiples.

À l'aide de serre-fils, raccordez les fils noirs ensemble, puis les fils blancs **(photo H)**. Attachez le fil vert à la vis de mise à la terre. Remettez le couvercle sur la boîte électrique; remettez le panneau de service.

Ancrez le lave-vaisselle au plan de travail ou aux armoires à l'aide de supports de montage.

Rétablissez le courant et l'alimentation en eau. Faites partir l'appareil pour en vérifier le fonctionnement. Vérifiez l'étanchéité de l'installation et, au besoin, resserrez les raccords de tuyauterie.

Installez l'intervalle d'air (reniflard) dans l'ouverture actuelle de l'évier ou pratiquez une nouvelle ouverture.

Pratiquez des ouvertures pour les câbles et tuyaux.

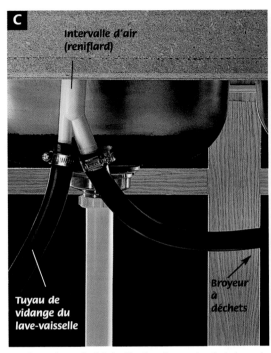

Intervalle d'air (reniflard)

Tuyau de vidange du lave-vaisselle

Broyeur à déchets

Installez un intervalle d'air (reniflard) sur le mamelon de drainage du broyeur.

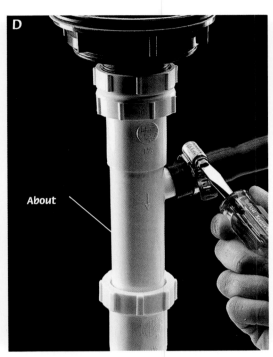

About

Dans le cas d'un évier sans broyeur, raccordez le tuyau de vidange du lave-vaisselle au mamelon de l'about.

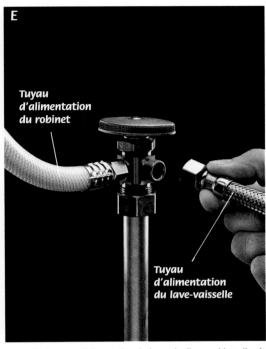

Tuyau d'alimentation du robinet

Tuyau d'alimentation du lave-vaisselle

Raccordez le tuyau d'alimentation du lave-vaisselle au robinet d'arrêt d'eau chaude.

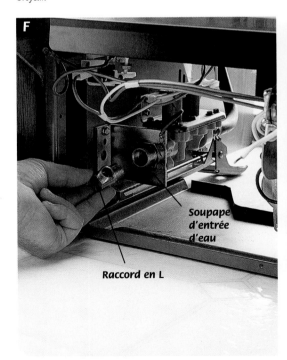

Soupape d'entrée d'eau

Raccord en L

Enlevez le panneau de service; installez un raccord en L sur la soupape d'entrée d'eau du lave-vaisselle.

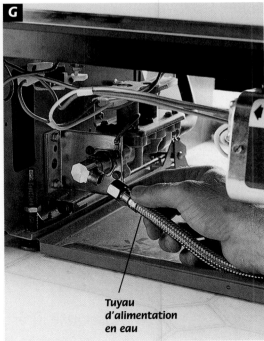

Tuyau d'alimentation en eau

À l'aide d'une pince multiprise, attachez le tuyau d'alimentation en eau au raccord en L.

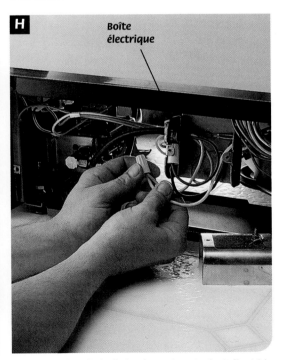

Boîte électrique

Avec des serre-fils, reliez les fils de même couleur. Attachez le fil vert à la vis de mise à la terre.

Chauffe-eau

La plupart des chauffe-eau fonctionnent au gaz ou à l'électricité. Les modèles au gaz, les plus répandus hors Québec, sont munis d'un brûleur unique pouvant chauffer jusqu'à 65 gallons (246 litres) d'eau. C'est un appareil simple, facile à entretenir et à réparer.

L'eau chaude quitte le chauffe-eau par la *sortie d'eau chaude*, tandis que l'eau froide y entre par le *tube plongeur*. Lorsque la température de l'eau baisse, le *thermostat* ouvre la soupape de gaz, et la *veilleuse* allume le *brûleur*. Les gaz de combustion sont évacués par la *gaine d'évacuation*.

Lorsque l'eau atteint la température de consigne, le thermostat referme la soupape de gaz, ce qui éteint le brûleur. Le *thermocouple* protège contre les fuites de gaz en interrompant l'alimentation en gaz si la veilleuse s'éteint. L'*anode* crée une circulation inversée d'électrons, laquelle prévient la formation de piqûres (corrosion) dans la chemise du chauffe-eau. La *soupape de sûreté* protège le réservoir contre l'accumulation de vapeur, qui risque de le faire éclater. Une plaque signalétique installée sur la paroi du chauffe-eau en indique la contenance, la valeur R d'isolation ainsi que la pression de service (exprimée en psi). Dans le cas d'un chauffe-eau électrique, la plaque indique également la tension, la puissance (en watts) et l'intensité (en ampères) des éléments chauffants ainsi que la pression de service.

Dès que le chauffe-eau commence à fuir, vous devez le remplacer, puisque le réservoir interne est corrodé de part en part. Si ce réservoir venait à céder, l'inondation d'eau bouillante provoquée risquerait de causer de graves blessures et d'importants dommages matériels.

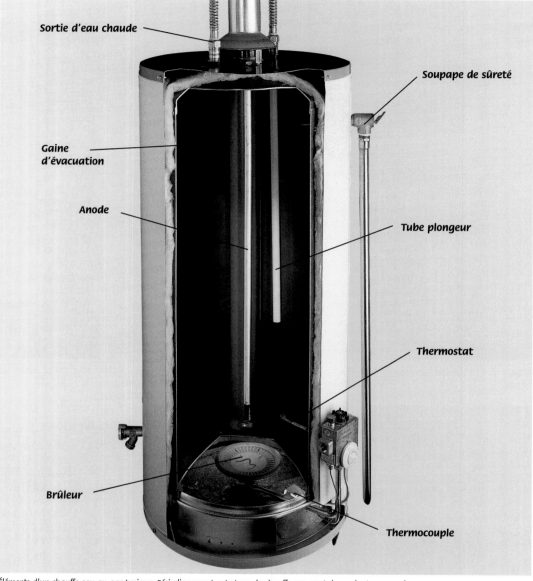

Éléments d'un chauffe-eau au gaz typique. Périodiquement entretenu, le chauffe-eau peut durer vingt ans ou plus.

Sécurité du chauffe-eau

Ne réglez pas le thermostat du chauffe-eau à une température telle que les utilisateurs d'eau chaude risquent de s'ébouillanter. Les personnes âgées et les enfants sont particulièrement exposés à ce risque. Le meilleur réglage du thermostat est de 140 °F (60 °C). Pour vérifier la température de l'eau chaude, ouvrez un robinet, laissez l'eau couler quelques instants, puis servez-vous d'un thermomètre. Il est essentiel de ventiler adéquatement le chauffe-eau au gaz. Si vous sentez de la fumée ou du gaz à proximité du chauffe-eau, éteignez-le immédiatement; fermez le robinet de gaz et aérez l'endroit. Vérifiez si la gaine d'évacuation ne serait pas obstruée et si le conduit d'échappement ne serait pas rouillé ou bouché. Si vous ne pouvez corriger la situation vous-même, faites appel à un professionnel.

La poussière et la saleté sont combustibles; gardez la zone du brûleur propre. Entreposez les substances inflammables loin du chauffe-eau.

N'installez pas de couverture isolante sur un chauffe-eau au gaz, car celle-ci pourrait gêner l'alimentation en air, ou encore nuire à la ventilation de l'échappement.

Avant d'installer une couverture isolante sur un chauffe-eau électrique, lisez les étiquettes de mise en garde. Certains nouveaux modèles de chauffe-eau comportent une telle épaisseur d'isolant qu'il est déconseillé d'en ajouter.

Défectuosités et réparation du chauffe-eau

Défectuosité	Réparation
Absence ou insuffisance d'eau chaude.	1. Chauffe-eau au gaz: vérifiez si le gaz est bien ouvert; rallumez la veilleuse (page 373). Chauffe-eau électrique: vérifiez si le courant ne serait pas coupé; remettez le thermostat en marche (page 368). 2. Vidangez une partie du réservoir pour en chasser les sédiments (voir ci-dessous). 3. Isolez les tuyaux d'eau chaude pour réduire les pertes de chaleur (page 166). 4. Chauffe-eau au gaz: nettoyez le brûleur et remplacez le thermocouple (page 366). Chauffe-eau électrique: remplacez l'élément chauffant ou le thermostat (page 368). 5. Augmentez la valeur de consigne du thermostat.
Fuite à la soupape de sûreté.	1. Réduisez la valeur de consigne du thermostat (voir ci-dessous). 2. Installez une nouvelle soupape de sûreté (page 371).
La veilleuse refuse de rester allumée.	Nettoyez le brûleur et remplacez le thermocouple (page 366).
Fuite à la base du réservoir.	Remplacez immédiatement le chauffe-eau (gaz: page 370; électrique: page 374).

Entretien du chauffe-eau

Le chauffe-eau est conçu de manière que son entretien soit facile: des panneaux de service amovibles vous permettront d'enlever et de remplacer aisément les pièces usées. N'achetez que des pièces qui conviennent à la marque et au modèle de votre chauffe-eau. La plupart de ceux-ci sont munis d'une plaque signalétique indiquant tous les renseignements dont vous avez besoin, notamment la pression nominale du réservoir ainsi que la tension et la puissance des éléments chauffants (s'il s'agit d'un chauffe-eau électrique).

En moyenne, le chauffe-eau dure une dizaine d'années; mais, bien entretenu, il pourra durer bien plus longtemps, jusqu'à 20 ans parfois. Pour prolonger la vie de votre chauffe-eau, procédez à l'entretien suivant:

1. Réglez le thermostat à 140 °F (60 °C) **(photo A)**. Une température plus basse réduit le risque que le chauffe-eau soit endommagé par une surchauffe, en plus de réduire votre consommation d'énergie.

2. Une fois l'an, vérifiez le fonctionnement de la soupape de sûreté **(photo B)**. Soulevez le levier et laissez-le se rabattre. La soupape devrait laisser s'échapper une poussée d'eau dans le tuyau de drain. Si ce n'est pas le cas, remplacez la soupape de sûreté (page 371).

3. Une fois l'an, nettoyez le chauffe-eau en laissant s'écouler beaucoup d'eau **(photo C)**. Cette vidange annuelle chasse les sédiments pouvant causer de la corrosion et une perte d'efficacité.

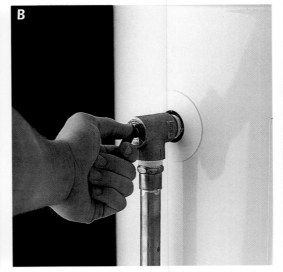

Baissez le thermostat à 140 °F (60 °C).

Vérifiez le fonctionnement de la soupape de sûreté et remplacez-la au besoin.

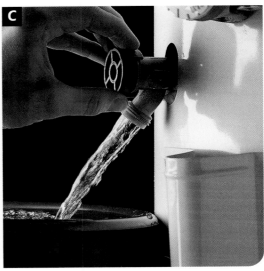

Rincez le système en vidangeant une partie du réservoir.

Entretien courant d'un chauffe-eau au gaz

Si votre chauffe-eau au gaz ne réchauffe pas l'eau, vérifiez la veilleuse. Enlevez les panneaux de service intérieur et extérieur pour vous assurer que la veilleuse est allumée. Rallumez-la au besoin (page 373). Réinstallez les panneaux intérieur et extérieur et tenez-les en position. Si le chauffe-eau fonctionne sans ces panneaux, des courants d'air risquent d'éteindre la veilleuse.

Si la veilleuse est allumée mais que le brûleur ne l'est pas, ou si la flamme du brûleur est jaune et qu'elle dégage de la fumée, nettoyez le brûleur et le tuyau de gaz de la veilleuse.

Si vous n'arrivez pas à allumer la veilleuse, c'est peut-être que le thermocouple est usé. Le thermocouple – mince fil de cuivre courant de la boîte de commande jusqu'au brûleur – est un dispositif de sécurité conçu pour fermer le gaz dès que s'éteint la veilleuse. Un thermocouple neuf ne coûte pas cher et s'installe en quelques minutes. Lorsque vous remplacez le thermocouple, profitez-en pour nettoyer le brûleur et le tuyau de gaz.

Commencez par couper l'arrivée du gaz en mettant à la position d'arrêt OFF le robinet de gaz situé sur la boîte de commande (**photo A**). Attendez 10 minutes que le gaz se dissipe.

Débranchez de la boîte de commande le tuyau de gaz de la veilleuse et celui du brûleur, ainsi que le thermocouple (**photo B**).

Enlevez les panneaux de service intérieur et extérieur recouvrant la chambre du brûleur (**photo C**).

Tirez doucement sur le tuyau de gaz de la veilleuse, sur celui du brûleur ainsi que sur le thermocouple pour les détacher de la boîte de commande (**photo D**). Faites basculer légèrement le brûleur pour le sortir de sa chambre.

Dévissez le brûleur du mamelon (**photo E**). Nettoyez le petit orifice du mamelon à l'aide d'un fin fil métallique. Passez l'aspirateur sur les buses et dans la chambre du brûleur.

Nettoyez le tuyau de gaz de la veilleuse avec un fil métallique (**photo F**). Aspirez les particules. Vissez le brûleur sur le mamelon du tuyau.

Enlevez le vieux thermocouple de son support (**photo G**). Installez-en un nouveau en en poussant l'extrémité dans le support jusqu'à ce que celle-ci s'y enclenche.

Mettez le brûleur dans sa chambre (**photo H**). Faites entrer la patte plate du brûleur dans la fente du support de montage situé dans la partie inférieure de la chambre.

Rattachez à la boîte de commande les tuyaux de gaz et le thermocouple. Rétablissez l'alimentation en gaz. Vérifiez l'étanchéité de l'installation. Allumez la veilleuse (page 373).

Vérifiez si la flamme de la veilleuse entoure bien l'extrémité du thermocouple (**photo I**). Si ce n'est pas le cas, servez-vous d'une pince à bec effilé pour ajuster le bout du thermocouple jusqu'à ce que la flamme l'entoure. Réinstallez les panneaux de service intérieur et extérieur.

Outils: *Clé à molette, aspirateur, pince à bec effilé.*

Matériel: *Fil métallique fin, thermocouple de rechange.*

Coupez le gaz. Avant de commencer le travail, attendez 10 minutes que le gaz se dissipe.

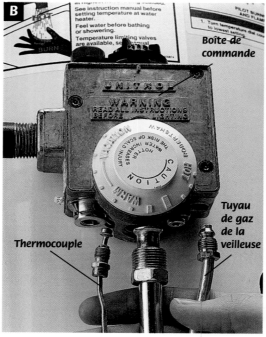

Détachez de la boîte de commande les tuyaux de gaz de la veilleuse et du brûleur, ainsi que le thermocouple.

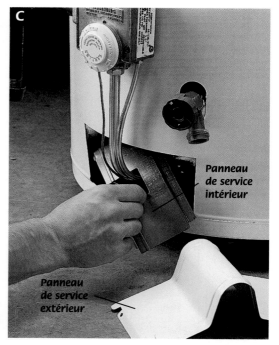

Enlevez le panneau de service extérieur de la chambre, puis le panneau intérieur.

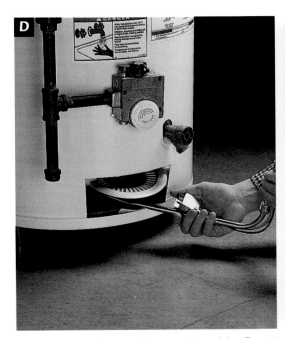

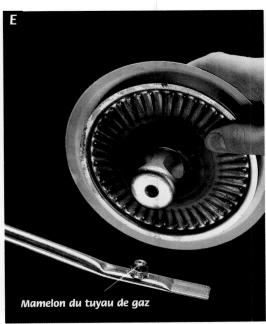

Mamelon du tuyau de gaz

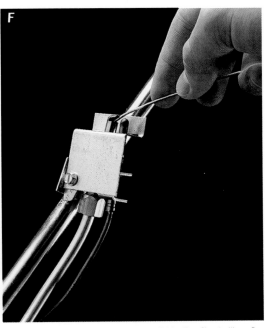

Dégagez de la boîte de commande les tuyaux de gaz de la veilleuse et du brûleur, ainsi que le thermocouple. Sortez le brûleur par l'ouverture de service.

Dévissez le brûleur du mamelon et nettoyez brûleur et mamelon à l'aide d'un fil métallique fin. Passez l'aspirateur sur les buses et dans la chambre du brûleur.

Nettoyez le tuyau de gaz de la veilleuse à l'aide d'un fil métallique fin. Aspirez les particules détachées. Vissez le brûleur sur le mamelon du tuyau de gaz.

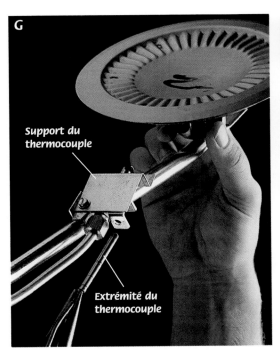

Support du thermocouple

Extrémité du thermocouple

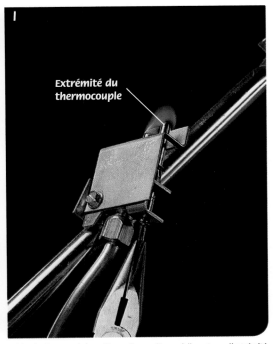

Extrémité du thermocouple

Sortez l'ancien thermocouple de son support; installez-en un nouveau en le poussant dans le support jusqu'à ce qu'il s'enclenche.

Réinstallez le brûleur en insérant la patte dans la fente du support de montage situé dans la partie inférieure de la chambre.

Réglez la flamme de la veilleuse de manière qu'elle entoure l'extrémité du thermocouple. Au besoin, servez-vous d'une pince à bec effilé.

Diagnostic des défectuosités d'un chauffe-eau électrique

Dans un chauffe-eau électrique, la défectuosité la plus fréquente, c'est l'élément chauffant grillé. Le chauffe-eau comporte un ou deux éléments chauffants montés dans la paroi.

Pour déterminer lequel des deux éléments ne fonctionne plus, vérifiez la température de l'eau chaude à un robinet: si l'eau est tiède, remplacez l'élément supérieur; si l'eau est très chaude pendant un court laps de temps et qu'ensuite elle devient froide, remplacez l'élément inférieur. Si le remplacement de l'élément ne règle pas le problème, remplacez le thermostat, situé derrière le panneau de service latéral du chauffe-eau.

NOTE: Avant de remplacer un élément, en vérifier l'état à l'aide d'un vérificateur de continuité ou d'un ohmmètre.

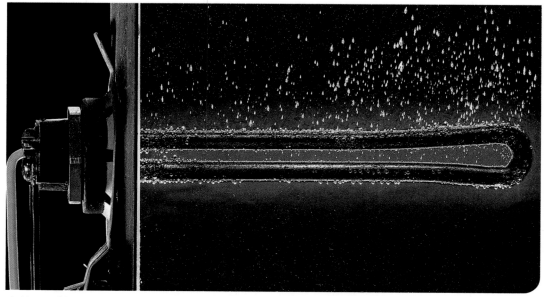

Choisissez un élément ou un thermostat de rechange dont la tension et la puissance nominales correspondent aux indications de la plaque signalétique.

Remplacement d'un thermostat électrique

Coupez le courant au tableau de distribution principal. Retirez le panneau de service situé sur le côté du chauffe-eau et vérifiez si le courant circule encore: placez les sondes du vérificateur de tension sur les bornes à vis supérieures du thermostat (page 374).

Étiquetez les connexions à l'aide de ruban-cache, puis détachez les fils du thermostat **(photo A)**. Retirez le thermostat de ses agrafes. Insérez le nouveau thermostat dans les agrafes et rebranchez les fils.

Appuyez sur le bouton de remise en marche du thermostat, puis, à l'aide d'un tournevis, réglez-le à la température de 140 °F (60 °C) **(photo B)**. Remettez l'isolant et le panneau de service. Rétablissez l'alimentation en électricité du chauffe-eau.

Outils: *Tournevis, vérificateur de tension.*

Matériel: *Thermostat de rechange.*

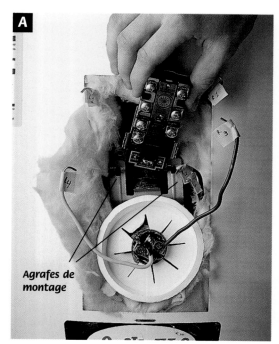

Agrafes de montage

Étiquetez les connexions, puis débranchez les fils. Enlevez l'ancien thermostat et insérez le nouveau dans les agrafes. Rebranchez les fils.

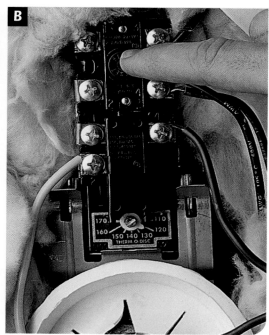

Appuyez sur le bouton de remise en marche du thermostat. Réglez la température du thermostat à l'aide d'un tournevis. Remettez l'isolant et le panneau de service. Rétablissez l'alimentation en électricité du chauffe-eau.

Remplacement d'un élément chauffant

Avant de remplacer un élément chauffant, coupez le courant alimentant le chauffe-eau, fermez les robinets d'arrêt et videz le réservoir.

Ensuite, enlevez le panneau de service de la paroi **(photo C)**.

Enfilez des gants protecteurs et poussez soigneusement l'isolant sur le côté **(photo D)**. Vérifiez si le courant a bien été coupé (page 374). Lorsque vous en êtes convaincu, détachez les fils de l'élément; enlevez la collerette de protection.

Dévissez l'élément à l'aide d'une pince multiprise **(photo E)**. Enlevez le vieux joint d'étanchéité de l'ouverture du chauffe-eau. Appliquez de la pâte à joints des deux côtés d'un nouveau joint.

Glissez le nouveau joint sur l'élément, puis vissez ce dernier dans le réservoir **(photo F)**. Serrez-le à l'aide d'une pince multiprise.

Remettez la collerette de protection et rebranchez tous les fils **(photo G)**. Ouvrez tous les robinets d'eau chaude de la maison, puis ouvrez les robinets d'arrêt du chauffe-eau. Lorsque l'eau s'écoule normalement de tous les robinets, refermez-les.

À l'aide d'un tournevis, réglez le thermostat à une température de 140 °F (60 °C) **(photo H)**. Appuyez sur le bouton de remise en marche du thermostat. En portant toujours les gants, remettez l'isolant sur le thermostat. Réinstallez le panneau de service; rétablissez le courant.

NOTE: Les éléments chauffants des chauffe-eau fabriqués au Canada sont habituellement montés à l'aide d'une bride retenue par écrous et non pas vissés en place comme montré dans le texte.

Outils: *Tournevis, gants, vérificateur de tension, pince multiprise.*

Matériel: *Ruban-cache, élément ou thermostat de rechange, joint de rechange, pâte à joints.*

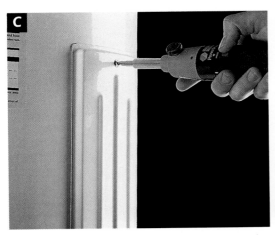

Coupez le courant, videz le réservoir, puis retirez le panneau de service.

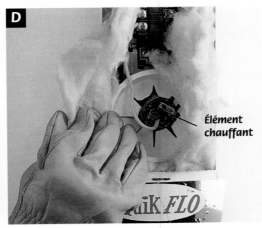

Élément chauffant

Vérifiez si le courant a bien été coupé, puis détachez les fils de l'élément.

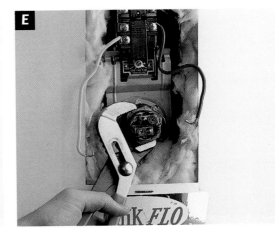

Dévissez et enlevez l'élément.

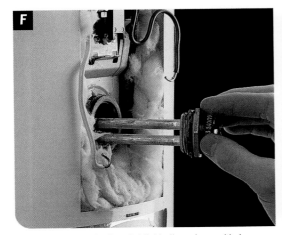

Vissez l'élément dans le réservoir à l'aide d'une pince multiprise.

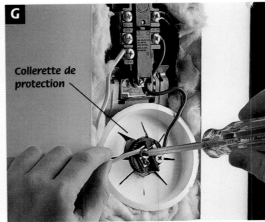

Collerette de protection

Remettez la collerette de protection, rebranchez les fils et rétablissez l'alimentation en électricité du chauffe-eau.

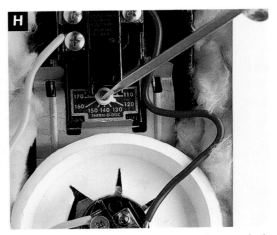

Réglez la température; appuyez sur le bouton de remise en marche du thermostat.

Remplacement d'un chauffe-eau au gaz

Lorsque vous achetez un nouveau chauffe-eau, rappelez-vous qu'un appareil efficace sur le plan énergétique peut coûter davantage qu'un modèle bas de gamme, mais que, durant la vie utile de l'appareil, il pourrait se révéler moins dispendieux. Rappelez-vous aussi que la soupape de sûreté s'achète généralement à part. Achetez-en une qui convienne à la *pression de service* ainsi qu'à la puissance nominale de votre nouveau chauffe-eau.

Coupez le gaz en faisant tourner le levier du robinet jusqu'à ce qu'il soit perpendiculaire à la canalisation de gaz **(photo A)**. Attendez 10 minutes, le temps que le gaz se dissipe. Coupez l'eau aux robinets d'arrêt de l'appareil. À l'aide de clés à tuyau, débranchez la canalisation de gaz au raccord union ou encore au raccord à collet évasé situé sous le robinet d'arrêt **(photo B)**.

Démontez les tuyaux et raccords; mettez-les de côté, vous les utiliserez plus tard.

Ouvrez le robinet situé sur le côté du chauffe-eau pour vider le réservoir **(photo C)**. Faites couler l'eau dans des seaux, ou dans un drain après avoir raccordé un tuyau d'arrosage au robinet.

Détachez les tuyaux d'eau froide et d'eau chaude situés au-dessus du chauffe-eau **(photo D)**. S'il s'agit de tuyaux de cuivre brasés, utilisez une scie à métaux ou

Outils: *Clés à tuyau, scie à métaux ou coupe-tuyau, tournevis, marteau, diable pour électroménagers, niveau, petite brosse métallique, chalumeau au propane, clé à molette.*

Matériel: *Seau ou lance d'arrosage, cales de bois, vis à tôle nº 4 de 3/8 po, soupape de sûreté, adaptateurs mâles filetés, métal d'apport sans plomb, deux mamelons antirefroidisseurs, ruban d'étanchéité, connecteurs d'eau souples, tuyau de cuivre de 3/8 po, pâte à joints, éponge, ruban-cache.*

Coupez le gaz et attendez 10 minutes; coupez l'eau aux robinets d'arrêt.

Détachez la canalisation de gaz; démontez les tuyaux et raccords.

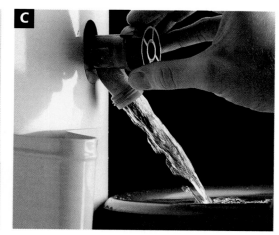

Videz le chauffe-eau.

Détachez les tuyaux d'eau froide et d'eau chaude situés au-dessus du chauffe-eau.

Détachez le conduit d'échappement en retirant les vis à tôle. Enlevez le vieux chauffe-eau.

Placez le chauffe-eau de manière que la boîte de commande se trouve près de la canalisation de gaz, que l'accès au panneau de service soit aisé et qu'il y ait un dégagement adéquat autour de l'appareil.

un coupe-tuyau pour les sectionner juste au-dessous des robinets d'arrêt. Il est essentiel de faire une coupe droite pour que les raccords soient parfaitement étanches lorsque vous brancherez le nouveau chauffe-eau.

Détachez le conduit d'échappement en enlevant les vis à tôle **(photo E)**. Servez-vous du diable à électroménagers pour enlever le vieux chauffe-eau et pour installer le nouveau; placez ce dernier de manière que la boîte de commande se trouve près de la canalisation de gaz **(photo F)**. Laissez un dégagement de 6 po ou plus autour du chauffe-eau pour en assurer la ventilation; veillez à ce que l'accès au panneau de service de la chambre du brûleur soit aisé. Véri-

fiez la verticalité du chauffe-eau à l'aide d'un niveau placé contre la paroi de l'appareil **(photo G)**. Au besoin, placez des cales de bois sous le chauffe-eau. Placez le chapeau de cheminée de manière que ses pattes s'insèrent dans les fentes du chauffe-eau. À l'aide d'un niveau, vérifiez la pente du conduit horizontal, laquelle devrait être ascendante, de ¼ po/pi, pour que les fumées ne se dégagent pas dans la maison **(photo H)**.

Attachez le chapeau de cheminée au conduit d'échappement en installant des vis à tôle n° 4 de ⅜ po à intervalles de 4 po sur la circonférence du conduit **(photo I)**. Enroulez du ruban d'étanchéité sur les filets d'une nouvelle soupape

de sûreté **(photo J)**. Avec une clé à tuyau, vissez la soupape dans l'ouverture du réservoir.

Mesurez la distance séparant la soupape et le sol **(photo K)**. Coupez un bout de tuyau de cuivre ou de PVCC de manière que son extrémité se trouve à environ 3 po du sol. Raccordez ce tuyau à la soupape de sûreté à l'aide d'un adaptateur mâle fileté.

Brasez un adaptateur mâle fileté à chacun des tuyaux d'eau **(photo L)**. Laissez les tuyaux refroidir, puis enroulez du ruban d'étanchéité autour des filets des adaptateurs.

Enroulez du ruban d'étanchéité autour des filets

Suite à la page suivante

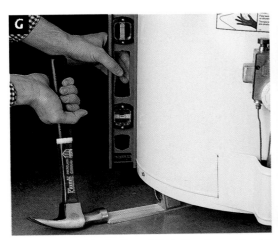

Vérifiez la verticalité du chauffe-eau à l'aide d'un niveau; utilisez des cales si nécessaire.

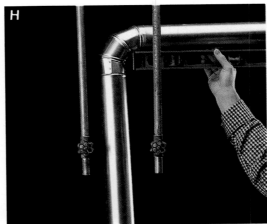

Installez le chapeau de cheminée, puis le conduit d'évacuation. Assurez-vous que la pente du conduit horizontal soit adéquate.

Installez une vis à tôle tous les 4 po pour solidariser le chapeau de cheminée et le conduit d'évacuation.

Installez la soupape de sûreté.

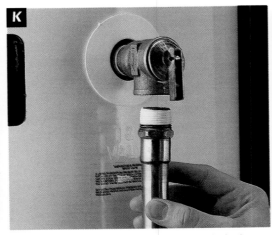

Attachez un tuyau de cuivre ou de PVCC à la soupape de sûreté.

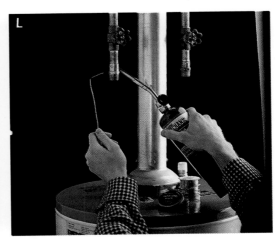

Brasez un adaptateur mâle fileté à chacun des deux tuyaux d'eau.

Remplacement d'un chauffe-eau au gaz (suite)

de deux mamelons antirefroidisseurs (**photo M**). Observez attentivement les mamelons: le code de couleurs et les flèches d'orientation vous aideront à les installer correctement.

À l'aide d'une clé à tuyau, vissez le mamelon bleu à l'entrée d'eau froide et le rouge à la sortie d'eau chaude (**photo N**). Installez le mamelon d'eau froide en orientant la flèche vers le bas; orientez vers le haut la flèche du mamelon d'eau chaude.

Raccordez les tuyaux d'eau aux mamelons antirefroidisseurs au moyen de connecteurs souples (**photo O**). Resserrez les raccords avec une clé à molette ou une pince multiprise.

Rassemblez les tuyaux et raccords de gaz que vous avez enlevés de l'ancien chauffe-eau et vérifiez s'ils peuvent convenir au nouveau (**photo P**). Vous aurez peut-être besoin d'un ou deux nouveaux mamelons de fer noir si votre nouveau chauffe-eau est plus grand ou plus petit que l'ancien. Le mamelon à bouchon, appelé *collecteur de condensats*, protège le brûleur en attrapant les particules de saleté. (**Note:** pour les tuyaux de gaz, utilisez toujours du fer noir et **non pas** du fer galvanisé.)

Servez-vous d'une petite brosse métallique pour nettoyer les filets des tuyaux, enduisez-les ensuite de pâte à joints (**photo Q**). Montez les raccords de la canalisation de gaz dans l'ordre suivant: mamelon de la boîte de commande (1), raccord en T (2), mamelon vertical (3), raccord union (4), mamelon vertical (5), bouchon (6). Le fer noir se raccorde de la même manière que le fer galvanisé (page 295).

Si la canalisation de gaz est faite de cuivre souple, utilisez un raccord à collet évasé pour relier la canalisation de gaz au chauffe-eau (**photo R**). N'oubliez pas de recourir aux techniques applicables aux raccords à collet évasé (page 292).

Pour rétablir l'alimentation en eau du chauffe-eau, commencez par ouvrir tous les robinets d'eau chaude de la maison; ouvrez ensuite les robinets d'arrêt (entrée et sortie) du chauffe-eau (**photo S**). Lorsque l'eau s'écoule normalement de tous les robinets d'eau chaude de la maison, refermez-les.

Enroulez du ruban d'étanchéité autour des filets des deux mamelons antirefroidisseurs.

Vissez le mamelon bleu à l'entrée d'eau froide, et le rouge à la sortie d'eau chaude.

Raccordez les tuyaux d'eau aux mamelons à l'aide de connecteurs souples.

Vérifiez si les raccords et tuyaux de gaz de l'ancien chauffe-eau conviennent au nouveau; ajoutez des raccords au besoin, en fonction du format et de la position du nouveau chauffe-eau.

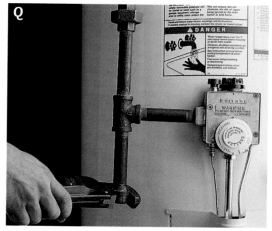

Nettoyez les filets des tuyaux; enduisez-les ensuite de pâte à joints. Installez et serrez les raccords.

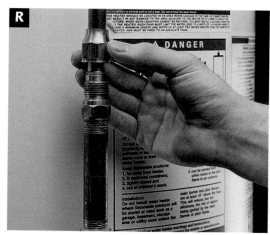

Ou encore, si la canalisation de gaz est faite de cuivre rigide, utilisez un raccord à collet évasé pour la brancher au chauffe-eau.

Ouvrez le robinet de gaz situé sur la canalisation de gaz. Pour en vérifier l'étanchéité, appliquez de l'eau savonneuse sur chacun des raccords **(photo T)**. S'il y a fuite, des bulles se formeront. Dans ce cas, resserrez les raccords qui fuient à l'aide d'une clé à tuyau.

Placez le robinet de gaz situé sur la boîte de commande à la position veilleuse (*pilot*) **(photo U)**. Réglez entre à 140 °F (60 °C) la commande de température située sur la partie avant de la boîte.

Enlevez les panneaux de service extérieur et intérieur de la chambre du brûleur **(photo V)**. Craquez une allumette, tenez la flamme près de l'extrémité du tuyau de gaz de la veilleuse, dans la chambre du brûleur **(photo W)**.

Ce faisant, appuyez sur le bouton de remise en marche situé sur le dessus de la boîte de commande **(photo X)**. Lorsque la veilleuse s'allume, gardez le bouton enfoncé encore une minute. Mettez le robinet de gaz situé sur la boîte de commande à la position de marche ON. Réinstallez les panneaux de service intérieur et extérieur.

Conseil

Si le code du bâtiment interdit l'utilisation de connecteurs souples, raccordez les tuyaux d'eau aux mamelons antirefroidisseurs avec des tuyaux de cuivre rigides et des raccords de cuivre. Mesurez le tuyau et coupez-le de manière qu'il couvre la distance séparant le mamelon de l'un des tuyaux d'eau. Installez un raccord sur le tuyau connecteur et un autre sur le tuyau d'eau. Faites de même pour l'autre tuyau d'eau.

Rétablissez l'alimentation en eau du chauffe-eau.

Ouvrez le robinet situé sur la canalisation de gaz; vérifiez l'étanchéité des raccords.

Mettez à la position veilleuse (pilot) le robinet de gaz situé sur la boîte de commande; réglez la commande de température à la valeur souhaitée.

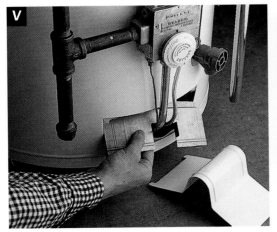

Enlevez les panneaux de service extérieur et intérieur de la chambre du brûleur.

Tenez une allumette enflammée près du tuyau de gaz de la veilleuse.

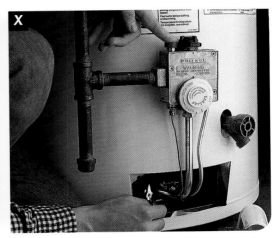

Appuyez sur le bouton de remise en marche situé sur le dessus de la boîte de commande; gardez-le enfoncé pendant une minute, après que la veilleuse s'est allumée.

Remplacement d'un chauffe-eau électrique

Lorsque vous achetez un nouveau chauffe-eau électrique, choisissez-en un dont la tension correspond à celle de l'ancien; n'oubliez pas que vous devrez généralement vous procurer séparément la soupape de sûreté. Celle-ci doit convenir à la *pression de service* du chauffe-eau. La contenance des chauffe-eau varie de 20 à 60 gallons (90 à 273 litres). Un chauffe-eau de 40 gallons (180 litres) est suffisant pour une famille de quatre personnes.

Coupez le courant au tableau de distribution principal, en enlevant le fusible du circuit ou en déclenchant le disjoncteur **(photo A)**.

Retirez l'un des panneaux de service du chauffe-eau **(photo B)**. Les mains gantées, repliez l'isolant pour exposer le thermostat **(photo C)**. **Ne touchez pas aux fils avant de vous être assuré qu'ils ne sont plus sous tension**.

Vérifiez si le courant a bien été coupé en plaçant les sondes d'un vérificateur de tension sur les deux bornes supérieures du thermostat **(photo D)**. Si l'ampoule du vérificateur s'allume, c'est que les fils sont encore sous tension; déclenchez le disjoncteur principal et effectuez une nouvelle vérification.

Ouvrez le robinet situé sur le côté du chauffe-eau pour vider ce dernier. Faites couler l'eau dans un seau ou raccordez une lance d'arrosage dont vous placerez l'extrémité dans un drain de sol.

Détachez les tuyaux d'eau froide et d'eau chaude situés sur le dessus de l'appareil. S'il s'agit de tuyaux de cuivre brasés, utilisez une scie à métaux ou un coupe-tuyau pour les sectionner juste au-dessous des robinets d'arrêt. Il est essentiel de faire une coupe droite pour que les raccords soient parfaitement étanches lorsque vous brancherez le nouveau chauffe-eau.

Retirez le couvercle de la boîte électrique située sur le côté ou sur le dessus du chauffe-eau **(photo E)**. Étiquetez tous les fils avec du ruban-cache, puis détachez-les. Desserrez le collier du câble, puis enlevez-les en les faisant passer dans le collier. À l'aide d'un diable à électroménagers, enlevez l'ancien chauffe-eau et mettez le nouveau à sa place.

Enroulez du ruban d'étanchéité autour des filets d'une nouvelle soupape de sûreté (page 371). Avec

Outils: *Clés à tuyau, scie à métaux ou coupe-tuyau, tournevis, marteau, diable à électroménagers, niveau, clé à molette, vérificateur de tension, chalumeau au propane.*

Matériel: *Seau ou lance d'arrosage, cales de bois, soupape de sûreté, ruban-cache, métal d'apport sans plomb.*

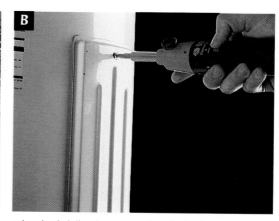

Pour couper le courant alimentant le chauffe-eau, déclenchez le disjoncteur correspondant (ou enlevez le fusible).

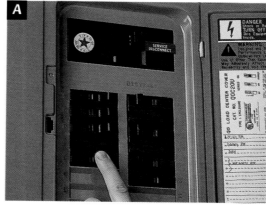

Enlevez les vis de l'un des panneaux de service des éléments.

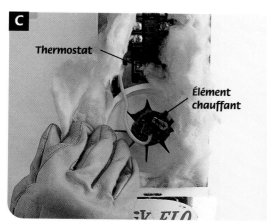

En portant des gants protecteurs, repliez l'isolant. Prenez garde de ne pas toucher aux fils avant de vous être assuré qu'ils ne sont plus sous tension.

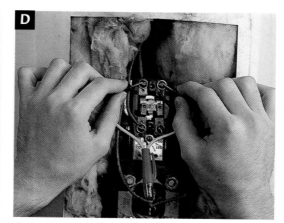

Placez les sondes du vérificateur de tension sur les deux bornes supérieures du thermostat. Si l'ampoule du vérificateur s'allume, déclenchez le disjoncteur principal et effectuez de nouveau la vérification.

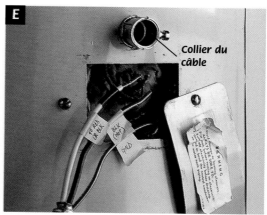

Détachez les fils et sortez le câble du collier. Enlevez l'ancien chauffe-eau; placez le nouveau et mettez-le de niveau.

une clé à tuyau, vissez la soupape dans l'ouverture du réservoir. Mesurez la distance séparant la soupape et le sol. Coupez un bout de tuyau de cuivre ou de PVCC de manière que son extrémité se trouve à environ 3 po du sol. Raccordez ce tuyau à la soupape de sûreté à l'aide d'un adaptateur mâle fileté (page 371).

Brasez un adaptateur mâle fileté à chacun des tuyaux d'eau (page 371). Laissez les tuyaux refroidir, puis enroulez du ruban d'étanchéité autour des filets des adaptateurs.

Enroulez du ruban d'étanchéité autour des filets de deux mamelons antirefroidisseurs (page 372). Observez attentivement les mamelons: le code de couleurs et les flèches d'orientation vous aideront à les installer correctement.

À l'aide d'une clé à tuyau, vissez le mamelon bleu à l'entrée d'eau froide, et le rouge à la sortie d'eau chaude. Installez le mamelon d'eau froide en orientant la flèche vers le bas; orientez vers le haut la flèche du mamelon d'eau chaude.

Raccordez les tuyaux d'eau aux mamelons antirefroidisseurs au moyen de connecteurs souples **(photo F)**. Resserrez les raccords avec une clé à molette. Pour rétablir l'alimentation en eau du chauffe-eau, commencez par ouvrir tous les robinets d'eau chaude de la maison; ouvrez ensuite les robinets d'arrêt (entrée et sortie) du chauffe-eau. Une fois que l'eau s'écoule normalement de tous les robinets d'eau chaude de la maison, refermez-les.

Retirez le couvercle de la boîte électrique du nouveau chauffe-eau **(photo G)**. Faites passer les fils dans le collier, puis dans l'ouverture supérieure du chauffe-eau destinée aux câbles. Attachez le collier au chauffe-eau.

À l'aide de serre-fils, reliez les fils du circuit aux fils du chauffe-eau **(photo H)**.

Attachez le fil de cuivre nu ou le fil de mise à la terre à la vis de mise à la terre de l'appareil **(photo I)**. Remettez le couvercle sur la boîte électrique.

Avec un tournevis, réglez le thermostat à la température désirée, soit de 140 °F (60 °C) **(photo J)**. Si le chauffe-eau est muni de deux éléments chauffants, réglez les deux thermostats.

Appuyez sur le bouton de remise en marche de chacun des thermostats **(photo K)**. Remettez l'isolant à sa place; réinstallez le panneau de service; rétablissez le courant.

Raccordez les tuyaux d'eau ainsi que la soupape de sûreté. Rétablissez l'alimentation en eau.

Faites passer les fils dans le collier, puis dans l'ouverture du chauffe-eau. Fixez le collier sur le chauffe-eau.

Raccordez les fils du circuit aux fils du chauffe-eau.

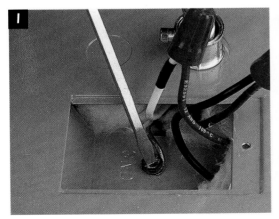

Attachez le fil de mise à la terre à la vis de mise à la terre.

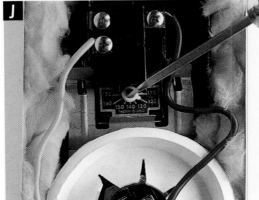

Réglez les thermostats à la température désirée.

Appuyez sur le bouton de remise en marche des deux thermostats. Remettez l'isolant à sa place; réinstallez le panneau de service; rétablissez le courant.

Adoucisseur d'eau

L'adoucisseur d'eau est un appareil assez simple qui réduit la teneur de l'eau en minéraux «durs» – magnésium et calcium – et les remplace par du sodium ou du potassium. L'élimination de ces minéraux peut prolonger la vie utile de la tuyauterie et des appareils.

Le processus d'adoucissement proprement dit se déroule dans le réservoir de résine, lequel est rempli de perles de plastique contenant du sodium. Le réservoir de saumure, contenant des pastilles de sel ou de potassium, est conçu pour recharger le sodium dans le réservoir de résine lorsque les perles de plastique se sont épuisées.

L'adoucisseur ne comporte que quelques pièces mécaniques: des soupapes pour commander l'entrée d'eau dans le réservoir et sa sortie, ainsi qu'une minuterie qui régule le processus de régénération durant lequel le réservoir de résine est rechargé par le réservoir de saumure.

Si votre eau devient dure, c'est peut-être que le réservoir de saumure a besoin de pastilles de sel ou de potassium supplémentaires. Selon la consommation d'eau, ces pastilles doivent être remplacées tous les deux mois. Vu la variation de la consommation, vérifiez la quantité de pastilles toutes les semaines, jusqu'à ce que vous puissiez déterminer la fréquence approximative du remplacement de pastilles dans votre cas particulier. L'eau dure peut également résulter d'une minuterie mal réglée. Régler la minuterie de manière que l'appareil fonctionne plus souvent pourrait suffire à vous procurer un approvisionnement continu en eau adoucie. La teneur en fer de l'eau la rend dure aussi. De temps à autre, vérifiez-la. L'ajout d'un filtre au système peut en prévenir les défectuosités en réduisant l'arrivée de fer dans l'adoucisseur.

C'est dans le réservoir de saumure ou dans le dispositif de commande que des réparations sont généralement requises. La conduite de saumure doit être inspectée et nettoyée (page suivante). Si le dispositif de commande doit être réparé, retirez-le et apportez-le au détaillant de votre localité. Les instructions concernant l'enlèvement de ce dispositif devraient se trouver dans le guide de l'utilisateur.

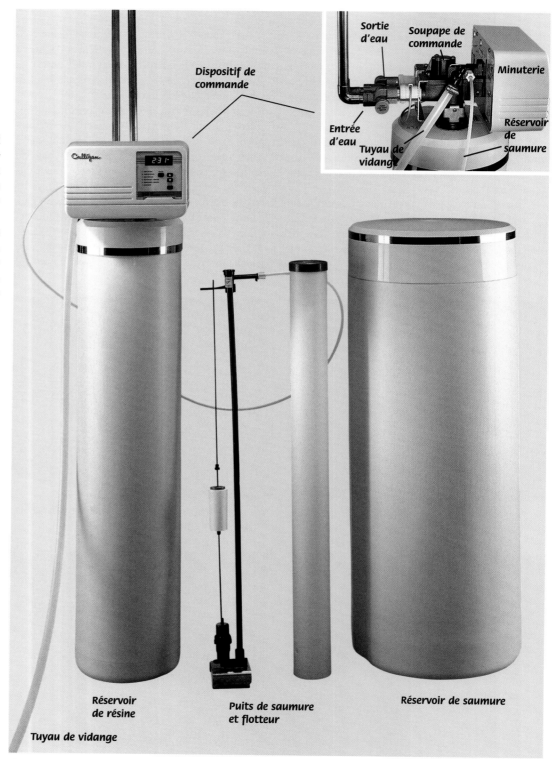

L'adoucisseur d'eau comporte deux réservoirs: un réservoir de résine (à gauche) et un de saumure (à droite). Dans le réservoir de saumure se trouvent le puits de saumure et le flotteur (au centre).

Inspection et nettoyage de la conduite de saumure

La conduite de saumure peut se boucher à cause d'une accumulation de sédiments provenant de l'eau d'alimentation ou de corps étrangers provenant du sel ou du potassium. À mesure que le passage rétrécit dans la conduite, l'arrivée de saumure dans le réservoir de résine ralentit. Lorsque cette saumure n'y arrive plus, le calcium et le magnésium commencent à s'accumuler, ce qui réduit la capacité du sel ou du potassium d'adoucir l'eau. Il est donc conseillé d'inspecter la conduite de saumure tous les deux ans.

Commencez par débrancher l'adoucisseur de sa prise de courant. Pour faire dériver l'alimentation en eau, servez-vous du robinet de dérivation, ou bien fermez le robinet d'entrée et ouvrez le robinet d'eau se trouvant dans la pièce la plus proche. Réglez le cadran de la minuterie à *BACKWASH* (lavage à contre-courant).

Avec une pince à bec effilé, enlevez l'écrou à compression qui unit la conduite de saumure au dispositif de commande. Inspectez la conduite pour y déceler toute obstruction **(photo A)**.

À l'aide d'un petit tournevis, éliminez de la conduite les particules ou résidus **(photo B)**. Rincez la conduite à l'eau tiède (pour ce faire, servez-vous d'un entonnoir ou d'une poire), puis réinstallez-la.

Inspectez ensuite l'injecteur de saumure. Ne rebranchez pas l'adoucisseur; ne modifiez pas non plus l'alimentation ni le cadran de commande. Pour avoir accès à l'injecteur, souvent situé directement sous le raccord de la conduite de saumure, enlevez le couvercle avec un tournevis. Dévissez l'injecteur du boîtier **(photo C)**. Retirez la grille recouvrant l'injecteur **(photo D)**; lavez-la à l'eau savonneuse. Nettoyez l'injecteur en soufflant dedans ou en l'essuyant avec un chiffon doux. N'utilisez pas d'objets pointus qui risqueraient d'égratigner le métal et d'endommager l'injecteur. Réinstallez la grille; vissez l'injecteur dans le boîtier. Remettez le couvercle.

Remettez le robinet de dérivation dans sa position initiale (ou ouvrez le robinet d'entrée et refermez le robinet d'eau que vous aviez ouvert). Remettez le cadran de commande à sa position initiale et rebranchez l'adoucisseur.

Outils: Pince à bec effilé, tournevis, poire.

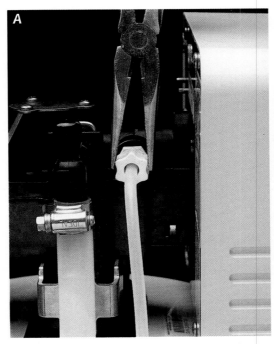

Enlevez la conduite de saumure et inspectez-la pour y déceler toute obstruction.

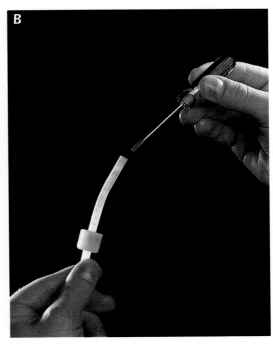

À l'aide d'un petit tournevis, éliminez les particules ou résidus accumulés dans la conduite, puis rincez celle-ci.

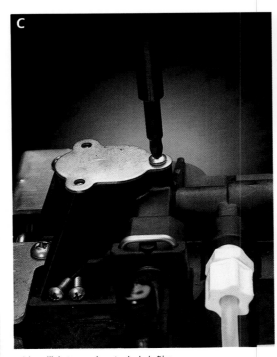

Dévissez l'injecteur, puis sortez-le du boîtier.

Enlevez la grille de l'injecteur et lavez-la à l'eau savonneuse.

Pompe à eau

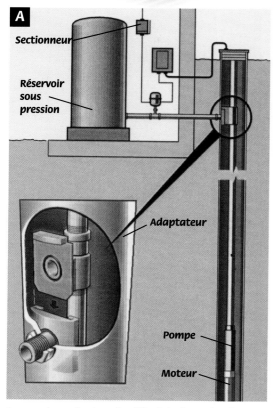

La pompe immergée est un dispositif unitaire, immergé au fond d'un puits; des impulseurs superposés poussent l'eau vers la surface.

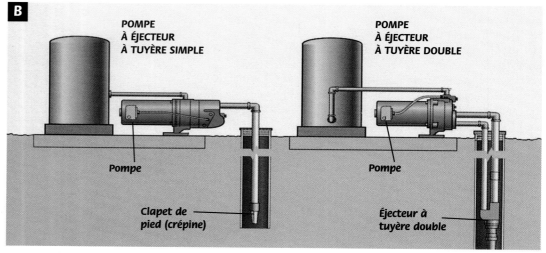

La pompe à éjecteur est installée en surface.

Le système de puisage de l'eau comprend une pompe qui extrait l'eau de la nappe phréatique, la fait passer dans le tuyau du puits et l'achemine vers un réservoir de stockage sous pression. Deux types de pompe sont utilisés pour les puits résidentiels: la pompe immergée et la pompe à éjecteur.

La pompe immergée est devenue la plus populaire des deux, parce qu'elle est plus fiable et qu'elle requiert moins d'entretien que la pompe à éjecteur. La pompe immergée est un dispositif unitaire immergé au fond d'un puits. Des impulseurs superposés poussent l'eau vers la surface (photo A). Le moteur d'une pompe immergée peut fonctionner parfaitement pendant plus de vingt ans. Mais la réparation ou le remplacement de la pompe requiert l'utilisation d'un mât de charge monté sur camion.

On utilise la pompe à éjecteur dans les puits peu profonds ou dans les puits à utilisation saisonnière, comme les puits de chalet. Le mécanisme de la pompe à éjecteur combine la force d'une pompe centrifuge et d'une tuyère d'éjection pour aspirer l'eau jusqu'à la surface.

La pompe à éjecteur à tuyère simple est utilisée dans les puits d'une profondeur maximale de 30 pi, situés à une altitude moyenne (photo B). Lorsque le puits est plus profond et que la pression doit être plus forte pour extraire la même quantité d'eau, on fait appel à une pompe à éjecteur à tuyère double. Celle-ci est semblable à la pompe à tuyère simple, sauf qu'elle comporte un impulseur de surface qui renvoie dans le puits une partie de l'eau extraite. L'eau sort par un éjecteur au fond du puits, créant ainsi une pression qui facilite le pompage.

La pompe aspire l'eau du puits et l'envoie dans un réservoir d'acier galvanisé, généralement situé dans le sous-sol de la maison. À mesure que le réservoir se remplit, la pression d'air monte dans le réservoir jusqu'au déclenchement d'un pressostat, lequel arrête la pompe. L'air comprimé du réservoir fournit la pression nécessaire à l'alimentation des robinets de la maison. À mesure que l'eau est soutirée du réservoir, la pression d'air diminue, jusqu'à ce que le pressostat remette la pompe en marche.

Les réservoirs de stockage standard sont très exposés au phénomène d'«engorgement». L'engorgement se produit lorsque l'eau du réservoir absorbe l'air, ce qui perturbe l'équilibre entre le niveau de l'eau et le coussin d'air comprimé. Lorsque c'est le cas, une faible variation du niveau de l'eau fait baisser la pression dans le réservoir, et la pompe démarre. Cette condition fatigue la pompe; il faut la corriger sans délai.

Certains nouveaux réservoirs de stockage sont munis d'une membrane de caoutchouc qui sépare l'air de l'eau, prévenant ainsi l'absorption de l'air par l'eau.

Une pression trop faible de l'eau dans le réseau d'alimentation de la maison est une autre défectuosité fréquente des systèmes de pompage. Souvent, on peut la corriger en réglant le pressostat de la pompe.

Entretien d'un système de pompage

Si la pression d'eau de votre système de pompage est insuffisante, il suffira peut-être que vous modifiiez le réglage de la pression de la pompe.

La pression maximale nominale de votre pompe devrait être indiquée près du manomètre et dans le guide du propriétaire. Si vous ne la trouvez pas, entrez en contact avec le fabricant de la pompe.

Si la pression maximale nominale de votre pompe est supérieure à la pression actuelle, le réglage sera facile.

Coupez le courant alimentant la pompe et enlevez le couvercle du pressostat afin d'avoir accès à l'écrou de réglage situé sur le long ressort (**photo C**). Augmentez la pression en faisant tourner l'écrou dans le sens des aiguilles d'une montre: un tour et demi la fera monter d'environ 3 psi (21 kPa). Remettez le couvercle du pressostat et rétablissez le courant. Pour vous assurer que ce réglage n'a pas augmenté la pression au delà de la pression maximale nominale, observez le manomètre durant un cycle complet de pompage.

Si la pompe démarre et s'arrête fréquemment, il se peut que le réservoir soit «engorgé». Dans ce cas, vidangez-le et laissez-le se remplir d'air.

Commencez par fermer le robinet d'alimentation situé entre la pompe et le réservoir (**photo D**). Ouvrez un robinet d'eau froide dans la maison pour empêcher qu'un vide se crée dans la tuyauterie.

Ouvrez le robinet de vidange situé près du réservoir et laissez celui-ci se vider complètement. Attendez quelques minutes, puis fermez le robinet d'eau froide que vous aviez ouvert ainsi que le robinet de vidange.

Ouvrez le robinet situé entre la pompe et le réservoir. À mesure que le réservoir se remplit, l'eau comprimera le coussin d'air.

Si cette méthode ne règle pas le problème, il vous faudra sans doute demander à un spécialiste d'inspecter le pressostat ou la commande de volume d'air.

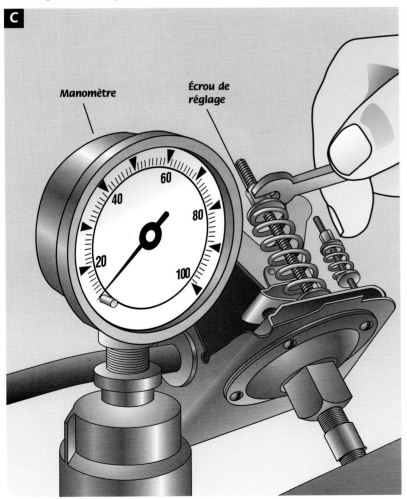

Serrez ou desserrez légèrement l'écrou de réglage pour augmenter ou diminuer la pression dans le réservoir.

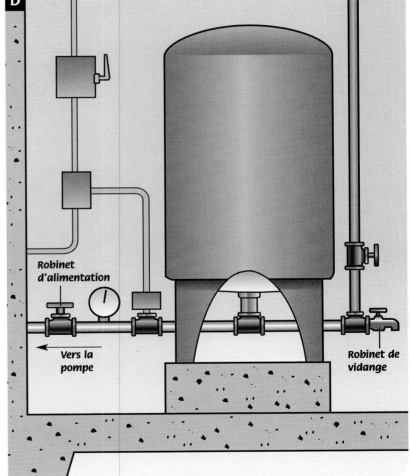

Pour corriger l'«engorgement» du réservoir, fermez le robinet d'alimentation, ouvrez le robinet de vidange et un robinet d'eau froide de la maison afin que le réservoir se remplisse d'air.

Installation septique

Certains foyers ne sont pas raccordés à un réseau d'égout municipal; les eaux usées y sont généralement traitées dans une installation septique privée.

L'installation septique privée se compose d'un bassin de rétention qui alimente un réseau de tuyaux déployé dans un champ d'épandage. Les eaux usées du foyer sont dirigées vers le système d'égout, puis vers la fosse septique. Une fois dans la fosse, les matières solides se séparent des liquides et se déposent au fond, où des microorganismes les décomposent.

La décomposition de ces déchets crée un effluent liquide qui quitte le réservoir et qu'une conduite achemine vers une boîte de raccordement étanche appelée «équirépartiteur». L'équirépartiteur dirige l'effluent vers plusieurs tuyaux perforés posés sur un lit de gravier ou d'un autre matériau non compacté. L'effluent passe par les trous des tuyaux perforés et se purifie en traversant les couches de sol et de roc, avant de rejoindre la nappe phréatique.

Dans la fosse septique, le stockage et la décomposition des eaux usées produisent du méthane. Comme le système d'égout d'une maison raccordée à un réseau d'égout municipal, l'installation septique doit être munie d'un tuyau d'aération pour que ce gaz s'échappe. Sans ce tuyau, la pression s'exerçant dans la fosse atteindrait rapidement un degré dangereux.

Les matières solides non décomposées s'accumulent au fond de la fosse septique, formant une couche de boues de plus en plus épaisse. Avec le temps, la fosse se remplit et ces boues doivent être retirées par pompage. La fréquence de vidange de la plupart des fosses septiques est de 1 à 3 ans, selon la capacité de la fosse et le nombre d'utilisateurs.

Quand une fosse septique n'est pas vidée et qu'elle devient trop remplie, les déchets solides ne se séparent plus des liquides, mais quittent la fosse et atteignent le champ d'épandage, où ils obstruent le lit de gravier et empêchent l'effluent de passer. Lorsque cela se produit, le champ doit être creusé, et le matériau non compacté doit être remplacé.

Le fonctionnement de l'installation septique repose sur un processus naturel de décomposition; comme la plupart des systèmes naturels, la fosse septique fonctionne le mieux lorsqu'on n'intervient pas. Laissez à l'installation le temps de faire son travail; n'essayez pas d'accélérer la décomposition à l'aide de levures ou autres additifs biologiques.

L'entretien périodique de la fosse et l'élimination des déchets devraient garder votre installation septique en bon état pendant 20 ans ou plus. Cependant, si l'installation a été négligée pendant des années, vous devrez peut-être demander à des spécialistes de remplacer le champ d'épandage ou de l'étendre.

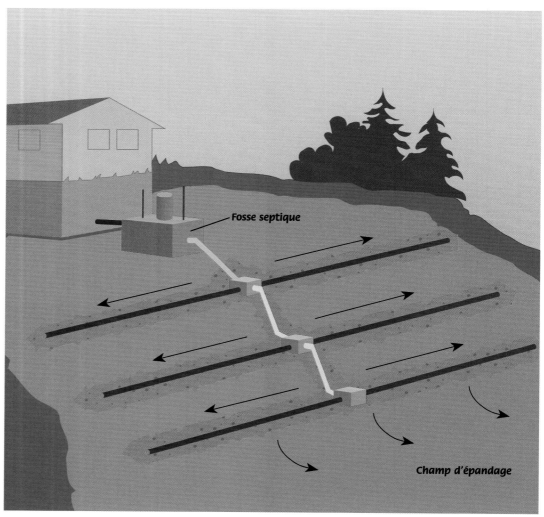

Fosse septique

Champ d'épandage

Dans une installation septique bien entretenue, les eaux usées sont dirigées dans des tuyaux courant dans un champ d'épandage. Les déchets solides accumulés au fond de la fosse doivent être pompés à intervalles de 1 à 3 ans, et éliminés.

Entretien de l'installation septique

Faites inspecter et vidanger votre fosse régulièrement.	Si la fosse est négligée, l'installation septique cessera de fonctionner correctement; le refoulement des eaux usées présentera un risque grave pour la santé de votre famille. Les experts recommandent de vider la fosse tous les ans ou tous les deux ans.

Évitez d'utiliser des produits chimiques.	Les produits chimiques et agents antibactériens puissants tuent les bactéries essentielles au bon fonctionnement de l'installation septique.
	
	Ne versez pas les produits suivants dans les toilettes et drains de la maison:
	    produits de débouchage
	    peintures et diluants
	    nettoyeurs chimiques
	    chlore (notamment les nettoyants pour cuvettes automatiques)
	    savons antibactériens

Limitez les rejets de déchets de cuisine.	Les matières grasses alimentaires nuisent au fonctionnement de l'installation septique en se déposant dans les tuyaux, en gênant la décomposition bactérienne dans le réservoir et en obstruant le matériau non compacté du champ d'épandage. Les broyeurs à déchets surchargent l'installation et doublent parfois la vitesse d'accumulation des boues dans le réservoir. Jetez la graisse alimentaire et les restes d'aliments à la poubelle ou sur le tas de compost.
Limitez les rejets d'eau. Réparez promptement les appareils qui fuient. Dirigez l'eau des gouttières loin de l'installation de drainage de la maison. Ne videz pas une piscine ou une cuve à remous dans le système d'égout de la maison.	Les rejets d'eau excessifs accélèrent la circulation des eaux usées dans l'installation. Les bactéries n'ont plus le temps de faire leur travail, et trop de matières solides atteignent le champ d'épandage.
N'utilisez jamais d'additifs pour activer la décomposition.	Les additifs biologiques destinés à stimuler la croissance bactérienne font souvent plus de mal que de bien. Ces additifs excitent les bactéries anaérobies dans la fosse septique; leur activité accrue provoque le rejet dans le champ d'épandage de matières solides non dissoutes.

Dépannage de l'installation septique

Si votre installation septique fonctionne mal, il n'y a pas grand-chose que vous puissiez faire. Mais si vous êtes en mesure de déceler ce mauvais fonctionnement, vous pourrez prolonger la vie utile de l'installation et, probablement, faire des économies.

Si vos drains sont lents ou qu'ils ne fonctionnent pas du tout, c'est peut-être que le tuyau d'égout principal de la maison est obstrué ou que l'installation septique est engorgée. Vérifiez d'abord le tuyau d'égout principal. Pour le déboucher, utilisez un dégorgeoir mécanique (photo à droite) et non pas des produits chimiques.

Si le tuyau d'égout principal de la maison n'est pas bouché, le mauvais fonctionnement de l'installation septique est peut-être causé par le colmatage du champ d'épandage, par l'absence de bactéries dans l'installa-tion ou par le fait que la fosse est pleine. À part la lenteur des drains, les autres signes de mauvais fonctionnement de l'installation sont la présence d'eau foncée à la surface du champ d'épandage et l'odeur d'égout près de la maison.

Tous ces symptômes peuvent indiquer un problème sérieux. Les déchets organiques humains sont considérés comme des déchets dangereux et leur élimination est sévèrement réglementée. Vous ne devez pas assurer vous-même l'entretien courant de votre installation septique.

Les fosses septiques dégagent du méthane, un gaz explosif, et peuvent contenir des virus mortels. Demandez à des spécialistes d'inspecter votre installation septique et d'en assurer l'entretien.

Électricité

Avant d'effectuer de petits travaux d'électricité chez vous, vous devez absolument comprendre le fonctionnement général de l'installation électrique de votre demeure. Apprenez à en reconnaître les divers éléments et le rôle que joue chacun de ceux-ci dans le transport de l'électricité ou dans la protection de l'installation et de votre famille.

Le courant est acheminé vers votre domicile par des câbles aériens ou enfouis jusqu'à un poteau appelé *tête de branchement*. La plupart des maisons construites après 1950 sont reliées à leur tête de branchement par trois fils de service: deux fils sous tension de 120 V et un fil neutre, mis à la terre. La tension des deux fils de 120 V peut être combinée au tableau de distribution pour alimenter les appareils requérant 240 V, tels le chauffe-eau électrique et la sécheuse.

Certaines maisons anciennes ne sont reliées à la tête de branchement que par deux fils: un fil sous tension de 120 V et un fil neutre, mis à la terre. Dans ce cas, il est impossible d'alimenter le grand nombre de gros électroménagers, ordinateurs et autres appareils électriques courants dans les foyers modernes. Si le branchement de votre maison est encore à deux fils, demandez une mise à niveau à un entrepreneur-électricien ou à votre fournisseur d'électricité.

Une fois arrivée à votre maison, l'électricité traverse un *compteur* qui mesure en kilowatts-heure (kwh) la consommation électrique du ménage. Du compteur, l'électricité se rend au *tableau de distribution*. Ce panneau contient des fusibles ou des disjoncteurs qui interrompent le passage du courant en cas de court-circuit ou de surcharge.

Le tableau de distribution achemine le courant vers les *circuits*, c'est-à-dire vers les boucles de câble destinées à alimenter en électricité les appareils, interrupteurs et prises de courant. La plupart des circuits alimentent plusieurs secteurs de la maison ou plusieurs appareils, mais on réserve parfois un circuit à l'alimentation d'un seul appareil énergivore, tel un lave-linge ou un réfrigérateur.

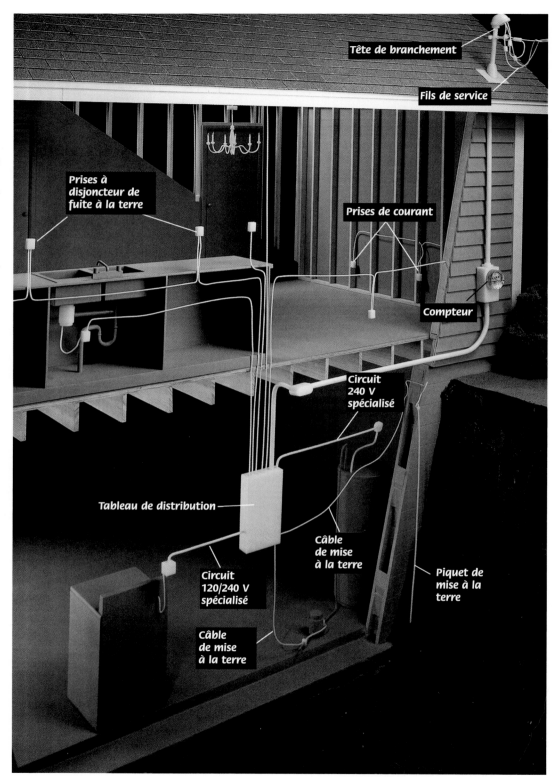

L'installation électrique d'une maison comprend de nombreux éléments destinés à une alimentation sécuritaire en électricité.

L'installation électrique

Pour fonctionner convenablement, l'électricité doit toujours circuler en boucle fermée. Durant vos travaux, vous constaterez que les défectuosités résultent souvent d'une ouverture dans cette boucle. Les photos ci-dessous indiquent certains des endroits où la boucle pourrait être ouverte.

La *tête de branchement* reçoit l'électricité de votre fournisseur d'électricité. L'alimentation à 240 V se fait au moyen de trois fils: deux fils sous tension de 120 V et un fil neutre, mis à la terre **(photo A)**.

Le *compteur* mesure le nombre de kilowatts-heures (kwh) consommés par votre installation électrique. Généralement fixé sur un mur extérieur, il est raccordé à la tête de branchement ou à des câbles d'alimentation enfouis. Dans le compteur, un mince disque métallique tourne lorsque du courant est utilisé **(photo B)**.

Le *tableau de distribution* achemine le courant vers les circuits individuels. Le fusible ou le disjoncteur est conçu pour entrer en action dès qu'il y a court-circuit ou surcharge **(photo C)**.

NOTE: Les fils reliés à la tête de branchement, le compteur et le tableau de distribution sont toujours sous tension, sauf si le fournisseur d'électricité interrompt l'alimentation. Ne tentez jamais d'inspecter ou de réparer ces éléments. Si vous pensez qu'ils sont défectueux, communiquez avec votre fournisseur d'électricité.

La *boîte de jonction* renferme les jonctions des conducteurs. Le code canadien de l'électricité requiert que toute connexion ou épissure de fils électriques soit protégée dans une boîte de plastique ou de métal **(photo D)**.

La *prise de courant* permet le branchement d'un appareil. Les installations électriques effectuées après 1965 comportent généralement des prises de 125 V et 15 A, munies d'un troisième trou pour la broche de mise à la terre **(photo E)**.

L'*interrupteur* commande le passage du courant vers les luminaires, les ventilateurs de plafond, les autres appareils et les prises de courant **(photo F)**.

Les *luminaires*, directement reliés à l'installation électrique, sont généralement commandés par des interrupteurs muraux **(photo G)**.

Le *câble de mise à la terre* relie l'installation électrique à la terre, par l'intermédiaire d'un tuyau métallique d'eau ou d'un piquet de mise à la terre. En cas de court-circuit au boîtier d'un équipement, le câble devrait diriger sans danger ce courant vers la terre **(photo H)**.

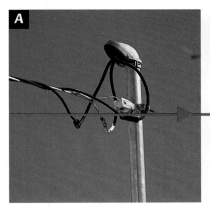

Les câbles du fournisseur d'électricité sont reliés à la maison par la tête de branchement.

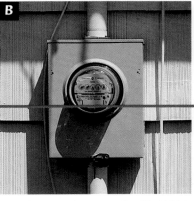

Le compteur mesure la consommation d'électricité du ménage.

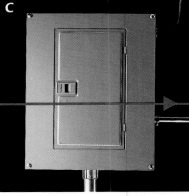

Le tableau de distribution achemine le courant vers les circuits individuels.

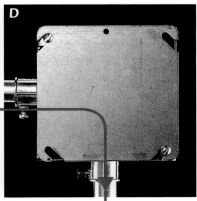

Partout dans la maison, des boîtes de jonction protègent les connexions des fils.

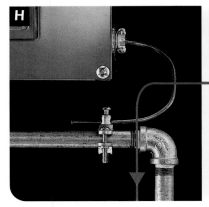

Le câble de mise à la terre est relié à un tuyau d'eau froide ou à un piquet de mise à la terre.

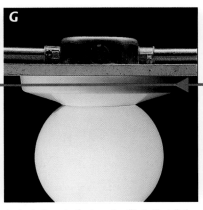

Le luminaire est directement relié à l'installation électrique.

L'interrupteur commande le passage du courant dans un circuit.

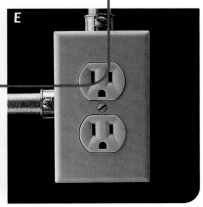

La prise de courant permet le branchement des appareils électriques.

Le circuit

Selon le *Petit Robert*, un *circuit* est une «suite ininterrompue de conducteurs électriques». L'électricité part du tableau de distribution, se propage dans le circuit, et revient à son point de départ. Pour que le circuit fonctionne correctement, cette boucle doit rester fermée.

Le courant part vers les appareils électriques en suivant des conducteurs sous tension et revient au tableau de distribution par les fils neutres. Il existe un code de couleur pour ces deux types de fils: les fils sous tension sont rouges ou noirs; les fils neutres sont blancs ou gris pâle.

Pour plus de sécurité, la plupart des circuits comportent également un fil de cuivre nu ou à gaine verte pour la mise à la terre. Ce fil réduit les risques de choc électrique et, en cas de court-circuit, dissipe le courant.

La capacité d'un circuit est cotée en fonction de la quantité de courant que celui-ci peut transporter sans surchauffe. Si les appareils raccordés à un circuit requièrent plus de courant qu'il ne peut en transporter, un fusible ou un disjoncteur se déclenchera automatiquement pour couper le circuit.

Généralement, un grand nombre d'interrupteurs, de prises de courant, de luminaires ou d'appareils sont reliés à chacun des circuits; une mauvaise connexion quelque part dans ces appareils peut causer un court-circuit ou une coupure de courant. Le court-circuit, qui crée une surcharge, déclenche alors le fusible ou le disjoncteur, et l'électricité cesse de passer dans le circuit.

Après avoir traversé les appareils électriques, le courant retourne au tableau de distribution en suivant le fil neutre du circuit. Là, il rejoint un fil du circuit principal et quitte la maison le long du fil de service neutre qui le renvoie au transformateur du fournisseur d'électricité.

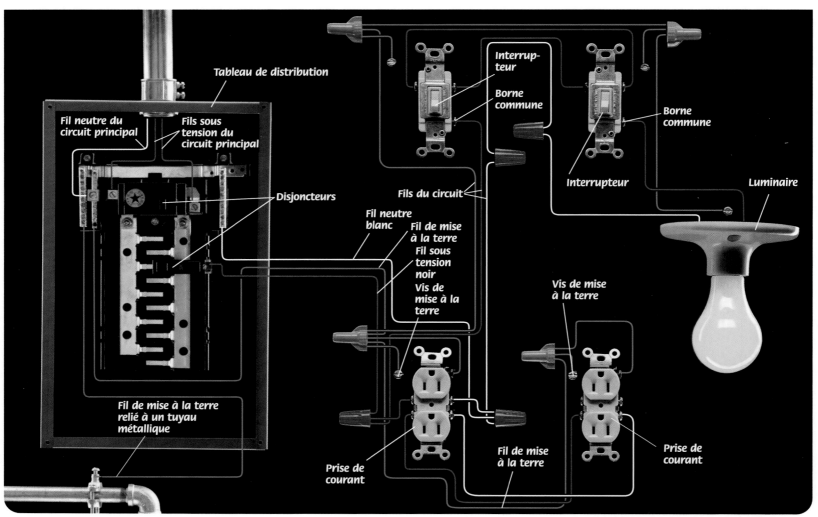

Les circuits transportant le courant dans la maison forment des boucles fermées. Le courant entre dans le circuit en suivant des conducteurs sous tension (rouges) et revient au tableau de distribution par les fils neutres (blancs). Pour plus de sécurité, le circuit comporte également des fils de mise à la terre (verts).

Mise à la terre et polarisation

L'électricité cherche toujours à retourner à sa source et à former une boucle. Dans un câblage domestique, les fils neutres (généralement à gaine blanche) fournissent au courant cette voie de retour au tableau de distribution.

Durant vos travaux d'électricité, n'oubliez jamais que le courant cherche toujours la voie offrant la moindre résistance. Lorsque vous touchez à un dispositif, outil ou appareil en état de court-circuit au boîtier, le courant pourrait tenter de retourner à sa source en traversant votre corps.

Les fils de mise à la terre sont destinés à réduire ce risque au minimum en fournissant au courant une voie sûre et facile de retour à la source. Si vous touchez à un dispositif en état de court-circuit au boîtier mais comportant un fil de mise à la terre correctement installé, le risque de choc électrique est considérablement réduit.

Depuis 1920, la plupart des installations électriques comportent un autre élément de sécurité: des prises qui n'acceptent que des fiches polarisées. Même s'il ne s'agit pas là d'une vraie méthode de mise à la terre, la polarisation fait en sorte que le courant circule dans les bons fils du circuit.

Durant les années 1940, on a installé dans beaucoup de maisons des câbles armés (parfois appelés câbles BX). Ce type de câble est entouré d'une armature métallique qui, une fois raccordée à une boîte de jonction métallique, fournit au courant une véritable voie de mise à la terre vers le tableau de distribution.

Depuis 1965, la plupart des installations électriques recourent à un câble NM (à gaine non métallique), lequel contient un fil de cuivre nu ou à gaine verte qui sert de fil de mise à la terre des surcharges de courant. Ces circuits sont généralement munis de prises de courant à trois trous comportant une connexion directe au fil de mise à la terre. Cela protège les appareils, outils et personnes contre les courts-circuits au boîtier.

Si une prise à deux trous est raccordée à une boîte mise à la terre, vous pouvez y brancher une fiche à trois broches en utilisant une fiche d'adaptation. Pour brancher cet adaptateur à la boîte mise à la terre, attachez les courts fils ou boucles de mise à la terre de l'adaptateur à la vis de montage de la plaque.

Une autre précaution consiste à utiliser des outils à double isolation; ceux-ci sont munis de boîtiers en plastique non conducteurs qui préviennent les chocs causés par les courts-circuits. Grâce à cette caractéristique, les outils à double isolation peuvent être utilisés sans danger avec les prises de courant à deux trous.

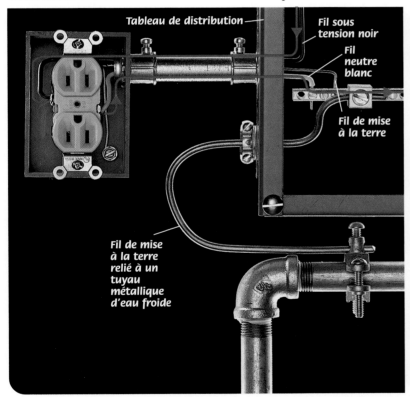

Circulation normale du courant: le courant entre dans la boîte par le fil sous tension noir et retourne au tableau de distribution par le fil neutre blanc. Tout courant de défaut au boîtier est conduit vers la terre par le fil de mise à la terre attaché à une conduite d'eau métallique ou à un piquet de mise à la terre.

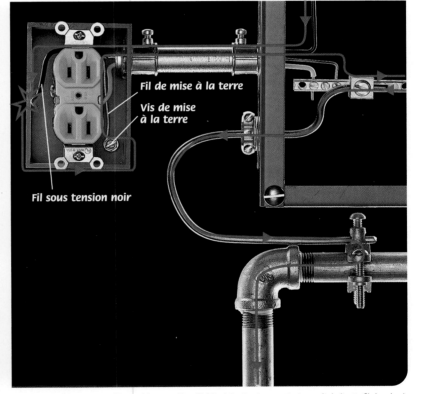

Court-circuit: le courant est détourné à cause d'un fil détaché entrant en contact avec la boîte. Le fil de mise à la terre capte le courant et le dirige sans danger vers le tableau de distribution; là, il retourne à sa source le long d'un fil de branchement neutre ou bien se dissipe dans la terre grâce au dispositif de mise à la terre.

Tableau de distribution

Chaque maison est dotée d'un tableau de distribution qui achemine le courant vers les circuits dérivés. Généralement installé dans le sous-sol, le garage ou une aire de service, il est reconnaissable à son coffret métallique gris. Avant d'effectuer tout travail d'électricité, coupez au tableau de distribution l'alimentation des circuits sur lesquels vous travaillez. Pour votre facilité, dressez d'abord le plan des circuits et identifiez-les sur le tableau de distribution (page 390).

Le tableau de distribution est muni de fusibles ou de disjoncteurs qui commandent les circuits et les protègent contre les surcharges. Les tableaux installés avant 1965 contiennent généralement des fusibles, et les plus récents, des disjoncteurs.

L'intensité du courant et le nombre de circuits varient selon les tableaux de distribution. Dans les très vieilles installations, il se peut que la limite soit de 30 A et qu'il n'y ait que deux circuits. Les nouvelles installations peuvent avoir une limite de 200 A et comporter 30 circuits ou davantage. L'intensité nominale de votre tableau est indiquée sur le bloc-fusibles ou sur le disjoncteur principal.

Votre installation électrique peut aussi comporter un tableau de distribution secondaire commandant d'autres circuits. Celui-ci contient ses propres fusibles ou disjoncteurs et sert à augmenter la capacité de l'installation par l'ajout de circuits. Le tableau secondaire ressemble au tableau de distribution principal, mais il est généralement plus petit. Il peut être situé à côté du tableau principal ou dans l'aire de la maison qu'il commande, par exemple dans le garage ou le grenier. Avant de toucher aux fusibles ou aux disjoncteurs, vérifiez si l'endroit où se trouve le tableau de distribution est bien sec. Gardez cet endroit propre et non encombré. Évitez d'entreposer ou d'empiler quoi que ce soit contre le tableau; interdisez-en toujours l'accès aux enfants.

La première étape de tout travail d'électricité est de couper l'alimentation du circuit. Pour ce faire, repérez le fusible ou disjoncteur qui commande le circuit en question. (C'est ici que le plan des circuits et l'identification des fusibles ou disjoncteurs vous faciliteront la tâche.) Une fois le circuit repéré, dévissez-en le fusible ou placez-en le disjoncteur en position d'arrêt OFF. Comme précaution supplémentaire, refermez le tableau et collez-y une note indiquant que vous êtes en train de travailler sur un circuit.

Avant de commencer à travailler sur le circuit, assurez-vous une dernière fois qu'il n'est pas sous tension au moyen d'un vérificateur de tension (page 395). Si vous avez retiré le bon fusible ou coupé le bon disjoncteur, il n'y aura pas de courant dans le circuit et l'ampoule du vérificateur ne s'allumera pas. Si l'ampoule s'allume, c'est que le courant est encore présent dans le circuit. Continuez de couper des disjoncteurs ou d'enlever des fusibles et de vérifier le circuit tant que vous ne serez pas certain que le courant est coupé et que vous pouvez toucher aux fils sans danger.

Tableau de distribution de 30 A à fusibles

Les tableaux de distribution de 30 A sont courants dans les installations électriques datant d'avant 1950. Ils comportent un bloc-fusibles en céramique et un interrupteur à couteau. Le bloc-fusibles est parfois contenu dans un coffret métallique noir installé dans une entrée ou dans le sous-sol.

Puisque les tableaux de distribution de 30 A ne fournissent que de l'électricité à 120 V, ils sont aujourd'hui considérés comme inadéquats et doivent être modernisés. Il est souvent exigé que la capacité soit augmentée à 100 A ou plus avant que la maison ne soit admissible au financement hypothécaire.

Pour couper le courant alimentant un circuit donné, dévissez avec précaution le fusible à culot correspondant, en ne touchant qu'à sa bordure isolée.

Pour couper le courant dans toute la maison, actionnez l'interrupteur à couteau; prenez garde de ne pas toucher aux contacts métalliques de l'interrupteur.

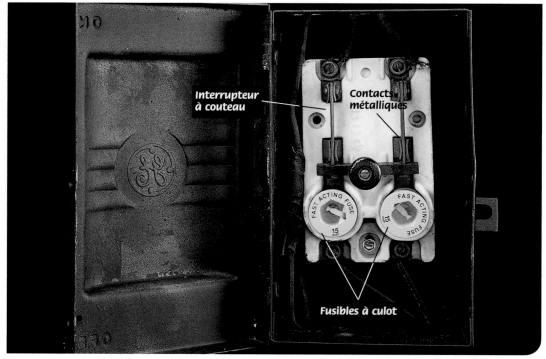

Interrupteur à couteau

Contacts métalliques

Fusibles à culot

Un tableau de distribution de 30 A contient un bloc-fusibles en céramique et un interrupteur à couteau. Ces tableaux sont inadéquats et doivent être modernisés dès que possible.

Tableau de distribution de 60 A à fusibles

Les tableaux de distribution de 60 A à fusibles sont courants dans les installations électriques datant d'entre 1950 et 1965. Généralement, ils sont contenus dans un coffret métallique gris et renferment quatre fusibles à culot ainsi qu'un ou deux blocs-fusibles amovibles pour fusibles à cartouche.

Le tableau de distribution de 60 A à fusibles convient aux petites maisons (jusqu'à 1100 pi²) où l'on n'utilise qu'un seul gros appareil électrique à 240 V. Cependant, vous devriez songer à augmenter la capacité du tableau à au moins 100 A, afin de pouvoir ajouter des circuits à votre installation électrique. Dans certains cas, les programmes de prêts résidentiels exigent que la capacité de 60 A soit augmentée pour que la maison soit admissible au financement hypothécaire. Pour couper l'alimentation d'un circuit donné, dévissez avec précaution le fusible à culot correspondant, en ne touchant qu'à sa bordure isolée.

Pour couper le courant dans toute la maison, saisissez la poignée du bloc-fusibles principal et tirez-le pour le dégager. S'il y a un deuxième bloc-fusibles pour les gros appareils, vous pouvez couper ce circuit séparément en retirant le bloc-fusibles.

Un tableau de distribution de 60 A à fusibles contient quatre fusibles à culot, ainsi que un ou deux blocs-fusibles. Ce tableau convient aux petites maisons où l'on n'utilise qu'un seul gros appareil à 240 V.

Tableau de distribution à disjoncteurs

Le tableau de distribution de 100 A ou plus à disjoncteurs est courant dans les installations électriques d'à partir des années 1960. Généralement contenu dans un coffret métallique gris, il renferme deux rangées de disjoncteurs. La capacité du tableau est indiquée sur le disjoncteur principal, situé en haut de celui-ci.

Le tableau de 100 A constitue aujourd'hui la norme minimale pour la construction de nouvelles maisons. Il est jugé adéquat pour les maisons de taille moyenne où l'on utilise jusqu'à trois gros appareils électriques. Les maisons plus grandes, ou celles où l'on utilise un plus grand nombre de gros appareils, requièrent un tableau de distribution de 150 A ou plus.

Pour couper l'alimentation d'un circuit donné, placez le levier du disjoncteur correspondant à la position d'arrêt OFF. Pour couper le courant dans toute la maison, placez le levier du disjoncteur principal à la position d'arrêt OFF.

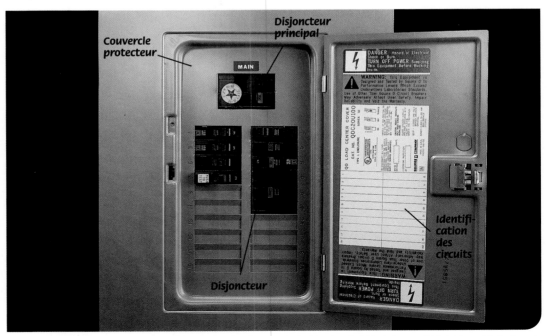

Un tableau de distribution de 100 A ou plus à disjoncteurs contient deux rangées de disjoncteurs individuels. La capacité du tableau est indiquée sur le disjoncteur principal.

Fusibles et disjoncteurs

Les fusibles et disjoncteurs montés dans le tableau de distribution principal sont des dispositifs de sécurité qui commandent l'alimentation des circuits et protègent l'installation électrique contre les courts-circuits et les surcharges.

Les fusibles **(photo A)** contiennent un ruban conducteur en alliage métallique. Un courant excessif fait fondre ce ruban, ce qui interrompt le passage du courant. La capacité d'un fusible doit toujours correspondre à celle du circuit; ne remplacez jamais un fusible par un autre dont la capacité est supérieure.

Les fusibles à culot vissables (1) protègent les circuits de 120 V qui alimentent les luminaires et prises de courant. Leur capacité nominale est de 15 A, 20 A ou 30 A.

Les fusibles à culot calibrés (2) ont des filets qui ne s'adaptent qu'aux douilles correspondantes; impossible donc d'installer le mauvais fusible dans un circuit.

Les fusibles temporisés (3) peuvent supporter temporairement une surcharge de courant.

Les fusibles à cartouche (4) protègent les circuits de 240 V des gros appareils électriques; leur capacité varie de 30 A à 100 A.

Les disjoncteurs **(photo B)** contiennent une languette métallique qui s'échauffe et se courbe sous l'effet du courant électrique. S'il y a surcharge, la languette se courbe, déclenche le disjoncteur et interrompt la circulation du courant. Les disjoncteurs usés risquent de se déclencher souvent sans raison apparente; un électricien doit les remplacer.

Le disjoncteur unipolaire (5) protège les circuits de 120 V; sa capacité est généralement de 15 A ou 20 A.

Le disjoncteur bipolaire (6) protège les circuits de 240 V; sa capacité est de 20 A à 50 A.

Le disjoncteur de fuite à la terre (7) protège tout un circuit contre les chocs; sa capacité va de 15 A à 100 A.

Généralement, lorsqu'un fusible brûle ou qu'un disjoncteur se déclenche, c'est qu'il y a un trop grand nombre de luminaires et d'appareils qui sollicitent le circuit. Débranchez-en certains et branchez-les à un autre circuit. Remplacez ensuite le fusible ou réarmez le disjoncteur. Si la panne se reproduit immédiatement, il se peut qu'il y ait un court-circuit dans l'installation. Si vous croyez que c'est le cas, recourez aux services d'un électricien agréé.

On trouve surtout les fusibles dans les vieux tableaux de distribution.

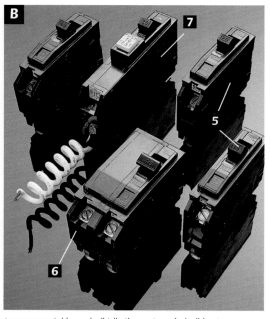

Les nouveaux tableaux de distribution sont munis de disjoncteurs.

Remplacement des fusibles

Lorsqu'un fusible à culot vissable saute, repérez-le sur le tableau de distribution. Examinez le ruban métallique de chaque fusible. Celui qui a sauté sera différent des autres.

S'il y a eu surcharge du circuit, le ruban métallique aura fondu. S'il y a eu court-circuit, la fenêtre du fusible aura noirci **(photo C)**. Trouvez et réparez le court-circuit avant de remplacer le fusible.

Pour enlever le fusible, dévissez-le en le tenant par sa bordure isolée **(photo D)**. Remplacez-le par un nouveau fusible dont la capacité est la même que celle du circuit.

Un court-circuit noircira le fusible; une surcharge fera fondre le ruban.

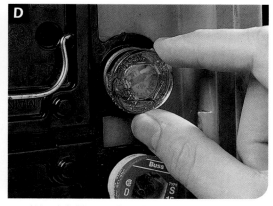

Pour dévisser le fusible, ne touchez qu'à sa bordure isolée.

Remplacement des fusibles à cartouche

Lorsqu'un fusible à cartouche saute, allez au tableau de distribution et retirez le bloc-fusibles en tirant sur sa poignée **(photo E)**. Utilisez une pince à fusibles pour retirer la cartouche du bloc **(photo F)**.

Pour savoir lequel des fusibles doit être remplacé, mettez les deux à l'épreuve avec un vérificateur de continuité **(photo G)**. Placez la pince du vérificateur sur l'une des extrémités du fusible, et la sonde sur l'autre. Si l'ampoule du vérificateur s'allume, c'est que le fusible est bon.

Si les deux fusibles sont bons, le problème se trouve ailleurs. Si les deux sont brûlés, remplacez-les par de nouveaux fusibles dont la capacité est la même que celle du circuit.

Outils: *Pince à fusibles (fusibles à cartouche seulement), vérificateur de continuité.*

Matériels: *Fusibles de rechange.*

Saisissez la poignée du bloc et tirez dessus.

Utilisez une pince à fusibles pour retirer les fusibles du bloc.

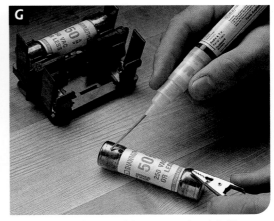
Si l'ampoule du vérificateur ne s'allume pas, remplacez le fusible.

Réarmement d'un disjoncteur

Lorsqu'un disjoncteur se déclenche, repérez-le sur le tableau de distribution principal. Son levier sera en position d'arrêt OFF, ou entre la position de marche ON et la position d'arrêt OFF. Sur beaucoup de tableaux il est facile de trouver quel est le disjoncteur déclenché, grâce à la bande rouge qui devient visible lorsque le levier a basculé **(photo H)**.

Pour réarmer le disjoncteur, poussez-en le levier jusqu'à la position d'arrêt OFF puis remettez-le à la position de marche ON **(photo I)**.

Le fonctionnement des disjoncteurs de fuite à la terre doit être vérifié périodiquement. Pour ce faire, appuyez simplement sur le bouton d'essai TEST **(photo J)**. Le levier du disjoncteur devrait alors basculer en position d'arrêt OFF. Si ce n'est pas le cas, c'est que le disjoncteur est défectueux et doit être remplacé par un électricien autorisé.

Repérez le disjoncteur déclenché sur le tableau de distribution.

Poussez le levier jusqu'à la position d'arrêt OFF, puis remettez-le à la position de marche ON.

Vérifiez périodiquement le fonctionnement du disjoncteur de fuite à la terre.

Plan des circuits et identification des disjoncteurs ou fusibles du tableau

Vos travaux d'électricité seront plus faciles et plus sécuritaires si vous disposez d'un plan à jour de vos circuits. Le plan des circuits indique tous les appareils, luminaires, interrupteurs et prises de courant branchés sur chacun des circuits. Il vous permet d'identifier chacun des disjoncteurs ou fusibles du tableau de distribution pour que vous puissiez couper le courant du bon circuit si des réparations sont nécessaires.

Le plan des circuits vous aide également à évaluer la demande de courant imposée à chacun des circuits et à estimer si votre câblage doit ou non être amélioré.

Le tracé du plan et l'identification des disjoncteurs ou fusibles du tableau prennent de quatre à six heures. Même si l'identification a été faite par un ancien propriétaire, mieux vaut préparer votre propre plan. En effet, si des circuits ont été modifiés ou ajoutés, l'ancien plan sera inexact.

La meilleure méthode de préparation du plan consiste à mettre sous tension les circuits un à un et à vérifier lesquels des appareils, luminaires et prises de courant sont alimentés. Pour ce faire, tous les dispositifs électriques doivent être en bon état de fonctionnement.

Commencez par tracer le plan de chaque pièce sur du papier quadrillé **(photo A)**. Tenez compte des couloirs, du sous-sol, du grenier et de toutes les aires de service. (Utilisez le plan de votre maison, si vous en avez un.) Dessinez également l'extérieur de votre maison, le garage et toute autre structure qui a été câblée.

Outils: *Vérificateur de tension.*

Matériel: *Papier, crayon, ruban-cache.*

Sur chacun des plans, indiquez l'emplacement de tous les éléments électriques: prises, luminaires, interrupteurs, appareils, sonnettes et carillons, thermostats, radiateurs, ventilateurs et climatiseurs.

Sur le tableau de distribution principal, numérotez chacun des disjoncteurs ou fusibles **(photo B)**. Mettez tous les disjoncteurs en position OFF ou dévissez tous les fusibles, mais laissez le disjoncteur principal enclenché en position ON.

Alimentez un circuit à la fois en enclenchant un disjoncteur ou en vissant un fusible. Notez l'intensité nominale (nombre d'ampères) indiquée sur le levier du disjoncteur ou sur la bordure de verre du fusible.

Mettez en position ON, un à la fois, les interrupteurs, luminaires et appareils de la maison; au moyen de ruban-cache, identifiez ceux qui sont alimentés par le circuit **(photo C)**.

Vérifiez la mise sous tension de chacune des prises de courant au moyen d'un vérificateur de tension. Vérifiez chacune des sorties de la prise **(photo D)**; indiquez sur les prises les numéros des circuits qui les alimentent **(photo E)**. Même si cela n'est pas fréquent, il se peut que les deux sorties d'une prise ne soient pas alimentées par le même circuit.

Pour vérifier si la chaudière est sous tension, réglez le thermostat à la température maximale **(photo F)**. La chaudière et les thermostats à basse tension sont alimentés par le même circuit. Si le circuit est sous tension, la chaudière se mettra en marche. Réglez le thermostat à la température minimale pour vérifier si le climatiseur central est sous tension.

Vérifiez si le chauffe-eau est sous tension en en réglant le thermostat à la température maximale; si le circuit est alimenté, l'appareil commencera à réchauffer l'eau.

Vérifiez si le circuit des sonnettes et carillons est alimenté en les faisant sonner.

Sur le plan des circuits, inscrivez le numéro du circuit, la tension et l'intensité nominale de chaque prise, interrupteur, luminaire et appareil **(photo G)**.

Avec du ruban-cache, collez le plan d'identification des circuits sur la porte du tableau de distribution principal. Le plan contiendra le sommaire de tous les éléments et appareils alimentés par chacun des circuits **(photo H)**. Collez sur le tableau de distribution tous les plans des circuits. Remettez sous tension tous les circuits.

Dressez le plan de la maison pour identifier les circuits. Sur le plan, indiquez l'emplacement de tous les luminaires, prises, interrupteurs, appareils, sonnettes et carillons, et thermostats.

Sur le tableau de distribution principal, numérotez chacun des circuits avec un bout de ruban-cache. Neutralisez tous les circuits, puis réenclenchez-les un à la fois. Prenez note de l'intensité nominale de chaque circuit.

Mettez en position ON tous les interrupteurs, luminaires et appareils de la maison, un à la fois, pour repérer ceux qui sont alimentés par le circuit.

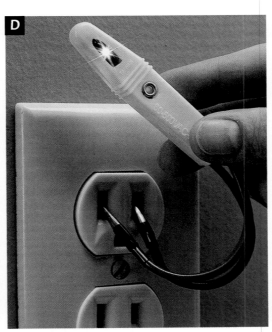

Vérifiez la mise sous tension des prises au moyen d'un vérificateur de tension. Pour ce faire, insérez les sondes du vérificateur dans les fentes des sorties de la prise. Vérifiez les deux sorties.

Étiquetez la prise pour indiquer le numéro du circuit qui l'alimente et l'intensité nominale du circuit. Il se peut que les deux sorties d'une prise ne soient pas alimentées par le même circuit.

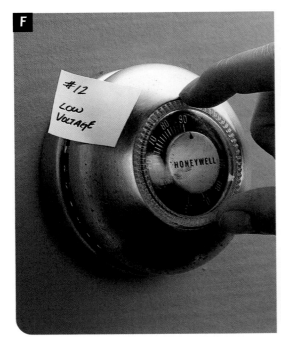

Pour vérifier la mise sous tension de la chaudière, réglez le thermostat à la température maximale. Dans le cas du climatiseur central, réglez le thermostat à la température minimale.

Sur le plan du circuit, inscrivez le numéro du circuit, la tension et l'intensité nominale de chaque interrupteur, prise, luminaire et appareil.

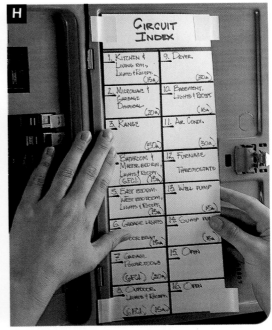

Faites le sommaire de tous les luminaires, appareils et prises alimentés par chacun des circuits. Collez le plan d'identification sur la porte du tableau de distribution. Remettez tous les circuits en position ON.

Outils nécessaires aux travaux d'électricité

Contrairement aux outils requis pour d'autres types de travaux, ceux que requerront vos petits travaux d'électricité sont simples, peu coûteux et faciles à trouver.

L'ensemble illustré ci-dessous comprend tous les outils dont vous aurez besoin pour les travaux d'électricité dont nous parlerons.

La pince à usages multiples permet de couper câbles et fils, de calibrer les fils et de les dénuder. Grâce à ses poignées isolées, vous pouvez travailler en toute sécurité sur des fils électriques.

La pince à bec effilé sert à plier et à donner une forme au fil, plus particulièrement lorsque vous devez raccorder celui-ci à une borne. Certaines de ces pinces sont munies de tranchants pour couper le fil.

Le vérificateur de continuité permet de déceler les courts-circuits et les circuits ouverts dans les interrupteurs, luminaires et autres appareils. Il contient une pile et une boucle de fil qui créent un circuit électrique miniature.

La pince arrache-fusible sert à enlever les fusibles à cartouche du bloc-fusibles.

Le dénudeur de câble enlève la gaine non métallique des câbles NM.

Les tournevis d'électricien ont un manche gainé de caoutchouc pour réduire les risques de choc électrique.

Le vérificateur de tension sert à vérifier si un circuit est alimenté.

Le tournevis électrique sans fil assure un vissage rapide même lorsque les circuits électriques sont hors tension. Le multimètre mesure la tension et vérifie la continuité dans les interrupteurs, luminaires et appareils.

Comme c'est le cas pour tous les outils, lorsque vous achetez des outils pour vos travaux d'électricité, investissez dans la qualité et entretenez-les bien. Voici quelques conseils sur l'entretien des outils pour travaux d'électricité:

Gardez tous vos outils propres et secs; rangez-les de manière qu'ils ne soient pas endommagés.

Affûtez périodiquement les outils tranchants, telles la pince à bec effilé et la pince à usages multiples.

Vérifiez et remplacez régulièrement les piles des appareils électriques, tels le vérificateur de tension, le vérificateur de continuité et le multimètre.

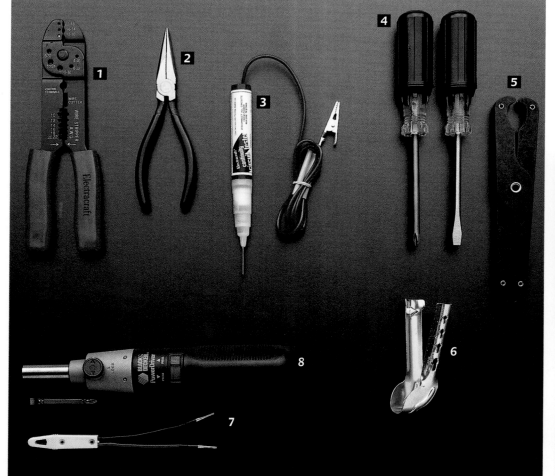

(à gauche) Ensemble d'outils de base pour les travaux d'électricité: (1) pince à usages multiples, (2) pince à bec effilé, (3) vérificateur de continuité, (4) tournevis d'électricien, (5) pince arrache-fusible, (6) dénudeur de câble, (7) vérificateur de tension, (8) tournevis électrique sans fil.

(ci-dessous) Le multimètre est un outil polyvalent, à pile, qui mesure la tension et vérifie la continuité dans les interrupteurs, luminaires et appareils électriques. Il est muni d'une commande réglable pour mesurer la tension de 1 V à 1000 V.

Matériel nécessaire aux travaux d'électricité

Bien entendu, le câble électrique constitue le matériel de base pour les travaux de câblage. De nos jours, il est fait de cuivre, le meilleur conducteur qui soit. Chacun des fils d'un câble est isolé par une gaine de caoutchouc ou de plastique, sauf le fil de mise à la terre qui n'a pas besoin de l'être. La couleur de la gaine indique si le fil est sous tension (noir ou rouge), neutre (blanc ou gris) ou destiné à la mise à la terre (vert ou nu).

Autrefois, certains fils étaient faits d'aluminium ou d'aluminium enrobé d'une mince couche de cuivre. Le remplacement des éléments d'un circuit à fil d'aluminium requiert des outils spéciaux qui sont réservés aux électriciens agréés. Si votre installation électrique comporte des fils d'aluminium, confiez les réparations à un électricien.

Le calibre des fils électriques doit convenir à l'intensité nominale du circuit. Une indication de la capacité nominale apparaît également sur les autres éléments des circuits, tels les prises, les boîtes et les serre-fils. Vous aurez besoin de boîtes compatibles avec l'intensité du courant alimentant le circuit et de serre-fils conçus pour le calibre et le nombre de fils que vous relierez.

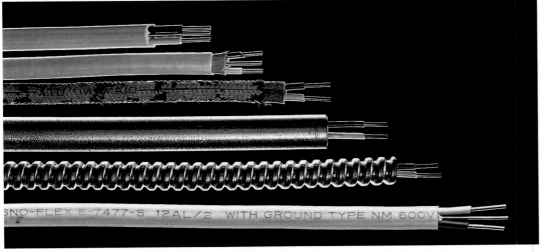

Voici les câbles utilisés dans les circuits électriques domestiques: *(de haut en bas)* câble UF *(underground feeder)*; câble NM (gaine non métallique) moderne, ancien câble NM, conduit métallique, câble armé souple et câble d'aluminium.

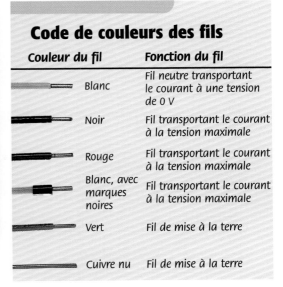

Code de couleurs des fils

Couleur du fil	Fonction du fil
Blanc	Fil neutre transportant le courant à une tension de 0 V
Noir	Fil transportant le courant à la tension maximale
Rouge	Fil transportant le courant à la tension maximale
Blanc, avec marques noires	Fil transportant le courant à la tension maximale
Vert	Fil de mise à la terre
Cuivre nu	Fil de mise à la terre

On trouve les fournitures électriques dans la plupart des quincailleries et centres de rénovation. Les plastiques jouent un rôle de plus en plus important dans le câblage domestique.

Dénudage d'un câble à gaine non métallique

Le câble NM moderne comporte une gaine non métallique sur laquelle est indiqué le nombre de fils contenus (exception faite du fil nu de mise à la terre). Un câble portant la marque *14/2 G* ou *14/2 with ground* contient deux fils isolés de calibre 14 et un fil de mise à la terre en cuivre nu. S'il porte la marque *14/3 G* ou *14/3 with ground*, il contient trois fils isolés de calibre 14 et un fil de mise à la terre en cuivre nu. À l'intérieur de la gaine du câble se trouve une bande de papier, et chacun des fils a sa propre gaine isolante.

Si vous travaillez avec du câble NM, vous aurez sans doute à la dénuder. Voici comment procéder:

Mesurez et marquez le câble à environ 8-10 po de l'extrémité. Enfilez le dénudeur sur le câble; alignez-en la pointe coupante sur la marque; serrez fermement l'outil pour que la pointe pénètre dans la gaine (**photo A**).

Outils: *Dénudeur de câble, pince à usages multiples.*

Matériel: *Câble NM.*

Tenez fermement le câble d'une main, et de l'autre tirez le dénudeur jusqu'au bout du câble pour ouvrir la gaine de plastique (**photo B**).

Dégagez les fils de la gaine de plastique et de la bande de papier (**photo C**).

Coupez la partie superflue de gaine et de papier avec les mâchoires coupantes de la pince à usages multiples (**photo D**). Dénudez chacun des fils avec la pince à usages multiples (**photo E**).

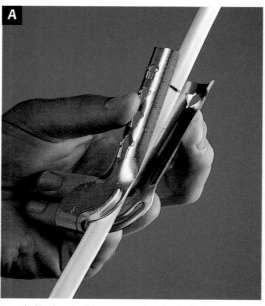

Serrez le dénudeur de câble pour percer la gaine de plastique.

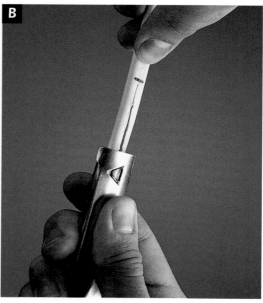

Tenez le câble solidement et faites glisser le dénudeur le long de celui-ci.

Rabattez la gaine et la bande de papier.

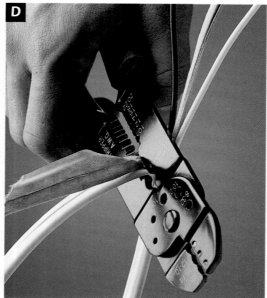

Coupez la partie superflue de la gaine et de la bande de papier.

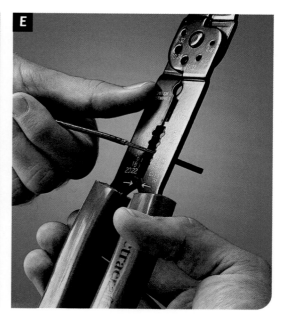

Dénudez chacun des fils en utilisant les ouvertures de la pince à usages multiples.

Règles de sécurité

La sécurité doit primer durant tous vos travaux d'électricité. Le courant électrique impose ses propres règles. Si vous les respectez et prenez quelques précautions élémentaires, vous devriez être à l'abri du danger.

La première règle est simple: coupez le courant dans la zone de travail. Sur le tableau de distribution principal, retirez le fusible ou déclenchez le disjoncteur commandant l'alimentation du circuit concerné (**photo F**). Le plan d'identification des circuits facilitera le repérage du circuit en question. Affichez un message sur le tableau de distribution afin que personne ne rétablisse le courant durant votre travail (**photo G**). Utilisez un vérificateur de tension pour confirmer que le circuit n'est plus alimenté (**photo H**). Ne com-

mencez votre travail que lorsque vous êtes convaincu que le circuit n'est plus alimenté; ne rétablissez le courant qu'une fois votre travail terminé.

Utilisez une échelle de fibre de verre ou de bois lorsque vous faites de petits travaux près de la tête de branchement, puisque ces câbles sont toujours sous tension (**photo I**). Portez des chaussures à semelles de caoutchouc. Si le sol est humide, placez-vous sur un tapis de caoutchouc ou sur des planches de bois sèches. Ne touchez jamais à un élément électrique si vous avez les pieds dans l'eau. Ne touchez pas aux tuyaux, robinets ou fixations métalliques durant vos travaux d'électricité. Le métal pourrait fournir une voie de mise à la terre au cou-

rant, qui risque de vous traverser le corps (**photo J**). Ne pratiquez pas de trous dans les murs ou plafonds sans avoir au préalable coupé l'alimentation de tous les circuits susceptibles d'y être cachés (**photo K**).

N'utilisez que des pièces et accessoires homologués par la CSA au Canada (ou UL aux États-Unis) (la sécurité de ceux-ci a été vérifiée).

Dans le tableau de distribution, utilisez les fusibles ou disjoncteurs qui conviennent. N'en installez jamais dont l'intensité est supérieure à celle du circuit.

Avertissement: Avant de toucher aux fils, assurez-vous que le courant est coupé et obéissez aux lois de votre code régional.

Avant le travail, coupez le courant au tableau de distribution principal.

Affichez un message pour que personne ne rétablisse le courant.

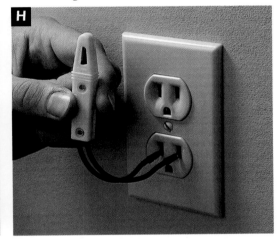
Avant de toucher à un câble, vérifiez si le courant a bien été coupé.

Recourez à un entrepreneur professionnel pour tout travail fait à proximité de la tête de branchement. Ne tentez pas d'effectuer vous-même ce travail.

Durant les travaux, ne touchez pas aux tuyaux, robinets et fixations métalliques.

Ne pratiquez pas de trous dans les murs ou plafonds avant d'avoir coupé le courant.

Prises de courant

Dans une maison, on trouve généralement plusieurs types de prises de courant. Chacune est conçue pour accepter tel ou tel type de fiche et jouer un rôle particulier.

Les prises de courant domestiques fournissent soit une tension standard, soit une haute tension. Les prises standard sont calibrées à 110, 115, 120 ou 125 V.

Aux fins de remplacement d'une prise, on considérera ces tensions comme identiques. Les prises de courant haute tension sont calibrées à 220, 240 ou 250 V et peuvent, elles aussi, être considérées comme identiques.

Pour remplacer une prise, vérifiez l'intensité nominale du circuit et achetez une prise de même intensité.

Si vos anciennes prises ne peuvent accepter les fiches modernes, ne modifiez pas la fiche; remplacez les anciennes prises par de nouvelles prises polarisées et mises à la terre.

Prises standard modernes

Prise standard à trois trous, avec trou de mise à la terre en U; 15 A, 125 V.

Prise polarisée à deux trous, courante avant 1960; 15 A, 125 V.

Prise à trois trous mise à la terre destinée aux gros appareils ou outils; 20 A, 125 V.

Prises haute tension modernes

Les prises haute tension servent à alimenter les gros appareils: laveuse, sécheuse, chauffe-eau et climatiseur. La forme distinctive de leurs trous prévient le branchement accidentel d'une fiche calibrée pour 125 V.

On peut câbler une fiche haute tension de deux façons. Dans une prise haute tension standard, la tension est conduite à la prise par deux fils, sous tension, chacun transportant 125 V. Un fil de mise à la terre est relié à la prise et à sa boîte.

Cependant, une sécheuse ou une cuisinière requiert parfois un courant de tension normale (125 V) pour l'alimentation des lampes, de la minuterie et de la montre. Dans ce cas, un fil neutre blanc est relié à la prise, et l'appareil lui-même divise le courant d'arrivée en deux circuits: l'un à 125 V et l'autre à 250 V.

Prise pour climatiseur de fenêtre: il s'agit d'une prise simple ou de la moitié d'une prise double; 15 A, 250 V.

Prise pour sécheuse: fournit 250 V pour le séchage et 125 V pour les lampes et la minuterie; 30 A, 125/250 V. (Modèle américain représenté. Au Canada, le modèle équivalent est le CSA 14-30R.)

Prise pour cuisinière: fournit 250 V aux éléments chauffants et 125 V à la montre, à la minuterie et aux lampes; 50 A, 125/250 V. (Modèle américain représenté. Au Canada, le modèle équivalent est le CSA 14-50R.)

Anciens modèles de prises

Les prises non polarisées n'acceptent pas les fiches modernes polarisées.

Souvent, les prises montées en saillie (années 1940 et 1950) ne sont pas mises à la terre.

Les prises doubles en céramique (années 1930) sont polarisées, mais non mises à la terre.

Les prises à verrouillage par rotation sont destinées aux anciennes fiches verrouillables.

Prise à disjoncteur de fuite à la terre

La prise à disjoncteur de fuite à la terre (appellation technique: «disjoncteur différentiel de classe A») est un dispositif de sécurité qui protège contre les décharges électriques l'utilisateur d'un appareil défectueux ou dont le cordon ou la fiche sont usés. Ce dispositif perçoit les moindres variations de courant et peut couper l'alimentation en un quarantième de seconde.

Si vous rénovez votre installation électrique, installez de nouveaux circuits ou remplacez des prises, sachez que l'utilisation de cette prise à disjoncteur est désormais obligatoire dans les salles de bain, les cuisines, les garages, les vides sanitaires et les sous-sols non finis, ainsi que dehors. Elle est facile à installer pour remplacer toute prise double standard. Consultez votre code du bâtiment pour connaître les exigences applicables à l'installation des prises à disjoncteur de fuite à la terre.

Cette prise à disjoncteur peut être câblée de manière à ne protéger qu'elle-même (type terminal) ou de manière à protéger tous les interrupteurs, prises et luminaires installés en aval jusqu'à la fin du circuit (type intermédiaire). Cette prise ne protège pas les appareils installés en amont entre elle-même et le tableau de distribution principal.

En raison de la grande sensibilité de la prise à disjoncteur de fuite à la terre, son efficacité est maximale lorsqu'elle est câblée de manière à ne protéger qu'un seul emplacement. Plus le nombre de prises protégées est élevé, plus la prise à disjoncteur est susceptible de se déclencher accidentellement à la suite de petites variations de courant tout à fait normales.

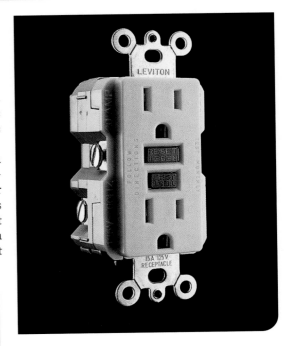

Problèmes fréquents associés aux prises

Les prises de courant domestiques, n'ayant aucune pièce mobile susceptible de s'user, fonctionnent durant des années sans entretien. La plupart des problèmes associés aux prises sont en fait causés par la défectuosité des lampes et appareils, ou des fiches et cordons. Cependant, le fait de brancher et de débrancher fréquemment des appareils risque d'user les contacts métalliques de la prise. Vous pouvez facilement remplacer une prise qui ne retient plus fermement les fiches.

Une connexion lâche peut provoquer des étincelles ou le déclenchement d'un disjoncteur, ou encore entraîner une accumulation de chaleur potentiellement dangereuse dans la prise.

Plusieurs causes peuvent expliquer le relâchement d'une connexion, notamment les vibrations causées par les pas sur le sol ou par la circulation dans la rue. En outre, les fils s'échauffant et se refroidissant en usage normal, il se produit une expansion et une contraction légères des extrémités. Ces faibles mouvements peuvent desserrer les connexions dans les prises.

Des problèmes peuvent aussi être causés par de vieilles prises en mauvais état ou non mises à la terre. S'il y a chez vous de vieilles prises non polarisées à deux trous, remplacez-les par des prises polarisées à trois trous. Si la mise à la terre est impossible à l'endroit où se trouve la prise, installez une prise à disjoncteur de fuite à la terre.

Il est facile de réparer et de remplacer les prises. Il suffit parfois de resserrer une connexion lâche ou de nettoyer l'intérieur de la boîte. Le remplacement d'une prise ne demande que quelques minutes. Avant de commencer le travail, coupez toujours le courant au tableau de distribution principal et utilisez un vérificateur de tension pour vous assurer que la prise n'est pas alimentée (page 402).

Lorsque vous mettez une prise à l'essai ou que vous travaillez sur une prise, profitez-en pour l'inspecter et pour vous assurer que tous les fils sont intacts et adéquatement reliés.

La défectuosité d'une prise peut avoir des répercussions sur les autres prises du circuit. Si la cause de la défectuosité d'une prise vous échappe, vérifiez les autres prises du circuit.

Défectuosités et réparation des prises

Problèmes	Réparations
Le disjoncteur se déclenche constamment ou le fusible saute dès qu'il est remplacé.	1. Remplacez ou réparez le cordon usé ou endommagé d'une lampe ou d'un appareil. 2. Branchez certains appareils ou certaines lampes sur d'autres circuits pour éviter les surcharges. 3. Resserrez toutes les connexions lâches (page 406). 4. Nettoyez l'extrémité sale ou oxydée des fils (page 406).
Une lampe ou un appareil ne fonctionne pas.	1. Assurez-vous que l'appareil ou la lampe est bien branché. 2. Remplacez les ampoules brûlées. 3. Réparez ou remplacez les cordons endommagés. 4. Resserrez toutes les connexions lâches (page 406). 5. Nettoyez l'extrémité sale ou oxydée des fils (page 406). 6. Réparez ou remplacez toute prise défectueuse (page 407).
La prise ne retient pas fermement les fiches.	1. Réparez ou remplacez les fiches usées ou endommagées. 2. Remplacez la prise défectueuse (page 407).
La prise est chaude au toucher; il y a un bourdonnement ou des étincelles lorsque la fiche est branchée ou débranchée.	1. Branchez certains appareils ou certaines lampes sur d'autres circuits pour éviter les surcharges. 2. Resserrez toutes les connexions lâches (page 406). 3. Nettoyez l'extrémité sale ou oxydée des fils (page 406). 4. Remplacez la prise défectueuse (page 407).

Inspection des prises et des connexions

Problème: Deux fils ou plus sont reliés à une seule borne à vis. Il s'agit d'un câblage ancien aujourd'hui interdit par le code de l'électricité.

Cavalier

Solution: Détachez les fils de la borne à vis. Joignez les fils à un court cavalier, en vous servant de serre-fils. Reliez l'autre extrémité du cavalier à la borne à vis.

Problème: Des entailles et rainures sur le fil nu gênent la circulation du courant, ce qui risque de provoquer l'échauffement des fils.

Solution: Coupez l'extrémité endommagée du fil; dénudez le fil sur environ ³/₄ po; reliez le fil à la borne à vis.

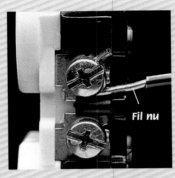

Fil nu

Problème: Du fil nu dépasse de la borne à vis. Le fil nu peut causer un court-circuit s'il entre en contact avec la boîte métallique ou un autre fil du circuit.

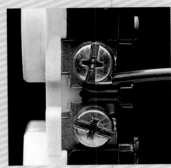

Solution: Coupez le fil à la bonne longueur et reliez-le à la borne à vis. La partie nue du fil doit s'enrouler complètement autour de la borne à vis, et la gaine de plastique devrait à peine toucher à la tête de la vis.

Problème: La présence de brûlures sur le fil, près des bornes à vis, révèle qu'il y a eu arc électrique, lequel est généralement causé par un relâchement des connexions.

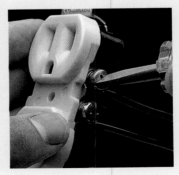

Solution: Nettoyez les fils avec un papier de verre fin; remplacez la prise si les dommages sont importants. Assurez-vous que les fils sont bien serrés autour de la borne à vis.

Câblage des prises standard

Une prise double standard peut accepter deux fiches (**photo A**). Chacune des moitiés de la prise comporte une longue fente (neutre), une fente plus courte (sous tension) et un trou (mise à la terre) en forme de U, dans lesquels se logent les trois broches d'une fiche. Cette configuration garantit que la connexion sera polarisée et mise à la terre.

Les fils sont attachés à des bornes à vis ou à des bornes autobloquantes, et une languette unit les bornes, permettant ainsi diverses configurations de câblage (**photo B**). Les prises sont fixées aux boîtes au moyen de pattes de montage.

La marque «CSA» au Canada (ou «UL» ou «UND LAB INC LIST» aux États-Unis) apparaissant sur l'avant ou l'arrière de la prise indique que celle-ci répond à des normes de sécurité strictes.

Les critères de compatibilité des fils ainsi que la tension et l'intensité maximales sont indiqués sur la prise. Les prises les plus communes sont faites pour 15 A et 125 V. Les prises marquées «CU» ou «COPPER» sont destinées à être utilisées avec un fil de cuivre. Celles marquées «CU-CLAD ONLY» sont réservées au fil d'aluminium enrobé de cuivre. Le code de l'électricité interdit désormais l'utilisation de prises marquées «AL/CU» quel que soit le type de fil. Si votre installation électrique comporte un câblage en aluminium massif, seul un électricien agréé est autorisé à remplacer les prises de votre maison (page 393).

On peut câbler de plusieurs manières une prise double de 125 V. Les configurations les plus courantes sont illustrées à la page suivante. Pour effectuer des réparations et remplacements adéquats, étiquetez chaque fil pour indiquer sa position sur les bornes de la prise actuelle.

Les prises sont généralement câblées soit en tant que *prises terminales*, soit en tant que *prises intermédiaires*, que l'on peut distinguer selon le nombre de câbles entrant dans la boîte de la prise. Le câblage de type terminal ne comporte qu'un câble puisque le circuit se termine à la prise (**photo C**). Le câblage de type intermédiaire en comporte deux, vu que le circuit rejoint d'autres prises, interrupteurs ou appareils (**photo D**). Dans une *prise à circuit divisé*, chacune des moitiés de la prise est reliée à un circuit séparé, de manière qu'on puisse y brancher deux appareils de forte puissance sans surcharger le circuit (**photo E**). Dans cette configuration, les deux circuits de 125 V sont commandés par un disjoncteur de 250 V.

L'*interrupteur-prise* est câblé de manière analogue (page 421). Il est requis dans les pièces qui ne sont pas munies d'un luminaire intégré commandé par un interrupteur mural.

Ces deux types de prises sont reliés à deux fils sous tension. Soyez particulièrement prudent lorsque vous les réparez; assurez-vous que la languette de connexion unissant les deux bornes à vis sous tension a bien été enlevée.

On trouve fréquemment des prises à deux trous dans les vieilles maisons (**photo F**). Elles ne sont pas munies d'une vis de mise à la terre, mais la boîte peut être mise à la terre au moyen d'un câble ou d'un conduit métallique.

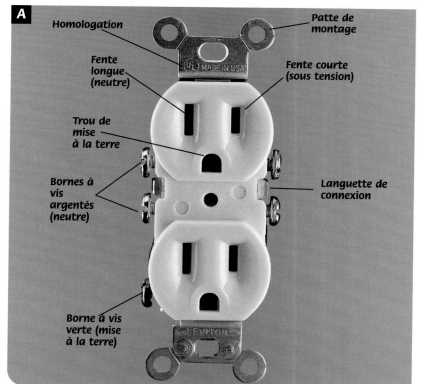

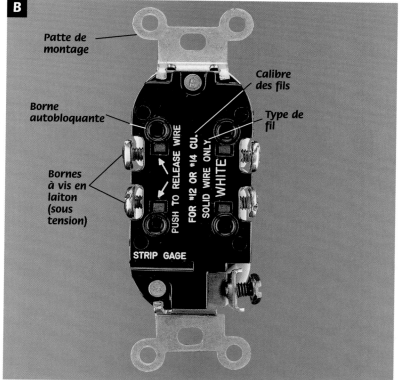

Une prise standard comporte deux fentes, une longue et une courte, et un trou de mise à la terre. Les fils sont attachés à la prise par des bornes à vis ou des bornes autobloquantes.

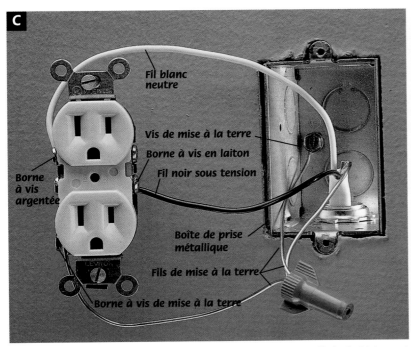

C

Fil blanc neutre

Vis de mise à la terre

Borne à vis en laiton

Fil noir sous tension

Borne à vis argentée

Boîte de prise métallique

Fils de mise à la terre

Borne à vis de mise à la terre

Le câblage de type terminal comprend un fil noir sous tension et un fil blanc neutre. Les fils de mise à la terre sont reliés par un cavalier à la boîte métallique.

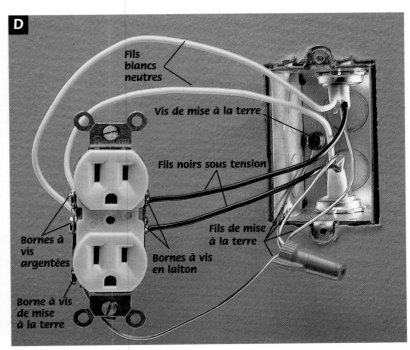

D

Fils blancs neutres

Vis de mise à la terre

Fils noirs sous tension

Bornes à vis argentées

Bornes à vis en laiton

Fils de mise à la terre

Borne à vis de mise à la terre

Le câblage de type intermédiaire comporte deux fils noirs sous tension et deux fils blancs neutres. Les deux paires de bornes à vis sont généralement utilisées.

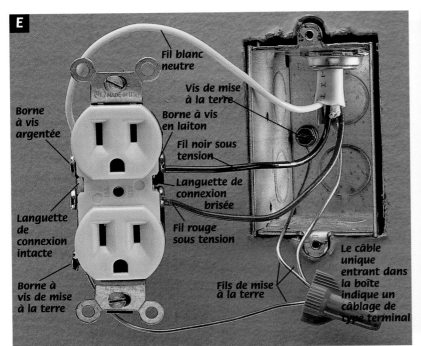

E

Fil blanc neutre

Vis de mise à la terre

Borne à vis argentée

Borne à vis en laiton

Fil noir sous tension

Languette de connexion brisée

Languette de connexion intacte

Fil rouge sous tension

Borne à vis de mise à la terre

Fils de mise à la terre

Le câble unique entrant dans la boîte indique un câblage de type terminal

Les prises à circuit divisé sont reliées à un fil noir sous tension, à un fil rouge sous tension, à un fil blanc neutre et à un fil de mise à la terre. La languette de connexion joignant les bornes à vis sous tension a été brisée.

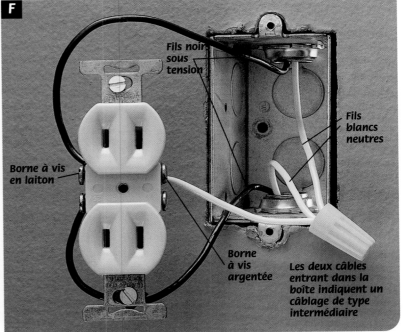

F

Fils noir sous tension

Fils blancs neutres

Borne à vis en laiton

Borne à vis argentée

Les deux câbles entrant dans la boîte indiquent un câblage de type intermédiaire

Les prises à deux fentes ne comportent pas de fil de terre. On peut les remplacer par des prises à trois trous mises à la terre, pourvu que la boîte métallique soit mise à la terre.

Vérification des prises

Durant les travaux de réparation ou de remplacement, vous aurez souvent pour diverses raisons à vérifier les prises. Par exemple, avant le travail vous devez toujours vérifier la prise pour vous assurer qu'aucun des fils qui y arrivent n'est sous tension.

Avant de remplacer une prise, vous devrez vérifier si elle est mise à la terre. Cette vérification vous dira s'il faut la remplacer par une prise polarisée à deux fentes, par une prise polarisée à deux fentes et un trou ou par une prise à disjoncteur de mise à la terre. Si la vérification révèle que les fils ont été inversés, installez-les correctement sur la nouvelle prise. La vérification des fils sous tension vous indiquera lesquels des fils sont alimentés.

Toutes ces vérifications se font au moyen d'un vérificateur de tension peu coûteux, muni d'une petite ampoule qui s'allume lorsque le courant la traverse.

Cependant, cette ampoule ne s'allume que si elle fait partie d'un circuit fermé. Par exemple, si vous placez l'une des sondes sur un fil alimenté et ne pla-

cez l'autre sur rien, l'ampoule ne s'allumera pas même si le fil est sous tension. Durant l'utilisation du vérificateur, prenez garde de ne pas toucher aux sondes métalliques.

Lorsque vous vérifiez la mise sous tension ou la mise à la terre, confirmez tout résultat négatif (ampoule non allumée) en retirant la plaque de la prise et en vous assurant que tous les fils sont intacts et correctement raccordés. Ne touchez jamais à un fil sans avoir au préalable coupé le courant au tableau de distribution principal.

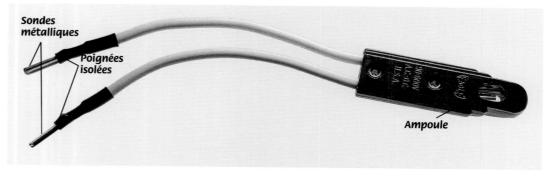

Le vérificateur de tension, muni de deux sondes et d'une petite ampoule, peut être utilisé pour effectuer plusieurs vérifications.

Vérification de l'absence de tension

La vérification de l'absence de tension s'effectue de la même manière, qu'il s'agisse d'une prise à deux fentes ou d'une prise à deux fentes et à un trou. Pour une vérification préliminaire, commencez par couper le courant au tableau de distribution principal. Placez une sonde dans chacune des fentes de la prise. (Dans le cas d'une prise double, vérifiez les deux moitiés.) L'ampoule du vérificateur ne devrait pas s'allumer (photo A). Si elle s'allume, retournez au tableau de distribution et coupez l'alimentation du bon circuit.

Ce n'est là qu'une vérification préliminaire; pour confirmer qu'aucun courant ne se rend à la prise, vous devez vérifier l'alimentation des fils de celle-ci. Enlevez la plaque et desserrez les vis de montage. Sans toucher aux fils, retirez la prise de sa boîte.

Placez l'une des sondes sur une borne à vis en laiton, et l'autre sur la borne à vis argentée qui lui est directement opposée (photo B). Si des fils sont raccordés aux deux ensembles de bornes, vérifiez les deux.

Si l'ampoule s'allume, c'est que le courant arrive à la prise. Vous devez couper l'alimentation du bon circuit au tableau de distribution principal.

Pour effectuer une vérification préliminaire de l'absence de tension, placez une sonde dans chacune des fentes de la prise. Si l'ampoule s'allume, retournez au tableau de distribution et coupez le bon circuit. Si ce n'est pas le cas, passez à l'étape suivante.

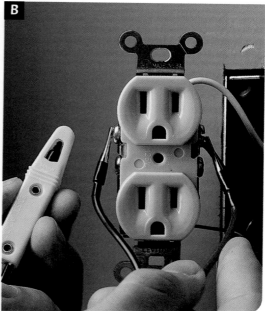

Enlevez la plaque et retirez la prise de sa boîte sans toucher les fils. Placez l'une des sondes sur la borne à vis en laiton et l'autre sur la borne à vis argentée.

Vérification de la mise à la terre

Vérification de la mise à la terre d'une prise à deux fentes et un trou: La prise étant alimentée, placez l'une des sondes dans la fente courte (sous tension) de la prise et l'autre dans le trou en U de mise à la terre. L'ampoule du vérificateur devrait s'allumer. Si ce n'est pas le cas, placez l'une des sondes dans la fente longue (neutre) et l'autre dans le trou en U. Si l'ampoule s'allume, c'est que les fils sous tension et neutre ont été inversés **(photo C)**. Si l'ampoule ne s'allume ni dans un cas ni dans l'autre, c'est que la prise n'est pas mise à la terre.

Vérification de la mise à la terre d'une prise à deux fentes: La prise étant alimentée, placez une sonde dans chacune des fentes. L'ampoule du vérificateur devrait s'allumer **(photo D)**. Si ce n'est pas le cas, c'est que la prise n'est pas alimentée.

Placez l'une des sondes dans la fente courte (sous tension) et l'autre sur la vis de la plaque **(photo E)**.

La tête de la vis doit être exempte de peinture, de saleté et de graisse. Si l'ampoule s'allume, c'est que la boîte de la prise est mise à la terre. Si ce n'est pas le cas, placez l'une des sondes dans la fente longue (neutre) et l'autre sur la vis de la plaque **(photo F)**. Si l'ampoule s'allume, c'est que la boîte de la prise est mise à la terre, mais que les fils sous tension et neutre sont inversés. Si l'ampoule ne s'allume pas, c'est que la boîte n'est pas mise à la terre.

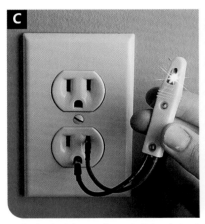

Vérifiez la mise à la terre d'une prise à deux fentes et un trou en plaçant l'une des sondes dans la fente sous tension et l'autre dans la fente neutre.

Pour vérifier la mise à la terre d'une prise à deux fentes, placez d'abord une sonde dans chacune des deux fentes.

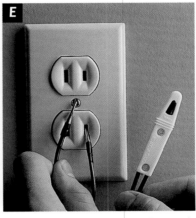

Placez une sonde dans la fente courte et l'autre sur la vis de la plaque. Si l'ampoule s'allume, c'est que la boîte de la prise est mise à la terre.

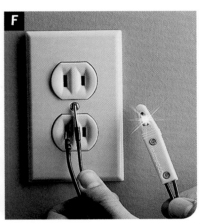

Placez une sonde dans la fente longue et l'autre sur la vis de la plaque. Si l'ampoule s'allume, c'est que les fils sous tension et neutre sont inversés.

Vérification de la mise sous tension d'un fil

Vous aurez parfois besoin de déterminer lequel des fils d'une prise est sous tension. Commencez par couper le courant au tableau de distribution principal. Détachez ensuite avec prudence tous les fils, en vous assurant qu'aucun ne touche à quoi que ce soit.

Rétablissez le courant au tableau de distribution. Placez l'une des sondes du vérificateur sur le fil nu de mise à la terre ou sur la boîte métallique mise à la terre, et l'autre sur l'extrémité de l'un des fils. Vérifiez ainsi l'alimentation de chacun des fils **(photo G)**.

Si l'ampoule s'allume, c'est que le fil est sous tension. Notez de quel fil il s'agit et continuez la vérification.

Coupez de nouveau le courant au tableau de distribution avant de poursuivre votre travail.

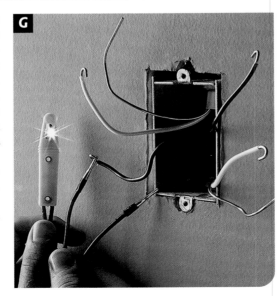

Les fils étant écartés les uns des autres, placez l'une des sondes sur un fil et l'autre sur la boîte métallique mise à la terre ou sur un fil de mise à la terre qui arrive de la source. Si l'ampoule s'allume, c'est que le fil est sous tension.

Raccordement des fils aux bornes à vis

Avec la pince à usages multiples, dénudez l'extrémité de chaque fil sur environ ¾ po (page 394). Trouvez l'ouverture qui correspond au calibre du fil, pincez le fil et tirez fermement pour en enlever la gaine.

Avec la pince à bec effilé, formez une boucle en forme de C à l'extrémité du fil (photo A). Le fil doit être exempt de rayures et d'entailles.

Accrochez chaque fil autour de la borne à vis de manière qu'il forme une boucle dans le sens des aiguilles d'une montre (photo B). Serrez fermement les vis. La gaine devrait tout juste toucher à la tête de la vis.

Ne raccordez jamais deux fils à la même borne à vis. Servez-vous plutôt d'un cavalier (page 405).

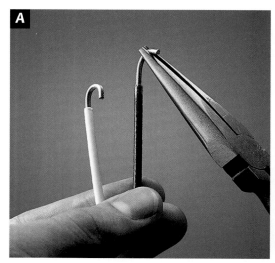

Avec une pince à bec effilé, formez une boucle en C à l'extrémité de chaque fil. Le fil doit être exempt de rayures et d'entailles.

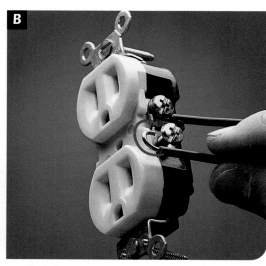

Accrochez le fil autour de la borne à vis en une boucle allant dans le sens des aiguilles d'une montre. Serrez la connexion avec un tournevis.

Raccordement des fils aux bornes autobloquantes

Mesurez la longueur de gaine à enlever de chaque fil, en vous servant du gabarit de dénudage situé à l'arrière de la prise ou de l'interrupteur (photo C). Dénudez les fils avec la pince à usages multiples (page 394).

Insérez l'extrémité dénudée du fil dans la borne autobloquante située à l'arrière de la prise ou de l'interrupteur (photo D). Aucune partie dénudée du fil ne devrait être visible.

Pour retirer un fil d'une borne autobloquante, insérez un petit clou ou un tournevis dans la fente de dégagement située près du fil (photo E). Le fil s'enlève alors facilement.

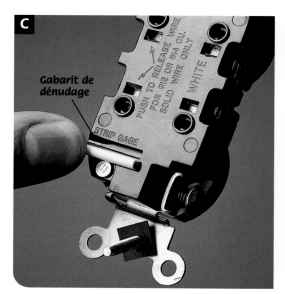

En vous servant du gabarit de dénudage situé à l'arrière de la prise ou de l'interrupteur, mesurez la longueur de fil à dénuder.

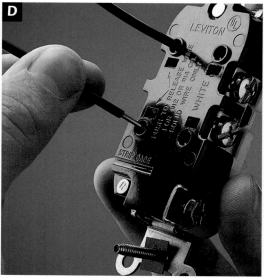

Insérez le bout dénudé du fil dans la borne autobloquante. Aucune partie dénudée du fil ne devrait être visible.

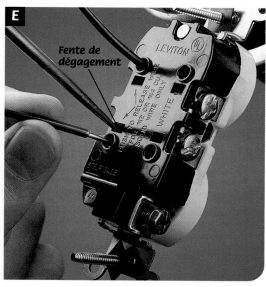

Pour retirer un fil, enfoncez un petit clou ou un tournevis dans la fente de dégagement située près du fil; tirez sur le fil.

Utilisation des serre-fils

Le serre-fils est le dispositif le plus efficace pour raccorder deux fils ou plus, et il est beaucoup plus facile d'utilisation que le ruban isolant.

Commencez par dénuder chaque fil sur environ 1 po. Les extrémités dénudées placées en parallèle, coupez-les à la même longueur. Insérez les fils dans le serre-fils et faites tourner ce dernier dans le sens des aiguilles d'une montre, jusqu'à ce que le raccord soit solide (photo F). Tirez doucement sur chaque fil pour vous assurer qu'il est bien attaché, puis inspectez le raccordement pour vérifier s'il n'y aurait pas une partie dénudée de fil qui dépasserait du serre-fils.

Lorsqu'on utilise le serre-fils, nul besoin d'enrouler les fils ensemble avec des pinces. Le serre-fils crée un raccord très efficace, pourvu que vous le choisissiez du bon format. Choisissez le serre-fils qui convient au nombre et au calibre des fils que vous utilisez; pour ce faire, consultez le tableau figurant sur l'emballage des serre-fils (photo G).

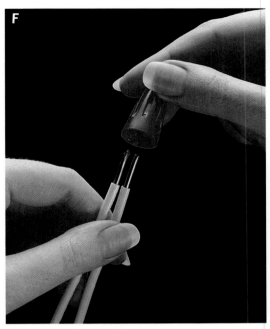

Tenez les fils parallèlement et vissez un serre-fils dans le sens des aiguilles d'une montre, jusqu'à ce que le raccord soit solide.

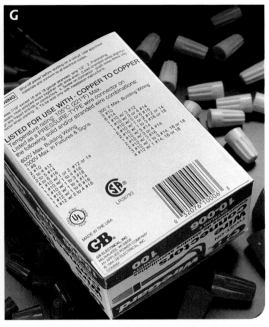

Consultez le tableau figurant sur l'emballage pour déterminer le nombre et le calibre des fils pouvant être raccordés par le serre-fils.

Utilisation du cavalier

Le cavalier est un court fil servant à raccorder deux fils ou plus à une borne à vis. On peut se servir d'un bout de fil restant, mais celui-ci doit être du même calibre et de la même couleur que les fils du circuit.

L'une des extrémités du cavalier est raccordée à la borne à vis, et l'autre l'est aux fils du circuit au moyen d'un serre-fils (photo H).

Le cavalier peut également servir à allonger des fils trop courts. Les fils trop courts sont difficiles à manipuler; le code de l'électricité requiert que tous les fils d'une boîte aient une longueur utilisable d'au moins 6 po.

Les cavaliers de mise à la terre, à gaine verte, sont vendus avec une vis de mise à la terre intégrée qu'il suffit de fixer sur la boîte métallique mise à la terre. Au moyen d'un serre-fils vert, joignez l'autre extrémité du cavalier aux fils de mise à la terre en cuivre nu (photo I).

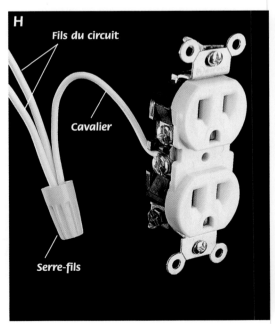

Utilisez un cavalier pour raccorder deux fils ou plus à une borne à vis. Le cavalier sert aussi à allonger un fil trop court.

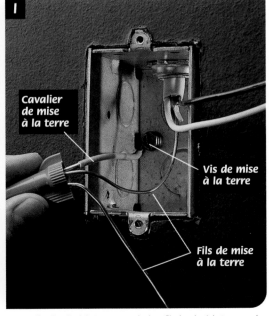

Un cavalier de mise à la terre raccorde deux fils de mise à la terre ou plus à une vis métallique de terre se trouvant dans la boîte.

Réparation d'une prise standard

Coupez le courant au tableau de distribution principal. Avant d'inspecter la prise, vérifiez si elle est alimentée au moyen du vérificateur de tension (page 402). Si vous travaillez sur une prise double, vérifiez les deux moitiés.

Enlevez la plaque et les vis de montage de la prise. Retirez délicatement la prise de sa boîte, sans toucher aux fils nus. Confirmez que l'alimentation a bien été coupée (**photo A**). Si des fils sont attachés aux deux paires de bornes à vis, vérifiez les deux. Si l'ampoule du vérificateur s'allume, retournez au tableau de distribution pour couper le bon circuit.

Inspectez les fils. S'ils sont noircis ou sales, débranchez-les un à la fois et nettoyez-les avec un papier de verre fin (**photo B**).

Rebranchez les fils et resserrez toutes les connexions (**photo C**). Prenez garde de trop serrer les vis ou d'en endommager les filets.

Vérifiez s'il y a de la poussière ou de la saleté dans la boîte; le cas échéant, nettoyez-la avec l'accessoire à bec effilé d'un aspirateur (**photo D**).

Réinstallez la prise; rétablissez le courant au tableau de distribution. Vérifiez si la prise est alimentée. Si ce n'est pas le cas, procédez aux mêmes vérifications sur les autres prises du circuit avant de la remplacer.

Outils: *Vérificateur de tension, aspirateur (au besoin).*

Matériel: *Papier de verre fin.*

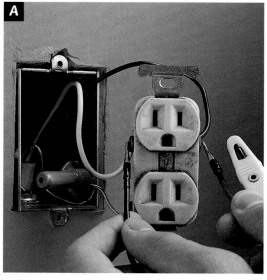

Vérifiez si la prise est alimentée aux bornes à vis.

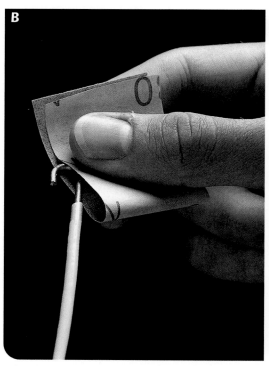

Débranchez les fils; nettoyez-en les extrémités avec un papier de verre fin.

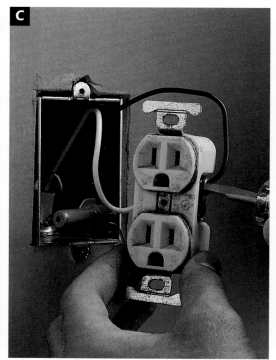

Rebranchez les fils; serrez soigneusement les connexions.

Nettoyez la boîte avec un aspirateur. Réinstallez la prise et rétablissez le courant.

Remplacement d'une prise standard

Vérifiez la mise à la terre (page 403) pour déterminer la manière dont la prise est câblée et pour savoir s'il faut la remplacer par une prise polarisée à deux fentes, par une prise à deux fentes et un trou de mise à la terre ou par une prise à disjoncteur de fuite à la terre.

Vérifiez au tableau de distribution principal l'intensité nominale du circuit et achetez une prise de la même intensité nominale.

Si la vérification révèle que les fils sous tension et neutre ont été inversés, veillez à les brancher correctement à la nouvelle prise.

Consultez un électricien si vous devez installer une prise à deux fentes et un trou de mise à la terre s'il n'y a pas de mise à la terre ou si vous devez remplacer une prise à deux fentes sans mise à la terre par une prise d'un autre type.

Coupez le courant au tableau de distribution. Avant d'enlever l'ancienne prise, vérifiez si celle-ci est alimentée (page 402). N'oubliez pas de vérifier les deux moitiés des prises doubles. Enlevez le couvercle avec un tournevis.

Ôtez les vis de montage retenant la prise à la boîte. Retirez avec soin la prise de sa boîte. Confirmez au moyen d'un vérificateur de tension que la prise n'est plus alimentée (page 402).

Le courant coupé, étiquetez chacun des fils quant à leur raccordement aux bornes à vis. Pour ce faire, utilisez du ruban-cache et un marqueur (**photo E**).

Une fois tous les fils étiquetés, débranchez-les tous et enlevez la prise (**photo F**).

Remplacez l'ancienne prise par une prise dont la tension et l'intensité nominales correspondent à celles du circuit. Attachez chacun des fils à la borne à vis qui lui correspond sur la nouvelle prise (**photo G**). Serrez au tournevis toutes les connexions. Prenez garde de ne pas trop serrer les vis et de ne pas en endommager les filets.

Rentrez avec soin tous les fils dans la boîte et fixez la nouvelle prise avec les vis de montage.

Installez la plaque et rétablissez le courant. Confirmez l'alimentation de la prise avec un vérificateur de tension.

Outils: *Vérificateur de tension, tournevis.*
Matériel: *Ruban-cache, marqueur.*

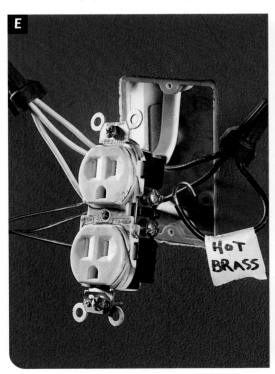

E

Une fois le courant coupé, étiquetez chaque fil avec du ruban-cache pour savoir à quelle borne les raccorder.

F

Détachez tous les fils; enlevez la prise. Achetez une nouvelle prise dont la tension et l'intensité nominales correspondent à celles du circuit.

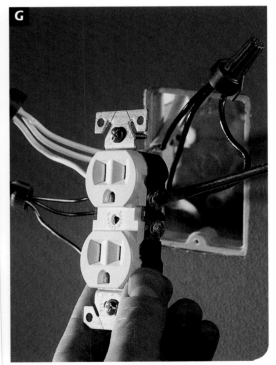

G

Raccordez chaque fil à la borne correspondante. Rentrez les fils dans la boîte; fixez la prise et la plaque.

Prise à disjoncteur de fuite à la terre

Une prise à disjoncteur de fuite à la terre (appellation technique: «disjoncteur différentiel de classe A») protège l'utilisateur contre les décharges électriques causées par un appareil défectueux, ou encore par une fiche ou un cordon usé ou mouillé. Dans les circuits qui ne sont pas mis à la terre, on peut installer une telle prise au lieu d'une prise double standard pour plus de sécurité.

Cette prise à disjoncteur peut être câblée de manière à ne protéger qu'elle-même (type terminal) ou de manière à protéger tous les interrupteurs, prises et luminaires installés en aval jusqu'à la fin du circuit (type intermédiaire). Dans le premier cas, les fils sous tension et neutre ne seront raccordés qu'aux bornes marquées *LINE* (**photo A**); dans le second, ils le seront aux bornes marquées *LINE* et à celles marquées *LOAD* (**photo B**).

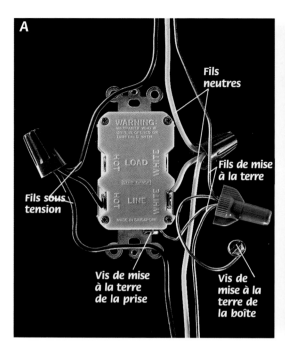

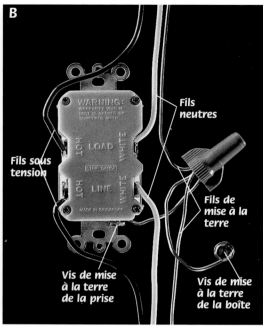

Installation d'une prise à disjoncteur de type terminal

Coupez le courant au tableau de distribution principal. Enlevez la plaque et les vis de montage. Retirez la prise sans toucher aux fils nus. Utilisez un vérificateur de tension pour confirmer que la prise n'est plus alimentée (page 402).

Détachez les fils blancs neutres des bornes argentées de l'ancienne prise. Au moyen d'un serre-fils, joignez les fils blancs à un cavalier et attachez celui-ci à la borne *LINE* marquée *WHITE* de la prise à disjoncteur (**photo C**). Détachez les fils noirs sous tension des bornes à vis en laiton de l'ancienne prise. Au moyen d'un serre-fils, joignez-les à un cavalier et attachez celui-ci à la borne *LINE* marquée *HOT* de la prise à disjoncteur (**photo D**).

S'il y a un fil de mise à la terre, débranchez-le et attachez-le à la borne verte de mise à la terre de la prise à disjoncteur (**photo E**). Même s'il n'y a pas de fil de mise à la terre, la prise fonctionnera correctement. Cependant, demandez à l'inspecteur des bâtiments si des restrictions ne s'appliquent pas à votre localité.

Installez la prise dans la boîte et posez le couvercle. Rétablissez le courant; vérifiez le fonctionnement de la prise.

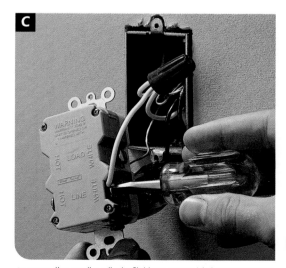

Au moyen d'un cavalier, reliez les fils blancs neutres à la borne WHITE LINE.

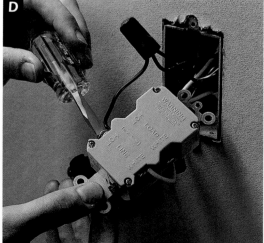

Au moyen d'un cavalier, reliez les fils noirs sous tension à la borne HOT LINE.

Attachez le fil de mise à la terre à la vis de mise à la terre.

Installation d'une prise à disjoncteur de type intermédiaire

Coupez le courant et confirmez que la prise n'est plus alimentée (page 402). Retirez avec soin la prise de sa boîte et vérifiez s'il y a de la tension sur les bornes à vis.

Détachez les fils noirs sous tension et écartez-les l'un de l'autre. Rétablissez le courant; utilisez un vérificateur de tension pour trouver le fil noir d'«alimentation» (page 403). Placez l'une des sondes du vérificateur sur la boîte, et l'autre sur l'extrémité de chacun des fils noirs. L'ampoule s'allumera dès que vous aurez touché le fil noir d'alimentation.

Coupez le courant et confirmez que la prise n'est plus alimentée. Utilisez du ruban-cache pour identifier le fil noir d'alimentation (**photo F**).

Détachez les fils blancs neutres et étiquetez le fil blanc d'alimentation se trouvant dans le même câble que le fil noir d'alimentation (**photo G**).

Détachez le fil de mise à la terre de l'ancienne prise et branchez-le à la borne de terre de la prise à disjoncteur (**photo H**).

Branchez le fil blanc d'alimentation à la borne marquée *WHITE LINE*, et le noir à la borne marquée *HOT LINE* (**photo I**). Branchez l'autre fil blanc à la borne marquée *WHITE LOAD* (**photo J**), et l'autre fil noir à la borne marquée *HOT LOAD* (**photo K**).

Rentrez avec soin tous les fils dans la boîte. Installez la prise à disjoncteur et rétablissez le courant. Vérifiez le fonctionnement de la prise en suivant les instructions du fabricant.

Coupez le courant et étiquetez le fil noir d'alimentation.

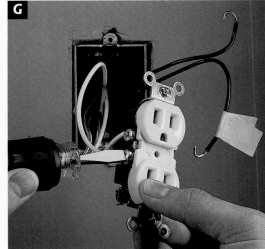

Détachez les fils blancs et étiquetez le fil blanc d'alimentation.

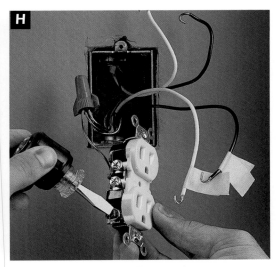

Détachez le fil de mise à la terre de l'ancienne prise.

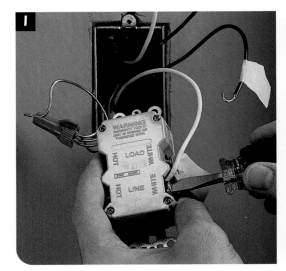

Branchez les fils d'alimentation aux bonnes bornes marquées LINE.

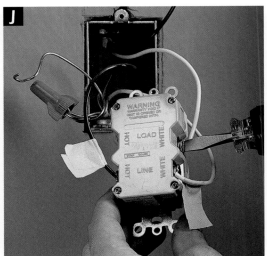

Branchez l'autre fil blanc à la borne marquée WHITE LOAD.

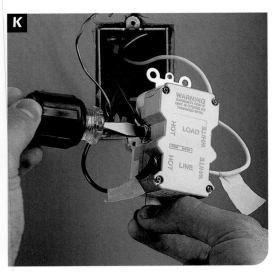

Branchez l'autre fil noir à la borne marquée HOT LOAD.

Remplacement d'une boîte

Il faut absolument remplacer les boîtes qui sont trop petites pour le nombre de fils qu'elles contiennent. Rentrer de force les fils dans une boîte trop petite peut endommager ceux-ci et briser les connexions, ce qui crée un risque d'incendie.

Il est probable que vous trouverez des boîtes trop petites lorsque vous réparerez ou remplacerez des interrupteurs, prises ou luminaires. Si une boîte est petite au point que vous avez de la difficulté à y loger les fils, remplacez-la par une boîte plus grande.

On peut trouver dans les quincailleries et centres de rénovation des boîtes de plastique ou de métal de tous les styles et formats. La plupart s'installent sans qu'il faille découper le mur.

Pour remplacer une boîte, commencez par couper le courant du circuit au tableau de distribution principal. Confirmez que le courant a bien été coupé (interrupteurs, page 415; prises, page 402; luminaires, page 429). Débranchez le dispositif et retirez-le de la boîte (photo A).

Examinez la boîte pour en comprendre l'installation. La plupart des vieilles boîtes métalliques sont clouées à des éléments de charpente, et les clous sont visibles à l'intérieur de la boîte (photo B).

Coupez les clous en glissant une scie alternative, munie d'une lame pour coupe de métal, entre la boîte et l'élément de charpente (photo C). Prenez garde de ne pas endommager les câbles du circuit.

Si aucun clou n'est visible dans la boîte, c'est que celle-ci est attachée par des ferrures comme dans la vue en coupe (photo D). Retirez la boîte en coupant les ferrures au moyen d'une scie alternative munie d'une lame pour coupe de métal (photo E). Prenez garde de ne pas endommager les câbles du circuit.

Pour les empêcher de tomber à l'intérieur du mur, rassemblez les fils de chaque câble et

Outils: Tournevis, vérificateur de tension, scie alternative, marteau, pince à bec effilé.

Matériel: Corde, ruban isolant, boîte et ferrures à pattes repliables, vis de mise à la terre.

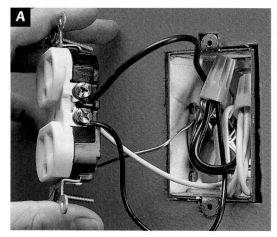

Coupez le courant et confirmez que le dispositif n'est plus alimenté. Débranchez la prise, l'interrupteur ou le luminaire et retirez-le de la boîte.

Déterminez si la boîte a été installée avec des clous, des vis ou des ferrures.

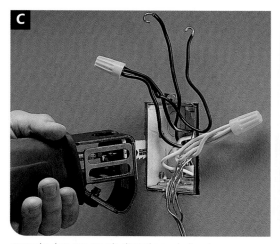

Coupez les clous avec une scie alternative munie d'une lame pour coupe de métal, en prenant garde de ne pas endommager les câbles.

Si la boîte est retenue par des ferrures, reportez-vous à cette vue en coupe pour voir où les ferrures sont situées au-dessus et en dessous de la boîte.

Coupez les ferrures avec une scie alternative munie d'une lame pour coupe de métal, en prenant garde de ne pas endommager les câbles.

attachez-les avec un bout de corde, retenu aux fils par du ruban isolant (**photo F**).

Enlevez les pinces ou contre-écrous internes qui retiennent les câbles à la boîte (**photo G**).

Retirez la boîte du mur en prenant garde de ne pas endommager la gaine des câbles et en tenant la corde pour que les fils ne tombent pas à l'intérieur du mur (**photo H**).

Retenez fermement les fils sur le bord du mur au moyen d'un ruban adhésif (**photo I**). Avec un tournevis et un marteau, enlevez une débouchure

pour chaque câble devant entrer dans la nouvelle boîte (**photo J**).

Faites entrer les câbles dans la boîte. Glissez la boîte dans l'ouverture du mur (**photo K**). Serrez les pinces ou contre-écrous internes pour retenir les câbles à la boîte. Enlevez la corde.

Insérez dans le mur les ferrures à pattes repliables, de chaque côté de la boîte (**photo L**). Tirez sur les pattes jusqu'à ce que la languette de la ferrure s'appuie contre l'intérieur du mur. Avec une pince à bec effilé, repliez les pattes des ferrures sur

la paroi de la boîte (**photo M**). Installez l'interrupteur, la prise ou le luminaire. Remettez le circuit sous tension au tableau de distribution.

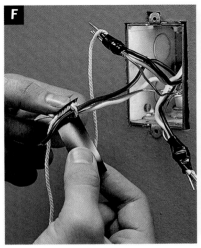

Attachez les fils avec une corde retenue par du ruban isolant.

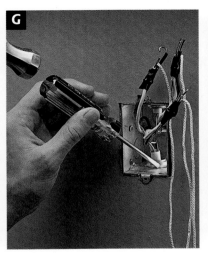

Enlevez les contre-écrous ou pinces qui retiennent les câbles à la boîte.

Retirez la boîte tout en tenant la corde pour empêcher les fils de tomber à l'intérieur du mur.

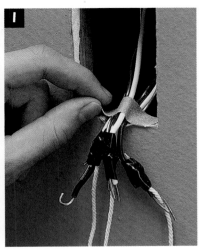

Avec du ruban adhésif, retenez les fils sur le bord du mur.

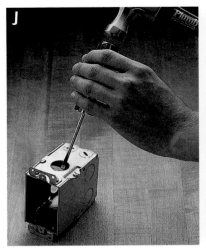

Enlevez une débouchure pour chaque câble devant entrer dans la boîte.

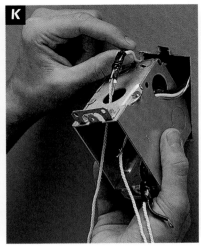

Faites entrer les câbles dans la boîte.

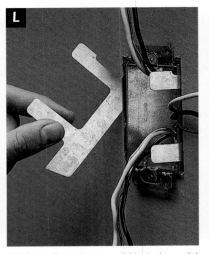

Installez une ferrure à pattes repliables de chaque côté de la boîte.

Pour fixer la boîte, repliez les pattes avec une pince à bec effilé.

Interrupteurs muraux

Il existe trois types d'interrupteurs muraux: l'*interrupteur unipolaire*, qui commande les luminaires d'un seul endroit; l'*interrupteur tripolaire*, qui les commande de deux endroits; et l'*interrupteur quadripolaire*, qui, combiné à une paire d'interrupteurs tripolaires, commande les luminaires de trois endroits ou plus.

Avant de réparer un interrupteur, déterminez-en le type en comptant le nombre de ses bornes. L'interrupteur unipolaire en comporte deux, le tripolaire trois, et le quadripolaire quatre.

Certains interrupteurs sont également munis d'une vis verte de mise à la terre, qui fournit une protection supplémentaire contre les décharges électriques. La plupart des codes du bâtiment requièrent la mise à la terre des interrupteurs situés dans la salle de bain, la cuisine et le sous-sol.

Lorsque vous remplacez un interrupteur, achetez-en un qui comporte le même nombre de bornes que l'ancien. (L'emplacement des vis peut varier, mais cela ne change pas le fonctionnement de l'interrupteur.) Les interrupteurs standard sont calibrés à 15 A et 125 V, mais, aux fins de remplacement, on peut utiliser des interrupteurs calibrés à 110 V, 120 V ou 125 V.

Le boîtier de l'interrupteur est attaché à une patte de montage métallique. Les nouveaux interrupteurs comportent des bornes autobloquantes en plus des bornes à vis. Certains interrupteurs spécialisés sont munis de conducteurs au lieu de bornes et se raccordent avec des fils et des serre-fils. Les bornes autobloquantes et les bornes à vis sont situées à l'arrière de l'interrupteur.

L'interrupteur peut aussi comporter un gabarit de dénudage indiquant la longueur de fil à dénuder pour le branchement.

Pour l'installation d'un interrupteur standard, choisissez du fil de calibre 12 ou 14. Pour les installations électriques ne comportant que du fil de cuivre plein, choisissez exclusivement des interrupteurs portant la marque *Copper* ou *CU*.

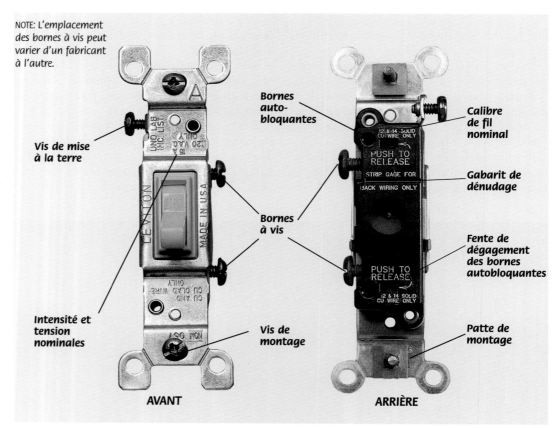

NOTE: L'emplacement des bornes à vis peut varier d'un fabricant à l'autre.

Vis de mise à la terre

Bornes auto-bloquantes

Calibre de fil nominal

Bornes à vis

Gabarit de dénudage

Intensité et tension nominales

Vis de montage

Fente de dégagement des bornes autobloquantes

Patte de montage

AVANT

ARRIÈRE

Défectuosités et réparation des interrupteurs

Problèmes	Réparations
Le fusible saute ou le disjoncteur se déclenche lorsqu'on met l'interrupteur à la position ON.	1. Resserrez toute connexion lâche de l'interrupteur (page 415). 2. Branchez certains appareils ou certaines lampes sur d'autres circuits pour éviter les surcharges. 3. Vérifiez l'interrupteur et remplacez-le au besoin (page 415). 4. Remplacez ou réparez l'appareil ou le luminaire défectueux (pages 428 à 440).
Le luminaire ou l'appareil installé en permanence ne fonctionne pas.	1. Remplacez l'ampoule grillée. 2. Vérifiez si un fusible n'aurait pas sauté ou si un disjoncteur ne se serait pas déclenché, pour vous assurer que le circuit est alimenté (page 395). 3. Vérifiez s'il n'y aurait pas une connexion lâche dans l'interrupteur (page 413). 4. Vérifiez l'interrupteur et remplacez-le au besoin (page 415). 5. Remplacez ou réparez l'appareil ou le luminaire défectueux (pages 428 à 440).
Le luminaire clignote.	1. Vissez bien l'ampoule. 2. Vérifiez s'il n'y aurait pas une connexion lâche dans l'interrupteur (page 413). 3. Remplacez ou réparez le luminaire (page 428) ou l'interrupteur (page 415) défectueux.
L'interrupteur bourdonne ou est chaud au toucher.	1. Resserrez toute connexion lâche de l'interrupteur (page 413). 2. Vérifiez l'interrupteur et remplacez-le au besoin (page 415). 3. Branchez certains appareils ou certaines lampes sur d'autres circuits pour réduire la demande en courant.

Défectuosités et réparation des interrupteurs muraux

Du fait qu'en moyenne on allume et on éteint un interrupteur plus de mille fois l'an, il n'est pas étonnant que les connexions aient tendance à se desserrer, et les pièces à s'user. Ce qui est étonnant, c'est qu'il ne faille pas les réparer plus souvent. La méthode de réparation ou de remplacement varie selon le type d'interrupteur. Dans les pages suivantes, vous apprendrez à réparer et à remplacer les trois types les plus répandus.

Si vous remplacez un interrupteur ordinaire par un interrupteur spécialisé, tels une minuterie ou un interrupteur électronique, veillez à ce que le nouvel interrupteur soit compatible avec le câblage de la boîte d'interrupteur. Suivez les instructions d'enlèvement de l'ancien interrupteur et d'installation des interrupteurs spécialisés (page 424).

Le dépannage d'un interrupteur requiert l'utilisation d'un vérificateur de continuité, qui détecte toute rupture de conduit métallique dans l'interrupteur. La pile du vérificateur génère un faible courant qui allume l'ampoule de celui-ci lorsque le circuit est fermé. (Il est impossible de vérifier la continuité de certains interrupteurs, tels les rhéostats et les interrupteurs automatiques.) N'utilisez jamais un vérificateur de continuité sur des fils susceptibles d'être sous tension. Avant de travailler sur un interrupteur, coupez toujours le courant et débranchez l'interrupteur.

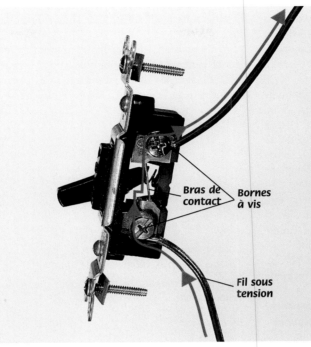

Bras de contact   Bornes à vis   Fil sous tension

L'interrupteur typique comporte un bras de contact qui ouvre et ferme le circuit. Lorsque l'interrupteur est en position ON, le bras complète le circuit entre les bornes à vis, le courant passe dans le fil noir sous tension et se rend au luminaire. Une défectuosité peut être causée par une connexion lâche aux bornes ou par l'usure du bras de contact.

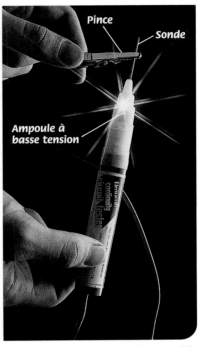

Pince   Sonde   Ampoule à basse tension

L'utilisation du vérificateur de continuité est essentielle pour la réparation d'un interrupteur. Avant chaque utilisation, assurez-vous de son bon fonctionnement en plaçant la pince sur la sonde. Si le vérificateur ne signale pas la connexion, remplacez l'ampoule ou la pile.

Types les plus répandus d'interrupteurs muraux

Interrupteur à levier lancé durant les années 1930.

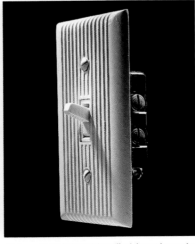

L'interrupteur à levier a été amélioré durant les années 1950 avec l'introduction d'un boîtier de plastique scellé.

L'interrupteur à mercure (années 1950) est très durable; certains sont garantis pendant 50 ans.

L'interrupteur électronique à détecteur de mouvement allume automatiquement les luminaires dès que vous entrez dans la pièce.

Interrupteur unipolaire

L'interrupteur unipolaire est le plus répandu de tous. Son levier est généralement marqué ON et OFF, et il sert à commander d'un seul endroit un luminaire, un appareil ou une prise. Il comporte deux bornes à vis et, parfois, une vis de mise à la terre.

La plupart des défectuosités d'un interrupteur unipolaire sont causées par des connexions lâches. Si un fusible saute ou si un disjoncteur se déclenche lorsque l'interrupteur est mis à la position ON, c'est peut-être qu'un fil lâche entre en contact avec la boîte métallique. Ce contact peut également provoquer une surchauffe ou un bourdonnement dans la boîte.

L'interrupteur unipolaire peut également être défectueux lorsque les pièces internes s'usent. Pour savoir si c'est le cas, enlevez complètement l'interrupteur de sa boîte et vérifiez-en la continuité.

Lorsque vous installez un interrupteur unipolaire, veillez à ce que la marque ON soit visible quand le levier est soulevé.

Dans un interrupteur unipolaire correctement câblé, un fil sous tension est attaché à chacune des deux bornes. Cependant, la couleur et le nombre de fils varieront selon la situation de l'interrupteur dans le circuit.

Si vous constatez que les fils se trouvant à l'intérieur de l'interrupteur ont moins de 6 po de longueur utile, rallongez-les en les raccordant à des cavaliers au moyen de serre-fils (page 405).

Outils: *Tournevis, vérificateur de tension, pince à usages multiples, vérificateur de continuité.*

Matériel: *Cavaliers, serre-fils, papier de verre, ruban-cache.*

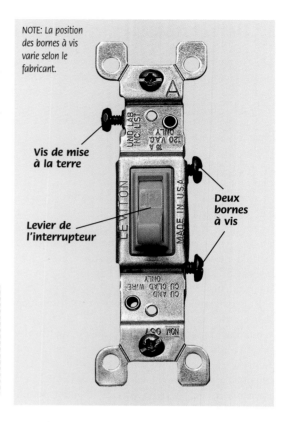

NOTE: La position des bornes à vis varie selon le fabricant.

Vis de mise à la terre

Levier de l'interrupteur

Deux bornes à vis

Installations typiques d'un interrupteur unipolaire

Lorsqu'un interrupteur est situé au milieu d'un circuit, deux câbles entrent dans sa boîte **(photo A)**. Chacun comporte un fil blanc et un fil noir isolés, ainsi qu'un fil de mise à la terre en cuivre nu. Les fils noirs sous tension sont raccordés aux bornes à vis. Les fils blancs neutres sont reliés entre eux par un serre-fils. Les fils de mise à la terre sont reliés par un cavalier à la boîte mise à la terre.

Lorsqu'un interrupteur est situé à la fin d'un circuit, un seul câble entre dans la boîte **(photo B)**. Ce câble comporte un fil blanc et un fil noir isolés, ainsi qu'un fil de mise à la terre en cuivre nu. Dans ce type d'installation, les deux fils sont sous tension. Le fil blanc doit être étiqueté avec du ruban-cache pour qu'on sache qu'il est alimenté. Le fil de mise à la terre est relié à la boîte métallique mise à la terre.

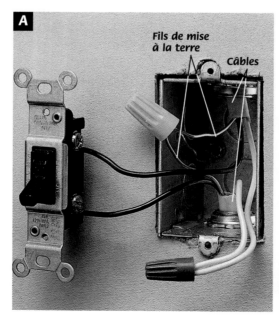

A

Fils de mise à la terre

Câbles

Installation d'un interrupteur unipolaire au milieu d'un circuit.

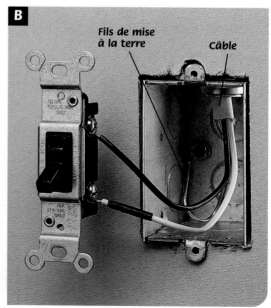

B

Fils de mise à la terre

Câble

Installation d'un interrupteur unipolaire à la fin d'un circuit.

Réparation d'un interrupteur unipolaire

Au tableau de distribution principal, coupez l'alimentation de l'interrupteur. Enlevez la plaque et les vis de montage de l'interrupteur. En tenant avec soin les pattes de montage, retirez l'interrupteur de la boîte **(photo C)**. Ne touchez pas aux fils ni aux bornes avant de vous être assuré qu'ils ne sont plus alimentés.

Pour ce faire, placez d'abord l'une des sondes du vérificateur de tension sur la boîte métallique mise à la terre ou sur le fil de mise à la terre en cuivre; placez l'autre sonde sur chacune des deux bornes. Ensuite, placez les sondes sur chacune des bornes. Puis, s'il y a un fil neutre (blanc) dans le boîtier, placez une sonde

sur le fil neutre et l'autre sur chacune des bornes successivement. L'ampoule du vérificateur ne devrait jamais s'allumer. Si elle s'allume, coupez le courant du bon circuit au tableau de distribution.

Lorsque vous êtes certain que la prise n'est plus alimentée, détachez les fils du circuit de l'interrupteur **(photo D)**.

Inspectez les fils. S'ils sont rayés, utilisez une pince à usages multiples pour en couper l'extrémité et pour le dénuder sur environ ¾ po. Si l'extrémité d'un fil est noircie ou sale, nettoyez-la avec un papier de verre fin **(photo E)**. Vérifiez la continuité de l'interrupteur.

Placez la pince du vérificateur sur l'une des bornes et la sonde sur l'autre **(photo F)**. Actionnez le levier de l'interrupteur. L'ampoule du vérificateur ne devrait s'allumer que lorsque le levier est en position ON. Si l'interrupteur est défectueux, remplacez-le.

Raccordez les fils aux bornes **(photo G)**. Resserrez les vis, mais pas trop; veillez à ne pas en endommager les filets.

Réinstallez l'interrupteur, en poussant les fils avec soin dans la boîte **(photo H)**. Vissez la plaque de l'interrupteur. Rétablissez le courant au tableau de distribution principal.

Retirez l'interrupteur de la boîte et assurez-vous qu'il n'est pas sous tension.

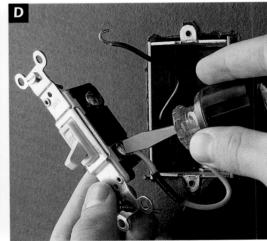

Détachez et inspectez les fils.

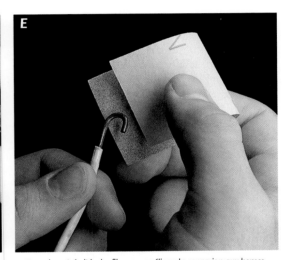

Nettoyez les extrémités des fils pour améliorer la connexion aux bornes.

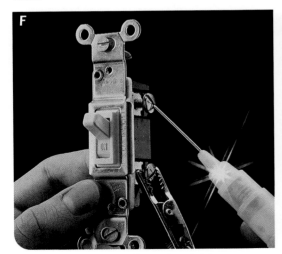

Vérifiez l'interrupteur avec un vérificateur de continuité.

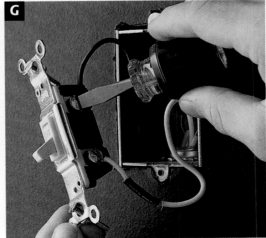

Attachez les fils à l'interrupteur, sans trop serrer les vis.

Réinstallez l'interrupteur et sa plaque.

Interrupteur tripolaire

Les interrupteurs tripolaires comportent trois bornes à vis et ne sont pas marqués ON/OFF. Ils s'installent toujours en paires et commandent un luminaire à partir de deux endroits.

L'une des bornes de l'interrupteur tripolaire est plus foncée que les autres; c'est la borne commune, dont la position varie d'un fabricant à l'autre. Avant de débrancher un interrupteur tripolaire, étiquetez toujours le fil qui est relié à la borne commune, car il devra être attaché à la borne commune du nouvel interrupteur.

Les deux autres bornes, appelées *bornes de liaison*, sont interchangeables, et il n'est pas nécessaire d'étiqueter les fils qui y sont attachés.

Du fait que les interrupteurs tripolaires sont installés en paires, il peut être difficile de repérer celui des deux qui cause une défectuosité. Il est probable que le plus utilisé des deux sera la cause du problème, mais vous devrez peut-être les vérifier tous deux pour le confirmer.

La plupart des défectuosités des interrupteurs tripolaires sont causées par des connexions lâches. Si un fusible saute ou si un disjoncteur se déclenche lorsque l'interrupteur est mis en position ON, c'est peut-être qu'un fil touche à la boîte métallique. Ce contact peut également produire une surchauffe ou un bourdonnement dans la boîte de l'interrupteur.

Le bon fonctionnement de l'interrupteur tripolaire peut aussi être compromis par l'usure des pièces internes. Pour savoir si c'est le cas, retirez l'interrupteur de la boîte et vérifiez-en la continuité.

Outils: *Tournevis, vérificateur de tension, pince à usages multiples, vérificateur de continuité.*

Matériel: *Cavaliers, serre-fils, papier de verre, ruban-cache.*

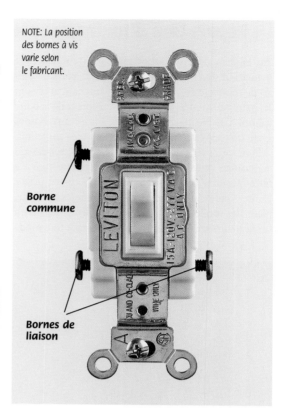

NOTE: La position des bornes à vis varie selon le fabricant.

Borne commune

Bornes de liaison

Installations typiques d'un interrupteur tripolaire

Lorsqu'un interrupteur est situé au milieu d'un circuit, deux câbles entrent dans sa boîte **(photo A)**. L'un d'eux comporte deux fils gainés et un fil de mise à la terre nu; l'autre, trois fils gainés et un fil de mise à la terre.

Attachez à la borne commune le fil noir du câble à deux fils. Attachez aux bornes de liaison les fils rouge et noir du câble à trois fils. Joignez les deux fils blancs neutres au moyen d'un serre-fils; avec un cavalier, reliez les fils de mise à la terre à la boîte métallique mise à la terre.

Lorsqu'un interrupteur est situé à la fin d'un circuit, un seul câble entre dans la boîte **(photo B)**. Ce câble comporte un fil noir, un rouge et un blanc, ainsi qu'un fil de mise à la terre en cuivre nu.

Attachez le fil noir à la borne commune. Attachez aux bornes de liaison les fils blanc et rouge, et le fil de mise à la terre nu à la boîte métallique mise à la terre.

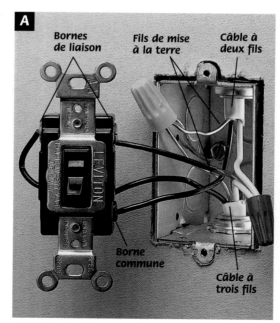

A

Bornes de liaison

Fils de mise à la terre

Câble à deux fils

Borne commune

Câble à trois fils

Installation d'un interrupteur tripolaire au milieu d'un cicuit.

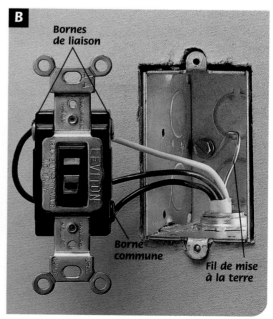

B

Bornes de liaison

Borne commune

Fil de mise à la terre

Installation d'un interrupteur tripolaire à la fin d'un circuit.

Réparation d'un interrupteur tripolaire

Au tableau de distribution principal, coupez le courant alimentant l'interrupteur. Enlevez la plaque et les vis de montage de l'interrupteur. En tenant avec soin les pattes de montage, retirez l'interrupteur de la boîte **(photo C)**. Ne touchez pas aux fils ni aux bornes avant de vous être assuré qu'ils ne sont plus alimentés.

Pour ce faire, placez d'abord l'une des sondes du vérificateur de tension sur la boîte métallique mise à la terre ou sur le fil de mise à la terre en cuivre; placez l'autre sonde sur chacune des bornes **(photo D)**. Ensuite, placez les sondes sur chaque paire de bornes successivement. Puis, s'il y a un fil neutre (blanc) dans le boîtier, placez une sonde sur le fil neutre et l'autre

sur chacune des bornes successivement. L'ampoule du vérificateur ne devrait jamais s'allumer. Si elle s'allume, coupez le courant du bon circuit au tableau de distribution.

Trouvez la borne commune (plus foncée que les autres). Généralement en cuivre, elle porte parfois la marque *COMMON*. Étiquetez le fil commun relié à cette borne avec du ruban-cache **(photo E)**. Détachez les fils et enlevez l'interrupteur.

Inspectez les fils. S'ils sont rayés, utilisez une pince à usages multiples pour en couper l'extrémité et pour les dénuder sur environ 3/4 po. Si l'extrémité d'un fil est noircie ou sale, nettoyez-la avec un papier de verre fin.

Vérifiez la continuité de l'interrupteur. Placez la pince du vérificateur sur la borne commune et la sonde sur l'une des autres bornes **(photo F)**. Actionnez le levier de l'interrupteur. L'ampoule du vérificateur ne devrait s'allumer que lorsque le levier est dans une des deux positions. Placez la sonde sur les autres bornes et répétez la procédure. Si l'interrupteur est défectueux, remplacez-le. Raccordez le fil commun à la borne commune **(photo G)**. Raccordez les autres fils aux autres bornes **(photo H)**. Réinstallez l'interrupteur, en poussant les fils avec soin dans la boîte. Vissez la plaque de l'interrupteur. Rétablissez le courant au tableau de distribution principal.

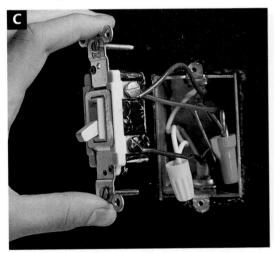

C

Retirez l'interrupteur de la boîte et assurez-vous qu'il n'est pas sous tension.

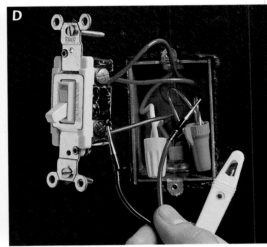

D

Au moyen d'un vérificateur de tension, assurez-vous que l'interrupteur n'est plus alimenté.

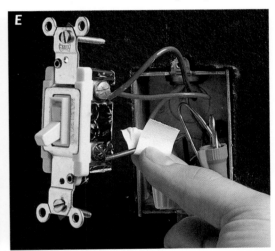

E

Étiquetez le fil commun avec du ruban-cache.

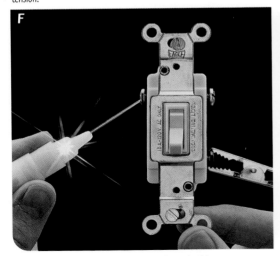

F

Vérifiez l'interrupteur avec un vérificateur de continuité.

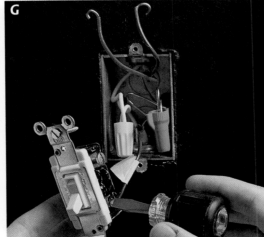

G

Attachez le fil commun à la borne commune.

H

Attachez les fils restants aux bornes de liaison.

Interrupteur quadripolaire

Les interrupteurs quadripolaires comportent quatre bornes à vis et ne sont pas marqués ON/OFF. Ils s'installent toujours entre une paire d'interrupteurs tripolaires, afin qu'un luminaire puisse être commandé à partir de trois endroits ou davantage. Les interrupteurs quadripolaires sont plutôt rares, mais on en trouve parfois dans les grandes pièces ou les longs corridors.

Les défectuosités des installations de ce genre se situent soit dans l'interrupteur quadripolaire, soit dans l'un des interrupteurs tripolaires (page 416).

Dans une installation typique, deux paires de fils, chacune ayant une couleur distincte, sont raccordées à l'interrupteur quadripolaire. Les nouveaux interrupteurs quadripolaires comportent des bornes à vis en paires de couleurs distinctes: l'une des paires est généralement en cuivre, et l'autre en laiton.

Pour installer un interrupteur quadripolaire, appariez fils et bornes selon leur couleur. Par exemple, si vous raccordez un fil rouge à l'une des bornes de laiton, raccordez aussi l'autre fil rouge à une borne de laiton.

La plupart des défectuosités des interrupteurs quadripolaires sont causées par des connexions lâches. Si un fusible saute ou si un disjoncteur se déclenche lorsque le levier de l'interrupteur est basculé, c'est peut-être qu'un fil touche à la boîte métallique. Ce contact peut également produire une surchauffe ou un bourdonnement dans la boîte de l'interrupteur.

Le bon fonctionnement de l'interrupteur quadripolaire peut aussi être compromis par l'usure des pièces internes. Pour savoir si c'est le cas, retirez l'interrupteur de la boîte et vérifiez-en la continuité.

Outils: *Tournevis, vérificateur de tension, pince à usages multiples, vérificateur de continuité.*

Matériel: *Cavaliers, serre-fils, papier de verre.*

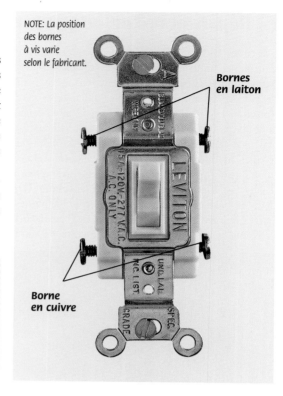

NOTE: La position des bornes à vis varie selon le fabricant.

Bornes en laiton

Borne en cuivre

Installations typiques d'un interrupteur quadripolaire

L'interrupteur quadripolaire étant toujours installé entre deux interrupteurs tripolaires, il se trouve toujours au milieu d'un circuit.

Quatre fils sont raccordés à un interrupteur quadripolaire **(photo A)**. Deux fils de même couleur sont reliés aux bornes de cuivre, et les deux autres, de même couleur aussi, le sont aux bornes de laiton.

La troisième paire de fils se trouvant à l'intérieur de la boîte est jointe par un serre-fils. Les deux fils de cuivre nu sont raccordés par un cavalier à la boîte mise à la terre.

Sur l'arrière de certains interrupteurs quadripolaires, un guide de câblage a été imprimé pour simplifier l'installation **(photo B)**. Sur l'interrupteur illustré, deux fils de même couleur seront reliés aux bornes marquées *LINE 1*, et l'autre paire le sera aux bornes marquées *LINE 2*.

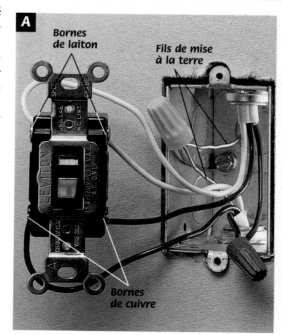

A Bornes de laiton

Fils de mise à la terre

Bornes de cuivre

Installation typique d'un interrupteur quadripolaire.

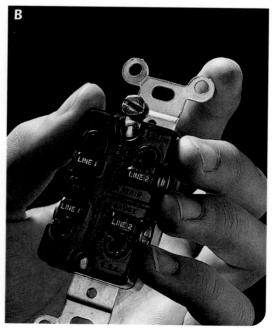

B

Pour simplifier l'installation, un guide de câblage a été imprimé sur certains interrupteurs.

Réparation d'un interrupteur quadripolaire

Au tableau de distribution principal, coupez le courant alimentant l'interrupteur. Enlevez la plaque et les vis de montage de l'interrupteur. En tenant avec soin les pattes de montage, retirez l'interrupteur de la boîte. Ne touchez pas aux fils ni aux bornes avant de vous être assuré qu'ils ne sont plus alimentés.

Pour ce faire, placez d'abord l'une des sondes du vérificateur de tension sur la boîte métallique mise à la terre ou sur le fil de mise à la terre en cuivre; placez l'autre sonde sur chacune des bornes **(photo C)**. Ensuite, placez les sondes sur chaque paire de bornes successivement. Puis, s'il y a un fil neutre (blanc) dans le boîtier, placez une sonde sur le fil neutre et l'autre sur chacune des bornes successivement. L'ampoule du vérificateur ne devrait jamais s'allumer. Si elle s'allume, coupez le courant du bon circuit au tableau de distribution. Détachez les fils et enlevez l'interrupteur **(photo D)**. Inspectez les fils. S'ils sont rayés, utilisez une pince à usages multiples pour en couper l'extrémité et pour les dénuder sur environ 3/4 po. Si l'extrémité d'un fil est noircie ou sale, nettoyez-la avec un papier de verre fin.

Vérifiez la continuité de l'interrupteur. Placez la pince et la sonde du vérificateur sur chaque paire de bornes (A-B, C-D, A-D, B-C, A-C, B-D). Faites basculer le levier de l'interrupteur et exécutez de nouveau la vérification de continuité **(photo E)**. Si l'interrupteur est bon, la vérification révélera qu'il existe en tout quatre chemins continus de courant pour chacune des deux positions du levier. Si ce n'est pas le cas, c'est que l'interrupteur est défectueux et doit être remplacé. La configuration des chemins de courant peut varier selon le fabricant de l'interrupteur **(photo F)**.

Raccordez deux fils de même couleur aux deux bornes de laiton **(photo G)**. Raccordez les autres fils aux bornes de cuivre **(photo H)**. Réinstallez l'interrupteur, en poussant les fils avec soin dans la boîte. Vissez la plaque de l'interrupteur. Rétablissez le courant au tableau de distribution principal.

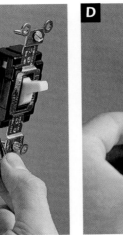

Au moyen d'un vérificateur de tension, assurez-vous que l'interrupteur n'est plus alimenté.

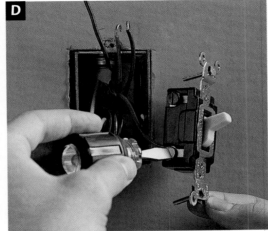

Détachez les fils et vérifiez-en l'intégrité.

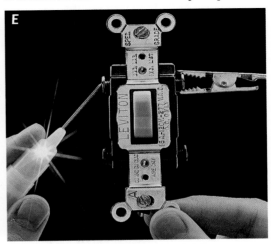

Vérifiez l'interrupteur avec un vérificateur de continuité.

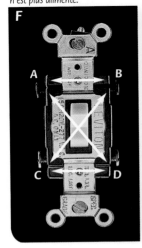
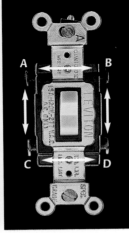
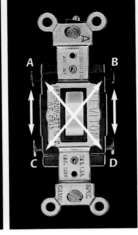

Trois configurations de chemins possibles sont illustrées.

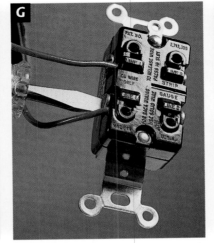

Raccordez deux fils de même couleur aux bornes de laiton.

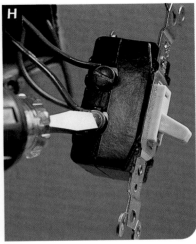

Attachez les fils restants aux bornes de cuivre.

Interrupteur double

L'interrupteur double comporte deux leviers réunis dans un seul boîtier, de sorte que deux luminaires, deux appareils, ou bien un appareil et un luminaire puissent être commandés à partir d'une seule boîte d'interrupteur.

Utilisez un vérificateur de continuité pour déceler les discontinuités d'un interrupteur double. Vérifiez la continuité de chacune des deux moitiés de l'interrupteur en plaçant la pince de l'appareil sur une borne et la sonde sur la borne opposée (**photo A**).

Placez le levier de l'interrupteur en position ON puis en position OFF. L'ampoule du vérificateur ne devrait s'allumer qu'à la position ON. Répétez la vérification sur l'autre paire de bornes. Remplacez l'interrupteur si l'une ou l'autre de ses moitiés est défectueuse.

Dans la plupart des installations, les deux moitiés de l'interrupteur sont alimentées par le même circuit. Dans le cas de cette installation sur circuit unique (**photo B**), raccordez les trois fils à l'interrupteur de la manière suivante:

Attachez d'abord le fil d'alimentation noir au côté de l'interrupteur qui est muni d'une languette métallique reliant deux des bornes. Cette languette permet l'alimentation des deux moitiés de l'interrupteur.

Attachez à l'autre côté de l'interrupteur les fils qui acheminent le courant vers le luminaire ou l'appareil.

Joignez ensemble les fils neutres blancs au moyen d'un serre-fils.

Il peut vous arriver de trouver un interrupteur double dont les moitiés sont alimentées par des circuits différents. Dans le cas de cette installation sur deux circuits (**photo C**), attachez à l'interrupteur quatre fils noirs de la manière suivante:

Attachez d'abord les deux fils d'alimentation au côté de l'interrupteur qui est muni d'une languette métallique reliant deux des bornes.

Avec un tournevis ou une pince à bec effilé, enlevez la languette (**photo D**).

Attachez à l'autre côté de l'interrupteur les fils qui acheminent le courant vers le luminaire ou l'appareil.

Joignez ensemble les fils neutres blancs au moyen d'un serre-fils.

> **Outils:** *Tournevis ou pince à bec effilé, vérificateur de tension, pince à usages multiples, vérificateur de continuité.*
>
> **Matériel:** *Cavaliers, serre-fils.*

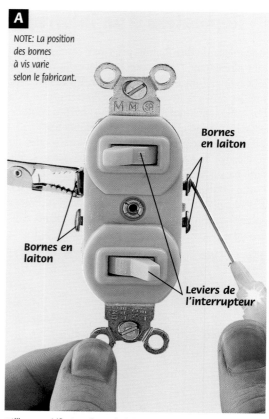

NOTE: *La position des bornes à vis varie selon le fabricant.*

Bornes en laiton

Bornes en laiton

Leviers de l'interrupteur

Utilisez un vérificateur de continuité pour déceler les discontinuités d'un interrupteur double. Remplacez l'interrupteur si l'une ou l'autre de ses moitiés est défectueuse.

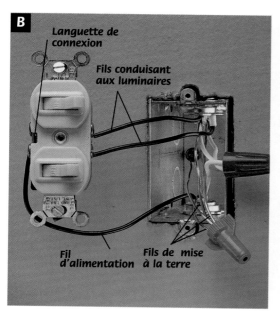

Languette de connexion

Fils conduisant aux luminaires

Fil d'alimentation

Fils de mise à la terre

Dans ce câblage typique d'un interrupteur double sur circuit unique, trois fils sont raccordés à l'interrupteur.

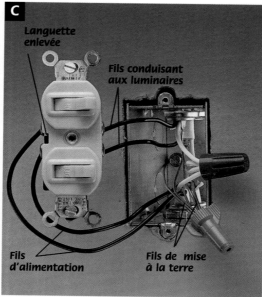

Languette enlevée

Fils conduisant aux luminaires

Fils d'alimentation

Fils de mise à la terre

Dans ce câblage typique d'un interrupteur double sur deux circuits, quatre fils noirs sont raccordés à l'interrupteur.

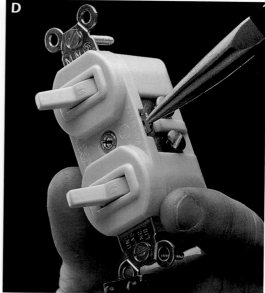

Dans le cas d'un câblage sur deux circuits, la languette doit être enlevée.

Interrupteur à veilleuse

L'interrupteur à veilleuse est muni d'une ampoule qui s'allume lorsque le courant la traverse pour se rendre à un luminaire ou à un appareil. On utilise surtout ce type d'interrupteur lorsque le luminaire ou l'appareil n'est pas visible de l'endroit où se trouve l'interrupteur qui le commande. Comme cet interrupteur requiert un fil neutre, il ne peut être logé dans une boîte ne possédant qu'un seul câble à deux fils.

Raccordez les trois fils à l'interrupteur de la manière suivante **(photo E)**. Attachez le fil d'alimentation noir à la vis de laiton située sur le côté de l'interrupteur opposé à celui de la languette de connexion. Attachez l'autre fil noir à la vis de laiton située à côté de la languette. Au moyen d'un cavalier, raccordez les fils neutres blancs à la borne neutre.

Si la veilleuse ne s'allume pas lorsque l'interrupteur est en position ON, c'est que ce dernier est défectueux. Pour vérifier la continuité de l'interrupteur, enlevez celui-ci de sa boîte. Attachez la pince du vérificateur de continuité à l'une des bornes supérieures. Placez la sonde du vérificateur sur la borne

supérieure du côté opposé **(photo F)**. Actionnez le levier de l'interrupteur. Si celui-ci n'est pas défectueux, l'ampoule du vérificateur ne s'allumera que lorsque le levier est en position ON.

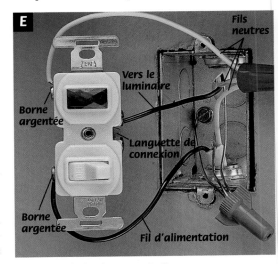

Trois fils sont reliés à un interrupteur à veilleuse.

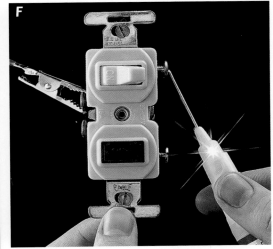

Utilisez un vérificateur de continuité pour vous assurer du bon fonctionnement de l'interrupteur.

Interrupteur-prise

L'interrupteur-prise combine une prise mise à la terre et un interrupteur unipolaire. Si une pièce manque de prises, il peut être judicieux de remplacer l'un des interrupteurs unipolaires par un interrupteur-prise. Ce dernier requiert un fil neutre.

Généralement, la prise est câblée de manière à être sous tension même lorsque l'interrupteur est en position OFF **(photo G)**. Le fil d'alimentation est raccordé à la vis de laiton située du côté où se trouve la languette, et l'autre fil noir est relié à l'autre vis de laiton. Les fils neutres blancs sont reliés à la vis argentée neutre au moyen d'un cavalier. Mais l'interrupteur-prise peut être câblé de manière que l'interrupteur commande la prise. Pour ce faire, il suffit d'inverser les fils sous tension et d'attacher le fil d'alimentation à la borne de laiton située sur le côté sans languette.

Pour vérifier la continuité de l'interrupteur, attachez la pince du vérificateur de continuité à l'une des bornes supérieures. Placez la sonde du vérificateur sur la borne supérieure du côté opposé **(photo H)**.

Actionnez le levier de l'interrupteur. Si celui-ci n'est pas défectueux, l'ampoule du vérificateur ne s'allumera que lorsque le levier est en position ON.

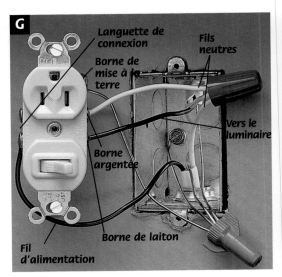

Câblage le plus répandu d'un interrupteur-prise.

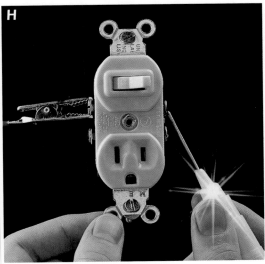

Utilisez un vérificateur de continuité pour confirmer le bon fonctionnement de l'interrupteur.

Gradateurs

Le gradateur permet de faire varier l'intensité de l'éclairage. Tout interrupteur unipolaire standard peut être remplacé par un gradateur si la boîte électrique est suffisamment grande et qu'elle n'est pas encombrée de fils. Les gradateurs sont gros et dégagent de la chaleur, laquelle a besoin de beaucoup d'espace pour se dissiper. Suivez les instructions du fabricant et vérifiez la puissance nominale du gradateur. Pour prévenir la surchauffe du gradateur, la puissance de toutes les ampoules qu'il commande ne devrait pas être supérieure à 80 p. 100 de sa puissance nominale.

Dans les installations d'éclairage faisant appel à des interrupteurs tripolaires (page 416), l'un de ces derniers peut être remplacé par un gradateur tripolaire. Dans cette configuration, tous les interrupteurs permettront d'allumer et d'éteindre le luminaire, mais seul le gradateur permettra de faire varier l'intensité de l'éclairage.

On trouve de nombreux modèles de gradateurs. Tous sont munis de fils plutôt que de bornes; ces fils se raccordent à ceux du circuit au moyen de serre-fils. Certains gradateurs sont munis d'un fil de mise à la terre vert qui s'attache à la boîte métallique mise à la terre ou aux fils de mise à la terre en cuivre nu.

Le gradateur à levier **(photo A),** qui ressemble à un interrupteur ordinaire, peut être unipolaire ou tripolaire.

Le gradateur rotatif **(photo B)** est muni d'une commande rotative.

Le gradateur à glissière **(photo C)** est facile à repérer dans l'obscurité parce qu'il est illuminé.

Le gradateur automatique **(photo D)** fonctionne aussi manuellement. Lorsqu'il est réglé en mode automatique, un capteur électronique règle le luminaire de manière à compenser les variations de la lumière naturelle.

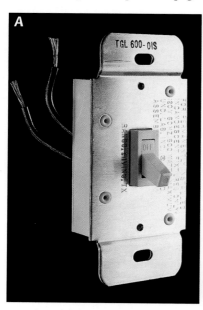

A

Le gradateur à levier ressemble à un interrupteur ordinaire.

B

Le gradateur rotatif est le plus répandu de tous.

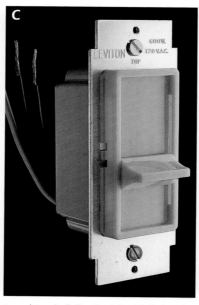

C

Le gradateur à glissière, illuminé, est facile à repérer dans l'obscurité.

D

Le gradateur automatique compense les variations de la lumière naturelle.

Remplacement d'un interrupteur par un gradateur

Il est facile de remplacer un interrupteur par un gradateur pour améliorer le confort d'une pièce.

Avant de commencer le travail, allez au tableau de distribution principal et coupez le courant alimentant l'interrupteur. Enlevez la plaque et les vis de montage de l'interrupteur.

En tenant avec soin les pattes de montage, retirez l'interrupteur de la boîte **(photo E)**. Ne touchez pas aux fils ni aux bornes avant d'avoir confirmé qu'ils ne sont plus alimentés. Pour ce faire, placez d'abord l'une des sondes du vérificateur de tension sur la boîte métallique mise à la terre ou sur le fil de mise à la terre en cuivre; placez l'autre sonde sur chacune des bornes **(photo F)**. Ensuite, placez les sondes sur chaque paire de bornes successivement. Puis, s'il y a un fil neutre (blanc) dans le boîtier, placez une sonde sur le fil neutre et l'autre sur chacune des bornes successivement. Si l'ampoule du vérificateur s'allume,

Outils: *Tournevis, vérificateur de tension, pince à bec effilé.*

Matériel: *Serre-fils, ruban-cache.*

coupez le courant du bon circuit au tableau de distribution.

Si vous remplacez un vieux gradateur, assurez-vous qu'il n'est pas sous tension. Placez d'abord l'une des sondes du vérificateur de tension sur la boîte métallique mise à la terre ou sur le fil de mise à la terre en cuivre, et insérez l'autre dans chacun des serre-fils **(photo G)**. Ensuite, insérez les sondes dans chaque paire de serre-fils successivement. Puis, s'il y a un fil neutre (blanc) dans le boîtier, insérez une sonde dans le serre-fils du neutre et l'autre dans chacun des autres serre-fils successivement.

Si l'ampoule du vérificateur s'allume, c'est que le courant rejoint encore le gradateur. Retournez au tableau de distribution pour couper le bon circuit.

Détachez les fils du circuit et enlevez l'interrupteur. Redressez ces fils et sectionnez-en les extrémités, en ne laissant qu'environ ½ po de fil nu **(photo H)**. Au moyen de serre-fils, joignez les fils du gradateur à ceux du circuit **(photo I)**. Interchangeables, les fils du gradateur peuvent être attachés à l'un ou à l'autre des fils du circuit.

Le gradateur tripolaire comporte un troisième fil, appelé *fil commun*. Attachez-le au fil qui était relié à la borne la plus foncée de l'ancien interrupteur **(photo J)**.

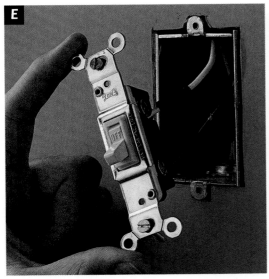

Enlevez la plaque et les vis de montage. En tenant avec soin les pattes de montage, retirez l'interrupteur de la boîte.

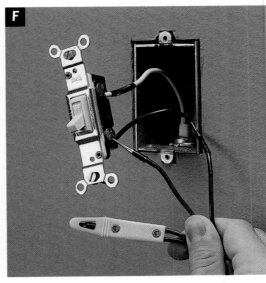

Au moyen d'un vérificateur de tension, assurez-vous que l'interrupteur n'est plus alimenté.

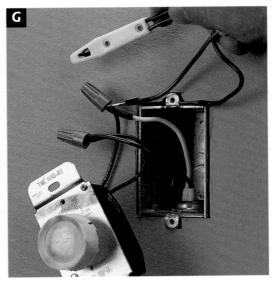

Dans le cas d'un gradateur, insérez l'une des sondes du vérificateur de tension dans chacun des serre-fils tout en plaçant l'autre sonde sur le fil ou le serre-fils de mise à la terre.

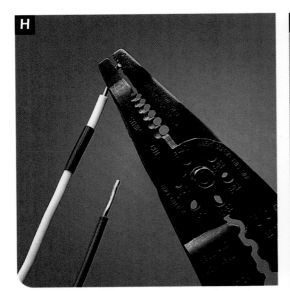

Détachez les fils du circuit et enlevez l'interrupteur. Redressez et sectionnez les extrémités des fils du circuit.

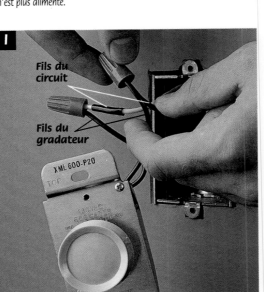

Au moyen de serre-fils, joignez les fils du gradateur à ceux du circuit.

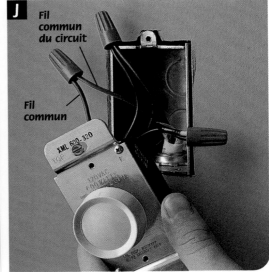

Le fil commun est relié au fil qui était attaché à la borne la plus foncée de l'ancien interrupteur.

Interrupteurs spéciaux

En plus des interrupteurs ordinaires et des gradateurs, bon nombre d'interrupteurs spéciaux peuvent facilement être installés pour remplacer un interrupteur unipolaire. Ces interrupteurs spéciaux ajoutent confort et sécurité à votre demeure.

Les interrupteurs spéciaux comportent généralement des fils que vous devez relier aux fils du circuit au moyen de serre-fils. Certaines minuteries motorisées requièrent une connexion à un fil neutre et ne peuvent pas être installées dans des boîtes où n'arrive qu'un seul câble à deux fils. Si un interrupteur spécial ne fonctionne pas correctement, vous pourrez parfois le tester au moyen d'un vérificateur de continuité. On peut vérifier la continuité des minuteries et interrupteurs temporisés, mais pas celle des gradateurs. En règle générale, on peut vérifier celle des interrupteurs manuels, mais pas celle des interrupteurs comportant des caractéristiques automatiques.

Pour enlever un interrupteur spécial, coupez le courant du circuit au tableau de distribution principal. Retirez la plaque et les vis de montage. En tenant avec soin les pattes de montage, sortez l'interrupteur de la boîte. Ne touchez pas aux fils ni aux bornes avant de vous être assuré qu'ils ne sont plus alimentés.

Pour ce faire, placez d'abord l'une des sondes du vérificateur de tension sur la boîte métallique mise à la terre ou sur le fil de mise à la terre en cuivre; placez l'autre sonde sur chacune des autres bornes. Ensuite, placez les sondes sur chaque paire de bornes successivement. Puis, s'il y a un fil neutre (blanc) dans le boîtier, placez une sonde sur le fil neutre et l'autre sur chacune des bornes successivement. L'ampoule du vérificateur ne devrait jamais s'allumer. Si elle s'allume, coupez le courant du bon circuit au tableau de distribution.

Interrupteur temporisé

L'interrupteur temporisé est muni d'un bouton que l'on règle pour éteindre un appareil au bout de 1 à 60 minutes. On l'utilise généralement pour les ventilateurs d'évacuation, les chaufferettes électriques et les lampes à infrarouge. Puisqu'il ne requiert pas de fil neutre, on peut l'installer dans une boîte à un câble ou à deux. Pour installer un interrupteur temporisé, raccordez-en les fils noirs aux fils noirs du circuit. Si la boîte contient des fils blancs neutres, joignez-les avec un serre-fils. Au moyen d'un cavalier, reliez les fils de mise à la terre en cuivre nu à la boîte métallique mise à la terre.

Pour vérifier la continuité, attachez la pince du vérificateur à l'un des fils de l'interrupteur et placez la sonde sur l'autre fil. Réglez le bouton à 1 minute. L'ampoule du vérificateur devrait s'éteindre à l'expiration de la minute.

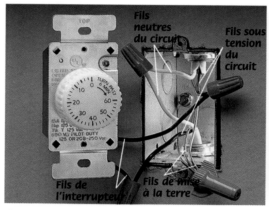

L'interrupteur temporisé est muni d'un bouton mû par un ressort, que l'on règle pour éteindre un appareil au bout de 1 à 60 minutes.

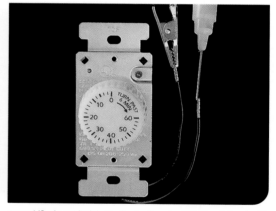

Pour vérifier la continuité, attachez la pince du vérificateur à l'un des fils de l'interrupteur et placez la sonde sur l'autre. Réglez le bouton à 1 minute. L'ampoule du vérificateur devrait s'éteindre après 1 minute.

Minuterie

Elle est munie d'un cadran que l'on règle afin que s'allument et s'éteignent automatiquement certains luminaires à une heure donnée. Requérant un fil neutre, la minuterie ne peut donc être installée dans une boîte ne comportant qu'un câble. Elle est munie de trois fils. Pour l'installer, raccordez le fil noir de celle-ci au fil sous tension du circuit, le fil rouge au fil qui achemine le courant vers le luminaire, et le fil restant aux fils neutres du circuit. Pour vérifier la continuité, attachez la pince du vérificateur au fil rouge de la minuterie et placez la sonde sur le fil noir. Tournez le cadran dans le sens des aiguilles d'une montre jusqu'à ce que la languette marquée ON dépasse la flèche; l'ampoule du vérificateur devrait s'allumer. Tournez le cadran dans le sens des aiguilles d'une montre jusqu'à ce que la languette marquée OFF dépasse la flèche; l'ampoule du vérificateur devrait s'éteindre.

La minuterie comporte un cadran de commande électrique qui doit être réglé de nouveau après une panne de courant.

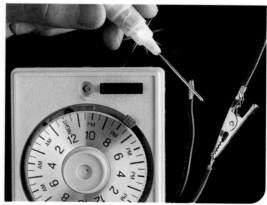

Pour vérifier la continuité, attachez la pince du vérificateur au fil rouge de la minuterie et placez la sonde sur le fil noir. Faites tourner le cadran.

Interrupteur automatique

L'interrupteur automatique émet un étroit faisceau infrarouge qui détecte le mouvement dans la région immédiate (si on passe la main devant, par exemple) et commande à l'interrupteur de se mettre en position de marche ou d'arrêt. Certains sont munis d'un gradateur manuel. Ces interrupteurs ne requièrent pas de fil neutre. Pour installer un interrupteur automatique, raccordez-en les fils aux fils sous tension du circuit au moyen de serre-fils. Pour vérifier la continuité des commandes manuelles, attachez la pince du vérificateur à l'un des deux fils de l'interrupteur et placez la sonde sur l'autre. Actionnez le levier manuel de l'interrupteur. L'ampoule du vérificateur ne devrait s'allumer que lorsque le levier de l'interrupteur est en position ON.

L'interrupteur automatique est idéal pour les enfants et les handicapés; le modèle illustré est muni d'un gradateur manuel.

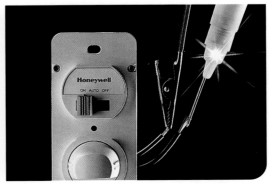

Pour vérifier la continuité, attachez la pince du vérificateur à l'un des fils de l'interrupteur et placez la sonde sur l'autre fil. L'ampoule ne devrait s'allumer que lorsque le levier est à la position ON.

Interrupteur à détection de mouvement

L'interrupteur à détection de mouvement émet un large faisceau infrarouge qui détecte le mouvement dans une grande zone et réagit en allumant un luminaire. La plupart du temps, il est muni d'une commande manuelle prioritaire, et parfois d'un réglage de sensibilité et d'une commande d'arrêt temporisé.

Cet interrupteur ne requiert pas de fil neutre. Pour installer un tel interrupteur, raccordez-en les fils à ceux du circuit avec des serre-fils. Pour vérifier la continuité des commandes manuelles, attachez la pince du vérificateur à l'un des fils de l'interrupteur et placez la sonde sur l'autre fil. Actionnez le levier manuel. L'ampoule du vérificateur ne devrait s'allumer que lorsque le levier est à la position ON.

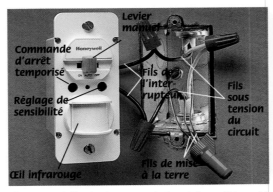

L'interrupteur à détection de mouvement est muni d'un arrêt temporisé qui éteint les lumières une fois le mouvement arrêté.

Pour vérifier la continuité, attachez la pince du vérificateur à l'un des fils de l'interrupteur et placez la sonde sur l'autre fil. L'ampoule ne devrait s'allumer que lorsque le levier est à la position ON.

Interrupteur programmable

L'interrupteur programmable possède des commandes numériques et peut stocker jusqu'à quatre cycles d'ouverture-fermeture par jour. Le propriétaire met généralement cet interrupteur en fonction lorsqu'il s'absente; pour une plus grande sécurité, l'interrupteur doit être réglé pour allumer et éteindre les luminaires de manière irrégulière.

Ce type d'interrupteur ne requiert pas de fil neutre. Pour installer un tel interrupteur, raccordez-en les fils à ceux du circuit avec des serre-fils. Pour vérifier la continuité des commandes manuelles, attachez la pince du vérificateur à l'un des fils de l'interrupteur et placez la sonde sur l'autre fil. Actionnez le levier manuel. L'ampoule du vérificateur ne devrait s'allumer que lorsque le levier est à la position ON.

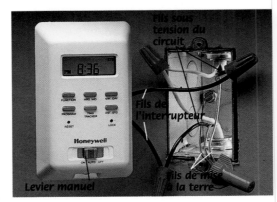

L'interrupteur programmable est le modèle d'interrupteur le plus récent; ses commandes automatiques sont d'une grande souplesse.

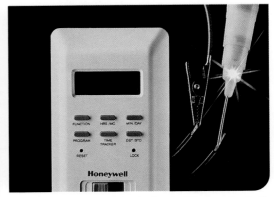

Pour vérifier la continuité, attachez la pince du vérificateur à l'un des fils de l'interrupteur et placez la sonde sur l'autre fil. L'ampoule ne devrait s'allumer que lorsque le levier est à la position ON.

Luminaires

L'éclairage contribue grandement à l'ambiance de votre maison; grâce aux nombreux types de luminaires aujourd'hui offerts sur le marché, vous êtes en mesure de créer toutes sortes d'effets d'éclairage.

À chaque pièce peut correspondre une combinaison particulière de luminaires. En général, les luminaires sont munis de lampes à incandescence et installés au plafond ou sur un mur. Cependant, les lampes fluorescentes gagnent en popularité en raison de leur rendement énergétique supérieur. Parmi les luminaires spéciaux, on compte les luminaires encastrés, les rails d'éclairage et les lustres.

Le choix de vos luminaires sera plus judicieux si vous en comprenez le fonctionnement et connaissez la manière de les réparer en cas de défectuosité.

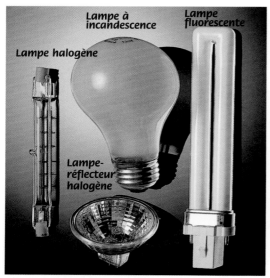

Divers types de lampes utilisées dans les luminaires.

Les lampes à incandescence sont installées au plafond ou sur les murs.

Les lampes fluorescentes ont un bon rendement énergétique.

Les luminaires encastrés conviennent parfaitement aux pièces de style moderne.

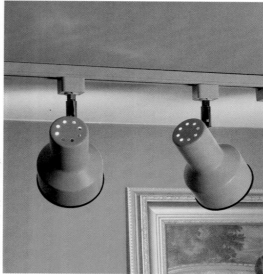

Les rails d'éclairage permettent d'orienter les faisceaux lumineux dans n'importe quelle direction.

Les lustres donnent les effets d'éclairage les plus intéressants.

Luminaires à lampe à incandescence

Les luminaires à lampe à incandescence sont installés en permanence au plafond ou sur un mur. Ils sont offerts dans de nombreux styles: applique murale, plafonnier, suspension, luminaire encastré (page 432) et lustre (page 434).

En plus des pièces de rechange, les outils requis pour le remplacement ou la réparation des luminaires sont le vérificateur de tension, le vérificateur de continuité, les tournevis, la pince à usages multiples.

Du fait que les luminaires sont fixés au plafond ou aux murs de manière permanente, il vous faudra travailler dans des espaces réduits lorsque vous les réparerez. Vous devrez donc redoubler de prudence: suivez à la lettre les règles de sécurité et prenez les précautions nécessaires pour tout travail d'électricité (page 395). Veillez à couper le courant du circuit avant de vous mettre à l'œuvre.

Dans un luminaire à lampe à incandescence **(photo A),** un fil sous tension noir est généralement attaché à un fil de liaison noir ou à une borne à vis de laiton. Le courant atteint une petite languette au fond de la douille métallique et traverse le filament métallique de l'ampoule; le filament s'échauffe et donne de la lumière. Le courant retourne au tableau de distribution principal en passant par la douille et par le fil neutre blanc.

Avant 1959, les luminaires à incandescence étaient directement fixés à une boîte électrique **(photo B)** ou à une latte. Le code de l'électricité requiert maintenant que le luminaire soit attaché à un support métallique, lequel est ancré à la boîte électrique comme dans la photo A. Si votre luminaire est fixé à une latte, installez une boîte électrique approuvée, munie d'un support métallique pour soutenir le luminaire.

Outils: *Tournevis, vérificateur de tension, vérificateur de continuité.*

Matériel: *Serre-fils, pièces de rechange requises.*

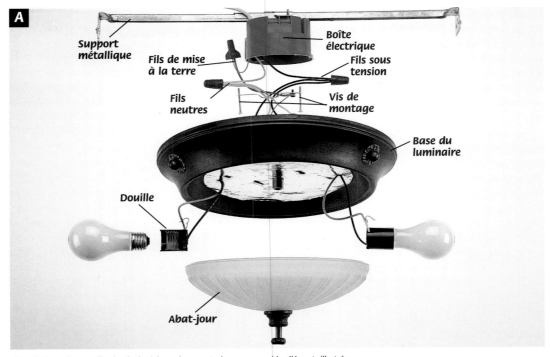

L'installation adéquate d'un luminaire à incandescence typique comprend les éléments illustrés.

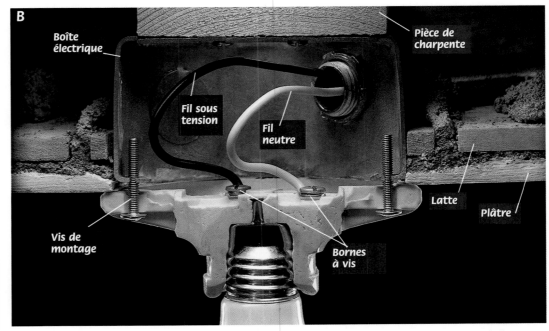

Montage typique d'un luminaire à incandescence avant 1959. Cette installation doit être remplacée par une boîte électrique munie d'un support métallique pour soutenir le luminaire.

Diagnostic des défectuosités des luminaires

Si un luminaire ne s'allume pas lorsque l'interrupteur est placé en position ON, c'est généralement que la lampe est grillée. Si le luminaire est commandé par un interrupteur mural, il se peut aussi que ce dernier soit défectueux. Un luminaire peut cesser de fonctionner si la douille ou les interrupteurs intégrés sont usés. La douille de certains luminaires peut être retirée et réparée; d'autres ont une douille intégrée et doivent être remplacés en cas de défectuosité.

Des dommages se produisent souvent lorsqu'on installe une lampe dont la puissance (indiquée en watts [w]) est supérieure à la limite du luminaire. Pour éviter cette situation, n'utilisez que des lampes dont la puissance correspond à celle qui est imprimée sur le luminaire.

Conseil

Les lampes fluorescentes compactes consomment moins d'électricité que les lampes à incandescence pour produire la même lumière. Servez-vous des équivalences suivantes pour choisir les lampes fluorescentes compactes de remplacement:

fluorescence de 13 W à 16 W = incandescence 60 W

fluorescence 20 W = incandescence 75 W

fluorescence de 23 W à 28 W = incandescence 100 W

Défectuosités et réparation des luminaires

Problèmes	Réparation
Le luminaire installé au plafond ou sur le mur clignote ou ne s'allume pas.	1. Vérifiez si la lampe est bonne. 2. Vérifiez le fonctionnement de l'interrupteur mural; réparez-le ou remplacez-le au besoin (pages 412-425). 3. Vérifiez la douille (ci-dessous); remplacez-la au besoin (page 430). 4. Remplacez le luminaire (pages 431-441).
L'interrupteur intégré du luminaire ne fonctionne pas.	1. Vérifiez si la lampe est bonne. 2. Vérifiez si les connexions des fils de l'interrupteur sont lâches. 3. Remplacez l'interrupteur (page 430). 4. Remplacez le luminaire (page 441).
Le lustre clignote ou ne s'allume pas.	1. Vérifiez si la lampe est bonne. 2. Vérifiez le fonctionnement de l'interrupteur mural; réparez-le ou remplacez-le au besoin (pages 412-425). 3. Vérifiez si les connexions des fils de la boîte électrique sont lâches. 4. Vérifiez les douilles (ci-dessous) et les fils du lustre; remplacez-les au besoin (page 437).
Le luminaire encastré clignote ou ne s'allume pas.	1. Vérifiez si la lampe est bonne. 2. Vérifiez le fonctionnement de l'interrupteur mural; réparez-le ou remplacez-le au besoin (pages 412-425). 3. Vérifiez si les connexions des fils de la boîte électrique sont lâches. 4. Vérifiez le luminaire; remplacez-le au besoin (pages 432-433).

Enlèvement d'un luminaire standard et vérification de la douille

Lorsqu'un luminaire ne s'allume pas, même si vous avez remplacé la lampe et déterminé que l'interrupteur fonctionne bien, il vous faut l'enlever et en vérifier la douille.

Avant de commencer, coupez le courant alimentant le luminaire au tableau de distribution principal. Enlevez la lampe et l'abat-jour.

Retirez les vis de montage retenant la base du luminaire à la boîte électrique ou à la patte de montage (**photo A**). Dégagez soigneusement de la boîte la base du luminaire.

Vérifiez si le courant a bien été coupé: placez, d'abord, l'une des sondes du vérificateur de tension sur la vis verte de mise à la terre; insérez

l'autre sonde dans chacun des serre-fils (**photo B**). Ensuite, insérez les sondes dans chaque paire de serre-fils successivement. L'ampoule du vérificateur ne devrait pas s'allumer. Si elle s'allume, retournez au tableau de distribution et coupez le courant du bon circuit.

Débranchez la base du luminaire en desserrant les bornes à vis (**photo C**). Si le luminaire est muni de fils de liaison plutôt que de bornes, retirez le luminaire en dévissant les serre-fils.

Réglez la languette métallique située au fond de la douille du luminaire en la faisant remonter légèrement au moyen d'un petit tournevis (**photo D**). Cela améliorera le contact entre la douille et la lampe.

Vérifiez l'état de la douille en attachant la pince d'un vérificateur de continuité à la borne sous tension (ou au fil de liaison noir) et en plaçant la sonde sur la languette métallique située au fond de la douille (**photo E**). L'ampoule du vérificateur devrait s'allumer. Si elle ne s'allume pas, c'est que la douille est défectueuse et qu'elle doit être remplacée (page 430).

Attachez la pince du vérificateur de continuité à la borne neutre (ou au fil de liaison blanc) et placez la sonde sur la partie filetée de la douille (**photo F**). L'ampoule du vérificateur de continuité devrait s'allumer. Si elle ne s'allume pas, c'est que la douille est défectueuse et qu'elle doit être remplacée.

A

Retirez les vis de montage qui retiennent le luminaire.

B

Vérifiez si le courant alimentant la boîte a bien été coupé.

C

Débranchez la base du luminaire.

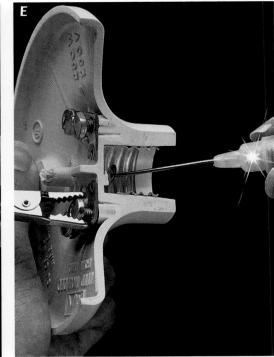

D

Au moyen d'un tournevis, soulevez légèrement la languette.

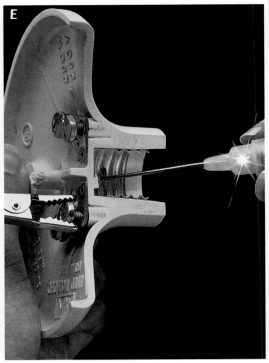

E

Vérifiez la continuité de la borne ou des fils de liaison.

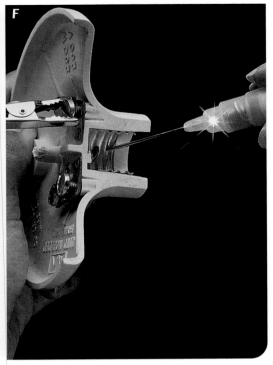

F

Vérifiez la continuité de la borne neutre ou des fils de liaison.

Remplacement d'une douille

Avant de commencer, coupez l'alimentation du circuit sur lequel vous travaillerez (page 395). Assurez-vous que le courant ne circule plus avant de toucher aux fils (page 428).

Enlevez le luminaire (page 428), puis retirez-en la douille. La douille peut être fixée par une vis, par une attache ou par une bague de retenue. Détachez les fils reliés à la douille **(photo A)**.

Procurez-vous une douille de remplacement identique à l'ancienne. Raccordez le fil blanc du circuit à la borne à vis argentée de la douille, et le fil noir à la borne de laiton **(photo B)**.

Fixez la douille à la base du luminaire et réinstallez celui-ci.

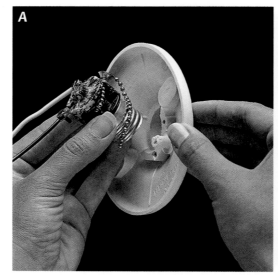

Retirez la douille du luminaire et débranchez les fils.

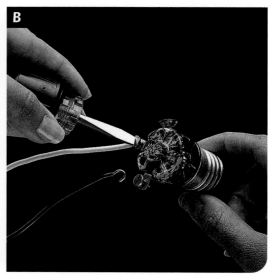

Raccordez les fils du circuit aux bornes à vis.

Vérification et remplacement d'un interrupteur intégré

Coupez le courant alimentant le circuit et assurez-vous que l'interrupteur n'est plus alimenté (pages 395 et 428). Enlevez le luminaire. Dévissez la bague de retenue maintenant l'interrupteur en place **(photo C)**.

Étiquetez les fils raccordés aux fils de liaison de l'interrupteur **(photo D)**. Débranchez les fils de liaison et retirez l'interrupteur.

Vérifiez la continuité de l'interrupteur: attachez la pince du vérificateur de continuité à l'un des fils de liaison de l'interrupteur et placez la sonde sur l'autre fil **(photo E)**.

Faites fonctionner l'interrupteur. S'il est en bon état, l'ampoule du vérificateur s'allumera dans l'une des positions mais pas dans les deux.

Si l'interrupteur est défectueux, remplacez-le par un autre identique **(photo F)**.

Réinstallez le luminaire et rétablissez le courant au tableau de distribution principal.

Dévissez la bague de retenue.

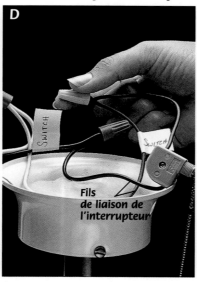

Étiquetez les fils raccordés aux fils de liaison de l'interrupteur.

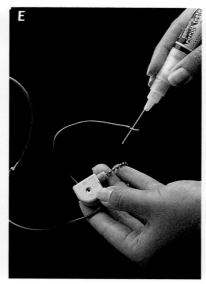

Vérifiez la continuité de l'interrupteur.

Au besoin, remplacez l'interrupteur.

Remplacement d'un luminaire monté au plafond

Avant de commencer, coupez l'alimentation du circuit sur lequel vous travaillerez (page 395). Assurez-vous que le courant ne circule plus avant de toucher aux fils (page 428).

Enlevez l'abat-jour, la lampe et l'ancien luminaire **(photo G)** en suivant la méthode établie pour les luminaires standard (page 428) ou pour les lustres (page 435).

Fixez un support à la boîte électrique si elle n'en est pas munie **(photo H)**. Le support qui accompagne le nouveau luminaire comportera une vis de mise à la terre installée en usine. Certains luminaires sont munis d'une tige de montage filetée qui se visse dans une ouverture du support.

Raccordez les fils du circuit à la base du nouveau luminaire au moyen de serre-fils: le fil de liaison blanc au fil de circuit blanc, et le noir au noir **(photo I)**.

Raccordez le fil de mise à la terre du circuit à la vis de mise à la terre verte située sur la patte de montage. S'il y a plus d'un fil de mise à la terre − ou si le luminaire est muni d'un fil de liaison de terre −, utilisez un cavalier pour raccorder les fils de mise à la terre à la vis de mise à la terre.

Fixez la base du luminaire au support, au moyen des vis de montage **(photo J)** ou d'un écrou de montage.

Installez une lampe dont la puissance nominale (indiquée en watts [w]) est égale ou inférieure à celle qui est indiquée sur le luminaire. Installez l'abat-jour.

Rétablissez le courant au tableau de distribution principal.

Conseil

Si le nouveau luminaire est beaucoup plus lourd que l'ancien, veillez à ce que la boîte électrique soit solidement fixée aux solives de plafond ou aux traverses avant de l'installer.

Coupez le courant alimentant le circuit, débranchez les fils et enlevez l'ancien luminaire.

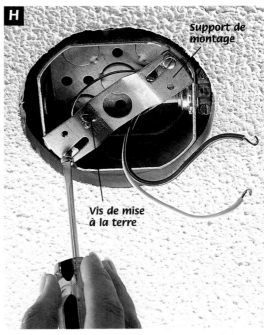

Fixez à la boîte électrique le support destiné au nouveau luminaire.

Raccordez les fils du circuit aux fils de liaison attachés à la base du nouveau luminaire.

Fixez la base du luminaire au support au moyen des vis ou de l'écrou de montage fournis avec le luminaire.

Luminaires encastrés

La plupart des défectuosités d'un luminaire encastré sont causées par l'accumulation de chaleur dans le boîtier qui fait fondre l'isolant entourant les fils de la douille. Sur certains luminaires encastrés, on peut enlever et remplacer les douilles dont les fils sont endommagés. Cependant, la douille de la plupart des nouveaux luminaires est inamovible: lorsque les fils sont endommagés, vous devez acheter un nouveau luminaire.

Choisissez un luminaire de remplacement identique à l'ancien. Installez-le dans le cadre de montage métallique déjà en place.

Sauf si le luminaire est marqué IC (*insulation covered*, c'est-à-dire couvert d'un isolant), veillez à ce que le dégagement minimal entre le boîtier métallique et tout isolant soit partout d'au moins 3 po.

Outils: *Tournevis, vérificateur de tension, vérificateur de continuité.*

Matériel: *Luminaire de remplacement, serre-fils.*

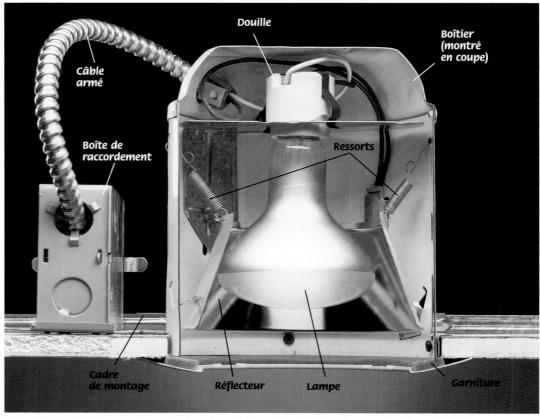

Un luminaire encastré typique comporte un cadre de montage métallique qui le maintient en place entre deux éléments de charpente.

Enlèvement et vérification d'un luminaire encastré

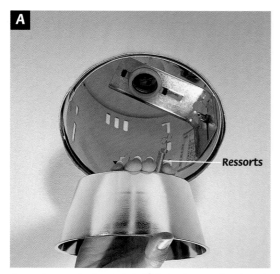

A

Coupez le courant alimentant le luminaire (page 395). Enlevez la garniture, la lampe et le réflecteur, lequel est retenu par des ressorts ou par des agrafes.

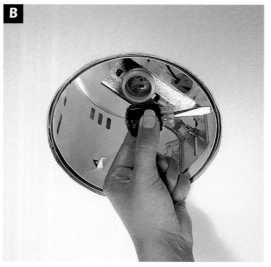

B

Desserrez les vis ou les agrafes qui retiennent le boîtier au cadre de montage. Soulevez soigneusement le boîtier et poussez-le sur le côté dans la cavité du plafond.

C

Retirez le couvercle de la boîte de raccordement et assurez-vous qu'elle n'est pas sous tension: placez l'une des sondes du vérificateur de tension sur la boîte mise à la terre et insérez l'autre dans chacun des serre-fils. Ensuite, insérez les sondes dans chaque paire de serre-fils successivement.

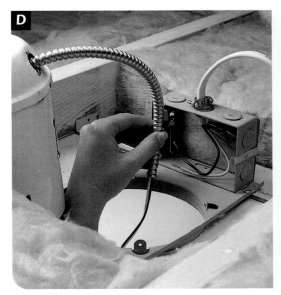

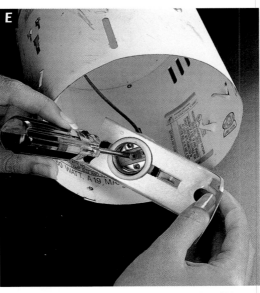

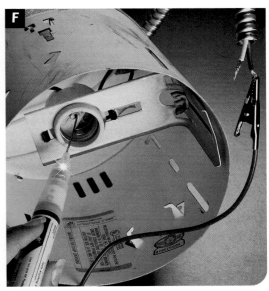

Après avoir confirmé que le courant ne circule pas, débranchez les fils blanc et noir du circuit en enlevant les serre-fils. Tirez le câble armé hors de la boîte de raccordement. Enlevez le boîtier en le faisant passer dans l'ouverture du cadre de montage.

Sortez la douille et ajustez la languette métallique en la tirant légèrement vers le haut à l'aide d'un tournevis. Ainsi, le contact avec la lampe sera meilleur.

Vérifiez la continuité de la douille. Attachez la pince du vérificateur de continuité au fil noir et placez la sonde sur la languette métallique. Puis attachez la pince au fil blanc et placez la sonde sur les filets métalliques de la douille. Dans les deux cas, l'ampoule du vérificateur devrait s'allumer. Dans le cas contraire, installez un nouveau luminaire.

Installation d'un luminaire encastré

Retirez l'ancien luminaire (voir ci-dessus). Introduisez le nouveau boîtier dans le trou du plafond; faites-en passer les fils dans le trou de la boîte de raccordement. Poussez le câble armé dans la boîte de raccordement pour le fixer.

Au moyen de serre-fils, raccordez le fil blanc du luminaire au fil blanc du circuit, et le noir au noir. Remettez le couvercle de la boîte de raccordement. Gardez l'isolant à une distance minimale de 3 po du boîtier et de la boîte.

Mettez en place le boîtier dans le cadre de montage; serrez les vis ou attachez les agrafes. Installez le réflecteur et la garniture. Insérez une lampe dont la puissance (indiquée en watts [w]) n'est pas supérieure à la puissance nominale du luminaire. Rétablissez le courant.

Lustres

La réparation des lustres requiert beaucoup de soin puisqu'ils sont généralement lourds et encombrants, et aussi coûteux. Voilà pourquoi vous avez avantage à vous faire aider lorsque vous enlevez un lustre. Durant le travail, soutenez le lustre pour que son poids n'exerce pas de tension mécanique sur les fils électriques.

Bon nombre d'anciens lustres comportent deux fils de luminaire qui partent de la boîte électrique, passent dans les mailles de la chaîne de soutien et rejoignent la base vide du lustre, où ils sont raccordés aux fils de la douille. Les fils de luminaire sont identifiés: l'un d'eux porte une lettre ou une bande colorée; il s'agit du fil neutre, qui est raccordé aux fils blancs du circuit et aux fils de la douille. Le fil non marqué est sous tension et relié aux fils noirs.

Certains nouveaux lustres comportent également un fil de mise à la terre qui traverse les mailles de la chaîne et se rend à la boîte électrique. Raccordez ce fil aux fils de mise à la terre de la boîte électrique.

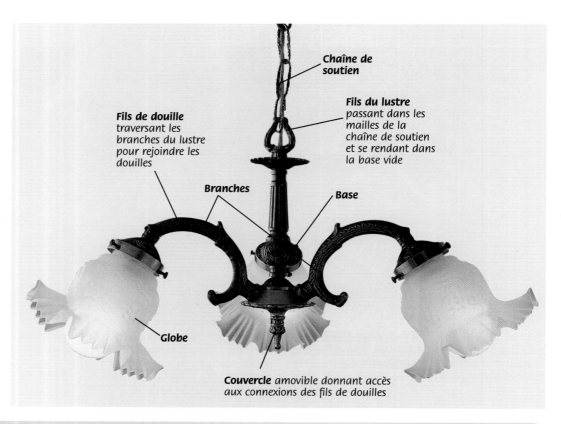

Chaîne de soutien

Fils du lustre passant dans les mailles de la chaîne de soutien et se rendant dans la base vide

Fils de douille traversant les branches du lustre pour rejoindre les douilles

Branches

Base

Globe

Couvercle amovible donnant accès aux connexions des fils de douilles

Réparation des lustres

Avant de commencer le travail, étiquetez toute douille défectueuse au moyen de ruban-cache (**photo A**).

Déterminez lequel des fils du lustre est sous tension et lequel est neutre. Examinez attentivement les fils pour y voir la bande de couleur ou le lettrage. Le fil marqué est le fil neutre qui est relié au fil blanc du circuit et au fil de la douille. Le fil non marqué est le fil sous tension relié aux fils noirs.

Au tableau de distribution principal, coupez le courant alimentant le circuit (page 395).

Retirez les lampes ainsi que les globes ou abat-jour. Dévissez l'écrou de blocage et éloignez de la boîte électrique la plaque décorative (**photo B**). La plupart des lustres sont soutenus par une tige filetée fixée à un support de montage. Cependant, certains n'en sont pas munis et ne sont soutenus que par la plaque, elle-même boulonnée au support dans la boîte électrique (**photo C**).

Vérifiez si le courant a bien été coupé: placez l'une des sondes du vérificateur de tension sur la vis de mise à la terre verte et insérez l'autre dans chacun des serre-fils (**photo D**). Ensuite, insérez les sondes dans chaque paire de serre-fils successivement. L'ampoule du vérificateur ne devrait pas s'allumer. Si elle s'allume, retournez au tableau de distribution et coupez le courant du bon circuit.

Détachez les fils du lustre en enlevant les serre-fils. Dévissez la tige filetée (**photo E**). Avec précaution, enlevez le lustre et posez-le sur une surface plate. Retirez le couvercle du bas du lustre pour exposer les connexions de l'intérieur de la base.

En enlevant les serre-fils, détachez du fil de lustre non marqué les fils noirs de douille, et du fil marqué les fils blancs de douille (**photo F**).

Vérifiez le fonctionnement de chacune des douilles suspectes en attachant la pince du vérificateur de continuité au fil noir de douille et en plaçant la sonde sur la languette métallique située au fond de la douille (**photo G**). Exécutez de nouveau cette vérification sur la partie filetée de la douille et sur le fil blanc de douille. L'ampoule du vérificateur devrait s'allumer dans les deux cas, sinon vous devez remplacer la douille.

Pour enlever une douille défectueuse, desserrez les vis ou agrafes de montage, puis retirez la douille et ses fils de la branche du lustre (**photo H**). Installez une nouvelle douille en en faisant passer les fils dans la branche du lustre.

Assurez-vous de la continuité de chacun des fils du lustre en attachant la pince du vérificateur de continuité à l'une des extrémités du fil et en plaçant la sonde sur l'autre extrémité (**photo I**). Si l'ampoule du vérificateur ne s'allume pas, le fil est défectueux et doit être remplacé.

Installez de nouveaux fils si nécessaire. Remontez le lustre et suspendez-le de nouveau.

Outils: *Tournevis, vérificateur de tension, vérificateur de continuité.*

Matériel: *Ruban-cache, pièces de rechange.*

Étiquetez les douilles défectueuses.

Support de montage

Écrou de blocage

Dévissez l'écrou de blocage et abaissez la plaque.

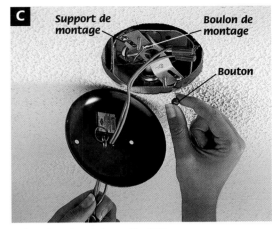

Support de montage

Boulon de montage

Bouton

Variante de montage: lustre sans tige filetée.

Assurez-vous de la mise hors tension au moyen d'un vérificateur de tension.

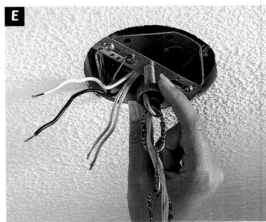

Détachez les fils du lustre et enlevez celui-ci.

Enlevez le couvercle du bas du lustre.

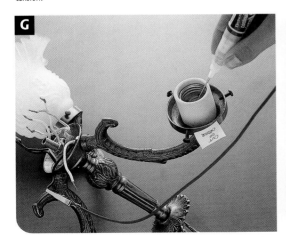

Vérifiez le fonctionnement des douilles suspectes à l'aide d'un vérificateur de continuité.

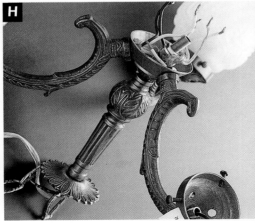

Enlevez les douilles défectueuses et remplacez-les.

Assurez-vous de la continuité de chacun des fils du lustre.

Rail d'éclairage

Ce système d'éclairage d'une grande souplesse vous permet d'installer plusieurs spots (projecteurs directifs) sur un rail et de les orienter dans la direction de votre choix. Vous pouvez ajouter des spots, en enlever ou les réorienter.

Le système est attaché au moyen d'une plaque de fixation à une boîte électrique située dans le plafond. Cette plaque est fixée au rail soit en son milieu, soit à son extrémité. Dans les côtés du rail courent les fils qui alimentent chacun des spots; un levier permet de fixer solidement chacun des spots au bras de contact du rail.

La tige du spot est articulée pour que le faisceau lumineux puisse être orienté dans la direction voulue. Un manchon isolant protège les fils à l'intérieur du spot contre l'accumulation de chaleur. Pour améliorer la protection contre la chaleur, l'ampoule du spot est recouverte d'une couche réfléchissante qui dirige le faisceau lumineux vers le bas.

Outils: *Tournevis, vérificateur de continuité, pince à usages multiples.*

Matériel: *Papier de verre fin, douille de rechange, raccords à sertir (au besoin).*

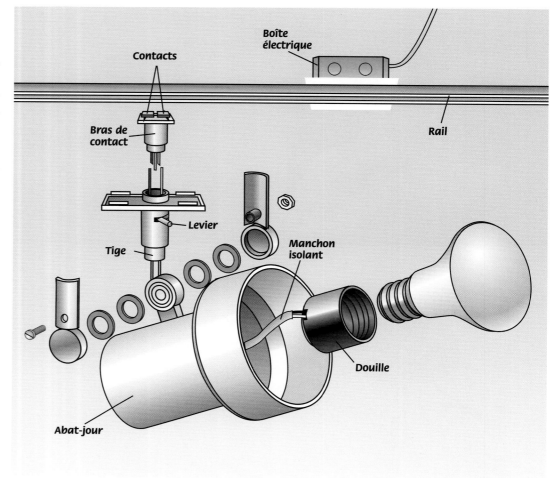

Nettoyage des contacts

Si un spot ne s'allume pas, essayez de resserrer la lampe ou de la remplacer. S'il ne s'allume toujours pas, nettoyez les contacts.

Coupez le courant au tableau de distribution principal (page 395). Laissez le spot refroidir. À l'aide du levier, détachez le spot du rail (**photo A**). Au moyen d'un papier de verre fin, nettoyez les contacts; avec un tournevis, soulevez-les légèrement (**photo B**).

Retirez la lampe. Enlevez toute corrosion visible sur la languette de contact de la douille. Soulevez légèrement cette languette pour améliorer le contact. Revissez la lampe, réinstallez le spot sur le rail et rétablissez le courant.

Si le spot ne s'allume toujours pas, vérifiez la douille (page 428) et remplacez-la au besoin.

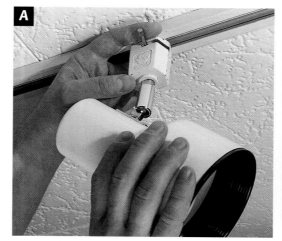

Servez-vous du levier pour retirer le spot du rail.

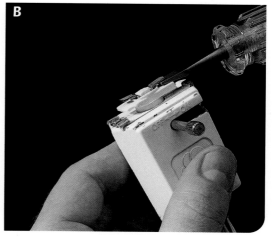

Nettoyez les contacts et soulevez-les légèrement.

Vérification et remplacement d'une douille

Pour vérifier la douille défectueuse d'un rail d'éclairage, commencez par couper le courant alimentant le rail au tableau de distribution principal (page 395).

Enlevez le spot. Dévissez à la main le levier pour desserrer la douille. Avec un tournevis, desserrez les vis de la tige. Démontez la tige (**photo C**).

Retirez les vis retenant l'abat-jour à la douille. Enlevez la douille.

Pour vérifier la douille, attachez la pince du vérificateur de continuité au contact en laiton du rail et placez la sonde sur la connexion du fil noir sur la borne de la douille (**photo D**).

Répétez la vérification en attachant la pince du vérificateur au contact argenté du rail et en plaçant la sonde sur la connexion du fil blanc. L'ampoule du vérificateur de continuité devrait s'allumer dans les deux cas, sinon vous devez remplacer la douille.

Pour enlever l'ancienne douille, commencez par desserrer les bornes à vis et par retirer les fils des chevilles de contact (**photo E**).

Retirez de l'abat-jour la douille et ses fils (**photo F**). Si les fils sont retenus dans un manchon isolant, retirez-le et mettez-le de côté.

Pour installer la nouvelle douille, faites glisser le manchon isolant (le cas échéant) sur les nouveaux fils. Faites passer les fils dans l'ouverture de l'abat-jour et dans les deux parties de la tige.

Dénudez les extrémités des fils sur environ ¼ po. Faites tourner l'extrémité des fils entre les doigts pour en resserrer les brins; insérez les extrémités dans un raccord à sertir; refermez le raccord au moyen de la pince à usages multiples. Attachez le fil noir à la cheville de contact de laiton et le fil blanc à la cheville de contact argentée, puis serrez les bornes à vis (**photo G**).

Placez la douille dans l'abat-jour et fixez-la en serrant les vis. Remettez le levier sur la tige (**photo H**). Placez la tige dans le rail et faites tourner le levier d'un quart de tour (sans toucher les fils du rail). Installez la lampe et rétablissez le courant.

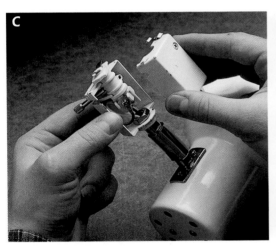
C
Desserrez les vis de la tige et désassemblez celle-ci.

D
Vérifiez la continuité de la douille.

E
Détachez les fils des chevilles de contact.

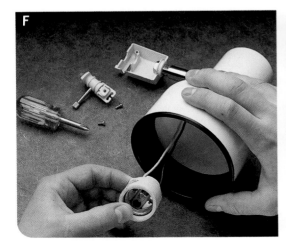
F
Enlevez de l'abat-jour la douille et ses fils.

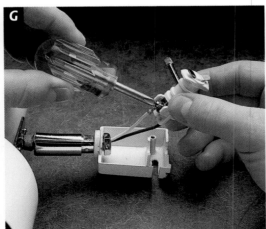
G
Attachez les nouveaux fils aux chevilles de contact.

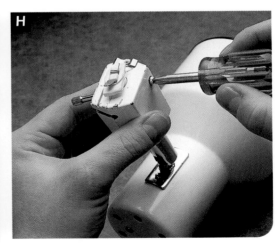
H
Remontez la tige avant de réinstaller le spot.

Lampes fluorescentes

Dans une lampe fluorescente, le courant circule dans un tube rempli de gaz qui émet de la lumière sous l'effet de l'excitation électrique. Un diffuseur translucide protège le tube et adoucit l'éclairage. Une plaque protège le ballast, lequel sert à réguler le courant arrivant aux douilles. Les douilles transmettent le courant aux broches métalliques qui se prolongent à l'intérieur du tube.

Les lampes fluorescentes sont rarement défectueuses, et les tubes durent environ trois ans. Un tube usé donnera une lumière qui tremblote ou qui n'est pas complète.

Les anciennes lampes fluorescentes sont munies d'un petit dispositif cylindrique appelé *démarreur*, lequel est situé près de l'une des douilles. Lorsque le tube est usé, vous devrez remplacer et le tube et le démarreur. Coupez le courant; enlevez le démarreur en poussant légèrement dessus et en le faisant tourner dans le sens inverse des aiguilles d'une montre **(détail de la photo)**.

Du fait que les tubes fluorescents contiennent une petite quantité de mercure, débarrassez-vous-en de manière sécuritaire; ne les brisez jamais. Informez-vous auprès de votre organisme de recyclage local pour savoir comment vous en débarrasser.

Outils: *Tournevis, vérificateur de tension, pince à usages multiples.*

Matériel: *Serre-fils, pièces de rechange (ballast, douille, tube ou luminaire complet).*

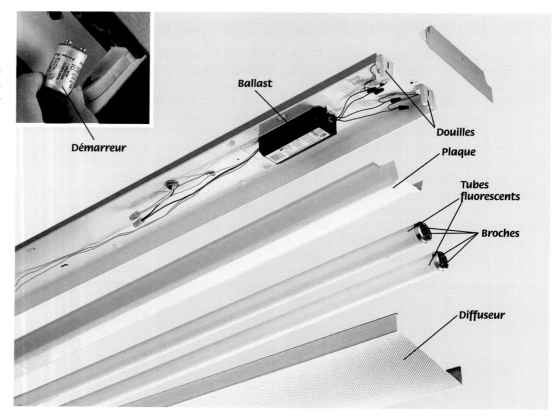

Démarreur · **Ballast** · **Douilles** · **Plaque** · **Tubes fluorescents** · **Broches** · **Diffuseur**

Défectuosités et réparation des lampes fluorescentes

Problèmes	Réparation
Le tube tremblote ou s'allume incomplètement.	1. Faites tourner le tube pour vous assurer que le contact est bon entre les douilles et les broches. 2. Remplacez le tube (page 439) et le démarreur (le cas échéant) si le tube est décoloré ou si les broches sont pliées ou cassées. 3. Remplacez le ballast (page 439) si le coût est raisonnable, sinon remplacez tout le luminaire (page 441).
Le tube ne s'allume pas.	1. Vérifiez l'interrupteur mural; réparez-le ou remplacez-le au besoin (page 415). 2. Faites tourner le tube pour vous assurer que le contact est bon entre les douilles et les broches. 3. Remplacez le tube (page 439) et le démarreur (le cas échéant) si le tube est décoloré ou si les broches sont pliées ou cassées. 4. Remplacez les douilles si elles sont endommagées ou si le contact avec le tube n'est pas parfait (page 440).
Présence d'une substance noire autour du ballast.	Remplacez le ballast (page 439) si le coût est raisonnable, sinon remplacez tout le luminaire (page 441).
La lampe bourdonne.	Remplacez le ballast (page 439) si le coût est raisonnable, sinon remplacez tout le luminaire (page 441).

Remplacement d'un tube fluorescent

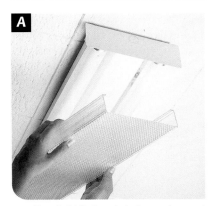

A

Au tableau de distribution principal, coupez le courant alimentant le luminaire. Retirez le diffuseur.

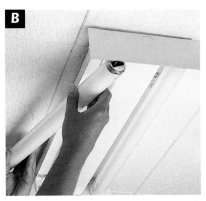

B

Enlevez le tube en le faisant tourner sur un quart de tour et en le faisant glisser hors des douilles. Inspectez les broches du tube; si elles sont pliées ou cassées, remplacez le tube.

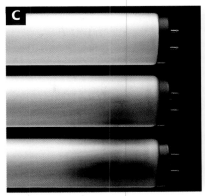

C

Les extrémités d'un nouveau tube (en haut) ne sont pas tachées; celles d'un tube installé (au milieu) peuvent commencer à l'être; celles d'un tube usé (en bas) sont gris foncé.

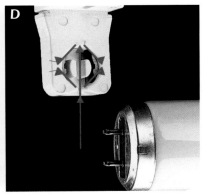

D

Insérez le nouveau tube de manière que les broches pénètrent complètement dans les douilles; faites tourner le tube sur un quart de tour jusqu'à ce qu'il soit bien fixé en place. Replacez le diffuseur et rétablissez le courant.

Remplacement d'un ballast

Même si la plupart des défectuosités d'une lampe fluorescente sont causées par le tube, ce n'est pas toujours le cas. Si la lampe ne fonctionne toujours pas après le remplacement du tube et des douilles, la défectuosité est sans doute due au ballast. Un ballast défectueux dégage parfois une substance huileuse noire et provoque le bourdonnement du luminaire.

Vous pouvez remplacer un ballast, mais comparez les prix avant d'en acheter un; il est parfois plus économique de remplacer le luminaire entier que d'acheter un nouveau ballast.

E

Coupez le courant alimentant le luminaire. Enlevez le diffuseur, le tube et la plaque. Confirmez la mise hors tension (page 440). Retirez les douilles en les faisant glisser ou encore en les soulevant après avoir enlevé les vis de montage.

F

Détachez les fils des douilles de l'une des manières suivantes: 1) en poussant la pointe d'un tournevis dans les fentes de dégagement, 2) en dévissant les bornes à vis, ou 3) en coupant les fils à 2 po des douilles.

G

Enlevez l'ancien ballast avec une clé à douille à cliquet ou avec un tournevis. Tenez le ballast pour qu'il ne tombe pas sur le sol. Installez un nouveau ballast de la même spécification que l'ancien.

H

Attachez les fils du ballast aux fils des douilles au moyen de serre-fils, ou raccordez-les aux bornes à vis ou aux bornes autobloquantes. Réinstallez la plaque, le tube et le diffuseur. Rétablissez le courant au tableau de distribution principal.

Remplacement d'une douille de lampe fluorescente

Lorsqu'une douille est endommagée ou que le tube ne s'y adapte plus adéquatement, le moment est venu de remplacer la douille. Emportez l'ancienne douille avec vous au magasin pour en choisir une nouvelle qui soit identique.

Avant de commencer, coupez le courant du circuit au tableau de distribution principal (page 395). Enlevez le diffuseur, le tube et la plaque (**photo A**).

Avant de retirer la douille, vérifiez la tension en attachant la pince du vérificateur à la vis de mise à la terre et en insérant la sonde dans chacun des serre-fils (**photo B**). Ensuite, insérez la sonde dans chaque paire de serre-fils successivement. L'ampoule du vérificateur ne devrait pas s'allumer. Si elle s'allume, retournez au tableau de distribution et coupez le courant du bon circuit.

Enlevez la douille défectueuse de son logement (**photo C**). Certaines douilles glissent, d'autres doivent être dévissées.

Détachez les fils de la douille. Dans le cas des bornes autobloquantes, retirez les fils en insérant la pointe d'un tournevis dans les fentes de dégagement. Certaines douilles sont munies de bornes à vis, d'autres le sont de fils attachés de manière perma-nente, lesquels doivent être coupés pour que vous puissiez retirer la douille (**photo D**).

Installez la nouvelle douille. Si celle-ci est munie de fils permanents, raccordez ceux-ci aux fils du ballast au moyen de serre-fils (**photo E**).

Remettez en place la plaque, en prenant soin de ne pincer aucun fil. Installez le tube, en veillant à ce que le contact soit parfait. Replacez le diffuseur. Rétablis-sez le courant alimentant le circuit au tableau de distribution.

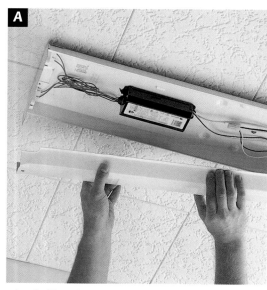

Enlevez le diffuseur, le tube et la plaque.

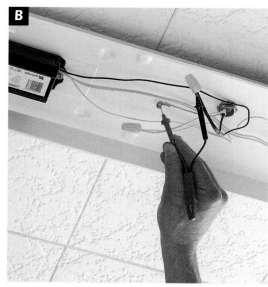

Utilisez un vérificateur de tension pour vérifier si le courant a bien été coupé.

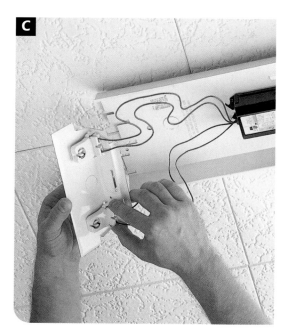

Enlevez la douille défectueuse de son logement.

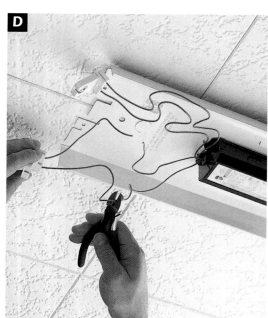

Détachez les fils reliés à la douille.

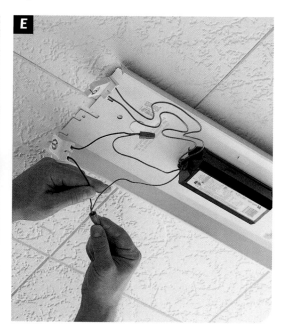

Installez la nouvelle douille avec des serre-fils.

Remplacement d'un luminaire à fluorescent

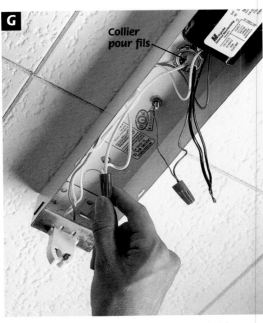

Collier pour fils

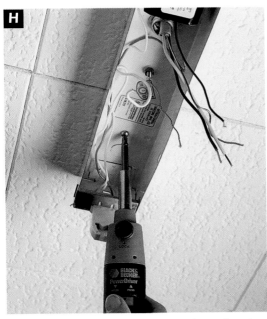

F Au tableau de distribution principal, coupez le courant alimentant le circuit. Enlevez le diffuseur, le tube et la plaque. Vérifiez si le courant a bien été coupé à l'aide d'un vérificateur de tension (page 440).

G Détachez du luminaire les fils de circuit isolés et le fil de mise à la terre nu. Desserrez le collier qui retient les fils de circuit.

H Dévissez le luminaire du plafond ou du mur; enlevez-le avec soin. Soutenez le luminaire lorsqu'il se détache.

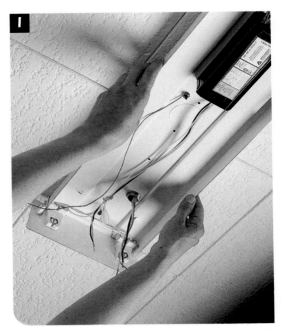

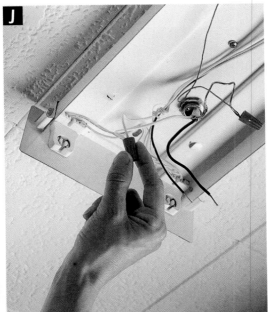

I Mettez le nouveau luminaire dans la bonne position; faites passer les fils de circuit dans la débouchure située à l'arrière du luminaire. Vissez le luminaire de manière qu'il soit solidement fixé aux éléments de charpente.

J À l'aide de serre-fils, raccordez les fils de circuit aux fils du luminaire. Observez le schéma de câblage fourni avec le nouveau luminaire. Resserrez le collier servant à retenir les fils de circuit.

K Installez la plaque du nouveau luminaire, le ou les tubes ainsi que le diffuseur. Rétablissez le courant au tableau de distribution principal.

Carillons

Les systèmes de sonnette sont alimentés par un transformateur qui réduit la tension de 120 V à 20 V ou moins. Le courant circule du transformateur jusqu'au bouton de porte. Le bouton de porte envoie le courant à une bobine d'électro-aimant située dans le carillon; sous l'effet du champ magnétique, une tige mobile se déplace et heurte alors des diapasons droits.

La plupart des défectuosités des carillons sont causées par des connexions lâches ou des interrupteurs qui fonctionnent mal. Il se peut aussi que le transformateur soit brûlé ou que le carillon soit sale ou usé. Une coupure dans le câblage à faible tension peut également empêcher le système de fonctionner.

Outils: *Tournevis, vérificateur de continuité, pince à bec effilé, multimètre, vérificateur de tension, marqueur.*

Matériel: *Ruban-cache, coton-tige, alcool dénaturé, pièces de rechange (au besoin).*

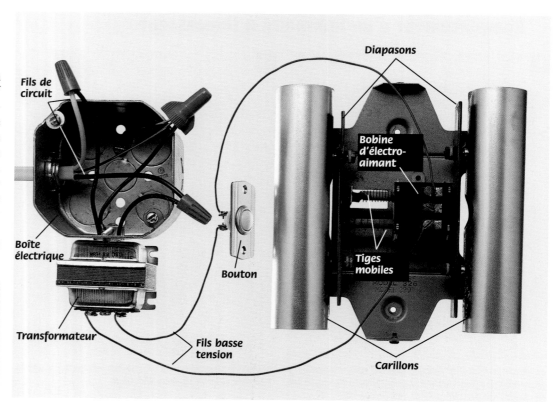

Fils de circuit
Boîte électrique
Transformateur
Bouton
Fils basse tension
Diapasons
Bobine d'électro-aimant
Tiges mobiles
Carillons

Vérification et remplacement d'un bouton de carillon

Dévissez les vis qui retiennent le bouton au mur. Enlevez le bouton avec soin. Vérifiez les connexions des fils à basse tension. Rattachez aux bornes à vis les fils défaits et resserrez les bornes à l'aide d'un tournevis.

Appuyez sur le bouton. Si le carillon ne fonctionne pas, vérifiez la continuité du bouton. Commencez par débrancher les fils du bouton. Collez-les au mur avec du ruban-cache pour les empêcher de disparaître dans l'ouverture du mur.

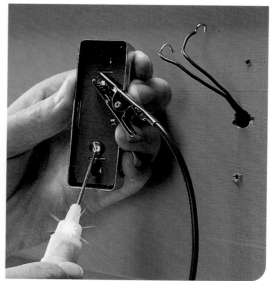

Attachez la pince du vérificateur de continuité à l'une des bornes à vis et placez la sonde sur l'autre. Enfoncez le bouton. Si l'ampoule du vérificateur ne s'allume pas, installez un nouveau bouton. Raccordez les fils aux bornes à vis et revissez le bouton au mur.

Vérification d'un transformateur basse tension

Une fois que vous aurez déterminé que le bouton n'est pas la cause de la défectuosité du carillon, vérifiez le transformateur, qui se trouve généralement près du tableau de distribution principal **(photo A)**.

La tension nominale du transformateur sera généralement de 20 V ou moins **(photo B)**, tandis que celle des chaudières et autres appareils sera plus élevée.

Au tableau de distribution, coupez le courant alimentant le transformateur (page 395). Retirez le couvercle de la boîte électrique. Enlevez soigneusement le serre-fils unissant le fil noir du circuit au fil de liaison du transformateur. Ne touchez à aucun fil.

Placez l'une des sondes du vérificateur de tension sur la boîte métallique mise à la terre et l'autre sur l'extrémité des fils **(photo C)**. Répétez la vérification avec les fils blancs. Ensuite, placez une sonde sur les fils blancs et l'autre sur les fils noirs. Si l'ampoule du vérificateur s'allume dans l'un ou l'autre des cas, c'est que le courant circule encore. Coupez le courant du bon circuit.

Rattachez les fils lâches. Si des connexions ont été faites avec du ruban isolant, remplacez-les par des serre-fils **(photo D)**. Remettez la plaque de la boîte.

Inspectez les connexions des fils basse tension. Rattachez les fils lâches; resserrez les connexions aux bornes avec une pince à bec effilé **(photo E)**. Rétablissez le courant pour alimenter le transformateur.

Vérifiez le courant au moyen d'un multimètre réglé à une plage de 50 V c.a. Placez les sondes du multimètre sur les bornes du transformateur **(photo F)**.

Le multimètre devrait détecter une tension se situant à plus ou moins 2 V de la tension nominale du transformateur. Si ce n'est pas le cas, remplacez l'ancien transformateur par un nouveau de même tension nominale (page 444).

Le transformateur du carillon peut être branché directement au tableau de distribution principal ou à une boîte électrique.

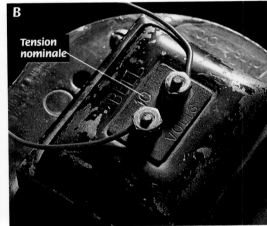

Repérez le transformateur du carillon au moyen de sa tension nominale, qui sera de 20 V ou moins.

Utilisez un vérificateur de tension pour confirmer que le courant a bien été coupé. Vérifiez d'abord les fils noirs, puis les blancs.

Vérifiez les connexions et remplacez le ruban isolant par des serre-fils. Vérifiez les connexions à basse tension situées à l'avant du transformateur.

Resserrez les fils lâches à l'aide d'une pince à bec effilé.

Placez les sondes du multimètre sur les bornes à basse tension du transformateur.

Remplacement d'un transformateur basse tension

(Avant de commencer, au tableau de distribution, coupez le courant alimentant le transformateur (page 395). Retirez le couvercle de la boîte électrique.

Enlevez soigneusement le serre-fils unissant le fil noir du circuit au fil de liaison du transformateur **(photo A)**. Ne touchez à aucun fil.

Placez l'une des sondes du vérificateur de tension sur la boîte métallique mise à la terre, et l'autre sur l'extrémité des fils (photo C, page 443). Répétez la vérification avec les fils blancs. Si l'ampoule du vérificateur s'allume dans l'un ou l'autre des cas, c'est que le courant circule encore. Coupez le courant du bon circuit. Détachez les fils de mise à la terre se trouvant dans la boîte, puis les fils basse tension reliés aux bornes du transformateur **(photo B)**. Dévissez le support de montage du transformateur à l'intérieur de la boîte et enlevez le transformateur. Branchez le nouveau transformateur à la boîte. Raccordez les fils de circuit aux fils de liaison du transformateur, et les fils de mise à la terre du circuit au fil de liaison de mise à la terre du transformateur **(photo C)**.

Raccordez les fils basse tension aux bornes du transformateur. Replacez le couvercle de la boîte et rétablissez le courant alimentant le transformateur.

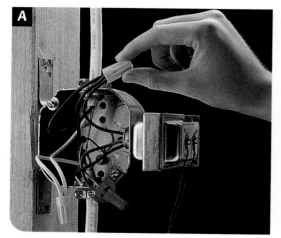

Enlevez le serre-fils unissant les fils noirs.

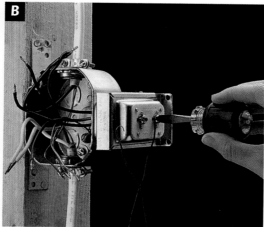

Détachez tous les fils arrivant au transformateur.

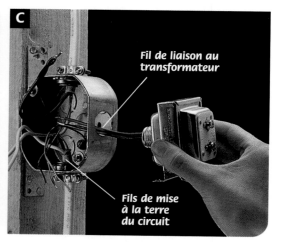

Fil de liaison au transformateur

Fils de mise à la terre du circuit

Attachez les fils de circuit ainsi que les fils de mise à la terre.

Vérification et remplacement d'un carillon

Si vous constatez que les boutons et le transformateur sont en bon état, mais que le carillon refuse toujours de fonctionner, c'est ce dernier qui est défectueux ou encore les fils basse tension qui le rejoignent.

Retirez la plaque décorative du carillon. Inspectez les connexions des fils basse tension et resserrez toutes celles qui sont lâches **(photo D)**.

Vérifiez la tension à l'aide d'un multimètre réglé à une plage de 50 V c.a. Placez l'une des sondes du multimètre sur la borne à vis marquée TRANS ou TRANSFORMER, et l'autre sur la borne marquée FRONT **(photo E)**.

Le multimètre devrait détecter une tension équivalente à celle de la tension nominale du transformateur (écart permissible de 2 V). Si la tension détectée est inférieure à cette valeur, cela signifie qu'il y a une coupure dans le câblage basse tension. Répétez cette vérification sur la borne marquée REAR, laquelle correspond au bouton de la porte arrière. Pour certains modèles, l'essai précédent doit être fait en appuyant sur le bouton de la sonnette.

Servez-vous des résultats des vérifications pour déterminer si la coupure se situe entre les boutons et le carillon ou entre le carillon et le transformateur. Remplacez les fils qui sont coupés.

Si le courant atteint le carillon mais que celui-ci ne sonne pas, il se peut que les tiges mobiles soient immobilisées par des peluches ou de la saleté. Nettoyez-les avec un coton-tige imbibé d'alcool dénaturé **(photo F)**. N'huilez pas les tiges mobiles.

Vérifiez le fonctionnement du carillon en appuyant sur l'un des boutons. S'il ne fonctionne toujours pas, remplacez-le par un nouveau carillon de tension nominale identique.

Pour remplacer le carillon, coupez le courant alimentant le système au tableau de distribution principal (page 395).

À l'aide de ruban-cache, étiquetez les fils basse tension en fonction de leur raccordement aux bornes **(photo G)**, puis détachez-les.

Retirez les vis de montage et enlevez le carillon **(photo H)**.

Avec du ruban-cache, collez les fils basse tension au mur pour les empêcher de glisser dans l'ouverture du mur **(photo I)**.

Faites passer les fils basse tension dans l'ouverture pratiquée dans la base du nouveau carillon **(photo J)**.

Fixez le nouveau carillon au mur, en vous servant des vis de montage et des chevilles fournies dans la trousse d'installation **(photo K)**.

Avec un tournevis, raccordez les fils chacun à sa borne **(photo L)**.

Installez la plaque décorative. Rétablissez le courant au tableau de distribution et vérifiez le fonctionnement du nouveau carillon.

Vérifiez les connexions. Rattachez aux bornes les fils lâches.

Vérifiez la tension en plaçant les sondes d'un multimètre sur les bornes.

Nettoyez les tiges mobiles à l'aide d'un coton-tige imbibé d'alcool dénaturé.

Étiquetez les fils basse tension avant de les détacher.

Retirez les vis de montage et enlevez le carillon.

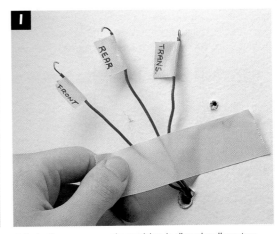
Collez les fils aux murs pour les empêcher de glisser dans l'ouverture.

Faites passer les fils dans l'ouverture pratiquée dans la base du nouveau carillon.

Fixez le nouveau carillon au mur avec les vis de montage.

Raccordez les fils basse tension chacun à sa borne.

Téléphones

Même si la compagnie de téléphone est propriétaire du câblage qui fournit le service téléphonique à votre résidence, vous avez le droit de réparer le câblage intérieur, ou d'en ajouter, dans toute partie du système téléphonique se situant en aval de la prise de démarcation. Celle-ci est généralement située dans le sous-sol ou dans une salle de service, bien qu'elle soit parfois montée sur une plinthe dans l'une des pièces habitées **(photo A)**. Étant donné la très faible tension des fils téléphoniques, les risques de choc électrique sont faibles lorsque vous travaillez sur le câblage. Mieux vaut toutefois ne pas le faire dans des conditions humides. En outre, ne travaillez pas sur le système téléphonique si vous portez un stimulateur cardiaque car le faible courant circulant dans les fils risque de perturber le fonctionnement de votre appareil. Vous pouvez exécuter vous-même certains travaux:

remplacement d'une fiche modulaire lâche ou endommagée, installation d'une prise modulaire remplaçant une ancienne prise, installation d'une boîte de jonction vous permettant d'ajouter des postes téléphoniques supplémentaires n'importe où dans la maison.

Vous pouvez brancher un poste directement dans la prise de démarcation pour déterminer si le dérangement est attribuable au câblage intérieur ou au réseau téléphonique extérieur. Si vous n'entendez pas de tonalité lorsque le poste est branché dans la prise de démarcation, débranchez les fils allant vers le câblage intérieur et recommencez l'essai. Si vous n'entendez toujours pas de tonalité, c'est que le dérangement est causé par le réseau extérieur et doit alors être corrigé par votre fournisseur de services téléphoniques. Si vous entendez une tonalité, le problème se situe quelque part dans votre maison.

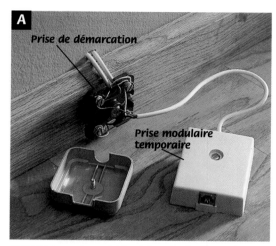

Prise de démarcation

Prise modulaire temporaire

Raccordez une prise modulaire à la prise de démarcation pour diagnostiquer la source d'un dérangement.

Installation téléphonique résidentielle

Cette illustration montre une installation téléphonique résidentielle typique. Votre compagnie de téléphone est propriétaire du câblage arrivant à votre maison jusqu'à la prise de démarcation et en assure l'entretien. Le câblage et les postes téléphoniques installés en aval de cette prise vous appartiennent.

Si votre installation téléphonique est relativement récente, elle comportera une boîte de jonction, de laquelle partent les divers câbles alimentant les prises téléphoniques de toute votre maison. Cette méthode de câblage, parfois appelée *câblage autonome*, est recommandée parce que, si l'une des prises est endommagée, les autres continueront de fonctionner. Si votre installation comporte une boîte de jonction, il vous sera facile d'ajouter une nouvelle prise en en reliant les fils à cette boîte.

Les anciennes installations téléphoniques ont un *câblage en boucle*: toutes les prises de la maison sont reliées à un même câble. Même si le câblage en boucle est plus facile à réaliser que le câblage autonome, il est beaucoup moins fiable puisqu'une seule défectuosité dans le câble empêche toutes les prises de fonctionner.

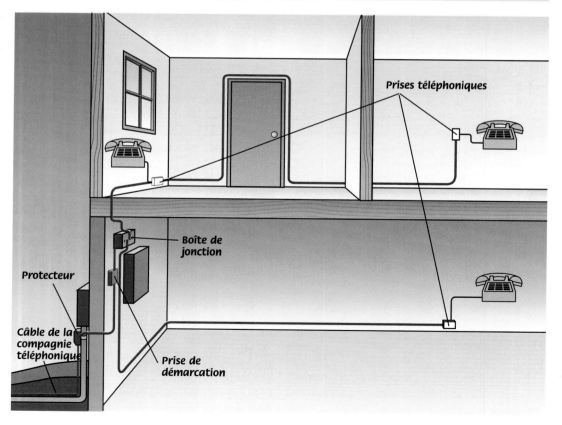

Prises téléphoniques

Boîte de jonction

Protecteur

Câble de la compagnie téléphonique

Prise de démarcation

Dépannage

Problèmes	Causes possibles	Solutions
Silence complet	Les fils sont peut-être entrecroisés.	Assurez-vous que les fils de cuivre nu ne se touchent pas à l'intérieur de la prise.
Friture, bruit électrique	Les fils sont peut-être humides.	Assurez-vous que les fils ne sont pas humides dans la prise.
	Les connexions sont peut-être lâches.	Vérifiez toutes les connexions.
Ronflement	Les fils touchent peut-être à du métal.	Vérifiez tous les fils et toutes les connexions.
	Les fils sont peut-être raccordés aux mauvaises bornes.	Vérifiez si les connexions ont été faites selon les couleurs.

Remplacement d'une fiche modulaire

Avec le temps, la fiche modulaire reliant le poste téléphonique à la prise peut devenir lâche ou usée. Pour remplacer une fiche téléphonique à enclenchement rapide, vous aurez besoin d'une pince à sertir et d'un paquet de connecteurs de plastique peu coûteux.

Retirez le cordon du mur et du poste téléphonique. Avec un coupe-fil, tranchez le cordon tout près de la fiche que vous voulez remplacer **(photo B)**. Veillez à le couper à angle droit.

Insérez le cordon dans la partie de la pince servant à dénuder le câble et serrez la poignée pour couper la gaine de celui-ci. Tirez sur le cordon pour le dégager de sa gaine **(photo C)**. Prenez garde de ne pas couper l'isolant de chacun des fils du cordon.

Poussez chacun des fils dans un connecteur de plastique jusqu'à ce qu'ils soient tout contre le bout du connecteur et qu'ils touchent les contacts métalliques. Il est essentiel d'insérer les fils dans l'ordre inverse de celui des fils insérés dans le connecteur de l'autre extrémité du cordon.

Insérez le connecteur et le cordon dans la fente appropriée de la pince à sertir; serrez les poignées pendant quelques secondes pour solidariser les fils et le connecteur **(photo D)**.

Outils: Pince à sertir, coupe-fil.

Matériel: Connecteurs téléphoniques modulaires.

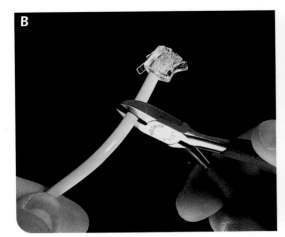

Débranchez le cordon. Coupez-en l'extrémité à l'aide d'un coupe-fil.

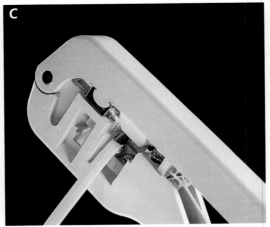

Insérez le bout du cordon dans la partie de la pince à sertir qui sert à dénuder les fils; enlevez la gaine extérieure du cordon.

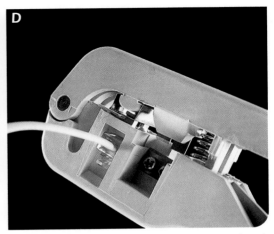

Insérez le bout dénudé du cordon dans un connecteur; placez le connecteur dans la fente appropriée de la pince à sertir; serrez les poignées de la pince.

Installation d'une prise modulaire

Les systèmes téléphoniques modernes comportent des prises modulaires à enclenchement rapide facilitant le déménagement des postes téléphoniques, des répondeurs et des modems. Mais ces prises peuvent s'user et devoir être remplacées. Si votre câblage téléphonique est ancien, il se peut que vos vieilles prises n'acceptent pas les cordons à fiches modulaires; il est donc utile de remplacer ces vieilles prises par des prises modulaires.

Pour installer une prise modulaire, commencez par débrancher le cordon de la prise. À l'aide d'un tournevis, dévissez la prise du mur ou de la plinthe. Tirez doucement sur la prise pour l'éloigner du mur **(photo A)**.

Détachez des bornes chacun des fils de la prise. Avec un coupe-fil, coupez l'extrémité nue des fils **(photo B)**.

Enlevez le boîtier de la nouvelle prise modulaire et faites passer les fils par l'arrière de la base. Faites entrer chacun des fils de couleur dans la fente métallique du bloc de bornes qui contient déjà un fil de même couleur **(photo C)**. Le fil doit dépasser de la fente sur environ ½ po.

La plupart des cordons téléphoniques contiennent quatre fils: un rouge, un vert, un jaune et un noir; mais deux autres combinaisons de couleurs sont possibles. Utilisez le guide suivant pour effectuer les raccordements:

La borne rouge accepte:
- un fil rouge
- un fil bleu
- un fil bleu à bande blanche

La borne verte accepte:
- un fil vert
- un fil blanc à bande bleue

La borne jaune accepte:
- un fil jaune
- un fil orange
- un fil orange à bande blanche

La borne noire accepte:
- un fil noir
- un fil blanc à bande orange

Outils: Pince à sertir, coupe-fil.
Matériel: Prise modulaire.

S'il y a des fils de trop dans le cordon (généralement un vert et un blanc), poussez-les dans la prise sans les raccorder. La compagnie de téléphone s'en servira si jamais vous décidiez de demander des lignes téléphoniques supplémentaires.

Vissez le bloc de bornes au mur (la vis est fournie avec la prise) et installez-y le couvercle en le poussant pour qu'il s'enclenche **(photo D)**. Branchez un poste téléphonique à la prise et vérifiez si celle-ci fonctionne.

Conseil

Voilà le moment idéal pour ajouter de nouvelles prises et allonger le câblage téléphonique. Ajoutez des prises aux endroits que vous voulez, puis faites courir un câble entre ces prises et branchez les fils comme vous l'avez fait pour la première prise.

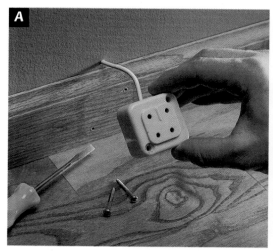

Retirez le couvercle de l'ancienne prise et dévissez celle-ci du mur.

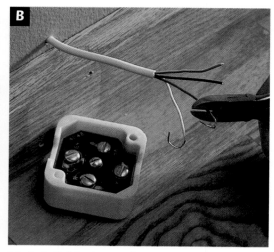

Détachez les fils de la prise. Coupez les extrémités des fils nus à l'aide d'une pince à sertir ou d'un coupe-fil.

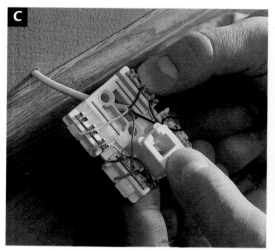

Faites passer les fils par l'arrière de la prise. Faites entrer chacun des fils de couleur dans l'une des fentes du bloc de bornes.

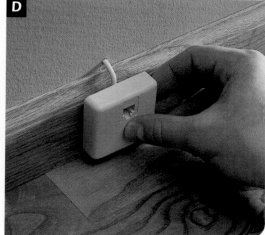

Vissez le bloc de raccordement au mur. Remettez le couvercle de la prise et vérifiez le fonctionnement de celle-ci.

Installation d'une boîte de jonction téléphonique

Si votre installation téléphonique ne comporte pas de boîte de jonction, le fait d'en ajouter une vous facilitera la tâche lorsque vous voudrez plus tard renouveler le câblage ou le prolonger.

Mieux vaut raccorder directement la boîte de jonction à la prise de démarcation, généralement située à proximité de l'endroit où les câbles téléphoniques entrent dans la maison. La prise de démarcation est parfois installée sur un mur extérieur, mais on la trouve généralement dans le sous-sol ou dans une aire de service. Commencez par choisir un endroit qui soit assez proche de la prise de démarcation pour que le câble de la boîte de jonction puisse atteindre cette prise. Enlevez le couvercle de la boîte de jonction. Fixez la boîte à un mur, à une plinthe ou à un élément de charpente, au moyen des vis de montage fournies avec la boîte **(photo E)**.

Faites courir un câble téléphonique jusqu'à la prise de démarcation, en agrafant celui-ci à intervalles de 2 pi au mur ou à l'élément de charpente. NOTE: Certaines boîtes de jonction sont munies d'un

cordon à fiche modulaire que l'on peut brancher directement dans la prise de démarcation.

Coupez le câble (extrémité destinée à la prise de démarcation), en n'en conservant que 5 po; à l'aide de la pince à sertir, dénudez le câble sur une longueur de 3 po. À l'aide d'un couteau universel, dénudez ensuite chacun des quatre fils intérieurs sur une longueur de 1 po. Raccordez l'extrémité nue des fils en faisant une boucle (dans le sens des aiguilles d'une montre) autour des bornes de la prise de démarcation, en tenant compte du code de couleurs. Serrez les bornes à vis.

Dénudez le câble (extrémité destinée à la boîte de jonction) sur une longueur de 3 po à l'aide de la pince à sertir. Prenez garde de ne pas endommager l'isolant de chacun des fils intérieurs.

Desserrez une borne à vis de chacune des quatre couleurs de la boîte de jonction. Insérez les fils dans la fente de couleur correspondante. Une longueur de ½ po devrait dépasser de la fente **(photo F)**. Raccordez à la boîte de jonction le câble de chaque

ajout au système **(photo G)**, en suivant la méthode utilisée pour brancher le câble à la prise de démarcation. Serrez bien les vis des bornes; repliez les extrémités des fils vers le haut pour qu'ils ne se touchent pas. Remettez le couvercle de la boîte de jonction.

Outils: *Pince à sertir, couteau universel, tournevis.*

Matériel: *Boîte de jonction avec vis de montage, câble téléphonique, agrafes à câblage.*

Fixez la boîte de jonction au mur ou à l'élément de charpente, à proximité de la prise de démarcation.

Dénudez les fils de la boîte de jonction et raccordez-les aux bornes à vis de la prise de démarcation.

Raccordez aux bornes à fente de la boîte de jonction les câbles de chaque ajout au système.

Chauffage, ventilation et climatisation

Le chauffage, la ventilation et la climatisation d'air (CVCA) forment l'un des systèmes essentiels qui rendent votre maison habitable. Si certaines pièces de votre demeure sont trop chaudes, trop froides ou trop humides, il est probable que vous passerez plus de temps dans les autres pièces. Un système CVCA bien entretenu maintient la température et l'humidité à un degré confortable dans toute la maison, quelles que soient les variations climatiques.

Dans la plupart des maisons, le chauffage commence dans un générateur de chaleur (la «fournaise») ou une chaudière, dans laquelle la chaleur dégagée par la combustion d'une matière combustible est transmise à de l'air ou à de l'eau. L'air ou l'eau circule alors dans une série de conduits ou de tuyaux, jusqu'à des registres, radiateurs ou convecteurs qui réchauffent chacune des pièces.

La ventilation, qui assure le renouvellement de l'air dans la maison, contribue à réguler la température et l'humidité. Sans ventilation, la maison aura une odeur de renfermé, et la concentration des gaz tels le radon et le monoxyde de carbone pourrait devenir dangereuse.

Le système de climatisation central réduit la température: un frigorigène absorbe la chaleur et la transfère à l'extérieur de la maison; l'air ainsi refroidi circule dans les conduits de l'appareil de chauffage pour se rendre dans les pièces de la maison. Le climatiseur de pièce fonctionne de la même manière dans une pièce ou une partie de la maison. Le principe de fonctionnement de la pompe à chaleur est le même que celui d'un climatiseur, sauf que la première peut refroidir l'air ou le réchauffer. L'hiver, la pompe à chaleur extrait de la chaleur de l'air froid extérieur; l'été, elle enlève la chaleur de l'air intérieur. Les pages suivantes contiennent des instructions sur les méthodes d'entretien de base et sur les réparations essentielles.

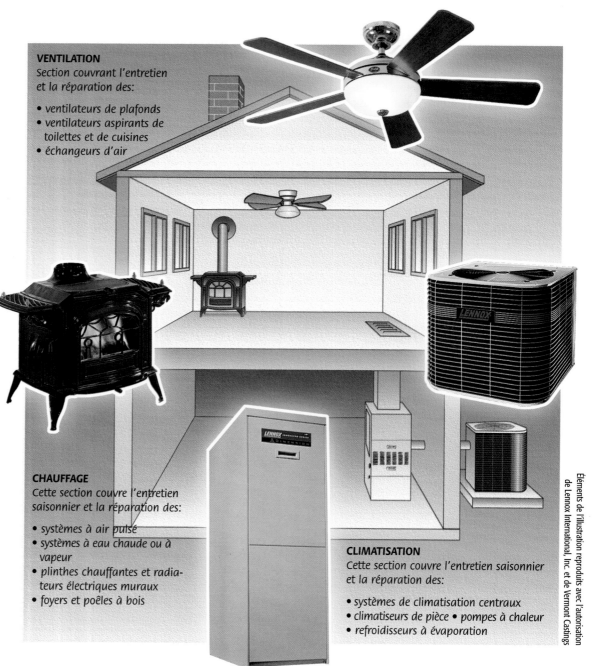

VENTILATION
Section couvrant l'entretien et la réparation des:

- ventilateurs de plafonds
- ventilateurs aspirants de toilettes et de cuisines
- échangeurs d'air

CHAUFFAGE
Cette section couvre l'entretien saisonnier et la réparation des:

- systèmes à air pulsé
- systèmes à eau chaude ou à vapeur
- plinthes chauffantes et radiateurs électriques muraux
- foyers et poêles à bois

CLIMATISATION
Cette section couvre l'entretien saisonnier et la réparation des:

- systèmes de climatisation centraux
- climatiseurs de pièce • pompes à chaleur
- refroidisseurs à évaporation

Système CVCA: questions de santé et de sécurité

Des études de santé publique révèlent que c'est dans nos maisons que nous sommes parfois exposés aux pires pollutions atmosphériques. Puisque vous passez probablement plus de temps à l'intérieur que dehors, vous devez être conscient de la manière dont vos systèmes de chauffage et de climatisation peuvent affecter votre santé.

L'un des risques souvent reliés aux systèmes de chauffage est celui que présente l'amiante, longtemps utilisé pour isoler tuyaux et conduits **(photo A)**. De plus, l'amiante a été longtemps utilisé dans les panneaux de revêtement, pâtes à joints, bardeaux, carreaux de sol, conduits de fumée et surfaces résistant au feu. Lorsque l'amiante est stable, il ne présente aucun danger. Mais s'il est détérioré, il peut dégager des fibres microscopiques susceptibles de causer des irritations cutanées et des maladies respiratoires, dont le cancer des poumons. Si la présence d'amiante dans votre maison vous inquiète, demandez une inspection à un spécialiste certifié en réduction de la pollution par l'amiante.

Pendant de nombreuses années, les matériaux de construction – des panneaux d'aggloméré aux isolants, en passant par les moquettes, lambris et meubles – ont contenu du formaldéhyde.

Le radon – gaz inodore et incolore – se dégage naturellement du sol dans certaines régions, et peut pénétrer dans la maison par le sol et les murs du sous-sol. Il est impossible de l'éliminer, mais on peut en réduire la concentration. Il existe des trousses de détection du radon **(photo B)**. Le moyen le plus courant de réduire la concentration du radon consiste à sceller le sol et les murs des sous-sol, et à ventiler les vides sanitaires.

Le pollen, les virus, les bactéries et les irritants cutanés ou respiratoires pourraient sembler n'avoir rien à voir avec les systèmes de chauffage et de climatisation. Mais certains microorganismes croissent dans les endroits mal ventilés ou isolés. On peut réduire les risques présentés par bon nombre de ces éléments grâce à un filtre électrostatique installé sur l'appareil de chauffage ou à un échangeur d'air **(photo C)**.

Le monoxyde de carbone (CO), sous-produit de la combustion, est un danger fréquent dans nos maisons. L'intoxication au CO, qui peut être fatale, se manifeste par les symptômes suivants: étourdissements, maux de tête, nausées et somnolence. Le CO peut provenir de fuites dans les conduits de fumée, les cuisinières au gaz, les poêles à bois et les foyers **(photo D)**. Pour réduire le risque d'exposition à une concentration dangereuse de CO, faites inspecter votre générateur de chaleur ou votre chaudière tous les deux ans, et utilisez un détecteur de CO **(photo E)** homologué par le LAC (Laboratoire des Assureurs du Canada).

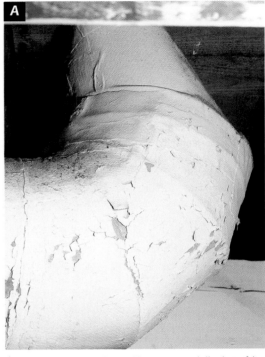

Évitez de manutentionner des matériaux contenant de l'amiante; faites venir un spécialiste de la réduction de la pollution par l'amiante si le matériau semble détérioré.

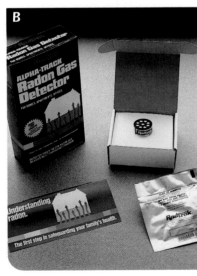

On peut facilement se procurer une trousse de détection du radon. Un spécialiste peut également vous proposer des moyens de réduire à un degré acceptable la concentration de radon chez vous.

Un ventilateur-récupérateur thermique fournit de l'air frais avec une perte minimale de chaleur. Il peut éliminer bon nombre des irritants et polluants atmosphériques souvent présents dans les maisons trop isolées.

Un conduit de fumée endommagé est la source probable du monoxyde de carbone présent dans la maison. Remplacez la section endommagée et scellez bien le conduit.

Utilisez un détecteur de CO homologué. Tous les deux ans, faites vérifier le taux de CO dégagé par votre système de chauffage.

Chauffage

Le chauffage de votre maison serait terriblement coûteux et inefficace si votre système ne faisait que réchauffer l'air froid extérieur. C'est pourquoi les systèmes de chauffage modernes recyclent l'eau ou l'air utilisé pour chauffer votre maison. L'eau ou l'air déjà chauffé peut être réchauffé pour compenser la perte de chaleur graduelle subie durant sa circulation dans votre maison. L'illustration ci-contre décrit le cycle de fonctionnement d'un système de chauffage. Un générateur de chaleur brûle du mazout provenant d'un réservoir ou d'une canalisation d'approvisionnement pour chauffer l'air ou l'eau. Les fumées dégagées par la combustion sont évacuées par une cheminée ou par un conduit d'évacuation. Le circuit de circulation, composé de conduits ou de tuyaux, achemine l'air chaud, l'eau chaude ou la vapeur vers les différentes pièces. Dans chacune de ces pièces, des registres, radiateurs ou convecteurs font circuler l'air ou l'eau. Ils permettent également à l'eau ou à l'air refroidi de retourner vers le générateur de chaleur, où l'un ou l'autre sera réchauffé et recyclé.

Certains systèmes de chauffage modernes font appel à des matériaux de haute technologie et à des méthodes de circulation perfectionnées – le chauffage rayonnant, par exemple, comporte un labyrinthe de tubes en thermoplastique ou un câble électrique chauffant installé dans le sol ou le plafond –, et les propriétaires peuvent difficilement y avoir accès ou les réparer. La plupart des maisons nord-américaines sont dotées de générateurs de chaleur ou de chaudières fonctionnant au gaz naturel, au propane liquide ou au mazout, qui acheminent la chaleur par l'intermédiaire de conduits ou de tuyaux.

Pour que votre système de chauffage reste efficace et pour éviter les pannes coûteuses ou importunes, effectuez annuellement l'entretien préventif du système. La propreté du thermocouple et des tubes de brûleur contribuera à l'efficacité d'un générateur de chaleur au gaz. Un brûleur à mazout propre et bien huilé vous fournira des années de service fiable.

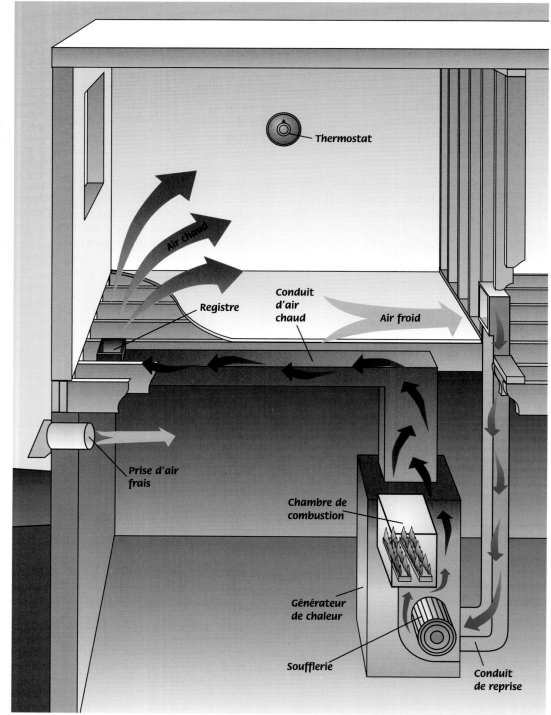

Les systèmes de chauffage modernes recyclent l'eau ou l'air chauffé. Beaucoup sont munis d'une prise d'air frais pour que celui-ci ne manque pas dans la maison.

Outils et matériel

Parmi les outils et le matériel nécessaire, on compte le ciment réfractaire pour le colmatage des fuites du générateur de chaleur (1); le vérificateur de tension (2); l'entonnoir servant à verser l'antirouille et d'autres liquides (3); le multimètre servant à vérifier la continuité des dispositifs électriques (4); la clé à tuyau pour le serrage des gros raccords (5); l'huile mouvement pour la lubrification des pièces mobiles (6); le seau, pour la vidange de la chaudière et la purge des radiateurs et convecteurs (7); le tuyau d'arrosage pour le rinçage du circuit de chauffage (8); le tournevis à douille, la clé à douille à cliquet, la clé ouverte et le tournevis, pour le serrage des écrous, boulons et vis (9); le thermomètre de poche servant à vérifier la température des conduits (10); le peigne à ailettes, utilisé pour redresser les ailettes de la pompe à chaleur ou du climatiseur (11); le ciseau à froid pour l'élimination des dépôts dans l'humidificateur (12); la pince à bec large pour le redressement des ailettes du convecteur (13); l'outil pour la buse de veilleuse servant à dégager l'extrémité du thermocouple (14).

Systèmes de chauffage

Le système de chauffage résidentiel le plus répandu est celui qui comporte un générateur de chaleur qui réchauffe de l'air et l'achemine par conduits dans toutes les pièces. On parle alors d'un système de chauffage à air pulsé (pages 454-463). C'est l'un des trois systèmes de chauffage (air pulsé, à eau chaude ou à vapeur, électrique) dont nous parlerons. Si le système à air pulsé est le plus répandu, c'est qu'il fait appel au gaz naturel ou au propane liquide, combustibles généralement plus économiques que les autres.

Les systèmes à eau chaude ou à vapeur, rarement installés de nos jours, se trouvent encore dans beaucoup de vieilles maisons (pages 464-469). Dans ce système, une chaudière brûle du gaz naturel ou du mazout, et fait circuler l'eau chaude ou la vapeur dans les radiateurs et convecteurs de la maison.

On utilise les systèmes de chauffage à l'électricité surtout dans les régions aux hivers très doux. Dans les régions froides, on les utilise pour le chauffage d'appoint (pages 470-475). On installe souvent des plinthes chauffantes ou des radiateurs électriques muraux dans les pièces ajoutées à la maison ou dans celles que le système principal ne chauffe pas suffisamment.

Le bois est un combustible de chauffage peu coûteux et facile à trouver (pages 476-477). Bien entretenus, les poêles à bois et foyers modernes assurent une combustion beaucoup plus propre et efficace que ceux d'autrefois.

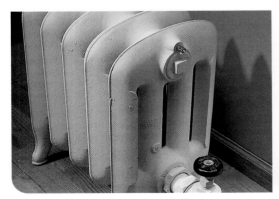

Les radiateurs d'eau chaude ou de vapeur requièrent peu d'entretien, si ce n'est une purge régulière destinée à chasser l'air des tuyaux.

Le registre qui fait circuler l'air chaud provenant du générateur de chaleur fonctionne mieux s'il est nettoyé annuellement.

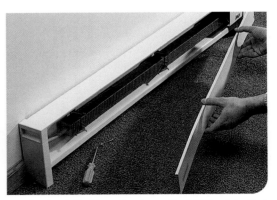

Avant la saison froide, il faut enlever la poussière de l'élément chauffant de la plinthe.

Chauffage au gaz à air pulsé

Le système de chauffage au gaz à air pulsé est répandu dans les régions froides du monde entier. Dans ce système, le générateur de chaleur – alimenté au gaz naturel ou au propane liquide – aspire l'air ambiant, le dirige sur un ensemble de plaques chauffées appelé *échangeur de chaleur,* puis le fait circuler dans la maison au moyen d'une soufflerie (**illustration**). Une enceinte située au-dessus du générateur, appelée *plenum,* dirige l'air réchauffé vers un réseau de conduits (**photo A**) qui l'acheminent vers les registres ou sorties installés sur les murs ou le plafond. Pour que le cycle soit continu, des *conduits de reprise* aspirent l'air froid des pièces et le retournent au générateur de chaleur, où il sera réchauffé et soufflé de nouveau dans la maison. Les anciens systèmes font appel à la gravité pour acheminer l'air chaud dans les pièces et retourner l'air froid vers le générateur.

En raison des progrès réalisés dans la conception des maisons, des modifications ont dû être apportées aux systèmes de chauffage à air pulsé. Les systèmes conventionnels recyclaient l'air intérieur. Dans les vieilles maisons mal isolées, ils fonctionnaient bien puisque de l'air frais s'infiltrait à l'intérieur. Cependant, dans les maisons extrêmement étanches d'aujourd'hui, ces systèmes pourraient présenter des dangers pour la santé: le constant recyclage de l'air pollué risquerait de causer des maladies respiratoires ou autres. Bon nombre de codes du bâtiment requièrent l'installation d'une prise d'air frais dans les nouvelles constructions pour réduire ces dangers. Dans certaines maisons, un ventilateur de récupération de la chaleur améliore la qualité de l'air sans causer de pertes substantielles de chaleur, en aspirant dans le circuit de l'air extérieur préchauffé.

En outre, les constructeurs ont commencé à installer des systèmes à air pulsé à grande vitesse. Les tubes de faible diamètre occupent moins d'espace dans les murs et plafonds que les conduits de tôle, et l'espace habitable s'en trouve augmenté.

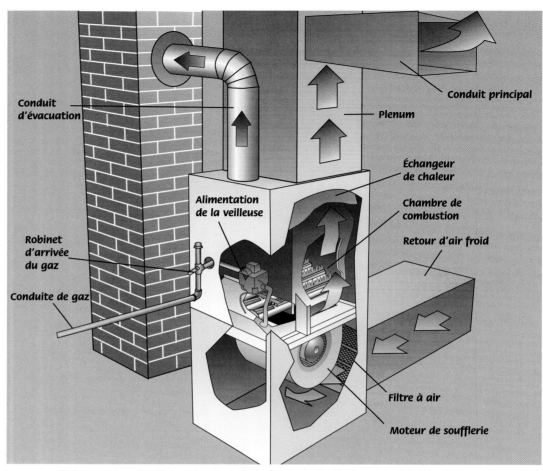

Pour vous familiariser avec votre système à air pulsé, repérez le plenum, le retour d'air froid et le conduit principal.

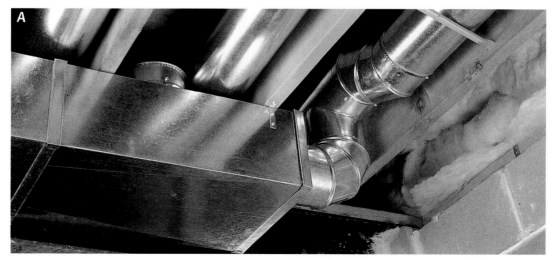

La plupart des maisons modernes sont équipées d'un système de chauffage à air pulsé muni de conduits (ci-dessus) ou de tubes à grande vitesse moins encombrants. Bon nombre de systèmes comprennent aussi un humidificateur et un climatiseur intégrés, lesquels sont reliés au même réseau de distribution.

Équilibrage du système à air pulsé

Les conduits de la plupart des systèmes à air pulsé sont munis de registres intérieurs grâce auxquels vous pouvez régler le volume d'air dirigé vers les diverses pièces de votre maison. Il ne s'agit pas des registres installés dans les pièces et qui y commandent l'arrivée d'air. En réglant les registres un à la fois, vous ferez en sorte que les pièces les plus éloignées du générateur de chaleur reçoivent un volume suffisant d'air chaud, et que celles qui sont les plus proches du générateur ne soient pas surchauffées. C'est ce que l'on appelle l'*équilibrage* du système.

L'équilibrage est relativement facile, mais il faut beaucoup de temps – parfois plusieurs jours – pour raffiner les réglages. Commencez par repérer les registres **(illustration)**. Lorsque la poignée ou l'écrou à oreilles est parallèle au conduit, cela signifie que le registre est grand ouvert et qu'il laisse passer le maximum d'air. Si la poignée est perpendiculaire au conduit, le registre est fermé **(photo B)** et coupe la circulation de l'air. Si vos conduits ne sont pas munis de registres, ou s'ils en requièrent davantage, vous pouvez en fabriquer et les installer, ou encore confier ce travail à un professionnel.

Pour équilibrer le système, commencez par régler le thermostat comme vous le faites l'hiver lorsque vous êtes à la maison. Fermez les registres des conduits menant à la pièce où se trouve le thermostat. Attendez quelques heures; rendez-vous dans les pièces les plus éloignées du générateur de chaleur. Si ces pièces sont trop chaudes, attendez à plus tard, lorsque davantage de registres seront ouverts; si elles sont trop froides, demandez à un spécialiste en CVCA d'augmenter la vitesse de la soufflerie du générateur. Vérifiez la température dans les autres pièces. Après le réglage d'un registre, attendez quelques heures que la température de l'air se stabilise.

Une fois satisfait du volume d'air chaud arrivant dans chacune des pièces, indiquez au marqueur sur chacun des conduits la position idéale des registres **(photo C)**. Répétez la procédure l'été pour la climatisation, en faisant une seconde série de marques pour les réglages d'air froid.

Ouvrez ou fermez le registre en insérant la pointe d'un tournevis dans la poignée ou en faisant tourner l'écrou à oreilles.

Indiquez sur chacun des conduits les positions hiver et été du registre, ainsi que le nom de la pièce où débouche le conduit.

Entretien du système à air pulsé

Vous pouvez exécuter vous-même la plupart des petits travaux d'entretien courant. Généralement, plus le générateur de chaleur est récent, plus l'entretien est simple, puisque bon nombre de composants requérant beaucoup d'entretien ont été éliminés des nouveaux modèles.

La plupart des générateurs installés depuis les années 1980 ne sont pas munis d'une veilleuse commandée par un thermocouple. En fait, la veilleuse permanente que l'on trouve sur les anciens modèles a tout à fait disparu. Elle a généralement été remplacée par une veilleuse intermittente, qui ne s'allume que lorsque le thermostat commande de la chaleur, ou par un élément incandescent appelé *allumeur à surface chaude*. Une veilleuse intermittente défectueuse doit être réparée par un technicien, mais vous pouvez remplacer vous-même l'allumeur.

Utilisez la présente section pour repérer et exécuter les travaux d'entretien qui s'appliquent à votre générateur de chaleur.

Avant tout travail d'entretien, coupez toujours l'alimentation en gaz du générateur et celle de la veilleuse, si elles sont distinctes. Mettez ensuite en position OFF l'interrupteur du générateur et déclenchez le disjoncteur du tableau de distribution principal qui alimente le générateur. Consultez le guide de l'utilisateur pour savoir si des mises en garde ou instructions particulières s'appliquent à votre appareil. Ensuite, dégagez l'aire pour pouvoir y travailler en toute sécurité.

Commencez par exécuter le travail le plus important et le plus simple: l'inspection du filtre à air. Il en existe de nombreux types. Lisez la section ci-dessous pour apprendre à nettoyer le vôtre et pour connaître la fréquence des nettoyages.

> **Outils:** Tournevis ordinaire, clé à douille à cliquet, tournevis à douille, ensemble de clés ouvertes, règle de vérification, pince multiprise, outil pour la buse de veilleuse, brosse pour pièces.
>
> **Matériel:** Détergent liquide doux, huile mouvement.

Remplacement du filtre à air

Le filtre installé sur votre appareil de chauffage à air pulsé est censé capturer la poussière, le pollen et les autres particules en suspension dans l'air qui, autrement, circuleraient chaque fois que la soufflerie de l'appareil entre en marche. Ce filtre doit être nettoyé régulièrement, selon les instructions du fabricant, et inspecté tous les mois. Trouvez le boîtier du filtre et retirez-en le panneau de service **(photo A)**. La situation de ce boîtier dépend du type de générateur et de filtre. Beaucoup de filtres s'insèrent dans une fente située entre le conduit de reprise et la soufflerie. Certains sont installés dans le boîtier principal du générateur. Le filtre électrostatique se trouve dans un boîtier distinct attaché au générateur.

Tirez le filtre hors de son boîtier en prenant garde de ne pas l'accrocher sur les côtés du boîtier de la soufflerie. Placez le filtre devant une lampe **(photo B)**. Si le filtre bloque presque entièrement le passage de la lumière, remplacez-le. Les filtres électrostatiques sont réutilisables après nettoyage. Lisez toujours les instructions du fabricant.

Bon nombre de filtres se trouvent dans une fente ou sur un support situé entre le conduit de reprise et la soufflerie.

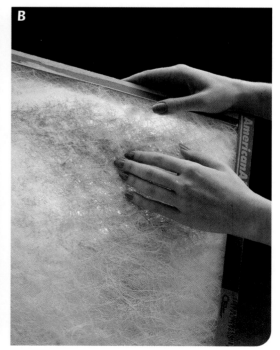

Pour inspecter le filtre, placez-le devant une lampe.

Entretien du moteur de soufflerie

Avant le début de la saison de chauffage, inspectez le moteur de la soufflerie. Inspectez-le de nouveau au début de la saison de climatisation, si le climatiseur central fonctionne avec la même soufflerie.

Coupez le courant alimentant le générateur de chaleur. Retirez le panneau de service du boîtier de la soufflerie et inspectez le moteur (**photo C**). Certains sont munis d'orifices de lubrification et d'une courroie d'entraînement réglable et remplaçable. D'autres sont autolubrifiants et à prise directe. Essuyez le moteur avec un chiffon humide; repérez les orifices de lubrification, s'il y a lieu. Leur situation est parfois indiquée par un diagramme sur le panneau de service. Enlevez les couvercles des orifices (le cas échéant) et versez-y quelques gouttes

d'huile mouvement (**photo D**). Remettez les couvercles.

Inspectez ensuite la courroie d'entraînement. Remplacez-la si elle est fissurée, usée, trop lisse ou fragile. Vérifiez-en la tension en poussant faiblement dessus, entre la poulie du moteur et celle du ventilateur (**photo E**). La courroie devrait fléchir sur environ un pouce. Pour la serrer ou la relâcher, trouvez l'écrou de réglage de tension situé sur le moteur (**photo F**). Desserrez l'écrou de blocage et tournez légèrement l'écrou de réglage. Vérifiez et réglez de nouveau la tension jusqu'à ce qu'elle soit adéquate.

Si la courroie est mal alignée ou si les roulements sont usés, le réglage de la courroie ne corrigera pas

la situation. Placez une règle de vérification de manière qu'elle touche au bord des deux poulies (**photo G**). Pour aligner la courroie, trouvez les boulons de montage du moteur situés sur le support coulissant de celui-ci (**photo H**). Desserrez ces boulons et déplacez avec soin le moteur jusqu'à ce que les deux poulies soient bien alignées. Resserrez les boulons; vérifiez de nouveau la tension et l'alignement de la courroie. Répétez la procédure jusqu'à obtenir une tension et un alignement parfaits. Réinstallez les panneaux de service que vous avez enlevés. Rétablissez le courant au tableau de distribution principal et mettez l'interrupteur du générateur en position ON.

Retirez le panneau de service du boîtier de la soufflerie et inspectez le moteur.

Enlevez les couvercles des orifices de lubrification et versez quelques gouttes d'huile mouvement dans chacun des orifices.

Vérifiez la tension de la courroie en poussant dessus, au milieu.

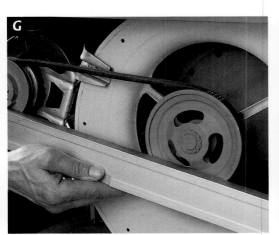

Pour tendre la courroie, desserrez légèrement l'écrou de réglage de tension de celle-ci.

Vérifiez l'alignement des poulies à l'aide d'une règle de vérification.

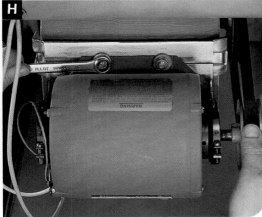

Desserrez les boulons retenant le moteur à son support coulissant; déplacez le moteur avec soin jusqu'à ce que les poulies soient alignées.

Inspection de la veilleuse et du thermocouple

Le bon fonctionnement de tous les éléments du système de chauffage dépend du réglage de la veilleuse. La veilleuse (il s'agit en fait d'une flamme servant à allumer le gaz circulant sur les brûleurs) joue un rôle majeur dans l'efficacité du système; une veilleuse qui brûle proprement vous fera réaliser des économies, améliorera la qualité de l'air que vous respirez et prolongera la vie du générateur de chaleur.

Si votre générateur est muni d'une veilleuse permanente, vérifiez la flamme au début de la saison pour vous assurer qu'elle brûle proprement et que le mélange air-combustible est adéquat. Si vous ne voyez pas bien la flamme, coupez l'alimentation en gaz **(photo A)** et l'alimentation de la veilleuse (s'il y a un interrupteur). Attendez 10 minutes que la veilleuse refroidisse, puis enlevez-en le couvercle. Rallumez la veilleuse, en suivant les instructions fournies sur le boîtier de commande ou sur le panneau de service. Si la veilleuse ne reste pas allumée, coupez de nouveau l'alimentation et inspectez le thermocouple.

Une fois la veilleuse allumée, examinez la flamme **(photo B)**. Si celle-ci est trop faible (flamme de gauche), elle sera bleue et entrera à peine en contact avec le thermocouple. Si elle est trop forte (flamme du centre), elle fera peut-être du bruit et s'éloignera de la veilleuse. Une flamme bien réglée (flamme de droite) sera bleue, sa pointe sera jaune, et elle couvrira sur ½ po l'extrémité du thermocouple. Pour réduire la pression du gaz, faites tourner la vis de réglage de la veilleuse **(photo C)** située sur le boîtier de commande ou sur le robinet de gaz. Pour augmenter la pression, faites-la tourner dans le sens inverse. Si, même après le réglage, la flamme vous semble faible et qu'elle est jaune, retirez la buse de la veilleuse et nettoyez-en l'orifice (page 459).

Le thermocouple, sous l'effet de la chaleur dégagée par la flamme de la veilleuse, crée une charge électrique. Si la veilleuse de votre générateur de chaleur ou de votre chaudière s'éteint rapidement et que vous avez constaté que l'alimentation en gaz est suffisante, vous devrez peut-être remplacer le thermocouple. Coupez l'alimentation en gaz. À l'aide d'une clé ouverte, desserrez le raccord du tuyau du thermocouple relié au boîtier de commande ou au robinet de gaz. Dévissez le thermocouple du boîtier de la veilleuse et installez-en un neuf **(photo D)**. Serrez-le à la clé jusqu'à obtenir un ajustement serré.

Coupez l'alimentation en gaz principale et l'alimentation en gaz de la veilleuse (si votre générateur est muni de dispositifs distincts).

Réglez la flamme de manière qu'elle ne vacille pas, que sa pointe soit jaune et qu'elle recouvre l'extrémité du thermocouple (droite).

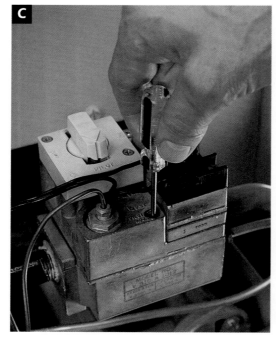

Tournez la vis pour régler la hauteur de la flamme de manière qu'elle couvre l'extrémité du thermocouple.

Retirez le thermocouple du boîtier de commande et installez-en un nouveau.

Nettoyage et réglage de la veilleuse

Si le thermocouple et les brûleurs de votre générateur de chaleur ou chaudière semblent fonctionner correctement mais que la flamme de la veilleuse est vacillante ou faible, enlevez la buse de la veilleuse pour la nettoyer ou la remplacer. Coupez l'alimentation en électricité et en gaz, ainsi que l'alimentation de la veilleuse s'il y a lieu. Attendez au moins 30 minutes que les pièces refroidissent. À l'aide d'une clé ouverte, retirez le thermocouple du boîtier de la veilleuse **(photo E)**.

Servez-vous de deux clés à tuyau pour immobiliser la canalisation de gaz, puis desserrez l'écrou qui la relie au boîtier de commande. Dévissez et enlevez le boîtier de la veilleuse; avec précaution, retirez ensuite du boîtier la buse de la veilleuse **(photo F)**.

Nettoyez à la brosse l'extérieur de la buse; avec l'outil spécial, nettoyez-en délicatement l'intérieur. Prenez garde de ne pas égratigner l'intérieur de la buse, car son fonctionnement en souffrirait. Si la buse est trop rouillée ou difficile à nettoyer, remplacez-la.

Revissez la buse dans le boîtier et réinstallez ce dernier. Raccordez la canalisation de gaz, en faisant tourner l'écrou tout en immobilisant la canalisation. Réinstallez le thermocouple. Rétablissez l'alimentation en gaz; remettez le courant et allumez la veilleuse.

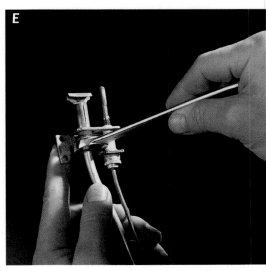

À l'aide d'une clé ouverte, desserrez l'écrou de la canalisation de gaz.

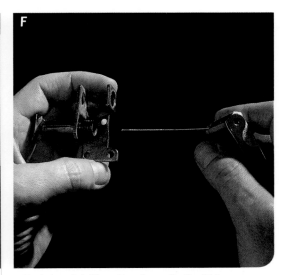

Retirez la buse du boîtier; nettoyez-la avec l'outil spécial.

Inspection de la flamme des brûleurs

Une fois la flamme de la veilleuse réglée, inspectez celle des brûleurs. Sa couleur vous indiquera si le mélange gaz-air est adéquat. La flamme des brûleurs devrait être bleue et vert bleuâtre au centre, avec quelques raies jaunes occasionnelles **(photo G)**. Si elle semble trop bleue ou trop jaune, réglez le volet situé à l'extrémité du tuyau du brûleur **(photo H)**.

Commencez par monter le thermostat pour que le générateur de chaleur fonctionne. Portez des gants protecteurs pour desserrer la vis de retenue du volet à air. Ouvrez le volet tout grand, puis refermez-le peu à peu, jusqu'à ce que la flamme soit de la bonne couleur. Resserrez la vis de retenue. Répétez la procédure pour chacun des brûleurs. Remettez le thermostat à une température normale.

Comparez la couleur de la flamme de vos brûleurs avec celle des flammes ci-dessus. La flamme doit être bleu vert, avec des raies jaunes (en haut).

Si les volets sont réglables, réglez-les vous-même; sinon, demandez l'aide d'un technicien.

Nettoyage des brûleurs

Le brûleur mélange ensemble l'air et le gaz, lequel est ensuite allumé par la flamme d'une veilleuse ou par un élément chauffé. Le gaz y arrive par un *manifold* et entre dans chaque tuyau de brûleur par un petit orifice appelé *injecteur*. Les brûleurs et injecteurs finissant par s'encrasser de suie et d'autres résidus de combustion, ils doivent être occasionnellement nettoyés.

Pour nettoyer les brûleurs, déclenchez l'interrupteur principal de l'appareil et coupez le courant au tableau de distribution. Coupez l'alimentation en gaz de l'appareil, ainsi que celle de la veilleuse s'il y a lieu. Laissez les pièces refroidir pendant au moins 30 minutes. Enlevez les tubes en les dévissant de leurs supports **(photo A)**, en les retirant du bac métallique qui les retient ou en desserrant les vis qui attachent le manifold au générateur de chaleur. Pour certains modèles, vous devrez enlever le boîtier de la veilleuse pour atteindre les brûleurs.

Faites osciller délicatement chaque brûleur pour le détacher de son injecteur **(photo B)**. Remplissez d'eau une cuve de lessivage et faites-y tremper les brûleurs. À l'aide d'une brosse à soies souples, nettoyez soigneusement l'extérieur des tubes et les orifices. Remplacez les tubes fissurés, déformés ou trop rouillés.

Inspectez les injecteurs: un brûleur propre ne peut fonctionner efficacement si l'injecteur est encrassé ou endommagé. À l'aide d'une clé à douille à cliquet, desserrez et enlevez tous les injecteurs **(photo C)**. Nettoyez-en l'extérieur avec une brosse à soies souples, puis l'intérieur avec un outil pour buse de veilleuse **(photo D)**. Cet outil sert à curer les petits orifices. Prenez garde de ne pas égratigner l'injecteur ni d'en agrandir l'ouverture. Réinstallez les injecteurs sur le manifold. Resserrez-les jusqu'à obtenir un ajustement serré. Une fois les tubes secs, installez-les sur les injecteurs; attachez-les ensuite aux supports des tubes ou au bac coulissant. Attachez le boîtier de la veilleuse s'il y a lieu. Rétablissez l'alimentation en électricité et en gaz. Dans le cas d'un appareil muni d'une veilleuse permanente, rallumez la flamme.

Retirez les vis retenant les brûleurs à leurs supports ou au bac coulissant.

Si le brûleur est difficile à enlever, faites-le osciller d'un côté à l'autre tout en le soulevant et en tirant dessus.

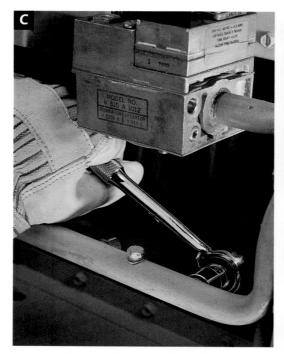

Pour ne pas déformer ni endommager les filets des injecteurs, immobilisez d'une main le manifold durant l'enlèvement de chacun des injecteurs.

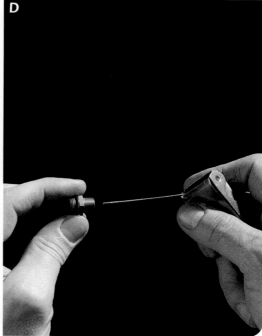

À l'aide d'un outil pour buse de veilleuse, nettoyez avec soin l'orifice des injecteurs, en prenant garde de ne pas les rayer ni d'en agrandir l'ouverture.

Entretien courant des appareils à allumage électronique

Les nouveaux générateurs de chaleur sont munis d'une veilleuse intermittente ou d'un allumeur à surface chaude, ainsi que d'un dispositif de commande électronique qui surveille le fonctionnement de l'appareil et dont les voyants lumineux vous aident à en repérer les défectuosités.

Ces nouveaux appareils exigent un type d'entretien particulier. Dans certains modèles, l'écart de température entre le conduit d'alimentation et le conduit de reprise doit demeurer à l'intérieur de limites bien précises, faute de quoi l'*échangeur de chaleur* risque d'être endommagé. Pour savoir si c'est le cas de votre appareil, consultez la plaque signalétique située sur le compartiment du brûleur; vous y trouverez peut-être une indication de la plage acceptable pour cet écart.

Chaque saison, vérifiez l'écart de température en glissant la sonde d'un thermomètre de poche dans une fente d'un joint de dilatation du conduit d'alimentation **(photo E)**. Prenez note de cette température et comparez-la à celle du conduit de reprise. Faites venir un technicien si l'écart entre les deux est supérieur à l'écart recommandé.

Votre générateur de chaleur est peut-être muni d'une *veilleuse intermittente,* qu'une étincelle déclenchée par le thermostat allume. Ce type de veilleuse ne consomme du gaz que lorsque c'est nécessaire, ce qui réduit les frais de chauffage. Si le dispositif d'allumage électronique ne produit pas d'étincelle, faites venir un technicien.

Dans certains modèles, c'est un élément incandescent appelé *allumeur à surface chaude* qui allume le gaz. Si cet allumeur est défectueux, remplacez-le. Retirez le panneau principal du générateur; l'allumeur se trouve près de l'extrémité des tubes qui s'allume. Débranchez la bougie de l'allumeur et retirez l'écrou situé sur le support de montage à l'aide d'un tournevis à douille ou d'une clé à douille à cliquet **(photo F)**. Remplacez l'allumeur.

Si l'allumeur continue de mal fonctionner, consultez le fabricant du générateur: vous devrez peut-être remplacer le dispositif de commande. Détachez un à la fois les fils de l'ancien dispositif, et raccordez-les au nouveau **(photo G)**. À l'aide d'un tournevis, enlevez ensuite l'ancien dispositif et installez le nouveau **(photo H)**.

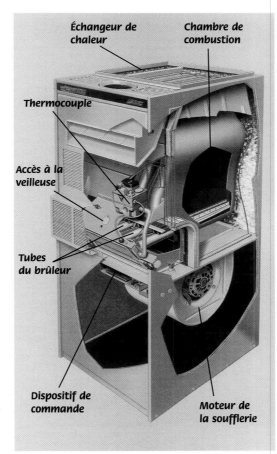

Échangeur de chaleur — Chambre de combustion — Thermocouple — Accès à la veilleuse — Tubes du brûleur — Dispositif de commande — Moteur de la soufflerie

Les nouveaux appareils sont munis d'une veilleuse intermittente électronique (ci-dessus) ou d'un allumeur à surface chaude. Un dispositif de commande surveille le fonctionnement de l'appareil et aide au dépannage.

Vérifiez la température interne du conduit d'alimentation et comparez-la à celle du conduit de reprise.

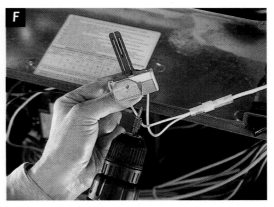

Détachez de son support l'allumeur à surface chaude défectueux.

Détachez un à un les fils de l'ancien dispositif de commande et attachez-les au nouveau.

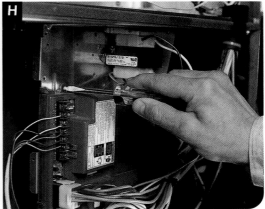

Enlevez les vis de montage de l'ancien dispositif de commande et installez le nouveau.

Entretien de l'humidificateur

L'humidificateur de votre appareil de chauffage augmente le taux d'humidité de votre maison. Il en existe deux types: à tambour et goutte à goutte. Ils s'installent sur le conduit d'air chaud ou de reprise.

Dans un humidificateur à tambour **(photo A)**, un tambour rotatif recouvert d'une éponge absorbe l'eau d'un bac. L'air circulant à travers l'éponge provoque l'évaporation de l'eau, ce qui augmente le taux d'humidité. Dans un humidificateur de type goutte à goutte, l'eau s'égoutte sur une éponge fixe à travers laquelle circule l'air.

L'humidificateur goutte à goutte consomme davantage d'eau, puisque l'excédent d'eau de l'éponge s'écoule dans un drain. Cependant, il reste plus propre et exige moins d'entretien que l'humidificateur à tambour, du fait que la circulation de l'eau réduit considérablement l'accumulation d'écume. Il faut nettoyer l'humidificateur à tambour plus souvent pour prévenir la formation de moisissure dans l'eau stagnante.

Outils: *Mètre à ruban, clés ouvertes, ciseau à froid, couteau à mastiquer.*

Matériel: *Vinaigre, éponge d'évaporation (si nécessaire).*

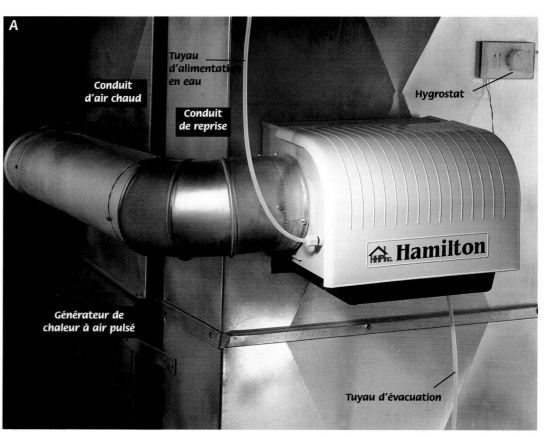

Conduit d'air chaud

Tuyau d'alimentation en eau

Conduit de reprise

Hygrostat

Générateur de chaleur à air pulsé

Hamilton

Tuyau d'évacuation

Entretien d'un humidificateur à tambour

L'éponge de l'humidificateur à tambour doit être nettoyée tous les mois et remplacée à la fin de la saison de chauffage. Coupez le courant alimentant le système de chauffage et de climatisation; fermez le robinet d'alimentation en eau. Desserrez les vis ou déclenchez les agrafes du couvercle de l'humidificateur; enlevez le couvercle.

Soulevez le tambour en en saisissant les deux extrémités **(photo B)**. Si l'éponge est dure, nettoyez-la ou remplacez-la.

Enlevez l'éponge en retirant l'attache du moyeu central et en séparant les deux moitiés de l'arbre du tambour **(photo C)**.

Faites tremper l'éponge dans une solution composée d'une partie de vinaigre et de trois parties d'eau. Tordez l'éponge pour la rincer. Si celle-ci reste dure ou qu'elle est endommagée, remplacez-la.

Retirez le tambour en le soulevant hors de ses coches.

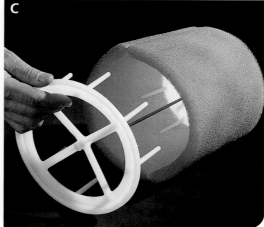

Séparez les deux moitiés de l'arbre du tambour après avoir enlevé l'attache.

En laissant l'éponge en place, servez-vous d'un mètre à ruban pour mesurer la profondeur de l'eau dans le bac **(photo D)**. Vous trouverez peut-être dans le guide du propriétaire la hauteur recommandée. Sinon, vérifiez si l'éponge plonge dans l'eau à chaque rotation et en ressort humide, et s'il y a une marque laissée par les minéraux sur la paroi du bac, laquelle marque indique où le niveau d'eau devrait se situer.

Pour régler le niveau d'eau, desserrez l'écrou de retenue de la canalisation d'alimentation en eau **(photo E)**. Pour hausser le niveau, élevez le flotteur puis resserrez l'écrou **(photo F)**. Pour le diminuer, baissez le flotteur puis resserrez l'écrou. Attendez 30 minutes avant de vérifier de nouveau l'éponge et le niveau d'eau.

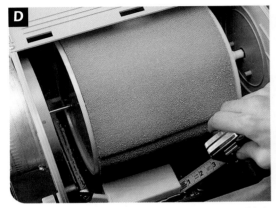

Veillez à ce que l'éponge trempe dans l'eau. Les dépôts minéraux laissés sur la paroi du bac indiqueront le niveau d'eau d'origine.

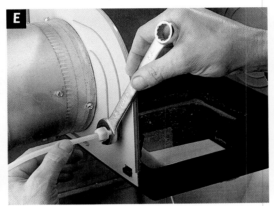

À l'aide d'une clé ouverte, desserrez l'écrou de retenue de la canalisation d'eau.

Réglez la hauteur du flotteur puis resserrez l'écrou.

Entretien d'un humidificateur de type goutte à goutte

Ce type d'humidificateur doit être inspecté tous les mois. L'éponge d'évaporation doit être remplacée à la fin de la saison de chauffage.

Avant l'entretien courant, coupez le courant au tableau de distribution principal et coupez l'alimentation en eau. Glissez les doigts sous la sortie d'eau en plastique et soulevez-la pour l'enlever. Inclinez vers l'avant le dispositif d'évaporation et sortez-le de l'humidificateur. Enlevez le plateau de distribution du dispositif, en appuyant sur le plateau vers le bas tout en poussant sur le cadre de plastique **(photo G)**. Avec un ciseau à froid, éliminez les dépôts minéraux accumulés sur les coches en V du plateau **(photo H)**.

Enlevez l'éponge d'évaporation et le cadre, puis séparez-les **(photo I)**. Tordez et pliez l'éponge pour en détacher les dépôts; au besoin, utilisez un couteau à mastiquer pour les éliminer. Si l'éponge s'effrite, remplacez-la.

Détachez le tuyau d'évacuation. Pliez-le, puis rincez-le à l'eau froide **(photo J)**. Rétablissez le courant et l'alimentation en eau.

Retirez le plateau de distribution de l'humidificateur.

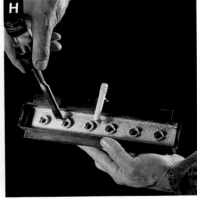

Avec un ciseau à froid, grattez les dépôts minéraux accumulés dans les coches en V.

Retirez du cadre l'éponge d'évaporation.

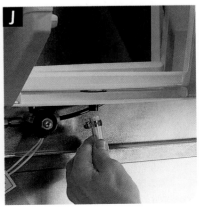

Détachez le tuyau d'évacuation et rincez-le à l'eau froide.

Chauffage à l'eau chaude ou à la vapeur

Le système de chauffage à l'eau chaude ou à la vapeur, aussi connu sous le nom de *chauffage hydronique*, comprend une chaudière qui réchauffe l'eau et la fait circuler dans un réseau fermé de tuyaux et de radiateurs ou de convecteurs. Vu que l'eau prend ou perd du volume selon qu'elle se réchauffe ou se refroidit, le système comporte aussi un vase d'expansion qui assure un volume constant d'eau en circulation dans le circuit.

Ce système réchauffe l'air ambiant selon un principe de *convection*. Les radiateurs d'eau chaude **(photo A)** sont reliés au système par des tuyaux situés à leur base. À mesure que l'eau refroidit dans le radiateur, elle est aspirée vers la chaudière pour être réchauffée. Les radiateurs des systèmes à vapeur **(photo B)** peuvent devenir très chauds au toucher. Les convecteurs **(photo C)**, plus petits et plus légers que les radiateurs, peuvent remplacer ces

derniers ou servir à prolonger un système à eau chaude existant.

Même si le circuit d'eau chaude ou de vapeur est considéré comme fermé, il y a toujours de l'air qui finit par y pénétrer. Les radiateurs à vapeur sont munis d'une soupape automatique qui libère périodiquement de l'air chaud et humide. Les radiateurs d'eau chaude comportent un purgeur qui doit être périodiquement ouvert pour libérer l'air emprisonné dans le circuit. Il est généralement nécessaire de purger le système de convecteurs par un robinet situé près de la chaudière.

Les systèmes à eau chaude ou à vapeur modernes sont souvent alimentés au gaz naturel, et les anciens au mazout. Ces derniers requièrent un entretien plus fréquent du filtre (page 465) et du ventilateur (page 466).

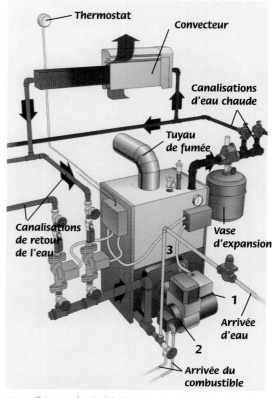

Un ventilateur aspire de l'air dans la prise d'air (1), tandis qu'une pompe (2) assure une alimentation constante en mazout. À son arrivée dans la chambre de combustion (3), le mélange est allumé par une étincelle à haute tension et il chauffe l'eau.

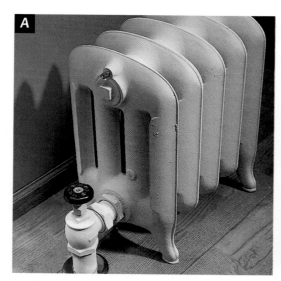

Le radiateur à eau chaude fait circuler l'eau réchauffée dans les tuyaux. Lorsqu'elle refroidit, l'eau est aspirée vers la chaudière, où elle sera réchauffée.

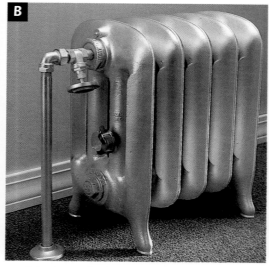

Le radiateur à vapeur fonctionne à haute température. La vapeur, en se refroidissant dans le radiateur, redevient liquide puis retourne vers la chaudière.

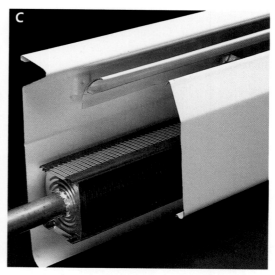

Le convecteur à eau chaude, très peu encombrant, fonctionne comme un radiateur, mais ce sont de minces ailettes de tôle qui transfèrent la chaleur à l'air ambiant.

Entretien du système à eau chaude ou à vapeur

Entretien courant du filtre à mazout et du tamis

La mesure d'entretien courant la plus utile pour votre système à eau chaude ou à vapeur est le remplacement du filtre à mazout, qui capture les saletés susceptibles d'endommager la chaudière.

Placez une toile de protection et des journaux autour de la base de la chaudière. Coupez le courant alimentant la chaudière au tableau de distribution principal et fermez l'interrupteur de la chaudière, généralement situé à proximité de celle-ci. Fermez ensuite le robinet d'alimentation en combustible; laissez refroidir l'appareil pendant 30 minutes.

Enfilez des gants jetables. Dévissez le couvercle du filtre à cartouche (**photo D**). Enlevez la cartouche en faisant un mouvement de torsion; renversez-la pour que le vieux filtre tombe dans un sac de plastique (**photo E**). Retirez le joint d'étanchéité de la cartouche; essuyez l'intérieur, d'abord avec un chiffon imprégné de solvant, puis avec un chiffon sec. Installez un nouveau filtre et un nouveau joint d'étanchéité (**photo F**). Placez la cartouche sous le couvercle et réinstallez-la.

À l'aide d'une clé ouverte, retirez les boulons du couvercle de la pompe (**photo G**). Laissez la canalisation de mazout raccordée; enlevez du couvercle le joint d'étanchéité et le tamis (**photo H**). Net-

toyez le tamis avec du solvant et une brosse à pièces. S'il est endommagé ou trop usé, remplacez-le. Essuyez le couvercle avec un chiffon propre. Placez le tamis nettoyé ou nouveau dans le couvercle et installez un nouveau joint d'étanchéité. Serrez les boulons du couvercle de la pompe. Remettez la chaudière en marche.

Outils: Clés ouvertes, brosses à pièces.

Matériel: Gants, toile de protection, solvant, filtre à mazout et joint d'étanchéité de la cartouche, joint d'étanchéité du tamis, chiffons.

Dévissez le couvercle du filtre à cartouche, en ayant à portée de la main un sac de plastique.

Faites tourner la cartouche pour la détacher de la canalisation de mazout. Demandez au service de ramassage des ordures de votre localité des instructions sur l'élimination du filtre.

Essuyez le bord de la cartouche, d'abord avec un chiffon imprégné de solvant, puis avec un chiffon sec.

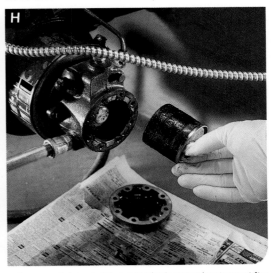

Lorsque vous enlevez le couvercle de la pompe, ne détachez pas de celui-ci la canalisation de combustible.

Retirez avec soin le tamis. Même un tamis très encrassé peut souvent être réutilisé après un bon nettoyage.

Nettoyage et lubrification du ventilateur

Le rendement de votre chaudière dépend en grande partie de la propreté du combustible et de la fiabilité de l'alimentation en air. Nettoyez la prise d'air de votre chaudière tous les mois et lubrifiez le moteur tous les deux mois durant la saison de chauffage.

Coupez le courant alimentant la chaudière. Enlevez avec une brosse à soies moyennes étroite la poussière et la saleté de la prise d'air **(photo A)**. Avec une clé ouverte ou un tournevis, selon le cas, desserrez le transformateur. En le laissant attaché, déplacez-le sur le côté pour avoir accès au ventilateur **(photo B)**. Avec la brosse et un chiffon humide, enlevez la saleté des pales du ventilateur **(photo C)**.

La plupart des ventilateurs de chaudière sont munis d'un orifice de lubrification sur le dessus ou de godets graisseurs aux extrémités. Consultez le guide du propriétaire ou le fabricant pour déterminer le type d'huile qui convient le mieux à votre ventilateur. Avant d'enlever les bouchons des orifices ou d'ouvrir les godets, nettoyez l'extérieur du moteur avec un chiffon humide **(photo D)** pour empêcher que des saletés n'entrent dans le moteur. Avec une clé ou un tournevis, enlevez les bouchons des orifices ou les couvercles des godets. Versez-y quelques gouttes d'huile lubrifiante **(photo E)**. Si le moteur n'est pas muni d'orifices ni de godets, c'est

qu'il s'agit probablement d'un moteur autolubrifiant **(photo F)**. Vérifiez si c'est ou non le cas dans le guide du propriétaire.

Outils: *Clés ouvertes, tournevis (à pointe ordinaire et à pointe cruciforme), brosse à soies moyennes.*

Matériel: *Toile de protection, huile lubrifiante pour chaudière, chiffons.*

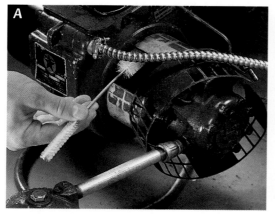

Pour nettoyer la prise d'air, utilisez la brosse servant à nettoyer le serpentin d'un réfrigérateur.

Si le transformateur est attaché au boîtier du ventilateur par une charnière, rabattez-le sur le côté. S'il est lâche, prenez garde de ne pas exercer de tension sur les raccords des fils.

Les pales de la plupart des ventilateurs sont minces et difficiles d'accès; maniez avec soin la longue brosse: une pale déformée fait beaucoup plus de bruit qu'une pale encrassée.

Pour empêcher que la saleté tombe dans le moteur lorsque vous le lubrifiez, essuyez-en la surface avec un chiffon humide avant d'ouvrir les orifices ou les godets.

Versez de l'huile dans les orifices ou les godets. Le type d'huile à utiliser est probablement indiqué sur le boîtier du moteur.

Si le moteur n'est pas muni d'orifices ni de godets, c'est probablement qu'il est scellé et qu'il n'a pas besoin d'être lubrifié.

Vidange et remplissage du système de chauffage

Dans tout système fonctionnant à l'eau, des sédiments finissent par s'accumuler, ce qui en réduit l'efficacité et en endommage les pièces internes. La vidange saisonnière de la chaudière réduit l'accumulation de sédiments. Sachez que cette vidange prend beaucoup de temps et que l'eau vidangée a souvent une odeur désagréable, ce qui n'est toutefois pas le signe d'une défectuosité quelconque. Vidangez le système l'été: ouvrez les fenêtres et utilisez un ventilateur pour chasser les mauvaises odeurs.

Commencez par éteindre la chaudière. Laissez le système refroidir pendant une heure ou deux. Raccordez un tuyau d'arrosage au tuyau de vidange situé au bas de la chaudière (photo G); placez l'extrémité du tuyau d'arrosage dans un renvoi de sol ou dans un évier de service. Ouvrez le purgeur du radiateur le plus élevé de la maison (page 468).

Lorsque l'eau a fini de s'écouler, ouvrez le purgeur d'un radiateur situé plus près de la chaudière. Lorsque l'écoulement cesse, cherchez le robinet ou l'indicateur qui se trouve sur le dessus de la chaudière et enlevez-le avec une clé à tuyau (photo H). Dans bien des cas, vous devrez immobiliser un second écrou avec une autre clé pour pouvoir desserrer le premier écrou. Assurez-vous que le système est froid avant de le remplir d'eau. Refermez le robinet de vidange de la chaudière. Placez un entonnoir dans le raccord de l'indicateur; versez-y un antirouille, que vous pouvez vous procurer chez un détaillant d'accessoires de chauffage (photo I). Lisez-en le mode d'emploi. Réinstallez le robinet ou l'indicateur sur la chaudière, refermez tous les purgeurs que vous avez ouverts, et rouvrez lentement l'arrivée d'eau de la chaudière.

Lorsque l'indicateur de la chaudière affiche une pression de 5 psi, purgez l'air des radiateurs du rez-de-chaussée, puis de ceux des autres étages. Laissez la chaudière atteindre une pression de 20 psi avant de rétablir le courant (photo J). Laissez l'eau circuler librement pendant 12 heures, puis purgez de nouveau les radiateurs.

Outils: Clés ouvertes, clés à tuyau, tuyau d'arrosage, entonnoir, seau de plastique.

Matériel: Toile de protection, antirouille pour chaudière.

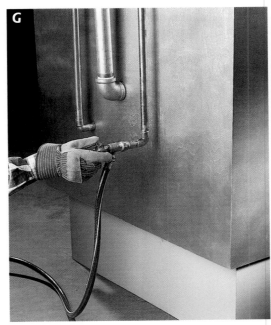

Servez-vous d'un tuyau d'arrosage pour vidanger la chaudière. Gardez l'extrémité ouverte du tuyau d'arrosage à un niveau plus bas que celui du robinet de vidange de la chaudière.

Si le robinet ou l'indicateur est attaché à un raccord distinct, immobilisez ce raccord à l'aide d'une clé à tuyau pendant que vous enlevez le robinet ou l'indicateur au moyen d'une autre clé.

Dans l'entonnoir, versez dans le raccord du robinet ou de l'indicateur l'antirouille recommandé pour votre chaudière.

Laissez la chaudière atteindre une pression de 20 psi avant de rétablir le courant.

Purge des radiateurs

Les systèmes à eau chaude requièrent rarement des réparations, mais ils fonctionneront plus silencieusement et plus efficacement si vous les purgez au moins une fois l'an. La purge réduit le bruit en chassant l'air qui circule dans la tuyauterie. Purgez toujours les radiateurs avant le début de la saison de chauffage. Durant la saison froide, vous devrez peut-être purger les radiateurs qui restent froids même lorsque la chaudière est en marche.

Commencez par purger les radiateurs les plus élevés et les plus éloignés de la chaudière. Placez un chiffon absorbant sous le purgeur, qu'il faut ouvrir lentement **(photo A)**. Certains purgeurs sont munis d'un bouton qui permet de les ouvrir d'un demi-tour; d'autres doivent être ouverts à l'aide d'une clé à purgeur, que l'on trouve dans les quincailleries, ou d'un tournevis. Si le radiateur est muni d'un purgeur automatique, vérifiez si de l'air ne serait pas emprisonné: retirez le bouchon et appuyez sur la tige de la soupape jusqu'à ce que de l'eau en sorte. Si le radiateur ne chauffe pas, nettoyez l'orifice du purgeur avec une aiguille ou un petit fil métallique **(photo B)**.

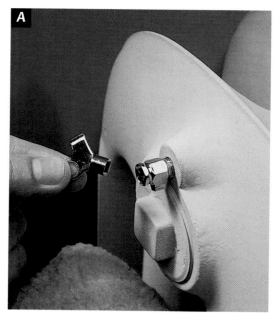

Vous pouvez vous procurer une clé à purgeur dans une quincaillerie ou un centre de rénovation.

Si le radiateur ne chauffe pas, nettoyez l'orifice du purgeur avec une aiguille ou un petit fil métallique.

Purge des convecteurs

Les purgeurs des vieux systèmes à eau chaude et à convecteurs se trouvent souvent sur les convecteurs ou à proximité de ceux-ci. Vous pouvez purger ces convecteurs comme s'il s'agissait de radiateurs. La plupart des nouveaux systèmes ne sont pas munis de purgeurs, mais vous pouvez purger tout le circuit en raccordant un tuyau à la chaudière.

Pour purger le système, cherchez le robinet fileté se trouvant à l'endroit où la canalisation de retour d'eau rejoint la chaudière. Fermez le robinet-vanne situé entre le robinet fileté et la chaudière. Raccordez un petit bout de tuyau au robinet fileté; immergez-en l'extrémité dans un seau à moitié rempli d'eau. Ouvrez le robinet fileté tout en ajoutant de l'eau dans la chaudière (en en ouvrant le robinet d'arrivée d'eau). Le robinet d'arrivée d'eau se trouve sur le tuyau d'arrivée d'eau, lequel est généralement le plus petit tuyau de tout le système. Continuez la manœuvre jusqu'à ce qu'il n'y ait plus de bulles qui sortent du tuyau placé dans le seau d'eau **(photo C)**. Ouvrez le robinet-vanne pour achever la purge d'air. Refermez le robinet fileté avant de remettre la chaudière en marche.

Le système à convecteurs se purge généralement près de la chaudière: placez l'extrémité du tuyau dans un seau d'eau; ajoutez de l'eau dans la chaudière jusqu'à ce qu'il n'y ait plus de bulles qui sortent du tuyau.

Repérage et réparation des fuites d'évacuation

Les fuites se produisant dans le conduit d'évacuation, autour de la bride de montage du brûleur, autour du couvercle de la chambre de combustion ou de la porte de foyer sont des sources potentielles de monoxyde de carbone. Toute fuite susceptible de provoquer l'infiltration de ce gaz dans votre maison doit être immédiatement colmatée.

La présence de trous ou de sections rouillées indique que le conduit d'évacuation est endommagé. On peut repérer des fuites moins importantes en allumant le brûleur et en tenant une bougie allumée près des joints du conduit, de la bride de montage du brûleur, du couvercle de la chambre de combustion ou de la porte de foyer (photo D). La flamme sera aspirée vers le joint s'il y a fuite.

> **Outils:** Brosse métallique, couteau à mastiquer, longue bougie, tournevis/perceuse électrique.
>
> **Matériel:** Sections de conduit, ciment réfractaire.

Pour repérer une fuite, tenez une bougie allumée près des joints du conduit ou du brûleur.

Réparation du tuyau de fumée

S'il y a fuite dans un joint du tuyau de fumée, scellez le joint en suivant les instructions applicables au colmatage des fuites de chaudières (ci-dessous). Les parties endommagées du tuyau doivent être remplacées. Commencez par éteindre le brûleur et par bien ventiler l'aire de la chaudière.

Retirez les vis retenant la partie endommagée et soulevez le tuyau (photo E). Installez une nouvelle partie de tuyau obtenue dans un centre de rénovation ou chez un marchand d'accessoires de CVCA (photo F). Serrez les vis, puis scellez le joint avec du ciment réfractaire.

Enlevez la partie endommagée du tuyau de fumée.

Serrez les vis de la nouvelle partie du tuyau; scellez le joint avec du ciment réfractaire.

Colmatage d'une fuite

Avant de colmater une fuite à un joint, éteignez le brûleur et laissez refroidir la chaudière. Avec une brosse métallique, enlevez la saleté et la rouille accumulées dans la zone qui fuit (photo G).

Colmatez la fuite en appliquant du ciment réfractaire à l'aide d'un couteau à mastiquer (photo H). Pour colmater une fuite à la bride de montage, desserrez les boulons situés sur les bords de la bride. Éliminez au grattoir les résidus du joint d'étanchéité; appliquez une couche de ciment réfractaire sur la bordure. Serrez ensuite les boulons.

Pour vérifier l'efficacité de la réparation, mettez la chaudière en marche et tenez une bougie allumée près de la zone réparée. La flamme de la bougie ne devrait pas vaciller.

Enlevez à l'aide d'une brosse métallique la rouille et la saleté accumulées en surface.

Avec un couteau à mastiquer, appliquez du ciment réfractaire sur la zone pour colmater la fuite.

Chauffage d'appoint

Les systèmes de chauffage d'appoint – plinthes chauffantes, radiateurs muraux, foyers ou poêles à bois – servent rarement de sources principales de chaleur parce que leur utilisation est soit trop coûteuse (appareils électriques), soit laborieuse (appareils brûlant du bois). Toutefois, vous avez peut-être installé un système d'appoint dans une nouvelle pièce, ou dans un porche ou garage converti en espace habitable. Du fait que les systèmes de chauffage d'appoint sont faciles à installer, on les utilise souvent dans les endroits que le système central existant ne peut atteindre. En outre, un foyer ou un poêle à bois peut donner beaucoup de cachet à votre maison et en augmenter la valeur de revente.

Même si les systèmes d'appoint sont beaucoup plus simples que les systèmes au gaz à air chaud ou à eau chaude, un entretien régulier et des réparations occasionnelles sont nécessaires. Armé de quelques connaissances de base et de bons outils, vous pourrez exécuter beaucoup de ces réparations aisément et rapidement.

Ces systèmes étant le plus souvent installés par le propriétaire plutôt que par un spécialiste, les enjeux de santé et de sécurité sont particulièrement importants. Un poêle à bois ou un foyer mal installé ou mal entretenu peut causer un incendie ou dégager du monoxyde de carbone dans votre maison. Les appareils électriques peuvent provoquer des courts-circuits; il ne faut jamais les toucher avec une main humide. Ces appareils doivent être installés hors de la portée des enfants, dans des endroits où il est peu probable que qui que ce soit entre en contact avec leurs surfaces chaudes.

Plinthes chauffantes

Dans une plinthe chauffante, montée près du sol, le courant électrique active un élément chauffant, qui dégage de la chaleur dans l'air ambiant. En général, la plinthe est munie d'un thermostat intégré ou d'un thermostat mural qui lui est réservé et qui fonctionne sous une tension normale.

Dans les régions où la saison froide est courte, la plinthe chauffante sert parfois de source de chaleur principale. Mais son utilisation n'est pas économique, puisque l'électricité coûte plus cher que le mazout. Dans les régions froides, la plinthe servira d'appareil de chauffage d'appoint dans les pièces que le générateur de chaleur ou la chaudière ne chauffe pas adéquatement.

Si votre plinthe chauffante ne s'allume pas ou ne s'éteint pas en fonction des variations de température dans la pièce ou quand vous en actionnez le bouton, des réparations sont sans doute nécessaires. Une odeur de brûlé signale la plupart du temps la présence de poussière ou de débris sur les ailettes chauffantes.

Outils: Tournevis (à pointe ordinaire et à pointe cruciforme), vérificateur de tension, pince à bec effilé, multimètre, brosse à soies souples, aspirateur.

Matériel: Chiffons.

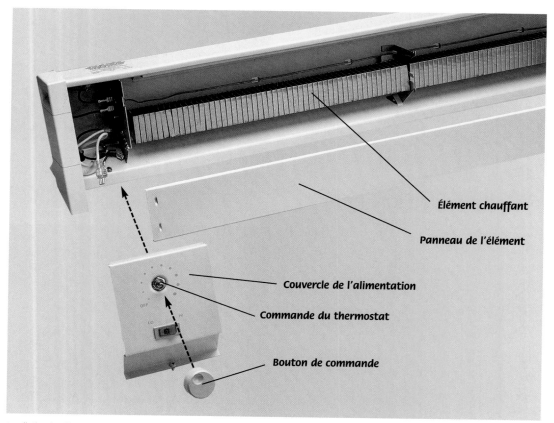

Élément chauffant

Panneau de l'élément

Couvercle de l'alimentation

Commande du thermostat

Bouton de commande

La plinthe chauffante requiert peu d'entretien et est facile à réparer une fois prises quelques précautions élémentaires.

Utilisation du multimètre

La vérification de la continuité à l'aide du multimètre est le meilleur moyen de trouver les composants défectueux d'une plinthe électrique ou d'un radiateur mural. Commencez toujours par vérifier le bon fonctionnement du multimètre en le réglant pour l'essai de continuité (RX1 ou RXK1), puis en mettant en contact les deux sondes ou pinces crocodiles. L'aiguille du cadran devrait réagir en se déplaçant vers le ZÉRO, ce qui indique que le circuit est fermé. Le multimètre numérique indique la continuité en affichant la valeur 00.0 et parfois en émettant des bips.

Vérification de l'absence de tension

La plinthe est soit directement reliée au circuit électrique de la maison, soit branchée dans une prise murale. Dans ce dernier cas, vous pouvez inspecter et réparer sans danger l'appareil que vous aurez débranché et laissé refroidir. Si la plinthe n'est pas munie d'un cordon, c'est probablement qu'elle est reliée directement au circuit électrique de la maison. Dans ce cas, les précautions suivantes s'imposent, avant la réparation.

Au tableau de distribution principal, coupez le courant alimentant la plinthe. Dévissez et enlevez le couvercle de l'alimentation de la plinthe. Dévissez le serre-fils unissant un fil noir (sous tension) à l'un des fils de liaison de l'élément chauffant. Placez l'une des sondes du vérificateur de tension sur

les extrémités de la paire de fils, et l'autre sonde sur la vis de mise à la terre ou sur le cadre de la plinthe (photo A). Retirez l'autre serre-fils; placez l'une des sondes du vérificateur sur l'extrémité de la paire de fils exposés, et l'autre sonde sur la vis de mise à la terre. Enfin, placez chacune des sondes sur chacune des paires de fils exposés. Si le voyant du vérificateur s'allume au cours de l'un de ces essais, c'est que le courant circule encore dans la plinthe. Trouvez le bon disjoncteur au tableau de distribution principal et déclenchez-le. Répétez les essais jusqu'à ce que le voyant du vérificateur ne s'allume plus. Ne tentez aucune réparation avant d'être certain que le courant a bel et bien été coupé.

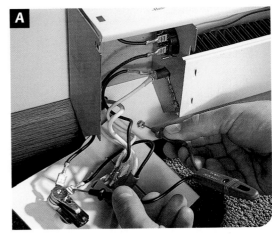

Utilisez le vérificateur de tension pour vous assurer que le courant ne circule plus dans la plinthe.

Entretien courant des ailettes

Lorsque la plinthe chauffante n'est pas utilisée pendant un certain temps, ses ailettes s'encrassent de poussière et de débris. Pour les nettoyer, coupez le courant alimentant la plinthe au tableau de distribution principal; avec un vérificateur de tension, assurez-vous que le courant ne circule plus dans la plinthe (voir ci-dessus). Retirez les vis du panneau de l'élément; enlevez le panneau (photo B). À l'aide d'un chiffon sec et d'une brosse à soies souples, enlevez de l'élément poussière et saletés (photo C). Passez l'aspirateur sur l'élément. À l'aide d'une pince à bec effilé, redressez les ailettes qui sont très déformées. Ne vous occupez pas des ailettes faiblement déformées, leur efficacité n'est pas réduite.

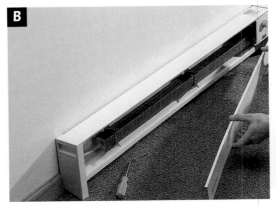

Retirez le panneau après avoir vérifié si le courant a bien été coupé.

Enlevez la saleté et les débris en prenant garde de ne pas déformer les ailettes.

Vérification et remplacement du limiteur

Le limiteur contient un interrupteur qui éteint la plinthe si elle surchauffe. La surchauffe est parfois causée par l'encrassement de l'élément. Si vous avez inspecté les ailettes, que vous détectez une odeur de brûlé et que la plinthe ne s'éteint pas d'elle-même, vous devrez vérifier le bon fonctionnement du limiteur à l'aide du multimètre (page 471).

Au tableau de distribution principal, coupez le courant alimentant la plinthe; vérifiez ensuite si la plinthe est bien hors tension (page 471). Enlevez les vis et le bouton du panneau de la boîte de commande; retirez le panneau. À l'aide d'une pince à bec effilé, détachez de sa borne l'un des fils de liaison du limiteur **(photo A)**. Placez l'une des sondes du multimètre sur chacune des deux bornes du limiteur **(photo B)**. Le multimètre devrait indiquer la continuité.

Si ce n'est pas le cas, détachez l'autre fil de liaison du limiteur; enlevez le panneau de l'élément chauffant pour retirer par l'autre côté les vis de montage du limiteur. Desserrez les languettes retenant le limiteur et son conducteur de chaleur. Soulevez le limiteur et son conducteur pour les sortir de la plinthe

et remplacez-les par un dispositif identique. Installez le nouveau dispositif et remontez la plinthe.

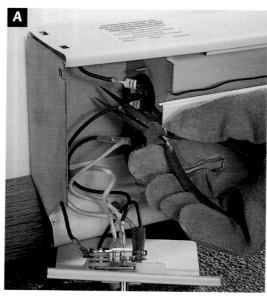

Détachez de sa borne l'un des fils de liaison du limiteur.

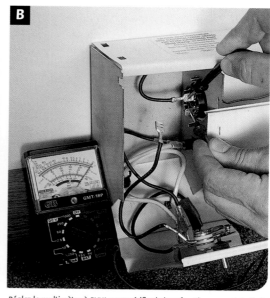

Réglez le multimètre à RXK1 pour vérifier le bon fonctionnement du limiteur.

Vérification et remplacement d'un thermostat

Si la plinthe ne réagit pas aux réglages du bouton de commande, il se peut que le thermostat soit défectueux. Au tableau de distribution principal, coupez le courant alimentant la plinthe; vérifiez ensuite si la plinthe est bien hors tension (page 471). Enlevez les vis du panneau de la boîte de commande; retirez le panneau. Dévissez le bouton de commande pour retirer le thermostat de la boîte de commande **(photo C)**. Détachez de sa borne l'un des fils de liaison du thermostat **(photo D)**. Faites tourner le bouton du thermostat, à partir de la position OFF, et écoutez: vous devriez entendre un clic. Si vous ne l'entendez pas, vérifiez la continuité du thermostat à l'aide d'un multimètre (page 471). Réglez le multimètre pour l'essai de continuité et placez-en les sondes sur chacune des bornes. Si le multimètre révèle une discontinuité, détachez les fils de liaison et remplacez le thermostat.

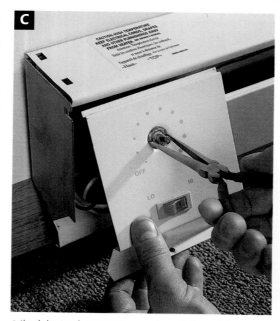

Retirez le bouton de commande pour dégager le thermostat.

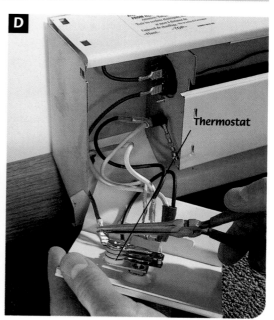

Arrachez délicatement de sa borne l'un des fils de liaison du thermostat.

Vérification de l'élément chauffant

Si la plinthe ne dégage pas de chaleur alors que le thermostat semble bien fonctionner, il se peut que l'élément chauffant soit défectueux. Au tableau de distribution principal, coupez le courant alimentant la plinthe; vérifiez ensuite si la plinthe est bien hors tension (page 471).

Enlevez les vis du panneau de la boîte de commande; retirez le panneau. À l'aide d'une pince à bec effilé, détachez du thermostat l'un des fils de l'élément chauffant **(photo E)**. Placez l'une des sondes du multimètre sur le fil de l'élément, et l'autre sur le fil du limiteur relié à l'autre extrémité de l'élément **(photo F)**. Si le multimètre indique la continuité, c'est que l'élément chauffant fonctionne bien et que la défectuosité pourrait se trouver dans le circuit.

Si le multimètre révèle une discontinuité, c'est que l'élément chauffant est défectueux; vous devez remplacer la plinthe tout entière.

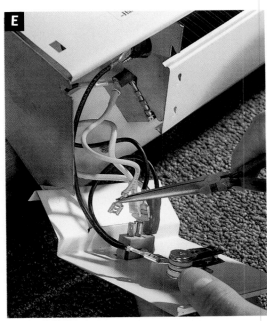

Détachez du thermostat l'un des fils de l'élément chauffant.

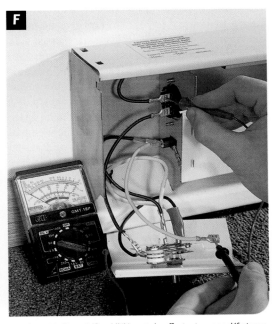

Avec le multimètre, vérifiez si l'élément chauffant est ou non défectueux.

Remplacement d'une plinthe chauffante

Au tableau de distribution principal, coupez le courant alimentant la plinthe; vérifiez ensuite si la plinthe est bien hors tension (page 471). Pour débrancher la plinthe, trouvez et détachez d'abord les fils qui la relient au circuit de la maison. Dévissez les serre-fils ou coupez les fils qui relient la plinthe au circuit. Détachez également le fil de mise à la terre relié au cadre de la plinthe. Desserrez les vis de montage principales **(photo G)**.

Éloignez doucement, sans brusquerie, la plinthe du mur **(photo H)**, car si l'arrière de la plinthe s'est collé au mur avec le temps, vous risquez d'endommager la surface de celui-ci. Desserrez la vis retenant les fils d'alimentation de la plinthe et retirez-les. Installez une nouvelle plinthe de même format et de même puissance que l'ancienne. Insérez les fils du circuit dans la boîte de raccord de la nouvelle plinthe et raccordez-les aux fils de liaison de celle-ci à l'aide de serre-fils.

Détachez les fils d'alimentation, puis retirez les vis de montage.

Éloignez doucement la plinthe du mur.

Radiateurs muraux

Le radiateur mural est installé entre deux montants d'un mur intérieur. On le trouve généralement dans de petits endroits, tels un hall d'entrée ou de nouvelles toilettes, où il n'y a pas d'autre source de chaleur. Le radiateur mural fonctionne sur le même principe que la plinthe chauffante (pages 470 à 473): l'électricité circulant dans un élément dégage de la chaleur. Comme certaines plinthes, la plupart des radiateurs muraux sont munis d'un thermostat intégré, réglable au moyen d'un bouton. Puisque ce radiateur dégage généralement moins de chaleur qu'une plinthe chauffante, il est souvent équipé d'un ventilateur qui répand la chaleur dans la pièce. Si votre radiateur mural ne s'allume pas ou ne s'éteint pas en fonction des variations de température dans la pièce ou lorsque vous tournez le bouton de commande, c'est qu'il a besoin de réparations mineures.

Outils: Tournevis (à pointe ordinaire et à pointe cruciforme), vérificateur de tension, pince à bec effilé, multimètre, brosse à soies souples.

Matériel: Chiffons.

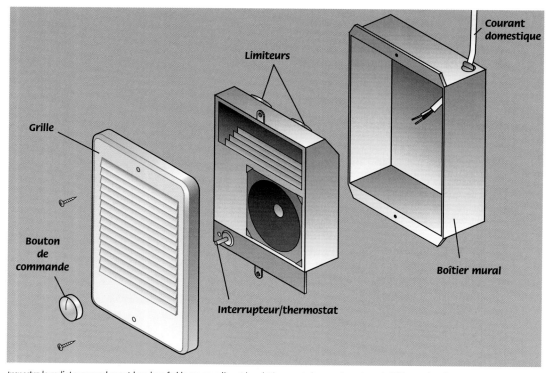

Inspectez le radiateur mural avant la saison froide. La poussière et la saleté peuvent s'accumuler autour de l'élément chauffant et dégager une odeur de brûlé à la mise en service. Un bon nettoyage avec une brosse à soies souples est essentiel au fonctionnement fiable et efficace de l'appareil.

Enlèvement du radiateur et vérification de l'absence de tension

Le radiateur mural est installé dans un boîtier métallique, lequel est fixé de manière permanente dans le mur, entre deux montants. Pour enlever et vérifier la tension du radiateur, coupez le courant l'alimentant au tableau de distribution principal. Enlevez le bouton de commande. Desserrez les vis de la grille et faites glisser le radiateur hors de son boîtier **(photo A)**. Tirez d'abord sur le dessus du radiateur pour en dégager les languettes de la partie inférieure. Insérez l'une des sondes du vérificateur de tension dans le serre-fils contenant le fil noir; placez l'autre sonde sur la vis de mise à la terre **(photo B)**. Insérez ensuite l'une des sondes dans le serre-fils contenant le fil blanc et placez l'autre sonde sur la vis de mise à la terre. Enfin, insérez une sonde dans l'un des serre-fils, et l'au-

tre dans l'autre serre-fils. Le voyant du vérificateur ne devrait pas s'allumer au cours de ces essais. S'il s'allume, trouvez le bon disjoncteur au tableau de

distribution et déclenchez-le. Répétez les essais jusqu'à ce que le voyant ne s'allume plus.

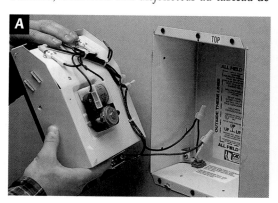

Desserrez les vis de montage de la grille; enlevez le radiateur.

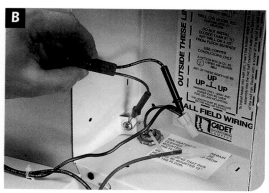

Avec un vérificateur de tension, assurez-vous que le courant a bien été coupé.

Vérification et remplacement d'un limiteur

Votre radiateur mural peut être muni d'un ou de deux limiteurs, situés près de l'élément chauffant, destinés à fermer le radiateur en cas de surchauffe. Si vous décelez une odeur de brûlé et que le radiateur ne se ferme pas tout seul, il se peut que l'un des limiteurs, ou les deux, soit défectueux. Au tableau de distribution principal, coupez le courant alimen-

tant le radiateur; vérifiez ensuite si celui-ci est bien hors tension (page 474). Avec une pince à bec effilé, détachez de sa borne un seul fil de liaison du limiteur et vérifiez la continuité à l'aide d'un multimètre (page 471). Placez l'une des sondes du multimètre sur chacune des deux bornes du limiteur **(photo C)**. Répétez l'essai sur l'autre limiteur. Si le multimètre

révèle une discontinuité, enlevez le limiteur et son conducteur de chaleur **(photo D)**. Apportez l'ancien limiteur au magasin lorsque vous en achèterez un nouveau. Installez le nouveau limiteur et remontez le radiateur.

Conseil

Les fils délicats de l'élément chauffant peuvent s'encrasser de poussière, de saleté et de fils d'araignée, surtout l'été lorsque le radiateur n'est pas utilisé pendant longtemps. Retirez la grille et passez le tuyau de l'aspirateur devant les fils de l'élément. Pour enlever la saleté ou les débris récalcitrants, utilisez avec douceur une brosse à soies souples ou un chiffon.

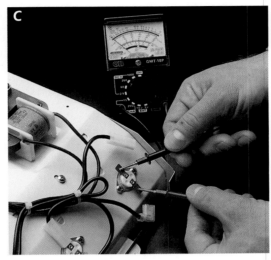

Réglez le multimètre pour l'essai de continuité (page 471).

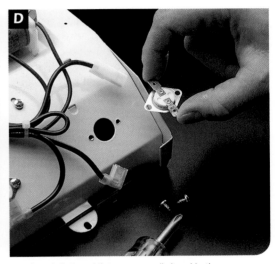

Remplacez le limiteur défectueux par un limiteur identique.

Vérification et remplacement d'un thermostat

Si le radiateur mural ne réagit pas aux réglages du bouton de commande, il se peut que le thermostat soit défectueux. Au tableau de distribution principal, coupez le courant qui alimente le radiateur; vérifiez ensuite si le radiateur est bien hors tension (page 474). Faites tourner le bouton du thermostat, à partir de la position OFF, et écoutez: vous devriez entendre un clic. Si vous ne l'entendez pas, vérifiez la continuité du thermostat à l'aide d'un multimètre (page 471). Détachez l'un des fils de liaison à l'arrière de l'interrupteur/thermostat en vous servant d'une pince à bec effilé ou en dévissant le fil. Réglez le multimètre pour l'essai de continuité et placez-en les sondes sur chacune des bornes **(photo E)**. Si le multimètre révèle une discontinuité, détachez l'autre fil de liaison; dévissez l'interrupteur/thermostat de la base du radiateur **(photo F)** et remplacez-le par un dispositif identique.

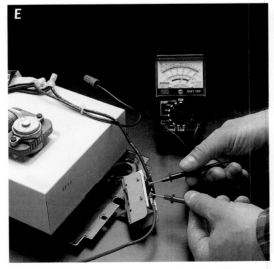

Vérifiez la continuité du thermostat pour savoir s'il est défectueux ou non.

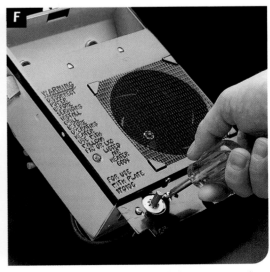

Si le thermostat est défectueux, enlevez les vis de montage et remplacez l'interrupteur/thermostat.

Foyers et poêles à bois

Même si le bois ne sert de combustible de chauffage que dans 2 % des ménages, beaucoup de maisons sont équipées d'un foyer ou d'un poêle à bois utilisé comme appareil de chauffage d'appoint. Ces appareils sont souvent choisis autant pour leur valeur décorative que pour leur capacité de chauffage. Plus votre foyer ou poêle à bois est ancien, plus il est probable qu'il aura besoin de réparations.

Si vous dépendez du chauffage au bois, veillez à ce que votre appareil le brûle proprement. Les économies réalisées grâce à un nouvel appareil atteignent parfois rapidement le prix que vous l'aurez payé, et vous aurez moins de travaux d'entretien à effectuer.

Outils: *Pelle à cendres, balayette, brosse à soies dures, pulvérisateur, lampe de poche, miroir, ciseau de maçon, truelle de maçon, fer à joints.*

Matériel: *Toile de protection, acide muriatique.*

Photo: courtoisie de Vermont Castings

Un nouveau poêle à bois à haute efficacité énergétique peut se payer de lui-même en une saison en fournissant plus de chaleur pour le même combustible. Il dégage moins de substances nocives.

Photo: courtoisie de Walter Moberg, Firespaces, Inc. (Portland, OR)

Le foyer peut constituer une source de chaleur d'appoint économique s'il aspire de l'extérieur l'air servant à la combustion et qu'il est muni d'un registre et de portes étanches. Il peut aussi ajouter beaucoup de cachet à votre salon.

Nettoyage du cendrier

Pour que votre foyer fonctionne de manière efficace et sécuritaire, prenez quelques heures avant le début de la saison de chauffage pour vous assurer qu'il est prêt à être utilisé.

Même si c'est un travail salissant, vous devez nettoyer le cendrier du foyer tous les deux ans (plus souvent si vous l'utilisez souvent), afin que votre foyer fonctionne bien. Trouvez la porte de ramonage, généralement située dans le sous-sol ou sur un mur extérieur.

Portez des vêtements faciles à laver; placez des journaux ou une toile de protection dans votre aire de travail. Ouvrez la porte de ramonage, pelletez les cendres et jetez-les dans un contenant non poreux **(photo A)**. Vous pouvez vaporiser de l'eau dans le cendrier pour éviter de créer un nuage de cendres durant le nettoyage. Utilisez une balayette ou une brosse métallique pour enlever les débris récalcitrants. Fermez hermétiquement le contenant de cendres. NOTE: Vous pouvez vider une petite quantité de cendres sur votre tas de compost; demandez au service de ramassage des ordures de votre localité comment vous débarrasser de ces cendres.

Pelletez les cendres et jetez-les dans un contenant non poreux.

Inspection du conduit de fumée et du registre

Les dépôts de suie et de créosote, les nids d'oiseaux, les briques détachées et toutes sortes d'autres obstructions peuvent causer de graves problèmes lorsque vous allumez le premier feu de la saison. Pour inspecter la cheminée, ouvrez le conduit de fumée du foyer et regardez dans le puits de lumière créé par la cheminée. Si l'âtre est trop petit pour que vous voyiez clairement, utilisez pour l'inspection une lampe puissante et un miroir **(photo B)**. Si le conduit est obstrué, faites-le ramoner par un spécialiste. Vous économiserez peut-être en exécutant vous-même le travail, mais c'est une tâche dangereuse, et peu de propriétaires possèdent le matériel requis pour un bon ramonage.

Quand vous aurez constaté que le conduit est dégagé, assurez-vous que le registre ferme hermétiquement **(photo C)**. Lorsque le feu est allumé, le registre contribue à régler la montée de l'air dans la cheminée et détermine la vitesse de combustion des bûches. Si le registre est laissé ouvert lorsqu'il n'y a pas de feu, de 10 % à 15 % de la chaleur de la mai-

son risque de s'échapper par la cheminée. Vérifiez la position du levier ou de la chaîne commandant le registre: vous devriez être en mesure de dire si le registre est tout à fait ouvert ou tout à fait fermé. Si le registre ne s'ouvre ou ne se ferme pas complète-

ment, ouvrez-le au maximum et nettoyez avec une brosse à soies dures la zone où il doit reposer. Enlevez tous les débris qui ont pu tomber de la cheminée et essayez de nouveau de fermer le registre.

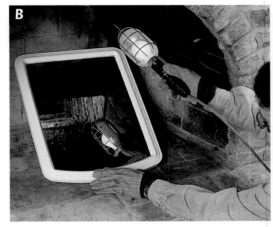
Utilisez un miroir et une lampe d'atelier pour inspecter la cheminée par le bas.

Assurez-vous que le registre ferme hermétiquement, qu'il se déplace librement et qu'il est exempt de débris et de saleté.

Inspection et réparation de l'âtre

À l'aide d'une puissante lampe, inspectez les briques et le mortier de l'âtre **(photo D)**. Si la suie vous empêche de bien voir la brique, nettoyez l'âtre avec une solution de neuf parties d'eau pour une partie d'acide muriatique. NOTE: Ajoutez l'acide à l'eau, et non pas l'eau à l'acide. Portez une protection pour les mains, la peau et les yeux lorsque vous travaillez avec de l'acide. À l'aide

d'un ciseau de maçon, enlevez les briques et le mortier endommagés **(photo E)**. Avec une brosse à soies dures, nettoyez les côtés des briques restantes pour que les nouvelles s'emboîtent parfaitement. Humectez les briques restantes pour que le nouveau mortier ne sèche pas trop vite. À l'aide d'une truelle de maçon, appliquez une couche de mortier sur les nouvelles briques et

sur les surfaces avec lesquelles elles entreront en contact **(photo F)**. Glissez doucement les briques dans les ouvertures, jusqu'à ce qu'elles soient de niveau avec les briques environnantes. Grattez l'excédent de mortier et laissez sécher la zone pendant quelques minutes. Servez-vous ensuite d'un fer à joints pour lisser le mortier.

Vérifiez s'il n'y aurait pas du mortier détaché dans l'âtre.

Enlevez au ciseau à froid le mortier détaché ainsi que les briques endommagées.

Enduisez de mortier le côté des briques avant de les placer.

Ventilation

Une bonne ventilation est le secret du confort et de la salubrité d'une maison. Elle empêche l'air intérieur de se vicier ou de s'empoussiérer, et de devenir trop sec ou trop humide. En plus d'augmenter le confort des occupants, un apport constant d'air frais réduit – surtout chez les enfants – la susceptibilité aux virus, aux maladies respiratoires chroniques et aux effets du monoxyde de carbone.

Une ventilation inadéquate réduit l'efficacité des systèmes de chauffage et de climatisation. Le problème est encore plus aigu dans les maisons superisolées. Certains codes du bâtiment tentent de le régler en exigeant l'installation d'une prise d'air frais à proximité de l'appareil de chauffage. La prise aspire l'air extérieur et fournit pour le chauffage une concentration d'oxygène suffisante. L'échangeur d'air (page 479), fort populaire, est un appareil de prise d'air très efficace pour fournir de l'air frais sans augmenter sensiblement les frais de chauffage.

En plus d'aspirer de l'air frais dans la maison, le système de ventilation y fait circuler l'air et fournit un évent vers l'extérieur aux appareils domestiques, tels la hotte de cuisine (page 480), le foyer et le poêle à bois (pages 476 et 477). L'entretien soigneux de votre système de ventilation peut améliorer votre santé, vous faire réaliser des économies de chauffage et de climatisation, en plus de rendre votre maison plus confortable.

Outils: *Marteau, tournevis (à pointe ordinaire et à pointe cruciforme), vérificateur de tension, mètre à ruban.*

Matériel: *Vis à plaque de plâtre de 1 ¹/₂ po, trousse d'équilibrage du ventilateur de plafond et bande caoutchouc (au besoin).*

Ne sous-estimez pas l'importance d'une hotte de cuisine propre et fiable. Au cours d'une année, la hotte peut rejeter vers l'extérieur jusqu'à 200 lb d'humidité. Nettoyez régulièrement le filtre et remplacez-le s'il résiste au nettoyage.

Défectuosités courantes

La ventilation d'une maison comprend la ventilation transversale fournie par les fenêtres ouvertes, le courant d'air créé par les ventilateurs électriques et l'apport d'air frais provenant de l'échangeur d'air. L'efficacité de chacun de ces éléments est essentielle à votre confort général et à votre santé. Un ventilateur de plafond qui tremble **(photo A)** perd de sa capacité à faire circuler l'air. Que ce ventilateur serve à diffuser la chaleur uniformément l'hiver ou à rafraîchir l'air l'été, il sera plus efficace si vous réduisez le jeu des pales (page 481).

Il est facile et peu coûteux de réparer ou de remplacer un ventilateur de salle de bain défectueux (page 480). Si vous ne le faites pas, l'humidité s'accumulera sur les murs et le plafond de la salle de bain, voire dans les pièces adjacentes. L'humidité constante peut provoquer l'apparition de moisissure **(photo B)** ou, pire encore, faire pourrir le bois.

Les nouvelles maisons superisolées sont souvent mal ventilées. Évaluez la ventilation de votre maison si les membres de votre famille souffrent d'allergies ou d'asthme, si l'air sent le renfermé ou si les fenêtres fermées suintent durant la saison de chauffage **(photo C)**. L'installation de ventilateurs d'évacuation est une solution à ce problème. Le recours à un échangeur d'air (ci-dessous) est beaucoup plus coûteux, mais aussi beaucoup plus efficace. Au lieu de faire circuler l'air intérieur vicié, l'échangeur d'air fournit un apport constant d'air extérieur frais, qu'il réchauffe au moyen de l'air chaud vicié qu'il évacue de votre maison.

Le jeu des pales peut faire trembler le ventilateur de plafond, ce qui réduit l'efficacité de l'appareil.

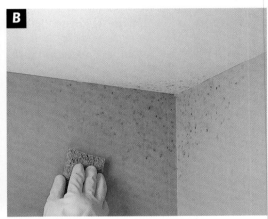
Une mauvaise ventilation se manifeste par de la condensation l'hiver et par de la moisissure l'été.

Le suintement des fenêtres indique que votre maison est mal ventilée.

Entretien courant d'un échangeur d'air

L'échangeur d'air, aussi appelé ventilateur à récupération de chaleur, remplace à peu de frais l'air vicié intérieur par de l'air frais extérieur **(illustration)**. L'air intérieur vicié traverse un échangeur de chaleur, où il réchauffe l'air frais extérieur, ce qui réduit au minimum l'augmentation du coût du chauffage attribuable à l'apport d'air frais.

L'échangeur d'air filtre également l'air frais à son entrée dans le circuit. Le filtre doit être inspecté et nettoyé tous les mois durant la saison de chauffage. Commencez par couper le courant alimentant l'échangeur au tableau de distribution principal. Retirez le couvercle du filtre et le filtre. Si le filtre est endommagé, remplacez-le. Sinon, faites-le tremper dans une solution de trois parties de vinaigre et d'une partie d'eau. Laissez le filtre sécher avant de le réinstaller et de rétablir le courant.

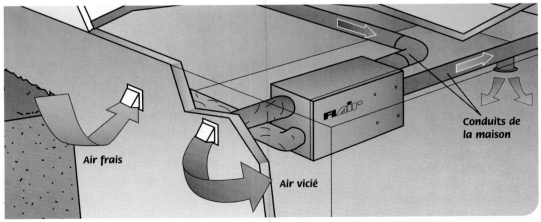
Air frais — **Air vicié** — **Conduits de la maison**
L'échangeur d'air apporte de l'air frais dans la maison tout en en évacuant l'air vicié. Le filtre élimine les particules en suspension dans l'air avant que celui-ci n'arrive au système de chauffage. Nettoyez le filtre tous les mois durant la saison de chauffage.

Remplacement d'un ventilateur d'évacuation

Le ventilateur d'évacuation de la salle de bain devrait extraire chaque minute un nombre de pieds cubes d'air égal au nombre de pieds carrés de superficie de la pièce. Si votre ventilateur n'arrive pas à enrayer l'accumulation d'humidité dans la pièce, remplacez-le par un modèle de plus grande puissance.

Coupez le courant alimentant le ventilateur au tableau de distribution principal; enlevez la grille du ventilateur; avec un vérificateur de tension, assurez-vous que le courant a bien été coupé. En prenant garde de ne toucher à aucun fil nu, insérez l'une des sondes du vérificateur dans le serre-fils (la faire toucher aux fils nus), et placez l'autre sur la vis de mise à la terre du boîtier métallique du ventilateur. Répétez l'essai sur chacun des serre-fils de l'appareil. Ensuite, insérez les sondes dans chaque paire de serre-fils successivement. Si le voyant s'allume, retournez au tableau de distribution et déclenchez le bon disjoncteur. Répétez les essais jusqu'à ce que le voyant ne s'allume plus.

Enlevez les vis de montage du ventilateur pour pouvoir le retirer du plafond ou du mur, et pour avoir accès au tuyau et au câblage situés à l'arrière de l'appareil. Desserrez le collet du tuyau et retirez ce dernier de l'ouverture d'évacuation. Trouvez les fils du circuit et détachez-les des fils de liaison du ventilateur; enlevez le ventilateur.

Mesurez l'ouverture pratiquée dans le mur ou le plafond, ainsi que la superficie de la pièce. Apportez l'ancien ventilateur au magasin pour pouvoir en acheter un nouveau qui aura une ouverture d'évacuation de même diamètre et qui répondra aux besoins de ventilation de votre salle de bain.

Par l'autre côté du mur ou du plafond, attachez la bride du nouveau boîtier de ventilateur à un montant ou à une solive **(photo A)**. Évitez le plus possible de réutiliser les anciens trous de clous. Vérifiez si les fils du circuit sont bien hors tension. Branchez ensuite le ventilateur selon les instructions du fabricant. Raccordez au tuyau l'ouverture d'évacuation du ventilateur. Installez la grille. Rétablissez le courant au tableau de distribution.

Vissez ou clouez le boîtier du ventilateur sur la solive ou le montant le plus proche, de manière que la face avant du ventilateur soit de niveau avec la surface du mur ou du plafond.

Entretien courant d'une hotte de cuisine

La hotte de cuisine durera plus longtemps si le filtre est nettoyé régulièrement. Retirez la grille et le filtre **(photo B)**; nettoyez ce dernier à l'eau savonneuse.

Si le moteur de la hotte tombe en panne, remplacez-le par un moteur provenant du fabricant d'origine. Au tableau de distribution principal, coupez le courant alimentant la hotte. Retirez la grille et le filtre. Desserrez les vis de montage et détachez le support du boîtier du ventilateur et du moteur **(photo C)**. Sur la plupart des modèles, le moteur est muni d'une fiche qui s'adapte à une prise située dans la hotte. Débranchez cette fiche et faites glisser le moteur hors du boîtier. Si le moteur est directement relié aux fils du circuit, assurez-vous que ceux-ci sont hors tension, puis détachez-les.

Vissez le nouveau moteur sur le support de montage. Branchez le moteur. Vissez le support sur le boîtier de la hotte. Réinstallez le filtre et la grille; rétablissez le courant au tableau de distribution.

Retirez la grille et le filtre pour avoir accès au moteur de la hotte.

Dévissez le support de montage pour retirer du boîtier le moteur et l'hélice.

Entretien d'un ventilateur de plafond

Le tremblement des pales réduit l'efficacité et raccourcit la vie utile du ventilateur de plafond. L'équilibrage des pales est relativement simple et se fait en quelques minutes.

Pour équilibrer les pales, éteignez le ventilateur et resserrez les vis retenant les pales à leurs supports. Comparez l'angle des pales à l'aide d'un mètre à ruban; appuyez l'extrémité du mètre à ruban sur le plafond et mesurez la distance verticale séparant ce dernier de l'extrémité de l'une des pales **(photo D)**. Sans déplacer le mètre, faites tourner les pales pour mesurer la distance de chacune par rapport au plafond. Pour régler la hauteur des pales, tordez-en légèrement les supports de manière qu'elles soient toutes à la même distance du plafond.

Si le ventilateur continue de trembler, placez un contrepoids sur les pales. Achetez une trousse d'équilibrage des pales dans une quincaillerie. Fixez la pince au milieu du bord arrière de la pale; allumez le ventilateur et vérifiez si le tremblement s'amplifie ou s'atténue. Retirez la pince et placez-la successivement sur les autres pales, en observant les variations de tremblement. Fixez la pince sur la pale qui tremble le plus. Modifiez la position de la pince jusqu'à ce que la pale ne tremble plus. Au centre de la surface supérieure de la pale, fixez un poids aligné sur la pince **(photo E)**, puis enlevez la pince.

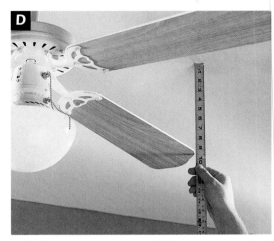

Vérifiez l'angle des pales en mesurant la distance séparant du plafond l'extrémité de chacune.

À l'aide de la pince, trouvez la pale requérant un poids supplémentaire. Enlevez la pince après avoir installé le poids sur la pale.

Réduction du bruit émis par un ventilateur de plafond

Les ventilateurs de plafond sont populaires non seulement pour leur esthétique, mais aussi pour le confort qu'ils apportent. En faisant circuler l'air dans la pièce, ils réduisent les frais de chauffage et de climatisation, en plus de rendre la température plus uniforme dans la pièce.

La plupart des ventilateurs doivent occasionnellement être réglés. Si votre ventilateur fait du bruit, il est probable qu'il n'est pas aussi efficace qu'il le pourrait. La plupart du temps, vous pouvez corriger ce problème en resserrant les vis que la vibration normale de l'appareil a rendues lâches.

Commencez par éteindre le ventilateur. Assurez-vous que le pavillon n'entre pas en contact avec le plafond; au besoin, réglez-le. Resserrez toutes les vis du boîtier du moteur **(photo F)**. Resserrez les vis retenant le support des pales au moteur. Dans le cas des modèles à lampes, resserrez les vis retenant les globes et les lampes.

Si le ventilateur demeure bruyant, il se peut que ce soit parce que les globes de verre vibrent contre leurs vis de montage. Achetez une bande de caoutchouc conçue pour amortir le bruit des lampes. Glissez-la sur le col du globe, puis serrez les vis de montage du globe.

Conseil

En utilisant judicieusement votre ventilateur de plafond, vous pouvez, sans nuire à votre confort, réaliser des économies de chauffage et de climatisation. L'été, réglez le ventilateur de manière qu'il aspire l'air chaud vers le haut et, l'hiver, de manière qu'il diffuse l'air chaud vers le bas. Par temps chaud, vous pouvez économiser de 4 % à 8 % de vos frais de climatisation pour chaque augmentation d'un degré du réglage du thermostat, et, par temps froid, de 1 % à 2 % de vos frais de chauffage pour chaque diminution d'un degré du réglage du thermostat.

Resserrez les vis pour réduire le bruit causé par les vibrations.

Climatisation

Dans le présent ouvrage, la climatisation de l'air, terme généralement associé aux systèmes de refroidissement, fait référence autant au rôle des pompes à chaleur qu'à celui des climatiseurs conventionnels, parce que les deux types d'appareils fonctionnent essentiellement selon le même principe. Ils font circuler un fluide frigorigène dans un serpentin intérieur, le *serpentin évaporateur*, qui absorbe la chaleur de l'air. Le frigorigène est acheminé vers l'extérieur jusqu'au *serpentin de condensation*, dans lequel la chaleur est libérée. Le frigorigène redevient liquide, et le cycle recommence.

L'avantage de la pompe à chaleur par rapport au climatiseur, c'est qu'elle produit l'effet inverse l'hiver: elle extrait de la chaleur de l'air extérieur modérément froid et s'en sert pour réchauffer la maison.

La pompe à chaleur et le climatiseur fonctionnant selon les mêmes principes de base, la plupart des travaux de réparation et d'entretien qu'ils requièrent sont les mêmes. Lorsque les pièces sont sales, que les pales du ventilateur ou les ailettes sont déformées ou brisées, ou que les filtres sont encrassés, le rendement de l'appareil diminue. Vous pourrez réduire les frais d'entretien à long terme et les frais de réparation en inspectant et en nettoyant périodiquement ces appareils.

Vous pouvez effectuer vous-même la plupart des travaux d'entretien courant. Toutefois, vous devez confier à un technicien les travaux qui nécessitent la décharge d'un condenseur, la vérification du niveau de frigorigène ou l'ajout de frigorigène.

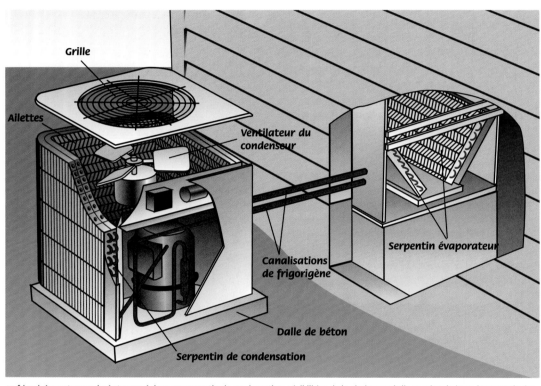

Le frigorigène est comprimé et pompé dans un serpentin de condensation, où il libère de la chaleur, puis il est acheminé vers le serpentin évaporateur. L'air soufflé par le ventilateur du générateur de chaleur refroidit en traversant le serpentin évaporateur. Le frigorigène est pompé vers l'extérieur, où il sera de nouveau refroidi. La pompe à chaleur fonctionne de manière semblable l'été. Durant l'hiver, un solénoïde inverse le fonctionnement de la pompe de manière que le frigorigène extraie de la chaleur de l'air extérieur et qu'il la libère dans la maison. Comme système de chauffage, la pompe à chaleur est efficace jusqu'à une température minimale de 32 °F.

Défectuosités courantes

Le climatiseur et la pompe à chaleur peuvent fonctionner pendant de nombreuses années sans problème majeur, pourvu qu'ils soient entretenus et réparés régulièrement.

La plupart fonctionneront même si une pale du ventilateur est légèrement déformée **(photo A)**. Mais, à la longue, cette déformation endommagera l'appareil à cause de l'effort supplémentaire qu'elle lui impose. Ces dommages, plus importants et plus coûteux à réparer, nécessiteront les services d'un technicien.

Il arrive souvent que la pale se déforme parce qu'elle est desserrée et qu'elle a du jeu, et qu'elle finisse alors par heurter l'un des côtés du boîtier. La pale est façonnée de manière à déplacer l'air avec efficacité; déformée, elle ne le peut plus. L'effort supplémentaire exigé du moteur risque d'endommager celui-ci.

Si vous constatez qu'une pale est déformée, ne tentez pas de la réparer. Une pale affaiblie par un redressement risque de se briser et d'ainsi causer des dommages encore plus graves. Remplacez plutôt toute l'hélice. Pour éviter que le problème se reproduise, assurez-vous que toutes les pales sont bien serrées et que le ventilateur tourne sans vibration lorsque vous le faites tourner à la main ou que l'appareil est en marche.

La déformation des pales n'est pas la seule défectuosité que vous risquez de constater. Une inspection révélera sans doute que des débris se sont accumulés dans le serpentin de condensation (photo B). Le ventilateur y aspire souvent des brindilles, feuilles et débris. Un nettoyage régulier prévient cette accumulation, susceptible de gêner la circulation de l'air à travers le serpentin. Si ce dernier est obstrué, le ventilateur doit travailler plus fort pour aspirer un volume d'air suffisant. Cet effort supplémentaire augmente les frais d'exploitation de l'appareil et raccourcit la vie utile du moteur du ventilateur.

La dalle de béton sur laquelle repose le climatiseur central extérieur ou la pompe à chaleur devrait être faiblement inclinée de manière que l'eau de condensation s'écoule en s'éloignant de la maison (photo C). Si la dalle s'est déplacée, l'eau risque de s'écouler en direction de la fondation de votre maison. Faites venir un spécialiste du procédé dit mud-jack pour redresser la dalle avant que l'eau ne s'infiltre dans votre sous-sol. Assurez-vous aussi que l'inclinaison du terrain entourant votre maison permet à l'eau de s'écouler en s'éloignant de vos murs.

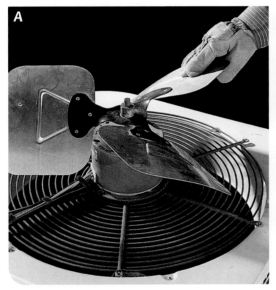

Si une pale est déformée, n'essayez pas de la redresser. Remplacez l'hélice.

Enlevez la saleté et les débris accumulés à l'aide d'une brosse et d'un tuyau d'arrosage, afin que ne soit pas gênée la circulation d'air à travers le serpentin.

Le compresseur extérieur ne se drainera pas correctement s'il n'est pas de niveau. Embauchez un spécialiste en maçonnerie pour qu'il relève la dalle et y ajoute du béton afin d'obtenir la pente voulue.

Entretien du climatiseur central et de la pompe à chaleur

La partie extérieure d'un climatiseur central ou d'une pompe à chaleur est exposée aux intempéries à longueur d'année – pas seulement lorsque le système est en marche. La pluie, le froid et le vent finissent par nuire au rendement du système. Pour garder ce dernier dans un état de fonctionnement optimal, nettoyez les ailettes et le serpentin de condensation avant la saison d'utilisation et chaque fois que ces éléments sont encrassés ou obstrués (page 484). Si vous n'utilisez votre climatiseur que quelques semaines par année, vous pouvez sans doute vous contenter de le nettoyer à fond et de l'entretenir chaque printemps. Mais si vous l'utilisez plus de quelques mois l'an, ou si vous utilisez la pompe à chaleur pour le chauffage et pour la climatisation, inspectez le filtre tous les mois pour qu'une obstruction n'impose pas un effort inutile à l'appareil. Vous devez aussi vous assurer une fois par mois que des feuilles ou d'autres débris n'obstruent pas le condenseur. Inspectez toujours le condenseur après une forte pluie ou des vents violents.

L'entretien annuel doit comprendre la lubrification du moteur du ventilateur (page 484), l'enlèvement de la saleté et des débris, et la vérification attentive de l'alignement du ventilateur.

Outils: *Tournevis (pointe ordinaire et pointe cruciforme), clés ouvertes, niveau, peigne à ailettes, brosse à soies dures, tuyau d'arrosage, aspirateur.*

Matériel: *Chiffons, huile mouvement, gants épais.*

Nettoyage des serpentins et ailettes

Coupez le courant au sectionneur de l'appareil **(photo A)** et, au tableau de distribution principal, déclenchez le disjoncteur pertinent. Retirez les vis du panneau de service supérieur et soulevez-le **(photo B)**. Enlevez les vis du panneau latéral entourant le serpentin de condensation et éloignez

doucement le panneau. Enlevez les débris autour du serpentin, du ventilateur et du moteur.

Avec une brosse à soies souples, dépoussiérez les ailettes et le serpentin. Embauchez un spécialiste pour éliminer les saletés et débris rebelles. À l'aide d'un peigne à ailettes, redressez avec soin les ailettes

déformées **(photo C)**. La plupart de ces peignes comportent trois côtés différents, ou davantage, munis de dents dont la largeur et l'écart varient. Avant de passer le peigne dans les ailettes, choisissez le côté qui s'adapte à celles-ci.

Coupez le courant au sectionneur de l'appareil.

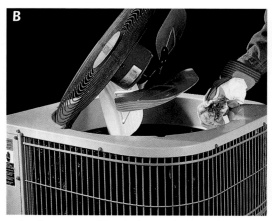
Soulevez le panneau supérieur et enlevez tous les débris à l'intérieur du serpentin.

Utilisez un peigne à ailettes pour redresser les ailettes déformées.

Lubrification du moteur du ventilateur

Coupez le courant au sectionneur du climatiseur ou de la pompe à chaleur, et, au tableau de distribution principal, déclenchez le disjoncteur pertinent. Retirez les vis du panneau de service supérieur et soulevez-le.

Trouvez les orifices de lubrification. Si le ventilateur est attaché au panneau supérieur, ces orifices seront situés au-dessus des pales. Si le ventilateur est séparé du panneau supérieur, commencez par desserrer la vis de pression de l'hélice **(photo D)**. Enfilez des gants épais pour retirer l'hélice. Arrachez les bouchons de caoutchouc des orifices de lubrification et versez dans chacun trois gouttes d'huile mouvement **(photo E)**. Inspectez les pales. Si une pale est déformée, remplacez l'hélice.

Pour installer l'hélice, alignez la vis de pression et la face plate de l'arbre du moteur. Faites glisser l'hélice sur l'arbre jusqu'à ce qu'elle se trouve à 1 po du moteur. Resserrez la vis de pression. Vérifiez la libre rotation de l'hélice. Réglez la vis de pression de manière qu'elle tourne librement. Attachez le panneau supérieur en en serrant les vis de retenue. Rétablissez le courant au tableau de distribution

principal et au sectionneur de l'appareil. Réglez le thermostat de manière que l'appareil se mette en marche et inspectez l'hélice. Inspectez de nouveau le condenseur.

Si vous constatez que l'hélice tremble encore ou si vous entendez un bruit inhabituel, coupez de nouveau le courant. Vérifiez si quelque chose ne

gênerait pas la rotation, s'il ne resterait pas de débris ou si l'hélice ne serait pas lâche.

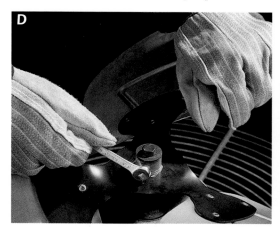
Desserrez la vis de pression et enlevez l'hélice.

Versez trois gouttes d'huile dans chaque orifice de lubrification du moteur.

Vérification du niveau du condenseur

Le condenseur doit être très faiblement incliné de manière que l'eau de condensation s'écoule en s'éloignant de la maison. Même s'il repose sur une dalle de béton, vous devez vérifier sa position une fois par an. Le gel des hivers rigoureux peut soulever le sol, ce qui déplacera l'appareil. Placez un niveau sur le dessus de l'appareil **(photo F)**, dans un sens puis dans l'autre. Si l'appareil s'est déplacé, vous devrez relever le coin le plus bas de la dalle jusqu'à ce que celui-ci soit de niveau, puis soutenir la dalle avec du gravier ou du béton. Selon la taille de l'appareil, il se peut que vous ayez à recourir aux services d'un maçon ou d'un spécialiste du procédé dit mud-jack.

Pour obtenir une circulation d'air maximale, coupez toute végétation dans un rayon de 2 pi du serpentin.

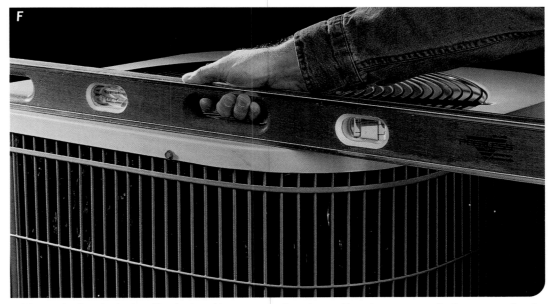

Le béton constitue la surface la plus solide et la plus stable pour supporter le condenseur. Si le condenseur repose sur le sol ou sur une surface plus faible que le béton, il pourrait ne pas être de niveau. Vérifiez le niveau du condenseur tous les printemps.

Inspection du robinet inverseur de la pompe à chaleur

Dans une pompe à chaleur, un solénoïde permet de passer du chauffage à la climatisation, et vice-versa. Si votre pompe à chaleur dégage de l'air chaud l'été ou de l'air froid l'hiver, il se peut que ce solénoïde soit défectueux.

Coupez le courant au sectionneur de l'appareil (page 483) et, au tableau de distribution principal, déclenchez le disjoncteur pertinent. Retirez les vis de retenue du panneau de service arrière et enlevez-le. Détachez la fiche de la bobine du solénoïde **(illustration G)**. Réglez le multimètre pour l'essai de continuité (page 471). Placez une sonde sur chacun des contacts du solénoïde **(illustration H)**. Une valeur différente de 0 indique que le solénoïde est défectueux. Pour remplacer le solénoïde, retirez l'écrou d'arrêt à l'aide d'une clé ouverte. Enlevez le couvercle du support ainsi que le solénoïde **(illustration I)**. Installez un nouveau solénoïde provenant du fabricant d'origine. Réinstallez le panneau de service et rétablissez le courant.

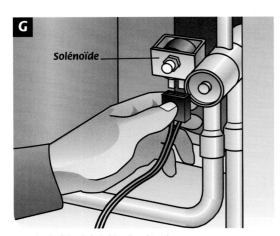

Détachez la fiche de la bobine du solénoïde.

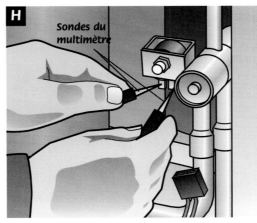

Réglez le multimètre à RXK1 et faites un essai de continuité.

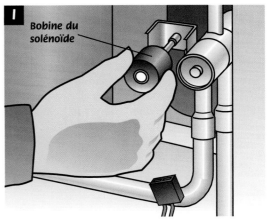

Desserrez l'écrou de retenue; enlevez le couvercle du support et le solénoïde.

Entretien d'un climatiseur de pièce

Le climatiseur de pièce requiert peu d'entretien périodique, mais il est essentiel de nettoyer régulièrement le filtre à air afin qu'une accumulation de saleté n'impose pas un effort excessif au moteur. Chaque saison, inspectez les ailettes et nettoyez les drains de l'appareil.

Nettoyez le filtre une fois par mois durant la saison chaude. Fermez l'appareil et débranchez-le. Retirez les agrafes ou les vis, et enlevez le panneau de service avant **(photo A)**. Sortez le filtre et inspectez-le. S'il est endommagé, remplacez-le. Vous pouvez réutiliser la plupart des filtres après les avoir lavés à l'eau savonneuse. Lisez l'étiquette d'instructions du filtre. Couchez le filtre sur une serviette et asséchez-le en tapotant dessus avec un chiffon **(photo B)**. Attendez qu'il soit tout à fait sec avant de le réinstaller.

A

Enlevez le panneau avant, puis le filtre à air, en dégageant les agrafes ou languettes, et en le faisant glisser.

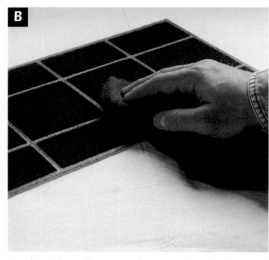

B

Pour faire sécher le filtre, couchez-le sur une surface plate propre et épongez-le avec un chiffon propre.

Redressement des ailettes et nettoyage des drains

Retirez le climatiseur de la fenêtre ou du mur. Desserrez les vis et enlevez le panneau arrière. Il se peut que vous ayez préalablement à enlever l'enveloppe du climatiseur. Nettoyez doucement les ailettes du condenseur avec la brosse à soies souples d'un aspirateur. À l'aide d'un peigne à ailettes, redressez les ailettes déformées **(photo C)**.

Le climatiseur doit évacuer l'humidité condensée sur le serpentin. L'orifice de drainage d'un climatiseur de pièce est situé à l'extérieur; il y a généralement un bac sous le serpentin de condensation. Si le bac contient de l'eau, absorbez-la avec un chiffon ou une éponge. Inspectez l'orifice d'évacuation; éliminez toute obstruction en essuyant la zone avec un chiffon propre **(photo D)**. Nettoyez doucement les endroits difficiles d'accès avec un tournevis dont vous aurez couvert la pointe d'un chiffon. Si possible, enlevez et lavez le bac; sinon, rincez-le avec une solution d'une partie d'eau de Javel et d'une partie d'eau, afin de prévenir la croissance d'algues.

C

Trouvez le côté du peigne qui convient aux ailettes du climatiseur avant d'essayer de les redresser.

D

Pour que l'évacuation soit adéquate, enlevez de l'orifice la saleté, la graisse et les débris.

Refroidisseur à évaporation

Outre le ventilateur ordinaire et le climatiseur à frigorigène, le refroidisseur à évaporation, aussi appelé refroidisseur évaporatif, est également populaire dans les régions chaudes et sèches **(illustration E)**. Cet appareil rafraîchit et humidifie l'air grâce à l'évaporation de l'eau. L'air sec extérieur se refroidit en passant à travers l'éponge cellulosique humide du refroidisseur. L'effet est à peu près le même que celui que l'on ressent lorsque le vent ou un ventilateur souffle de l'air sur la peau humide. Le refroidisseur à évaporation peut réduire de 40 °F la température de l'air extérieur avant de le souffler dans la maison.

L'air refroidi par l'appareil entre dans la maison par un conduit principal ou par les conduits d'un autre système de chauffage ou de climatisation.

L'utilisation du refroidisseur à évaporation est plus coûteuse que celle des ventilateurs ordinaires, mais l'est beaucoup moins que celle des climatiseurs destinés à refroidir le même espace. L'appareil fournit un apport d'air frais constant au lieu d'isoler la maison du monde extérieur. Son installation et son entretien sont plus économiques que ceux des climatiseurs, et il ne requiert aucun frigorigène néfaste pour l'environnement. Du fait que son principe de fonctionnement se fonde sur l'évaporation et qu'il élève l'humidité de l'air dans la maison, c'est aux climats secs que ce refroidisseur convient le mieux.

Le refroidisseur à deux étages **(illustration F)**, dans lequel un échangeur de chaleur refroidit et assèche l'air avant son passage à travers l'éponge, peut réduire la température de l'air de 5 °F à 15 °F de plus qu'un refroidisseur à un étage.

Traditionnellement, les refroidisseurs à évaporation ont été installés sur le toit, l'air froid étant introduit dans la maison par le haut. La plupart de ces appareils étant gros et peu attrayants, ils conviennent surtout aux toits plats, où l'apparence est moins importante. Même si l'installation sur le toit demeure courante, les nouveaux modèles peuvent s'installer dans le grenier ou près de la maison. Les appareils installés au sol sont bien entendu les plus faciles d'accès pour l'entretien et les réparations.

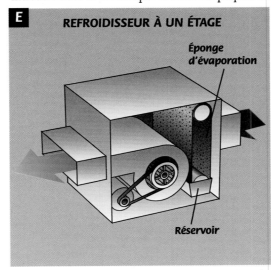

REFROIDISSEUR À UN ÉTAGE

Éponge d'évaporation

Réservoir

Le refroidisseur à évaporation consomme environ 25 % de moins d'énergie qu'un climatiseur de même puissance.

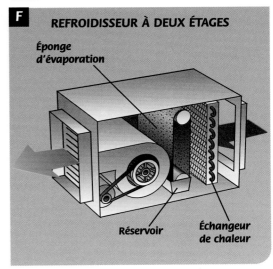

REFROIDISSEUR À DEUX ÉTAGES

Éponge d'évaporation

Réservoir

Échangeur de chaleur

Dans un refroidisseur à deux étages, un échangeur de chaleur installé en amont rafraîchit et assèche l'air avant son passage à travers l'éponge.

Entretien d'un refroidisseur à évaporation

Sur le plan de la mécanique, le refroidisseur est un appareil simple qui requiert rarement des réparations, mais qu'il faut entretenir périodiquement. Durant la saison chaude, vérifiez deux fois par mois le filtre, l'éponge, le réservoir et la pompe. Remplacez l'éponge tous les ans – deux fois l'an si l'eau est dure.

L'entretien commence par la vidange du réservoir. Au tableau de distribution principal, coupez le courant alimentant le refroidisseur. Coupez l'alimentation en eau de l'appareil. Attachez un tuyau d'arrosage au raccord de vidange situé sur le côté ou au-dessous de l'enveloppe du refroidisseur **(illustration G)**. Dévissez le tuyau de trop-plein (à l'intérieur du réservoir) et laissez toute l'eau s'écouler. Une fois le réservoir vide, réinstallez le trop-plein et enlevez le tuyau d'arrosage.

Vérifiez les pales du ventilateur et le louvre; s'ils sont sales ou graisseux, nettoyez-les avec un détergent doux. Assurez-vous que les orifices d'arrivée d'eau situés au-dessus de l'éponge sont dégagés, afin que l'eau puisse circuler librement. Vérifiez la prise d'aspiration de la pompe et enlevez-en les dépôts et obstructions. Lorsque vous rétablissez l'alimentation en eau, observez le robinet à flotteur et, si nécessaire, vérifiez l'étanchéité du circuit. Rétablissez le courant alimentant le refroidisseur.

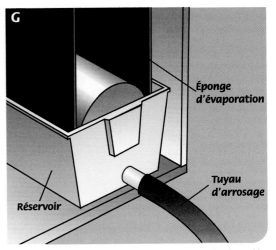

Éponge d'évaporation

Tuyau d'arrosage

Réservoir

Raccordez un tuyau d'arrosage au réservoir et laissez ce dernier se vider complètement.

Thermostats

La plupart des thermostats comportent peu de pièces, et celles-ci ont rarement besoin d'être réparées ou remplacées. Mais il arrive que les fils deviennent lâches, que les contacts se corrodent ou que la poussière gêne le fonctionnement du thermostat.

Comme un thermostat défectueux peut rendre la maison inconfortable et faire augmenter les frais de chauffage ou de climatisation, il convient d'en vérifier le bon fonctionnement au moins une fois par an.

La plupart des thermostats sont à basse tension, à tension secteur ou électroniques. Le thermostat à basse tension est alimenté par un transformateur qui réduit à 24 V la tension secteur de 120 V. Le thermostat à tension secteur est alimenté par la même source que les radiateurs électriques qu'il commande. La plupart des thermostats électroniques fonctionnent à basse tension; ils sont commodes et remplacent facilement les anciens thermostats à basse tension.

Un thermostat à basse tension simple **(photo A)** allume et éteint le système de chauffage ou de climatisation. D'autres modèles sont munis d'une commande distincte pour le ventilateur du générateur de chaleur et pour le climatiseur. Le thermostat contient une lame bimétallique en spirale qui se contracte ou se dilate en fonction des variations de température. La spirale est reliée à un tube contenant du mercure et à deux contacts électriques. Lorsque la spirale tourne assez pour faire basculer le tube, la goutte de mercure roule sur les deux contacts, ce qui ferme le circuit et met le système en marche. Les boutons de commande déterminent la température à laquelle le circuit se fermera.

Le thermomètre à tension secteur **(photo B)** est relié à un radiateur électrique et est alimenté par le même courant que ce dernier. La tension, de 120 V ou de 240 V, peut causer un choc électrique grave. Ce type de thermostat peut être monté directement sur la plinthe chauffante ou le radiateur mural, ou bien installé sur le mur. Vous pouvez vérifier le bon fonctionnement du thermostat installé sur le mur de la même manière que s'il était monté sur la plinthe ou le radiateur (page 472). Si vous avez l'intention de démonter un thermostat à tension secteur pour le réparer ou l'inspecter, coupez-en l'alimentation au tableau de distribution principal et assurez-vous qu'il est bel et bien hors tension avant de commencer le travail.

Le thermostat électronique à basse tension **(photo C)** fait appel aux mêmes connexions que le thermostat à basse tension pour commander le système de chauffage ou un autre appareil, tel un climatiseur ou un humidificateur. Vous pouvez facilement remplacer un thermostat à basse tension par un thermostat électronique à basse tension sans modifier le câblage. On peut programmer le thermostat électronique pour qu'il modifie automatiquement la température. En faisant baisser la température lorsque vous êtes absent ou lorsque vous dormez, cet appareil économise l'énergie. Les économies de chauffage et de climatisation que vous réaliserez compenseront rapidement le coût d'achat du nouveau thermostat.

Outils: Brosse à soies fines, pince à bec effilé, vérificateur de tension, tournevis (pointe ordinaire et pointe cruciforme).

Matériel: Ruban-cache.

A

Le thermostat à basse tension, rarement défectueux, doit être inspecté toutes les saisons (poussière et fils lâches).

B

Le thermostat à tension secteur fonctionne à 120 V ou à 240 V. Avant de le réparer, coupez le courant au tableau de distribution principal.

C

Le thermostat électronique d'un système de chauffage central fonctionne à basse tension et requiert peu d'entretien.

Si une trop grande quantité de poussière ou de saleté s'accumule sur la lame bimétallique du thermostat, ce dernier fonctionnera mal. Pour nettoyer la spirale, coupez le courant alimentant le thermostat, retirez le couvercle de celui-ci et réglez-le à la température minimale. Nettoyez la spirale à l'aide d'une brosse à soies fines **(photo D)**; réglez le thermostat à la température maximale et nettoyez de nouveau la spirale. Remettez le thermostat à la température normale.

Si le thermostat à basse tension fonctionne mal, commencez par vérifier si les fils intérieurs sont bien attachés. Resserrez les bornes dévissées jusqu'à obtenir un ajustement serré. Servez-vous d'une pince à bec effilé pour rattacher les fils aux bornes **(photo E)**, puis vissez bien les bornes.

Trouvez le transformateur qui alimente le thermostat. Il est probablement situé près de l'appareil de chauffage/climatisation ou derrière le panneau de service du générateur de chaleur. Resserrez toutes les connexions lâches du transformateur.

Réglez le multimètre à une plage de 50 V (c.a.). Mettez le thermostat sous tension, puis placez l'une des sondes du multimètre sur chacune des bornes du transformateur **(photo F)**. Si le multimètre ne détecte pas de tension, c'est que le transformateur est défectueux; remplacez-le de la même manière que s'il s'agissait d'un transformateur de carillon (page 444).

Réglez le thermostat à AUTO et à HEAT. Dénudez sur ½ po les deux extrémités d'un court fil gainé. Placez l'une des extrémités du fil sur la borne marquée W, et l'autre sur la borne marquée R **(photo G)**. Si le système de chauffage se met en marche, cela signifie que le thermostat est défectueux et doit être remplacé.

On peut facilement remplacer un thermostat à basse tension défectueux par un thermostat électronique. Coupez le courant alimentant le thermostat. Débranchez le thermostat; étiquetez les fils, afin de savoir à quelles bornes ils s'attachent. Prenez garde de ne pas laisser les fils tomber dans la cavité murale. Faites passer les fils dans la base du nouveau thermostat; fixez le thermostat au mur **(photo H)**. Raccordez les fils aux bornes du nouveau thermostat en vous guidant sur le diagramme de connexion du fabricant **(photo I)**.

Retirez le couvercle; inspectez la spirale, les contacts et les connexions.

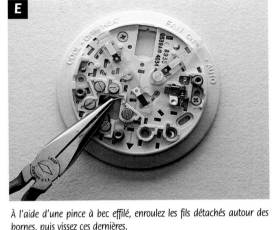
À l'aide d'une pince à bec effilé, enroulez les fils détachés autour des bornes, puis vissez ces dernières.

Avec un multimètre, vérifiez si le thermostat à basse tension fonctionne bien.

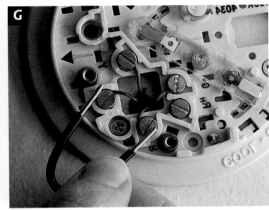
Utilisez un court fil pour créer une connexion entre les bornes W et R.

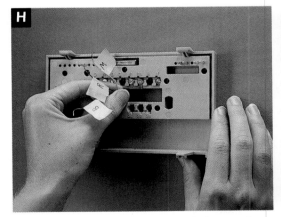
Faites passer les fils à basse tension dans la base du thermostat; fixez ce dernier au mur, puis raccordez les fils.

Connectez les fils à basse tension aux bonnes bornes; remettez le couvercle.

CALENDRIER D'ENTRETIEN

Le meilleur moyen de garder votre maison en parfaite condition, c'est d'effectuer des inspections d'entretien courant tout au long de l'année. La liste de contrôle ci-dessous vous rappellera les éléments à inspecter régulièrement. La liste comprend une première section pour les inspections mensuelles, une deuxième pour les inspections saisonnières et une troisième section, laissée vierge, que vous adapterez à vos besoins particuliers. Consignez sous la rubrique «NOTES» la date et la nature des inspections et réparations, de manière à disposer d'un registre historique fiable que vous pourrez consulter, et qui se révélera des plus précieux si vous décidez de vendre votre maison.

Les filtres à air ainsi que les piles des détecteurs de fumée et de monoxyde de carbone comptent parmi les éléments à inspecter mensuellement. Il ne sera pas nécessaire de nettoyer ou de remplacer ces articles à chaque inspection, mais, en les vérifiant fréquemment, vous repérerez les problèmes avant qu'ils ne s'aggravent.

Les inspections et réparations saisonnières concernent surtout les problèmes d'usure normale, mais aussi les dommages causés par le gel et le dégel, par la chaleur de l'été et par les intempéries.

Effectuez chacune des inspections dès que les conditions climatiques vous le permettent. Vous serez ravi que ce soit fait, et vous vous éviterez de travailler dans le grenier ou dehors lorsque les conditions atmosphériques sont difficiles par exemple.

TOUS LES MOIS

ÉLÉMENT	TÂCHES	NOTES
Détecteurs de fumée/ monoxyde de carbone	Vérifiez l'état de la pile en appuyant sur le bouton d'essai et en attendant que l'alarme résonne.	
Extincteurs	Vérifiez la pression du réservoir. Si celle-ci est trop faible, remplacez l'extincteur ou faites-le remplir.	
Sécheuse	Nettoyez le tuyau d'évacuation flexible à l'arrière de l'appareil pour enlever la charpie accumulée.	
Salle de bain	Vérifiez l'état des joints de coulis et d'étanchéité (fissures, émiettement, moisissures) (pages 40 et 42).	
Renvois	Vérifiez l'étanchéité des raccords de renvoi sur les appareils de plomberie et les électroménagers (page 272).	
Tuyaux d'alimentation en eau	Inspectez les tuyaux, boyaux et tubes alimentant en eau les appareils de plomberie et les électroménagers.	
Baignoire à remous	Rincez le circuit de la pompe à eau pour en éliminer les dépôts, huiles et bactéries (page 342).	
Prises à disjoncteur de fuite à la terre	Vérifiez le mécanisme de déclenchement en appuyant sur le bouton noir marqué TEST (page 408).	
Filtre du générateur de chaleur	Inspectez le filtre. S'il est sale, nettoyez-le ou remplacez-le selon les instructions du fabricant (page 456).	
Chaudière	Enlevez la poussière et les débris du ventilateur de prise d'air. Lubrifiez le moteur du ventilateur tous les deux mois (page 466).	
Échangeur d'air	Inspectez le filtre; nettoyez-le ou remplacez-le (page 479).	
Climatiseur/pompe à chaleur	Vérifiez si l'appareil est bien de niveau. Enlevez du ventilateur et des serpentins les feuilles, brindilles et autres débris (page 483).	

PRINTEMPS

ÉLÉMENT	TÂCHES	NOTES
Sous-sol	Regardez s'il y a de la condensation sur les murs de fondation (pages 24-25). Vérifiez si les poutres, poteaux, solives et lisses ont ou non subi des dommages causés par l'eau ou par des contraintes (pages 76 et 82).	
Coupe-bise	Inspectez les coupe-bise des portes et fenêtres pour voir s'ils ne sont pas usés. Regardez s'il y a des infiltrations d'air (pages 132 et 137).	
Isolation	Ajoutez de l'isolant aux endroits où la protection actuelle s'est révélée insuffisante durant l'hiver (page 158).	
Grenier	Vérifiez si les chevrons et le revêtement intérieur portent ou non des signes d'humidité. Assurez-vous que la circulation d'air se fait par les évents (page 188).	
Toit	Vérifiez si des bardeaux ne sont pas endommagés ou manquants. Examinez l'état des solins et du produit de scellement utilisé (usure et fissures) (page 188).	
Gouttières	Nettoyez les gouttières et les descentes. Repérez les raccords lâches et les joints non étanches. Assurez-vous que les longues sections de gouttière sont droites et que leur inclinaison est adéquate (page 214).	
Cheminée	Inspectez la maçonnerie et le solin. Nettoyez le conduit de fumée pour éliminer l'accumulation de créosote (page 220).	
Registres	Réglez l'ouverture des registres pour équilibrer la circulation de l'air chaud pulsé durant l'hiver (page 455).	
Chaudière (mazout seulement)	Remplacez le filtre à mazout (page 465).	
Filtre du générateur de chaleur	Inspectez le filtre; s'il est encrassé, nettoyez-le ou remplacez-le, selon les instructions du fabricant (page 456).	
Climatiseur/pompe à chaleur	Demandez à un spécialiste de vérifier le niveau de frigorigène. Nettoyez les ailettes et le serpentin du condenseur. Inspectez les pales du ventilateur et lubrifiez le moteur (page 484).	
Thermostat	Inspectez les fils; enlevez la poussière et la saleté de la spirale bimétallique. Vérifiez si l'appareil est bien de niveau (page 489).	
Ventilateurs de salle de bain/cuisine	Nettoyez les filtres, grilles et pales pour maximiser la circulation d'air (page 480).	

ÉTÉ

ÉLÉMENT	TÂCHES	NOTES
Fondation	Inspectez les murs extérieurs pour y repérer les dommages. Scellez et repeignez les endroits endommagés. Au besoin, modifiez la pente du sol pour qu'elle descende en s'éloignant de la fondation (page 24).	
Fenêtres	Vérifiez l'étanchéité des fenêtres. Repérez les pièces de bois pourries. Vérifiez si l'humidité ne s'accumule pas.	
Murs et structures de maçonnerie	Repérez les fissures, et les zones détériorées ou écaillées. Réparez les joints de mortier et remplacez les briques endommagées. Réparez les fissures et rapiécez les murs de stuc (page 224).	
Toit/murs extérieurs	Nettoyez les surfaces avec une laveuse à pompe.	
Parement extérieur	Réparez les zones endommagées et retouchez la peinture écaillée ou pelée (page 228).	
Trottoirs, entrées et surfaces de béton	Repérez les zones fissurées, effritées, soulevées par le gel ou autrement endommagées (page 248).	

ÉTÉ (SUITE)

ÉLÉMENT	TÂCHES	NOTES
Installation septique	Demandez à un spécialiste d'inspecter la fosse et de la vider si nécessaire (page 380).	
Registres	Réglez l'ouverture des registres pour équilibrer la circulation de l'air chaud pulsé en vue de l'hiver (page 455).	
Chaudière	Vidangez le circuit pour éliminer les sédiments accumulés (page 467).	
Climatiseur de pièce	Nettoyez le filtre et dégagez les drains tous les mois (page 486).	
Refroidisseur à évaporation	Remplacez l'éponge. Vidangez le réservoir; inspectez le filtre, l'éponge et la pompe deux fois par mois (page 487).	

AUTOMNE

ÉLÉMENT	TÂCHES	NOTES
Coupe-bise	Inspectez les coupe-bise des portes et fenêtres pour voir s'ils ne seraient pas usés. Regardez s'il y a ou non des infiltrations d'air (pages 132 et 137).	
Contre-fenêtres	Réparez les fenêtres endommagées. Resserrez et lubrifiez les pièces métalliques (page 148).	
Gouttières	Nettoyez les gouttières et les descentes. Repérez les raccords lâches et les joints non étanches. Assurez-vous que les longues sections de gouttière sont droites et que leur inclinaison est adéquate (page 214).	
Chauffe-eau	Vidangez le chauffe-eau pour en éliminer les sédiments accumulés. Vérifiez le bon fonctionnement de la soupape de sûreté (page 365).	
Registres d'air chaud	Nettoyez les registres pour maximiser la circulation d'air (page 453).	
Registres des conduits	Réglez les registres des conduits en fonction de chacune des pièces de la maison (page 455).	
Générateur de chaleur	Nettoyez et lubrifiez le moteur de la soufflerie (page 457). Inspectez la courroie d'entraînement, la veilleuse et la flamme du brûleur (page 458).	
Humidificateur du générateur de chaleur	Nettoyez l'éponge et le bac. Vérifiez le niveau de l'eau (page 462).	
Plinthes chauffantes	Nettoyez l'élément pour en augmenter l'efficacité et pour prévenir les odeurs de brûlé (page 471).	
Radiateurs/ convecteurs	Purgez l'air du circuit (page 468).	
Foyer/poêle à bois	Inspectez le conduit de fumée, le registre et l'âtre. Nettoyez le cendrier tous les deux ans (page 476).	
Ventilateurs de salle de bain/cuisine	Nettoyez les filtres, grilles et pales pour maximiser la circulation d'air (page 480).	
Pompe à chaleur	Nettoyez les ailettes et le serpentin du condenseur. Inspectez le ventilateur et lubrifiez le moteur (page 484).	
Robinet d'arrosage	Enlevez le tuyau d'arrosage; fermez le robinet d'arrêt intérieur; ouvrez le robinet d'arrosage pour laisser s'échapper l'eau emprisonnée (page 301).	

HIVER

ÉLÉMENT	TÂCHES	NOTES
Détecteurs de fumée/ monoxyde de carbone	Remplacez les piles des appareils alimentés par pile ainsi que les piles servant à l'alimentation de secours.	
Accessoires d'urgence	Inspectez les accessoires d'urgence (radio, piles, lampes de poche, bouteilles d'eau, aliments, bougies, allumettes). Remplissez la trousse de premiers soins (page 6).	
Qualité de l'air	Vérifiez si les fenêtres ne suintent pas et s'il n'y a pas de moisissure sur le plafond de la salle de bain.	
Portes/fenêtres	Choisissez une journée froide ou de grand vent pour vérifier l'étanchéité des portes et fenêtres.	
Toit	Regardez si des barrages de glace ne se seraient pas formés et, si oui, prenez note des endroits où ils se trouvent (page 188).	
Adoucisseur d'eau	Tous les deux ans, inspectez la conduite de saumure et la grille de l'injecteur pour y repérer les accumulations de sédiments (page 377).	
Registres des conduits	Réglez les registres des conduits en fonction de chacune des pièces de la maison (page 455).	

AUTRES ÉLÉMENTS À VÉRIFIER

ÉLÉMENT	TÂCHES	NOTES

GLOSSAIRE

ABS – acrylonitrile butadiène styrène; plastique très résistant utilisé pour la fabrication des tuyaux d'écoulement, de renvoi et d'aération des maisons.

Ailette – chacune des plaques d'un convecteur ou d'un radiateur électrique qui diffusent la chaleur dans l'air ambiant.

Alkyde – résine synthétique entrant dans la composition de la peinture à l'huile aussi appelée «peinture alkyde».

Aplomb – verticalité parfaite d'une ligne. Le niveau à bulle sert à vérifier l'aplomb.

Applique – plaque métallique décorative utilisée pour cacher le point d'entrée d'un tuyau dans un mur ou un plancher.

Assemblage à tenon et mortaise – joint entre deux pièces de bois dont l'une (tenon) a une extrémité saillante qui s'ajuste dans un creux correspondant pratiqué dans l'autre (mortaise).

Âtre – partie de la cheminée où brûlent les bûches.

Avant-toit – partie la plus basse d'un toit, en saillie par rapport aux murs extérieurs.

Ballast – dispositif, semblable à un transformateur, dans une lampe fluorescente qui régule le passage de l'électricité dans les cathodes produisant la lumière.

Bardeau de fente – fine planchette de cèdre fendue à la main, utilisée pour couvrir un toit ou un mur.

Basse tension – tension produite par un transformateur, qui réduit la tension normale domestique à environ 24 V pour alimenter les sonnettes, téléphones et thermostats.

Béton – mélange de ciment, de gravier et de sable; les structures de béton peuvent être renforcées de tiges ou d'un treillis de fer à l'intérieur.

Boiserie – toutes les moulures, plinthes, etc., servant à décorer ou à cacher des joints de construction.

Bombé – qualifie l'état du bord convexe d'une planche qui s'est déformée durant le séchage. Placée sur son arête, une planche «bombée» forme un arc.

Bordure d'avant-toit – large planche clouée à l'extrémité des chevrons et retenant le bord extérieur de la sous-face.

Câble NM – câble électrique standard pour usage intérieur, comportant deux ou trois fils gainés individuellement (plus un fil de masse en cuivre nu) à l'intérieur d'une autre gaine non métallique.

Câble sous gaine non métallique – *Voir* Câble NM.

Cale – pièce de bois faisant toute la longueur de la cavité séparant deux éléments de charpente afin de les consolider ou de servir de coupe-feu.

Carton-plâtre – aussi appelé plaque de plâtre; panneau de 4 pi x 8 pi, fait de gypse recouvert de plusieurs couches de carton; utilisé pour la plupart des murs intérieurs et plafonds.

Cendrier – récipient, situé sous la grille du foyer, dans lequel tombent les cendres.

Centre à centre – expression définissant le point où les mesures sont prises en construction, du centre d'un élément jusqu'au centre de l'élément adjacent.

Chantourner – découper le profil d'une pièce moulurée à l'extrémité d'une autre pièce dans le but de les joindre à angle droit. Se fait à l'aide d'une scie à chantourner.

Châssis – cadre entourant la vitre d'une fenêtre.

Ciment – composé de chaux, de silice, d'alumine, de fer et de gypse; mélangé à de l'eau, il fait durcir les mélanges à maçonnerie.

Circuit à haute tension – circuit à 240 V (*voir* Tension).

Clapet – obturateur de caoutchouc d'une toilette contrôlant la circulation d'eau entre le réservoir et la cuvette.

Code du bâtiment – ensemble des règlements régissant les normes de construction dans une collectivité.

Colonne de chute – principal tuyau vertical d'évacuation destiné à acheminer vers l'égout les eaux usées provenant des tuyaux secondaires auxquels il est raccordé.

Condenseur – élément d'un climatiseur ou d'une pompe à chaleur qui fait passer un fluide frigorigène de la phase gazeuse à la phase liquide; le fluide se refroidit en dégageant sa chaleur dans l'air.

Continuité – circulation ininterrompue des électrons d'un point à un autre d'un circuit ou d'un appareil électrique.

Cordon pour fenêtre à guillotine – câble reliant le châssis à un contrepoids; le câble glisse sur une poulie lorsque le châssis monte ou descend.

Coulis – ciment fluide servant à remplir les espaces entre les carreaux de céramique ou à obturer des fissures.

Craquelage – léger fendillement de la couche finale de peinture ou de la surface du béton causé par un retrait inégal durant le séchage.

Disjoncteur de fuite à la terre – dispositif de sécurité destiné à détecter une petite modification de courant – comme un court-circuit – et à interrompre l'alimentation électrique avant qu'il y ait risque de choc. L'installation de prises à disjoncteur de fuite à la terre est imposée par le code du bâtiment dans beaucoup de pièces.

Écaillage – effritement ou désagrégation de la surface d'une brique ou d'un bloc de béton, causé par les intempéries, le gel d'eau ou d'autres forces.

Échangeur d'air – aussi appelé ventilateur-récupérateur thermique; appareil qui aspire de l'air frais dans un système de chauffage/refroidissement à air pulsé; il réchauffe l'air à son entrée dans le système en le faisant passer à travers des tuyaux métalliques contenant de l'air chaud.

Échangeur de chaleur – zone de la chaudière où les gaz chauds servent à réchauffer l'air qui circulera dans la maison.

Élément – petit serpentin métallique des chaudières et radiateurs électriques servant à créer de la chaleur par la création d'une résistance au flux électronique.

Élément de charpente – tout élément entrant dans la construction d'une charpente, tels les poteaux, solives, fermes, poutres et chevrons.

Évaporateur – élément d'un climatiseur ou d'une pompe à chaleur qui refroidit l'air en le soufflant à travers un serpentin dans lequel circule un fluide frigorigène.

Évent de colonne – tuyau à extrémité ouverte qui met à l'air libre la colonne de chute afin que les eaux usées puissent y circuler sans être retenues par des poches d'air.

Faîte – ligne horizontale du sommet d'un toit, créée par la poutre sur laquelle s'appuient les chevrons.

Fil de liaison – fil utilisé pour contourner le compteur d'eau et assurer une voie continue de mise à la terre.

Fil sous tension – fil transportant de l'électricité, comme dans un circuit électrique. Dans un câble NM, les fils sous tension sont généralement noirs ou rouges.

Fourrure – bandes étroites de bois ou d'autre matériau fixées sur une surface pour y créer une base uniforme ou plate sur laquelle sera posée une surface finie.

Gâche – partie du verrou fixée au montant d'une porte, dans laquelle le pêne s'engage pour immobiliser la porte.

Gaine – enveloppe protectrice des câbles NM, faite de plastique ou de fibres tissées.

Giron – partie horizontale d'une marche d'escalier, supportée par le limon.

Impulseur – mécanisme de broyage d'un broyeur, composé de deux dents métalliques fixées à un disque de métal rotatif mû par le moteur.

Injecteur – dans une chaudière à air pulsé, capuchon troué situé à l'extrémité du tuyau d'alimentation en combustible servant à injecter le combustible à brûler.

Intensité d'un courant électrique – quantité d'électricité traversant un conducteur, exprimée en ampères. Intensité = puissance ÷ tension.

Interrupteur à solénoïde – interrupteur dans lequel le courant passant dans une bobine crée un champ magnétique qui déplace un cylindre métallique, lequel complète un circuit.

Interrupteur quadripolaire – interrupteur installé entre deux interrupteurs tripolaires; l'interrupteur quadripolaire, qui n'est pas marqué «On-Off», permet de commander une lampe de trois endroits ou plus.

Interrupteur tripolaire – type d'interrupteur utilisé lorsque deux interrupteurs commandent la même lampe ou le même appareil; toujours installés en paires, ils ne portent pas l'indication «On-Off».

Interrupteur unipolaire – interrupteur commandant une seule lampe ou un seul appareil électrique; il porte l'indication marche-arrêt.

Inverseur – vanne qui interrompt l'alimentation en eau d'un appareil et la dirige vers un autre. Se trouve souvent dans les robinets de cuisine munis d'une douchette ou les baignoires dotées d'une douche.

Isolant en natte – isolant, généralement en fibre de verre, fourni en rouleaux et souvent utilisé pour l'isolation des maisons.

Isolant revêtu – isolant en natte (*voir ce terme*) comportant une couche extérieure (papier kraft ou feuille métallique) destinée à arrêter le déplacement de la vapeur d'eau.

Joint à onglet – assemblage de deux pièces dont le bout est coupé à angles complémentaires. Par exemple, le cadre d'une porte ou d'une fenêtre est généralement assemblé à angles de 45°.

Languette – petite pièce de bois ou de métal insérée dans la rainure de deux pièces à assembler pour en renforcer le joint. Désigne également la bande de caoutchouc servant à retenir la moustiquaire dans son cadre.

Limiteur – élément chauffant qui éteint un radiateur électrique dès qu'il atteint une température trop élevée.

Limon – élément d'un escalier installé en diagonale entre deux étages, dans lequel s'assemblent l'extrémité de la marche et celle de la contre-marche.

Lisse – pièce de bois de 2 po x 4 po ou 6 po, clouée à plat sur le sol et supportant les poteaux des murs.

Monoxyde de carbone – gaz inodore et insipide dégagé durant la combustion; peut causer des étourdissements et des maux de tête, et entraîner la mort.

Mortier – mélange de ciment, de chaux et de sable servant à jointoyer les briques, pierres ou blocs de béton d'une maçonnerie.

Moulure – bande de bois ou d'autre matériau servant à cacher les joints ou à décorer les éléments fonctionnels d'une maison.

Neutre – se dit d'un fil ou d'une borne qui, dans un circuit électrique, transporte le courant de retour. Le conducteur neutre porte généralement un isolant blanc.

Noue – ligne de rencontre de deux versants d'une toiture inclinée formant un angle interne.

Piquet de prise de terre – tige métallique enfoncée profondément dans le sol et reliée au câblage électrique de la maison, permettant à l'électricité de se dissiper sans danger en cas de court-circuit.

Placage – tout matériau servant à revêtir une surface médiocre pour en améliorer l'apparence.

Plénum – conduit principal d'un générateur de chaleur auquel sont raccordés les conduits secondaires se rendant dans les diverses pièces d'une maison.

Plinthe – large bande, généralement de bois, fixée à la base des murs intérieurs.

Pompe à chaleur – système réversible de conditionnement de l'air qui extrait la chaleur de l'air en vue du chauffage ou du refroidissement.

Poteau – élément vertical d'appui dans un mur; il s'agit généralement de pièces de bois de 2 po x 4 po, fixées à 16 po les unes des autres.

Poteau – élément vertical supportant la rampe d'un escalier; le poteau de départ et le poteau d'arrivée sont respectivement placés en bas et en haut de l'escalier.

Prise femelle – dispositif dans lequel l'élément d'une prise mâle ou d'une fiche fait contact pour créer un circuit électrique.

Prise polarisée – prise dont les fentes sont de longueur différente afin que le courant soit conduit par les bons fils.

Produit de calfeutrage – mastic contenant généralement de la silicone et servant à sceller des joints; à l'épreuve de l'eau et demeurant souple même sec, il adhère à la plupart des surfaces sèches.

Profondeur de gel – profondeur à laquelle le gel pénètre dans le sol l'hiver; varie selon les régions.

Puissance – mesure du taux de consommation de l'électricité. Puissance = tension X intensité.

PVC – polychlorure de vinyle; matière plastique rigide, très résistante à la chaleur et aux produits chimiques; utilisée pour les renvois des eaux usées et pour les tuyaux d'aération.

PVCC – chlorure de polyvinyle surchloré; matériau plastique rigide utilisé pour la tuyauterie d'alimentation en eau.

Quart-de-rond – moulure dont la section correspond à un quart de cercle, fixée contre la plinthe au niveau du plancher.

Radon – gaz inodore et insipide apparaissant naturellement et susceptible de rendre malade.

Refroidisseur à évaporation – type de refroidisseur d'air, utilisé surtout dans les régions chaudes et sèches, qui fait appel à l'évaporation d'eau pour humidifier et refroidir l'air.

Registre – dispositif installé dans la plupart des systèmes de chauffage à air pulsé ou à eau chaude pour régler le débit d'air ou d'eau arrivant à diverses parties du système.

Rejéteau – moulure métallique protégeant le bord des bardeaux les plus bas et empêchant la pluie de s'écouler sur la surface des murs.

Rejointoiement – réparation des joints de briques ou de blocs de béton consistant à enlever le mortier dégradé et à le remplacer.

Revêtement de sol souple – revêtement de vinyle et autres plastiques, vendu en feuilles de 6 pi ou 12 pi de largeur, et de 1/8 po d'épaisseur.

Revêtement primaire – couche de contreplaqué ou d'autre matériau en feuilles recouvrant la charpente d'un mur ou d'un toit.

Robinet à flotteur – robinet qui commande l'arrivée d'eau dans le réservoir des toilettes.

Robinet de purge – robinet installé sur un radiateur servant à laisser s'échapper l'air d'un système de chauffage à eau chaude.

Robinet-vanne à étrier – robinet attaché au tuyau d'alimentation en cuivre au moyen d'un étrier; il est muni d'un obturateur creux qui ferme le tuyau pour diriger l'eau vers une autre canalisation d'alimentation.

Siphon – segment courbe de tuyau utilisé dans la plupart des drains de maison; il retient une petite quantité d'eau qui empêche les gaz d'égout de remonter dans la maison.

Soffite – aussi appelé «sous-face»; pièce attachée à la bordure d'avant-toit et au mur pour fermer le dessous de l'avant-toit.

Solin – tôle d'aluminium ou d'acier galvanisé découpée et pliée en formes et formats divers; sert à empêcher l'eau d'entrer dans les joints des éléments du toit et à l'éloigner de la charpente.

Solive – élément de charpente horizontal portant sur les poutres ou sur les murs, destiné à supporter un plancher ou un plafond. Les solives de plafond sont plus petites que les solives de plancher.

Soulèvement par le gel – soulèvement du mur de fondation causé par l'expansion du sol qui gèle.

Sous-couche – couche de contreplaqué ou d'autre matériau placée sur le sous-plancher, avant la pose du revêtement de sol.

Sous-plancher – feuilles de contreplaqué ou pièces de bois de 1 po clouées sur les solives et servant de base au plancher fini.

Stuc – plâtre à base de ciment servant à recouvrir les murs extérieurs; s'installe en trois couches sur des lattes de bois ou sur un treillis métallique.

Tableau de distribution – tableau à fusibles ou à disjoncteurs d'où le courant est dirigé vers les diverses pièces de la maison.

Tension – mesure de la pression à laquelle les électrons sont poussés dans un fil conducteur. Aux États-Unis et au Canada, la plupart des circuits domestiques sont de 120 V. Les gros appareils requièrent parfois un circuit de 240 V. Tension = puissance ÷ intensité.

Tension de secteur – tension arrivant directement d'un circuit domestique sans conversion par un transformateur.

Thermocouple – dispositif de sécurité des appareils au gaz; il interrompt immédiatement l'alimentation en gaz si la veilleuse s'éteint.

Traçage – opération consistant à tracer le contour d'une surface sur une autre, avant de découper cette dernière; on se sert généralement d'un compas.

Transformateur – dispositif qui reçoit la tension de secteur et la réduit à une basse tension pour usage domestique.

Tuyau de descente pluviale – tuyau vertical d'une gouttière servant à évacuer les eaux de pluie vers le sol.

Veilleuse – flamme – dans un four, un générateur de chaleur ou un autre appareil de chauffage – servant à allumer le combustible à l'appel de chaleur.

$\mathscr{I}$NDEX

Cet ouvrage a été achevé d'imprimer
aux États-Unis en août 2000